**Handbuch Literatur & Materielle Kultur**

Handbücher zur
kulturwissenschaftlichen
Philologie

—
Herausgegeben von Claudia Benthien,
Ethel Matala de Mazza und Uwe Wirth

**Band 6**

# Handbuch
# Literatur & Materielle Kultur

―

Herausgegeben von
Susanne Scholz und Ulrike Vedder

**DE GRUYTER**

ISBN 978-3-11-068283-0
e-ISBN (PDF) 978-3-11-041649-7
e-ISBN (EPUB) 978-3-11-041663-3
ISSN 2197-1692

**Library of Congress Cataloging-in-Publication Data**
A CIP catalog record for this book has been applied for at the Library of Congress.

**Bibliografische Information der Deutschen Nationalbibliothek**
Die Deutsche Nationalbibliothek verzeichnet diese Publikation in der Deutschen Nationalbibliografie; detaillierte bibliografische Daten sind im Internet über http://dnb.dnb.de abrufbar.

© 2019 Walter de Gruyter GmbH, Berlin/Boston
Dieser Band ist text- und seitenidentisch mit der 2018 erschienenen gebundenen Ausgabe.
Lektorat und Satz: Margret Westerwinter, Düsseldorf; www.lektorat-westerwinter.de
Druck und Bindung: Hubert & Co. GmbH & Co. KG, Göttingen
♾ Gedruckt auf säurefreiem Papier
Printed in Germany

www.degruyter.com

# Inhaltsverzeichnis

1. Einleitung – *Susanne Scholz und Ulrike Vedder* —— 1

2. **Theorien und Modelle**
2.1 Dinge in Texten – *Dorothee Kimmich* —— 21
2.2 Sprache der Dinge – *Ulrike Vedder* —— 29
2.3 Materialität und Medialität – *Cornelia Ortlieb* —— 38
2.4 Materialität und Geschlecht – *Sigrid G. Köhler* —— 47
2.5 Wahrnehmung – *Tobias Wilke* —— 56
2.6 Gedächtnis und Erinnerungskultur – *Astrid Erll* —— 64
2.7 Dinge und Migration – *Doerte Bischoff* —— 72
2.8 Sammeln – Sammlungen – *Sarah Schmidt* —— 82
2.9 Ordnen – Aufzählen – *Sabine Mainberger* —— 91
2.10 Subjekt, Objekt, Abjekt – *Sylvia Mieszkowski* —— 99
2.11 *Thing Theory* – *Heinz Drügh* —— 108
2.12 *Material Philology* – *Christina Lechtermann* —— 117
2.13 *Editionsphilologie* – *Robert Seidel* —— 126
2.14 Manuskript und Dichterhandschrift – *Christian Benne und Carlos Spoerhase* —— 135
2.15 Buchforschung – *Ursula Rautenberg* —— 144
2.16 Ökonomische Materialität von Literatur – *Julika Griem* —— 153

3. **Exemplarische Analysen**
3.1 Die höfische Welt der Dinge: Wolframs von Eschenbach *Parzival* – *Michael R. Ott* —— 163
3.2 Materielle Kultur in der *City Comedy* der Frühen Neuzeit – *Sabine Schülting* —— 172

| | | |
|---|---|---|
| 3.3 | Poetische Gaben im Petrarkismus – *Daniel Dornhofer* —— **180** | |
| 3.4 | Dinggedächtnis. Johann Amos Comenius' „Orbis pictus" (1658) – *Stefan Laube* —— **188** | |
| 3.5 | Fatale Requisiten in Tragödie und Trauerspiel – *Claude Haas* —— **197** | |
| 3.6 | Das Reich der Dinge: Exotische Güter, Gender und Empire im England des frühen 18. Jahrhunderts – *Susanne Scholz* —— **206** | |
| 3.7 | Volks- und Kunstmärchen – *Mona Körte* —— **214** | |
| 3.8 | Journal des Luxus und der Moden – *Gertrud Lehnert* —— **222** | |
| 3.9 | Balzacs Dinge. Der Kosmos der Dingwahrnehmung in der *Comédie humaine* – *Edgar Pankow* —— **231** | |
| 3.10 | Objektbiografien – *Michael Niehaus* —— **239** | |
| 3.11 | Die Tücke des Objekts. Friedrich Theodor Vischers *Auch Einer* (1878) – *Uwe C. Steiner* —— **248** | |
| 3.12 | Realismus und Wahrnehmung der Dinge: Adalbert Stifter – *Christian Begemann* —— **257** | |
| 3.13 | Bühnenbildbeschreibungen im Drama des Naturalismus – *Eva-Maria Siegel* —— **265** | |
| 3.14 | Enthumanisierende Verdinglichung im Industrieroman – *Eckart Voigts* —— **273** | |
| 3.15 | Rausch der Dinge: Literarische Warenhäuser – *Franziska Schößler* —— **281** | |
| 3.16 | Dekadenter Exzess des Materiellen: Joris-Karl Huysmans' *À rebours* (1884) – *Anne-Berenike Rothstein* —— **289** | |
| 3.17 | Verlust und Gewinn der Dinge in Rainer Maria Rilkes und Gertrude Steins Dinggedichten – *Ulrich Plass* —— **297** | |
| 3.18 | Buch im Exil: Gefährdete Bibliothek und portatives Vaterland – *Susanne Komfort-Hein* —— **305** | |
| 3.19 | Automobilität in der afrikanischen Literatur – *Frank Schulze-Engler* —— **313** | |

3.20 Strandgut: Postkoloniale/transnationale Bausteine kultureller Artikulation – *Nina Jürgens* —— 324

3.21 Konsumobjekte in der Pop Art: Richard Hamilton und Rolf Dieter Brinkmann – *Heinz Drügh* —— 332

3.22 Fotografische (Erinnerungs-)Objekte in Texten nach 1945 – *Silke Horstkotte* —— 341

3.23 Unbekannte Flugobjekte – *Rembert Hüser* —— 349

3.24 Zimmerreisen – *Bernd Stiegler* —— 357

## 4. Dingmagazin

Abfall/Müll – *Lis Hansen* —— 367

Accessoires – *Susanne Scholz* —— 370

Album – *Annegret Pelz* —— 372

Alltag – *Gisela Ecker* —— 375

Andenken/Souvenir – *Christiane Holm* —— 377

Anthologie/Textsammlung – *Philip Ajouri* —— 380

Archiv und Literaturmuseum – *Heike Gfrereis* —— 383

Ausgrabung/Archäologie – *Dietmar Schmidt* —— 386

Bibliothek – *Mona Körte* —— 389

Brief – *Sarah Schmidt* —— 392

Dreck – *Sabine Schülting* —— 395

Erbstück – *Ulrike Vedder* —— 397

Fetisch – *Doerte Bischoff* —— 400

Gabe – *Gisela Ecker* —— 403

Gendered Objects – *Ulrike Vedder* —— 406

Interieurs – *Uta Seeburg* —— 409

Kitsch – *Esther Leslie* —— 412

Kleid/Kleidung – *Gertrud Lehnert* —— 415

Lesezeichen, Lesemöbel, Lesebrille – *Ursula Rautenberg* —— 418

Makulatur – *Dennis Senzel* —— 422

Möbel – *Christiane Holm* —— 425

Naturding – *Georg Toepfer* —— 428

Puppe – *Evelyn Annuß* —— 431

Reste, Fragmente, Überbleibsel – *Barbara Thums* —— 434

Ritualobjekt – *Wolfgang Braungart* —— 437

Stoff – *Kira Jürjens* —— 440

Technische Objekte/Maschinen – *Hans-Christian von Herrmann* —— 442

Trödel/Plunder – *Kerstin Roose* —— 445

Unding – *Mona Körte* —— 448

Ware und Zirkulation – *Thomas Wegmann* —— 451

Zettelkasten – *Karin Krauthausen* —— 454

5. **Auswahlbibliografie** —— 457

6. **Register** —— 463
6.1 Personenregister —— 463
6.2 Sachregister —— 481

7. **Abbildungsnachweise** —— 495

8. **Autorinnen und Autoren** —— 497

# 1. Einleitung

Susanne Scholz und Ulrike Vedder

**Zum aktuellen Interesse an der materiellen Kultur**

Ein Handbuch zum Themenkomplex „Literatur und materielle Kultur" versucht umfangreiche, auch divergierende Forschungsperspektiven zu bändigen, denn Schnittstellen und Berührungspunkte zwischen Literatur und materieller Kultur finden sich auf vielen, zum Teil sehr unterschiedlichen Ebenen. Zum einen ist das Buch selbst (wie auch die Handschrift, das Manuskript, der Brief) als ein materielles Objekt unter dem Aspekt seiner Materialität, Stofflichkeit, Ausstattung, Form und Vorzeigbarkeit zu betrachten. Zum anderen bedienen sich literarische Texte der materiellen Objekte zur Darstellung vielfältiger Sinngehalte: Dinge beschwören realistisch-erkennbare diegetische Welten herauf, fungieren als symbolische Akteure und ästhetisch-poetologische Reflektoren.

Mit seinem Fokus auf literarische Materialien und imaginierte Dinge fügt sich das Handbuch in eine interdisziplinäre kulturwissenschaftliche Forschungskonstellation ein und widmet sich der Frage nach dem Status des Materiellen bzw. Dinglichen sowie nach dem Verhältnis von Subjekt und Objekten – die in anderen Disziplinen bereits seit einigen Jahrzehnten systematisch verfolgt wird – im Feld der Literatur und ihrer Wissenschaft.

Für das gegenwärtige dezidierte Interesse der Kultur- und Geisteswissenschaften an den Dingen gibt es verschiedene Gründe. Zum einen lässt es sich sicherlich, wie der Literaturwissenschaftler und Dingtheoretiker Bill Brown vermutet, als Reaktion auf die Digitalisierung der Welt verstehen (Brown 2001, 16), die als Prozess einer zunehmenden Entkörperlichung und Ortlosigkeit wahrgenommen werde. Zum anderen konstatieren unter anderem Stefanie Samida, Manfred K. H. Eggert und Hans Peter Hahn einen beunruhigend schnellen Wechsel wissenschaftlicher Methoden und einen „Verschleiß von Leitkonzepten" (Samida et al. 2014, 4 und 7), der eine epistemologische Verunsicherung generiere, die durch eine Hinwendung zum vermeintlich Konkreten stabilisiert werden soll. Eine zunehmende Verdrossenheit speziell gegenüber den Methoden der Dekonstruktion und der Diskursanalyse lässt möglicherweise das Materielle und Körperliche als „dry ground" (Brown 2001, 1) und rettenden Anker erscheinen. Vor dieser nachgerade nostalgischen Rückkehr zu den Dingen warnte Brown bereits zu Beginn der 2000er Jahre, sie sei weder methodologisch tragfähig noch epistemologisch produktiv (Brown 2001, 1).

## Disziplinen der Materie- und Dingforschung

Die *Material Culture Studies* sind, wie etwa Bill Brown und Daniel Miller betont haben, keine eigene Disziplin (Brown 2001; Miller 2005; vgl. auch Daston 2004). Vielmehr haben sich sehr unterschiedliche Disziplinen mit ihrer je eigenen Herangehensweise und ihren je spezifischen Fragestellungen in den letzten Jahrzehnten den Dingen zugewendet und deren Ordnung, Klassifikation, Ausstellung, Darstellung und Semantisierung zum Gegenstand von Analyse und Theoretisierung gemacht. Für die Archäologie, aber auch die Ethnologie und Anthropologie standen schon immer kulturelle Artefakte im Zentrum des wissenschaftlichen Interesses. Marcel Mauss etwa betont in den *Instructions sommaires* des Musée d'Ethnographie von 1931: „[A]uthentic, autonomous objects [...] characterize civilizations better than anything else." (6–7, übersetzt bei Pearce 1997, 11) Daher ist es kein Zufall, dass einige der produktivsten Theoretisierungen des Materiellen und der materiellen Kultur aus den Reihen dieser Disziplinen stammen (zum Beispiel Kohl 2003; Miller 1987; Hahn 2015). Auch für die Kunstgeschichte bilden Gegenstände und Artefakte nicht erst mit dem Aufkommen der Readymades, *objets trouvés* und der *object art* im 20. Jahrhundert wichtige Untersuchungsobjekte: Bauten und Skulpturen, später auch andere Gegenstände der Gestaltung (Porzellan, Kleidung, Möbel etc.) bis hin zu alltäglichen Gebrauchsgegenständen haben das Interesse kunstgeschichtlicher Betrachtung erregt (vgl. exemplarisch Ernst H. Gombrichs *The Story of Art* [1950; *Die Geschichte der Kunst*], in der Bauen und Bildhauerei einen selbstverständlichen Teil wissenschaftlicher Erörterungen bilden).

Die Museumskunde hat in der Folge der ‚materiellen Wende' eine besondere Aufwertung erfahren, wobei Sammlungs- und Ausstellungspraktiken sowie Problematiken der adäquaten (Re)Präsentation von Kulturen anhand von Gegenständen im Licht der Theoriedebatten neu überdacht wurden. Besonders wichtig und mit der Museumspraxis eng zusammenhängend sind materielle Überreste, Artefakte und Gegenstände auch im Bereich der *Memory Studies*, für die ein enges Zusammenspiel von Materialität und Medialität der Überlieferung geradezu konstitutiv ist (Erll und Nünning 2004; siehe auch 2.6 ERLL). Objekte fungieren als persönliche oder kollektive Erinnerungsträger und -auslöser; ihre Bewahrung, Archivierung, gegebenenfalls auch Digitalisierung sind nicht nur ein wesentliches kulturelles Anliegen, sondern auch Gegenstand gesellschaftlicher wie wissenschaftlicher Auseinandersetzungen. Ausgehend vom Stichwort der ‚Materialität der Kommunikation' haben die Medienwissenschaften ebenfalls die Frage der Materialität in ihre Theoriebildung einbezogen (Gumbrecht und Pfeiffer 1988; siehe auch 2.3 ORTLIEB).

Die Psychologie widmet sich unter dem Vorzeichen der Identitätsformation den Objektbeziehungen der Subjekte, dem Einfluss der Dinge auf die Identitätsbildung, der Interaktion zwischen Subjekten und den Objekten in ihrer Umgebung, der kulturellen Symbolfunktion von Gegenständen und ihrer Instrumentalisierung als Medien affektiver Beziehungen (Habermas 1999). Im Bereich der Traumsymbolik, der Psychogenese (vgl. das Fort-Da-Spiel mit der berühmten Zwirnrolle), in der Untersuchung von pathologischen Übersetzungen (Stichwort ‚Fetischismus') spielen materielle Objekte eine wichtige Rolle.

In der Philosophie wird die Subjekt-Objekt-Dichotomie im Gefolge der phänomenologischen Kritiken von Edmund Husserl, Martin Heidegger und Maurice Merleau-Ponty diskutiert und die ‚ursprüngliche' Einbettung aller zuhandenen Dinge in einen praktischen Bewandtniszusammenhang betont (siehe auch 2.11 DRÜGH): Als Zeug sind die Dinge je schon Teil menschlicher Praxis und stehen im Horizont bestimmter Zwecke (Heidegger 1987; Merleau-Ponty 2003). Auch für die Kritische Theorie sowie für Konstruktivismus und Dekonstruktion spielt die Frage nach dem Status des Materiellen eine wichtige Rolle. In Abgrenzung sowohl von metaphysischen wie auch von transzendentalphilosophischen Ansätzen bewerten sie das subjektkonstituierende Potenzial des Materiellen neu und werten damit Materialität und materielle Dinge als wesentliche Faktoren der Subjektwerdung auf. So spricht Theodor W. Adorno (1970, 186) im Zusammenhang seiner Kritik der Erkenntnistheorie vom „Vorrang des Objekts", während Judith Butler (1993) in ihren Überlegungen zur Materialisierung von Geschlecht einen ‚body that matters' postuliert.

Soziologische Ansätze beziehen sich vielfach auf Pierre Bourdieus praxeologische Forschungen zur Bedeutung der Dinge bei der Ausgestaltung soziokultureller Praktiken, wo sie als Gradmesser der sozialen Positionierung, mithin als Instrumente der gesellschaftlichen Distinktion fungieren (Bourdieu 1987). Auch Arjun Appadurais mittlerweile klassische Aufsatzsammlung *The Social Life of Things* von 1986 führt die Aufwertung von Dingen bereits im Titel und macht den „methodological fetishism" (Appadurai 1986, 5) zum Programm, nach dem Dinge nicht von handelnden Subjekten mit Bedeutung aufgeladen werden, sondern umgekehrt über die historischen und sozialen Verortungen ihrer Besitzer/innen Aufschluss geben. In ähnlicher Weise kommentiert Andreas Reckwitz die Indienstnahme des Ästhetischen zur Aufrüstung des sozialen Potenzials und symbolischen Kapitals von Dingen (Reckwitz 2012; vgl. auch Drügh 2011, 9–44).

Schließlich gesteht die Wissenschafts- und Technikgeschichte den unbelebten Dingen sogar eine Handlungsfähigkeit wie belebten Wesen zu. Die Akteur-Netzwerk-Theorie (ANT) betont die aktive gestalterische Kraft von Gegenständen und geht so weit, das subjektdifferenzierende Kriterium der *agency* auf Artefakte und Naturdinge auszuweiten (Latour 2008). Auch Gegenstände und bislang als Sachen wahrgenommene Lebewesen (zum Beispiel Tiere) sollen als Handelnde betrachtet werden. Hans Peter Hahn kritisiert diese (von Latour später selbst zurückgenommene [vgl. Latour 1999]) Zuspitzung und plädiert für eine stärker auf Kontext und Kopräsenz fokussierte Betrachtung des „Eigensinns" der Dinge (Hahn 2015).

Für die Literaturwissenschaften schlägt sich das erstarkte Interesse am Materiellen unter anderem in einer Neubewertung der Medialisierung und materiellen Überlieferung der erschlossenen oder noch zu erschließenden Texte nieder, bezogen auf Buch- und Manuskriptgestaltung, Beschreibstoffe, Schreibgeräte und neuerdings digitale Nachlässe. Editionsphilologie, Handschriftenkunde, Buchkunde rücken als wichtige Teildisziplinen verstärkt in den Blick (Meier et al. 2015; Schubert 2010; siehe auch 2.12 LECHTERMANN, 2.13 SEIDEL). Gleichzeitig richtet sich das Interesse von Literaturwissenschaftlerinnen und Literaturwissenschaftlern seit einiger Zeit verstärkt auf die Repräsentationen von Gegenständen und die semantischen Aufladungen von Dingen in den literarischen Texten selbst und gibt der gegenwärtigen Debatte über den Stellenwert des Materiellen eine weitere selbstreflexive Wendung (siehe auch 2.1 KIMMICH, 2.2 VEDDER).

Nicht zuletzt ist es für diese Zusammenhänge aufschlussreich, in welchem Maße entsprechende wissenschaftliche Debatten eine breitere Öffentlichkeit erreichen, zum Beispiel durch Ausstellungen ausgewählter *telling objects* oder durch andere Medienformate wie etwa Neil MacGregors enorm erfolgreiche BBC 4-Reihe *A History of the World in 100 Objects* (2010; *Eine Geschichte der Welt in 100 Objekten*).

## Historische Subjekt-Objekt-Konstellationen

Viele dieser Neubestimmungen des Ortes des Materiellen in den wissenschaftlichen Disziplinen gehen auf historische Dispositive des 18. und 19. Jahrhunderts zurück, deren Gültigkeit und erkenntnisbildende Kraft zu hinterfragen sind. Die prominenteste Basisopposition, die in allen genannten Disziplinen kritisch diskutiert wird, ist die kartesianische Dichotomie von Subjekt und Objekt, philosophisch gefasst als Gegensatz von Geist und Materie, die bereits im Verlauf des 19. Jahrhunderts durch Georg Wilhelm Friedrich Hegels dialektische Philosophie und deren historisch-materialistische Wende durch Karl Marx und Friedrich Engels und schließlich im frühen 20. Jahrhundert durch die phänomenologischen Untersuchungen Edmund Husserls und Martin Heideggers unter Druck geraten war. Für den dialektischen beziehungsweise historischen Materialismus bildet, so Engels, „die Produktion, und nächst der Produktion der Austausch ihrer Produkte, die Grundlage aller Gesellschaftsordnung" (Engels 1962, 248–249). Damit einher geht eine Verschiebung der Aufmerksamkeit auf die Ökonomie als Grundlage von gesellschaftlichen Positionierungen, aber auch historischen Veränderungen. Dies wiederum zieht eine Konzentration auf Praxis, Alltag, Umgang mit der Wirklichkeit nach sich. Nicht in der philosophischen Reflexion, sondern im alltagspraktischen Handeln zeigen sich die Selbstwahrnehmung des Menschen und sein gestalterisches Potenzial. In diesem Zusammenhang erhält die materielle Welt auch anthropologisch gesprochen einen anderen Stellenwert, denn indem der Mensch seine Umwelt durch Arbeit verändert, produziert er sich selbst als gegenständliches und gesellschaftliches Wesen. ‚Materialismus' in diesem Sinn bedeutet also eine radikale Abkehr vom ontologischen Denken und eine Hinwendung zu gesellschaftlicher Praxis, also zu Prozessen der Produktion, Distribution und Konsumtion, wobei Subjekte und Objekte, Menschen und Dinge in ein dialektisches Verhältnis gesetzt sind (Miller 2005, 7–10). Nicht nur die Wirtschaftsgeschichte der 1960er Jahre, sondern auch die in dieser Zeit entstehenden *Cultural Studies* finden hier ihre ideologische Grundlage, ebenso all jene soziologischen Herangehensweisen, die sich dem Zusammenhang von Identitätsstiftung und materiellen Praktiken, besonders den Praktiken des Konsums widmen.

Heidegger verweist in seinen Untersuchungen des Daseins auf die Relevanz der materiellen Lebenswelt und des alltagspraktischen Wissens sowie die damit verbundenen Dinge (Heidegger 1977, 119–135). Er plädiert für einen neuen Dingbegriff, da sich das „unscheinbare Ding [...] dem Denken am hartnäckigsten [entziehe]" (Heidegger 1999, 25). Gleichzeitig manifestiere sich aber in der Dienlichkeit des „Zeugs", das heißt der verfügbaren und dienstbaren „zuhandenen" Gegenstände, eine Möglichkeit, sich der ‚Frage nach dem Ding' zu nähern (Heidegger 1999, 25). Maurice Merleau-Ponty erweitert die phänomenologische Kritik Heideggers um einen Begriff der Wahrnehmung, der dem Kenntnisstand der zeitgenössischen biologischen und psychologischen Forschung entspricht (Merleau-Ponty 2003). Damit wird die „Ko-Präsenz" von Menschen und Dingen zur konstitutiven Größe der Theoretisierung (Gumbrecht 2004), während gleichzeitig die Subjektivität des individuellen Zugangs zu den Dingen, die von der persönlichen Wahrnehmung abhängigen Bewertungen sowie die emotionalen und affektiven Besetzungen von Gegenständen in die philosophische Auseinandersetzung um das Mensch-Ding-Verhältnis eingeschrieben werden. Neuere konstruktivistische Überlegungen treiben diese Konjunktion von subjektiver Wahrnehmung und konstruktiver Arbeit noch weiter und beschreiben die wahrgenommene Materialität als subjektiv und situativ produzierten Effekt (Butler 1993, zum Beispiel 250), während der sogenannte *New Materialism* die praxeologischen und ereignistheoretischen Implikationen dieses Sozialkonstruktivismus in Richtung einer größeren operativen Kraft der Materie weiterdenkt (Coole und Frost 2010).

Auch die Begrifflichkeit der Materialitätsdebatte, besonders ‚materielle Kultur' bzw. *material culture*, ging ursprünglich auf die erwähnte Basisopposition von Materie und Geist zurück, denn der explizite Gegenpart der „material culture" ist bei Edward B. Tylor, der diesen Begriff zuerst verwendet hat, die „intellectual culture" (Tylor 1920 [1871], 26). Damit ist im Grunde eine ganze Kulturbegriffsdebatte umrissen, die sich erst in der zweiten Hälfte des 20. Jahrhunderts voll entfalten wird, denn die neuen *Cultural Studies* im Gefolge von Raymond Williams, Richard Hoggart und Stuart Hall wenden sich dezidiert gegen einen Kulturbegriff, der Kultur nur in den Artikulationen des Geistes manifestiert sieht, und ersetzen ihn durch eine Vorstellung von Kultur als Lebensweise („a whole way of life", Williams 1960 [1958], xiv–xvii).

Tylor und andere frühe Ethnologen bzw. Anthropologen entwickelten ihre Vorstellungen im Kontext einer Ideologie des wissenschaftlichen Materialismus, der deutlich dem Empirismus verpflichtet war, sowie einer Vorstellung von Geschichte, die den Fortschritt als zentrale Denkfigur setzte. Positivistische Verfahren der Wissensgenerierung mit einer Konzentration auf geschichtliche Entwicklungen dominierten die Wissenschaften, ganz gleich, ob es sich um den Historismus im Bereich der Geschichtswissenschaft oder um den szientifischen Naturalismus im Bereich der entstehenden Wissenschaften vom Menschen handelte. Evolutionäre Modelle wurden in allen Bereichen zum dominanten Muster der Welterklärung. In diesem Wissenschaftsverständnis wurde Evidenz durch greifbare und dokumentierbare materielle Dinge produziert, mithilfe von Dokumentationsverfahren wie Sammlung und Fotografie, aber auch durch statistische und andere quantitative Methoden. All diese Verfahren und Denkmodelle arbeiteten so an einer neuen Vorstellung vom Menschen, die sich auch in einer veränderten Betrachtung seiner Verhältnisse gegenüber den materiellen Objekten beziehungsweise der materiellen Welt überhaupt niederschlug (Hides 1997, 24).

Die neuen wissenschaftlichen Disziplinen des 19. Jahrhunderts traten insbesondere an, das Verhältnis des Menschen zu seiner materiellen Umwelt zu artikulieren. Dies schien insofern naheliegend, als sich die ökonomischen und gesellschaftlichen Verhältnisse ebenfalls stark an den materiellen Gegebenheiten orientierten. Im Gefolge der Industrialisierung entstanden in Europa Gesellschaften, in denen die Ware zur dominanten Konfiguration des Objekts wurde und materielle Güter die Grundlage zur Verhandlung von Wertstandards (individueller wie kollektiver Art) bildeten. Die entstehende Konsumgesellschaft basierte auf dem Austausch von Gütern, mit dem eine massive Aufwertung der Lohnarbeit als Produktionskraft einherging. Der Besitz materieller Güter wiederum bestimmte den Wert, die soziale Positionierung und das Prestige der Menschen. Ausstellungen wie etwa die großen Weltausstellungen in London 1851 und Paris 1867, aber auch Arkaden und Kaufhäuser mit ihren großen Schauflächen boten Orte einer visuellen Sozialisation in diese neue Interaktion mit potenziell identitätsstiftenden Dingen (Benjamin 1991; Simmel 2008). Die Massenproduktion von Waren machte es auch breiteren Schichten möglich, sich die sozialen Praktiken anzueignen und so einen entsprechenden Habitus zu erwerben, der sie als Mitglieder der respektablen Klassen auswies (Bourdieu 1987). Über diese Anleitung des individuellen Blicks hinaus hatten die Weltausstellungen auch in kollektiver Hinsicht identitätsbildende Funktionen, boten sie doch ein Panorama nationaler ökonomischer Errungenschaften, die der jeweiligen nationalen Identitätsbildung im Licht der erfolgreichen Warenproduktion und des Handels dienten. Die Selbstwahrnehmung als Kollektivproduzent von Gütern ging mit einer Konzeption der volkswirtschaftlichen Arbeitskraft einher, die zunehmend ökonomisches und gesellschaftliches Denken auf die materiellen Dinge ausrichtete.

Über den sozio-ökonomischen Bereich hinaus wurde diese Umwidmung sekundiert durch einen Wandel im Feld des wissenschaftlichen Denkens über den Menschen, das den Kern des Wesens des Menschen und der Menschheitsentwicklung im Fortschritt der materiellen Zivilisationsleistungen entdeckte. Bereits die Weltausstellungen hatten Zivilisationsentwicklung mit Fortschritt auf dem Sektor der materiellen Güter enggeführt. Diese Denkfigur lag auch den unterschiedlichen wissenschaftlichen Sammlungen und Dokumentationspraktiken zugrunde, die auf der Basis evolutionsbiologischer Erkenntnisse die Entwicklung des Menschen als Geschichte seiner fortschreitenden Aneignung der materiellen Welt beschrieben (zum Beispiel das Pitt Rivers Museum in Oxford; Tylor 1920 [1871]). Das Museum wurde zum Ort der Neubegründung des Menschen im entsakralisierten Zeitalter (Pazzini 1999, 150–174), zur Chiffre einer Wahrnehmung von Zeitverhältnissen (Westerwinter 2008, 13), zum Gedächtnisspeicher eines kollektiven Subjekts. Als Instanz der Selbstvergewisserung von Subjekten, als Bildungs- und Kommunikationsinstitution, bedürfen Museen der Dinge, die sie auf eine spezielle Weise verfügbar und betrachtbar machen.

## Literaturwissenschaftliche Dingforschung

Dass Dinge und materielle Kultur seit der literarischen Antike – mit ihren bedeutungstragenden Waffen, Leintüchern, Trink- und Grabgefäßen (vgl. Müller 2014) – für Fragen des Wahrnehmens und Handelns von Menschen, der Vergegenwärtigung und Tradierung von Vergangenheit, der Figurencharakterisierung und Textdynamisierung, der semiotischen Einbindung und Bedeutungsgebung entscheidend sind, ist in der literaturwissenschaftlichen Forschung lange weder systematisch untersucht noch methodisch gefasst worden. Schon seit vielen Jahren hingegen haben Motiv- und Symbolforschung wie auch Editionswissenschaft die materielle Kultur auf je spezifische, durchaus praktisch orientierte Weise in den Blick genommen. So hat die Motivforschung mit ihrem – auch komparatistischen – Interesse an ausgewählten bedeutungsvollen Dingsymbolen untersucht, welche kultur- oder literaturgeschichtlich etablierten Funktionen solch signifikante Objekte für Figuren oder Handlung in literarischen Texten übernehmen. Demgegenüber arbeitet die Editionswissenschaft sowohl in editionstheoretischer und -philosophischer Hinsicht an materialen Textkulturen wie auch in editionspraktischer Hinsicht in Archiven, Nachlässen und Bibliotheken (vgl. Schubert 2010; siehe auch 2.14 BENNE UND SPOERHASE). Diese sind wiederum seit Langem mit konzeptionellen Fragen einer Musealisierung und Ausstellbarkeit von Literaturgeschichte in Form materialer Objekte konfrontiert. Darüber hinaus hat auch die (historische) Buch- und Buchmarktforschung die Materialität und Medialität der Literatur in Bezug auf deren Produktion und Zirkulation thematisiert (Rautenberg 2010, 2015) (siehe auch 2.15 RAUTENBERG, 2.16 GRIEM).

Doch erst seit einigen Jahren hat sich ein dezidierter Forschungszusammenhang „Literatur und materielle Kultur" etabliert. Er profitiert nicht zuletzt von der theoretisch-methodischen Fortentwicklung der Literaturwissenschaft unter anderem durch den *linguistic turn*, durch Medien- und Intermedialitätstheorie, durch das Konzept einer „Materialität der Kommunikation" (Gumbrecht und Pfeiffer 1988) sowie die Performanztheorie. So ist die Materialität der Medien mit Blick auf die ‚Aufschreibesysteme' (Friedrich Kittler) in den Fokus einer zunächst medientheoretischen, dann auch literaturwissenschaftlichen Forschung gerückt, die das Primat des Signifikats gegenüber der – aus der Wahrnehmung verdrängten beziehungsweise kulturell abgewerteten – Materialität infrage stellt oder gar erkenntnisträchtig umkehrt. Das gilt für eine medienwissenschaftliche Sicht auf technische und ästhetische Artefakte als der „dinglich verfassten Basis aller Praxis der Sinn- und Wissensproduktion" (Wendler und Engell 2009, 38) ebenso wie für eine literaturwissenschaftliche Perspektivierung der Schrift als materielle Spur *und* als Sinnträger. Dieses Forschungsfeld konzentriert sich auf „Materialität und Medialität von Schrift" (Greber et al. 2002) beziehungsweise auf die „Genealogie des Schreibens" (vgl. die gleichnamige Buchreihe, hrsg. von Martin Stingelin). Ähnlich einflussreich ist auch die Performanztheorie (in der Folge von John Austin etwa durch Michel Foucault und Judith Butler formuliert) mit ihrem Vorschlag, Materialität und Körper nicht als essenzialistisch bzw. vordiskursiv zu begreifen, sondern als ihrerseits diskursiv geprägt und mit Sprache verschränkt (vgl. etwa Köhler et al. 2004).

Als anschlussfähig hat sich zudem Roland Barthes' Semiologie mit ihren Überlegungen zum Verhältnis von Dingen und Zeichen erwiesen, wie Barthes sie in *Mythologies* (1957; *Mythen des Alltags*) und in seinem Aufsatz „L'effet de réel" explizit anhand literarischer Texte entwickelt hat (Barthes 2010 und 1968). Hingegen haben narratologische Ansätze die Dinge, trotz deren maßgeblichen bedeutungsgenerierenden Charakters, lange Zeit nicht angemessen erfasst: Auch wenn die Dinge über bestimmte Funktionen – etwa als Aktanten nach Algirdas Julien Greimas oder mithilfe ihrer Verortung im Erzählraum, wie sie Juri M. Lotman und andere diskutieren – narratologisch systematisiert werden können (vgl. Christ 2015), stellen sie doch (noch) keine eigene Kategorie in der gängigen Erzähltheorie dar.

In welchen Hinsichten sind nun die Dinge in der Literatur relevant; welche Forschungsfragen lassen sich von den Dingen her an literarische Texte und ihre kulturellen und historischen Kontexte, ihre Entstehungs- und Deutungszusammenhänge, ihre Formen und Gattungen, ihre (inter)medialen und ästhetischen Funktionen richten?

Zunächst ist zu fragen, inwieweit Dinge in Texten überhaupt als Dinge zu konzipieren sind, zeichnen sie sich doch weder durch sinnliche Wahrnehmbarkeit noch durch Realpräsenz oder Dreidimensionalität aus. Grundsätzlich festhalten lässt sich die Spezifik einer *literarischen* Darstellung und Deutung von Dingen in der literaturtypischen Spannung zwischen den Dimensionen der Materialität beziehungsweise Realität auf der einen Seite und denen der Immaterialität und des Imaginären auf der anderen. Das Fehlen konkreter Materialität bei Dingen in Texten stärkt die Zeichenhaftigkeit der Dinge und damit die Aufmerksamkeit für die mit ihnen verbundene ‚Zeichenpolitik'; zugleich drängt sich die Notwendigkeit einer Reflexion dieses Fehlens auf. Damit wird eine Selbstreflexion des literarischen Textes hinsichtlich seiner Mittel und Wirkungsweisen eingeleitet, die es ihm beispielsweise ermöglicht, nicht nur die Dinge so darzustellen, wie sie durch Figuren oder Erzählinstanzen wahrgenommen werden, sondern auch die Wahrnehmungsprozesse selbst, ihre Bedingungen und Techniken, ihre ‚blinden Flecken' (siehe auch 2.5 WILKE). Die Literarisierung von Dingen ist ja auch deshalb so erkenntnisträchtig für die Funktionen von Sprache, Text und Ästhetik, weil das Erzählbarmachen von Dingen durch Benennungen, Narrative und Kontexte die Grenzen der Referenzfunktion von Sprache auslotet.

Das Verhältnis von Subjekt und Objekt ist als ein dialektisches zu fassen: „We shape our tools and thereafter they shape us" (Culkin 1967, 70). Semantisierungen erfolgen demnach in beide Richtungen: Menschen laden Dinge mit Bedeutung auf, instrumentalisieren, prägen oder ‚machen' auf diese Weise Dinge, aber Dinge verleihen dem Menschen Subjektstatus, formen soziale Beziehungen und weisen eigene Handlungsfähigkeit auf. Literarische Darstellungen des kulturellen Dinggebrauchs haben, so scheint es, schon immer von dieser dialektischen Durchdringung, von der Handlungsfähigkeit der Dinge und ihrer identitätsbildenden Kraft gewusst. Vielleicht eröffnet ihnen gerade die Gegebenheit, dass literarische Dinge den Zeichenstatus mit den literarischen Subjekten teilen, es also im Medium des Fiktionalen ohnehin keine ontische Differenz zwischen Menschen und Dingen geben kann, eine fiktionale Handlungsfähigkeit, die man als selbstreferenziellen Verweis auf die gegenseitige Durchdringung von Subjekten und Objekten lesbar machen kann.

Die Literatur stellt ein Experimentierfeld für alle möglichen Verhältnisse zwischen Subjekten und Objekten dar, wie realistisch oder unwahrscheinlich diese auch beschaffen sein mögen. Auch deshalb ist sie für die Erkundung menschlicher Identitätsfragen, die so eng mit Dingen verknüpft sind, prädestiniert. Das betrifft zunächst die anhand von Dingen geschilderte Persönlichkeitsentwicklung und Identitätsfindung einer literarischen Figur. So können psychologische beziehungsweise psychoanalytische Einsichten in die Entwicklung kindlichen Denkens anhand von Spielobjekten (Jean Piaget) oder mittels Übergangsobjekten (Donald Winnicott) als entscheidende Elemente in der Erzählung einer Lebensgeschichte – etwa im Bildungsroman oder in der Kinder- und Jugendliteratur – platziert werden. Dabei arbeitet die geschlechtliche Codierung von Dingen an der Vereindeutigung oder aber Vervielfachung beziehungsweise Verunsicherung geschlechtlicher Identität (Vedder 2016; siehe auch 2.4 Köhler). Für die Figurenebene können auch mächtige Dinge aus der Vergangenheit wie Erinnerungsobjekte oder Erbstücke wichtig sein, die – beispielsweise in Traumerzählungen, im genealogischen Roman oder in der Exilliteratur – die Identität der literarischen Protagonistinnen und Protagonisten stabilisieren oder auch untergraben (Oesterle 2006; Holm 2007; siehe auch 2.7 Bischoff). Ähnliche Funktionen weisen Fetische oder andere Objekte des Begehrens auf (Weder 2007; Bischoff 2013). Desgleichen sind es ‚fremde' Dinge, zum Beispiel in Kolonialgeschichten oder Reiseerzählungen (das können auch Zimmerreisen sein, die das Eigene fremd machen; vgl. Stiegler 2010), die die jeweilige Figur mit Identitäts- und Alteritätsfragen, mit kulturellen Exotismen und historischer oder gegenwärtiger Herrschafts- und Hegemonieproblematik konfrontieren (Frank et al. 2007).

Doch materielle Objekte werden nicht nur für das Erzählen von Identitätsgewinnung oder -verlust eingesetzt. Ganz grundsätzlich organisieren Texte ihr literarisches Personal mithilfe von Dingen: Diese machen es erkennbar, geben ihm eine Geschichte und statten es mit Handlungsoptionen oder Hilflosigkeit aus, indem den Figuren ihre jeweiligen Interieurs, Accessoires oder Requisiten zugeordnet werden. Wenn literarische Texte sammelnde Protagonisten haben, die um begehrte Stücke ringen und ihr Leben mit dem eines Sammelobjekts verknüpfen, so fungiert dies oft als Auseinandersetzung mit dem Realen, dem herrschenden Weltwissen und mit Sinngebungsprozessen (Schmidt 2016; siehe auch 2.8 SCHMIDT). Zudem markieren Dinge die Wertigkeit einzelner Protagonisten und damit zugleich das jeweilige Wertesystem sowie kulturell und ökonomisch bestimmte Umwertungsprozesse (Ecker und Scholz 2000): Sei es plakativ oder kritisch durch prestigeträchtige Konsum- und Luxusgüter; sei es über sich selbst hinausweisend durch heilige, in Rituale eingebundene Dinge; sei es durch die Zuordnung entwerteter Dinge – Müll und Trödel – zu einem Protagonisten, der im Figurentableau oder im Handlungsablauf als Abjekt fungiert (siehe auch 2.10 MIESZKOWSKI); sei es gar bis hin zur Verdinglichung menschlicher Figuren.

Kenntlich werden so auch die historisch oder kulturell bedingten Wissenshorizonte der Figuren: Denn oft sind es die Figuren, die den Dingen zum Beispiel einen symbolischen Sinn zusprechen oder über einen solchen diskutieren, während die Erzählinstanz die jeweilige Deutung in der Schwebe belässt. Schließlich sind enge Verknüpfungen dinglicher und menschlicher Identität – auf der Ebene materieller Objekte als ‚Figuren' – auch in Objektbiografien virulent, in denen Dinge, ob anthropomorphisiert oder mit der Wucht ihrer Dinglichkeit versehen, ihrerseits Wege zurücklegen, ein ‚Leben' absolvieren, wandern (Niehaus 2009).

Jenseits der Figurenebene übernehmen Dinge als dezidiert bedeutungstragende Elemente proleptische oder analeptische Funktionen, verdichten durch ihre Einbindung in Prozesse der Gabe, des Tausches oder der Zirkulation Textverhältnisse oder produzieren ‚lose Enden'. Zudem können sie Handlungsverläufe dynamisieren, indem sie dem jeweiligen Textende teleologisch zuarbeiten, zum Beispiel durch leitmotivische Dingsymbole (wie sie oft in Balladen und Novellen eingesetzt werden) oder ‚fatale Requisiten' (etwa in Form verfluchter Dinge in Schauerdramen), oder aber sie stören den Textverlauf: entweder durch ihr widerständiges ‚Eigenleben', das so viele Dinge in der Literatur auszeichnet, oder durch ihre Opazität, die jede Sinnstiftung verschluckt. Allerdings hat Barthes (1988 [1966], 166) betont, es gebe keine Dinge in Texten, die ‚nichts' bedeuteten. Zum einen werfen jene literarischen Dinge, die sich einer Sinngebung entziehen, die Frage nach der Bedeutung der „Dinge ohne uns" (Macho 2011) auf, das heißt jener Dinge, die unverfügbar sind oder gänzlich unserer Wahrnehmung entzogen. Zum anderen sind auch ‚bedeutungslose', überschüssige dingliche Details in Texten produktiv, obwohl sie weder der Spezifizierung von Figuren oder Situationen dienen noch als Werkzeug oder Symbol in Handlungen eingebunden sind und auch kein Eigenleben führen. Denn ihre Bedeutung besteht in einer Evokation von Wirklichkeit, die Barthes als „Wirklichkeitseffekt" (Barthes 1968) bezeichnet und an Gustave Flauberts Realismus exemplifiziert hat: Weil es die Dinge in der Welt gibt, gibt es sie im realistischen Roman, und insofern sie den Roman bestücken, bezeugen sie dessen Welthaltigkeit und Realitätsträchtigkeit.

Die Bestimmung solcher Effekte steht nicht zuletzt im Zusammenhang dingbezogener Literaturgeschichtsschreibung: Die realistische Literatur in der zweiten Hälfte des 19. Jahrhunderts thematisiert nicht nur die Ausdifferenziertheit und Massenhaftigkeit materieller Objekte des Industriezeitalters, sondern ist auch in ihren Schreibweisen davon geprägt. Je spezifisch lässt sich eine Literaturgeschichte der Objektbedeutung schreiben, in der Themen und Darstellungsweisen durch die Dinge bestimmt sind (vgl. etwa Mühlherr et al. 2016 für die mediävistische Diskussion, Scholz 2004 zum frühen 18. Jahrhundert; Berndt und Fulda 2012 über Dinge der Aufklärung; Holm und Oesterle 2011 zur romantischen Dingpoetik; Kimmich 2011 über lebendige Dinge der Moderne; Brunner 2015 über erzählte Dinge von Lessing bis Sebald). Auch literarische Genres können auf ihre Dingdarstellung hin differenziert werden. So übernehmen materielle Objekte in Prosa (zum Beispiel als „Strukturmotiv", Niehaus 2009, 31) oder im Drama (zum Beispiel als „fatales Requisit", Benjamin 1974, 311) ganz unterschiedliche konstitutive Funktionen; Dinggedichte beispielsweise von Rainer Maria Rilke und Gertrude Stein komprimieren Wahrnehmung und Wahrgenommenes, während Beschreibungen etwa in modernen Romanen von Marcel Proust und Robert Musil „der sinnlichen Erfahrung im Umgang mit dem Materiellen von Materialem längere Passagen [...] widmen" (Kimmich 2014, 305). Und schließlich erfolgt eine dingbezogene Literaturgeschichtsschreibung auch textextern über Ausstellungsobjekte und deren Arrangements in Literaturmuseen und Dichterhäusern (vgl. zum Beispiel Davidis et al. 2001).

Ästhetik und Poetologie literarischer Texte lassen sich durch den jeweiligen Einsatz der Dinge hindurch analysieren (siehe auch 2.9 MAINBERGER). So macht die Inszenierung einer Sprache der Dinge die sprachlich-ästhetische Verfasstheit des Textes selbst erkennbar, wie auch das literarische Spiel markierter und markierender Dinge auf deren semiotische Prozesse verweist. In zugleich materieller und metaphorischer Hinsicht können beispielsweise Stoffe und textile Objekte in Texten gelesen werden: als eine herausfordernde Selbstreflexion – schließlich sind Texte Gewebe aus Zeichen (Greber 2002). Und nicht zuletzt lassen sich wertlose Dinge, Kitsch, Makulatur oder Massenwaren in Texten als kritisch-ironische Selbstkommentare bezüglich Autorschaft und Buchmarkt interpretieren.

## Zum Aufbau des Bandes

Das vorliegende Handbuch trägt dem gegenwärtigen Interesse an der Materie und den Dingen Rechnung, indem es die Interaktion zwischen den damit befassten Wissensfeldern und der literarischen Beschäftigung mit den materiellen Dingen in den Mittelpunkt stellt. In seiner Einleitung zu *Material Cultures: Why Some Things Matter* betont Daniel Miller die Diversität materieller Dinge beziehungsweise der Ausprägungen der materiellen Kultur (Miller 1998, 4–6). Methodologische Folge dieser Diversität ist eine Heterogenität der Herangehensweisen, die wir auch für dieses Handbuch reklamieren möchten. Nicht nur unterschiedliche Dingkategorien, sondern auch unterschiedliche Medialisierungs- und Verschriftlichungsweisen, Genres und Formen bedingen eine große Bandbreite an Möglichkeiten, Literatur und materielle Kultur in einen Dialog zu bringen. Dazu kommen, wie oben dargestellt, die unterschiedlichen Semantisierungen der jeweils verschriftlichten Objekte, so dass sich eine Fülle produktiver Herangehensweisen ergibt.

Der Aufbau des Handbuchs reflektiert beziehungsweise strukturiert diese Heterogenität durch die Dreiteilung in eine theoretische Sektion, eine Lektüresektion und ein zum ‚Dingmagazin' erweitertes Glossar.

Die Beiträge des ersten Teils – „Theorien und Modelle" – führen in grundlegende Denkansätze und Konzepte zur Erfassung und Analyse des Verhältnisses von Literatur und materieller Kultur ein. Hier werden übergreifende Fragestellungen und mögliche interdisziplinäre Anknüpfungspunkte der literarischen Dingforschung vorgestellt. Die zweite, umfangreichste Abteilung – „Exemplarische Analysen" – breitet in Form beispielhafter Untersuchungen ein imposantes Spektrum literarischer Dingvariationen aus. Objektrepräsentationen und Dingkonstellationen werden in den Schriften einzelner Autorinnen und Autoren vorgeführt, besonders solche, die sich auf paradigmatische Dingrelationen in bestimmten historischen Epochen oder kulturellen Konstellationen beziehen. Diese Sektion bietet somit eine kleine Literaturgeschichte der Objektdarstellung beziehungsweise des Dinggebrauchs. Dass diese Auswahl längst nicht erschöpfend ist, liegt in der Natur eines solchen Bandes, ebenso wie die gegenstandsgebundene Heterogenität der Beiträge. Auch dass unsere Ding-Literatur-Geschichte vorrangig Texte aus der westlichen Tradition betrachtet, ist eine folgerichtige Einschränkung, denn nur in solchen Texten gelten die paradigmatischen Subjekt-Objekt-Konstellationen, die im ersten Teil dieser Einleitung vorgestellt worden sind. Eine literarische Dinggeschichte nicht-westlicher Kulturen fußte auf epistemologischen, historischen und ökonomischen Grundlagen, die zu erschließen jenseits unserer Kompetenzen liegt.

Das handbuchübliche Glossar findet sich im dritten Teil des vorliegenden Bandes zum „Dingmagazin" erweitert, dessen Einträge in kurzen Vignetten einen konzentrierten Blick auf unterschiedliche Einzelobjekte, aber auch auf Dingkategorien in der Literatur werfen. Während die exemplarischen Analysen die identitätsformative, subjektstiftende oder -unterminierende Funktion von Dingen in einem imaginierten kulturellen Kontext untersuchen, wird hier der umgekehrte Weg beschritten, denn die kurzen Einträge des „Dingmagazins" werfen ausgehend vom Einzelobjekt oder der Dingkategorie einen Blick auf das Spektrum der literarischen Auseinandersetzung mit diesem jeweiligen Ding.

## Danksagung

Am Ende dieser Einleitung möchten wir all jenen danken, die das Handbuch ermöglicht und unsere Arbeit tatkräftig, finanziell und ideell unterstützt haben. Wir möchten uns ausdrücklich noch einmal bei allen Beiträgerinnen und Beiträgern für ihre tollen Ideen und ihre Geduld bedanken. Unseren Universitäten, der Goethe-Universität Frankfurt am Main und der Humboldt-Universität zu Berlin, danken wir für finanzielle Unterstützung, sowie Silja Glitscher für ihre vielfältigen Zuarbeiten. Den Reihenherausgeberinnen und dem Reihenherausgeber, Claudia Benthien, Ethel Matala de Mazza und Uwe Wirth, wie auch Manuela Gerlof, Anja-Simone Michalski und Annika Goldenbaum vom De Gruyter Verlag danken wir für ihr Vertrauen in unser Projekt und ihre freundliche Unterstützung. Unser größter Dank aber geht an unsere Lektorin Margret Westerwinter, die mit großer Geduld, Gelassenheit und Nervenstärke dafür gesorgt hat, dass das Projekt überhaupt die materielle Gestalt eines Buches angenommen hat.

## Literaturverzeichnis

Adorno, Theodor W. *Gesammelte Schriften. Band 6: Negative Dialektik. Jargon der Eigentlichkeit*. Hrsg. von Rolf Tiedemann. Frankfurt am Main 1970.
Appadurai, Arjun (Hrsg.). *The Social Life of Things*. Cambridge 1986.
Barthes, Roland. „L'effet de réel". *Communications* 11 (1968): 84–89.
Barthes, Roland. „Semantik des Objekts" [frz. OA 1966]. *Das semiologische Abenteuer*. Frankfurt am Main 1988: 187–198.
Barthes, Roland. *Mythen des Alltags*. Berlin 2010 [1957].
Benjamin, Walter. „Ursprung des deutschen Trauerspiels". *Gesammelte Schriften. Band I.1*. Hrsg. von Rolf Tiedemann und Hermann Schweppenhäuser. Frankfurt am Main 1974: 203–409.
Benjamin, Walter. „Das Passagen-Werk". *Gesammelte Schriften. Band V*. Hrsg. von Rolf Tiedemann und Herrmann Schweppenhäuser. Frankfurt am Main 1991.
Berndt, Frauke, und Daniel Fulda (Hrsg.). *Die Sachen der Aufklärung*. Hamburg 2012.
Bischoff, Doerte. *Poetischer Fetischismus. Der Kult der Dinge im 19. Jahrhundert*. München 2013.
Bourdieu, Pierre. *Die feinen Unterschiede. Kritik der gesellschaftlichen Urteilskraft*. Frankfurt am Main 1987.
Brown, Bill. „Thing Theory". *Critical Inquiry* 28 (2001): 1–22.
Brunner, José (Hrsg.). *Erzählte Dinge. Mensch-Objekt-Beziehungen in der deutschen Literatur*. Göttingen 2015
Butler, Judith. *Bodies that Matter. On the Discursive Limits of ‚Sex'*. New York, NY, London 1993.
Christ, Valentin. *Bausteine zu einer Narratologie der Dinge. Der ‚Eneasroman' Heinrichs von Veldeke, der ‚Roman d'Eneas' und Vergils ‚Aeneis' im Vergleich*. Berlin 2015.
Coole, Diana, und Samantha Frost (Hrsg.). *New Materialism. Ontology, Agency, and Politics*. Durham, London 2010.
Culkin, John. „A Schoolman's Guide to Marshall McLuhan". *Saturday Review*, 18. März 1967: 51–53 und 70–72.
Daston, Lorraine. *Things that Talk. Object Lessons from Art and Science*. New York, NY 2004.
Davidis, Michael, Gunther Nickel und Sabine Fischer. *Erinnerungsstücke. Von Lessing bis Uwe Johnson*. Ausstellungskatalog des Schiller-Nationalmuseums und des Deutschen Literaturarchivs Marbach. Marbach 2001.
Drügh, Heinz (Hrsg.). *Warenästhetik*. Berlin 2011.
Ecker, Gisela, und Susanne Scholz (Hrsg.). *UmOrdnungen der Dinge*. Königstein im Taunus 2000.
Engels, Friedrich. *Herrn Eugen Dührings Umwälzung der Wissenschaft. MEW Band 20*. Berlin 1962: 1–303.
Erll, Astrid, und Ansgar Nünning (Hrsg.). *Medien des kollektiven Gedächtnisses. Konstruktivität – Historizität – Kulturspezifität*. Berlin 2004.
Frank, Michael C., Bettina Gockel, Thomas Hauschild, Dorothee Kimmich und Kirsten Mahlke (Hrsg.). *Fremde Dinge. Zeitschrift für Kulturwissenschaften* 1 (2007).
Gombrich, Ernst H. *The Story of Art*. London 1950.
Greber, Erika. *Textile Texte: poetologische Metaphorik und Literaturtheorie. Studien zur Tradition des Wortflechtens und der Kombinatorik*. Köln, Weimar, Wien 2002.

Greber, Erika, Konrad Ehlich und Jan-Dirk Müller (Hrsg.). *Materialität und Medialität von Schrift*. Bielefeld 2002.
Gumbrecht, Hans Ulrich, und Karl Ludwig Pfeiffer (Hrsg.). *Materialität der Kommunikation*. Frankfurt am Main 1988.
Gumbrecht, Hans Ulrich. *Diesseits der Hermeneutik. Die Produktion von Präsenz*. Frankfurt am Main 2004.
Habermas, Tilmann. *Geliebte Objekte*. Frankfurt am Main 1999.
Hahn, Hans Peter. *Der Eigensinn der Dinge. Für eine neue Perspektive auf die Welt des Materiellen*. Berlin 2015.
Heidegger, Martin. *Sein und Zeit*. Tübingen 1977.
Heidegger, Marin. *Die Frage nach dem Ding*. Tübingen 1987.
Heidegger, Martin. *Der Ursprung des Kunstwerks*. Stuttgart 1999.
Hides, Sean. „The Genealogy of Material Culture and Cultural Identity". *Experiencing Material Culture in the Western World*. Hrsg. von Susan M. Pearce. London 1997.
Holm, Christiane. „Andenken und Fetisch in Goethes *Wilhelm Meisters Wanderjahre*. Zur erzählerischen Reflexion von affektiven Erinnerungspraktiken". *Übung und Affekt. Aspekte des Körpergedächtnisses*. Hrsg. von Bettina Bannasch und Günter Butzer. Berlin 2007: 205–226.
Holm, Christiane, und Günter Oesterle (Hrsg.). *Schläft ein Lied in allen Dingen? Romantische Dingpoetik*. Würzburg 2011.
*Instructions sommaires pour les collecteurs dobjets ethnographiques*. Paris: Musée d'Ethnographie 1931.
Kimmich, Dorothee. *Lebendige Dinge in der Moderne*. Konstanz 2011.
Kimmich, Dorothee. „Literaturwissenschaft". *Handbuch Materielle Kultur. Bedeutungen, Konzepte, Disziplinen*. Hrsg. von Stefanie Samida, Manfred K. H. Eggert und Hans Peter Hahn. Stuttgart, Weimar 2014: 305–308.
Kohl, Karl-Heinz. *Die Macht der Dinge. Geschichte und Theorie sakraler Objekte*. München 2003.
Köhler, Sigrid G., Jan Christian Metzler und Martina Wagner-Egelhaaf (Hrsg.). *Prima Materia. Beiträge zur transdisziplinären Materialitätsdebatte*. Königstein im Taunus 2004.
Latour, Bruno. *Wir sind nie modern gewesen*. Frankfurt am Main 2008.
Latour, Bruno. „On Recalling ANT". *Actor Network Theory and After*. Hrsg. von John Law und John Hassard. Oxford 1999: 15–25.
MacGregor, Neil. *A History of the World in 100 Objects*. London 2010.
Macho, Thomas. „Dinge ohne uns". *Affektive Dinge. Objektberührungen in Wissenschaft und Kunst*. Hrsg. von Natascha Adamowsky, Robert Felfe, Marco Formisano, Georg Töpfer und Kirsten Wagner. Göttingen 2011: 184–197.
Meier, Thomas, Michael R. Ott und Rebecca Sauer (Hrsg.). *Materiale Textkulturen. Konzepte – Materialien – Praktiken*. Berlin 2015.
Merleau-Ponty, Maurice. *Das Primat der Wahrnehmung*. Frankfurt am Main 2003.
Miller, Daniel. *Material Culture and Mass Consumption*. Oxford 1987.
Miller, Daniel (Hrsg.). *Material Culture: Why Some Things Matter*. Chicago, IL 1998.
Miller, Daniel (Hrsg.). *Materiality*. Durham, London 2005.
Mühlherr, Anna, Heike Sahm, Monika Schausten und Bruno Quast (Hrsg). *Dingkulturen. Objekte in Literatur, Kunst und Gesellschaft der Vormoderne*. Berlin, Boston, MA 2016.

Müller, Frank. „Dramatische Interaktionen. Ding und Mensch in Sophokles' *Elektra*: Leid, Fiktion und Vergegenwärtigung". *Ding und Mensch in der Antike. Gegenwart und Vergegenwärtigung*. Hrsg. von Ruth Bielfeldt. Heidelberg 2014: 257–274.

Niehaus, Michael. *Das Buch der wandernden Dinge. Vom Ring des Polykrates bis zum entwendeten Brief.* München 2009.

Oesterle, Günter. „Souvenir und Andenken". *Der Souvenir. Erinnerung in Dingen von der Reliquie zum Andenken.* Hrsg. vom Museum für Angewandte Kunst Frankfurt. Köln 2006: 16–45

Pazzini, Karl-Josef (Hrsg.). *Unschuldskomödien. Museum und Psychoanalyse*. Wien 1999.

Pearce, Susan M. (Hrsg.). *Experiencing Material Culture in the Western World.* London 1997.

Rautenberg, Ursula (Hrsg.). *Buchwissenschaft in Deutschland.* 2 Bände. Berlin, New York, NY 2010.

Rautenberg, Ursula (Hrsg.). *Reclams Sachlexikon des Buches. 3. grundlegend neu bearbeitete Ausgabe.* Stuttgart 2015.

Reckwitz, Andreas. *Die Erfindung der Kreativität. Zum Prozess gesellschaftlicher Ästhetisierung.* Berlin 2012.

Samida, Stefanie, Manfred K. H. Eggert und Hans Peter Hahn. *Handbuch Materielle Kultur. Bedeutungen, Konzepte, Disziplinen.* Stuttgart, Weimar 2014.

Schmidt, Sarah (Hrsg.). *Sprachen des Sammelns. Literatur als Medium und Reflexionsform des Sammelns.* Paderborn 2016.

Scholz, Susanne. *Objekte und Erzählungen. Subjektivität und kultureller Dinggebrauch im England des frühen 18. Jahrhunderts.* Königstein im Taunus 2004.

Schubert, Martin (Hrsg.). *Materialität in der Editionswissenschaft*. Berlin, New York, NY 2010.

Simmel, Georg. „Die Großstädte und das Geistesleben". *Individualismus der modernen Zeit und andere soziologische Abhandlungen*. Hrsg. von Ottheim Rammstedt. Frankfurt am Main 2008: 319-333.

Stiegler, Bernd. *Reisender Stillstand. Eine kleine Geschichte der Reisen im und um das Zimmer herum.* Frankfurt am Main 2010.

Tylor, Edward B. „The Science of Culture" [1871]. *Primitive Culture: Researches into the Development of Mythology, Philosophy, Religion, Art, and Custom.* 2 Bände. 6. Auflage. London 1920.

Vedder, Ulrike. „*Gendered objects*. Literarische Ding- und Geschlechtercodierungen". *Sprachen des Sammelns. Literatur als Medium und Reflexionsform des Sammelns*. Hrsg. von Sarah Schmidt. München 2016: 43–58.

Weder, Christine. *Erschriebene Dinge. Fetisch, Amulett, Talisman um 1800.* Freiburg im Breisgau 2007.

Wendler, André, und Lorenz Engell. „Medienwissenschaft der Motive". *Zeitschrift für Medienwissenschaft* 1 (2009): 38–49.

Westerwinter, Margret. *Museen erzählen. Sammeln, Ordnen und Repräsentieren in literarischen Texten des 20. Jahrhunderts.* Bielefeld 2008.

Williams, Raymond. *Culture and Society 1780–1950.* New York, NY 1960 [1958].

## 2. Theorien und Modelle

## 2.1 Dinge in Texten

Dorothee Kimmich

### Einleitung

Dingen in Texten fehlt das Entscheidende: ihre Dinghaftigkeit, ihre Materialität. Sind Dinge in der bildenden Kunst als Skulpturen, ja sogar als Tafelbilder noch im weitesten Sinne ‚materiell', so kann ein Text den Dingen keinerlei Körperlichkeit verleihen. Dinge in Texten sind keinem menschlichen Sinn unmittelbar zugänglich, sind weder fühlbar noch sichtbar, man kann sie weder hören noch riechen, sondern muss sie imaginieren (vgl. Ott et al. 2015; Samida et al. 2014; Brunner 2015).

Diese erheblichen Einschränkungen, die für die textliche Repräsentation von Dingen gelten, haben zur Folge, dass gerade die Sinnlichkeit, Unmittelbarkeit und Materialität von Dingen zu einem zentralen Motiv der literarischen Dingrepräsentation wird: Die alltägliche und selbstverständliche Erfahrung der Materialität von Dingen wird dort, wo sie auffällig fehlt, zum Thema. So werden literarische Texte in besonderer Weise zum Medium der Reflexion von Materialität, Körperlichkeit, Räumlichkeit, Textur und von Wahrnehmung selbst. Die Literatur nimmt für sich in Anspruch, durch bestimmte Verfahren etwa von Distanz und Annäherung, Einklammerung und Verfremdung die ästhetische Erfahrung so zu manipulieren, dass – obwohl die materielle Seite der Dinge ja gerade verloren geht – die irritierende Ambivalenz von Zeichenhaftigkeit und zugleich Nicht-Zeichenhaftigkeit der Dinge erkennbar wird: „Alles Wirkliche ist phänomenal: es übersteigt unsere Fassungskräfte und ist deswegen real." (Seel 2006)

### Systematische Aspekte

Jenseits dieser spezifischen – und eher für die Moderne charakteristischen – Selbstreflexion des Mediums Literatur im Ding finden sich je nach Gattung und Epoche allerdings weitere Funktionen von ‚Dingen in Texten'. Es gilt daher, sowohl systematisch als auch historisch zwischen verschiedenen Funktionen und Rollen von Dingen in Texten zu unterscheiden: Dinge in der Lyrik oder im Drama haben oft andere Funktionen als solche in erzählenden Texten; zudem ist die Funktion von Dingen in mittelalterlichen Texten meist eine andere als diejenige in modernen. Alle diese Unterscheidungen gelten nicht strikt, können aber als Orientierung dienen.

Zudem muss geklärt werden, von welcher Art von Dingen jeweils die Rede ist. Die Unterscheidung in ‚Dinge', ‚Gegenstände', ‚Sachen' und ‚Objekte' ist im Deutschen differenziert und durchaus nicht immer einheitlich, oft werden die Begriffe auch synonym verwendet. Im Deutschen färbt zudem die philosophische Nomenklatur vom ‚Ding an sich' auf die verschiedenen Definitionen ab. Das ‚Ding an sich' der Kant'schen Erkenntnistheorie qualifiziert vor allem eine negative Kategorie des schlechterdings nicht Erkennbaren. Es ist im besten Falle eine Bedingung der Möglichkeit zu Erkenntnis. Reale Dinge haben im Verhältnis zu diesem ‚Ding an sich' in der idealistischen Philosophietradition immer nur einen Verweischarakter und damit gewissermaßen einen ontischen Status. Dieses Konzept impliziert einen genuinen Zeichencharakter *aller* Dinge, realer *und* derjenigen im Text. Der starke Einfluss idealistischer Philosopheme auf die deutsche Literatur vor allem zu Beginn des 19. Jahrhunderts zeigt sich u. a. darin, dass dort Dinge fast ausschließlich Zeichencharakter haben und als Symbole fungieren.

Erst mit dem Realismus ab Mitte des 19. Jahrhunderts und dann mit der um 1900 einsetzenden Moderne wird diese Verweisfunktion infrage gestellt bzw. differenziert. Ob Dinge bzw. Dinge im Text auch *keine* Zeichen sein können, sondern nur auf sich selbst verweisen und keine weitere Deutung zulassen, ist eine Frage, die mit der Zunahme von Artefakten und Alltagsgegenständen in literarischen Texten einhergeht, die also mit dem Realismus virulent wird.

Zugleich findet im Laufe des 19. Jahrhunderts eine Ablösung der philosophischen Erkenntnistheorie durch die naturwissenschaftliche Erforschung der sinnlichen Wahrnehmung statt. Dies ist insofern relevant, als die Geschichte von Dingen bzw. von Dingen in Texten immer an den Kontext der jeweiligen Wissensgeschichte gebunden ist: Die von Theodor Fechner, Wilhelm Wundt und Hermann von Helmholtz begründete ‚Psychophysik' untersucht die physiologischen Abläufe der Wahrnehmung und damit das Verhältnis von Subjekt, Sinnlichkeit, Wahrnehmung und Objekt. Die in der Folge einsetzenden Debatten über Wahrnehmen und Erkennen, Denken und Fühlen führen zu einer radikalen Infragestellung des idealistischen, mit sich selbst identischen Ich und zugleich zu einer Aufwertung von Körperlichkeit, Materialität und Sinnlichkeit und damit individueller Leiblichkeit, deren Erfahrungsqualitäten zudem mit gewissen moralischen und ästhetischen Forderungen versehen werden. Diese Debatten werden nicht nur theoretisch geführt, sondern auch ästhetisch inszeniert. Die Literatur hat – zusammen mit der bildenden Kunst, der Fotografie und dem Film – einen großen Anteil daran.

Für die Untersuchung von Dingen in Texten bietet es sich – jenseits der historischen Differenzierungen – zudem an, Naturdinge und Artefakte heuristisch zu unterscheiden, obwohl auch dies nicht immer eindeutig ist: Ein einfacher Stein etwa kann durch seine Funktion als Geschenk, als bearbeiteter Schmuckstein oder einfach als Erinnerungsobjekt in die Nähe eines Artefaktes rücken. Vielfach unterscheiden sich also Naturdinge und Artefakte nicht *per se*, sondern es ist vielmehr ihre Funktion, die Dinge jeweils den Naturdingen oder den Artefakten zuordnet. Artefakte wiederum können sowohl praktische als auch symbolische Bedeutung – oder beides zugleich – haben oder auch in unterschiedlichen Kontexten unterschiedliche Funktionen annehmen: Eine Spindel kann der Herstellung von Fäden dienen oder ein gefährliches und verzaubertes, magisches Objekt – oder eben beides – sein (vgl. Kohl 2003, 121).

Zu natürlichen Objekten zählen diejenigen Dinge, die sich – oft – nicht anfassen, bewegen oder transportieren lassen, also solche, die nicht hergestellt, sondern in der Natur vorgefunden werden, wie etwa ein Felsblock, Wolken oder ein Baum. Natürliche Dinge können Zeichenträger sein, sind aber schwieriger als solche zu interpretieren. Artefakte lassen sich – sowohl in der Archäologie als auch in der ethnologischen Forschung – leichter als Zeichenträger deuten. Karl-Heinz Kohl schließt daraus, dass die materiellen Gegenstände, mit denen wir uns umgeben, keine „Dinge an sich", sondern immer „Dinge für uns" sind. Menschen verwenden sie für die unterschiedlichsten Zwecke, im elementarsten Fall für die Befriedigung ihrer biologischen Bedürfnisse und für ihren ‚Stoffwechsel' mit der Natur. Zugleich dienen sie als Mittel der Kommunikation. Dinge, Objekte und Artefakte sind also sowohl Zeichen als auch keine Zeichen. Ihre materielle Seite schließt den Zeichencharakter nicht aus, aktiviert ihn aber auch nicht in jedem Fall.

Zudem sind auch und gerade Alltagsgegenstände dazu geeignet, soziale Distinktion, Hierarchien und Machtgefüge zu etablieren und zu stabilisieren. „Der Wunsch nach Besitz" ist mit den Worten von Claude Lévi-Strauss „eine soziale Antwort" (Lévi-Strauss, zit. nach Kohl 2003, 129), und zwar auf das Begehren eines anderen, und trifft sich auf diese Weise mit den sekundären Zeichenfunktionen, die auch Gebrauchsgegenstände im Bereich der sozialen Distinktion haben. Bruno Latour gibt eine weiterführende Erklärung dieses Problems, indem er auf den Begriff und die Idee des Fetischismus zurückgreift. Dinge bekämen auf eine seltsame Weise eine Art Autonomie gegenüber ihrem Gebrauchszweck: „Nous pouvons produire des êtres légèrement autonomes qui nous dépassent quelque peu" [Wir können Wesen erschaffen, die eine gewisse Autonomie besitzen und damit ein wenig über uns hinauswachsen] (Latour 1996, 67; vgl. Freud 1968 [1919], 227–268). Latours kulturanthropologischer

Ansatz, der Fetische als etwas bezeichnet, das die Einteilung in natürlich gegebene Dinge und gemachte Artefakte infrage stellt, liefert wichtige Anregungen für die Behandlung von Alltagsdingen, wie wir ihnen in der Literatur begegnen. Fetische sind Dinge mit einem gewissen Eigenleben, das besonders faszinierend, beunruhigend und erschreckend, manchmal aber auch belustigend oder unheimlich wirkt.

Dinge sind, das ist damit bereits deutlich geworden, nicht nur Objekte, sondern auch Subjekte der Wissensgeschichte. Gehören sie zum einen zur Welt kultureller Bedeutungsträger, zur Welt symbolischer Kommunikation, sind sie auf der anderen Seite aber gerade die Repräsentanten von ‚natürlichen‘, objektiven Gegebenheiten der Natur. Kultur als das Ensemble selbst geschaffener Bedeutungswelten auf der einen und Natur als das Vorfindliche auf der anderen Seite scheinen auf den ersten Blick klar und distinkt voneinander abgrenzbar. Gerade die Dinge, und vor allem die Dinge in Texten, erweisen sich aber als ‚Grenzgänger‘ zwischen den Bereichen von Natur und Kultur. Als ‚Grenzgänger‘ und Vermittler zwischen Material und Symbol, Gebrauch und Kult, zwischen Alltag und Verehrung, Eigentum und Verfremdung, Handwerk, Wissenschaft und Zauberei markieren Dinge in Texten eine weitreichende Reflexion auf anthropologische, philosophische und sogar im weitesten Sinne ‚ökologische‘ Konstellationen.

## Historische Aspekte

Dinge gibt es in unzähligen Texten der Weltliteratur von der Antike bis in die Gegenwart. Ein Überblick kann hier nicht einmal annähernd gegeben werden. Der Schild des Achill aus Homers *Ilias* (Vers 468–608) wird häufig als eines der frühesten Beispiele ekphrastischer Dingrepräsentation in der Antike genannt. Auch mittelalterliche Texte kennen eine Vielzahl erzählter Objekte, die nicht nur Requisiten sind, sondern so etwas wie eine narrative Eigenlogik entfalten, wie etwa die Tarnkappe des Alberich oder Siegfrieds Schwert im *Nibelungenlied* (vgl. Christ 2015). Barocke Wunderkammern und Erinnerungsgegenstände der Aufklärung und der Klassik – etwa in Johann Wolfgang von Goethes *Wilhelm Meisters Lehrjahre* – markieren eine stete Zunahme von Dingen nicht nur im Alltag, sondern auch in literarischen Texten (vgl. Berndt und Fulda 2012).

In romantischen Texten häufen sich die magischen, verzauberten, die lebendigen und aktiven Dinge, denen gegenüber sich Menschen wie Automaten ausnehmen. Die Aufteilung von Aktivität und Passivität bzw. Objektivität und Subjektivität von Dingen und Menschen gerät in Bewegung: Die Dinge bei Novalis, E. T. A Hoffmann, bei Heinrich von Kleist und Joseph von Eichendorff haben eine eigene ‚agency' und bevölkern auf eine meist unheimliche und verstörende Weise den Alltag der Menschen (vgl. Holm und Oesterle 2011). Auf dieses ‚Unheimliche' in E. T. A. Hoffmanns *Der Sandmann*, das lebendige Dinge – wie etwa Brillen, die zugleich Augen sind – auslösen können, rekurriert später Sigmund Freud in seinem gleichnamigen Text (vgl. Freud 1968 [1919]).

So wie in der Romantik die Dinge vor allem die Grenze zwischen ‚lebendig' und ‚leblos' zu subvertieren scheinen, ist es im Realismus des 19. Jahrhunderts insbesondere die Trennung in ‚Natur' und ‚Kultur', der sich die literarischen Dinge widersetzen. In den Texten von Adalbert Stifter (siehe auch 3.12 BEGEMANN) etwa oszillieren die Dinge häufig zwischen ihrer Naturhaftigkeit und ihrem Status als Artefakt hin und her. Mit naturwissenschaftlicher Akribie sammelt der Dichter diese Objekte und Daten, um dann zu einem vorläufigen Ergebnis zu kommen, dem im Vorwort zu *Bunte Steine* sogenannten „sanften Gesetz", das er analog zu den Naturgesetzlichkeiten im sozialen Leben der Menschen wiederzuerkennen versucht (vgl. Stifter 1979). Es ist die Grauzone zwischen Menschengeschichte und Naturgeschichte, die Stifter anhand der Dinge in seinen Texten auslotet.

Die realistischen Ansammlungen von Alltagsdingen im Text verweisen auf die Entwicklungen in der Moderne bzw. im 20. Jahrhundert: Dinge in der modernen Literatur sind Dinge, die als solche auffallen und thematisiert werden. Sie gehen nicht in ihrem symbolisch verweisenden Charakter auf. Vom „Aufstand der Dinge" (Kästner 1976) in der modernen Literatur ist immer wieder die Rede gewesen, oder auch vom „Widerstand", der den Gegenständen fast buchstäblich eingeschrieben sei. Die Erzählung von der berühmten „Tücke des Objekts" (vgl. Vischer 1987 [1897]), die den Menschen das Leben mit den Dingen zur Qual macht (siehe auch 3.11 STEINER), ist zu unterscheiden von den Dingen, die sich angeblich weigern, Zeichen zu sein, und die sich damit auch weigern würden, in irgendwie geartete Zeichensysteme integriert zu werden. Gerade weil sie nicht vollkommen in einer Funktion innerhalb der Handlung verschwinden, werden sie überhaupt als Dinge wahrgenommen. Häufig wird dies dann als Widerständigkeit, Opazität oder Bedeutungslosigkeit bezeichnet.

Dabei steht im Vordergrund die Exposition des Dings als Ding, also gerade das Verschwinden der jeweiligen Inszenierung oder funktionalen Kontextualisierung. Das entspricht der Idee, „dass sich die Gegenstände mittels der Fotografie ohne Intervention einer schöpferischen Hand" (Wolf 2000, 172) abbilden lassen würden, und greift eine Vorstellung auf, die sich immer wieder in Texten der klassischen Moderne findet: Wie sehen die Dinge aus, wenn sie keiner anschaut? Wie geht es in der Welt zu, wenn sie nicht durch unsere Blicke eingeschränkt wird, wenn sie nicht durch unsere Wahrnehmung und Benennung konditioniert und reduziert ist auf Verständliches? Was würde ich sehen, wenn ein Subjekt der Wahrnehmung, ein Ich, gar nicht da wäre?

Alfred Polgar hat dieses Kinderspiel in einem seiner kurzen Prosatexte vorgeführt. Es wirkt dort nicht mehr so harmlos, sondern zeigt, wie unheimlich die Welt der Dinge sein kann, und wie wenig der Mensch dort zu sagen hat. Dinge sind bei Polgar keine „Dinge an sich" und auch keine „Dinge für uns", sondern „Dinge für sich". Wenn die Dinge „für sich" sind, sind sie nicht nur allein, sondern auch „autonom". Sie folgen einer Eigenlogik, die sie weit entfernt von der Erkenntnis- und Wahrnehmungsfähigkeit des Menschen und dadurch nicht nur fremd, sondern auch gefährlich zu machen scheint: „Ich liebe die Einsamkeit, aber die Einsamkeit meines Zimmers liebe ich nicht. Weil ich tiefes Misstrauen gegen die Dinge in ihm, gegen die Wände, Möbel, Bilder habe und mich ihnen ausgeliefert fühle." Polgar entwickelt eigene Strategien, um sich gegen die Übermacht der Dinge zu wehren: „Es sind viele gegen einen. Ich spüre, dass sie mich anstarren, und ahne Zeichen der Verständigung zwischen ihnen und pfeife sorglos, um ihnen zu zeigen, dass ich mich gar nicht fürchte." (Polgar 1983, 17–18)

Solche Erfahrungen thematisieren moderne Texte in besonders expliziter Weise, sie diskutieren zugleich allerdings auch die Frage, ob es Möglichkeiten gibt, die Bedrohung in ‚Solidarität', ‚Freundschaft' oder am ehesten ‚Komplizenschaft' mit den Dingen umzuwandeln. Die bekanntesten Texte dazu stammen von Franz Kafka, Siegfried Kracauer, Walter Benjamin, Robert Walser, Vladimir Nabokov, Francis Ponge, Rainer Maria Rilke, Robert Musil, nicht zu vergessen die Filme von Charlie Chaplin.

Franz Kafkas „Die Sorge des Hausvaters" ist eine kurze Geschichte, in dem ein lebendiges Ding, eine Art Spule mit dem Namen Odradek, ihr Unwesen treibt. Der Hausvater ahnt, dass Odradek ein Wesen ist, das aus der Disziplin der Naturgesetze gesprungen ist und dabei nicht nur lebendig, sondern sogar unsterblich geworden ist (vgl. Kimmich 2007): „Man wäre versucht zu glauben, dieses Gebilde hätte früher irgendeine zweckmäßige Form gehabt und jetzt sei es nur zerbrochen." Doch Zweckmäßigkeit ist keine sinnvolle Kategorie für Dinge, die ihren eigenen Zweck verfolgen: „Dies scheint aber nicht der Fall zu sein; wenigstens findet sich kein Anzeichen dafür; nirgends sind Ansätze oder Bruchstellen zu sehen, die auf etwas Derartiges hinweisen würden; das Ganze erscheint zwar sinnlos, aber in seiner Art abgeschlossen." (Kafka 1994, 282–283) Odradek ist auf seine Weise autonom und den Zielen menschlichen Zweckhandelns nicht unterworfen.

Auch für Walter Benjamin sind die Dinge ein Thema, das alle anderen Themen seines Werkes einrahmen könnte: die Ästhetik, die Modernekritik, die

Städtelandschaften, die Träume, den Surrealismus, die Kinder und ihre Welt, Erinnerung und Geschichte, Passagen und Flaneure, Kunst und Technik. In Benjamins Texten werden Dinge gesehen, übersehen, gesammelt, sie gehen verloren, werden verachtet, gerettet und wieder benutzt, beschriftet, umgewidmet und ausgestellt. Es geht um Gebrauchsgegenstände, Waren, Abfall, Kinderspielzeug, um Socken, Telefone, Glasscherben, Korkenzieher, Bücher, um banale Dinge und um Antiquitäten; meist geht es um alte Dinge. Um die Dinge wahrzunehmen, muss man ihren Blick erwidern: „Nur was uns anschaut, sehen wir." (Benjamin 1980 [1929], 199)

Mit den Dingen und ihrer spezifischen sinnlichen, vor allem haptischen Qualität beschäftigt sich Francis Ponges Werk, das stellvertretend genannt sei für die vielen Dinge in nicht deutschsprachigen Texten, die hier allesamt nicht besprochen werden können. Die irritierende Konkurrenz, Ergänzung und Spannung zwischen sinnlicher Wahrnehmung – besonders Taktilität – und Versprachlichung der Dingerfahrung thematisiert Ponge in seinem Werk *Le Parti pris des choses*, einer Sammlung von Prosatexten, die er 1942 veröffentlichte. Ponge beschreibt Kieselsteine, Austern, Stecknadeln, Kerzen und etwa eine Aprikose (vgl. Sartre 1986). Das beste Beispiel für das Ding in Ponges Text ist die Seife: Die Form der Seife, ihr Geruch, ihre Konsistenz, ihre Temperatur erschließen sich der Hand, die sanft um sie gleitet und sie erforscht. Die Hand ist aber zugleich auch diejenige, die die Form ständig verändert, den Schaum auslöst und die Seife am Ende in Nichts auflöst (vgl. Ponge 1993; vgl. Bloch 1977): „Über die Seife lässt sich viel sagen. Buchstäblich alles, was sie von sich selber berichtet, bis zu ihrem völligen Verschwinden, bis zur Erschöpfung des Themas. Genau dieser Gegenstand ist mir recht." (Ponge 1993, 103)

Die Seife ist ein alltäglich vorhandener Gegenstand, der hauptsächlich dann auf sich aufmerksam macht, wenn er fehlt, z. B. im Krieg: „Wenn es ausnahmsweise passiert, dass es uns an solchen Gegenständen mangelt, sie nicht zu finden sind, erfüllt uns alsbald ein Gefühl der Überraschung und Enttäuschung, das uns irgendwie aus dem Gleichgewicht bringt." Die Seife ist weit mehr als ein nützlicher Gegenstand, ihr Wert lässt sich erst ermessen, wenn man sie nicht nur benutzt, sondern tatsächlich ‚erlebt': „Ihre Kostbarkeit wird uns deutlich, ihr Wert offenbart sich uns. Gleichzeitig verändert sich unser eigener Wert in unseren eigenen Augen: wir erfahren, dass er von ihnen abhängig ist. Die Welt wird wieder interessant, wie bei einem Spiel, das ‚gilt'" (Ponge 1993, 103).

## Literaturverzeichnis

Benjamin, Walter. „Alfred Polgar, Hinterland (Rezension)" [1929]. *Gesammelte Schriften. Band III, Kritiken und Rezensionen*. Hrsg. von Hella Tiedemann-Bartels, Frankfurt am Main 1980: 199–201.

Berndt, Frauke, und Daniel Fulda (Hrsg.). *Die Sachen der Aufklärung. Beiträge zur DGEJ-Jahrestagung 2010 in Halle an der Saale*. Studien zum achtzehnten Jahrhundert 34. Hamburg 2012.

Bloch, Ernst. *Spuren*. Frankfurt am Main 1977.

Brunner, José (Hrsg.). *Erzählte Dinge. Mensch-Objekt-Beziehungen in der deutschen Literatur*. Göttingen 2015.

Christ, Valentin (Hrsg.). *Bausteine zu einer Narratologie der Dinge. Der ‚Eneasroman' Heinrichs von Veldeke, der ‚Roman d'Eneas' und Vergils ‚Aeneis' im Vergleich.* (Hermaea. Neue Folge 137.) Berlin 2015.

Freud, Sigmund. „Das Unheimliche" [1919]. *Gesammelte Werke. Chronologisch geordnet. Band XII: Werke aus den Jahren 1917–1920*. Hrsg. von Anna Freud, Marie Bonaparte, E. Bibring, W. Hoffer, E. Kris und O. Osakower. 4. Auflage. Frankfurt am Main 1968: 227–278.

Holm, Christiane, und Günter Oesterle (Hrsg.). *Schläft ein Lied in allen Dingen? Romantische Dingpoetik* (Stiftung für Romantikforschung). Würzburg 2011.

Kafka, Franz. „Die Sorge des Hausvaters". *Schriften, Tagebücher, Briefe. Kritische Ausgabe [Drucke zu Lebzeiten]*. Hrsg. von Wolf Kittler, Hans-Gerd Koch und Gerhard Neumann. Frankfurt am Main 1994: 282–284.

Kästner, Erhart. *Aufstand der Dinge. Byzantinische Aufzeichnungen*. Frankfurt am Main 1976.

Kimmich, Dorothee. „‚Mit blasiert eleganter Frivolität'. Von der Begegnung mit fremden Dingen". *Zeitschrift für Kulturwissenschaften* 1 (2007): *Fremde Dinge*: 73–82.

Kohl, Karl-Heinz. *Die Macht der Dinge. Geschichte und Theorie sakraler Objekte*. München 2003.

Latour, Bruno. *Petite reflexion sur le culte moderne des dieux faitiches*. Paris 1996.

Ott, Michael R., Rebecca Sauer und Thomas Meier (Hrsg.). *Materiale Textkulturen. Konzepte – Materialien – Praktiken* (= Materiale Textkulturen 1). Berlin, Boston, MA, München 2015.

Polgar, Alfred. „Die Dinge". *Kleine Schriften. Band 2*. Hrsg. von Marcel Reich-Ranicki, Hamburg 1983: 17–21.

Ponge, Francis. *Die Seife*. Frankfurt am Main 1993.

Samida, Stefanie, Manfred K. H. Eggert und Hans Peter Hahn (Hrsg.). *Handbuch Materielle Kultur. Bedeutungen, Konzepte, Disziplinen*. Stuttgart 2014.

Sartre, Jean-Paul. „Der Mensch und die Dinge". *Francis Ponge. Einführung in den Kieselstein und andere Texte*, Frankfurt am Main 1986: 245–293.

Seel, Martin. „Wie phänomenal ist die Welt?". *Paradoxien der Erfüllung*. Frankfurt am Main 2006: 171–189.

Stifter, Adalbert. *Bunte Steine und Erzählungen*. Zürich 1979.

Vischer, Friedrich Theodor. *Auch Einer. Eine Reisebekanntschaft. Mit einem Nachwort von Otto Borst*. Frankfurt am Main 1987 [1879].

Wolf, Herta. „Vom Umgang mit den Dingen in der Fotografie". *Umordnungen der Dinge*. Hrsg. von Gisela Ecker und Susanne Scholz. Königstein im Taunus 2000: 160–186.

## 2.2 Sprache der Dinge

Ulrike Vedder

**Dinge zwischen Bedeutung und Opazität**

Die Dinge und die Sprache stehen in einem komplexen Verhältnis, das je nach disziplinärer Perspektive und historischer Konstellation in unterschiedlicher Weise zu analysieren ist (vgl. zum Folgenden Vedder 2014). Während die Dinge selbst offenbar gut ohne Sprache auskommen, bleiben sie ohne sprachliche Benennung den Menschen fremd, denn die Sprache stellt eine fundamentale Weise der Hinwendung zu den Dingen und ihrer Aufnahme in den Bezirk der menschlichen Welt dar. Dinge treten zunächst als Realien auf: materiell, partikular, präsent, gegenständlich – erst wenn sie in kulturelle und historische Kontexte und Narrative eingebettet, das heißt sprachlich vermittelt und vermittelbar sind, lässt sich ihre Bedeutung erfassen, werden sie zu *telling objects* (Bal 1994). Dabei kann ein und dasselbe Objekt in unterschiedlichen Kontexten diverse Bedeutungen entfalten und verschiedene Geschichten entbinden, als Reliquie oder Trödel, als Ware oder Erbstück. Auf welche Weise aber können Dinge ‚erzählen'; wie funktioniert ihre sprachliche Bezeichnung; wie lassen sich Ordnungen der Dinge in Ordnungen der Sprache übersetzen; in welchen Zusammenhängen werden Dinge ‚gelesen'? Unter welchen Bedingungen gelten sie als stumm oder sprechend, und welche bedeutungsgebenden Funktionen übernehmen sie in literarischen und nicht-literarischen Narrativen?

Die Bedeutungsfülle gibt den Dingen ihre ‚Physiognomie' und macht sie damit zu *things that talk* (Daston 2004, 24). Doch Dinge sind auch opak, sie können sich der Sinngebung und Versprachlichung entziehen, ihre Materialität ist den Subjekten nicht unbedingt dienstbar. Solche Erfahrungen mit den Dingen werden wiederum sprachlich bearbeitet: in einer Vielfalt von Begriffsordnungen, sprachlichen Mustern, literarischen Narrativen. 1913 pointiert Edmund Husserl in phänomenologischer Perspektive eine ‚Abschattung' der Dinge, insofern sie nie in ihrer Vollständigkeit gegeben seien, auch wenn die dem Blick entzogenen Rückseiten vom wahrnehmenden Subjekt zu einem Gesamteindruck ergänzt würden; in ähnlicher Weise spricht Ernst Bloch 1930 vom „Rücken der Dinge" (Bloch 1983, 172). In ihren *portraits of things*, die Gertrude Stein in dem Band *Tender Buttons* (1914) versammelt – betitelt „A carafe, that is a blind glass", „A box", „Mildred's umbrella", „A plate", „A chair" usw. –, zielt sie gerade auf solche rückseitigen, assoziativen Erweiterungen der Dingwahrnehmung und damit auf eine irritierende Differenz, die zwischen den Dingen und den „visuell und sprachlich verfaßten Schemata ihrer kognitiven Wahrnehmung" (Haselstein 2002, 199) besteht. An solchen Differenzen arbeiten auch andere Künstler/innen der Moderne jenseits einer bloßen Repräsentation von Dingen, so etwa Rainer Maria Rilke mit seinen „Dinggedichten" (siehe auch 3.17 PLASS) oder William Carlos Williams, dessen literarisches Werk „a dynamic contradiction between the epistemological and the aesthetic, between knowing the world in its thingness and turning the work of art into a thing" (Brown 2003, 2) bildet. Die Pointe eines solchen ‚Dingwerdens' der Kunstwerke besteht nach Brown darin, dass Williams mit der Maxime „No ideas but in things" Dinge produziert, in denen Ideen sind, das heißt Bücher. Die Dinge setzen sich also nicht nur aus je aktuellen Wahrnehmungen zusammen, sondern ebenso aus Erinnerung und Einbildungskraft, aus Imaginationen und Narrationen. Die Literatur weist ihnen einen Ort in einer Lebensgeschichte zu, besetzt sie mit Wünschen und Aufgaben, stört und entkoppelt konventionelle Verknüpfungen zwischen Wort und Sache.

## Sprechende Dinge

Dem steht eine lange Geschichte von Entwürfen einer in den Dingen liegenden Sprache entgegen, Visionen einer Sprache der Dinge also, die ohne arbiträre sprachliche Zeichen auskäme, weil die Dinge selbst sprechen. Zu den bekanntesten literarischen Beispielen zählt – in Jonathan Swifts Roman *Gulliver's Travels* (1726) – Gullivers Aufenthalt an der Akademie von Lagado, wo solche Visionen erprobt und vom Erzähler satirisch gestaltet werden. Einer der professoralen Projektemacher dieser Akademie zielt auf die „Beseitigung aller Wörter", einerseits zum Zwecke der Lebensverlängerung durch Schonung der Lungen, andererseits zugunsten einer Universalsprache *qua* Ding: „Weil Wörter nur Namen für Dinge sind, müsse es [...] für alle Menschen vorteilhafter sein, solche Gegenstände bei sich zu tragen" und diese Dinge vorzuzeigen, anstatt Worte zu sprechen (Swift 2011, 244). Dem steht allerdings, so erzählt Swifts Roman, nicht nur die drohende Rebellion der „Frauen in Verbindung mit dem Volk und den Leseunkundigen" entgegen, die die „Freiheit" ihrer Zungen einklagen (Swift 2011, 244), sondern auch die Umständlichkeit, unendlich viele Dinge mit sich herumzuschleppen, weil ein Gespräch ihre Präsenz nötig machen könnte – ein Rekurs auf Aristoteles' *Sophistische Widerlegungen*, in denen die sprachliche Bezeichnung der Dinge auf die Unmöglichkeit, sich mithilfe umhergetragener Dinge zu verständigen, zurückgeführt wird.

Swifts Szenerie einer als weltfremd markierten Sprache der Dinge lässt sich nicht nur als Satire gegen die *royal society* verstehen, sondern auch als Abgesang auf jene Lesbarkeit der Welt in den Dingen, die bis in die Frühe Neuzeit hinein als Vorstellung einer „göttlichen Semantik im materiellen Universum" (Assmann 1995, 245) verbreitet war, so auch in Johann Amos Comenius' *Orbis pictus* (1658) (siehe auch 3.4 Laube). Grundlage einer Lesbarkeit der Welt in den Dingen ist, dass Gott sich *qua* Schöpfung in der Sprache der Dinge artikuliert. Dabei ist das ‚Buch der Natur' durch allegorische und symbolische Deutungen zu entschlüsseln, denn es besteht zwar aus natürlichen Zeichen, muss aber als Mitteilung Gottes erst verstanden werden. An den Dingen äußerlich ablesbare Zeichen verweisen auf ihr verborgenes Inneres, das heißt die äußere Erscheinung der Gegenstände korrespondiert mit ihrem inneren Wesen. Zugleich sind die Dinge Teil einer größeren Ordnung, denn der Makrokosmos spiegelt sich im Mikrokosmos: „Wir bewegen uns nur in einer Welt: der Welt der Zeichen, die sich unendlich, aber in symmetrischen Konfigurationen durch die Medien der Dinge und der Sprache ausdehnen" (Böhme 1988, 56), und in der, garantiert durch die göttliche Ordnung, alles auf alles verweist.

Ein solcher Einspruch gegen die Auffassung einer Arbitrarität der Zeichen überdauert auch Aufklärung und Absenz Gottes. So taucht er etwa in der Romantik auf: als ein auf die poetische Sprache verschobener Topos in der Formel „Schläft ein Lied in allen Dingen" in Joseph von Eichendorffs Gedicht „Wünschelrute" (1835). Dieses Lied könne, durch die Poesie als „Zauberwort" erweckt, das eigentliche Wesen der Dinge und der Welt zum Ausdruck bringen. Anknüpfend an vormoderne Konzepte von Ähnlichkeit hat Walter Benjamin, vor allem in „Über das mimetische Vermögen" sowie „Über Sprache überhaupt und über die Sprache des Menschen", Vorstellungen einer adamitischen Ursprungssprache fortentwickelt. So stelle die menschliche Sprache eine „Übersetzung" (Benjamin 1999c, 151) der Sprache der Dinge dar, indem sie den Dingen ihren Namen gebe. Dabei betont Benjamin, dass vor einer solchen Benennung etwas erfolgen müsse, das die gewohnte Zuschreibung von Aktivität (Mensch) und Passivität (Ding) umkehrt, nämlich eine „Empfängnis" (Benjamin 1999c, 150) der Sprache der Dinge durch den Menschen. Damit richtet sich dieser Entwurf gegen ein rein instrumentelles Sprachverständnis, das, auf den Punkt gebracht, lautet: „Das Mittel der Mitteilung ist das Wort, ihr Gegenstand die Sache, ihr Adressat ein Mensch." (Benjamin 1999c, 144) Dagegen stellt Benjamin eine Sprache der Dinge, die nicht ‚die Dinge selbst' mitteilt, sondern deren ‚geistiges Wesen', das heißt die Art und Weise ihres Erscheinens, ihrer Zugänglichkeit, ihrer lebensweltlichen Positionierung, ihrer immer geschichtlichen Kontextualisierung.

## Dinge in Narrativen

Bedeutung und Ordnung der Dinge verdanken sich nicht ihrer bloßen materiellen Präsenz, sondern treten erst in Relation zu jenen Narrativen und Systemen in Erscheinung, in die sie ein eingreifendes Subjekt eingliedert. Entscheidend ist, dass Dinge nicht isoliert, sondern in Ensembles interpretiert werden, in deren raumzeitlichen Anordnungen Objekte ganz unterschiedliche Bedeutungen annehmen und Auf-, Um- und Abwertungen erfahren können. Als Faktoren der Bedeutungsgebung fungieren etwa die Abfolge, in der ein Betrachter Sinnzusammenhänge unter den Objekten stiftet, oder die Sortierung und Hierarchisierung, die von Sammlern und Ausstellern vorgenommen werden. Das kann bis zur Fixierung auf ein einzelnes Objekt reichen, das aus dem Ensemble *qua* Arrangement, Wahrnehmung und Wertung herauspräpariert wird. Nicht zufällig steht dieser Prozess der kulturellen, aber auch ökonomischen Umwertung und Transformation häufig am Beginn literarischer Ding-Texte, wenn Narrative etabliert und Protagonisten identifiziert werden müssen. So wird zum Beispiel in Adalbert Stifters Erzählung *Die Mappe meines Urgroßvaters* (1841) jene Mappe zunächst aus der Fülle von altem Plunder auf einem Dachboden herausgearbeitet und als zu tradierendes Objekt aufgewertet, bevor die in der Mappe aufgefundenen Schriften dann die Kapitel der folgenden Erzählung bilden; und in dem Roman *La Peau de chagrin* (1831; *Das Chagrinleder*) von Honoré de Balzac muss die Hauptfigur das titelgebende Chagrin-Leder erst entdecken und erwerben, nämlich in einem Antiquitäten- und Trödelladen. Das ist möglich, weil dieser Laden zwar als „Chaos alten Krams" bezeichnet wird, seine Objekte aber doch in einer zusammenhängenden Ordnung des Nebeneinander präsentiert: „Eine Sèvres-Vase mit dem Bildnis Napoleons von Madame Jaquotot fand sich neben einer Sphinx, die einst dem Sesostris geweiht war. [...] Ein Bratenwender lag auf einer Monstranz, ein republikanischer Säbel auf einer mittelalterlichen Hakenbüchse." (Balzac 1986, 17)

Begreift man Ensembles und Sammlungen als dynamische Narrative, in denen Dinge (re-)kontextualisiert und (re-)signifiziert werden, dann hat jede Einreihung eines neuen Objekts auch eine veränderte Bedeutung der gesamten Sammlung sowie der bereits eingereihten Objekte zur Folge (siehe Bal 1994, 111–112). In seinem Essay „Semantik des Objekts" (1966) hebt Roland Barthes die Schwierigkeit klarer Bedeutungszuweisung hervor, weil Dinge zum einen durchaus rätselhaft bleiben und weder in Narrative noch in Praktiken völlig integriert werden können, und weil sie zum anderen „polysemisch" sind, das heißt „mehreren Sinnlektüren zugänglich" (Barthes 1988, 195). Er weist auf die grundsätzlich „kodifizierte Natur des Objekts" hin, denn es gebe im Sozialen kein Objekt außerhalb von Sinn bzw. Sinngebungsprozessen: „Sobald ein nicht signifikantes Objekt von einer Gesellschaft übernommen wird – und ich sehe nicht, wie dies nicht sein könnte –, funktioniert es zumindest als Zeichen des Insignifikanten" (Barthes 1988, 196). Eine parallele Überlegung kennzeichnet den ‚Wirklichkeitseffekt': Gerade weil Dinge, zum Beispiel in Literatur oder Film, scheinbar ohne Bedeutung sind, ‚bedeuten' sie Realität, kennzeichnen also das Gezeigte als wirklich und folgen damit einer Rhetorik des Dokumentarischen (siehe Barthes 1968).

Um der „Totalität" von Objekten gerecht zu werden, das heißt zwar ihre „Entmystifizierung" zu betreiben, ihnen zugleich aber ihr „Gewicht" und damit auch eine gewisse Undurchdringlichkeit als Ding zu belassen (Barthes 2010, 316), unternimmt Barthes in „Semantik des Objekts" eine analytische Trennung zwischen den ‚technologischen' und den ‚existenziellen' Konnotationen des Objekts. Die technologischen Konnotationen bestimmen das Objekt als ein massenhaft hergestelltes, das dennoch nicht völlig auf seine instrumentelle Funktion zu reduzieren ist, sondern einen sozialen und kulturellen Sinn beinhaltet, der den Modus der bloßen Verwendung übersteigt – kein Objekt sei frei von „einer leichten Emphase" (Barthes 1988, 191). Demgegenüber sprechen die existenziellen Konnotationen eine Objektauffassung an, nach der ein Ding „eigensinnig, ein wenig gegen den Menschen, existiert"; aus dieser Perspektive gebe es „zahlreiche literarische Behandlungen des Objekts" (Barthes 1988, 188).

Solche Narrative, Arrangements und Sinngebungsverfahren arbeiten, so Benjamin in seiner „Rede über das Sammeln" (1931), an einer Ordnung der Dinge, die gegen Chaos und Kontingenz aufgeboten wird: „Jede Ordnung ist gerade in diesen Bereichen nichts als ein Schwebezustand überm Abgrund." (Benjamin 1999b, 388) Zu dessen Bewältigung führt Benjamins Sammler neben mehr oder weniger systematischen Ordnungskategorien ein bestimmtes Narrativ an, nämlich „das Schicksal seines Gegenstandes" (Benjamin 1999b, 389). Damit ist nicht nur die Wichtigkeit der Dinge für Lebensgeschichte und -deutung des sammelnden Subjekts angesprochen, sondern auch die Idee eines ‚Lebens' der Objekte, deren Schicksale als Dingbiografien sich „zu einer magischen Enzyklopädie" (Benjamin 1999b, 389) versammeln. So wird jedem Objekt eine ‚Lebensgeschichte' gegeben: eine Geschichte der Erwerbung und des Verlustes, der Herkunft und der Vorbesitzer, der Bedeutung und der Umwertung. Während in Benjamins Text die Metapher des ‚Lebens' von Objekten ausdrücklich als eine Sichtweise des passionierten Sammlers genannt wird – „für den wahren Sammler ist die Erwerbung eines alten Buches dessen Wiedergeburt" (Benjamin 1999b, 389) –, ist der Terminus ‚Objektbiografie' (siehe auch 3.10 NIEHAUS) ein gängiger methodischer Begriff in Archäologie und Ethnologie (vgl. Hahn 2005, 40–45), um neben der ‚Lebensdauer' von Objekten auch deren wechselnde

Bedeutungszuweisungen und Nutzungen ebenso wie Umwertungen und „Kategorienwechsel" (Ecker 2012) (von Ware zu Gebrauchsgegenstand, von Müll zu Kunst) zu erfassen: „Der primäre Bedeutungsgehalt des Artefakts entspricht dem Verwendungszweck, für den es angefertigt worden ist. Das heißt allerdings nicht, dass es nicht noch zusätzliche Bedeutungen haben kann oder später mit sekundären symbolischen Bedeutungen versehen worden ist." (Kohl 2003, 121)

Objektbiografien stellen auch ein literarisches Genre dar, in dem es allerdings untypische ‚Lebenswege' und Gebrauchsweisen von Dingen sind, die als erzählenswert gelten: In Joseph Addisons *Adventures of a Shilling* (1710) oder in James Fenimore Coopers *Autobiography of a Pocket-Handkerchief* (1853) gewinnt das jeweilige Objekt „eine Signifikanz nur in dem Maße, in dem es nicht in seiner allgemeinen Bestimmung aufgeht" (Niehaus 2009, 268). Während hier die Dinge selbst als Erzähler ihrer eigenen ‚untypischen' Biografie fungieren, entwickelt Sergej Tretjakow ein ‚objektiviertes' Konzept in seinem Essay „Die Biographie des Dings" (1929). Gegen die bürgerliche Literatur in Form zum Beispiel des psychologischen Romans sollen Objektbiografien die typischen „Etappen des Produktionsprozesses" ebenso darstellen wie Klassenkampf, Revolution und die „Massen", Ökonomie und „die soziale Bedeutung der Emotion nach ihrer Auswirkung auf das entstehende Ding" (Tretjakow 1972, 84). Dagegen imaginieren andere Texte, dass Dinge die Lebensspuren menschlicher Subjekte nicht nur speichern, sondern diese angesichts ihrer längeren ‚Lebensdauer' auch zu tradieren vermögen: sei es als Erinnerungsstücke, wie zum Beispiel in Bernice Eisensteins *I was a Child of Holocaust Survivors* (2006), wo der Ehering eines in Auschwitz Ermordeten in die Hände einer jungen Überlebenden gelangt und, mit der fremden Gravur, nach der Befreiung als ihr eigener Ehering fungiert, den sie wiederum als alte Frau an ihre Tochter weitergeben wird; sei es als *transparent things*, so der gleichnamige Titel von Vladimir Nabokovs Roman (1972), wo durch die Handtasche hindurch, die in einem Hotelzimmer auf dem Tisch steht, der Inhalt einer anderen Tasche, die Jahrzehnte früher dort stand, sichtbar wird und die Geschichte ihres Besitzers erzählbar macht. Die potenziell längere ‚Lebensdauer' von Dingen kann sich aber auch, mit Barthes gesprochen, „ein wenig gegen den Menschen" richten (Barthes 1988, 188), so etwa in Franz Kafkas Erzählung „Die Sorge des Hausvaters" (1919). Darin ist ein undefinierbares kleines Ding namens Odradek dem Hausvater dadurch überlegen, dass es ihn und seine Nachkommen ‚überleben' wird. Mit Odradek markiert die Erzählung also jene „Zone des Nichtsterbenkönnens", die Theodor W. Adorno in Bezug auf Kafka „das Niemandsland zwischen Mensch und Ding" genannt hat (Adorno 1977, 276–277). Die Autorität des Hausvaters wird untergraben, indem Odradek ihn mit diesem Niemandsland konfrontiert und ihm zugleich seine Sterblichkeit vor Augen führt. Benjamin hat den rätselhaften, beunruhigenden Odradek als „die Form" bezeichnet, „die die Dinge in der Vergessenheit annehmen. Sie sind entstellt." (Benjamin 1999a, 431) Dieses Vergessen der Dinge betreffe „die Möglichkeit der Erlösung" (Benjamin 1999a, 434), und das heißt auch: die Möglichkeit einer anderen Ordnung der Dinge, die nicht die des Hausvaters ist.

Hier kommt die Literatur in besonderer Weise zum Zuge, ist sie es doch, die ein Eigenleben der Dinge narrativ auserzählen kann. Zudem thematisiert sie die Widerständigkeit von Dingen gegen ihre Transformation in eindeutig lesbare sprachliche Zeichen, insofern poetische Texte die Grenzen der Referenzfunktion der Sprache und damit die eigenen Verfahren der Bedeutungsgebung ebenfalls zur Darstellung bringen. Dies geschieht zum Beispiel, indem die Texte sich „durch lautmalerische Anklänge oder tautologische Selbstreferentialität semantisch entleeren oder überdeterminieren; indem sie auf vielfältige und miteinander unvereinbare Bedeutungen verweisen; indem sie zu Namen, Gebeten oder Zaubersprüchen gerinnen, deren Bedeutung nicht faßbar ist" (Ecker et al. 2002, 12).

Die Opazität von Dingen hat nicht nur die Theoriebildung, sondern auch die Literatur inspiriert, die eine Verweigerung der Dinge gegenüber ihrer Einbindung in Benennungs-, Repräsentations- und Nutzungsverhältnisse häufig als Bedrohung der Menschen durch die Dinge gestaltet. So finden sich im Grimm'schen Märchen *Herr Korbes* diverse Dinge, die einen unbedarften Mann unmotiviert töten (vgl. Körte 2012) (siehe auch 3.7 KÖRTE); die „Tücke des Objekts" inszeniert Friedrich Theodor Vischers Roman *Auch Einer* (1879) als „Verschwörung", „Verruchtheit" und „teuflische List" der Dinge, die zum „Kriegszustand" zwischen Menschen und Dingen führt (siehe auch 3.11 STEINER); und in Marlen Haushofers Roman *Die Mansarde* (1969) bezeichnet die Protagonistin die sprachliche Benennung von Dingen als vergeblichen Versuch, deren Macht – und damit die eigene Ohnmacht – zu bannen: „Deshalb haben wir auch immerzu Angst, die Dinge könnten ihre unendliche Geduld ablegen, den Bann brechen und in ihrer wahren, schrecklichen Gestalt auf uns einstürzen. […] Die Dinge könnten uns unter ihrer Fremdheit begraben, wir vergäßen ihre Namen und würden selber zu namenlosen Dingen. Ein Mensch zu sein ist ein sehr ungewisser Stand" (Haushofer 1986, 177).

Dass die Dinge ohne uns, und das heißt auch außerhalb von Sprache und Kultur, existieren können, wir aber nicht ohne die Dinge – ja mehr noch, dass wir nicht wissen können, auf welche Weise sie „ohne uns" existieren –, verleiht den Dingen ein Eigenleben, das uns als „Störung" (Macho 2011, 186) zu treffen vermag, stattet sie mit einer unmenschlichen, technisch erzeugten Perfektion aus, die uns in „prometheische[r] Scham" zurücklässt (Anders 1956, 21), und weist ihnen eine „Souveränität" (Macho 2011, 194) zu, die uns nachhaltig fasziniert.

## Literaturverzeichnis

Adorno, Theodor W. „Aufzeichnungen zu Kafka". *Gesammelte Schriften. Band 10.1*. Hrsg. von Rolf Tiedemann und Hermann Schweppenhäuser. Frankfurt am Main 1977: 254–287.
Anders, Günter. „Über die Seele im Zeitalter der zweiten industriellen Revolution" [1956]. *Die Antiquiertheit des Menschen. Band 1*. 7. Auflage. München 1987.
Assmann, Aleida. „Die Sprache der Dinge. Der lange Blick und die wilde Semiose" [1988]. *Materialität der Kommunikation*. 2. Auflage. Hrsg. von Hans Ulrich Gumbrecht und K. Ludwig Pfeiffer. Frankfurt am Main 1995: 237–251.
Bal, Mieke. „Telling Objects. A Narrative Perspective on Collecting". *The Cultures of Collecting*. Hrsg. von John Elsner und Roger Cardinal. London 1994: 97–115.
Balzac, Honoré de. *Das Chagrinleder*. 2. Auflage. Berlin, Weimar 1986 [*La Peau de chagrin*, 1831].
Barthes, Roland. „L'effet de reel". *Communications* 11 (1968): 84–89.
Barthes, Roland. „Semantik des Objekts" [1966]. *Das semiologische Abenteuer*. Frankfurt am Main 1988: 187–198.
Barthes, Roland. *Mythen des Alltags*. Berlin 2010.
Benjamin, Walter. „Franz Kafka". *Gesammelte Schriften. Band II.2*. 2. Auflage. Hrsg. von Rolf Tiedemann und Hermann Schweppenhäuser. Frankfurt am Main 1999a: 409–438.
Benjamin, Walter. „Ich packe meine Bibliothek aus. Eine Rede über das Sammeln". *Gesammelte Schriften. Band IV.1*. 2. Auflage. Hrsg. von Rolf Tiedemann und Hermann Schweppenhäuser. Frankfurt am Main 1999b: 388–396.
Benjamin, Walter. „Über Sprache überhaupt und über die Sprache des Menschen". *Gesammelte Schriften. Band II.1*. 2. Auflage. Hrsg. von Rolf Tiedemann und Hermann Schweppenhäuser. Frankfurt am Main 1999c: 140–157.
Bloch, Ernst. „Der Rücken der Dinge" [1930]. *Spuren*. Frankfurt am Main 1983: 172–175.
Böhme, Hartmut. *Natur und Subjekt*. Frankfurt am Main 1988.
Brown, Bill. *A Sense of Things. The Object Matter of American Literature*. Chicago, IL, London 2003.
Grimm, Jacob, und Wilhelm Grimm. „Herr Korbes". *Kinder- und Hausmärchen. Band 1*. Hrsg. von Heinz Rölleke. Stuttgart 1991: 223–224.
Daston, Lorraine (Hrsg.). *Things that Talk. Object Lessons from Art and Science*. New York, NY 2004.
Ecker, Gisela, Claudia Breger und Susanne Scholz (Hrsg.). *Dinge. Medien der Aneignung, Grenzen der Verfügung*. Königstein im Taunus 2002.
Ecker, Gisela. „Schaltstellen des Kategorienwechsels: Putzfrauen in Literatur und Film". *Zeitschrift für Germanistik* 22 (2012): 101–114.
Eichendorff, Joseph von. „Wünschelrute". *Werke in sechs Bänden. Band 1*. Hrsg. von Wolfgang Frühwald, Brigitte Schillbach und Hartwig Schultz. Frankfurt am Main 1987: 328.
Eisenstein, Bernice. *I was a Child of Holocaust Survivors*. New York, NY 2006.
Hahn, Hans Peter. *Materielle Kultur. Eine Einführung*. Berlin 2005.

Haselstein, Ulla. „Gertrude Steins Porträts von Dingen". *Dinge. Medien der Aneignung, Grenzen der Verfügung*. Hrsg. von Gisela Ecker, Claudia Breger und Susanne Scholz. Königstein im Taunus 2002: 197–217.

Haushofer, Marlen. *Die Mansarde*. Frankfurt am Main 1986 [1969].

Kafka, Franz. „Die Sorge des Hausvaters" [1919]. *Schriften, Tagebücher, Briefe. Kritische Ausgabe [Drucke zu Lebzeiten]*. Hrsg. von Wolf Kittler, Hans-Gerd Koch und Gerhard Neumann. Frankfurt am Main 1994: 282–284.

Körte, Mona. „Der Un-Sinn der Dinge in Märchentexten um 1800". *Zeitschrift für Germanistik* 22 (2012): 57–71.

Kohl, Karl-Heinz. *Die Macht der Dinge. Geschichte und Theorie sakraler Objekte*. München 2003.

Macho, Thomas. „Dinge ohne uns". *Affektive Dinge. Objektberührungen in Wissenschaft und Kunst*. Hrsg. von Natascha Adamowsky, Robert Felfe, Marco Formisano, Georg Töpfer und Kirsten Wagner. Göttingen 2011: 184–197.

Nabokov, Vladimir. *Transparent Things*. New York, NY 1972.

Niehaus, Michael. *Das Buch der wandernden Dinge. Vom Ring des Polykrates bis zum entwendeten Brief*. München 2009.

Stein, Gertrude. *Tender Buttons*. Los Angeles, CA 1991 [1914].

Stifter, Adalbert. „Die Mappe meines Urgroßvaters" [1841]. *Werke und Briefe. Historisch-kritische Gesamtausgabe. Band 1.5*. Hrsg. von Alfred Doppler und Wolfgang Frühwald. Stuttgart, Berlin, Köln, Mainz 1982: 9–234.

Swift, Jonathan. *Gullivers Reisen*. Stuttgart 2011 [*Gulliver's Travels*, 1726].

Tretjakow, Sergej. „Die Biographie des Dings" [1929]. *Die Arbeit des Schriftstellers. Aufsätze, Reportagen, Porträts*. Hrsg. von Heiner Boehncke. Reinbek bei Hamburg 1972: 81–85.

Vedder, Ulrike. „Sprache und Dinge". *Handbuch Materielle Kultur. Bedeutungen, Konzepte, Disziplinen*. Hrsg. von Stefanie Samida, Manfred K. H. Eggert und Hans Peter Hahn. Stuttgart, Weimar 2014: 39–46.

Vischer, Friedrich Theodor. *Auch Einer. Eine Reisebekanntschaft. Mit einem Nachwort von Otto Borst*. Frankfurt am Main 1987 [1879].

## 2.3 Materialität und Medialität

Cornelia Ortlieb

### Einleitung

In den Geistes- und Sozialwissenschaften werden Aspekte, Konzepte und Theorien der Materialität seit einigen Jahrzehnten zunehmend differenziert diskutiert und entsprechend etablierte Medientheorien teils kritisch revidiert. Wenngleich gelegentlich bestritten wird, dass der *material turn* für die Literaturwissenschaft von ähnlicher Bedeutung sein kann wie für klassisch materialbezogene, auch empirisch arbeitende akademische Disziplinen wie etwa die Volkskunde oder Ethnologie, Anthropologie und Soziologie, ist die Frage nach der Materialität und Medialität von Schrift und Text so alt wie die mit ihnen befassten Wissenschaften.

### Rahmungen: Paratexte und Parerga

Nicht zufällig ist daher eine der ersten und wegweisenden Publikationen des interdisziplinären Forschungsfelds gleichermaßen der Medialität und der Materialität von Zeichen gewidmet (Gumbrecht und Pfeiffer 1988). Von ähnlicher Bedeutung ist bis heute Gérard Genettes Konzept der ‚Paratexte', das der Analyse des Zusammenwirkens materieller und immaterieller Aspekte eine theoretische Grundlage gibt. Ihm zufolge bilden Paratexte, zu denen neben Titel, Motto, Vorwort und ähnlichen Rahmungen von Texten auch vermeintlich äußerliche Beigaben wie der Buchumschlag, dessen Farbe und typografische Gestaltung zählen, eine Art Schwelle oder Korridor vor dem Text, dessen Zugang sie somit gleichermaßen eröffnen und regulieren (Genette 2001). Genettes Argument lässt sich dahingehend erweitern, dass auch die je spezifischen materialen Eigenschaften des Buches diese beim Lesen halb unbewusst verarbeiteten Informationen liefern: Die Dicke des Buches, sein Gewicht in der Hand, die haptisch, visuell und olfaktorisch erfahrbare Qualität von Papier und Einband tragen ebenso zum Gesamteindruck des Textes bei wie seine teils auktorial gesteuerten diskursiven Elemente. Wenn Genette zufolge kein Text ohne Paratexte auftritt, so können umgekehrt die materialen Eigenschaften seiner je individuellen Präsentation auch als Paratexte etikettiert werden.

Wie Jacques Derrida in seiner Kant-Lektüre am Beispiel des Rahmens deutlich gemacht hat, ist zudem das *Parergon* (Beiwerk) nicht vom *Ergon* (Werk) zu trennen (Derrida 1992), das es einerseits durch diese Ergänzung als unvollständig und unfertig ausweist und so gemäß der Logik des Supplements zugleich vervollständigt und dekonstruiert (Derrida 1974). Andererseits agiert das vermeintlich hinzugefügte ‚Äußere' inmitten des nach klassischen Kriterien autonomen, in sich vollendeten (Kunst-)Werks oder Dings, mit dem es somit zu einem der Hybride verschmilzt, die Derrida am plastischen Beispiel der botanischen Züchtung beschrieben hat: Mittels einer ‚Aufpfropfung' wird eine Pflanze zur Verstärkung bestimmter Eigenschaften ‚veredelt', wobei nur eine kleine Nahtstelle die Ergänzung durch das Pfropfreis sehen lässt (Derrida 1995). Sowohl real existierende als auch in literarischen Fiktionen entworfene Dinge sind demnach durch bestimmte (paratextuelle und parergonale) Elemente und Operationen – wie das Ausstellen im Museum oder ihre narrative Isolierung in ausführlichen Beschreibungen – gerahmt und nicht aus der Situation ihrer Darbietung zu lösen. Entscheidende Hinweise zur Lektüre von Texten wie zur Betrachtung von Objekten liegen etwa in der klein gedruckten Gattungsbezeichnung ‚Roman' auf einem Buchumschlag oder den typischerweise neben Museumsvitrinen zu findenden Schildern mit Erläuterungen.

Besonders augenfällig wird die untrennbare Verbindung von Text und Material, Werk und Beigabe dort, wo spezielle Beschreibstoffe ihre eigene Dinglichkeit ausstellen oder mit Schriftzugaben versehene Dinge eigentümlich zwischen Objekt und Schriftträger oszillieren, wie etwa Eduard Mörikes auf ein Ei geschriebenes Gedicht *Auf ein Ei* (Braungart 2004) oder Stéphane Mallarmés Gedichte auf Papierfächer(n) demonstrieren können. Ein Sammelband zur Materialität von Text und Kultur schlägt entsprechend aus mediävistischer Perspektive vor, allgemein von „schrifttragenden Artefakten" zu sprechen (Hilgert 2014, 150) bzw. von „texttragenden Artefakten", die „im breiten Feld der Erforschung von Schrift, Schriftlichkeit und Textualität" (Meier et al. 2015, 3) zu untersuchen seien. Entsprechend grundlegend sei über die „Verbundenheit der Texte, der schriftbildenden Materialien und der Dinge, die die Texte tragen", nachzudenken, über die „räumlichen Anordnungen der Texte", das „Wirken" der Artefakte (etwa ihre ‚Präsenz'), den praktischen Umgang mit ihnen und „die Erzählungen und Berichte über all das (‚Metatext[ualität]')" (Hilgert und Lieb 2015, 7).

## Die Körperlichkeit des Lesens und Schreibens

Das Buch als Medium und stofflicher Körper im Raum, seine Gestaltung und seine Platzierung auf dem Buchmarkt haben zudem entscheidende Auswirkungen auf das Leseverhalten, wie Forschungen zur Buchkunde, zur Lesesozialisation und zur Rezeptionsgeschichte zeigen (Rautenberg 2015, Garbe 2009) (siehe auch 2.15 RAUTENBERG). Auch die Lektüre von Texten, Schriftzeichen und Graphemen, die in einer starken hermeneutischen Tradition als Prozess der Transzendenz vom materiellen Buchstaben zu den immateriellen Dimensionen von Sinn und Bedeutung aufgefasst wurde (Chartier und Cavallo 1999), ist zunächst ein körperlicher Akt der Handhabung eines dreidimensionalen physischen Gegenstands. So liefert – mit erheblichen nationalen Unterschieden – bereits die mit allen Sinnen wahrnehmbare äußere Gestalt des Buches wichtige Informationen über den zu erwartenden Inhalt. Obgleich die Leserichtung in allen Schriftkulturen vorgegeben ist, folgt das Auge beim Erfassen der Zeichen auf einer Seite nicht etwa der Zeilenordnung von links nach rechts oder von oben nach unten, sondern erfasst in vermeintlich ungeordneten, sprungartigen Bewegungen (*Saccaden*) die visuellen Eindrücke auf der zweidimensionalen Fläche. Schriftsteller, bildende Künstler und Buchgestalter arbeiten daher seit der zweiten Hälfte des 19. Jahrhunderts mit visuellen Reizen, die diese Augenbewegungen anziehen oder leiten sollen: Typografische Gestaltungselemente wie die Form und Dicke der Buchstaben, die Breite des Randes und der Umriss des Textblocks tragen zur Wahrnehmung der Zeichen, zu ihrer Lektüre und Interpretation Entscheidendes bei, können ihrerseits mit bestimmten Gattungen und deren Traditionen verbunden werden und verlangen, gerade auch bei Mischformen von Druck- und Handschrift wie bei annotierten Büchern, nach einer Aufmerksamkeit für ihre jeweilige individuelle Besonderheit (Wehde 2000; Rahn und Falk 2016). Die bis heute übliche Codexform des Buchs, der gebundene Buchblock, der seit dem 3. Jahrhundert unserer Zeit die ältere Schriftrolle ersetzt hat, ermöglicht zudem erst blätterndes Lesen mit schnellen Richtungswechseln, das Überfliegen von Doppelseiten, Annotieren am Seitenrand und Markieren von Seiten mittels eingelegter Zettel oder umgeknickter Ecken (Gunia und Hermann 2002) (siehe auch 2.15 RAUTENBERG). Spätestens durch den Gebrauch im Lesen und Schreiben wird das warenförmige Massenprodukt Buch zum singularisierten Exemplar mit eigener Geschichte oder ‚Biografie' (Daston 2000, 2004; Braun 2015), dem zunehmend eine eigene Wirk- und Handlungsmacht zugesprochen wird.

Roland Barthes hat bereits 1973 das Schreiben als Geste und körperlichen Akt mit dem Neologismus der Schreibung (*scription*) charakterisiert und die maßgebliche Rolle der am Schreibakt beteiligten Materialien betont. Ihm zufolge generiert und determiniert jeder Beschreibgrund eine je eigene Schrift, indem er der schreibenden, ritzenden, eingrabenden Hand unterschiedliche Formen des Widerstands entgegensetzt, „weil die Textur des Materials (seine Glätte oder Rauhheit, seine Härte oder Weichheit, sogar seine Farbe) die Hand zu aggressiven und sanften Gesten zwingt" (Barthes 2006). Es ist mithin nicht nur die Wahl eines bestimmten Papierformats oder etwa die Entscheidung zwischen Zettel und Heft, Karteikarte und Notizbuch, Bleistift oder Schreibmaschine, die den zweidimensionalen Raum des Schreibens auf einer Fläche eröffnet; bereits die sinnlich wahrnehmbaren Eigenschaften des unbearbeiteten Stoffes ermöglichen und begrenzen, was in diesem Raum geschehen wird (Pichler und Ubl 2007).

Schon das unbearbeitete Material trägt einen historischen Index: Erst am Ende des 18. Jahrhunderts wurden Bleistifte zu allerorts erhältlichen, gebräuchlichen Schreibwerkzeugen (Petroski 1992), und die Herstellung schwarzer Tinte wurde durch die Entdeckung neuer chemischer Verfahren ab etwa 1870 vereinfacht (vgl. Bockelkamp 1993, 95–96), so dass im Verbund mit der neuen Stahlfeder die mühseligere Arbeit mit widerspenstigen Gänsefedern und selbst gemixten Tinkturen unterschiedlicher Haltbarkeit ein Ende fand. Mit solchen neuen Artefakten gehen neuartige Formen des Schreibens und der Semantik einher: Der Bleistift erlaubt, anders als das Ensemble aus Tintenfass und Feder, ein stetiges Notieren allerorten, und etwa in Bezug auf Kafkas widersprüchliche Nachlassverfügungen dient die Entgegensetzung von Bleistiftnotiz und Tintenschrift der Bestimmung ihrer Verbindlichkeit (Reuß 1995). Berühmte Äußerungen wie Goethes Loblied auf den „willigen" Bleistift als Werkzeug der Inspiration (Goethe 1966, 80) und Nietzsches (Schreibmaschinen-)Reflexionen zeigen, dass poetologische und epistemologische Positionen buchstäblich materialistisch begründet werden können (Thüring 2008) (siehe auch 2.14 BENNE UND SPOERHASE).

Zudem ist eine regelrechte Materialikonografie zu konstatieren: „Schneeweiß und glatt", wie es Hans Sachs' Gedicht über den „Papyrer" verspricht (Sachs 1568, 23), soll das Schreibpapier bereit liegen und eine Aura von Reinheit, Unberührtheit und Unschuld mit sich führen (Bardt 2006; Müller 2012), während im leeren weißen Blatt auch der gefürchtete ‚writer's block' seine materiale Entsprechung findet – auch die digitalen Textverarbeitungsprogramme imitieren und simulieren es als weißes Rechteck aus Lichtzeichen (Macho 2003). Im Zeitalter seiner manuellen Herstellung ist das Papier um 1800 noch ein kostbares Material, das mit Sorgfalt und Umsicht behandelt werden muss; Beiläufiges und zu Verwerfendes wird daher in der Regel nicht auf den weißen glatten Blättern notiert, sondern auf dem, was Papierherstellung und -gebrauch an Abfall und Resten produzieren: Mit der Makulatur erfindet die Ära des Massendrucks bereits in ihren Anfängen eine Hierarchie der Materialien und eine Kultur der Zweitverwertung. Wer im Zeitalter des Lumpenpapiers – also bis weit ins 19. Jahrhundert – die Reinheit, Glätte und Weiße des Papiers betont, verschweigt dessen Entstehung aus einem übel riechenden Trog mit schmutzigen Textilien obskurer Herkunft.

## Die Materialität von Dingen, Objekten und Artefakten

Für die an Dingen und Materialien interessierte Literaturwissenschaft sind Untersuchungen von Interesse, die (analog zur ‚Materialkunde' der Kunstwissenschaften) mit der Aufmerksamkeit für bestimmte Materialeigenschaften und deren Ikonografien auch die je spezifische Materialität und Medialität einzelner Artefakte und ihre Implikationen für die Herausbildung von Gattungen in den Blick nehmen. Zumal, wenn solche Gegenstände gleichermaßen als Kondensationen sozialer Praktiken aufgefasst werden, wie etwa der „Brief als Ereignis und Objekt" (Bohnenkamp und Wiethölter 2010), das Billet (Oesterle 2015) oder das Album (Kramer und Pelz 2013). Mit Blick auf soziale und kulturelle Praktiken lässt sich zudem der Unterschied zwischen ‚Ding' und ‚Objekt' als ‚Materialisation' beschreiben: Aus der amorphen Masse der Dingwelt tritt demnach nur das als distinktes Objekt hervor, was benannt und verstanden werden kann (Knappett 2008, 144), während Dinge in Verbünden und Gemeinschaften bestehen, aus denen sie schwerlich ohne Bedeutungsverluste gelöst werden können (Gosden 2004).

Bereits auf der Ebene der Sonderung von Dingen setzen Akte der Interpretation an, wie die unmögliche Grenzziehung zwischen einem Artefakt und den an seiner Hervorbringung beteiligten Menschen und Dingen deutlich machen kann, die sich am Beispiel (digitaler) Schreibmaterialien erläutern lässt: Papier, Druckfarbe, Drucker und Computer bilden ein Ensemble, in das auch, sensorisch und begrifflich ununterscheidbar von seiner materialen Umgebung, ein menschlicher Agent eingebunden ist (Yarrow 2008, 135). Die materiellen oder materialen Bedingungen und Bedingtheiten jedes Handelns nicht nur allgemein zu konstatieren, sondern für den je spezifischen Einzelfall auszubuchstabieren, bleibt eine Herausforderung transdisziplinärer Theorie.

Zudem gilt es, die materielle Grundlage alles Geschriebenen in ihrem Verhältnis zur Eigenart bestimmter Medien zu erfassen. Diese Frage tritt anhand solcher Dinge hervor, „die als Hybridfiguren sowohl der digitalen als auch der materialen Kultur angehören und/oder erstere in letztere (rück-)überführen", wie etwa „Laptops, deren Gehäuse aus Holz gezimmert" sind, oder „Atari-Spielkonsolen, die mittels Diaprojektoren und Super-8-Filmen betrieben werden", aber auch „Designer-Möbel, die per *Fabbing* direkt aus 3D-Simulationen entstehen" (Kuni 2010, 185). Auch aus medienwissenschaftlicher Perspektive ist betont worden, dass die „Erscheinungsformen des Schriftmediums" von einer bestimmten Materialität her bestimmt sind: „Es handelt sich hier nicht um Repräsentation sprachlicher Elemente, sondern um Präsentation: das Schriftzeichen in seiner Eigenwertigkeit, seine visuelle und haptische Materialität, seine Konkretheit, Dinglichkeit und Körperlichkeit." (Greber et al. 2002, 9) So hat Friedrich Kittler im zentralen Moment der „Bewegung" das Resultat einer Jahrtausende alten Entwicklung und Transformation von „Bild, Schrift, Zahl" gesehen (Kittler 2002, 17) und die Rekonstruktion dieser Geschichte mit der überraschenden Pointe beendet, dass die maximale Beweglichkeit von Schrift und Bild im Computerzeitalter auf ein besonders instabiles und veränderbares Material angewiesen ist: „Unsere Kultur ist die erste, die wortwörtlich auf Sand gebaut ist. Sand besteht aus kleinen Kieselsteinkörnern, die Silizium-Architektur aus noch tausendmal kleineren." (Kittler 2002, 29) Entsprechend hätte jede neuere Medientheorie zu bedenken, wie die vermeintlich flüchtigen Lichtzeichen, als die Schrift, Bild und Zahl in elektronischen Medien scheinbar körperlos aufleuchten und verschwinden, ihrerseits das Produkt eines komplexen Prozesses der Verarbeitung von Materialien sind, deren Anzahl etwa für ein gewöhnliches Mobiltelefon derzeit auf sechzig beziffert wird.

Innerhalb der *Cultural Studies* wurde zudem bereits in den 1970er Jahren betont, dass Medien weder als neue Technologien verstanden werden sollten, die – wie am Beispiel der Sprache häufig exemplifiziert – als „bloß[e] Kanäle mit der Aufgabe, Funktion oder Rolle gesellschaftlicher Reproduktion" fungieren, noch als „Objekte oder Artefakte, an denen und mit denen sich soziale Praxis vollzieht", sondern als Praxiszusammenhänge, „über die die soziale Reproduktion durch Kommunikation und kulturelle Bedeutungsprozesse ‚vermittelt' ist" (Göttlich 2008 [1997], 102). In neueren Arbeiten zur Auswirkung der Digitalisierung von Schrift wird daher auch betont, welche Konsequenzen sie für die Praktiken des Lesens und Schreibens hat: Digitalisierte Schrift ist „nicht nur Speicher-, Repräsentations-, Distributions- oder Kommunikationsmedium", sondern „immer auch Daten verarbeitendes Medium, das durch Interaktion der Schreibenden oder Lesenden mit den – der digitalisierten Schrift jeweils innewohnenden – automatisierten Prozessen erzeugt wird" (Berndt 2013, 197). Entsprechend reflektieren Literaturwissenschaft, Editionsphilologie und Medientheorie unter dem Eindruck der neuesten Medienrevolution auch die materialen Veränderungen der Textproduktion im digitalen Zeitalter (Giuriato et al. 2006; Schneider und Wedell 2004) und ihre Konsequenzen für die Dinglichkeit von Schriftzeichen und Graphemen.

## Literaturverzeichnis

Bardt, Juliane. *Kunst aus Papier. Zur Ikonographie eines plastischen Werkmaterials der zeitgenössischen Kunst*. Hildesheim, Zürich, New York, NY 2006.
Barthes, Roland. *Variations sur l'écriture/Variationen über die Schrift. Französisch-Deutsch*. Mainz 2006.
Berndt, Elin-Birgit. „Die Materialität des Schreibens und Lesens". *Materialität und Medialität von Schrift und Text (= Jahrbuch Medien im Deutschunterricht 2012)*. Hrsg. von Achim Barsch und Olaf Gätje. München 2013: 196–199.
Bockelkamp, Marianne. „Objets matériels". *Les manuscrits des écrivains*. Hrsg. von Anne Cadiot und Christel Haffner. Paris 1993: 88–101.
Bohnenkamp, Anne, und Waltraud Wiethölter (Hrsg.). *Der Brief – Ereignis & Objekt. Katalog zur Ausstellung im Freien Deutschen Hochstift Frankfurt am Main*. Frankfurt am Main 2010.
Braun, Peter. *Objektbiographie. Ein Arbeitsbuch*. Weimar 2015.
Braungart, Georg. „Auf ein Ei geschrieben". *Mörike-Handbuch. Leben – Werk – Wirkung*. Hrsg. von Inge Wild und Reiner Wild. Stuttgart 2004: 140–141.
Chartier, Roger, und Guglielmo Cavallo (Hrsg.). *Die Welt des Lesens: Von der Schriftrolle zum Bildschirm*. Frankfurt am Main 1999.
Daston, Lorraine (Hrsg.). *Biographies of Scientific Objects*. Chicago, IL 2000.
Daston, Lorraine (Hrsg.). *Things that Talk. Object Lessons from Art and Science*. New York, NY 2004.
Derrida, Jacques. *Grammatologie*. Frankfurt am Main 1974.
Derrida, Jacques. „Das Parergon". *Die Wahrheit in der Malerei*. Wien 1992: 56–104.
Derrida, Jacques. *Dissemination*. Wien 1995.
Garbe, Christine. „Lesesozialisation". *Texte lesen. Textverstehen – Lesedidaktik – Lesesozialisation*. Hrsg. von Christine Garbe, Karl Holle und Tatjana Jesch. Paderborn 2009: 168–201.
Genette, Gérard. *Paratexte. Das Buch vom Beiwerk des Buches*. Frankfurt am Main 2001.
Giuriato, Davide, und Stephan Kammer (Hrsg.). *Bilder der Handschrift. Die graphische Dimension der Literatur*. Frankfurt am Main, Basel 2006.
Giuriato, Davide, Martin Stingelin und Sandro Zanetti (Hrsg.). *„System ohne General". Schreibszenen im digitalen Zeitalter*. München 2006.
Goethe, Johann Wolfgang von. *Dichtung und Wahrheit. Hamburger Ausgabe in 14 Bänden*, Band 10. 4. Auflage. Hrsg. von Erich Trunz. München 1966.
Gosden, Chris. „Making and Display: Our Aesthetic Appreciation of Things and Objects". *Substance, Memory, Display: Archaelogy and Art*. Hrsg. von A. Colin Renfrew, Chris Gosden und Elizabeth DeMarrais. Cambridge 2004: 35–45.
Göttlich, Udo. „Kultureller Materialismus und *Cultural Studies*: Aspekte der Kultur- und Medientheorie von Raymond Williams" [1997]. *Kultur – Medien – Macht. Cultural Studies und Medienanalyse*. 4. Auflage. Hrsg. von Andreas Hepp und Rainer Winter. Wiesbaden 2008: 93–107.
Greber, Erika, Konrad Ehlich und Jan-Dirk Müller. „Einleitung zum Themenband". *Materialität und Medialität von Schrift*. Hrsg. von Erika Greber, Konrad Ehlich und Jan-Dirk Müller. Bielefeld 2002: 9–16.
Gumbrecht, Hans Ulrich, und K. Ludwig Pfeiffer. *Materialität der Kommunikation*. Frankfurt am Main 1988.

Gunia, Jürgen, und Iris Hermann (Hrsg.). *Literatur als Blätterwerk. Perspektiven nichtlinearer Lektüre*. St. Ingbert 2002.
Hilgert, Markus. „Praxeologisch perspektivierte Artefaktanalysen des Geschriebenen. Zum heuristischen Potential der materialen Textkulturforschung". *Praxeologie. Beiträge zur interdisziplinären Reichweite praxistheoretischer Ansätze in den Geistes- und Sozialwissenschaften*. Hrsg. von Friederike Elias, Albrecht Franz, Henning Murmann und Ulrich Wilhelm Weiser. Berlin, Boston; MA 2014: 147–162.
Hilgert, Markus, und Ludger Lieb. „Entstehung und Entwicklung des Heidelberger SFB 933". *Materiale Textkulturen. Konzepte – Materialien – Praktiken*. Hrsg. von Thomas Meier, Michael R. Ott und Rebecca Sauer. Berlin, Boston, MA 2015: 7–16.
Kittler, Friedrich. „Schrift und Bild in Bewegung". *Materialität und Medialität von Schrift*. Hrsg. von Erika Greber, Konrad Ehlich und Jan-Dirk Müller. Bielefeld 2002: 17–29.
Knappett, Carl. „The Neglected Networks of Material Agency: Artefacts, Pictures and Texts". *Material Agency. Towards a Non-Anthropocentric Approach*. Hrsg. von Carl Knappett und Lambros Malafouris. New York, NY 2008: 139–156.
Kramer, Anke, und Annegret Pelz (Hrsg.). *Album. Organisationsform narrativer Kohärenz*. Göttingen 2013.
Kuni, Verena. „Wenn aus Daten wieder Dinge werden – ‚From Analog To Digital and Back Again'? *Die Sprache der Dinge. Kulturwissenschaftliche Perspektiven auf die materielle Kultur*. Hrsg. von Elisabeth Tietmeyer, Claudia Hirschberger, Karoline Noack und Jane Redlin. Münster, New York, NY 2010: 185–193.
Macho, Thomas. „Shining oder: Die weiße Seite". *Weiß*. Hrsg. von Wolfgang Ullrich und Juliane Vogel. Frankfurt am Main 2003: 17–28.
Meier, Thomas, Michael R. Ott und Rebecca Sauer. „Materiale Textkulturen. Konzepte – Materialien – Praktiken: Einleitung und Gebrauchsanweisung". *Materiale Textkulturen. Konzepte – Materialien – Praktiken*. Hrsg. von Thomas Meier, Michael R. Ott und Rebecca Sauer. Berlin, Boston, MA 2015: 1–6.
Müller, Lothar. *Weiße Magie. Die Epoche des Papiers*. München 2012.
Oesterle, Günter. „Schreibszenen des Billets". *Schreibszenen. Kulturpraxis – Poetologie – Theatralität*. Hrsg. von Christine Lubkoll und Claudia Öhlschläger. Freiburg im Breisgau, Berlin, Wien 2015: 115–136.
Petroski, Henry. *The Pencil: A History of Design and Circumstance*. New York, NY 1992.
Pichler, Wolfram und Ralph Ubl. „Vor dem ersten Strich. Moderne und vormoderne Zeichnungsdispositive". *Randgänge der Zeichnung*. Hrsg. von Werner Busch, Oliver Jehle und Carolin Meister. München 2007: 231–255.
Rahn, Thomas, und Rainer Falk (Hrsg.). *Typographie & Literatur. Sonderheft zu Text. Kritische Beiträge*. Frankfurt am Main, Basel 2016.
Rautenberg, Ursula (Hrsg.). *Reclams Sachlexikon des Buches*. 3. grundlegend neu bearbeitete Ausgabe. Stuttgart 2015.
Reuß, Roland. „Lesen, was gestrichen wurde. Für eine historisch-kritische Kafka-Ausgabe". *Franz Kafka: Hist.-krit. Ausgabe sämtlicher Handschriften, Drucke und Typoskripte. Band 1*. Hrsg. von Roland Reuß und Peter Staengle. Frankfurt am Main, Basel 1995: 9–24.
Sachs, Hans. *Eygentliche Beschreibung aller Stände auff Erden, hoher und nidriger, geistlicher und weltlicher, aller Künsten, Handwercken und Händeln*. Frankfurt am Main 1568.
Schivelbusch, Wolfgang. *Das verzehrende Leben der Dinge. Versuch über die Konsumtion*. München 2015.
Schneider, Pablo, und Moritz Wedell (Hrsg.). *Grenzfälle. Bild, Schrift und Zahl*. Weimar 2004.

Thüring, Hubert. „Der alte Text und das moderne Schreiben. Zur Genealogie von Nietzsches Lektüreweisen, Schreibprozessen und Denkmethoden". *Für Alle und Keinen. Lektüre, Schrift und Leben bei Nietzsche und Kafka*. Hrsg. von Friedrich Balke, Joseph Vogl und Benno Wagner. Zürich, Berlin 2008: 121–147.

Wagner, Monika, und Dietmar Rübel (Hrsg.). *Material in Kunst und Alltag*. Berlin 2002.

Wehde, Susanne. *Typographische Kultur. Eine zeichentheoretische und kulturgeschichtliche Studie zur Typographie und ihrer Entwicklung*. Tübingen 2000.

Yarrow, Thomas. „In Context: Meaning Materiality and Agency in the Process of Archaeological Recording". *Material Agency. Towards a Non-Anthropocentric Approach*. Hrsg. von Carl Knappett und Lambros Malafouris. New York, NY 2008: 121–138.

## 2.4 Materialität und Geschlecht

Sigrid G. Köhler

### Einleitung

Die Verknüpfung von Materialität und Geschlecht folgt einem Narrativ, das in besonderer Weise die moderne westliche Kulturgeschichte prägt und von einer binären, heterosexuell bestimmten Geschlechterordnung erzählt. Zentrale Bezugstexte stammen aus der Antike. Materie wird dort oftmals als ‚weiblich' und ‚passiv', Form respektive Geist hingegen als ‚männlich' und ‚aktiv' codiert. Problematisch ist diese Zuordnung, weil mit ihr Geschlechter- und Gesellschaftsrollen festgeschrieben und Machtrelationen etabliert werden.

In den Fokus der wissenschaftlichen Auseinandersetzung rückt die Engführung von Materialität und Weiblichkeit in der zweiten Hälfte des 20. Jahrhunderts. Einschlägig ist Judith Butlers Studie *Bodies That Matter* (1993; *Körper von Gewicht* 1997), in der Butler eine kritische, diskursanalytisch geleitete Revision zentraler Theoriepositionen vollzieht, von der Philosophie der Antike über Positionen der Psychoanalyse bis hin zur *écriture féminine*. Butler geht es darum zu zeigen, wie diese Engführung durch ‚Materialisierungsprozesse' (Butler 1997, 32) hervorgebracht wird, das heißt durch gesellschaftliche Machtdynamiken, welche den geschlechtlichen Körper normieren und regulieren und schließlich zur Vorstellung eines heterosexuell codierten ‚biologischen Geschlechts' führen. Die Existenz einer vordiskursiven Materialität des Körpers wird von Butler nicht geleugnet. Im Fokus ihres Interesses stehen jedoch die diskursiven Materialisierungsprozesse. Für ihre Privilegierung eines diskursanalytischen Ansatzes ist Butler vielfach kritisiert worden (vgl. z. B. Haraway 1995 [1983–1989], 107–108), wird doch mit dem Diskurs die Sprache als zentrale ‚Materialisierungsinstanz' gesetzt, während andere Techniken und Praktiken der Materialisierung vernachlässigt und paradoxerweise das produktive Potenzial der Materie selbst im Sinne einer vordiskursiven Materie gar nicht in den Blick genommen werden. Für eine sprachlich dominierte Wissenschaft wie die Literaturwissenschaft hat sich Butlers Ansatz jedoch, wie sich an dem Forschungsoutput seit den 1990er Jahren zeigt, als äußert produktiv erwiesen.

## De/Gendering Materie aus naturwissenschaftlicher Perspektive

Butlers Ansatz steht für die radikale Unterscheidung von *sex* als Kategorie des biologischen Geschlechts und *gender* als soziokulturelle Konstruktion: eine Unterscheidung, die in letzter Konsequenz die Annahme eines vordiskursiven, biologischen Geschlechts als Effekt von Materialisierungsprozessen zurückweist (vgl. Butler 1997, 21–22). Aus dieser Perspektive sind die Naturwissenschaften und insbesondere die moderne Biologie nicht *per se* zuständig für die Beschreibung des ‚biologischen Geschlechts', sondern selbst Teil der Diskursproduktion. Dies haben auch feministische Naturwissenschaftlerinnen gezeigt. So sind anthropozentrische Beschreibungsmuster, und insbesondere solche, die auf die Kategorie Geschlecht und die mit ihr verbundenen Verhaltenscodierungen (etwa in Form von Aktiv-Passiv-Zuschreibungen) gründen, ungemein wirksam. Dies gilt auch jenseits der auf den Menschen, den menschlichen Körper und das menschliche Verhalten bezogenen Forschung, etwa in der Verhaltensforschung zu Primaten (vgl. Haraway 1995 [1983–1989], 123–159). In *Sexing the Body* (2000) problematisiert die Biologin Anne Fausto-Sterling ausgehend von ihrem entwicklungsbiologischen Ansatz die monokausale Bestimmung der Geschlechtermerkmale und mit ihr die binäre Aufteilung der Geschlechter. Sie plädiert stattdessen dafür, von einem geschlechtlichen Kontinuum auszugehen (Fausto-Sterling 2000, 30–31). Wenn sie darüber hinaus für die Einbeziehung soziokultureller Faktoren argumentiert, wird deutlich, dass die feministisch orientierten Naturwissenschaften die Schnittstelle von *Gender-* und *Sex-Studies* ebenfalls mitreflektieren, ohne jedoch ihre Forschung in der Kategorie *gender* aufgehen zu lassen. Denn von einem naturwissenschaftlichen Standpunkt aus betrachtet ist der Körper eine positive, empirisch beschreibbare und somit materielle Größe und das biologische Geschlecht entsprechend immer auch Angelegenheit einer kritischen *Sex*-Forschung (vgl. Palm 2004, 103–107).

Nimmt man die naturwissenschaftliche Perspektive und mit ihr die Materialität des Körpers ernst, so führt dies unweigerlich zu der Frage nach der materiellen Produktivität des Körpers bzw. systematischer formuliert: nach der Produktivität der Materie insgesamt. Genau diese Frage steht seit der Frühen Neuzeit im Fokus der modernen Naturwissenschaften, der Physik, Chemie oder Biologie, die Materie etwa als Kraft oder Energie konzeptualisiert haben. Statische Raum-Zeit-Relationen werden damit zugunsten von Prozessualität, dynamischen Verbindungen oder energetischen Feldern verabschiedet (vgl. Köhler 2013, 37). Karen Barad plädiert mit Bezug auf die moderne Quantenphysik für ein ‚posthumanes Konzept' von Performativität, denn „Materie ist ein stabilisierender und destabilisierender Prozeß schrittweiser Intraaktivität" (Barad 2012 [2003], 40). Diese Problematisierung eines Materieverständnisses, das Materie als stoffliche Einheit und Ding denkt, hat weitreichende Konsequenzen – auch für das *Gendering* der Materie, denn die Stabilität von Körpergrenzen wird zur Disposition gestellt und die Frage der Handlungsmacht (*agency*) verschoben. Materialisierungsprozesse sind in der Konsequenz nicht mehr nur Resultat menschlichen Handelns, die Materie wird vielmehr selbst zum Agens (Barad 2012 [2003], 15; vgl. auch Haraway 1995, 92–97), so dass die Aktiv-Passiv-Zuschreibung als eine Variante der diskursgeschichtlichen Verknüpfung von Materialität und Geschlecht obsolet wird.

## Materialität als Aushandlungsort von *agency*

Bilanzierend zeigt sich in dem Vergleich von geistes- und naturwissenschaftlichen Positionen, dass die Reflexion der Verknüpfung von Materialität und Geschlecht immer beides zu leisten hat: *gender* als Resultat eines soziokulturellen Materialisierungsprozesses und *sex* als biologisches Geschlecht in seiner eigenen Materialität zu reflektieren. Die Konzentration auf Materialität als zentrale Analysekategorie erlaubt es zudem, die Schnittstelle, an der sich *sex* und *gender* überlagern, als komplexen Aushandlungsort in den Blick zu nehmen, an dessen Konstitution, wie weiter unten ausgeführt wird, materielle Techniken und Praktiken (im Sinne von Medien und Apparaturen) mitwirken. Systematisch betrachtet rückt die kritische Analyse der Verknüpfung von Geschlecht und Materialität vor allem Produktionsprozesse in den Fokus, die im weitesten Sinn kosmologische Entwürfe einschließen und im engeren Sinn Akte des Hervorbringens vom künstlerischen Schaffensprozess bis hin zum (sprachlichen) Sinngebungsprozess umfassen. Im Zuge einer kritischen Analyse werden die diskursgeschichtlich tradierten Rollen- und Funktionszuweisungen der an den Prozessen beteiligten Prinzipien und Akteure zur Disposition gestellt. Mit Blick auf die geschlechtliche Codierung von (menschlichen) Schaffensprozessen bedeutet dies, die Position des (männlich gedachten) Hervorbringenden samt der sich daraus ergebenden Handlungsmacht und Subjektivität ebenso zu hinterfragen wie die Funktion und Eigenschaften der für den Schaffensprozess scheinbar notwendig zu bearbeitenden (weiblich codierten) Materie.

Hinsichtlich der Literatur lassen sich diese aus einer systematischen Betrachtung gewonnenen Perspektiven als Fragen nach Autorschaft, Repräsentation und schließlich nach der Materialität von Sprache respektive von Zeichen präzisieren. Die Kritik dieser prekären Verknüpfung haben feministische Forschung und Gender Studies auf ganz unterschiedliche Weise geleistet: Kennzeichnend ist neben der kritischen Analyse oftmals auch ein subversives Schreiben, das die dominanten Codierungen unterläuft, sich ihrer instrumentalisierenden Aneignung des/der (materiellen) Anderen verweigert und Gegenentwürfe projiziert. Zu denken ist etwa an die Autorinnen der *écriture féminine*, allen voran Hélène Cixous, Luce Irigaray und Julia Kristeva, die in vielerlei Hinsicht als ‚Diskursbegründerinnen' (Nieberle 2013, 50) gelten können. Ihre Texte sind durch eine sich aus spezifischen Semantiken und rhetorischen Verfahren speisende Ästhetik gekennzeichnet, welche die Grenzen zwischen kritischer Analyse und literarischem Schreiben selbst schon überschreitet.

## Gründungstexte zur Materie-Form-Dichotomie und ihre Folgen

Die kulturgeschichtliche Position eines Gründungstextes für das *Gendering* von Materialität wird in der Regel Platons *Timaios* (4. Jh. v. u. Z.) zugeschrieben. Bezugspunkt für eine kritische Revision der antiken Philosophie sind darüber hinaus vor allem Aristoteles' Texte, seine *Metaphysik* sowie seine naturphilosophischen Schriften *Physik* und *Über die Seele* (alle 4. Jh. v. u. Z.). An der Bandbreite der mit diesen Texten verbundenen Wissensgebiete (Kosmologie, Erkenntnistheorie, Naturphilosophie etc.) zeigt sich die grundlegende Bedeutung der Materie-Form-Dichotomie. Materie fungiert dabei zugleich als systematische Reflexionskategorie wie auch als Bezeichnung für eine stoffliche ‚Mitursache des Werdenden' (Aristoteles 1987, 47). Bei aller gebotenen Differenzierung kristallisieren sich in den Texten wiederkehrende Codierungen der Materie heraus: Sie wird als etwas Formbares oder Empfangendes, als etwas der Veränderung Unterworfenes bzw. als das, worin etwas wird, schließlich als etwas Unbestimmtes und Nicht-Wahrnehmbares gedacht. Erst im Zusammenkommen mit der Form als Bestimmendem erhält die Materie Bestand und Gestalt. Materie und Form erhalten ihre geschlechtliche Codierung in der Antike in Form von Analogisierungen: Die *chora* als „das Aufnehmende" vergleicht Platon „mit der Mutter", das formgebende Prinzip „mit dem Vater" (Platon 1992, 81); der Stoff strebt nach Form, so ist bei Aristoteles zu lesen, wie „Weibliches nach Männlichem und Häßliches nach Schönem" (Aristoteles 1987, 47). Wenn diese Dichotomisierung wie bei Platon als Familienmodell konzipiert wird, formuliert sie indirekt mit der Setzung einer binären Geschlechterordnung zugleich auch einen „heterosexuellen Imperativ" (Butler 1997, 43). In der feministischen Revision der antiken Codierungen von Form und Materie zeigt sich jedoch, dass die sich auf die antike Philosophie gründende kultur- und diskursgeschichtlich so wirkmächtige Materie-Form-Dichotomie oftmals zu reduktionistisch gedacht wird, denn Materie wird weder von Platon noch von Aristoteles als ausschließlich passiv konzipiert.

Ihr kommt zumindest latent immer auch ein produktives Potenzial, ja sogar eine eigene ‚Bewegung' (Platon 1992, 87) zu. Als ‚Zugrundeliegendes' (Aristoteles 1987, 49) ist sie zudem für Schaffensprozesse unabdingbar.

Für die moderne Verknüpfung von Materialität und Geschlecht wird die philosophische Materie-Form-Dichotomie mit Erkenntnissen der Naturwissenschaften verbunden. Wesentliche Argumente liefert die sich um 1800 formierende Biologie: Ihre ‚Entdeckung' des ‚biologischen Geschlechts' trägt wesentlich zur Etablierung von Heterosexualität als ‚natürlicher' Gesellschaftsordnung bei (vgl. Foucault 1979 [1976]). Untersuchungsgegenstand der modernen Naturwissenschaften ist vor allem der weibliche Körper, der männliche wird tendenziell ‚vergessen', mit dem Effekt, dass aus der antiken Analogisierung von Materialität und Weiblichkeit eine Identifizierung und Naturalisierung wird, die sich diskursübergreifend zeigt: Weiblichkeit *ist* Schwäche, Zartheit, Anmut, Sinnlichkeit und natürliche ‚Fülle des Stoffes', Männlichkeit dagegen Verstand, Form, Bestimmtheit, Stärke etc. (vgl. Humboldt 1969 [1795]). Der Mensch wird zu einem ‚Doppelwesen', das vollkommene Harmonie aber nur in der Annäherung erreichen kann, da der „Geschlechtscharakter" wie eine „Schranke" dazwischen steht (vgl. Humboldt 1969 [1795], 321). Abweichungen von der heterosexuellen Norm werden dementsprechend pathologisiert.

Eine Gegenerzählung zu dieser Naturalisierung von Materialität und Weiblichkeit ist jedoch schon im Materialismus des 18. Jahrhunderts angelegt, welcher die moderne, naturwissenschaftlich begründete Annahme, dass alle Bewegung aus der Materie kommt, in ein materialistisches Weltbild und Gesellschaftsmodell überführt (vgl. Köhler 2013, 37–39). Die Konsequenzen, die sich daraus für die Geschlechterordnung ergeben, werden allerdings erst in der Literatur gezogen. Wenn die Bewegung der Materie alles bestimmt – Körper, Geist und Seele –, dann generiert sich die Gesellschafts- und Geschlechterordnung nicht aus Kultur, Moral oder Recht, sondern aus der Materie. Und dies schließt, wie sich in den Skandalromanen des Marquis de Sade *Justine oder vom Missgeschick der Tugend* und *Juliette oder die Vorteile des Lasters* (1990–2002 [1787–1797]) zeigt, den menschlichen Geschlechtsakt ein, denn wenn menschliches Begehren als materielles Begehren verstanden wird, ist es nicht mehr an eine Geschlechterdichotomie gebunden.

## Produktive Materialität: Gegenentwürfe im 20. und 21. Jahrhundert

Nach den antiken Texten markiert die Psychoanalyse die zweite große Scharnierstelle, der sich Gender Studies und Feminismus zuwenden. Zentrale Kategorie ist zunächst jedoch nicht die Materie, sondern das Subjekt, da die psychoanalytische Subjektkonstitution ausgehend von der männlichen (Sexual-)Entwicklung entworfen wird. Im Vergleich zu dieser erweist sich die weibliche ob des fehlenden Gliedes, so die Logik, immer schon als Abweichung bzw. als mit einem Mangel behaftet (Freud 1997). In Lacans poststrukturalistischer Fortführung der Psychoanalyse wird dieser Mangel semiotisch gewendet: Der Phallus ist der privilegierte und privilegierende Signifikant, der die Zeichenökonomie organisiert (vgl. Lacan 1975 [1966], 126–130). Mit dem männlichen ‚Phallus-Haben' wird die Ermächtigung zur Signifikation dem männlichen Subjekt zugeschlagen; das Weibliche, insofern es der ‚Phallus ist', wird zum Material der Repräsentation, über dessen Darstellung sich männliche Subjektivität respektive Autorschaft generiert (vgl. Bronfen 1994 [1992]). Der psychoanalytischen Geschlechterkonstruktion zufolge lässt sich der ‚weibliche Mangel' also ‚materiell' ausmachen. Kritischer Anhaltspunkt für eine feministische Relektüre ist – neben der anfänglichen Bisexualität des Menschen (Freud) und dem prinzipiellen Fehlgehen jeglicher Selbsterkennung (Lacan) – vor allem die grundsätzliche Produktivität der Materie. Die Psychoanalytikerin Lou Andreas-Salomé entwirft schon um 1900 eine Gegenerzählung, in der sie Reproduktion von der biologischen Zellaktivität aus denkt. Andreas-Salomé überschreitet zwar nicht das binäre Geschlechtermodell, aber das Weibliche wird bei ihr zum „Urbild des [menschlichen, SK] Geschlechts" (Andreas-Salomé 2010 [1899], 119). Es steht am Anfang der Reproduktion, denn es ist die weibliche Zelle, welche zu Beginn „eines der fremden [männlichen, SK] Zellenkörperchen behufs besserer Ergänzung in sich hinein[saugt]" (Andreas-Salomé 2010 [1899], 96).

Feminismus und Gender Studies haben sich die Produktivität der Materialität seit den 1970er Jahren systematisch zu eigen gemacht (vgl. Köhler 2004). Eine Strategie, die vor allem der Differenzfeminismus für die Konzeptualisierung eines spezifisch weiblichen Schreibens genutzt hat, besteht darin, die weibliche Körperlichkeit als etwas zu denken, das im Akt des Schreibens im Sinne einer Materialität der Stimme oder Materialität der Sprache und der Zeichen, als Klang oder Rhythmus spürbar bleibt und deshalb zu einer spezifisch ‚weiblichen Autorschaft' (vgl. Rinnert 2001) führt. Die Übergänge zu einem dekonstruktiven Feminismus sind jedoch gleitend. Letzterer hat vor allem zum Ziel, die Verfahren der männlichen Repräsentationslogik zu unterlaufen, etwa indem er die Orte der Materie aufsucht, bevor sie der phallogozentristischen Repräsentationslogik einverleibt werden. Effekt dieses Verfahrens ist nicht nur die Störung und Verweigerung der männlichen Zeichenökonomie, denn in dem Moment, in dem die Materialität der männlichen Repräsentationslogik und Verdinglichung entzogen wird, wird sie in ihrer eigenen produktiven und nicht zuletzt ästhetischen Dimension sichtbar (vgl. Irigaray 1980 [1974]). Werden Sprechen und Schreiben schließlich insgesamt als ‚materielle (Text-)Praxis' begriffen (vgl. Kristeva 1978 [1974]), die unabhängig von der geschlechtlichen Codierung des Körpers immer körperlich bedingt ist und zugleich gesellschaftlichen Regulierungen im Sinne von Materialisierungen unterliegt, dann führt dies schließlich zur Überschreitung von geschlechtlich codierten Konzepten von Autorschaft und Signifikation (vgl. Köhler 2013, 43) wie auch zur Verabschiedung der Vorstellung eines souveränen, körperlosen Subjekts und Autors und in der Folge eines ebensolchen Sprechens und Schreibens. Letzteres ist zwar seit der modernen Krise des Subjekts und der Sprache im Rekurs auf eine materielle Ästhetik in Literatur und Literaturtheorie, nicht zuletzt in der poststrukturalistischen Theorie, immer wieder diskutiert worden, ohne dass jedoch systematisch die sich für die binäre Geschlechterordnung ergebenden Konsequenzen daraus gezogen worden wären (vgl. Metzler 2003). Dies bleibt das Verdienst von Feminismus und Gender Studies.

Flankiert und befördert wird die Problematisierung und Überschreitung der Geschlechtercodierung von Form und Materie durch neuere, zum Teil komplementär funktionierende Forschungsansätze (vgl. Bath et al. 2005), etwa zur Intersektionalität, zur Akteurstheorie und zu den Technosciences. Schon in den 1980er Jahren ist gezeigt worden, dass Verfahren des *Othering* im westlichen Diskurs systematisch der Dichotomie von Materie und Form respektive Geist folgen, dass also nicht nur das Weibliche verdinglicht wird, sondern jegliche ‚Andere', die aufgrund von Hautfarbe, Herkunft oder Kultur als solche markiert werden (vgl. Weigel 1990 [1987]). Ausgangspunkt der Akteurstheorie ist die These, dass der Mensch nicht Urheber von Produktions- und Erkenntnisprozessen ist, sondern nur ein Akteur unter anderen, neben den Apparaturen und Dingen, die am Prozess beteiligt sind, und der Sprache und den Medien, in denen sich die Prozesse vermitteln. Aus dieser Perspektive gibt es keine privilegierten Akteure, sondern nur „materiell-semiotische Erzeugungsknoten" (Haraway 1995 [1983–1989], 96), und auch die Techniken und Praktiken des Hervorbringens sind immer schon ‚materiell-semiotisch' bzw. ‚materielldiskursiv' zu denken.

Bemerkenswerterweise rekurriert auch die jüngere und jüngste feministische Forschung immer noch auf Materialität als zentrale Kategorie (vgl. Alaimo und Hekman 2008). Dies lässt sich wissenschaftsgeschichtlich deuten, aber auch strategisch im Sinne einer gesellschaftskritisch ausgeflaggten Wissenschaftsperspektive. Materialität und damit verbunden der *new materialism* stellen inzwischen Konzepte dar, unter denen sich interdisziplinäre gesellschafts- und anthropozentrisch-kritisch ausgerichtete Forschungsströmungen wie Ecocriticism, Technosciences, Akteurstheorie, aber auch Gender Studies und Feminismus treffen.

## Literaturverzeichnis

Alaimo, Stracy, Susan Hekman (Hrsg.). *Material Feminisms*. Bloomington, IN 2008.
Andreas-Salomé, Lou. „Der Mensch als Weib. Ein Bild im Umriß" [1899]. *Ideal und Askese. Aufsätze und Essays. Band 2: Philosophie*. Hrsg. von Hans-Rüdiger Schwab. Taching am See 2010: 95–129.
Aristoteles. *Physik. Vorlesung über die Natur*. Hamburg 1987.
Barad, Karen. *Agentieller Realismus. Über die Bedeutung materiell-diskursiver Praktiken*. Berlin 2012 [2003].
Bath, Corinna, Yvonne Bauer, Bettina Bock von Wülfingen, Angelika Saupe und Jutta Weber (Hrsg.). *Materialität denken. Studien zur technologischen Verkörperung, Hybride Artefakte und posthumane Körper*. Bielefeld 2005.
Bronfen, Elisabeth. *Nur über ihre Leiche. Tod, Weiblichkeit und Ästhetik*. München 1994 [1992].
Butler, Judith. *Körper von Gewicht. Die diskursiven Grenzen des Geschlechts*. Frankfurt am Main 1997 [1993].
Fausto-Sterling, Anne. *Sexing the Body. Gender Politics and the Constructions of Sexuality*. New York, NY 2000.
Foucault, Michel. *Der Wille zum Wissen. Sexualität und Wahrheit Band 1*. Frankfurt am Main 1979 [1976].
Freud, Sigmund. „Über die weibliche Sexualität" [1931]. *Sexualleben. Studienausgabe Band 5*. Frankfurt am Main 1997: 273–292.
Haraway, Donna. *Die Neuerfindung der Natur. Primaten, Cyborgs und Frauen*. Frankfurt am Main, New York, NY 1995 [1983–1989].
Humboldt, Wilhelm von. „Über die männliche und weibliche Form" [1795]. *Werke in fünf Bänden. Band 1: Schriften zur Anthropologie und Geschichte*. Darmstadt 1969: 296–336.
Irigaray, Luce. *Speculum. Spiegel des anderen Geschlechts*. Frankfurt am Main 1980 [1974].
Köhler, Sigrid G. „De-Gendering Materiality. Zu Materialitätsdiskursen und ihrer Rhetorik – und zu materiell-semiotischen Flecken und Agenten". *Prima Materia. Beiträge zur transdisziplinären Materialitätsdebatte*. Hrsg. von Sigrid G. Köhler, Jan Christian Metzler und Martina Wagner-Egelhaaf. Königstein im Taunus 2004: 117–146.
Köhler, Sigrid G. „Produktivität der Materie". *Materie. Grundlagentexte zur Theoriegeschichte*. Hrsg. von Sigrid G. Köhler, Hania Siebenpfeiffer und Martina Wagner-Egelhaaf. Berlin 2013: 31–46.
Kristeva, Julia. *Revolution der poetischen Sprache*. Frankfurt am Main 1978 [1974].
Lacan, Jacques. „Die Bedeutung des Phallus" [1966]. *Schriften 2*. Olten 1975: 119–132.
Metzler, Jan Christian. *De/Formation. Autorschaft, Körper und Materialität im expressionistischen Jahrzehnt*. Bielefeld 2003.
Nieberle, Sigrid. *Gender Studies und Literatur. Eine Einführung*. Darmstadt 2013.
Palm, Kerstin. „Gender – eine unbekannte Kategorie in den Naturwissenschaften?" *Gender Studies. Wissenschaftstheorien und Gesellschaftskritik*. Hrsg. von Therese Frey Steffen, Caroline Rosenthal und Anke Väth. Würzburg 2004: 97–109.
Platon. *Timaios*. Hamburg 1992.

Rinnert, Andrea. *Körper, Weiblichkeit und Autorschaft. Eine Inspektion feministischer Literaturtheorien*. Königstein im Taunus 2001.
Sade, Donatien Alphonse François de. *Justine und Juliette. 10 Bände*. München 1990–2002 [1787–1797].
Weigel, Sigrid. „Zum Verhältnis von ‚Wilden' und ‚Frauen' im Diskurs der Aufklärung" [1987]. *Topographien der Geschlechter. Kulturgeschichtliche Studien zur Literatur*. Reinbek bei Hamburg 1990: 118–148.

## 2.5 Wahrnehmung

Tobias Wilke

### Dingwahrnehmung als Diskursgegenstand

Die Darstellung und Modellierung von Prozessen der Dingwahrnehmung rückt vor allem im Zuge der im späten 19. Jahrhundert einsetzenden Moderne zu einem prominenten Aspekt literarischer Texte auf. Diese Entwicklung lässt sich als ein Paradebeispiel für die Vermittlung von Literatur und materieller Kultur ansehen und beschreiben, da sie sich in direkter Bezugnahme auf ein neues Regime wissenschaftlicher Wahrnehmungsforschung sowie unter dem Einfluss neuer apparativer Wahrnehmungstechniken konstituiert. Wesentlich sind dabei drei Faktoren: zunächst die im 19. Jahrhundert entstehende Disziplin der Sinnesphysiologie, die mit ihren Untersuchungsverfahren eine konzeptuelle Semiotisierung der Sinneswahrnehmung einleitet; zum zweiten die wahrnehmungstheoretischen Implikationen des historischen Materialismus, der erstmals die Einsicht in die geschichtliche Veränderlichkeit sinnlicher Funktionen eröffnet; schließlich die Ausbildung und Verbreitung von Medien wie Fotografie und Film, die zusehends als bestimmende Faktoren einer epochalen Wahrnehmungsrevolution begriffen werden. Erst im Rahmen des von all diesen Tendenzen geformten kulturellen Dispositivs avanciert die Beziehung zwischen menschlichem Sensorium und Dingwelt zu einem eingehend reflektierten *Problem*, das auch von literarischer Seite aufgegriffen und bearbeitet wird (Asendorf 1984). Die verschiedenen Rekonzeptionen der Wahrnehmung bzw. Wahrnehmbarkeit von Dingen nach 1850 zu verfolgen bedeutet gleichwohl nicht, dass damit bereits ein Archiv von außerdiskursiven Erlebnisrealitäten der Moderne erschließbar wäre. Vielmehr sind die Rekonfigurationen in Wissenschaft, Medientheorie und Literatur als Entwürfe von Wahrnehmungsweisen anzusehen, deren Wirklichkeit einem historischen Zugriff abseits dieser Modellierungen selbst nur in äußerst bedingtem Maße zugänglich ist. Entsprechend bleibt jeder Versuch, Literaturgeschichte als Teil einer umfassenderen Wahrnehmungsgeschichte zu schreiben, methodisch an die wechselnden begrifflichen und rhetorischen Muster verwiesen, in denen Formen der Dingwahrnehmung vorgestellt – das heißt präsentiert, konstruiert und inszeniert – worden sind. Eine zentrale Aufgabe aktueller und künftiger Forschung liegt sodann darin, eben diese Muster im Verhältnis zu den konkreten materiellen Bedingungen von Wissens- und Diskursproduktion zu erfassen, aus denen sich ihre Formierung erklären lässt.

## Semiotisierung und Historisierung der Dingwahrnehmung

Im Zuge der naturwissenschaftlichen Revolutionen des 19. Jahrhunderts bildet sich ein neues Feld von empirischer Wahrnehmungsforschung heraus, das weitreichende Konsequenzen für das Verständnis des menschlichen Sensoriums und seiner Funktionsweise hat. Durch den Einsatz instrumentell gestützter, experimenteller Untersuchungsmethoden etabliert die entstehende Sinnesphysiologie ein Regime der Beobachtung, in dem sich das Interesse an der Aktivität der Sinnesorgane vor allem auf elementare Prozesse der Nerventätigkeit zu richten beginnt. Einschlägig sind in diesem Zusammenhang etwa die Arbeiten von Naturforschern wie Johannes Müller (*Zur vergleichenden Physiologie des Gesichtssinns*, 1826), Ernst Heinrich Weber (*Tastsinn und Gemeingefühl*, 1846) und Hermann von Helmholtz (*Die Lehre von den Tonempfindungen als physiologische Grundlage für die Theorie der Musik*, 1863), die verschiedene Bereiche der Sinneswahrnehmung einer exakten Beschreibung zugänglich zu machen suchen. Das allgemeine Prinzip dieser Forschungen, Wahrnehmungsvorgänge in Mechanismen der Aufnahme, Weiterleitung und Verarbeitung von materiellen Reizen zu fundieren, hat dabei nicht nur eine grundlegende Neumodellierung des Wahrnehmungssubjekts zur Folge, wie sie Jonathan Crary durch den Begriff eines „embodied observer" gekennzeichnet hat (Crary 1990, 1999). Vielmehr geht mit dieser methodisch bedingten Verkörperung zugleich eine Tendenz zur Atomisierung der sinnlichen Prozesse einher, die in der Frage resultiert, wie der Wahrnehmungsapparat einzelne Sinnesdaten zu Komplexen zu verknüpfen und auf die reizauslösenden Gegenstände zu beziehen vermag. Die Physiologen des 19. Jahrhunderts reagieren auf den so entstandenen Erklärungsbedarf, indem sie einen subjektiven Akt der ‚Projektion' (Müller) bzw. des ‚unbewussten Schließens' (Helmholtz) postulieren, durch den die Verbindung zwischen Sinneseindrücken und Wahrnehmungsobjekt hergestellt wird. Damit aber nimmt Wahrnehmung den Charakter eines integral semiotischen Vorgangs an, der immer schon eine Deutung der physiologischen Erregung in Bezug auf ihre dinglich-objektiven Ursachen impliziert (Müller-Tamm 2005). Aus dieser allgemeinen Semiotisierungstendenz zieht der Physiker Ernst Mach gegen Ende des 19. Jahrhunderts dann die wohl extremste, gleichsam radikalkonstruktivistische Konsequenz. Im Rahmen seiner einflussreichen Schrift *Die Analyse der Empfindungen und das Verhältniss des Physischen zum Psychischen* (1900 [1886]) führt er die Wahrnehmung von Dingen gänzlich auf eine subjektive „Ökonomie des Vorstellens und der Bezeichnung" (Mach 1900 [1886], 2) zurück, deren habituelle, begrifflich konditionierte Schemata – so seine These – auf einer fundamentalen Abstraktion von den Strukturen des physikalisch Gegebenen beruhen.

Parallel zur Semiotisierung der Dingwahrnehmung in der physiologisch begründeten „Zeit der Sinnesapparate" (Hoffmann 2006) setzt um die Mitte des 19. Jahrhunderts auch die theoretische Entwicklung einer Historisierung sinnlicher Wahrnehmungsformen ein, mit der anstelle konstanter Naturgesetze vor allem die Einflüsse variabler sozioökonomischer Bedingungen in den Blick treten. Entscheidend ist in diesem Zusammenhang das Werk von Karl Marx, der schon in seinen frühen „Ökonomisch-philosophischen Manuskripten" (1968 [1844]) paradigmatisch geltend macht, dass „[d]ie *Bildung* der 5 Sinne [...] eine Arbeit der ganzen bisherigen Weltgeschichte [Herv. i. O.]" (Marx 1983 [1867] 394) sei. Im Rahmen seiner im *Kapital* durchgeführten Analyse der mit der kapitalistischen Warenform verbundenen Wahrnehmungsökonomie stellt Marx sodann die berühmte Diagnose, der zufolge die Auffassung der Dinge als Tauschwerte einen weitreichenden Verlust von unmittelbar-individuellen Bezügen zu ihrer Gegenständlichkeit und somit die zunehmende Verdrängung ihrer sinnlich-konkreten Qualitäten aus der subjektiven Erfahrung zur Folge hat (Marx 1983, Kap. 1). Er begründet damit eine Tradition der Modernekritik, wie sie um 1900 vor allem durch Georg Simmel fortgeführt und mit einer Analyse spezifisch urbaner Wahrnehmungsrealitäten verbunden wird. So skizziert Simmel in seinem Essay „Die Großstädte und das Geistesleben" (1903) ein neues, großstädtisches Wahrnehmungsregime, in dem sich physiologischer Reizschutz und ökonomische Rationalisierung zu einer habituellen Abstraktion von dinglicher Individualität vereinigen (Simmel 1995 [1903]). Aus genuin neomarxistischer Perspektive wiederum analysiert etwas später auch Georg Lukács in seiner Schrift *Geschichte und Klassenbewußtsein* (1923), wie „[d]iese rationelle Objektivierung [...] – den qualitativen und materiellen – unmittelbaren Dingcharakter aller Dinge [verdeckt]" (Lukács 1968 [1923], 267). Die von Marx über Simmel bis hin zu Lukács reichende Deutungslinie wird sodann in den 1920er und 1930er Jahren zur Grundlage für Siegfried Kracauers und Walter Benjamins kulturkritische Analysen moderner Wahrnehmungsformen; sie findet ihre wohl prägnanteste Bilanz in einer der zentralen Formulierungen aus Benjamins Kunstwerk-Aufsatz, der zufolge „[d]ie Art und Weise, in der die menschliche Wahrnehmung sich organisiert – das Medium, in dem sie erfolgt – [...] nicht nur natürlich sondern auch geschichtlich bedingt [ist]." (Benjamin 2013b [1936], 102)

Zugleich gibt Benjamins „Das Kunstwerk im Zeitalter seiner technischen Reproduzierbarkeit" auch den engen genealogischen Zusammenhang zu erkennen, der zwischen der Reflexion auf die Historizität sinnlicher Prozesse und der Entwicklung neuer medialer Wahrnehmungstechniken besteht. So sind es namentlich die technischen Apparaturen der Fotografie und des Films, die vor allem in den 1920er und 1930er Jahren als treibende Kräfte bzw. Mittel einer „Umgruppierung der Apperzeption" (Benjamin 2013a [1935], 89) veranschlagt werden. Dabei begründet sich diese Konjunktur häufig gerade aus der Erwartung, dass mit den visuellen Medien die Möglichkeit zu einer Entschematisierung und neuerlichen Versinnlichung der Dingwahrnehmung gegeben sei. Während die wissenschaftlich-theoretischen Entwicklungen des 19. Jahrhunderts ihr Augenmerk vor allem auf die Vermittlungsprozesse gerichtet hatten, denen die subjektive Wahrnehmung von Dingen unterliegt, wird das Potenzial der technischen Bilder nun vielfach darin gesehen, das abstrakte, begrifflich und ökonomisch bedingte Wahrnehmungsregime der Moderne in Form medial begründeter Unmittelbarkeit zu durchkreuzen (Wilke 2010). Jedoch findet sich die Hoffnung auf eine sinnliche Wiederentdeckung der Dinge in Gestalt eines ‚neuen Sehens' – wie es exemplarisch etwa der Filmtheoretiker Béla Balázs in seiner Schrift *Der sichtbare Mensch oder die Kultur des Films* (1924) postuliert – in den ersten Jahrzehnten des 20. Jahrhunderts nicht nur mit einer visuellen ‚Sprache' im fotografischen und kinematografischen Sinne assoziiert. Vielmehr wird die Einsicht, dass die historische Veränderlichkeit von Wahrnehmungsweisen zugleich die Option auf deren gezielte ästhetische Reformierung eröffnet, zur Grundlage eines allgemeinen Programms der „Kunst als Verfahren" (Viktor Šklovskij) erhoben, das auch mittels literarischer Strategien zu realisieren ist. Paradigmatisch heißt es im Anfangskapitel von Šklovskijs *Theorie der Prosa* (1925) dazu: „Um für uns die Wahrnehmung des Lebens wieder herzustellen, die Dinge fühlbar, den Stein steinig zu machen, gibt es das, was wir Kunst nennen. Das Ziel der Kunst ist, uns ein Empfinden für das Ding zu geben, ein Empfinden, das Sehen und nicht nur Wiedererkennen ist." (Šklovskij 1966 [1925], 14) Dabei führt Šklovskij den Effekt einer solchen ‚Entautomatisierung' der Wahrnehmung namentlich auf „die Verfremdung der Dinge und die Komplizierung der Form" (Šklovskij 1966 [1925], 14) zurück und benennt damit zwei Prinzipien bzw. Operationen, wie sie im Kontext der literarischen Moderne immer wieder neu zur Anwendung gelangen.

## Literarische Szenarien von Dingwahrnehmung in der Moderne

Für die Ausbildung von literarischen Szenarien der Dingwahrnehmung, wie sie ab Ende des 19. Jahrhunderts zu beobachten sind, lassen sich vor dem Hintergrund der bislang beschriebenen Entwicklungen mithin einige zentrale Voraussetzungen festhalten. Zum einen entspringt dieses Darstellungsinteresse zunächst maßgeblich aus dem Bewusstsein einer Wahrnehmungskrise, das sich als Erfahrung eines Wirklichkeitsverlusts der Dingwelt im Zeichen moderner

Wissens- und Handlungsordnungen artikuliert. Zum anderen bildet gerade der so diagnostizierte Entzug bzw. ‚Zerfall' der Dinge in Folge abstrakter Rationalisierungsprozesse die Grundlage, auf der umgekehrt auch regenerative Strategien der Dingwahrnehmung konzipiert und erprobt werden. Diskursive Vernetzungen von Literatur, Wissenschaft und Ökonomie sind daher also keineswegs bloß dort nachweisbar, wo sich – wie etwa in der Eröffnungssequenz von Émile Zolas Roman *Thérèse Raquin* (1873) – die Verfasstheit der Dinge als Waren explizit verhandelt findet oder wo – wie in Joris-Karl Huysmans' Roman *À rebours* (1884) – die Beschreibung sinnlicher Empfindungsvorgänge auf die Sphäre physiologischer Laborexperimente rekurriert. Vielmehr machen sich die Einflüsse dieser historisch-materiellen Kontexte auf die Semantik narrativer und poetischer Texte grundsätzlich darin geltend, dass die subjektive Wahrnehmung der Dingwelt – mitsamt ihrer epochal bedingten Veränderungen – überhaupt zum Gegenstand eingehender literarischer Reflexionen avanciert. Exemplarisch ist dies etwa an Hugo von Hofmannsthals Prosastücken „Ein Brief" (1902) und „Die Briefe des Zurückgekehrten" (1907) abzulesen, deren Protagonisten die Dinge ihrer Umgebung in einem Zustand der Derealisierung erleben, der sie als „so ganz und gar nicht wirklich, gewissermaßen gespenstisch" (Hofmannsthal 1979 [1907], 561) erscheinen lässt. Diese Erfahrung – in ähnlicher Form auch bei anderen Autoren der Epoche wie Rainer Maria Rilke, Robert Musil und Robert Walser beschrieben – steht dabei ebenso in direkter Verbindung zu Machs ‚empiriokritizistischer' Empfindungsanalyse, wie sie an die Marx'sche Formulierung erinnert, der zufolge die Transformation der Dinge in Waren in einer „gespenstigen", da von konkret-sinnlichen Beziehungen zusehends abgelösten Gegenständlichkeit resultiert (Marx 1983, Kap. 1). Während es sich bei Marx allerdings noch um eine Metapher handelt, die dazu dient, den entfremdeten Charakter der kapitalistischen Wahrnehmungsökonomie zu verbildlichen, wird dieselbe Beschreibungsfigur in Texten der literarischen Moderne zugleich im Sinne eines positiv verstandenen *Ver*fremdungseffekts neu codiert. So findet sich der Eindruck des Gespenstischen im Rahmen fiktionaler Narrative immer wieder mit der Darstellung eines neuen, buchstäblichen Eigenlebens der Dinge assoziiert, das nicht nur als Indiz eines Beziehungsverlusts, sondern gerade (auch) als Gewähr ihrer veränderten Wiederaneignung für bzw. durch die subjektive Erfahrung fungiert (Kimmich 2011). Dabei ist die literarisch inszenierte Wahrnehmung von Dingen in Gestalt animierter, selbsttätiger Akteure – so etwa in Texten wie Rilkes Roman *Die Aufzeichnungen des Malte Laurids Brigge* (1910), Kafkas Erzählungen „Blumfeld, ein älterer Junggeselle" (1915) und „Die Sorge des Hausvaters" (1920) oder Musils Prosastück „Triëdere!" (1926) – nicht allein als Mittel der Aufmerksamkeitssteuerung aufzufassen, das überdies in engem historischen Bezug zur seinerzeit postulierten ‚Verlebendigung' der Gegenstandswelt durch die technisch-bewegten Bilder des Films operiert (Henkel 2013). Vielmehr lässt sich bereits in dieser Entwicklung eine grundlegende Infragestellung des kategorialen Gegensatzes von ‚belebt' vs. ‚unbelebt' bzw. ‚menschlich' vs. ‚dinghaft' erkennen, wie sie in jüngerer Zeit der Wissenschaftstheoretiker Bruno Latour im Rahmen seiner viel beachteten Metakritik moderner Epistemologie ausgearbeitet hat (Latour 1995).

Neben der Tendenz zur fiktionalen De- und Rekontextualisierung der Dinge als lebendige Akteure bildet sich ab dem frühen 20. Jahrhundert eine zweite Traditionslinie von Wahrnehmungsmodellen heraus, die ein neues, ästhetisch vermitteltes ‚Sehen' weniger in Form von gezielter Verfremdung als vielmehr in Gestalt einer gleichsam ‚reinen', von allen subjektiven Projektionen befreiten Beschreibung konzipieren. Wesentlich für diese Entwicklung ist dabei zunächst vor allem eine poetologische Orientierung an Werken der bildenden Kunst und den ihnen zugeschriebenen Evidenzpotenzialen (Schneider 2006), wenig später dann auch die verstärkte Bezugnahme auf das Prinzip indexikalischer Aufzeichnung, wie es in der technischen Funktionsweise fotografischer Apparaturen verkörpert ist. Ein wichtiges Beispiel für die (rhetorische) Übertragung eines bloßen ‚Zeigens' der Dinge vom Bereich visueller Darstellung in den der Sprache liefert insbesondere das von Rilke im Rahmen seiner Cézanne-Briefe (1906/1907) und in den *Neuen Gedichten* (1907) entwickelte Programm eines „sachlichen Sagens" (Rilke 1996 [1906/1907], 624). Von hier führt sodann eine maßgebliche Verbindung weiter zu den Arbeiten Martin Heideggers, der in seinem Aufsatz „Der Ursprung des Kunstwerkes" (1977 [1935]) seinerseits die Sphäre der bildenden Kunst zum Ausgangspunkt für ein phänomenologisches Verfahren der „unmittelbare[n] Beschreibung" (Heidegger 1977 [1935], 22) von Dinglichkeit macht und dieses sowohl gegen ein modernes Regime technisch-ökonomischer Zurichtung wie auch gegen physiologische Wahrnehmungsmodelle des 19. Jahrhunderts abgrenzt. Auf Heideggers spätere, unter anderem in seinem Text „Das Ding" (2000 [1950]) explizierte Unterscheidung zwischen subjektiv verfügbar gemachten ‚Gegenständen' und eben solcher Verfügbarkeit entzogenen ‚Dingen' wiederum rekurriert noch die jüngst im Kontext der *thing theory* vorgenommene begriffliche Differenzierung zwischen *objects* und *things* (Brown 2004, 4) (siehe auch 2.11 Drügh). *Thingness* bezeichnet dabei eine Wahrnehmungsrelation, in der sich ‚Objekte' ihrer Funktionen innerhalb utilitaristischer und semiotischer Bezugssysteme enthoben und gerade dadurch in jener Art von „eigensinnige[r] Vorhandenheit" (Rilke 1996 [1906/1907], 608) zeigen, wie sie schon Rilke an den Gemälden Cézannes abgelesen hat. So gesehen aber ist hier nochmals festzustellen, dass zentrale konzeptuelle Parameter der neueren literatur- und wissenshistorischen Dingforschung ihre Wurzeln in Modellbildungen der ästhetischen Moderne selbst haben. Auch in aktuellen theoretischen Entwicklungen schreibt sich somit noch jene diskursive Geschichte der Dingwahrnehmung fort, wie sie aus den Wissensordnungen des 19. Jahrhunderts hervorgegangen ist.

## Literaturverzeichnis

Asendorf, Christoph. *Batterien der Lebenskraft: Zur Geschichte der Dinge und ihrer Wahrnehmung im 19. Jahrhundert.* Gießen 1984.
Balázs, Béla. *Der sichtbare Mensch oder die Kultur des Films.* Frankfurt am Main 2001 [1924].
Benjamin, Walter. „Das Kunstwerk im Zeitalter seiner technischen Reproduzierbarkeit [Zweite Fassung]" [1935]. *Werke und Nachlaß. Kritische Gesamtausgabe, Band 16: Das Kunstwerk im Zeitalter seiner technischen Reproduzierbarkeit.* Hrsg. von Burkhardt Lindner. Frankfurt am Main 2013a: 52–95.
Benjamin, Walter. „Das Kunstwerk im Zeitalter seiner technischen Reproduzierbarkeit [Dritte Fassung]" [1936]. *Werke und Nachlaß. Kritische Gesamtausgabe, Band 16: Das Kunstwerk im Zeitalter seiner technischen Reproduzierbarkeit.* Hrsg. von Burkhardt Lindner. Frankfurt am Main 2013b: 96–141.
Brown, Bill. „Thing Theory". *Things.* Hrsg. von Bill Brown. Chicago, IL 2004: 1–22.
Crary, Jonathan. *Techniques of the Observer: On Vision and Modernity in the Nineteenth Century.* Cambridge, MA und London 1990.
Crary, Jonathan. *Suspensions of Perception: Attention, Spectacle, and Modern Culture.* Cambridge, MA und London 1999.
Heidegger, Martin. „Der Ursprung des Kunstwerkes" [1935]. *Holzwege.* Hrsg. von Friedrich-Wilhelm von Herrmann. Frankfurt am Main 1977: 1–74.
Heidegger, Martin. „Das Ding" [1950]. *Gesamtausgabe I. Abteilung. Band 7. Vorträge und Aufsätze.* Frankfurt am Main 2000: 165–187.
Helmholtz, Hermann von. *Die Lehre von den Tonempfindungen als physiologische Grundlage für die Theorie der Musik.* Braunschweig 1863.
Henkel, Brook. *Animistic Fictions: German Modernism, Film, and the Animation of Things.* Dissertation, Columbia University 2013.
Hoffmann, Christoph. *Unter Beobachtung: Naturforschung in der Zeit der Sinnesapparate.* Göttingen 2006.
Hofmannsthal, Hugo von. „Die Briefe des Zurückgekehrten". *Gesammelte Werke in zehn Einzelbänden, Band VII: Erzählungen. Erfundene Gespräche und Briefe. Reisen.* Hrsg. von Bernd Schoeller. Frankfurt am Main 1979 [1907]: 544–571.
Huysmans, Joris-Karl. *À rebours.* Paris 1907 [1884].
Kafka, Franz. „Blumfeld, ein älterer Junggeselle" [1915]. *Nachgelassene Schriften und Fragmente I. Kritische Ausgabe.* Hrsg. von Malcolm Pasley. Frankfurt am Main 1993: 229–252.
Kafka, Franz. „Die Sorge des Hausvaters"[1919]. *Drucke zu Lebzeiten. Kritische Ausgabe.* Hrsg. von Wolf Kittler et al. Frankfurt am Main 1994: 282–284.
Kimmich, Dorothee. *Lebendige Dinge in der Moderne.* Konstanz 2011.
Latour, Bruno. *Wir sind nie modern gewesen: Versuch einer symmetrischen Anthropologie.* Berlin 1995.

Lukács, Georg. *Geschichte und Klassenbewußtsein: Studien über marxistische Dialektik.* Neuwied 1968 [1923].
Mach, Ernst. *Die Analyse der Empfindungen und das Verhältniss des Physischen zum Psychischen.* Jena 1900 [1886].
Marx, Karl. „Ökonomisch-philosophische Manuskripte (Zweite Wiedergabe)" [1844]. *Werke, Artikel, Entwürfe März 1843 bis August 1844.* Berlin 1968: 323–438.
Marx, Karl. *Das Kapital: Kritik der politischen Ökonomie.* Berlin 1983 [1867].
Müller, Johannes. *Zur vergleichenden Physiologie des Gesichtssinnes der Menschen und der Thiere.* Leipzig 1826.
Müller-Tamm, Jutta. *Abstraktion als Einfühlung: Zur Denkfigur der Projektion in Psychophysiologie, Kulturtheorie, Ästhetik und Literatur der frühen Moderne.* Freiburg 2005.
Musil, Robert. „Triëdere!" [1926]. *Gesammelte Werke in neun Bänden. Band 7: Kleine Prosa, Aphorismen, Autobiographisches.* Hrsg. von Adolf Frisé. Reinbek bei Hamburg 1978: 518–522.
Rilke, Rainer Maria. „{Briefe über Cézanne}". *Schriften.* Hrsg. von Horst Nalewski. Frankfurt am Main 1996: 594–636.
Rilke, Rainer Maria. *Die Aufzeichnungen des Malte Laurids Brigge.* Frankfurt am Main 2000 [1910].
Schneider, Sabine. *Verheißung der Bilder: Das andere Medium in der Literatur um 1900.* Tübingen 2006.
Simmel, Georg. „Die Großstädte und das Geistesleben" [1903]. *Aufsätze und Abhandlungen 1901-1908. Band I.* Hrsg. von Rüdiger Kramme, Angela Rammstedt und Ottheim Rammstedt. Frankfurt am Main 1995: 116–131.
Šklovskij, Viktor. *Theorie der Prosa.* Hrsg. von Gisela Drohla. Frankfurt am Main 1966.
Weber, Ernst Heinrich. *Tastsinn und Gemeingefühl.* Leipzig 1905 [1846].
Wilke, Tobias. *Medien der Unmittelbarkeit: Dingkonzepte und Wahrnehmungstechniken 1918-1939.* München 2010.
Zola, Émile. *Thérèse Raquin.* Paris 1954 [1873].

## 2.6 Gedächtnis und Erinnerungskultur

Astrid Erll

### Einleitung

Einen einheitlichen Begriff von Materialität und materieller Kultur hat die interdisziplinäre Gedächtnisforschung bislang nicht entwickelt. Vielmehr zieht sich durch die Geschichte der Beschäftigung mit Gedächtnis und Erinnerung – von der antiken Rhetorik bis zu den Erinnerungskulturen der Gegenwart – ein Paradox: Der Versuch, etwas, das als nicht fassbar, mithin als ‚immateriell', begriffen wird (das individuelle und kollektive Gedächtnis als Phänomene des Geistes und der mentalen Ebene von Kultur) über den Rekurs auf Materialität anschaulich und begreifbar zu machen. Beispiele hierfür sind die oft auffällig ‚materiell' anmutenden Gedächtnismetaphern der Antike (etwa Platons und Aristoteles' ‚Wachstafel' und ‚Siegel'), die für das 19. Jahrhundert charakteristische Praxis, kulturelle Tradition und nationale Identität über materielle Kultur zu verstehen und auszustellen, und nicht zuletzt die heute übliche Methode, kollektives Gedächtnis über die Untersuchung materieller Erinnerungsakte (Tagebücher, Denkmäler, Historienfilme) beobachtbar und damit wissenschaftlich analysierbar zu machen.

Die interdisziplinäre Gedächtnisforschung ist ein relativ neues Forschungsfeld, das von der Philosophie über die Geschichte bis zur Soziologie und zu den Neurowissenschaften reicht. ‚Memory Studies' hat sich international als Bezeichnung für dieses Feld etabliert. Die Literaturwissenschaft ist gerade in ihrem Selbstverständnis als Medienkulturwissenschaft zu einem zentralen Bestandteil dieses Feldes geworden (vgl. Erll 2011a).

In drei Hauptphasen der Gedächtnisgeschichte (‚rhetorische Tradition', ‚nationales Gedächtnis' und ‚reflexive Erinnerungskulturen') formt sich das Verhältnis von materieller Kultur und Gedächtnis unterschiedlich aus. Im Folgenden liegt der Fokus auf der Materialität der sich wandelnden Gedächtnismetaphern, -praktiken und -medien sowie auf der Rolle der Literatur in diesen Prozessen.

## Gedächtnismetaphern und rhetorische Tradition: von der Antike bis ca. 1800

Harald Weinrich (1964, 26) unterscheidet zwischen zwei Typen der Gedächtnismetaphorik: Wachstafelmetaphern, die er dem Pol ‚Erinnerung' zuordnet, und Magazinmetaphern, die er am Pol ‚Gedächtnis' ansiedelt. Beide Memoria-Bildfelder haben ihre Quelle in der materiellen Alltagskultur der Antike: die einen im Schriftmaterial, die anderen in der Architektur. Platon und Aristoteles veranschaulichen die Dynamik individuellen Erinnerns und Vergessens an einem äußerst formbaren Material – Wachs. Damit wurden in der Antike Schreibtafeln beschichtet. Die Wachstafelmetaphorik ist also die erste Schriftmetapher des Gedächtnisses. Sie generiert zudem die bis heute gebräuchliche Metapher des ‚Einprägens'.

In der antiken Mnemotechnik, der *ars memoriae*, hingegen finden sich vorwiegend Magazinmetaphern, die Gedächtnis als Speicher oder Archiv darstellen. Wie in den rhetorischen Schriften Ciceros und Quintilians sowie in der anonymen *Rhetorica ad Herennium* überliefert ist, verfährt die Mnemotechnik nach dem Prinzip der *loci et imagines*: An eine Reihe von realen oder imaginierten Orten (*loci*) heftet man in der Vorstellung Bilder, am besten von hoher Intensität (*imagines agentes*), die auf die zu erinnernden Dinge verweisen. Im Geiste kann man diese Orte später abgehen und die Bilder und damit das zu Erinnernde ‚aufsammeln'. Redner wurden dazu angehalten, *loci* in bestehenden Gebäuden zu visualisieren. So wird die Geschichte der Gedächtniskunst auch als Architekturgeschichte lesbar (Draaisma 1999, 49).

Die antiken Magazinmetaphern erfuhren im späten Mittelalter eine tief greifende Umwandlung zu einer christlich inspirierten Mnemotechnik, die in ihrer Verknüpfung von Orten und Bildern etwa auch Dantes *Göttliche Komödie* (1321) prägt (vgl. Yates 1966). In der Renaissance entstanden die elaborierten, magisch-hermetischen ‚Gedächtnistheater' etwa eines Giordano Bruno oder Robert Fludd, dessen Idee des ‚Theatrum Orbi' (in *Utriusque Cosmi*, 1617–1621) Frances A. Yates zufolge als Spiegelbild von Shakespeares Globe Theatre begriffen werden kann.

Die Tradition, Gedächtnis durch Metaphorik gleichsam zu ‚materialisieren', erstreckt sich von der Antike bis zu den modernen, an immer neuen Materialien und Medien orientierten Gedächtnismetaphern. Sie lebt weiter im Sprachbild des ‚fotografischen Gedächtnisses' (für Weinrich [1964, 25] eine Modernisierung des Wachstafel-Bildfeldes) oder in den am Computer geschulten Metaphern des ‚Speicherns' und ‚Abrufens' (eine Modernisierung der Magazinmetapher).

Die der antiken Rhetorik entlehnte Methode der *loci et imagines* erlangte in den 1980er Jahren erneut Bedeutung durch Pierre Noras Bestandsaufnahme des französischen Nationalgedächtnisses in *Les lieux de mémoire* (1984–1992). Noras ‚Erinnerungsorte' wurden schnell zu einem Schlüsselbegriff sowohl der kulturwissenschaftlichen Gedächtnisforschung als auch der gesellschaftlichen Diskussion über nationales Gedenken und kulturelle Erinnerung. Nora verfährt kreativ mit der antiken Vorstellung von *loci*: Nicht nur eindeutig materielle Orte (wie Versailles oder der Louvre), sondern auch Musikstücke, bestimmte Redeweisen oder Denkfiguren gelten als Erinnerungsorte. Die für die Magazinmetaphorik charakteristische Idee der ‚Ver-Ortung' von Gedächtnis bleibt erhalten, löst sich aber aus der Bindung an (reale oder imaginierte) materielle Orte.

## Nationales Gedächtnis und Neue Medien: 19. und 20. Jahrhundert

Um 1800 ist ein Wandel der durch die antike Rhetorik geprägten Vorstellung von einem magazinartig verfassten Gedächtnis hin zu dynamischeren, identitätsbezogenen Konzepten zu verzeichnen (vgl. Assmann 1999). Zugleich markiert die Französische Revolution eine Epochenwende, die ein ‚modernes Gedächtnis' hervorbringt (Fritzsche 2004). Grundlegend hierfür ist die Entdeckung der ‚Geschichte' im heutigen Sinne, das heißt eine als radikal andersartig und unwiederbringlich empfundene Vergangenheit. Für diese Vergangenheit stehen im 19. Jahrhundert Elemente der materiellen Kultur, wie Ruinen, Antiquitäten und alte Texte. Individuelle Erinnerung wird zunehmend durch das ‚Souvenir' vermittelt (Holm 2014), kulturelles Erbe durch das Sammeln und Ausstellen von überliefertem Material (siehe auch 2.8 Schmidt). Im 19. Jahrhundert, dem Zeitalter der Nationenbildung in Europa, kommt Denkmälern, Flaggen und Monumenten die Aufgabe zu, als materiale Objektivationen von ‚Nationalkultur' ein nationales Gedächtnis zu vermitteln. Oft geschieht dies im Sinne von ‚erfundenen Traditionen' (vgl. Hobsbawm und Ranger 1983).

Als Leitmedium der Vermittlung von (national-)kulturellem Gedächtnis tritt im 19. Jahrhundert der historische Roman auf den Plan. Charakterisiert durch eine Hypertrophie des (häufig dinglichen, materiellen) Details schaffen die historischen Romane von Walter Scott, Victor Hugo, Conrad Ferdinand Meyer oder Wilhelm Raabe, insbesondere aber der sogenannte ‚Professorenroman' etwa eines Felix Dahn, Evidenz durch den Rekurs auf materielle Kultur wie archäologische Funde (Osterkamp und Valk 2011). Literatur wird im 19. Jahrhundert auch selbst zum Gegenstand der materiellen Erinnerungskultur. Kanonisierte Schriftsteller werden in den Rang von Nationaldichtern gehoben, an die in ganz Europa Denkmäler und Museen erinnern (Rigney 2012; Leerssen und Rigney 2014).

Seit dem ausgehenden 19. Jahrhundert steht das Gedächtnis der Moderne vor einer Herausforderung, die es bis zum heutigen Tage prägt: die Materialitäten der diversen neuen Gedächtnismedien, die vergangenes Geschehen in zuvor nicht gekannter Weise aufzeichnen, darstellen und verbreiten können. Dazu gehören Fotografie und Phonograph, Film und Radio, Fernsehen und schließlich die digitalen Medien.

Dass die Geschichte des Gedächtnisses zugleich die Geschichte seiner Medien ist, haben unter anderem Jacques Le Goff (1992 [1977]) und Jan Assmann (1992) gezeigt. Von der Oralität über handschriftliche Manuskripte, den Buchdruck bis hin zu analogen und digitalen Medien ändern sich die Formen des kulturellen Erinnerns stets mit der Materialität, der Kapazität und den Beschränkungen der jeweils verfügbaren Medien. Frei nach Marshall McLuhan ist ‚das Medium das Gedächtnis' – oder präziser: Die Logik des Gedächtnismediums prägt die Erinnerung mit (Erll und Nünning 2004). Wichtig für ein Verständnis von ‚Gedächtnismedialität' ist die Einsicht, dass der Begriff des Gedächtnismediums weiter reicht als der Medienbegriff im engen kommunikationstheoretischen Sinne. Er schließt beispielsweise auch Souvenirs und andere Elemente der materiellen Kultur ein, denen produktions- oder rezeptionsseitig Gedächtnismedialität zugeschrieben wird, die also als materielle Träger oder Auslöser kultureller Erinnerung dienen (Erll und Nünning 2004; siehe auch 2.3 ORTLIEB).

Mit einer Unterscheidung von Aleida Assmann (1999) können Status und Dynamik von Medien und materieller Kultur im kulturellen Gedächtnis beschrieben werden: Gedächtnismedien können Bestandteil des verbindlichen, normativen und formativen ‚Funktionsgedächtnisses' sein oder aber im Archiv, dem Reservoir des kulturellen ‚Speichergedächtnisses' als „Ressource der Erneuerung kulturellen Wissens" und als „Bedingung der Möglichkeit kulturellen Wandels" (Assmann 1999, 140) einer (Wieder-)Aufladung mit Sinn harren. Mit diesem Modell lassen sich Transformationen des literarischen Kanons ebenso beschreiben wie das Verhältnis von Sammlung und Ausstellung im Museum (siehe auch 2.8 SCHMIDT).

Für die Literatur bedeutet das Aufkommen neuer Gedächtnismedien zweierlei. Erstens steht sie in einem zunehmend paragonalen Verhältnis zu anderen Gedächtnismedien (vgl. Heiser und Holm 2010). Die Konkurrenz zu Film und Fotografie etwa führt zur Inkorporierung und Nachahmung dieser Medien in der Literatur sowie zur Herausbildung neuer literarischer Erinnerungsgattungen und -schreibweisen. Neuere Beispiele hierfür sind die materielle Präsenz von fotografischen Bildern in der intermedialen Erinnerungsprosa W. G. Sebalds (etwa in *Austerlitz*, 2001; vgl. Horstkotte 2009) oder Salman Rushdies cinematische Schreibweise in seinem postmodernen historischen Roman *Midnight's Children* (1981) (siehe auch 3.22 HORSTKOTTE).

Ein zweites Phänomen, das aus der Vielfalt der Gedächtnismedien resultiert, ist die Transmedialität von Erinnerungserzählungen und -bildern. Von antiken Mythen bis zum *Tagebuch der Anne Frank* (1947) werden Geschichten aus der und über die Vergangenheit remedialisiert, das heißt wieder und wieder durch neue und andere Medien repräsentiert – durch Verfilmungen, Comicversionen, E-Books usw. Das Studium dieser Dynamik hat in der Gedächtnisforschung zu der Einsicht geführt, dass kulturelle Erinnerung zwar stets durch die Materialität verfügbarer Medien geprägt ist, dass die Narrative und Ikonen des kulturellen Gedächtnisses aber zugleich weitgehend medienunabhängig sind und als transmediale Phänomene durch verschiedene Medien ‚wandern' können – ja, unablässig wandern *müssen*, wenn sie als machtvolle ‚Erinnerungsorte' lebendig bleiben sollen (vgl. Erll und Rigney 2009).

In den 1920er Jahren – etwa zum vorläufigen Höhepunkt der Proliferation neuer (Gedächtnis-)Medien in der Moderne – entwickelte Maurice Halbwachs seine soziologische Theorie des kollektiven Gedächtnisses. Seine Schriften *Les cadres sociaux de la mémoire* (1925) und *La mémoire collective* (1997 [postum 1950]) erscheinen allerdings zunächst weitgehend unberührt von der Materialität und Medialität des Gedächtnisses. Halbwachs' Fokus liegt auf der Interaktion und (weitgehend oralen) Kommunikation in sozialen Gruppen. (Erst in *La topographie légendaire*, 1941, untersucht Halbwachs ausführlich die Transformation von materiellen Gedächtnisorten). Wie so oft aber schlagen sich auch bei Halbwachs Vorstellungen von Gedächtnis in Metaphern nieder, die der materiellen Kultur entlehnt sind, etwa im Bild der ‚sozialen *Rahmen*' des Gedächtnisses. Es ist wichtig, diese Forschungstradition mitzudenken, denn ein wesentlicher, an Halbwachs geschulter Teil der heutigen Memory Studies ist soziologisch geprägt und zeichnet sich durch eine gewisse Medien- und Materialvergessenheit aus.

Eine weitere, für die Frage nach Gedächtnis und materieller Kultur sehr viel einschlägigere Traditionslinie der Memory Studies ist auf die Arbeiten Aby Warburgs in den 1920er Jahren zurückzuführen. In seinem Ausstellungsprojekt *Mnemosyne* (1924–1929; vgl. Warburg 2000) veranschaulichte der Kunsthistoriker und Kulturwissenschaftler die Wiederaufnahme bildhafter Details in der Kunst der Antike, Renaissance und Moderne. Warburg verstand diese Wiederkehr als Ausdruck eines kollektiven Bildgedächtnisses und der ‚erinnerungsauslösenden Kraft' kultureller Symbolik. Insbesondere interessierten ihn dabei die ‚Pathosformeln' intensiven Gefühlsausdrucks. Diese fand Warburg nicht nur in der bildenden Kunst, sondern auch auf dem breiten Feld der materiellen Kultur, etwa auf Werbebildern oder Briefmarken. Mit Warburg wird materielle Kultur als Erinnerungsträger und -auslöser beschreibbar.

## Gegenwart: Reflexive Erinnerungskultur

Etwa seit Mitte der 1980er Jahre ist auf dem Gebiet der Erinnerungskultur eine merkliche Hinwendung zur Selbstreflexivität zu verzeichnen. Mit dem Historikerstreit 1986/1987 über die Singularität des Holocaust, der deutsch-deutschen Wiedervereinigung, dem Zerfall der Sowjetunion, der Aufarbeitung von Militärdiktaturen in Südamerika und in Spanien, dem Ende der südafrikanischen Apartheid und der Einsetzung von Wahrheits- und Versöhnungskommissionen etwa in Südafrika, Kanada und Australien ist der reflexive Umgang mit Vergangenheit und veränderlichen Vergangenheitsversionen zu einem Zeichen globaler Erinnerungskulturen geworden. Materielle Kultur spielt in diesen reflexiven Erinnerungskulturen eine bedeutende Rolle, von den *arpilleras* (Decken), die in Chile gewebt werden, um die *desaparecidos* (die während der Militärdiktatur ‚Verschwundenen') zu repräsentieren, bis hin zu alternativen Formen materieller Erinnerung in Deutschlands Städten, wie etwa den ‚Stolpersteinen'.

Im Rahmen der Holocaustforschung wurden Sprache und Literatur in den 1990er Jahren poststrukturalistisch als Materialisierung von Spuren des Traumas diskutiert (Caruth 1995). Zu einer Schlüsselkategorie wurde dabei das mündliche, insbesondere von Opfern des Holocausts vorgetragene, *testimony* (Laub und Felman 1992). Mit ihrem Begriff der ‚*testimonial objects*' (Hirsch 2012) fragen Marianne Hirsch und Leo Spitzer nach dem Zusammenhang von materieller Kultur und transgenerationeller Erinnerung. Sie untersuchen, wie überlieferte Dinge (etwa ein Rezeptbuch aus dem KZ Theresienstadt) Zeugnis für nachfolgende Generationen ablegen können. Als Gegenbewegung zu einem solchen, seit dem Eichmann-Prozess dominierenden Gedächtnisdiskurs, der Augenzeugenschaft und Trauma akzentuiert, konstruieren Eyal Weizman und Thomas Keenan (2012) die ‚forensische Erinnerung'. Objekte (bzw. menschliche Überreste als Objekte) werden im Rahmen der Forensik zum Gegenstand szientifischer Analyse (Archäologie, DNA-Tests) und juristischer Aufarbeitung der Vergangenheit (ein Beispiel ist die Öffnung von Massengräbern der Franco-Diktatur in Spanien). Im Rahmen einer ‚forensischen Ästhetik' fungieren Dinge als Beweise und zugleich als ‚Zeugen', die die Vergangenheit zur Sprache bringen sollen.

Das Internet markiert eine tief greifende Transformation der materiellen Erinnerungskultur (vgl. auch Ernst 2007). Als neues Gedächtnismedium mit scheinbar grenzenloser Speicherkapazität und globaler Reichweite in fast verzögerungsfreier Übertragung löst es den gedruckten Text als Leitmedium des Gedächtnisses ab. Dabei inkorporiert es beinahe alle vorangegangenen Gedächtnismedien, nicht selten in einer ‚hypermedialisierenden' Kombination von Texten, Bildern, Ton und Film. Die Digitalisierung von gedruckten Texten, Analogfilm oder archäologischen Objekten bringt Veränderungen in der Materialität des kulturellen Archivs mit sich. José van Dijck (2007, 47) betont allerdings, dass die Rede vom ‚immateriellen' digitalen Archiv irreführend sei, und verweist auf die Materialität digitaler Codes. Im Sinne des *New Materialism* stellt sich hier die Frage, wie solche sich verändernden Materialitäten selbst als ‚Akteure' bzw. als Teil ‚mnemonischer Assemblagen' in der Erinnerungskultur wirken (vgl. Munteán, Plate und Smelik 2016).

Die Rolle von Literatur im Spannungsfeld von Gedächtnis und materieller Kultur kann in drei Dimensionen betrachtet werden: Literarische Texte können erstens als kanonisierte und musealisierte materiale Gegenstände des kulturellen Funktionsgedächtnisses im ständigen, identitätsstiftenden Gebrauch sein oder als ‚vergessene Texte' wortwörtlich im Archiv liegen. In beiden Fällen spielen ihre Materialität (Druckverfahren, Papier, Bindung), die Dauerhaftigkeit und Verfall, aber auch die Aura des Gedächtnismediums bestimmt, eine wichtige Rolle. Zweitens ist Literatur ein machtvolles Zirkulationsmedium des Gedächtnisses, von der Bibel als ‚travelling memory object' (Erll 2011b), das im Gepäck von Missionaren globale Verbreitung fand (siehe auch 3.10 NIEHAUS), bis hin zu moderner Testimonialliteratur und Erinnerungsromanen, die als Bestseller in Übersetzung transnational gedächtnisbildende Wirkung entfalten können (siehe auch 2.16 GRIEM). Alison Landsberg (2004) hat mit „prosthetic memory" für dieses Phänomen eine überaus ‚materielle' Metapher gefunden. Drittens diente und dient Literatur als Medium der Repräsentation und (kritischen) Reflexion des Zusammenhangs von Gedächtnis und materieller Kultur, von Marcel Prousts *A la recherche du temps perdu* bis zu den immer wieder Erinnerungsdinge in der Diaspora darstellenden Romanen des kenianisch-kanadischen Autors M. G. Vassanji (siehe auch 3.18 KOMFORT-HEIN).

## Literaturverzeichnis

Assmann, Aleida. *Erinnerungsräume. Formen und Wandlungen des kulturellen Gedächtnisses.* München 1999.
Assmann, Jan. *Das kulturelle Gedächtnis. Schrift, Erinnerung und politische Identität in frühen Hochkulturen.* München 1992.
Caruth, Cathy (Hrsg.). *Trauma. Explorations in Memory.* Baltimore, MD 1995.
Draaisma, Douwe. *Die Metaphernmaschine. Eine Geschichte des Gedächtnisses.* Darmstadt 1999 [1995].

Erll, Astrid, und Ansgar Nünning (Hrsg.). *Medien des kollektiven Gedächtnisses. Konstruktivität – Historizität – Kulturspezifität*. Berlin 2004.
Erll, Astrid, und Ann Rigney (Hrsg.). *Mediation, Remediation, and the Dynamics of Cultural Memory*. Berlin 2009.
Erll, Astrid. *Kollektives Gedächtnis und Erinnerungskulturen*. 2. Auflage. Stuttgart 2011a [2005].
Erll, Astrid. „Travelling Memory". *Parallax* 17.4 (2011b): 4–18.
Ernst, Wolfgang. *Das Gesetz des Gedächtnisses: Medien und Archive am Ende des 20. Jahrhunderts*. Berlin 2007.
Fritzsche, Peter. *Stranded in the Present: Modern Time and the Melancholy of History*. Cambridge, MA 2004.
Halbwachs, Maurice. *Les cadres sociaux de la mémoire*. Paris 1925.
Halbwachs, Maurice. *La topographie légendaire des évangiles en terre sainte. Étude de mémoire collective*. Paris 1941.
Halbwachs, Maurice. *La mémoire collective*. Hrsg. von Gérard Namer. Paris 1997 [1950].
Heiser, Sabine, und Christiane Holm (Hrsg.). *Gedächtnisparagone – Intermediale Konstellationen*. Göttingen 2010.
Hirsch, Marianne. *The Generation of Postmemory: Writing and Visual Culture after the Holocaust*. New York, NY 2012.
Hobsbawm, Eric, und Terence Ranger (Hrsg.). *The Invention of Tradition*. New York, NY 1983.
Holm, Christiane. „Erinnerungsdinge". *Handbuch Materielle Kultur: Bedeutungen – Konzepte – Disziplinen*. Hrsg. von Stefanie Samida, Manfred K. H. Eggert, und Hans P. Hahn. Stuttgart 2014: 197–201.
Horstkotte, Silke. *Nachbilder: Fotografie und Gedächtnis in der deutschen Gegenwartsliteratur*. Köln 2009.
Keenan, Thomas, und Eyal Weizman. *Mengele's Skull: The Advent of a Forensic Aesthetics*. Berlin 2012.
Landsberg, Alison. *Prosthetic Memory: The Transformation of American Remembrance in the Age of Mass Culture*. New York, NY 2004.
Laub, Dori, und Shoshana Felman (Hrsg.). *Testimony: Crises of Witnessing in Literature, Psychoanalysis and History*. New York, NY 1992.
Leerssen, Joep, und Ann Rigney (Hrsg.). *Commemorating Writers in Nineteenth-Century Europe: Nation-Building and Centenary Fever*. Basingstoke 2014.
Le Goff, Jacques. *Storia e memoria*. Turin 1992 [1977].
Munteán, László, Liedeke Plate und Anneke Smelik (Hrsg.). *Materializing Memory in Art and Popular Culture*. New York, NY 2016.
Nora, Pierre (Hrsg.). *Les lieux de mémoire I-III*. Paris 1984–1992.
Osterkamp, Ernst, und Thorsten Valk. *Imagination und Evidenz: Transformationen der Antike im ästhetischen Historismus*. Berlin 2011.
Rigney, Ann. *Portable Monuments. The Afterlives of Walter Scott's Novels*. Oxford 2012.
van Dijck, José. *Mediated Memories in the Digital Age*. Stanford, CA 2007.
Warburg, Aby. *Der Bilderatlas Mnemosyne*. Hrsg. von Martin Warnke und Claudia Brink. Berlin 2000.
Weinrich, Harald. „Typen der Gedächtnismetaphorik". *Archiv für Begriffsgeschichte* 9 (1964): 23–26.
Yates, Frances A. *The Art of Memory*. London 1966.

## 2.7 Dinge und Migration

Doerte Bischoff

### Einleitung

Dinge sind Mobiliar, ihre charakteristische Neigung zu wandern, den Besitzer zu wechseln, sich seinen Vorstellungen von einer Ordnung der Dinge zu widersetzen, sind immer wieder beschrieben worden (Niehaus 2009). Gleichzeitig stehen Dinge mit der Bewegung von Menschen über Grenzen, von Ländern ebenso wie von Kulturen, in einem engen Zusammenhang. Wo Menschen wandern, wandern Dinge mit, geraten wie sie in neue Umgebungen und stiften ein Gefühl des Vertrauten an Orten, an denen Vieles unbekannt und unvertraut ist. Dabei hängt es sehr von den Umständen des Aufbruchs und der Ortswechsel ab, ob über das Notwendigste hinaus überhaupt geschätzte Dinge mitgenommen werden können. Ist die sogenannte ‚Inselfrage‘, die Frage also, welche drei Dinge man auf eine einsame Insel mitnehmen würde, ein beliebtes Gedankenexperiment, um herauszufinden, welche Gegenstände von besonderem persönlichen Wert sind, so bleibt Flüchtenden oft kaum die Möglichkeit, in diesem Sinne bedeutsame Dinge zu identifizieren und mitzunehmen. Doch auch die zurückgelassenen Dinge können für Flüchtlinge und Migranten eine besondere Bedeutung haben, indem ihr Fehlen registriert und ein Erinnerungsprozess in Gang gesetzt wird, der die verlassene Welt imaginär rekonstruiert. Judith Kerr, die als Zehnjährige die Flucht der Familie aus dem nationalsozialistischen Deutschland erlebte, hat dies in ihrem Jugendbuch *Als Hitler das rosa Kaninchen stahl* (1973) gestaltet, indem die Erinnerung an das zurückgelassene kindliche Übergangsobjekt zugleich die Welt einer jüdischen Kindheit im Berlin der 1920er Jahre als zerstörte vor Augen stellt.

Ebenso wie die zurückgelassenen, häufig zudem gewaltsam enteigneten Objekte vor allem die Grenze akzentuieren, die überschritten wurde – nicht nur hinsichtlich eines Ortswechsels, sondern auch im Sinne einer unwiderruflichen Zäsur –, können jedoch auch ins Exil mitgenommene Dinge, indem sie Spuren der Flucht tragen oder aus ihren Zusammenhängen gerissen ihren Sinn verlieren, einen solchen Bruch figurieren. In literarischen Texten, die von Exilerfahrungen Zeugnis ablegen, reflektieren Dinge den Orientierungsverlust der Menschen, die über sie nicht mehr als Gegenstände zur Einrichtung ihrer Welt verfügen, sondern die sich selbst als Verworfene und Umhergetriebene, wie Gegenstände den Zeitläuften ausgesetzt, empfinden (Bischoff und Schlör 2013, 16).

Im Gegensatz dazu können vor allem in Situationen, in denen Migranten Kontakt zu Menschen in ihrem Herkunftsland halten, Grenzen also prinzipiell durchlässiger sind, Dinge dazu beitragen, die Verschiedenheit kultureller Objektwelten durch Vermischungen infrage zu stellen und so Grenzen zu unterlaufen. So hat die Migrationsforschung darauf hingewiesen, dass nicht nur enorme Geldströme von Migranten in ihre Herkunftsländer fließen – auch Dinge werden als unterstützende Geschenke und Zeugnisse der neuen Erfahrungen und Lebensweisen in die alte Heimat verschickt: „In addition to moving labor [...], migration moves things, lifestyles and aspirations back and forth between the richer and poorer regions of the world." (Trentmann 2016, 571) Dass es sich hier nicht um eindirektionale Prozesse handelt, ist insofern bemerkenswert, da die westliche Konsumwelt generell stark von gesellschaftlicher Ungleichheit und nur einseitig durchlässigen Grenzen geprägt ist. In Industrieländern zirkulierende Waren, die als Indikator von Wohlstand und westlicher Lebensweise gelten, haben häufig bereits eine Reise aus Billiglohnländern hinter sich, in denen sie von Menschen produziert werden, die selbst nie an eine solche Reise denken können. Die von der Presse aufgegriffene Geschichte von jenem Hemd, das, in Bangladesch genäht, durch einen versteckten Zettel als Hilferuf westliche Konsumenten und mittellose Produzenten zusammenbringt (Hoppe 2006), deutet ein Potenzial der Dinge an, durch ihre Beweglichkeit die Grenzen der Mobilität und damit auch der Migration von Menschen zu markieren, die von den Versprechen der Konsum- und Tourismusindustrie ausgeblendet werden. Die Implikationen dieser globalen Zirkulation von Dingen sind in den Kulturwissenschaften und damit auch für die Literatur bislang noch wenig erforscht. Dabei ist zu bedenken, dass dieses Phänomen sich kaum ohne einen Blick auf seine vielfältigen kolonialen Vorgeschichten erschließt.

## Dynamisierungen der Dinge im kolonialen Feld

Ebenso wie Dinge, die als Inbegriff eines besseren Lebens und damit einer überlegenen Kultur in ärmere Länder verschickt werden, dort vielfältigen Aneignungen und möglicherweise weiteren Tauschprozessen ausgesetzt werden, sind Objekte, in denen sich die vermeintlich überlegene Zivilisation der Kolonialmacht materialisiert hat, auf unterschiedliche Weise zweckentfremdet und umgedeutet worden. Die Literatur hat solche im Hinblick auf das Symbolsystem der Kolonialmacht subversiven Prozesse immer wieder gerade in der Fokussierung von Dingen in den Blick gerückt, deren Funktionalisierung in der Verhandlung von kultureller Bedeutung vorgeführt, aber auch unterlaufen wird. Macht und Selbstbewusstsein des imperialen Subjekts werden etwa in Alexander Popes epischem Gedicht „The Rape of the Lock" (1711) mit Blick auf eine Ansammlung von Luxusgegenständen ins Bild gesetzt, die offensichtlich aus den Kolonien stammen und sich nun in europäischem Besitz befinden (siehe auch 3.6 Scholz). Dabei wird deutlich, dass sie Geltung und kulturelle Überlegenheit auch dadurch demonstrieren, dass ihre Funktion und Bedeutung in ihren ehemaligen Kontexten überschrieben und vergessen werden (Scholz 2004, 54): Wenn etwa eine Vereinigung von Schildkröte und Elefant imaginiert wird, so in Form von aus Schildpatt bzw. Elfenbein gefertigten Gegenständen, deren Herstellung die Mortifikation des mit den fremden Kontinenten assoziierten Lebens voraussetzt. Dabei stellt sich jedoch die Frage nach der Möglichkeit einer dauerhaften Inbesitznahme und Kontrolle der faszinierenden Dinge aus der Fremde.

Im deutschsprachigen Raum, in dem die literarische Auseinandersetzung mit kolonialen Dingen deutlich später einsetzt, trifft man seit Mitte des 19. Jahrhunderts auf Texte, in denen sich das koloniale Subjekt in der Konfrontation mit der vermeintlich völlig fremden Kultur Spiegelungen ausgesetzt sieht, welche die Gewissheit der eigenen Überlegenheit unterlaufen. In Gottfried Kellers Erzählung „Don Correa" (1881) zieht die afrikanische Fürstin dem Kolonisator nicht nur mit fremdartigen Fetischträgern im Gefolge entgegen, sondern auch mit einer „Leibwache mit hundertjährigen guten Stahlwaffen, Hellebarden und Flambergen, die unverkennbar einst im Abendlande geschmiedet worden" (Keller 1991, 304). Offenbar sind die Dinge im kolonialen Kontext keineswegs so einfach zu kontrollieren, wie die Vorstellung von der kulturellen Überlegenheit der Europäer glauben macht. Der implizite Verweis auf vorausgehende Kontakte zwischen Europäern und Afrikanern markiert einen Raum, in dem Dinge und Bedeutungen zirkulieren, ohne von einem Akteur letztlich in Besitz genommen werden zu können. Dies wird bei Keller auch durch das Prinzip der Inszenierung in der Begegnung mit dem anderen deutlich, das vorführt, wie Dinge zur Selbstdarstellung in Dienst genommen werden. Der überbordende Schmuck der afrikanischen Fürstin etwa, die mit „einer Last von Ketten und Ringen" behängt ist, erscheint aus europäischer Perspektive als ‚barbarischer Pomp' und für eine politische Begegnung denkbar unpassend; andererseits veranlasst er dazu, den vom Europäer zur Schau gestellten militärischen Pomp mit Ordensketten und einem mit Federn, Goldschnur und Diamantagraffe ausgestatteten Hut seinerseits als durchaus befremdliche Inszenierung auszustellen, die im Spiegel der geschmückten Frau ihre Geltung als patriarchale und koloniale Machtdemonstration einbüßt. In der literarischen Reflexion erscheint das koloniale Setting, in dem Menschen und Gegenstände zwischen den Kontinenten wandern, als geradezu paradigmatisches Feld, das die Grenzen der Verfügbarkeit von Dingen hervortreten lässt. Kommen die Dinge als fremde in den Blick, indem ihre Herkunft aus entfernten Gegenden der Welt akzentuiert wird, so kehrt die textuelle Inszenierung, die sie nicht mehr eindeutig an bestimmte Orte, Kulturen oder mit ihnen umgehende Menschen gebunden zeigt, schließlich im Horizont kolonialer Objektdynamiken eine Art epistemische Fremdheit der Dinge hervor, die sich letztlich nicht in Besitz nehmen lassen.

## Dinge des Exils

Die Einrichtung der Wohnung bestimmt im bürgerlichen Zeitalter, wie Walter Benjamin gezeigt hat, wesentlich die Möglichkeiten, sich in der Welt einzurichten und zu orientieren. Wie kein anderes sei das 19. Jahrhundert „wohnsüchtig" gewesen, indem es die Wohnung als „Futteral des Menschen" betrachtet habe, in das es diesen „mit all seinem Zubehör" tief eingebettet habe (Benjamin 1982, 292). Mobiliar und Ausstattung erinnern und zitieren dabei typischerweise nicht nur unterschiedlichste historische Stile und Epochen, sondern versammeln auch Dinge aus anderen Kulturen im begrenzten Raum bürgerlicher Häuslichkeit. Die damit verknüpfte Vorstellung einer Geschlossenheit und Verfügbarkeit der Welt wird im 20. Jahrhundert auf vielfältige und extreme Weise aufgesprengt: „Der Jugendstil erschütterte das Gehäusewesen aufs tiefste. Heut ist es abgestorben und das Wohnen hat sich vermindert: für die Lebenden durch Hotelzimmer, für die Toten durch Krematorien", schreibt Benjamin, der zu dieser Zeit selbst bereits im Exil lebt, in den Vorstudien zu seinem *Passagen-Werk* (Benjamin 1982, 292).

Wenn Bertolt Brecht im schwedischen Exil Ende 1939 in seinem Tagebuch eine Liste seiner Besitztümer erstellt, so ist deutlich, dass diese Vergewisserung des Eigenen in den Dingen nicht mehr der Logik der Einrichtung und Behausung folgt. In der Aufzählung fügen sich die Dinge, die auch hier aus unterschiedlichen kulturellen Kontexten stammen („3 japanische Masken, 2 kleine chinesische Teppiche, 2 bayerische Bauernmesser, 1 bayrisches Jägermesser, ein[] englische[r] Kaminstuhl [...]", Brecht 1996, 52; vgl. Evelein 2013, 32–33), nicht mehr zu einer heimatlichen Form, die dem Menschen Wohnung gibt. Vielmehr bezeugen sie als lose aneinandergereihte Dinge vor allem, dass sie (noch) da sind, und damit auch das – vorläufige – Überleben ihres Besitzers, der wie sie von seinem Heimatort versprengt ist. Gedichte, die den Tod Margarete Steffins, Walter Benjamins und anderer Weggefährten im Exil reflektieren, greifen die Rhetorik der Liste wieder auf, durch die sich Besitz und Verlust gleichzeitig zu artikulieren scheinen. Die Abwesenheit der nahen Menschen wird im Gedicht „Verlustliste" (Brecht 1967, 829) nüchtern im Sinne einer Inventur von Dingen verzeichnet, die in ihrer Sachlichkeit als Kompensationsstrategie gelesen werden kann, während sie zugleich im Mangel der sinnstiftenden Verknüpfung und Deutung die Erschütterung erkennbar werden lässt. Wo Tradition und Gemeinschaft, die der Erinnerung einen Rahmen geben könnten, korrumpiert und zerfallen sind, treten die Dinge in ihrer unvermittelten Präsenz hervor, während die aus sozialen und kulturellen Gemeinschaften ausgestoßenen Menschen ihren Gedenkort in einer Literatur finden, die sie versammelt, ohne einen neuen Zusammenhang herstellen zu können. Das Gefühl des Verworfenseins manifestiert sich auch in Konrad Merz' frühem autobiografisch geprägtem Exilroman *Ein Mann fällt aus Deutschland* (1936) in der Gewissheit, „aus den Dingen gefallen" zu sein (Merz 1994, 23) und damit jeden Bezug zu einer sinnhaften, dem eigenen Leben Halt und Orientierung gebenden Ordnung der Dinge verloren zu haben. Anstatt als souveränes Subjekt über die Dinge verfügen zu können, sieht sich der Erzähler-Emigrant unablässig damit konfrontiert, dass diese selbst zu Akteuren zu werden scheinen, sich ihm in ihrer unbeherrschbaren Fremdheit aufdrängen und gerade darin den Verlust von Selbstgewissheit und Übersicht erfahrbar machen. Als eine Art Urszene wird hier die Situation der Flucht beschrieben, während der er auf einem Schiff versteckt zwischen „verkrüppelten Konservenbüchsen, Klosettpapier, einem Frauenunterrock und der Kriegsausgabe von Faust" (Merz 1994, 25) wie ein Frachtgut unter anderen außer Landes gebracht wird.

Mortifikation und Verdinglichung werden in literarischen Texten, die Entortungen und Grenzüberschreitungen im Kontext von Vertreibung und Migration reflektieren, häufig auch in Erzählungen über Pässe reflektiert. Als Identitätspapiere bezeugen sie einerseits die Existenz eines Individuums, andererseits zeigen sie dieses einer staatlichen Macht ausgesetzt, die dazu tendiert, Singularität auszulöschen und den Einzelnen bürokratischer Registrierung und Überwachung zu unterwerfen. Vor allem in B. Travens *Das Totenschiff* (1926) und Carl Zuckmayers *Der Hauptmann von Köpenick* (1931) wird das Problem verhandelt, dass ein Mensch, der aus verschiedenen Gründen keinen Pass hat, in gewisser Weise lebendig tot ist. Erst das Papier, das ihn als geboren und einer Nation zugehörig ausweist, sichert sein Überleben, weshalb einen Pass zu haben als ‚nötiger als das tägliche Brot' (vgl. Zuckmayer 1956, 18) erscheint. Je vehementer sich die Figuren um den Besitz eines ‚guten' Passes bemühen, umso deutlicher scheinen sich dabei Mensch und Papier zu vertauschen, überträgt sich der Material- und Dingcharakter des Passes auf den Menschen selbst, etwa wenn der Erzähler im *Totenschiff* bedauert, „daß wir noch nicht aus Papiermaché gemacht sind", denn dann könnte man an dem Stempel sehen, in welcher Nation jemand gefertigt worden sei (Traven 1954, 47). In der Literatur des Exils, die – wie Anna Seghers' *Transit* (1944) oder Erich Maria Remarques *Liebe deinen*

*Nächsten* (1941) und *Die Nacht von Lissabon* (1962) – um die Schwierigkeit kreisen, einen rettenden Weg in Zufluchtsländer zu finden und dabei diverse Grenzen zu überschreiten, rücken die benötigten Pässe und Papiere noch konsequenter ins Zentrum des Geschehens: Sie sind es, die die Aktivitäten und Gespräche der Figuren dominieren und regelrecht selbst zu Akteuren werden. Hier geht es weniger darum, überhaupt im Besitz eines Passes zu sein, als darum, am richtigen Ort und zur richtigen Zeit die jeweils korrekten Papiere zu haben. Eine entscheidende Rolle spielt allerdings auch hier der Grenzfall, dass der Pass nicht mehr eine Identität be-, sondern erzeugt, der Flüchtling etwa sein Überleben der Tatsache verdankt, dass er mit den Papieren eines Toten auftritt, hinter dessen Identität seine eigene verschwindet. Dabei verschränkt sich das Identitätspapier, das wie in Brechts *Flüchtlingsgesprächen* als der „edelste Teil von einem Menschen" (Brecht 1961, 7) erscheint und ihn ganz zu bestimmen tendiert, auch mit jenem anderen Ding, auf das der Protagonist auf der Flucht trifft: dem Koffer mit den Hinterlassenschaften eines Schriftstellers, der sich auf der Flucht das Leben genommen hat und dessen unfertiges Manuskript nun Phantasie und Hoffnung nährt. Die papierene Existenz hat, so wird angedeutet, verschiedene Facetten: Sie lässt sich auch als Herausforderung zur (literarischen) Imagination anderer als der durch totalitäre Systeme und rigide gezogene Grenzen vorgegebenen Wirklichkeiten begreifen. Auch in Texten von Gegenwartsautorinnen und -autoren wie Emine Sevgi Özdamar, Abbas Khider oder Dimitré Dinev erscheint die Bezugnahme auf Pässe und Papiere im Spannungsfeld zwischen identitärer Verortung und Grenzziehung einerseits und Einladung zu kreativen und subversiven Selbstentwürfen andererseits.

In diesem Kontext ist es bemerkenswert, dass die Dinge, welche der Protagonist in Franz Werfels Exildrama *Jacobowsky und der Oberst* (Uraufführung 1944) als ihm liebgewordenen Besitz, als „Symbole einer Heimstätte mitten in meiner Heimatlosigkeit" (Werfel 1962, 51) in sein nunmehr fünftes Exilland mitnehmen möchte, keineswegs typische Dingzeichen einer bestimmten Herkunftskultur sind. Die persischen Teppiche als das Letzte, was ihm nach eigener Aussage zur Erhaltung seiner Menschenwürde geblieben ist, rufen zwar das Interieur des bürgerlichen Wohnzimmers auf, das in orientalisierender Manier fremde Welten zu domestizieren sucht. Indem sie zum charakteristischen Bezugsobjekt des Emigranten werden, transformieren sie jedoch diesen Bedeutungshorizont und lassen Aspekte des Beweglichen, Grenzen (auch von Fiktion und Wirklichkeit) Überschreitenden in der Assoziation des fliegenden Teppichs hervortreten. Die von den Dingen gestiftete mobile Heimat evoziert auch eine jüdische Tradition von Exil und Diaspora, in der Schrift und Buch als ‚portatives

Vaterland' (Heine) den verlorenen Heimatort ersetzen, den sie gleichwohl erinnern (Kilcher 2016) (siehe auch 3.18 KOMFORT-HEIN).

## Grenzen der (Ver-)Sammlung: Ausgestellte Migration

Neben dem Festhalten an Dingen, die zu Reflexionsobjekten der eigenen Ortlosigkeit, aber auch Beweglichkeit werden können, findet sich in der Literatur die Tendenz, Migrationserfahrungen mit einer Loslösung von Dingfixierungen zu verbinden. In Hilde Domins Gedichtzyklus „Fünf Ausreiselieder" etwa gibt das lyrische Ich den Gegenständen „die Freiheit wieder" (Domin 2009, 123). Die Befreiung liegt dabei zugleich auf der Seite der Fortgehenden, die sich dem Zugriff der Dingwelt entzieht: „Meine sanften Gegenstände / ihr wolltet mich sammeln. // Gegenstände / ihr seht mich gehn" (Domin 2009, 123). Mitgenommen wird schließlich das einzig „[un]verlierbare Exil" selbst, das in einer paradoxen Vertauschung von Besitz und Verlust, Materiellem und Abstrakt-Immateriellem, Innen und Außen, Heimat und Exil die traditionellen Kategorien von Identität und Eigentum unterläuft. „Mit leichtem Gepäck" unterwegs zu sein, bedeutet, „dem Schoßhund Gegenstand ab[zusagen] / der dich anwedelt / aus den Schaufenstern" (Domin 2009, 101), wobei nicht mehr entscheidbar ist, ob der mit der bindenden Macht der Dinge verknüpfte Ort hier mit einer ursprünglichen Heimat oder einem Exilort, an dem das Ich nicht bleiben wird, assoziiert ist.

Die Frage nach der Versammlung von Dingen spielt vor allem auch im Kontext der Erinnerung an Exile und Migrationen eine wichtige Rolle. Hier wird das Spannungsverhältnis zwischen einer für den Erinnerungsprozess notwendigen Rekapitulation zerbrochener Zusammenhänge und der Frage, wie diese gerade den Brüchen und Diskontinuitäten gerecht werden kann, zum Thema der Texte. Versuche einer erinnernden Sammlung von Dingen sind insbesondere nach 1945 typischerweise von dem Dilemma gezeichnet, dass nicht nur die ursprünglichen Eigentümer der Dinge, in deren Wohn- und Lebensraum sie eine Ordnung bildeten, nicht mehr leben, sondern dass durch massenhafte Enteignung, Vertreibung und Vernichtung traditionelle Formen der Weitergabe von Dingen in Familien und Gemeinschaften zerstört sind. In W. G. Sebalds Roman *Austerlitz* (2001) wie in seinen Geschichten über *Die Ausgewanderten* (1992) drängen sich Dinge den Erzählern immer wieder als seltsame, opake Gegenstände auf, die sich mit der eigenen Geschichte aufs Engste zu verbinden scheinen, ohne dass eine kohärente Geschichte von Herkunft und Zugehörigkeit über sie erzählt werden könnte. So ist ein Rucksack, der demjenigen ähnelt, mit dem Austerlitz in einem Kindertransport nach England kam, Auslöser für Erinnerungsprozesse, die auf die Unmöglichkeit einer beglaubigten Herkunftserzählung führen. In Nicole Krauss' Roman *Great House* und in Edmund de Waals *A Hare with Amber Eyes* (beide 2010) folgen die Figuren und Erzähler den Spuren der infolge von ‚Arisierung' und Verfolgung geraubten und zerstreuten Besitztümer durch viele Länder und Schicksale. Fragen der Wiederversammlung und Rückerstattung der enteigneten Dinge spielen ebenso eine Rolle wie die Reflexion auf die Unmöglichkeit, die zerstörte europäisch-jüdische Welt in der Sammlung von Dingen wiederherzustellen. So bleiben diese als exilische Objekte präsent, die, gerade indem sie nicht (wieder-)angeeignet werden können, die Erinnerung an gewaltsame Vertreibung, Brüche und Diskontinuitäten in den individuellen und kollektiven Geschichten bewahren (Bischoff 2016).

Angesichts der großen Bedeutung, die Vertreibung, Flucht und Exil, aber auch die verschiedenen Phasen und Formen der Zuwanderung für eine europäische und darüber hinausweisende Erinnerungskultur haben, stellt sich das Problem der Versammlung von Dingen auf vielfältige Weise. So dauert die Diskussion um Möglichkeiten und Grenzen der Ausstellung von Migration an (Baur 2009; Bluche et al. 2013). Wo Bewegung, Diskontinuität und Disparität erinnert werden soll, erscheint eine Präsentation im Museum, das auf Formen der exemplarischen Materialisierung und Symbolisierung angewiesen ist, mit besonderen Schwierigkeiten konfrontiert (Korff 2005, 7). Hier zeigt sich das Dilemma, dass Geschichten von Migration notwendig erzählt werden müssen, um der Vielstimmigkeit und Transnationalität gegenwärtiger Gemeinschaften gerecht zu werden, zugleich aber die Gefahr der Einebnung von Brüchen oder der exotisierenden Zurschaustellung von Differenz besteht. Während zahlreiche Ausstellungsprojekte und Museen diesem Dilemma durch innovative Konzepte zu begegnen versuchen, scheint paradoxerweise die Literatur, die Dinge nicht zeigen, sondern immer nur textuell oder allenfalls als integrierte Fotografie wie bei Sebald repräsentieren kann, in besonderer Weise geeignet, im Auftritt der Dinge Brüche und Vielstimmigkeit der Narrationen erfahrbar zu machen. Dem Aufruf Herta Müllers folgend, in Deutschland ein ‚Museum des Exils' einzurichten, ist inzwischen unter der Ägide der Deutschen Nationalbibliothek das virtuelle Museum ‚Künste im Exil' entstanden. Dieses führt Exponate von vielen Orten und Archiven der Welt zusammen, wobei es in der Anordnung aber offen und auf vielfältige Weise ‚begehbar' bleibt. Während Müller weiter dafür eintritt, dass es außerdem einen Ort geben sollte, an dem die Dinge und mit ihnen die Geschichte(n) von Vertreibung und Exil sinnlich erfahrbar werden, eröffnen ihre literarischen und essayistischen Texte einen Kosmos der Dinge, die sowohl Zeugen eines totalitären Zugriffs auf private Lebensräume wie Komplizen in der Subversion einer solchermaßen kontrollierten Ordnung der Dinge sind. Gerade die kleinen Gegenstände, die die Migranten begleiten oder von ihnen als zugehörig erkannt werden, können „das Disparateste zusammenbinden" (Müller 2009) und auf diese Weise Brüche und Widersprüche bergen, die sich nicht in eine kohärente Erzählung übersetzen lassen, die aber für die Geschichte(n) der Migranten und damit die Geschichte der Moderne insgesamt von besonderer Bedeutung sind.

## Literaturverzeichnis

Baur, Joachim. *Die Musealisierung der Migration. Einwanderungsmuseen und die Inszenierung der multikulturellen Nation*. Bielefeld 2009.
Benjamin, Walter. *Das Passagen-Werk. Gesammelte Schriften. Band V.1*. Hrsg. von Rolf Tiedemann und Hermann Schweppenhäuser. Frankfurt am Main 1982.
Brecht, Bertolt. *Flüchtlingsgespräche*. Frankfurt am Main 1961.
Brecht, Bertolt. *Reisen im Exil 1933–1949*. Frankfurt am Main 1996.
Brecht, Bertolt. *Gedichte 1941–1947. Gesammelte Gedichte. Band 3*. Frankfurt am Main 1967: 823–949.
Bischoff, Doerte, und Joachim Schlör. „Dinge des Exils. Zur Einleitung". *Exilforschung* 31 (2013): 9–20.
Bischoff, Doerte. „Vom Überleben der Dinge. Sammlung und Exil in Edmund de Waals *Der Hase mit den Bernsteinaugen* und Nicole Krauss' *Das große Haus*". *Sprachen des Sammelns. Literatur als Medium und Reflexionsform des Sammelns*. Hrsg. von Sarah Schmidt. München 2016: 59–80.
Bluche, Lorraine, Christine Gerbich, Susan Kamel, Susanne Lanwerd und Frauke Meira (Hrsg.). *NeuZugänge. Museen, Sammlungen und Migration. Eine Laborausstellung*. Bielefeld 2013.
Domin, Hilde. *Sämtliche Gedichte*. Hrsg. von Nikola Herweg und Melanie Reinhold. Frankfurt am Main 2009.
Evelein, Johannes. „Erste Dinge. Reisegepäck im Exil: Eine phänomenologische Lektüre". *Exilforschung* 31 (2013): 23–34.
Hoppe, Ralf. „Hallo Nachbar. Wie eine Frau aus Wesseling zum Global Player wurde". *Der Spiegel* 35 (2006): 81.
Keller, Gottfried. *Das Sinngedicht. Sämtliche Werke in sieben Bänden. Band 6: Sieben Legenden. Das Sinngedicht. Martin Salander*. Hrsg. von Dominik Müller. Frankfurt am Main 1991: 95–381.
Kilcher, Andreas. „,Volk des Buches'. Zur Politik des Schreibens in der jüdischen Moderne". *Exil – Literatur – Judentum*. Hrsg. von Doerte Bischoff. München 2016: 44–63.
Korff, Gottfried. „Fragen zur Migrationsmusealisierung. Versuch einer Einleitung". *Migration und Museum. Neue Ansätze in der Museumspraxis*. Hrsg. von Henrike Hampe. Münster 2005: 5–16.
Merz, Konrad. *Ein Mensch fällt aus Deutschland*. Berlin, Weimar 1994.
Müller, Herta. „Jedes Wort weiß etwas vom Teufelskreis". *Nobelvorlesung 7.12.2009*. http://www.nobelprize.org/nobel_prizes/literature/laureates/2009/muller-lecture_ty.html (4. Oktober 2016).

Niehaus, Michael. *Das Buch der wandernden Dinge. Vom Ring des Polykrates bis zum entwendeten Brief*. München 2009.
Scholz, Susanne. *Objekte und Erzählungen. Subjektivität und kultureller Dinggebrauch im England des frühen 18. Jahrhunderts*. Königstein im Taunus 2004.
Traven, B. *Das Totenschiff. Die Geschichte eines amerikanischen Seemanns*. Hamburg 1954.
Trentmann, Frank. *Empire of Things. How We Became a World of Consumers. From the Fifteenth Century to the Twenty-First*. New York, NY 2016.
Werfel, Franz. *Jacobowsky und der Oberst. Komödie einer Tragödie in drei Akten*. Frankfurt am Main 1962.
Zuckmayer, Carl. *Der Hauptmann von Köpenick: Ein deutsches Märchen in drei Akten*. Frankfurt am Main 1956 [1931].

## 2.8 Sammeln – Sammlungen

Sarah Schmidt

### Einleitung

Sammlungen können die Funktion eines Gedächtnisses übernehmen, sie sind Wissensspeicher und zugleich eine Form individueller oder nationaler (Selbst-)Darstellung, mit der die Möglichkeit von Machtausübung und Manipulation gegeben ist. Dabei scheinen Sammlungen eine gewisse Materialität des Gesammelten vorauszusetzen, insofern selbst immaterielles Gesammeltes eines (materialen) Trägermediums bedarf oder mit Eintritt in die Sammlung „dinghafte" Eigenschaften ausbildet (Sommer 2002, 127).

Die Auseinandersetzungen mit Sammlungen und dem Akt des Sammelns in der Literatur sind zahlreich. Kuriositätenkabinette, Schatzkammern, Bibliothek oder Museum bilden Schauplätze der Handlung, große Sammlergestalten bestimmen das Geschehen und erfahren als Flaneur, Dilettant oder Virtuose eine typenhafte Bestimmung. Literatur beschäftigt sich jedoch nicht nur motivisch mit den unterschiedlichen Sammlungen, sie bildet – etwa in Form von Werksammlungen, Erzähl- oder Gedichtzyklen – selbst spezifische Textsammlungen aus und praktiziert sammelnde Textverfahren in Form von Auflistung, Wiederholung, Permutationstechniken, seriellen Verfahren oder Collagetechniken.

Ist eine Reflexion auf Sammeln und Sammlungen in der Geschichte der Literatur durchgehend präsent, so gerät die Thematik des Sammelns erst seit den 1970er Jahren verstärkt in den Fokus der Kultur- und Geisteswissenschaften und entwickelt sich mit dem Aufschwung der *material cultures* ab den 1990er Jahren zu einem eigenen Forschungsfeld. Angesichts der Vielfalt der Ansätze und Disziplinen, in denen Sammlungen untersucht werden, lässt sich weniger von einem homogenen Forschungsfeld als vielmehr von einem Gegenstandsfeld sprechen, in dem sich Erinnerungs-, Schrift- und Leseforschung, Museums- und Bibliothekskunde, Wissensgeschichte und Raumsoziologie mit den Literaturwissenschaften überschneiden.

Eine Präsentation dieser thematischen Vielfalt ließe sich beispielsweise in der Charakteristik unterschiedlicher Sammlungsformen und -institutionen von der Wunderkammer und dem Kuriositätenkabinett (Impey und MacGregor 1985; Bredekamp 2000 [1993]) sowie der daran anschließenden architektonischen Denkfigur des ‚theatrum' über das Museum (Korff und Roth 1990; Pearce 1992; Westerwinter 2008) bis hin zum Archiv als Institution und Denkfigur (Friedrich

2013; Ebeling und Günzel 2009; Baßler 2005) entwickeln. Aufschlussreich wäre auch eine Darstellung entlang unterschiedlicher Sammlertypen wie dem Virtuosen, dem Dilettanten, dem Flaneur, dem Lumpensammler (Neumeyer 1999) oder dem Bibliophilen (Assmann et al. 1998). Orientiert an den vorliegenden Studien zum historischen Wandel von Sammlungen und Sammeltätigkeit (z. B. Grote 1994; Sheehan 2002) wäre auch eine literaturgeschichtliche Präsentation denkbar. Denn in der spezifischen Art und Weise der Literatur, Sammlungen zu thematisieren und sammelnde Praktiken anzuwenden, spiegeln sich die Eigenarten kultur- und literaturhistorischer Epochen. Bausteine zu einem solchen umfassenden Unternehmen einer Literaturgeschichte des Sammelns finden sich beispielsweise für die Literatur des 19. Jahrhunderts (Grätz 2006) oder zum deutschen Pop-Roman (Baßler 2002).

Für dieses reiche Forschungsfeld sollen im Folgenden einige zentrale Problemkomplexe markiert werden, die in der Sammelforschung – quer zu den unterschiedlichen Institutionen und Epochen – eine theoretische und literarische Reflexion gefunden haben.

## Sprache und Sammlung

Sprache und Sammlung stehen in vielfältiger Weise miteinander in Beziehung. Eine erste Differenzierung bietet sich an, indem man *Sammlung in Sprache*, *Sprache als Sammlung*, *Sprache in Sammlung* und *Sammlung als Sprache* unterscheidet.

Unter den Aspekt *Sammlungen in Sprache* fallen zunächst alle Schrift- und Textsammlungen wie Bibliotheken, Archive, Wörterbücher, Anthologien oder Briefesammlungen, aber auch einzelne sammelnde Textgattungen wie zum Beispiel der Schreibkalender (Meise 2002; Tersch 2008) oder das Album (Kramer und Pelz 2013). Sprache ist jedoch auch ein Medium, in dem in Form einer diskursiven oder poetischen Beschreibung ‚Dinge' gesammelt werden können. Die Textsammlungen *Das abenteuerliche Herz* (1938) von Ernst Jünger oder *Le parti pris des choses* (1942) von Francis Ponge sind Beispiele poetischer Enzyklopädien, die nach einer spezifischen Dinghaftigkeit in und durch Sprache, nach einer dinghaften Alterität jenseits des pragmatischen oder erkenntnistheoretischen Zugriffs des Menschen suchen (Derrida 1984, 17; Schmitz-Emans 1993) (siehe auch 2.1 Kimmich, 2.2 Vedder und 3.17 Plass).

Die Kennzeichnung *Sprache als Sammlung* legt den Akzent darauf, dass Sprache in der Organisation eines Sprachmaterials besteht, das sich aus Wörtern, Buchstaben und Zeichen zusammensetzt, die innerhalb der Grammatik und Lexik einer Sprache inventarisiert und klassifiziert sind. Zahlreiche sammelnde Textverfahren und rhetorische Figuren wie Listung, Aufzählung, Wiederholung (Mainberger 2003) oder Collagetechniken gehen auf dieses Sprachmaterial zurück, um es einsammelnd in eine Neuordnung zu überführen. Eine paradigmatische Auseinandersetzung mit sammelnden Textverfahren liefert Moritz Baßler in seiner Monografie zum Pop-Roman der deutschsprachigen Gegenwartsliteratur (Baßler 2002). Im Sammeln, Segmentieren und Aufstellen von Katalogen und Listen erkennt er einen ‚neuen Archivismus', der ähnlich wie der New Historicism daran arbeitet, Netzwerke in ihrer Komplexität und narrativen Offenheit sichtbar zu machen (siehe auch 3.21 DRÜGH und 2.9 MAINBERGER). *Sprache als Sammlung* lässt sich jedoch nicht nur von ihrer produktiven, sondern ebenso von ihrer rezeptiven Seite her betrachten. Hier kommt dem Prozess des Lesens (*legere*), der auch als ein Modus des Sammelns verstanden werden kann (Cahn 1991), sowie dem Sammeln als einem Modus des Lesens (Wegmann 1999) eine herausgehobene Bedeutung zu. Die sammelnde Lektüre als eine der Philologie ureigene Praxis sieht als eine nicht-hermeneutische Lektüre von den Regeln des Sinnzusammenhangs eines Textes zunächst ab, liest quer und kursorisch und betrachtet das Gelesene als Material, das unter spezifischen Selektionskriterien aufgelesen und in eine neue Organisation eingebracht werden soll (Hunger 1991; Cahn 1994). Ein solcher sammelnder Rückgang auf das Sprachmaterial in der Produktion wie in der Rezeption ist eng mit der Mediengeschichte der Schrift und ihren revolutionären Etappen wie dem Buchdruck (Cahn 1994), dem Massenprint (te Heesen 2006) oder der elektronischen Textpräsentation im Netz verbunden (Bolter 2001).

*Sprache in Sammlung* bezeichnet die Funktion von sprachlichen Elementen *in* und *für* eine Sammlung und lenkt den Blick auf intermediale Konstellationen von Sammlungen. So enthalten die meisten Dingsammlungen zum Beispiel in Form von Titeln, Exponatbeschreibungen oder Einleitungen diskursive Hinweise, die die innere Organisation und Rezeption der Sammlung entscheidend mitbestimmen können. Indem sie die Herkunft des Exponats, seine Geschichte und klassifikatorische Einordnung verzeichnen, sind sie wesentliche Agenten von De- und Rekontextualisierungsprozessen.

Insofern die Elemente in einer Sammlung in einer syntagmatischen Beziehung zueinander stehen, liegt es nahe, einen engen Sprachbegriff verlassend *Sammlung als Sprache* zu betrachten. Denn Objekt-, Bilder- oder Datensammlungen – von wissenschaftlichen über öffentlich-künstlerische Sammlungen bis hin zur Inszenierung privater Dinge im Wohnraum (Schulze 1998; Csíkszentmihályi und Rochberg-Halton 1989 [1981]; Baudrillard 1991, 21–91) oder im Netz – folgen einer spezifischen Logik oder Auslegeordnung, deren Funktionsweise derjenigen einer Sprache nahekommt. In der Anordnung der Elemente einer

Sammlung – zu der nicht nur die Exponate selbst, sondern im Fall ihrer Ausstellung auch Zwischenwände, Farbgebungen, Rahmungen, Titel, Erklärungstexte und Ähnliches zählen – entsteht eine ‚Syntax', und die Hierarchisierung dieser sinntragenden (Satz-)Teile lässt sich als ‚Grammatik' der Sammlung verstehen.

## Sammlung und Wissen

Nicht erst seit dem Siegeszug der empirischen Wissenschaften kommt dem Akt des Sammelns, in dem signifikante Konstellationen sichtbar werden, Exemplarität oder Vergleichbarkeit erprobt werden, als wissenschaftliche Tätigkeit eine große Bedeutung zu. Formen des Sammelns und der Sammlungen sind Teil einer „Wissenskompilatorik" (Büttner et al. 2003, 7), mit der nicht nur spezifische Formen der Systematisierung (in Sammlungen), sondern auch der Umgang mit gelehrtem Wissen und seine Zirkulationsformen zum Ausdruck kommen. Vor dem Hintergrund einer Disziplinen übergreifenden Aufmerksamkeit für die Pluralität der Wissenskulturen und ihrer intermedialen Voraussetzungen hat gerade diese epistemische Bedeutung des Sammelns und der Sammlung in den letzten zwei Jahrzehnten eine große Aufmerksamkeit gewonnen (Spary und te Heesen 2001; Bredekamp et al. 2000–2001; Schock et al. 2008; Hooper-Greenhill 1992; Lutz und te Heesen 2005; Stammen und Weber 2004; Schneider 2008; Grunert und Vollhardt 2007).

Erscheint die Wissenskompilatorik einer Sammlung innerhalb ihrer epochalen Diskursformation, ihrer Episteme, in einer relativen Geschlossenheit, so werden aus der Perspektive einer Wissensarchäologie Alternativen, Kontingenzen und Brüche deutlich, die auch für die Literatur von besonderem Interesse sind.

Die literarische Auseinandersetzung mit Ordnungsmustern der Wunderkammer, der naturwissenschaftlichen Sammlung, des Museums oder der Enzyklopädie schließt nicht selten einen poetologischen Diskurs ein, der Poesie und Literatur innerhalb der Wissenstradition(en) verortet, in die sich literarische Praxis und die Thematisierung des Sammelns nicht nur einschreiben, sondern die sie auch interpretieren, hinterfragen und modifizieren. Somit fungiert die Reflexion auf Sammeln und Sammlungen sowie die Praxis des Sammelns in der Literatur auch als ein Schauplatz für die Debatte um Literatur und Wissen, die sowohl nach der Wechselwirkung von Wissenstexten und Literatur als auch nach den literarischen Produktionsbedingungen von Wissen in literarischen und nicht-literarischen Texten fragt (Schmidt 2016).

## Physiognomik der Sammlung

Dass sich in jeder Sammlung nicht nur Wissen, sondern auch eine „Handschrift" des Sammlers abzeichnet, untersucht Johann Wolfgang von Goethe in *Der Sammler und die Seinigen* (1798). Die angeschafften Exponate ebenso wie die wechselnde Präsentation der Sammlung ‚sprechen' über die verschiedenen Sammlerpersönlichkeiten, und unter einem physiognomischen Blick zeigt sich im Wandel der Sammlung eine Typologie sowohl des Sammlers als auch des Kunstbetrachters (Asman 1997, 120–121). Hat Goethes Physiognomie der Sammlung hier vorzüglich eine kunsttheoretische Charakteristik im Visier, so unterstreicht Walter Benjamin in seinem Denkbild „Ich packe meine Bibliothek aus. Eine Rede über das Sammeln" (1931) die konstitutive Bedeutung der Individualität des Sammlers für die Sammlung – allerdings nicht im Sinne einer Psychologie der Sammlung (wie z. B. bei Donath 1923; Muensterberger 1995).

In Benjamins Szenario einer aus Kisten auszupackenden privaten Bibliothek erweist sich jedes in der Hand gewogene Buch als ein Medium der Erinnerung, durch das der Bibliophile, wie jeder Sammler, durch seinen Gegenstand hindurch „inspiriert" in die „Ferne zu schauen" scheint (Benjamin 1980b [1931], 389). Versteht man den „Kern des Sammelns" als „etwas Narratives" (Bal 2006, 139), in dem über das Sammeln von Gegenständen eine Geschichte, mithin auch die eigene Lebensgeschichte erzählt wird (Pearce 1992, 47), und versteht man den Sammler als Sammlerautor, dessen Handschrift sich im De- und Rekontextualisieren zeigt, so bedeutet dieser „Besitz" des Sammlers nach Benjamin allerdings keine vollständige Verfügungsgewalt über jene erinnerte Geschichte des Sich-selber-Sammelns (Weidmann 1992, 97–99). Der Erkenntnismodus dieser gesammelten Erinnerung ist ein flüchtiger, vergleichbar der *mémoire involontaire* Marcel Prousts: Anders als die *mémoire volontaire*, eine „Registratur, die den Gegenstand mit einer Ordnungsnummer versieht, hinter der er verschwindet" (Benjamin 1980a, 280), findet in der *mémoire involontaire* eine immer wieder neue Begegnung mit dem Gegenstand statt. Dementsprechend wählt der sammelnde und seine Sammlung rezipierende Sammler die Dinge nicht aus, sie „stoßen ihm zu" (Benjamin 1980a, 27). In einer dem Traum und Rausch vergleichbaren Wahrnehmung erschließen sich dem Sammler blitzartig einsichtige Korrespondenzen im Modus „unsinnlicher Ähnlichkeiten" (Benjamin 1980c [1933], 204–210), sein Besitz wird ihm zu einer „magischen Enzyklopädie" (Benjamin 1980b [1931], 289), die immer über das hinausweist, was sich gesichert nachschlagen lässt.

Bietet sich die gesammelte Dingwelt des privaten Sammlers wie ein Quasi-Organ des eigenen Körpers einer höheren physiognomischen Lesart dar, so überschreitet Benjamin in seiner unvollendet gebliebenen Passagenarbeit (Benjamin 1980a) diese ontogenetische Perspektive hin zu einer gesellschaftlich und kulturgeschichtlich gewendeten Physiognomie der Dinge.

Der Flaneur ist der mit dem Auge agierende Sammler (Benjamin 1980a, 274), der die Straßen einer Stadt betrachtet, als ob sie ein Interieur, das „Gehäuse" einer Gesellschaft wäre, deren kulturgeschichtliche Bestimmung und kollektive Erinnerung es zu lesen und geschichtsphilosophisch zu reflektieren gilt.

**Sammlung und Macht**

Das Besitzergreifen von Welt und mithin Macht ist eine zentrale Motivation des Sammelns und verlangt nach einer Untersuchung der soziologisch-politischen Dimension des Sammelns (Pearce 1995). Diese Herrschaft zeigt sich bereits auf erkenntnistheoretischer Ebene, insofern mit dem Ein- und Ausschluss und der spezifischen Kontextualisierung von Elementen eine Deutungshoheit installiert wird. Bezogen auf öffentliche Sammlungen lässt sich zum Beispiel die Erwerbungs- und Ausstellungspraxis und -politik großer nationaler Museen (insbesondere im 19. Jahrhundert) auch als Terrainkampf auf einer ideellen Weltkarte lesen, der mit konkreten kulturellen (kriegerisch erworbenen) Besitzständen und den zugehörigen Deutungskonzepten ausgefochten wird und die Inszenierung nationalen Selbstverständnisses betreibt (Kaplan 1994; Raffler 2007; Breuer et al. 2015).

Wird der Mensch selbst – etwa in Form von medizinischen, psychiatrischen, ethnologischen oder bürokratischen bzw. biopolitischen Sammlungen – zum Sammlungsgegenstand, so entsteht ein Machtgefälle zwischen dem, der sammelt, und dem, der gesammelt wird. Als ein Werkzeug der Verdinglichung kritisiert zum Beispiel Edward Said (2014, 16–17) den sammelnden Gestus der Kolonialmächte, während Michel Foucault darauf aufmerksam macht, dass Macht eine grundlegende Voraussetzung dafür ist, dass etwas oder jemand überhaupt Eingang in eine Sammlung findet. Mit den im Archiv der Bastille gesammelten Bittschriften an den König aus dem 17. und 18. Jahrhundert, die nur aufgrund ihres Zusammenstoßes mit einer Macht eine Archivierung fanden, lenkt Foucault den Blick auf marginale „infame" Existenzen. Ihrer „Infamie", ihrer auf ein Dokument begrenzte Spur in der Geschichte, nehme sich die Literatur der Moderne im besonderen Maße an (Foucault 2001, 47).

## Literaturverzeichnis

Asman, Carrie L. „Kunstkammer als Kommunikationsspiel. Goethe inszeniert eine Sammlung". J. W. Goethe, *Der Sammler und die Seinigen*. Hrsg. von Carrie L. Asman. Berlin 1997: 119–177.
Assmann, Aleida, Monika Gomille und Gabriele Rippl (Hrsg.). *Sammler – Bibliophile – Exzentriker*. Tübingen 1998.
Bal, Mieke. „Vielsagende Objekte. Das Sammeln aus narrativer Perspektive". *Kulturanalyse*. Frankfurt am Main 2006: 117–146.
Baßler, Moritz. *Der deutsche Pop-Roman. Die neuen Archivisten*. München 2002.
Baßler, Moritz. *Die kulturpoetische Funktion und das Archiv. Eine literaturwissenschaftliche Text-Kontext-Theorie*. Tübingen 2005.
Baudrillard, Jean. *Das System der Dinge. Über unser Verhältnis zu den alltäglichen Gegenständen*. Frankfurt am Main, New York, NY 1991.
Benjamin, Walter. *Das Passagen-Werk. Gesammelte Schriften. Band V.1*. Hrsg. von Rolf Tiedemann und Hermann Schweppenhäuser. Frankfurt am Main 1980a.
Benjamin, Walter. „Ich packe meine Bibliothek aus. Eine Rede über das Sammeln" [1931]. *Gesammelte Schriften. Band IV.1*. Hrsg. von Rolf Tiedemann und Hermann Schweppenhäuser. Frankfurt am Main 1980b: 388–396.
Benjamin, Walter. „Lehre vom Ähnlichen" [1933]. *Gesammelte Schriften. Band II.1*. Hrsg. von Rolf Tiedemann und Hermann Schweppenhäuser. Frankfurt am Main 1980c: 204–210.
Bolter, Jay David. *Writing Space. Computers, Hypertext, and the Remediation of Print*. 2. Auflage. Mahwah, NJ, London 2001.
Bredekamp, Horst. *Antikensehnsucht und Maschinenglauben. Die Geschichte der Kunstkammer und die Zukunft der Kunstgeschichte*. Überarbeitete Neuausgabe. Berlin 2000 [1993].
Bredekamp, Horst, Jochen Brüning und Cornelia Weber (Hrsg.). *Theater der Natur und Kunst/Theatrum naturae et artis. Wunderkammern des Wissens. Katalog, Essays und Dokumentation*. Berlin 2000–2001.
Breuer, Constanze, Bärbel Holtz und Paul Kahl (Hrsg.). *Die Musealisierung der Nation. Ein kulturpolitisches Gestaltungsmodell des 19. Jahrhunderts*. Berlin, Boston, MA 2015.
Büttner, Frank, Markus Friedrich und Helmut Zedelmaier (Hrsg.). *Sammeln, Ordnen, Veranschaulichen. Zur Wissenskompilatorik in der Frühen Neuzeit*. München 2003.
Cahn, Michael. „Das Schwanken zwischen Abfall und Wert. Zur kulturellen Hermeneutik des Sammlers". *Merkur* 45.8 (1991): 674–690.
Cahn, Michael. „Wissenschafts- und mediengeschichtliche Grundlagen der sammelnden Lektüre". *Lesen und Schreiben im 17. und 18. Jahrhundert. Studien zu ihrer Bewertung in Deutschland, England, Frankreich*. Hrsg. von Paul Goetsch. Tübingen 1994: 63–77.
Csíkszentmihályi, Mihály, und Eugene Rochberg-Halton. *Der Sinn der Dinge. Das Selbst und die Symbole des Wohnbereichs*. München 1989 [1981].
Derrida, Jacques. *Signéponge*. New York, NY 1984.
Donath, Adolph. *Der Kunstsammler. Psychologie des Kunstsammlers*. Berlin 1923.
Ebeling, Knut, und Stephan Günzel (Hrsg.). *Archivologie. Theorien des Archivs in Philosophie, Medien und Künsten*. Berlin 2009.
Foucault, Michel. *Das Leben der infamen Menschen*. Berlin 2001 [1977].
Friedrich, Markus. *Die Geburt des Archivs. Eine Wissensgeschichte*. Berlin, Boston, MA 2013.

Grätz, Katharina. *Musealer Historismus, Die Gegenwart des Vergangenen bei Stifter, Keller und Raabe*. Heidelberg 2006.

Grote, Andreas (Hrsg.). *Macrocosmos in Microcomo. Die Welt in der Stube. Zur Geschichte des Sammelns 1450-1800*. Opladen 1994.

Grunert, Frank, und Friedrich Vollhardt (Hrsg.). *Historia literaria. Neuordnungen des Wissens im 17. und 18. Jahrhundert*. Berlin 2007.

Hooper-Greenhill, Eilean. *Museums and the Shaping of Knowledge*. London, New York, NY 1992.

Hunger, Ulrich. „Altdeutsche Studien als Sammeltätigkeit". *Wissenschaft und Nation. Zur Entstehungsgeschichte der deutschen Literaturwissenschaft*. Hrsg. von Jürgen Fohrmann und Wilhelm Voßkamp. München 1991: 89–98.

Impey, Oliver, und Arthur MacGregor (Hrsg.). *The Origins of Museums: The Cabinet of Curiosities in Sixteenth and Seventeenth-Century Europe*. Oxford 1985.

Kaplan, Flora E. S. (Hrsg.). *Museums and the Making of ‚Ourselves': The Role of Objects in National Identity*. Leicester 1994.

Korff, Gottfried, und Martin Roth (Hrsg.). *Das historische Museum. Labor, Schaubühne, Identitätsfabrik*. Frankfurt am Main, New York, NY 1990.

Kramer, Anke, und Annegret Pelz (Hrsg.). *Album. Organisationsform narrativer Kohärenz*. Göttingen 2013.

Lutz, Petra, und Anke te Heesen (Hrsg.). *Dingwelten. Das Museum als Erkenntnisort*. Köln 2005.

Mainberger, Sabine. *Die Kunst des Aufzählens. Elemente zu einer Poetik des Enumerativen*. Berlin, New York, NY 2003.

Meise, Helga. *Das archivierte Ich. Schreibkalender und höfische Repräsentation in Hessen-Darmstadt 1624–1790*. Darmstadt 2002.

Muensterberger, Werner. *Sammeln. Eine unbändige Leidenschaft. Psychologische Perspektiven*. Berlin 1995.

Neumeyer, Harald. *Der Flaneur. Konzeptionen der Moderne*. Würzburg 1999.

Pearce, Susan M. (Hrsg.). *Museums, Objects, and Collections. A Cultural Study*. Leicester 1992.

Pearce, Susan M. *An Investigation into Collecting in the European Tradition*. London, New York, NY 1995.

Raffler, Marlies. *Museum – Spiegel der Nation? Zugänge zur Historischen Museologie am Beispiel der Genese von Landes- und Nationalmuseen in der Habsburgermonarchie*. Wien 2007.

Said, Edward W. *Orientalismus*. 4. Auflage. Frankfurt am Main 2014.

Schmidt, Sarah (Hrsg.). *Sprachen des Sammelns. Literatur als Medium und Reflexionsform des Sammelns*. Paderborn 2016.

Schmitz-Emans, Monika. „Die Wiederholung der Dinge im Wort. Zur Poetik Francis Ponges und Peter Handkes". *Sprachkunst. Beiträge zur Literaturwissenschaft* XXIV (1993): 255–287.

Schneider, Ulrich J. (Hrsg.). *Kulturen des Wissens im 18. Jahrhundert*. Berlin, Boston, MA 2008.

Schock, Flemming, Oswald Bauer und Ariane Koller (Hrsg.). *Ordnung und Repräsentation von Wissen. Dimensionen der Theatrum-Metapher in der frühen Neuzeit*. Hannover 2008.

Schulze, Sabine (Hrsg.). *Innenleben. Die Kunst des Interieurs*. Ostfeldern-Ruit 1998.

Sheehan, James J. *Geschichte der deutschen Kunstmuseen. Von der fürstlichen Kunstkammer zur modernen Sammlung*. München 2002.

Sommer, Manfred. *Sammeln. Ein philosophischer Versuch*. Frankfurt am Main 2002.

Spary, E. C., und Anke te Heesen (Hrsg.). *Sammeln als Wissen. Das Sammeln und seine wissenschaftsgeschichtliche Bedeutung*. Göttingen 2001.

Stammen, Theo, und Wolfgang E. J. Weber (Hrsg.). *Wissenssicherung, Wissensordnung und Wissensverbreitung. Das europäische Modell der Enzyklopädien*. Berlin 2004.
te Heesen, Anke. *Der Zeitungsausschnitt. Ein Papierobjekt der Moderne*. Frankfurt am Main 2006.
Tersch, Harald. *Schreibkalender und Schreibkultur. Zur Rezeptionsgeschichte eines frühen Massenmediums*. Graz, Feldkirch 2008.
Wegmann, Nikolaus. „Im Reich der Philologie: vom Sammeln und Urteilen". *Konkurrenten in der Fakultät*. Hrsg. von Christoph König. Frankfurt am Main 1999: 260–272.
Weidmann, Heiner. *Flanerie Sammlung Spiel. Die Erinnerung des 19. Jahrhunderts bei Walter Benjamin*. München 1992.
Westerwinter, Margret. *Museen erzählen. Sammeln, Ordnen und Repräsentieren in literarischen Texten des 20. Jahrhunderts*. Bielefeld 2008.

## 2.9 Ordnen – Aufzählen

Sabine Mainberger

### Einleitung

Eine Menge von Dingen – nicht nur materiellen – lässt sich auf vielfältige Weise ordnen und geordnet präsentieren. In literarischen Texten geschieht das durch Aufzählungen, Kataloge, Listen und alles, was damit verwandt ist: Inventar, Abecedarium, Stammbaum, Inhaltsverzeichnis, Album, Florilegium, Rezept, Gesetzestafel, Agenda, enumerative Beschreibung, Personenverzeichnis, Fragebogen, Chronik, Speisekarte, Selektionsliste u. v. a. m. Die Frage nach der Ordnung von Dingen im Zusammenhang mit Literatur lässt sich als Frage nach einer Poetik des Enumerativen stellen; sie soll im Folgenden im Zentrum stehen.

### Begriffe

Viele literaturwissenschaftliche Studien dazu arbeiten mit dem Wort ‚Liste' als Oberbegriff, andere mit dem Wort ‚Katalog', oft werden auch beide als Synonyme benutzt. Die beiden Vokabeln führen indes spezielle Konnotationen mit sich: ‚Katalog' steht in engem Zusammenhang mit Information (zum Beispiel Bibliothekskatalog) oder Ökonomie (Warenkatalog) und ist literaturgeschichtlich mit der epischen Tradition verbunden. Beide Kontexte verweisen auf ein hohes Maß an Ordnung und eignen sich daher weniger zur Benennung von lose versammelnden oder ostentativ chaotischen Aufzählungen. ‚Liste' meint von der Wortgeschichte her ein kolumnenförmiges Verzeichnis, das heißt ein Phänomen der Schriftbildlichkeit. Eine erweiterte Form eines derartigen Verzeichnisses ist die Tabelle, die die vertikale Kolumne mit der horizontalen Zeile kombiniert; beide stellen jeweils diskrete Elemente zusammen. Listen und Tabellen ‚liest' man auf andere Art als Fließtext: Einzelne Elemente werden herausgesucht, das Ganze nicht sukzessiv gelesen, sondern punktuell konsultiert. Das Wort ‚Liste' wird aber auch (nicht zuletzt nach dem Modell des Englischen) in sehr weitem Sinn gebraucht: Dabei wird die schrifttechnische Konnotation entweder vollkommen ignoriert oder im Gegenteil verabsolutiert, weil als Paradigma der Liste die der technischen – vor allem elektronischen – Medien gelten, die Information für den Nutzer immer als Listen generieren. Da die Anfänge der Schriftgeschichte im Alten Orient in Listen liegen (Goody 1977, 1990; Deicher und Maroko 2015), lässt sich mit dem Stichwort ‚Liste' der Bogen bis in die Gegenwart schlagen (Doležalová 2009). Mit dieser medienhistorischen Perspektive, nicht nur mit der Frequenz des Aufzählens in aktueller Literatur, hat die in jüngster Zeit zu beobachtende Konjunktur des Themas ‚Liste' in Literatur- und Kulturwissenschaften zu tun. Entscheidet man sich aber statt der Rede von ‚Listen' für diejenige vom ‚Aufzählen' und vom ‚Enumerativen', hat man man eine in viele verschiedene Richtungen offene und Vorentscheidungen (auch für mediale Aspekte) vermeidende Terminologie gewählt.

## Poetik, Rhetorik, Schriftgeschichte

Die Bemühung um eine Poetik des Aufzählens kann an die traditionellen normativen Dichtungslehren nur bedingt anknüpfen. Es ist vielmehr kennzeichnend, dass es zwar in der Literatur wohl aller Epochen und Sprachen Aufzählungen gibt, dass aber offenbar, zumindest für die westliche Literatur, kein autoritativer Text existiert, auf den sich literaturtheoretische Überlegungen stützen könnten. Poetologisches muss vielmehr vor allem den jeweiligen literarischen Texten selbst entnommen werden, auch etwa zum antiken Katalog. Anders als in der japanischen Literatur, die sammelnde Textformen hoch schätzt (Miner 1985; Pigeot 1997), gibt es keine Abhandlung(en) als Referenz(en) für moderne Autorenpoetiken und literaturwissenschaftliche Studien. Die Rhetorik bietet einschlägige Begriffe wie *enumeratio* und *accumulatio* (Frédéric 1986; Jeay 2009; vgl. auch die entsprechenden Artikel im *Historischen Wörterbuch der Rhetorik*), diese reichen aber zur Erschließung des Themas nicht aus, und zwar unter anderem deshalb, weil das Schriftbildphänomen ‚Liste' zu der im Mündlichen verwurzelten rhetorischen Kultur in Spannung steht (Ong 1987). Schriftgeschichtlich gehen Listen der Aufzeichnung von Fließtext voraus, das Verhältnis von Schriftentwicklung und mündlicher und schriftlicher Literatur ist jedoch zu keiner Zeit ein einfaches. Die Renaissance pflegt das Ideal des sprachlich-rhetorischen Reichtums, die *verborum et rerum copia* (Cave 1979). Kopiöses Schreiben besteht nicht in enumerativen Verfahren, aber diese lassen sich in seinem Rahmen zumindest rechtfertigen. Eine Poetik der medialen Unterscheidung, die das *ut pictura poesis*-Prinzip aufkündigt, spricht dagegen über das in Renaissance und Barock übliche enumerative Beschreiben ihr Verdikt: Gotthold Ephraim Lessings Kritik (*Laokoon oder über die Grenzen der Malerei*, 1766) hat das Aufzählen mit einigem Theorieaufwand diskreditiert (dagegen Hamon 1981; Mainberger 2003, 102–118). Die literarische Praxis entspricht dem aber nur bedingt: Spätestens im Roman des 19. Jahrhunderts, etwa bei Adalbert Stifter und Joris-Karl Huysmans, kommt die aufzählende Deskription zu neuen Blüten. Im Verhältnis zur hohen Frequenz aufzählender Verfahren vor allem in narrativen und poetischen Texten sind explizite Poetiken des Aufzählens (zum Beispiel von Georges Perec oder Hubert Fichte) dennoch rar; literaturtheoretische Anknüpfungspunkte bieten zum Beispiel Roland Barthes, Walter Benjamin, Umberto Eco.

## Literaturwissenschaftliche Studien

Die Literaturwissenschaften machen vor allem Fallstudien und entwickeln ihre Konzepte im Hinblick auf *bestimmte* literarische Aufzählungen, das heißt auf enumerative Gattungen oder auf entsprechende Schreibweisen prominenter Autorinnen und Autoren (Lecolle et al. 2013, von Contzen 2016a). Untersucht werden beispielsweise Listen von (meist Dinge bezeichnenden) Wörtern in akkadischer Literatur, antike epische Kataloge (zum Beispiel West 1985; Minchin 1996; Hirschberger 2004; Hunter 2005; Reitz 2013; grundsätzlicher zu antiken enumerativen Formen Lämmle et al. 2018; von Contzen 2016b), biblische Listen, zum Beispiel Genealogien (Scolnic 1995; Hieke 2003), Sei Shonagon (Morris 1980; Pigeot 1997), chinesische Listen und Poesie (Jullien 2004; Gentz 2015), die Litanei, die Grands rhétoriqueurs, François Rabelais (klassisch: Bachtin 2006), der Blason, John Milton, die Zeit- und Dingordnungen des aufklärerisch-bürgerlichen Subjekts, Walt Whitman (Belknap 2004), Historismus und frühe Moderne (Spitzer 1961; Baßler 1994; Baßler et al. 1996), James Joyce, Jorge Luis Borges, Georges Perec, Popliteratur (Baßler 2002), postmoderne Romane. Mit der Poetik des Enumerativen überschneiden sich das Panorama literarischer Ding-Imagination (Orlando 2006 [1994]) und das der Enzyklopädie und enzyklopädischen Literatur (Kilcher 2003; Schmitz-Emans 2012). Eine besondere Herausforderung stellen die Erhebung und Organisation ethnografischen bzw. ethnologischen Wissens dar, weil kulturelle Fremdheit allem voran als unverständliche Ordnung erscheint (Mainberger 2003, 186–192, vgl. auch 61–72; Mainberger 2017). Literarische Aufzählungen haben aber nicht nur mit Problemen der Wissensordnung und -präsentation (zum Beispiel Lexika, Wörterbücher) zu tun: Wesentliche Arten des Aufzählens sind vielmehr auch solche, die als exzessive sprachliche Artikulation auflösen und performativ intellektuelle Distanz negieren; man denke unter anderem an Schimpftiraden, Klagen, Lobpreisungen, Aufzählen als Inszenierung von Delirium, Wahnsinn unter anderem (Mainberger 2003, vor allem 318–333). Des Weiteren finden sich enumerative Verfahren oft im literarischen Ludismus, etwa in Variationsreihen oder Rätseln (vgl. Mainberger 2003, 96–102 et passim); Listen sind die Voraussetzung für Letternpermutation und -kombination. Eco (2009) verwendet das Wort ‚Liste' auch für visuelle Medien und mischt suggestiv Aufzählungen aller Art, Sammlungen und

Bilder von Vielheiten. Von philosophischem Interesse sind neben Borges' „Chinesischer Enzyklopädie" für Michel Foucault unter anderem die Aufzählungen Michel de Montaignes (Sève 2007 und 2010; Mainberger 2003, 188–189 und 315–316) und Friedrich Nietzsches (Mainberger 2010). Die folgende Darstellung hält sich an Mainberger (2003): Darin werden auch experimentelle Praktiken des Aufzählens *als* Literatur beleuchtet und theoretische Fragen unter anderem mit Ludwig Wittgenstein, Nelson Goodman, George Lakoff (1990) gestellt.

## Poetik des Enumerativen

Aufzählungen gibt es in der Literatur auf allen Ebenen der Sprache, das heißt ihre Elemente können von den Buchstaben über einzelne Wörter bis hin zu Sätzen oder noch größeren Einheiten reichen; die Grenze zur Reihenbildung ist offen. Sie konstituieren, organisieren und präsentieren eine Vielheit von Elementen, die sich als einzelne wie auch als zugehörig zu einem Ensemble zeigen. Um die Bandbreite und Flexibilität von Aufzählungen zu erfassen, ist es notwendig, den Akzent auf das *Tun* und dessen Pluralität zu legen, das heißt (analog zu Wittgensteins ‚Sprachspielen') ‚enumerative Spiele' in den Blick zu nehmen. Diese sind Praktiken und lassen sich nur als solche beschreiben und analysieren. Im Folgenden seien einige Aspekte genannt, die bei der Untersuchung von Aufzählungen immer wieder eine Rolle spielen; sie stellen keine Merkmaldefinition dar.

Aufzählungen nennen distinkte Elemente und egalisieren sie unter einem thematischen oder formalen Gesichtspunkt (auch semantisch heterogene Items sind *qua Aufzählung* formal egalisiert). Sie sind nach mehr oder weniger strengen Prinzipien organisiert und dementsprechend eher statisch oder eher dynamisch; der vereinheitlichende Bezugspunkt kann ausdrücklich genannt sein und der Aufzählung vorangehen oder ihr folgen, er kann auch implizit bleiben und in verschiedenen Graden deutlich werden. Oft dienen Aufzählungen dazu, hierarchische Unterschiede aufzuheben, in anderen Fällen aber schaffen sie auf der Grundlage jener Egalisierung gerade Rangunterschiede, in wieder anderen stellen sich solche als ungewollte Nebeneffekte ein. Das Egalisieren ist auf den ersten Blick das Charakteristikum von Aufzählungen, bei näherem Hinsehen aber enthalten sie auch Asymmetrien und interne Strukturen.

Aufzählungen weisen verschiedene Grade von Zusammenhang und Kohäsion oder aber von Desintegration und Streuung auf, das heißt die Elemente sind mehr oder weniger gebunden bzw. selbstständig. In aufzählenden Passagen eines Textes kann die eine oder die andere Seite zur Geltung kommen: So kann das nach irgendeinem Prinzip Ordnung stiftende Gliedern und Einteilen überwiegen, das heißt das organisierende Aufzählen, oder aber es dominiert das ‚bloße' Aufzählen mit seinen Effekten der Aufsplitterung, Diffusion, Tendenz zur Formlosigkeit. Und das eine kann ins andere umschlagen, etwa durch ein Übermaß an Detaillierung in einer Beschreibung. Was als ‚Übermaß' wirkt, lässt sich indes nicht in eine allgemeine Regel fassen. Aufzählungen können daher einen Text strukturieren und konstruieren oder ihn mit Auflösung und Zerfall bedrohen; was als sinnleer oder nicht mehr funktional erfahren wird, kann aber auch zum Ansatzpunkt für neue, unvorhergesehene Lektüren werden.

Zum Aufzählen gehört das Wiederholen – nicht der einzelnen Elemente, sondern der Operation: Wie das Zählen fügt das Aufzählen jedem genannten Element ein weiteres hinzu; es gleicht einer Bewegung Schritt für Schritt, während der synthetisierende Begriff oder Ausdruck einen Sprung macht. Das Egalisierende kann explizit formuliert werden (etwa als wiederkehrende Formel: „und", „oder", „sie sah"), es kann grafisch ausgedrückt werden (durch Kommata, Kolumnensatz o. a.) oder implizit sein als struktureller Parallelismus. Enumerative Texte können entweder die Verschiedenheit der einzelnen Elemente akzentuieren und damit den Informationswert ihrer jeweiligen Nennung oder das Gleichmachende, indem sie es ausformulieren und damit das Repetitive hervorkehren. In dem Maße, wie sie das eine oder andere tun, wirken sie entweder ‚objektiv' und ‚sachlich' oder ‚rituell' und ‚obsessiv'.

In der konkreten einzelnen Äußerung lassen sich Aufzählungen nicht ersetzen oder überspringen, haben sie doch jeweils zu bestimmende rhetorische oder ästhetische Funktionen: Als Ornament und Prunk, wie in vielen traditionellen Dichtungen, können sie digressiv sein und dem Text damit zusätzliche Dimensionen verleihen; sie können tatsächlich oder scheinbar präzise Fakten und Daten geben und damit Wahrhaftigkeit oder Wissenschaftlichkeit beanspruchen; sie können den Sinn des Textes durch Monotonie auflösen o. a.

Als sprachliches Ereignis, das sich weder substituieren noch entbehren lässt, ist das Aufzählen ein Tun, das Zeit benötigt, beim lauten Sprechen wie beim stillen Lesen. Aufzählungen vollziehen sich in der Zeit, und sie gestalten ihrerseits Zeit: Diese wird gedehnt, gleichmäßig getaktet oder abwechslungsreich rhythmisiert, so dass Bewegungen und Genesen evoziert werden. Aus dieser Sicht stehen die normalerweise als Prototyp der Aufzählung geltende klassifizierende Liste und ihre Potenzierung, die Tabelle, am Rande des Spektrums: Die schriftbildlichen, statischen Varianten sind der Grenzfall, in dem die Zeitlichkeit des Aufzählens negiert wird.

Auch wenn Aufzählungen oft als unabgeschlossen markiert sind („usw."), sind sie doch nicht prinzipiell unendlich. Vielmehr lassen sich drei Varianten unterscheiden: (1) Eine endliche Zahl von Items lässt sich vollständig anschreiben, (2) eine unendlich Zahl von Items lässt sich nicht vollständig anschreiben, (3) eine endliche Zahl von Items lässt sich nicht vollständig anschreiben. Variante (1) ist ein Inventar, sie ist abschließbar durch den Bezug auf einen begrenzten aufzunehmenden Bestand (zum Beispiel der Stücke William Shakespeares, der Vorfahren Jesu bis Abraham) oder auf ein gegebenes Set (die neun Musen, die Wochentage). In Variante (2) geht es um eine unendliche Reihe wie die der Zahlen; die Items lassen sich prinzipiell nicht vollständig anschreiben. Variante (3) hat es mit empirisch kaum zählbaren Elementen zu tun, die sich aus physischen oder praktischen Gründen nicht vollständig anschreiben lassen. Alle drei Varianten können mit ‚usw.' enden, das aber unterschiedliche Bedeutungen hat: Bei (1) ‚Montag, Dienstag usw.' steht es für die übrigen fünf Tage, bei (2) ‚1, 4, 9, 16 usw.' für die unendliche Reihe aus der Formel $(x+1)^2$, bei (3) stelle man sich die erste Seite eines Wörterbuchs vor, das ‚usw.' indiziert den ganzen Rest. Literarische Texte haben es vor allem mit den Varianten (1) und (3) zu tun. Die eine erlaubt, im Sprechen oder Schreiben ein Ganzes zu erreichen, die andere, zumindest sehr lange aufzählend fortzufahren. Ein abgeschlossenes Totum oder ein (meist nur relatives) Unendliches sind zwei grundsätzliche Möglichkeiten des Enumerativen.

Das parataktische, koordinierende Verfahren der Aufzählung steht in Spannung zum syntagmatischen Verketten und zum subordinierenden Verfahren des Satzes, die Disjunktion der aufgezählten Elemente in Spannung zum gesprochenen oder geschriebenen Fließtext. Am stärksten zeigt sich dies im Schriftbild der Kolumnen- und Tabellenform. Aufzählung (auch in diesem Sinn verräumlichte) und mündliche wie schriftliche Rede aber stehen in einem Wechselverhältnis: Fließtext kann in Aufzählungen oder schriftbildliche Listen überführt werden und *vice versa*. Je nach situativem Rahmen kann derart aus einem Verzeichnis allein durch die Lektüre Literatur werden: Georges Perec zum Beispiel las einmal einen Werkzeugkatalog vor, David Bunn generierte aus den Karteikarten eines Schlagwortkatalogs durch Reihung der Einträge Gedichte. Dergleichen ist nicht Aufzählung *in*, sondern *als* Literatur.

Nicht nur in diesen Fällen sind Aufzählungen unselbstständig, das heißt auf eine Praxis angewiesen, die ihnen erst ihren Sinn gibt. Sie müssen in der ‚richtigen' Weise benutzt oder als vorbereitend, nachträglich, begleitend zu einem Text verstanden werden. Nicht zufällig verfahren Paratexte oft aufzählend (so zum Beispiel Inhaltsverzeichnis, Register, Stichwörterliste als Anfang einer Textgenese unter anderem).

Mit ihrer ubiquitären, elementaren, ‚prosaischen' und zugleich marginalen Natur können Aufzählungen als das ‚Andere' zur Rede, zum literarischen Text, zum Werk aufgefasst werden. Viele Arten von Aufzählungen sind etwas Alltägliches, und dies macht sie geradezu unsichtbar: Sie sind in der Selbstverständlichkeit verborgen. In literarischen Texten waren und sind sie so verbreitet, dass ihnen vielleicht aus diesem Grund kaum poetologische Überlegungen gelten. Die Untersuchung dieses Allzu-Nahen und doch Nicht-Erkundeten verspricht jedoch Erkenntnisse über Strategien und Mechanismen des sprachlichen Welterzeugens und unserer Erfahrung mit Literatur.

## Literaturverzeichnis

Baßler, Moritz. *Die Entdeckung der Textur. Unverständlichkeit in der Kurzprosa der emphatischen Moderne 1910–1916*. Tübingen 1994.
Baßler, Moritz, Christoph Brecht, Dirk Niefanger und Gotthart Wunberg. *Historismus und literarische Moderne*. Tübingen 1996.
Baßler, Moritz. *Der deutsche Pop-Roman. Die neuen Archivisten*. München 2002.
Bachtin, Michail M. *Rabelais und seine Welt. Volkskultur als Gegenkultur*. Frankfurt am Main 2006.
Belknap, Robert. *The List. The Uses and Pleasures of Cataloguing*. New Haven, CT 2004.
Cave, Terence. *The Cornucopian Text. Problems of Writing in the French Renaissance*. Oxford 1979.
Contzen, Eva von. „Lists in Literature from the Middle Ages to Postmodernism". *Style* 50.3 (2016a): 342–358.
Contzen, Eva von. „The Limits of Narration: Lists and Literary History." *Style* 50.3 (2016b): 241–260.
Deicher, Susanne, und Erik Maroko (Hrsg.). *Die Liste. Ordnungen von Dingen und Menschen in Ägypten*. Berlin 2015.
Doležalová, Lucie (Hrsg.). *The Charm of a List. From the Sumerians to Computerised Data Processing*. Newcastle upon Tyne 2009.
Eco, Umberto. *Die unendliche Liste*. München 2009.
Frédéric, Madeleine. „Énumération, énumération homologique, énumération chaotique. Essai de caractérisation". *Stylistique, rhétorique et poétique dans les langues romanes*. Aix-en-Provence 1986, 103–117.
Gentz, Joachim. „Defining Boundaries and Relations of Textual Units: Examples from the Literary Tool-Kit of Early Chines Argumentation". *Literary Forms of Argument in Early China*. Hrsg. von Joachim Gentz und Dirk Meyer. Leiden, Boston, MA 2015: 112–157.
Goody, Jack. *The Domestication of the Savage Mind*. Cambridge, London, New York, NY, Melbourne 1977.
Goody, Jack. *Die Logik der Schrift und die Organisation von Gesellschaft*. Frankfurt am Main 1990.
Hamon, Philippe. *Introduction à l'analyse du descriptif*. Paris 1981.
Hieke, Thomas. *Die Genealogien der Genesis*. Freiburg 2003.
Hirschberger, Martina. *Gynaikōn Katalogos und Megalai Ēhoiai. Ein Kommentar zu den Fragmenten zweier Hesiodeischer Epen*. München, Leipzig 2004.
Hunter, Richard L. (Hrsg.). *The Hesiodic Catalogue of Women*. Cambridge 2005.

Jeay, Madeleine. „Le couple ‚brevitas'/‚accumulatio'. Une coéxistance paradoxale". *Poétiques de la liste (1460–1620): Entre clôture et ouverture*. Hrsg. von Adrien Paschoud und Jean-Claude Mühlethaler. Genf 2009: 13–33.

Jones, Sumie, und Earl Roy Miner (Hrsg.). *Principles of Classical Japanese Literature*. Princeton, CA 1985.

Jullien, François (Hrsg.). *Die Kunst, Listen zu erstellen*. Berlin 2004.

Kilcher, Andreas. *Mathesis und poiesis. Die Enzyklopädik der Literatur 1600–2000*. München 2003.

Lakoff, George. *Women, Fire, and Dangerous Things. What Categories Reveal about the Mind*. Chicago, IL, London 1990.

Lämmle, Rebecca, Cédric Scheidegger-Lämmle und Katharina Wesselmann (Hrsg.). *Lists and Catalogues in Ancient Literature and Beyond. Towards o Poetics of Enumeration*. Berlin, New York, NY 2018 (in Vorbereitung).

Lecolle, Michelle, Raymond Michel und Sophie Milcent-Lawson. *Liste et effet liste en littérature*. Paris 2013.

Mainberger, Sabine. *Die Kunst des Aufzählens. Elemente zu einer Poetik des Enumerativen*. Berlin, New York, NY 2003.

Mainberger, Sabine. „Enumerative Praktiken der Philosophie: zu Nietzsche". *Kunst der Serie. Die Serie in den Künsten*. Hrsg. von Christine Blättler. München 2010: 73–86.

Mainberger, Sabine: „Exotisch – endotisch oder Georges Perec lernt von Sei Shonagon. Überlegungen zu Listen, Literatur und Ethnologie. *Zeitschrift für Literaturwissenschaft und Linguistik*, 47.3 (2017): 327–350.

Minchin, Elizabeth. „The Performance of Lists and Catalogues in the Homeric Epics". *Voice into Text: Orality and Literacy in Ancient Greece*. Hrsg. von Ian Worthington. Leiden 1996: 3–20.

Miner, Earl Roy (Hrsg.). *Principles of Classical Japanese Literature*. Princeton, CA 1985.

Morris, Mark. „Sei Shōnagon's Poetic Catalogues". *Harvard Journal of Asiatic Studies*, 40.1 (1980): 5–54.

Ong, Walter J. *Oralität und Literalität. Die Technologisierung des Wortes*. Opladen 1987.

Orlando, Francesco. *Obsolete Objects in the Literary Imagination. Ruins, Relics, Rarities, Rubbish, Uninhabited Places, and Hidden Treasures*. New Haven, CT 2006 [1994].

Pigeot, Jacqueline. *Questions de poétique japonaise*. Paris 1997.

Reitz, Christiane. „Does Mass Matter? The Epic Catalogue of Troops as Narrative and Metapoetic Device". *Flavian Epic Interactions*. Hrsg. von Gesine Manuwald und Astrid Voigt. Berlin, New York, NY 2013: 229–243.

Schmitz-Emans, Monika (Hrsg.). *Alphabet, Lexikographik und Enzyklopädistik. Historische Konzepte und literarisch-künstlerische Verfahren*. Hildesheim 2012.

Scolnic, Benjamin E. *Theme and Context in Biblical Lists*. Atlanta, GA 1995.

Sève, Bernard. *Montaigne. Des règles pour l'esprit*. Paris 2007.

Sève, Bernard. *De Haut en bas. Philosophie des listes*. Paris 2010.

Spitzer, Leo. „La enumeración caótica en la poesia moderna". *Linguística e Historia Literaria*. 2. Auflage. Madrid 1961: 247–300.

West, Martin L. *The Hesiodic Catalogue of Women. Its Nature, Structure and Origins*. Oxford 1985.

## 2.10 Subjekt, Objekt, Abjekt

Sylvia Mieszkowski

### Unhintergehbare Vielfalt

In einer Anekdote führt Mieke Bal vor Augen, dass mit Polysemie zu rechnen ist, wenn in einem Gespräch zwischen Geisteswissenschaftler/innen verschiedener Disziplinen der Begriff ‚Subjekt' auftaucht. Denn wenn, so Bal, eine Philosophin, ein Psychoanalytiker, eine Erzähltheoretikerin, ein Architekt und ein Kunstwissenschaftler über ‚Zeichen und Ideologien' diskutieren, mögen zwar alle dasselbe Wort ‚Subjekt' verwenden. Sie verstehen aber je etwas anderes darunter: „With growing bewilderment, the first participant assumes the topic is the rise of individualism; the second sees it as the unconscious; the third, the narrator's voice; the fourth, the human confronted with space; and the fifth, the subject matter of a painting or [...] the depicted figure." (Bal 2002, 5) Zu dieser synchronen Vielfalt des Subjektbegriffs kommen der Diachronie geschuldete Bedeutungsverschiebungen, die auch das Verhältnis von ‚Subjekt' und ‚Objekt' zueinander erfassen. Das *Historische Wörterbuch der Philosophie* widmet allein dem Lemma ‚Subjekt' 28 Spalten, die durch 33 zum Verhältnis ‚Subjekt/Objekt' bzw. ‚subjektiv/objektiv' und 21 zur sprachphilosophischen Unterscheidung ‚Subjekt/Prädikat' ergänzt werden. Ein separater Eintrag zum ‚Objekt' umfasst 28 Spalten. Während diese beiden Begriffe eine lange und komplexe Geschichte vorweisen können, stellt sich die Situation für den dritten anders dar. Das *HWPh* führt für das ‚Abjekt' nicht einmal einen Eintrag. Diese Lücke hat historische Gründe, ist aber trotzdem bemerkenswert angesichts von Julia Kristevas Definition, die das Abjekt im ablehnenden Bezug auf die beiden anderen Termini fasst.

### Philosophiegeschichte

Begriffsgeschichtlich geht das Wort ‚Subjekt' auf das lateinische *subiectum* zurück. Es bedeutet zum einen ‚unterworfen', zum anderen ‚unterlegt' und ist die Übersetzung des griechischen *hypokeimenon*. In seiner *Metaphysik Z* bezeichnet Aristoteles mit diesem Begriff eine Substanz, nämlich „das, was einer Sache als solcher zugrunde liegt, und was sie damit zu dem macht, was sie ist" (Rehfus 2003, o. S.). In diesem Kontext wird ‚Subjekt' im Sinne von ‚Materie' verstanden, die „aufnahmefähig ist für substantielle oder akzidentielle Formen"

(Kible 1998, 373). Somit ist ‚Subjekt' als Gegenbegriff zu ‚Form' gesetzt wie auch im Kontrast zu allem Wandelbar-Zufälligen gebraucht. In der aristotelischen Tradition existiert das Subjekt als Substanz unabhängig von der Erkenntnisfähigkeit des Menschen. Dies ändert sich bei René Descartes, der das erkennende Ich, die *res cogitans*, zu dem erklärt, das die Dinge zu dem macht, was sie sind. Die objektiv vorhandene Wirklichkeit ist so nicht mehr völlig unabhängig von dem über sie reflektierenden Subjekt zu erfassen, sondern löst sich in seinen Vorstellungen über die Wirklichkeit auf. Gleichzeitig wird das wahrgenommene Objekt – im Sinne von *obiectum* als ‚Gegenentwurf' oder ‚Gegenstand' – als Gegensatz zum wahrnehmenden, zu Erkenntnis und Bewusstsein fähigen Subjekt definiert, das eins wird mit dem logisch denkenden Ich. Obgleich Immanuel Kant an diesem Kontrast festhält, konstituiert sich für ihn im Erkenntnisakt des Subjekts nicht länger die Welt als Objekt an sich, sondern lediglich „die Welt so wie sie dem Menschen erscheint" (Rehfus 2003, o. S.). Neben den cartesianischen Dualismus von Geist vs. Körper tritt damit die Unterscheidung Subjekt vs. Objekt als zweites wichtiges Gegensatzpaar dieser Denktradition.

## Kritik am maskulinistischen Selbst

Wegen ihrer Bindung an Bewusstsein und Vernunft wird Subjektfähigkeit (bis auf einige Ausnahmen) in dieser philosophischen Tradition bis ins späte 19. Jahrhundert nicht als allen Menschen gleichermaßen zugänglich imaginiert. Das Subjekt der traditionellen Bewusstseinsphilosophie ist vielmehr ein männliches, weißes, gebildetes, das durch ‚othering' (Spivak 1985), also durch die Absetzung von geschlechtlich, ethnisch oder sozial als ‚anders' markierten Menschen entsteht. Dieser von feministischen Denkerinnen als ‚masculinist self' (Mellor 2001, 215) theoretisierte Subjektbegriff propagiert nicht nur ein essenziell gedachtes Selbst, sondern er bringt dieses Selbst, das eins mit sich und stabil nach außen abgegrenzt ist, aktiv hervor. Die als ‚anders' Markierten gewinnen für das maskulinistische Subjekt überhaupt erst an Kontur, wenn sie als „the Self's shadow" (Spivak 1988, 280) oder als Objekt(e) des Begehrens oder des Besitzes (als auf ihren Sexus oder ihre Arbeitsfähigkeit reduzierte Körper) gefasst werden.

Mitte des 20. Jahrhunderts, als Folge poststrukturalistischen Denkens, wird dieses maskulinistische Selbst durch einen Subjektbegriff ersetzt, der auf geradezu entgegengesetzten Attributen aufruht. Die radikale Wendung besteht darin, dass nun das Unbewusste und die kulturelle, historische, diskursive sowie materielle Determiniertheit des Menschen priorisiert werden. Dieses nach Außen hin nicht scharf abgegrenzte, sondern als fließend begriffene und zudem sowohl dezentrierte als auch in sich selbst widersprüchliche Selbst, das nur in Relation zu einem Gegenüber gedacht werden kann, wurde zuerst innerhalb der Psychoanalyse theoretisiert. Was die Grundlagen der Neudefinition des Subjektbegriffs für den kultur- und literaturwissenschaftlichen Kontext betrifft, ist Sigmund Freud die Schlüsselfigur, obgleich in seinen Schriften so gut wie nie vom ‚Subjekt', sondern vom ‚Ich' die Rede ist.

## Freuds Psychoanalyse

Freuds Psychoanalyse fasst das Ich als wahrhaftig und wortwörtlich Unterworfenes und führt ein Modell ein, demzufolge die Psyche nicht länger als unterteilbare Einheit verstanden wird, sondern das die Aufgespaltenheit des psychischen Apparats (in Es, Ich und Über-Ich) postuliert. Vollkommene Transparenz seiner selbst ist diesem in sich gespaltenen Ich nicht möglich, da sich weite Teile der Psyche nicht nur seiner Kontrolle, sondern sogar seinem Bewusstsein entziehen. Für Freud bildet sich dieses Ich durch eine Reihe von Identifikationsprozessen heraus, denen ein gemeinsames Muster unterliegt: Ein externes Objekt wird libidinös besetzt und anschließend, wenn es aufgrund kultureller Verbote oder äußerer Umstände als Liebes-Objekt nicht (mehr) zur Verfügung steht, internalisiert. Für Menschen beiderlei Geschlechts ist die Mutter, als traditionell wichtigste Quelle überlebenswichtiger Materialität und Zuwendung, das erste Liebes-Objekt. Für das kleine Mädchen sorgen allerdings Homosexualitäts- und Inzesttabu dafür, dass die Mutter in dieser Rolle aufgegeben werden muss, für den kleinen Jungen steht allein das Inzesttabu gegen ihre erfolgreiche Besetzung als Liebes-Objekt. Laut Freud ist die zweite Objektwahl, wieder für beide Geschlechter, der Vater, der jedoch ebenfalls aufgegeben werden muss. Internalisierung der beiden unmöglichen Objekte ist die einzig mögliche Lösung dieses Dilemmas, wobei die Introjektion des Vaters als Repräsentant jener Machtinstanzen, die die Einhaltung der beiden Tabus überwacht, zur Herausbildung des Über-Ichs führt. Indem sich das Ich dessen Eigenschaften und Werte aneignet, bietet es dem Es einen Ersatz für die verlorenen Objekte an. So formt das Ich nicht nur sein eigenes Über-Ich nach dem Vorbild dieser Objekte, sondern auch sich selbst (Freud 1923).

## *Linguistic Turn*

Im 20. Jahrhundert wird die Vorstellung des libidinös-psychisch unterworfenen Ichs mit dem Subjektbegriff verknüpft und um die Dimension der sprachlichen

Unterwerfung erweitert. Unabhängig voneinander bilden Ferdinand de Saussure und Charles Sanders Peirce Zeichentheorien aus, die die These stützen, dass Bedeutungskonstitution nicht unabhängig von Subjekttheorien gedacht werden kann. Jacques Lacans Projekt, die Psychoanalyse mit Hilfe der Lehren des *linguistic turn* aus den Fängen der Psychologie zu befreien, geht Hand in Hand mit seiner Abkehr vom ‚Ich'. Einer seiner wichtigsten Importe aus Freuds Denken (neben ‚Begehren', ‚Mangel' und ‚Signifikant') ist der des ‚Subjekts', durch dessen Querverbindungen zu anderen Diskursen (Philosophie, Rechtswissenschaft, Linguistik) die Psychoanalyse an Anschlussfähigkeit gewann. In den 1950er Jahren postuliert Lacan eine radikale Unterscheidung zwischen dem ‚Ich' – dem Imaginären zugehörig –, das er als Verkettung von Identifikationen darstellt, die aus dem Verlust von Liebesobjekten hervorgingen (Verhaeghe 1998, 176), und dem ‚Subjekt', das dem Symbolischen angehöre. Mitte der 1960er Jahre beschreibt er auch das Verhältnis zwischen dem Subjekt und dem dritten Register, dem Realen.

## Lacans Psychoanalyse

Wenn Lacan vom Subjekt spricht, fasst er es als Subjekt des Unbewussten, das damit dem Freud'schen ‚Es' näher steht als dem ‚Ich'. Hervorgebracht wird das Subjekt für ihn durch eine primäre Erfahrung des Mangels, der durch Signifikation behoben werden soll. Dieser Rettungsversuch legt aber nur einen weiteren Mangel, diesmal im Verhältnis zwischen Bedeutendem und Bedeutetem, frei (Verhaeghe 1998). Das Subjekt verdankt seinen Status damit seiner Unterworfenheit im Feld der Sprache/des Anderen (Evans 2005 [1996]) und wird deswegen als jener Spracheffekt definiert, auf den die Psychoanalyse als Ganzes eigentlich abzielt. Lacan beschreibt das Subjekt darüber hinaus als grundsätzlich und unhintergehbar gespaltenes, weil es als ‚Subjekt des Ausgesagten' wie auch als ‚Subjekt der Aussage' fungiert. So löst er die Gespaltenheit aus dem Zusammenhang einer psychischen Erkrankung und erhebt sie zum Charakteristikum eines jeden Subjekts. Durch Gespaltenheit und Abgeschnitten-Sein vom Wissen um sich selbst wird ‚man' überhaupt erst zum Subjekt.

Das Subjekt des Unbewussten ist eng mit seinen Objekten verknüpft, die, im Anschluss an Freud, als libidinöse zu verstehen sind. Wieder ist Verlust zentral gesetzt: Nicht nur ist es unvermeidbar, dass das Subjekt seine Objekte verliert, sondern sie sind für es immer schon verloren. Freuds Psychoanalyse kennt vier Partialtriebe, die erogenen Zonen entspringen, zu ihnen zurückkehren und vier Objekte umkreisen. An zweien dieser Partialtriebe (oral/anal), Zonen (Mund/Anus) und Objekte (Brust/Faeces) hält Lacan fest, obgleich er sie nicht, wie Freud, im Kontext möglicher Befriedigung sieht; zwei neue fügt er hinzu: den skopischen/invokatorischen Trieb, der, vom Auge/Ohr ausgehend und zu ihm zurückkehrend, den Blick/die Stimme als Objekt umkreist. Zum lacanschen Objektbegriff gehört außerdem das als erstes seiner algebraischen Zeichen eingeführte *objet a*, das das Begehren des anderen repräsentiert. Im Gegensatz zum Anderen (der symbolischen Ordnung) gehört der/das andere, der/das als Spiegelbild des Ich verkannt wird, dem Register des Imaginären an, weswegen das Subjekt mit seinen Objekten des Begehrens stets in enger Relation steht, die Lacan als reflexive, von Austausch gekennzeichnete beschreibt (Lacan 1988). In seinen späten Schriften streicht er hervor, dass das *objet a* als Ursprung des Begehrens und nicht als sein Ziel zu verstehen ist.

## Relationalität vs. Essentialismus

Für den Sprachwissenschaftler Émile Benveniste ist das Subjekt – als grammatikalisches Konstrukt und Sprechinstanz – nur in der Verschränkung mit Sprache als *langue* und Diskurs als *parole* zu definieren. Er sieht die Sprache so stark von Subjektivität gekennzeichnet, „dass man sich fragt, ob sie, wenn sie anders konstruiert wäre, noch funktionieren und Sprache heißen könnte" (Benveniste 1974 [1972], 290). Nur in der Sprache und durch sie wird der Mensch also zum Subjekt, und seine auf der Grundlage der Sprachausübung errichtete Subjektivität ist für Benveniste nichts anderes als „die Fähigkeit des Sprechers, sich als ‚Subjekt' hinzustellen. [...] ‚Ego' ist derjenige, der ‚ego' *sagt*. [Herv. S. M.]" (Benveniste 1974 [1972], 289) Mit dieser These wird dem Subjektstatus, der durch die Relationalität der sprachlichen Zeichen ‚ich' und ‚du' seine essentialistische Basis einbüßt, die grundsätzlich performative Dimension eines Diskursprodukts eingeschrieben.

## Interpellation und Macht

Louis Althusser beschreibt, wie Individuen durch Macht zu Subjekten gemacht werden (Althusser 1977). Diese Verwandlung, die im subjektkonstituierenden Sprechakt der Interpellation durch einen Repräsentanten der Staatsapparate erfolgt (und Sprache als ein dem Subjekt vorgängiges System voraussetzt), kann für ihn, aus Sicht der Macht, nur erfolgreich verlaufen. Auch für Judith Butler wird ein Subjekt, „das als Konsequenz aus der Sprache entsteht, [...] immer innerhalb von deren Begriffen" (Butler 2001 [1997], 101) gefasst. Sie pocht jedoch darauf, dass Interpellation auch misslingen, das Subjekt ganz verfehlen oder unvorhergesehene, es ermächtigende Effekte produzieren kann. Michel Foucault besteht darauf, dass kein den Diskursen vorgängiges, mit sich selbst identisches Subjekt existiert, das sich – wie etwa ein cartesianisch gedachtes – souverän einer Form von Wissen bedienen könnte. Stattdessen wird das Subjekt, das als Form statt als Substanz verstanden wird (Foucault 1985, 18), durch die von Macht durchdrungenen Redeordnungen seiner Gesellschaft überhaupt erst hervorgebracht. Es ist so selbst ein Effekt des Wissens, dessen konkrete Artikulation an der einen oder anderen Stelle des Diskurses davon gesteuert wird, dass ein Dispositiv diese Artikulation genau dort erlaubt. Da Diskurse und Dispositive selbst aber Produkte ihrer historischen und kulturellen Umstände sind, ist auch das Subjekt und alles, was es formulieren und denken kann, diesen Umständen anheim gegeben. Foucaults Analyse der modernen Disziplinargesellschaft betont immer wieder die produktive Seite der Macht, die Menschen als Untertanen konstituiert (Foucault 1983 [1976]) und „aus Individuen Subjekte macht" (Foucault 1994, 246), so dass Subjektivierung mit Normalisierung in eins fällt (Menke 2003). Neben der marxistischen Literaturwissenschaft (zur Produktion von Dingen), dem New Historicism (zu ihrer Vermarktung), den Gender Studies (zu ihrer geschlechtlichen Semantisierung) sind Foucaults Diskursanalyse, sein Machtbegriff und das Postulat der historischen Veränderbarkeit epistemischer Ordnungen wichtige Impulsgeber. Zum einen für die Erforschung von *material cultures*, die sich für die Analyse des Verhältnisses von Subjekten zu den sie umgebenden, sie als Subjekte konstituierenden, aber auch ihre Subjekthaftigkeit infrage stellenden Objekte in der Gestalt von Dingen interessieren (Scholz 2004). Zum anderen für die Wissenschaftsforschung, die das Verhältnis zwischen Subjekten und Objekten im Rahmen der Produktion von Wissen (Latour und Woolgar 1979; Daston und Galison 2007) untersucht.

## Kristevas Weder-Noch

Die wichtigste Theoretisierung des Abjekts hat Julia Kristeva in *Powers of Horror* formuliert. Abgeleitet ist der Begriff vom lateinischen ‚abicere' (‚wegwerfen' oder ‚fallen lassen') bzw. ‚abiectus' (‚verworfen', ‚niedrig' oder ‚gemein') und vom französischen ‚abject' (‚ekelhaft', ‚niederträchtig') und beschreibt die Relation zwischen dem Subjekt und allem, was seinen Widerwillen oder Ekel hervorruft oder es mit seinen Ängsten konfrontiert. Definiert als „neither subject nor object" (Kristeva 1982 [1980], 1) ist das Abjekt gerade das, was jegliche Grenzziehung unmöglich zu machen droht. Vor allem, weil es dem Subjekt versagt, was ihm Objekte gewöhnlich liefern: die Möglichkeit, sich mit ihrer Hilfe durch Abgrenzung oder Aneignung zu definieren. Während das Subjekt den Objekten mit Begehren begegnet, ist seine Haltung zu den Abjekten durch Ausschließung bestimmt. Trotzdem kann das Abjekt sich in Objekten verdichten. Kristevas Liste der Erscheinungsformen des Abjekts ist heterogen: Sie umfasst Dreck, Dung, Abfall und verschiedene Körperausscheidungen ebenso wie totes Fleisch, Haut auf der Milch und Tiere, die bevorzugt mit Phobien belegt werden, aber auch Heuchelei, Korruption, Verrat oder Vergewaltigung. Findet eine Verdichtung des Abjekts zu einem Objekt statt, leitet sich dies aus dem jeweiligen Subjekt ab, das, unter Anleitung seines Über-Ichs, gerade dieses Objekt als ekelerregend empfindet. Wenn Kristeva formuliert: „to each ego its object, to each superego its abject" (Kristeva 1982 [1980], 2) koppelt sie das Abjekt jedoch an ein relational-fixes Objekt. Es ist aber gerade nicht der Vater, der damit in Verbindung gebracht wird, sondern die als übermächtig und bedrohlich empfundene Mutter. Als Unsublimierbares, als radikal Ausgeschlossenes, das jegliche Struktur, Ordnung oder Identität bedroht, existiert das im Dazwischen, im Ambigen, im Zusammengesetzten angesiedelte Abjekt „nur in der psychischen Struktur, die es produziert" (Heselhaus 2002). Dabei ist es „noch nicht Objekt, aber schon Nicht-Ich" (Suchsland 1992, 123): „Not me. Not that. But not nothing, either. A weight of meaninglessness about which there is nothing insignificant, and which crushes me." (Kristeva 1982 [1980], 2). Sowohl Freuds als auch Lacans Subjekttheorien kreisen, in Bezug auf beide Geschlechter, um den Vater als zentrale Instanz und vernachlässigen oder marginalisieren dabei die Bedeutung der Mutter. Mit ihrer Abjekt-Theorie sucht Kristeva diese Lücke zu schließen. Die notwendige Loslösung von der Mutter (und ihrer Macht) ist für die Subjektwerdung unerlässlich, und das Abjekt ist der Rest, der abfällt, wenn diese Trennung sich zu vollziehen beginnt. Wird das sich formierende oder formiert habende Subjekt mit dem Abjekt konfrontiert, reagiert es heftig, oft physisch, mit Aversion. Eine erfolgreiche Absetzung vom Abjekt vollzieht sich im Gegenzug nur, wenn es dem Subjekt gelingt, „die semiotische körperliche Grenzziehung in die symbolische Differenz [zu] übersetzen" (Suchsland 1992, 124). In psychoanalytischer Perspektive rücken über das Abjekt also die symbolische Ordnung und damit die Macht des Vaters ebenso in den Blick wie das archaisch Mütterliche und dessen spezifische Bedrohung der Grenze, von deren Stabilität der Subjektstatus abhängt.

## Literaturverzeichnis

Althusser, Louis. *Ideologie und ideologische Staatsapparate: Aufsätze zur marxistischen Theorie*. Hamburg, Westberlin 1977.

Bal, Mieke. *Travelling Concepts in the Humanities. A Rough Guide*. Toronto, Buffalo, OH, London 2002.

Benveniste, Emile. „Der Mensch in der Sprache" [1972]. *Probleme der allgemeinen Sprachwissenschaft*. München 1974: 251–318.

Butler, Judith. *Psyche der Macht: Das Subjekt der Unterwerfung*, Frankfurt am Main 2001 [1997].

Daston, Lorraine, und Peter Galison. *Objectivity*. New York, NY 2007.

Evans, Dylan. *An Introductory Dictionary of Lacanian Psychoanalysis*. London, New York, NY 2005 [1996].

Foucault, Michel. *Der Wille zum Wissen: Sexualität und Wahrheit. Band 1*. Frankfurt am Main 1983 [1976].

Foucault, Michel. „Freiheit und Selbstsorge". *Freiheit und Selbstsorge. Interview 1984 und Vorlesung 1982*. Hrsg. von Helmut Becker, Raul Fornet-Betancourt und Alfred Gómez-Muller. Frankfurt am Main 1985: 9–28.

Foucault, Michel. „Nachwort von Michel Foucault: Das Subjekt und die Macht". *Michel Foucault: Jenseits von Strukturalismus und Hermeneutik*. Hrsg. von Hubert L. Dreyfus und Paul Rabinow. Weinheim 1994: 243–264.

Freud, Sigmund. *Das Ich und das Es*. Leipzig, Wien, Zürich 1923. https://archive.org/stream/Freud_1923_Das_Ich_und_das_Es_k#page/n1/mode/2up (9. August 2016).

Heselhaus, Herrad. „Abjektion". *Metzler Lexikon Gender Studies Geschlechterforschung: Ansätze – Personen – Grundbegriffe*. Hrsg. von Renate Kroll, Stuttgart 2002: 1.

Kible, Brigitte. „Subjekt". *Historisches Wörterbuch der Philosophie. Band 10*. Hrsg. von Joachim Ritter und Karlfried Gründer. Darmstadt 1998: 373–383.

Kristeva, Julia. *Powers of Horror. An Essay on Abjection*. New York, NY 1982 [1980].

Lacan, Jacques. *The Seminar. Book II: The Ego in Freud's Theory and in the Technique of Psychoanalysis 1954–1955*. Cambridge 1988.

Latour, Bruno, und Steve Woolgar. *Laboratory Life: The Construction of Scientific Facts*. Princeton, NJ 1979.

Mellor, Anne K. „Keats and the complexities of gender". *The Cambridge Companion on Keats*. Hrsg. von Susan J. Wolfson, Cambridge 2001: 214–229.

Menke, Christoph. „Zweierlei Übung. Zum Verhältnis von sozialer Disziplinierung und ästhetischer Existenz". *Michel Foucault: Zwischenbilanz einer Rezeption*. Hrsg. von Axel Honneth und Martin Saar, Frankfurt am Main 2003: 283–299.

Rehfus, Wulf D. „Subjekt". *Online-Wörterbuch Philosophie*. 2003. http://www.philosophie-woerterbuch.de (9. August 2016).

Scholz, Susanne. *Objekte und Erzählungen: Subjektivität und kultureller Dinggebrauch im England des frühen 18. Jahrhunderts*. Königstein im Taunus 2004.

Spivak, Gayatri Chakravorty. „The Rani of Sirmur: An Essay in Reading the Archives". *History and Theory* 24.3 (1985): 247–272.

Spivak, Gayatri Chakravorty. „Can the Subaltern Speak?". *Marxism and the Interpretation of Culture*. Hrsg. von Cary Nelson and Lawrence Grossberg. Basingstoke 1988: 271–313.

Suchsland, Inge. *Julia Kristeva – Zur Einführung*. Hamburg 1992.
Verhaeghe, Paul. „Causation and Destitution of a Pre-Ontological Non-Entity: On the Lacanian Subject". *Key Concepts of Lacanian Psychoanalysis*. London 1998: 164–189.

## 2.11 Thing Theory

Heinz Drügh

### Einleitung

Brauchen wir wirklich so etwas wie eine *Thing Theory*, lautet Bill Browns rhetorische Frage zu Beginn seines programmatischen Aufsatzes zum Thema. Wenn geistes- und kulturwissenschaftliche Theorien anstelle verlässlicher Beschreibungen, Erklärungen oder Prognosen am Ende stets eher „instabilities", „uncertainties", „ambiguities" und sogar „anxieties" produzierten, sollten sie dann nicht sinnvollerweise vor jenem „dry ground" der Dinge – dem durch sie markierten „place of origin unmediated by the sign" – haltmachen und die Dinge in ihrem „balmy elsewhere beyond theory" (Brown 2009 [2001], 139) belassen?

In den einschlägigen Theorien stellt sich die Sache genau anders herum dar. Es scheint wichtig, Dinge zu theoretisieren, nicht obwohl, sondern weil sie sich dem Denken zunächst einmal entziehen.

### Transzendentalphilosophie: Lacan, Heidegger, Adorno

So unterscheidet Jacques Lacan in seinem Seminar aus dem Jahr 1959/1960 zwischen „*Ding\**" und „*Sache\**". Er benutzt dafür die deutschen Begriffe, da das Französische nur die Bezeichnung *la chose* bereit hält. Diese reserviert Lacan für die „*Sache\**". Eine „*Sache\**" sei – wie schon im Fall der lateinischen *res* – ein „Produkt der Betriebsamkeit oder des menschlichen Handelns als eines durch die Sprache regierten" (Lacan 1996 [1986], 57–59). Sie bleibe daher „stets an der Oberfläche, stets verfügbar, um explizit gemacht zu werden". „Das Ding" findet „seinen Ort" hingegen „anderswo" (Lacan 1996 [1986], 59), in einem präsemiotischen Bereich, dem von Lacan sogenannten *Realen*.

Auch Martin Heidegger, dessen existenzialontologische Überlegungen zum Ding eine wichtige Anregung für Lacans psychoanalytisch-semiotischen Ansatz darstellen, fasst das Ding weniger als festen Grund denn als etwas Uneinholbares. „Das unscheinbare Ding", formuliert Heidegger in *Der Ursprung des Kunstwerkes* (Vortrag 1935/1936, publiziert 1950), „entzieht sich dem Denken am Hartnäckigsten." Beim Versuch, „die Dingheit des Dinges" zu begreifen, finde das Denken „den größten Widerstand" (Heidegger 2000 [1950], 16).

Mit Theodor W. Adorno schreibt ein weiterer zentraler Theoretiker der Dinglichkeit gegen die Tradition der Transzendentalphilosophie an. In dieser sei jegliche Objektivität und somit auch jedes Ding eine Vorstellung, die sich der vermittelnden Tätigkeit des denkenden Subjekts verdanke. „Eher als konstitutiv", widerspricht Adorno, „ist die subjektive Vermittlung der Block vor der Objektivität; jene absorbiert nicht, was diese wesentlich ist, Seiendes." ([1988 [1966], 186) Subjektivität, so die These, kann des Objektiven nicht Herr werden. Im Gegensatz zur anthropozentrischen *reductio ad hominem*, der Rückführung aller Phänomene auf den Menschen und seine Wahrnehmungs- und Denkfähigkeit, sei eine „reductio hominis" (Adorno 1988 [1966], 187) vorzunehmen, eine Depotenzierung des Menschen, die gleichwohl, so das Grundmotiv der *Dialektik der Aufklärung*, aufklärerisches Erbe nicht preisgebe, sondern sogar für sich reklamiere. Intendiert ist also nicht, positivistisch ein „Residuum des Objekts als [des] nach Abzug subjektiver Zutat erübrigende[n] Gegebene[n]" in den Vordergrund zu rücken. Der dialektische Prozess verfährt vielmehr so: „Was Sache selbst heißen mag, ist nicht positiv, unmittelbar vorhanden; wer es erkennen will, muß mehr, nicht weniger denken" (Adorno 1988 [1966], 189).

Was damit gefordert wird, ist eine *Thing Theory*, freilich eine solche, in der die Beschäftigung mit dem „Dinghafte[n]" nicht als Streben nach festem Grund verstanden wird, sondern als Möglichkeit, wenn nicht gar als Königsweg, sich dem „Nichtidentische[n]" zu öffnen, dem, was nicht auf den Begriff zu bringen ist, dem „Andere[n]" oder „Fremde[n]" (Adorno 1988 [1966], 191). Im Zentrum von Adornos Theorie des Dinghaften lässt sich der romantische Gedanke identifizieren, im Ding eine „verunstaltete Figur dessen" zu gewahren, „was zu lieben wäre und was zu lieben der Bann, die Endogamie des Bewusstseins nicht gestattet" (Adorno 1988 [1966], 192). Diese Schwundform einer Rückverzauberung der Dinge verdeckt freilich nicht das Motiv der Entfremdung, das Adorno aus der marxistischen Tradition übernimmt. „Im Dinghaften" begegnet die Herausforderung, „beides ineinander" zu denken: einerseits das, was auf dem Weg neuzeitlicher Rationalität auf der Strecke bleibt, und andererseits das, was unter dem „Zwang" und der „Heteronomie" kapitalistischer Produktionsweise als „Vormacht der Waren" erscheint, als „Verdinglichung" sowohl auf Objektseite als auch auf dem Feld „ihrer subjektiven Reflexionsform, dem verdinglichten Bewußtsein" (Adorno 1988 [1966], 190).

## Entfremdung und Verdinglichung

Die Denkfigur der Entfremdung stellt für die neuzeitliche Theoriebildung das nachhaltigste Stimulans für die Beschäftigung mit Dingen dar. Bedeutet Entfremdung in Hegels Bewusstseinsphilosophie noch *Selbst*entfremdung, das heißt einen ebenso notwendigen wie produktiven Prozess der Selbstentäußerung und

-objektivierung, in dessen Verlauf das Subjekt bzw. der Geist zu sich selbst kommt, so denkt der junge Karl Marx diesen Vorgang nicht als hausgemacht intellektuell, sondern als materiell durch Arbeit bestimmt. In der Arbeit „bewährt" sich der Mensch als *„Gattungswesen"*, das es vermag, „sich selbst [...] in einer von ihm geschaffenen Welt [anzuschauen] [Herv. i. O.]" (1968 [1844], 517). Entfremdung ist erst das Resultat konkreter Produktionsbedingungen im Industriekapitalismus. Durch eine zunehmend spezialisierte Fertigung entfremde sich der Arbeiter vom Produkt seines Tuns. Zugleich kopple der am kapitalistischen Markt rasant an Dominanz gewinnende Tauschwert die Ware in ihrer Wertbestimmung von der geleisteten Arbeit ab und entfremde sie von ihrem Gebrauchswert.

In *Geschichte und Klassenbewusstsein* fasst Georg Lukács diesen Vorgang unter dem Begriff „Verdinglichung" als generelle „Struktur des Warenverhältnisses" im Kapitalismus. Diese präge sowohl in objektiver Hinsicht „das Urbild aller Gegenständlichkeitsformen" als auch „alle[] ihnen entsprechenden Formen der Subjektivität" (Lukács 1968 [1923], 257). Die „Warenform" durchdringe „sämtliche Lebensäußerungen der Gesellschaft" (Lukács 1968 [1923], 259). Die „rationelle Mechanisierung" des Taylorismus rage „bis in die ‚Seele' des Arbeiters hinein" (Lukács 1968 [1923], 262) und werde so zur „‚zweiten Natur'" (Lukács [1923] 1968, 260).

Lucien Goldmann vertritt die These, dass auch Martin Heideggers Existenzialontologie eine Antwort auf die Frage versucht, ob es angesichts einer universalen Verdinglichung Enklaven des Nicht-Entfremdeten geben kann. Geht Lukács dieses Problem fokussiert auf das „gesellschaftliche[] Sein[]" (Lukács 1955, 399 und 407) an, insbesondere mit der Hoffnung auf eine „Selbsterkenntnis des Proletariats" (Lukács 1968 [1923], 257), so richtet Heidegger seinen Blick auf die Erschlossenheit der Welt im alltäglichen Daseinsvollzug.

Zentral dafür ist das, was Heidegger in *Sein und Zeit* das „hantierende, gebrauchende Besorgen" (1986 [1927], 67) nennt. Ein solches habe „seine eigene ‚Erkenntnis'". Dabei handle es sich nicht um ein „theoretische[s] Welt-Erkennen[]", sondern um das „vorthematische Seiende", wie es im „Gebrauchte[n], Hergestellte[n] und dgl." (Heidegger 1986 [1927], 67) begegnet, also in alltäglichen Objekten und dem Umgang mit ihnen. Um deren Unterscheidung von „bloße[n] Dinge[n]" begrifflich zu markieren, führt Heidegger den Terminus „*Zeug* [Herv. i. O.]" (Heidegger 1986 [1927], 68) ein. Dessen „Seinsart" bestehe in „Dienlichkeit, Beiträglichkeit, Verwendbarkeit, Handlichkeit", die in einem weiteren Neologismus versammelt werden: „*Zuhandenheit* [Herv. i. O.]" (Heidegger 1986 [1927], 69).

Auch Heidegger erkennt also die Arbeit als zentralen Faktor der Vermittlung von Subjekt und Objekt. Es versteht sich, dass dabei nicht an Industriearbeit gedacht ist, sondern an die „häusliche[] Welt der Werkstatt", in der „Hammer, Hobel, Nadel" ebenso bereit liegen wie „Leder, Faden, Nägel u. dgl." (Heidegger 1986 [1927], 70–71), ferner an die bäuerliche Welt, wie sie Heidegger in einer berühmten Stelle aus *Der Ursprung des Kunstwerks* anhand von Vincent van Goghs Gemälde *Schuhe* (1886) entwirft: „Das Zeugsein des Zeuges besteht zwar in seiner Dienlichkeit. Aber diese selbst ruht in der Fülle eines wesentlichen Seins des Zeuges. Wir nennen es die Verläßlichkeit. Kraft ihrer ist die Bäuerin durch dieses Zeug eingelassen in den schweigenden Zuruf der Erde, kraft der Verläßlichkeit des Zeuges ist sie ihrer Welt gewiß." (Heidegger 1950 [1935/1936], 19)

Für Heidegger ist also die Verweisung der Dinge auf ihren Träger und Benutzer von eminenter Bedeutung. In der industriell geprägten Konsumkultur mit ihrer „Dutzendware" fehle eine solche „konstitutive Verweisung" zwar „keineswegs; sie ist nur unbestimmt, zeigt auf Beliebige, den Durchschnitt". Mit Blick auf die technifizierte Moderne lässt Heidegger eine Zuhandenheit auch jenseits der „häuslichen Welt der Werkstatt" angesichts von „gedeckte[n] Bahnsteigen" gelten, die vor Regen schützen, oder mit Blick auf „öffentliche[] Beleuchtungsanlagen", die der Dunkelheit wehren (Heidegger 1986 [1927], 71). Wes Geistes Kind für Heidegger die Technik aber im Allgemeinen ist, verdeutlicht der Anfang des Vortrags „Das Ding", der das Arsenal von Rundfunk und Fernsehen wie durch die schon terminologisch mit leichtem Befremdungsekel angefasste Flugmaschine oder Fernsehapparatur ziemlich unverwandt in die Explosion der Atombombe münden lässt (Heidegger 2000 [1950], 167–168).

## Dingtheorie und Ästhetik

Einflussreich an Heideggers Ding-Denken bleiben neben der von Modernezumutungen entlastenden Sehnsucht nach einem unentfremdeten Umgang mit Dingen insbesondere zwei Aspekte. Erstens geht es um die ontologische Aufwertung des Dings: In der Auseinandersetzung mit der Trias aus (bloßem) Ding, (zuhandenem) Zeug und (künstlerischem) Werk sei nicht bloß eine Welt der Dinge und Artefakte zu analysieren, sondern nichts Geringeres als „alles Seiende zu begreifen" (Heidegger 1950 [1935/1936], 14). Zweitens spielt die Dingtheorie eine eminente Rolle für die Ästhetik. Kunst teilt laut Heidegger mit dem „eigenwüchsigen und zu nichts gedrängten bloßen Ding" (Heidegger 1950 [1935/1936], 13) dessen „Insichstehen" (Heidegger 2000 [1950], 168) oder „selbstgenügsames Anwesen" (Heidegger 1950 [1935/1936], 13) unabhängig von subjektiver Wahrnehmung. In der Terminologie der Ästhetik wäre das als ‚Autonomie der Kunst' zu übersetzen. Mit dem Zeug wiederum teilt Kunst ihr Gemachtsein (*poiesis*). Gerät die Zuhandenheit aus dem Auge, verliert das Zeug seine „Verlässlichkeit", es wird „gewöhnlich" und gerät in einen Zustand der „Verödung" (Heidegger 1950 [1935/1936], 19). Die Heroisierung alltäglichen Hantierens kennt also durchaus auch Abschleifungen, etwa, wenn ein Soziotop wie jene „einfache[] Welt", in der die Bäuerin mit jenen lebt, „die mit ihr in ihrer Weise sind" (Heidegger 1950 [1935/1936], 19), an Geltung und Verbindlichkeit verliert. Hier kann aber offenbar die Kunst ins Mittel treten: „In der Nähe des Werkes sind wir jäh anderswo gewesen, als wir gewöhnlich zu sein pflegen", namentlich dort, wo „das Seiende [...] in die Unverborgenheit seines Seins heraus[tritt]", oder anders: wo „ein Geschehen der Wahrheit am Werk ist" (Heidegger 1950 [1935/1936], 20–21).

Ein gutes Vierteljahrhundert vor Heidegger denkt auch der Soziologe Georg Simmel, wenngleich mit ganz anderen Implikationen, über das Verhältnis der Dinge zu unserem Begriff von Kunst nach. Nach Einschätzung des britischen Anthropologen Daniel Miller ist Simmel „one of the very few social theorists who thought deeply about the sheer quantitative increase in stuff that arose during the nineteenth century" (Miller 2010, 61). Die plötzliche Schwemme an Dingen wird von Simmel zunächst durchaus moderneskeptisch und kulturkritisch wahrgenommen, allerdings nicht konsequent in diese Richtung ausbuchstabiert. Vielmehr unternimmt er den Versuch, der Dingwelt des Industriezeitalters gesteigerte Bedeutsamkeit abzugewinnen.

Einen Ausgangspunkt für Simmels Denken bildet Max Webers These der kapitalistischen Moderne als Rationalisierungsmaschine. Nicht nur die Beziehung der Menschen zueinander würde dort versachlicht, sondern auch die Dinge würden entzaubert. In der technifizierten Moderne werden die Dinge von ihren Benutzern separiert und zu bloßen Objekten, die mit kühler Präzision gehandhabt werden. Das Aufkommen der Konsumgesellschaft, in der immer mehr „Objekte [...] billig und massenhaft" (Simmel 2001 [1911/1912]) hergestellt werden, führt laut Simmels *Philosophie des Geldes* zu einem „Übergewicht" der „objektive[n] über die subjektive Kultur" (1989 [1900], 621). Die „subjektive Färbung des Produkts" (Simmel 1989 [1900], 634) schwindet, eine Entwicklung, die Simmel als „Tragödie der Kultur" (Simmel 2001 [1911/1912]) bezeichnet.

Ein Ausweg könnte für Simmel darin bestehen, anzuerkennen oder überhaupt erst einmal wahrnehmen zu lernen, dass jene „Dinge, die unser Leben sachlich erfüllen und umgeben, Geräte, Verkehrsmittel, die Produkte der Wissenschaft, der Technik, der Kunst" in Wirklichkeit geradezu „unsäglich kultiviert" sind, während „die Kultur der Individuen, wenigstens in den höheren

Ständen, [...] keineswegs in demselben Verhältnis fortgeschritten, ja vielfach sogar zurückgegangen" (Simmel 1989 [1900], 621) sei. Es kann also nur darum gehen, das nötige Know-how für den sachgerechten Umgang mit einer veränderten Welt zu erlangen oder den goethezeitlichen „Begriff der ‚Bildung'" zu verschieben: von einem „Erziehungsideal" in Bezug auf den „persönlichen, inneren Wert" hin zu einer „Summe objektiver Kenntnisse". Nur so sei es möglich, jener „umfassende[n] Geistigkeit" inne zu werden, die in den Dingen der Industriekultur „aufgespeichert" (Simmel 1989 [1900], 621) ist.

Simmels „Der Henkel. Ein ästhetischer Versuch" führt mithin vor, wie der Gebrauchsgegenstand einbezogen ist „in die Hantierungen und Zusammenhänge der Umwelt", eine Überlegung, die so ähnlich auch bei Heidegger stehen könnte. Was Simmel mit im Gepäck führt, ist nicht weniger als eine Infragestellung ästhetischer Autonomie. Der Henkel der Vase, von dem hier die Rede ist, ragt nämlich „anschaulich in die Welt der Wirklichkeit" hinaus, „zu allem Außerhalb", das „für das Kunstwerk als solches nicht existier[t]" (Simmel 1995 [1905], 346). Auf diese Weise wird der Henkel nicht bloß zu einem Objekt, das auch ästhetisch analysiert werden könnte, sondern „zu einem der nachdenklichsten ästhetischen Probleme". Während „das Wirklichkeitsmoment" vom „reinen Kunstwerk" „sozusagen verzehrt" (Simmel 1995 [1905], 345–346) wird, deutet die Analyse des sonst in aller Regel als bloß kunstgewerblich beiseite geschobenen Henkels auf den „Lebensreichtum der Menschen und der Dinge" und die „Vielfachheit ihres Zueinandergehörens" (Simmel 1995 [1905], 349).

## Dinge und Konsum

Mit den Ding-Theorien von Simmel und Heidegger sind die strukturellen Probleme benannt, die auch für neuere Dingtheorien virulent bleiben. Roland Barthes denkt die ‚Vielfachheit des Zueinandergehörens' von Mensch und Objekt in semiologischer Weise. Dingen „Sinn" zu verleihen, ist freilich kein monologischer Prozess. Das Ding wird „nicht mehr ins unendlich Subjektive" übersetzt, „sondern ins unendlich Soziale". Es wird also zu einer der Sprache vergleichbaren Äußerungsform und „dient dem Menschen dazu [...], auf aktive Weise in der Welt zu sein" (Barthes 1988 [1964], 187–189). Deutlich lässt sich hier das Heidegger'sche Erbe erkennen. Aber neben der wesentlich stärkeren Dynamik und Offenheit des semiologischen Prozesses im Vergleich zu Heideggers eher heimeligen Zuhandenheitswelten interessiert sich Barthes' Semiologie nicht zuletzt auch für das „millionenfach, in Millionen Kopien in der Welt reproduziert[e]" Konsumobjekt. Wenn Konsum aber auch heißt, sich die „Idee" eines „Objekts" anzueignen, dann ist es allemal aufschlussreich, wie bei jenen

Dingen, die „von einer Gesellschaft von Menschen konsumiert" werden, die „Semantisierung" konkret geschieht (Barthes 1988 [1964], 189–190).

Untersucht wird dies auf vielfältige Weise von den *Cultural Studies*. Für Mary Douglas und Baron Isherwood ist Konsum „the very arena, in which culture is fought over and licked into shape" (Douglas und Isherwood 1982, 57). Grant McCracken (1988) differenziert Konsum in vier Hauptphasen: Annäherung, Inbesitznahme, Pflege und – auch das gehört dazu – Entsorgung. Paul du Gay und Stuart Hall (1997) untersuchen gemeinsam mit dem Birminghamer Centre for Contemporary Cultural Studies *The Story of the Sony Walkman* und unterscheiden dabei gemäß ihrem Konzept eines *circuit of culture* Aspekte der Produktion von den Formen der Identität, die mit dem Walkman verknüpft sind, ferner, wie er durch die Bilder der Werbung repräsentiert wird, wie man ihn konsumiert, und welche Mechanismen seine Distribution und seinen Gebrauch regeln.

Bruno Latour erklärt die Dinge zu „Aktanten", das heißt zu Handlungsträgern, ein Begriff, den er Algirdas Greimas' strukturalistischer Erzähltheorie entnimmt. Aktanten können in der Literatur – etwa im Volksmärchen – nicht nur Menschen sein, sondern auch Tiere, Werkzeuge oder sonstige Dinge. Auch in der realen Welt sind es laut Latour die Dinge, welche die Menschen überhaupt erst „zu Menschen machen" (Latour 2010 [1999], 326). Der systematische Vorrang des Dings vor dem Subjekt lässt an Heidegger denken. An diesem kritisiert Latour jedoch, dass er „das Sein nur auf den Holzwegen des Schwarzwalds" (Latour 2002 [1991], 89) finden zu können glaubte. Dem hält Latour seine grundsätzliche Skepsis gegenüber einer modernen Versachlichung oder Entzauberung entgegen, wie sie sich auch in dem berühmten Buchtitel *Wir sind nie modern gewesen* niederschlägt. „‚Auch hier sind Götter'", zitiert Latour Heraklit und meint damit eben nicht nur die „alten handgeschnitzten Holzschuhe[]" oder „herzzerreißende[] Verse[] Hölderlins", sondern auch das „Wasserkraftwerk am Ufer des Rheins", „subatomare[] Partikel[]" oder „Adidas-Schuhe[]" (Latour 2002 [1991], 90). Es gehe also letztlich darum, den „reichen Vorrat von Verbindungen" zu verfolgen, den auch die vermeintlich entzauberten Dinge der technifizierten oder kommodifizierten Moderne mit anderen Dingen und Menschen unterhalten. Es gelte, auch diese Dinge in ihren „reichen und komplizierten Qualitäten" (Latour 2007 [2004], 26) wahrnehmen zu lernen, sie mit einem „Assoziationsgewebe zu verbinden" und ihnen dadurch wieder eine „Aura" (Latour 2007 [2004], 35) zu verleihen – eine Form der Aufmerksamkeit, in deren Genuss üblicherweise nur Kunstwerke kommen. Es ist nicht bloß metaphorisch, wenn Latour davon spricht, eine „Ästhetik der Angelegenheiten, der Dinge" (Latour 2005, 33) zu ersinnen. Seine Vorstellungen von Hybridität und filigraner

Vernetzung der Dinge sowie des beständigen Austauschs über sie beerben genuin ästhetische Konzepte wie Komplexität oder Subtilität, die hier aber nicht als Implikation ästhetischer Autonomie gedacht werden, sondern als Effekte der Zirkulation und mannigfachen kulturellen Vernetzung, ein Motiv, das sich auch im theoretischen Umfeld der Kulturpoetik findet (Greenblatt 1987).

## Literaturverzeichnis

Adorno, Theodor W. *Negative Dialektik*. Frankfurt am Main 1988 [1966].
Barthes, Roland. „Semantik des Objekts" [1964]. *Das semiologische Abenteuer*. Aus dem Französischen von Dieter Hornig. Frankfurt am Main 1988: 187–198.
Brown, Bill. „Thing Theory" [2001]. *The Object Reader*. Hrsg. von Fiona Candlin und Raiford Guins. London und New York, NY 2009: 139–152.
Douglas, Mary, und Baron Isherwood. *The World of Goods. Towards an Anthropology of Consumption*. New York, NY, London 1982.
du Gay, Paul, Stuart Hall und Linda Janes. *Doing Cultural Studies. The Story of the Sony Walkman*. London 1997.
Greenblatt, Stephen. „Toward a Poetics of Culture". *Southern Review* 20 (1987): 3–15.
Heidegger, Martin. „Der Ursprung des Kunstwerkes" [1935/1936]. *Holzwege*. Frankfurt am Main 1950: 1–72.
Heidegger, Martin. *Sein und Zeit*. Tübingen 1986 [1927].
Heidegger, Martin. „Das Ding" [1950]. *Gesamtausgabe I. Abteilung. Band 7. Vorträge und Aufsätze*. Frankfurt am Main 2000: 165–187.
Lacan, Jacques. *Die Ethik der Psychoanalyse. Das Seminar Buch VII*. Berlin 1996 [1986].
Latour, Bruno. *Wir sind nie modern gewesen. Versuch einer symmetrischen Anthropologie*. Frankfurt am Main 2002 [1991].
Latour, Bruno. *Von der Realpolitik zur Dingpolitik oder Wie man Dinge öffentlich macht*. Berlin 2005.
Latour, Bruno. *Das Elend der Kritik. Vom Krieg um Fakten zu Dingen von Belang*. Zürich, Berlin 2007 [2004].
Latour, Bruno. *Das Parlament der Dinge. Für eine politische Ökologie*. Frankfurt am Main 2010 [1999].
Lukács, Georg. *Die Zerstörung der Vernunft. Der Weg des Irrationalismus von Schelling zu Hitler*. Berlin 1955.
Lukács, Georg. „Geschichte und Klassenbewusstsein" [1923]. *Frühschriften II*. Neuwied, Berlin 1968, 161–517.
Marx, Karl. „Ökonomisch-philosophische Manuskripte (Zweite Wiedergabe)" [1844]. *Werke, Artikel, Entwürfe März 1843 bis August 1844*. Berlin 1968: 323–438.
McCracken, Grant. *Culture and Consumption. New Approaches to the Symbolic Character of Consumer Goods and Activities*. Bloomington, IN 1988.
Miller, Daniel. *Stuff*. Cambridge, Malden, MA 2010.
Simmel, Georg. *Philosophie des Geldes [1900]. Gesamtausgabe. Band VI*. Hrsg. von David P. Frisby und Klaus Christian Köhnke. Frankfurt am Main 1989.

Simmel, Georg. „Der Henkel. Ein ästhetischer Versuch" [1905]. *Gesamtausgabe. Band VII: Aufsätze und Abhandlungen 1901–1908*. Hrsg. von Rüdiger Kramme, Angela Rammstedt und Otthein Rammstedt. Frankfurt am Main 1995: 345–350.

Simmel, Georg. „Der Begriff und die Tragödie der Kultur" [1911/1912]. *Gesamtausgabe. Band XII: Aufsätze und Abhandlungen 1909–1918*. Hrsg. von Rüdiger Kramme und Angela Rammstedt. Frankfurt am Main 2001: 194–223.

## 2.12 Material Philology

Christina Lechtermann

### Einleitung

Im Kontext der zahlreichen Forschungen zum Bereich der Materialität, die in den letzten Jahrzehnten etwa in den Kunst-, Kultur- oder Geschichtswissenschaften, in Archäologie, Ethnologie, Philosophie, Soziologie oder Wissenschaftsgeschichte zu beobachten waren, steckt die *material philology* ein besonderes Problemfeld ab: Sie befasst sich mit Gegenständen, deren wesentliche Funktion die Präsentation und Transmission von sprachlichem Handeln ist (vgl. Ehlich 1993). Als „Wiedergebrauchsreden" (Strohschneider 1999, 22; vgl. Baisch 2013, 13–19) operieren Texte auf der Grundlage von Zeichensystemen, die in bestimmtem Maße (aber nicht konsequenzlos) zwischen verschiedenen Materialitäten und kommunikativen Situationen übertragen werden können, und setzen dabei auf deren Durchsehbarkeit, auf ein Transparentwerden des Mediums (Jäger 2004) und ein transitorisches Moment des Dinglichen (Krämer 2008, 27–33). Da sprachliches Handeln jedoch zu keiner Zeit ohne „Luft- oder Bodenhaftung" (Ehlich 2002, 91–93) auskommt, ist Materialität (etwa der Stimme oder der Schrift) die Bedingung seiner Möglichkeit. Mit ihr verbunden sind Präsenz, Gewicht, Widerstand, Wahrnehmbarkeit, eine je spezifische Präsentation von Zeichen (und Zeichensystemen), die Ostension von Form und Stofflichkeit. Diese Faktoren können die repräsentationale Funktion von Sprache stützen und eigene, zusätzliche Sinnangebote eröffnen; allerdings können sie auch auf eine Weise in den Vordergrund treten, dass sie beginnen, die semantischen Optionen zu irritieren. Die *material philology* setzt bei der Frage nach der ‚Luft- oder Bodenhaftung' sprachlichen Handelns an, die sie für die Textwissenschaften als zentral erachtet. Dies geschieht mit einem doppelten Impetus, der einerseits „die Bedeutung von Materialität (der konkreten Überlieferung)", andererseits die „Materialität von Bedeutung" betrifft (Baisch 2013, 23; Lüdeke 2003, 458–459).

Besonders prägnant erscheint dies für Texte der Vormoderne, gilt doch die spezifische Materialität der Manuskriptkultur, und auch noch der Frühdruckzeit, als „das generellste und vielleicht sogar auch das überzeugendste Kriterium" (Peters 2007, 85) für die Alterität mittelalterlicher Literatur. Damit verbunden ist eine Herausforderung der Editionsphilologie (siehe auch 2.13 SEIDEL), deren z. T. ältere Debatten um den dokumentarischen Wert der einzelnen Handschrift (Kammer 2014) unter dem Stichwort der *material philology* gebündelt werden konnten (vgl. etwa Stackmann 1994; Wolf 2002). Dem soll hier nicht nachgegangen werden. Stattdessen sollen diejenigen Fragestellungen der *material philology* skizziert werden, die den Zusammenhang von Materialität und Bedeutung, von historischer Textualität und philologischer Methodik betreffen (vgl. zu der Unterscheidung Strohschneider 2002, 910–915; Baisch 2010; Peters 2011, 261). Sie sind an die grundsätzlicheren Fragen nach der *Materialität der Kommunikation* anschließbar, wie sie seit den 1980er Jahren (Gumbrecht und Pfeiffer 1988) diskutiert werden. Diese gehen mit der methodischen Forderung einher, bei der Analyse von textuellen Sinnangeboten ihre konkreten Gestalten und materiellen Existenzformen einzubeziehen (Jacobs 2009, 15; vgl. Baisch 2010). Für die Analyse vormoderner Texte – die natürlich nur einen Arbeitsbereich der *material philology* darstellt – forderte Stephen Nichols (1997, 10) dementsprechend eine Privilegierung des Manuskripts. Mit der Hinwendung zur singulären Handschrift „als dichtes Bedeutungsgewebe" (Baisch 2006, 34 und vgl. 32–37) und zur Eingebundenheit von Texten in die kommunikativen Bedingungen der Vokalität (Schaefer 1992; Müller 1995, 450–451) und Situationalität (Strohschneider 1997) sind neue Überlegungen zur Methodik und Terminologie der Literaturwissenschaft sowie zur Literaturgeschichtsschreibung (z. B. Wolf 2008) verbunden. Seitdem zeichnen sich an zahlreichen Fragestellungen der ‚Älteren deutsche Literatur' die Konturen einer Text-Objekt-Wissenschaft ab.

## Materialität als Suchbegriff

Aus linguistischer Perspektive und im Blick auf einen „konzentrisch erweiterten Textbegriff", der neben innersprachlichen Eigenschaften von Textualität (Kohäsion, Kohärenz, Intentionalität usw.) auch außersprachliche Aspekte (etwa Kulturalität, Medialität, Lokalität) umfasst, kann Materialität zunächst die „formale Sichtbarmachung und Gestaltung sprachlicher Zeichen" (Fix 2008, 333–334) meinen. Im Anschluss an Michel Foucault (1973 [1969]) definiert Wilhelm G. Jacobs Materialität als „konstitutives Moment von Aussagen, nämlich ihr Erscheinen in wahrnehmbarer, materieller Gestalt" (Jacobs 2009, 15). In der Relationiertheit von Materie und Form, die für philosophische Konzeptualisierungen des Begriffs wesentlich ist, sei Materie das „Bestimmbare", während die Form das „Bestimmende" bilde, so dass ‚reine' Materie nicht denkbar sei, sondern „nur ein jeweils Gemeinsames von Materie und Form" (Jacobs 2009, 15; vgl. Köhler und Wagner-Egelhaaf 2004). Während zur weiteren philosophischen Bestimmung von Materie vor allem deren Wahrnehmbarkeit gehöre, ziele Materialität nicht auf sinnliche Wahrnehmung an sich, sondern auf die Wahrnehmung „als Element einer Aussage" (Jacobs 2009, 16). Materialität ist in diesem Zugriff immer schon eng verknüpft mit verschiedenen Techniken, Praktiken und Habitus der Formung und Herstellung von Zeichen und daher eng verbunden mit einer von Wandel betroffenen Geschichte der Kulturtechniken (vgl. etwa Bredekamp und Krämer 2003). Zu fragen ist dementsprechend auch nach einer Rekonstruktion der Wissens- und Könnensgeschichte von Materialität sowie nach ihrer historischen Thematisierung und Inszenierung – kurz: nach den Diskursen, die die Wahrnehmung von Materialität ebenso prägen wie die Projektionen der mit ihr jeweils verbundenen Utopien und Dystopien. Sigrid G. Köhler und Martina Wagner-Egelhaaf betonen in diesem Zusammenhang die Zentralität des Diskursiven auch für Materie. Diesem sei jene nicht vorgängig, sondern „etwas, das in der diskursiven Praxis, im Sprechen, Denken und Handeln der Subjekte erst hervorgebracht" werde (Köhler und Wagner-Egelhaaf 2004, 11; vgl. Strowick 2004). Selbst dort, wo ein radikales Konzept von Materialität zugrunde gelegt wird, das auf eine Ontologie von „Praktiken, Tätigkeiten und Handlungen" setzt (Barad 2012, 11–12), lässt sich für die Rekonstruktion und Diskussion historischer Materialität doch zunächst nur von den Diskursivierungen vergangener Praktiken ausgehen, bzw., wie Martin Baisch (2013, 27–30) vorschlägt, von den Spuren, die sie hinterlassen haben. Prozesse der Bedeutungskonstitution und der Konstitution von Materialität überkreuzen sich so im Bereich der *material philology*.

## Materialität und Kulturtechnik

Die erhebliche Bandbreite dessen, was im Blick auf die Manuskriptkultur des Mittelalters unter dem Stichwort der Materialität als beschreibungswürdig und -relevant veranschlagt worden ist, wächst derzeit immer noch an (Hay 2008). Seit Joachim Bumke in den 1980er Jahren erste ‚Vorüberlegungen' zur Gliederung und Ausstattung auch der höfischen Epik vorlegte und somit zeigte, inwiefern die Untersuchung von *mise-en-page*, Format und materialer Gestalt nicht nur für die elaborierte lateinische oder volkssprachliche geistliche und gelehrte Literatur von Interesse sein kann (Bumke 1987), scheint kaum ein Bereich mittelalterlicher Schriftlichkeit und Schriftbildlichkeit nicht zumindest im Sinne einer ersten Sondierung angesprochen worden zu sein. Jürgen Wolf fasst die Sachlage entsprechend zusammen und spricht von einer „fast unendlichen Datenfülle", die sich den inzwischen zahlreichen Einzeluntersuchungen und Sammelbänden entnehmen lässt (Wolf 2008, 13, vgl. auch den Forschungsüberblick 12–15).

Komplementär zur Materialität der Überlieferungsträger ist der Bereich der Aufführung und damit etwa die den Texten eingeschriebene Dimension der

Stimme und Klanglichkeit, der Körperlichkeit, Gestik, Mimik, Deixis und Performanz beforscht worden (programmatisch Müller 1996). Die Handschrift wurde dabei nicht nur im Sinne einer in Aufführung und Lektüre realisierten Partitur thematisiert, die in vergesellschaftenden Situationen literarischer Kommunikation eingelassen ist, sondern ebenso als Schau- und Ereignisobjekt von Inszenierungen (z. B. Lentes 2006). So zeigt eine jüngst erschienene Studie zu mittelalterlichen Einbänden, wie die prachtvollen „Buch-Gewänder" einem solchen rituellen Gebrauch des Buchs als Objekt zuarbeiten (Ganz 2015, 13–25 u. ö.) (siehe auch 2.15 Rautenberg).

## Materialitätsdiskurse

Die Rede vom ‚Diskurs', der für die Vormoderne nicht unproblematisch ist (vgl. etwa Kellner 2004, 92–102), soll hier die verschiedenen zeitgenössischen Konzeptualisierungen textueller Materialität bündeln, wie sie sich in Erzählungen, Traktaten oder Allegorien ausgeführt und in Bildern, Vergleichen oder Metaphern kondensiert finden, die Materialitäten imaginär aufladen und semantisieren. Die Thematisierung von Materialität bildet daher einen wichtigen Untersuchungsbereich. Dies gilt etwa für die Ebene von Begriffsgeschichten, die historische Differenzen in der Konzeptualisierung zum Beispiel des *textus* in Bezug auf Schrift, Brief, Rede oder Glosse rekonstruieren (z. B. Kuchenbuch und Kleine 2006), oder für „Metatexte" (Gertz et al. 2015), die etwa über Veränderungen in der wissensorganisierenden Praxis (s. bereits Illich 1991) oder den Umbau der Buchseite Auskunft geben (vgl. bereits die Forschungsübersicht bei Bumke 1996, 68–79). Ein entsprechendes Materialitätswissen wird dabei im Kontext gelehrter lateinischer Schriftlichkeit ebenso thematisiert wie in volkssprachigen Erzählungen über statische und bewegliche „Schrift-Träger" (Lieb und Ott 2014), Briefe und Boten, Grabinschriften und beschriftete Gegenstände oder Kodizes. Besonders aufschlussreich erscheinen entsprechende Thematisierungen dort, wo nicht von anderen Schriften oder Schrift-Bild-Verbünden die Rede ist, sondern wo Texte über ihre eigene Textualität handeln. Als ‚Kulturwissenschaft vom Text' fasst Peter Strohschneider ein Forschungsprogramm zusammen, das Strategien der Auratisierung und Heiligung sowie der Artikulation von Authentizitäts- und Geltungsansprüchen vormoderner Literatur beobachtet (Strohschneider 2014, besonders 3–28). Stehen dort die titelgebenden, sprachlich artikulierten „Textgeschichten" zumeist stärker im Fokus als die einzelne, sie jeweils überliefernde Handschrift, so versuchen jüngste Überlegungen solche Artikulationen und die kodikologischen Befunde sowie zeitgenössische Konzeptualisierungen von Materialität systematisch aufeinander zu beziehen.

Gefragt ist damit auch nach der hermeneutischen Validität und den antihermeneutischen Momenten historischer Materialität.

## Methodische Ansätze und Fragestellungen

Spätestens seit Wolfgang Raible im Rückgriff auf zahlreiche ältere Detailstudien die sinnstiftenden Potenziale von Seitengestaltung und Textorganisation unter der Formel „Semiotik der Textgestalt" (Raible 1991) zusammenfasste, erscheint evident, dass räumliche Anordnungen und materiale Auszeichnungen sichtbar machen können, was ein Text nicht explizit sagen muss, was für sein Verständnis aber nichtsdestoweniger von Bedeutung ist. Die Wahl von Schriften, die Qualität des Beschreibstoffes, die An- oder Abwesenheit von Bildern, der Einsatz von Blattmetallen oder Metalltinten können über Status und Anspruch eines Textes ebenso Auskunft geben, wie seine Selbstbeschreibungen und Geltungsbehauptungen. Im Anschluss an die anglo-amerikanische Forschung und an Stichworte wie ‚material text' oder ‚materialist hermeneutics' (vgl. Lukas et al. 2014, 10–11; Lüdeke 2003) wird darum eine genauere Beschreibung der Bedeutungsweisen von Materialität gefordert (Rockenberger und Röcken 2014). Einer produktionsseitigen Intentionalität in der Verwendung von „non- und paraverbalen" materiellen Zeichen wird rezeptionsseitig die Fähigkeit zum Erkennen und Deuten dieser Zeichen gegenübergestellt. Der materiale Text erscheint als „Objekt menschlicher Handlungen" (Rockenberger und Röcken 2014, 39).

Eine methodische und begriffliche Systematisierung der verschiedenen Aspekte von „materialen Textkulturen" unternimmt ein interdisziplinärer Sammelband (Ott et al. 2015). Im Zentrum der differenzierten Bestimmungen steht die Beschreibung des Zusammenspiels der jeweiligen „Materialitätsprofile" eines schrifttragenden „Artefakts" mit den Praxeografien, die ihm zuzuweisen sind, sowie mit seiner spezifischen Verortung und Kontextualisierung, seiner „Topologie" (Focken et al. 2015). Aufgegriffen wird damit die Forderung Markus Hilgerts nach einer an der Bild-Anthropologie Hans Beltings (2001) modellierten „Text-Anthropologie" (Hilgert 2010) und damit nach der Aufmerksamkeit für die dynamischen und ereignishaften Momente von textueller Bedeutung. Angelegt sind diese in der Materialität und Präsenz des Artefakts und den mit ihm verbundenen Praktiken. Im Sinne der *Actor-Network Theory* wird dabei die *agency* des „Artefakts" und die Emergenz von Bedeutung aus wechselseitigen Involvierungs- und Zuschreibungsprozessen (Hilgert 2010) hervorgehoben. Als Lektüreform einer im Entstehen begriffenen (Radikal-)Philologie schlägt Jürgen Paul Schwindt in diesem Zusammenhang ein „athematisches" Lesen vor, das von Inhalten absieht, um der Disposition der Texte nachzugehen. An dieser nämlich zeige sich, „daß in den Texten etwas in beträchtlichem Maße wirksam ist, was man die Selbstorganisation einer zwar verfaßten, aber doch auch *anderem* als dem Willen ihres Urhebers verpflichteten Versammlung der Zeichen" nennen könne (Schwindt 2015, 241). Entsprechende Lektüren verweisen unter Umständen auf eine ‚verzwickte' Materialität (Wolf 2010), die sich semantisch kaum mehr bestimmen lässt. Die dabei erzielten Befunde können gegebenenfalls nahelegen, dass es bei bestimmten Kodizes nicht primär um den Text und seine Bedeutungen gegangen ist. Denkbar werden somit Formen einer nachgerade „textfreien Funktionalität" (Wolf 2010, 328) von Schriftträgern und dies selbst dort, wo entsprechende ‚Metatexte' anderes behaupten. Wenn sich eine *material philology* in der skizzierten Weise am Ineinander von materialer Präsenz und diskursiver Hervorbringung, von Intentionalität und Emergenz, von Subjekt- und Objektpositionen abarbeitet, wird sie es gelegentlich mit einem ‚Hauch von Ontik' zu tun haben (Gumbrecht 1997) und dabei an die Ränder des philologisch Bearbeitbaren gelangen.

## Literaturverzeichnis

Baisch, Martin. *Textkritik als Herausforderung der Kulturwissenschaft. Tristan-Lektüren*. Berlin 2006.

Baisch, Martin. „Wertlose Zeugen? Formen von Materialität im Spannungsfeld von Textkritik und Literaturwissenschaft". *Materialität in der Editionswissenschaft*. Hrsg. von Martin J. Schubert. Berlin, New York, NY 2010: 251–266.

Baisch, Martin. „Textualität – Materialität – Materialität – Textualität. Zugänge zum mittelalterlichen Text". *Literaturwissenschaftliches Jahrbuch* 54 (2013): 9–30.

Barad, Karen. *Agentieller Realismus. Über die Bedeutung materiell-diskursiver Praktiken*. Berlin 2012 [2003].

Belting, Hans. *Bild-Anthropologie. Entwürfe einer Bildwissenschaft*. München 2001.

Bredekamp, Horst, und Sybille Krämer. „Kultur, Technik, Kulturtechnik. Wider die Diskursivierung der Kultur". *Bild, Schrift, Zahl*. Hrsg. von Horst Bredekamp und Sybille Krämer. München 2003: 11–22.

Bumke, Joachim. „Epenhandschriften. Vorüberlegungen und Informationen zur Überlieferungsgeschichte der höfischen Epik im 12. und 13. Jahrhundert". *Philologie als Kulturwissenschaft. Studien zur Literatur und Geschichte des Mittelalters. Festschrift für Karl Stackmann zum 65. Geburtstag*. Hrsg. von Ludger Grenzmann, Hubert Herkommer und Dieter Wuttke. Göttingen 1987: 45–59.

Bumke, Joachim. *Die vier Fassungen der ‚Nibelungenklage'. Untersuchungen zur Überlieferungsgeschichte und Textkritik der höfischen Epik im 13. Jahrhundert*. Berlin, New York, NY 1996.

Ehlich, Konrad. „Text und sprachliches Handeln. Die Entstehung von Texten aus dem Bedürfnis nach Überlieferung". *Schrift und Gedächtnis. Archäologie der literarischen Kommunikation*. 2. Auflage. Hrsg. von Aleida Assmann, Jan Assmann und Christoph Hardmeier. München 1993: 24–43.

Ehlich, Konrad. „Schrift, Schriftträger, Schriftform: Materialität und semiotische Struktur". *Materialität und Medialität von Schrift*. Hrsg. von Erika Greber, Konrad Ehlich und Jan-Dirk Müller. Bielefeld 2002: 91–111.

Fix, Ulla. „Nichtsprachliches als Textfaktor: Medialität, Materialität, Lokalität". *Zeitschrift für germanistische Linguistik* 36.3 (2008): 343–354

Focken, Friedrich-Emanuel, Friederike Elias, Christian Witschel und Thomas Meier. „Material(itäts)profil – Topologie – Praxeographie". *Materiale Textkulturen. Konzepte – Materialien – Praktiken*. Hrsg. von Thomas Meier, Michael R. Ott und Rebecca Sauer. Berlin, München, Boston, MA 2015: 129–134.

Foucault, Michel. *Archäologie des Wissens* [1969]. Frankfurt am Main 1973.

Ganz, David. *Buch-Gewänder. Prachteinbände im Mittelalter*. Berlin 2015.

Gertz, Jan Christian, Frank Krabbes, Eva Marie Noller, unter Mitarbeit von Fanny Opdenhoff. „Metatext(ualität)". *Materiale Textkulturen. Konzepte – Materialien – Praktiken*. Hrsg. von Michael R. Ott, Rebecca Sauer und Thomas Meier. Berlin, Boston, MA, München 2015: 207–217.

Gumbrecht, Hans Ulrich, und K. Ludwig Pfeiffer (Hrsg.). *Materialität der Kommunikation*. Frankfurt am Main 1988.

Gumbrecht, Hans Ulrich. „Ein Hauch von Ontik. Genealogische Spuren der New Philology". *ZfdPh* 116 (1997): 31–45.

Hay, Louis. „Materialität und Immaterialität der Handschrift". *editio* 22 (2008): 1–21.

Hilgert, Markus. „,Text-Anthropologie'. Die Erforschung von Materialität und Präsenz des Geschriebenen als hermeneutische Strategie". *Mitteilungen der Deutschen Orient-Gesellschaft zu Berlin* 142 (2010): 87–126.

Illich, Ivan. *Im Weinberg des Textes. Als das Schriftbild der Moderne entstand. Ein Kommentar zu Hugos „Didascalicon"*. Hamburg 1991.

Jacobs, Wilhelm G. „Materie – Materialität – Geist". *editio* 23 (2009): 14–20.

Jäger, Ludwig. „Störung und Transparenz. Skizze zur performativen Logik des Medialen". *Performativität und Medialität*. Hrsg. von Sybille Krämer. München 2004: 35–74.

Kammer, Stephan. „Das Stigma des Dokumentarischen. Zum historischen Apriori philologischer Materialverachtung". *Text – Material – Medium. Zur Relevanz editorischer Dokumentation für die literaturwissenschaftliche Interpretation*. Hrsg. von Wolfgang Lukas, Rüdiger Nutt-Kofoth und Madleen Podewski. Berlin, Boston, MA 2014: 53–63.

Kellner, Beate. *Ursprung und Kontinuität. Studien zum genealogischen Wissen im Mittelalter*. München 2004.

Köhler, Sigrid G., und Martina Wagner-Egelhaaf. „Einleitung. Prima Materia". *Prima Materia. Beiträge zur transdisziplinären Materialitätsdebatte*. Hrsg. von Sigrid G. Köhler, Jan Christian Metzler und Martina Wagner-Egelhaaf. Königstein im Taunus 2004: 7–23.

Krämer, Sybille. *Medium – Bote – Übertragung. Kleine Metaphysik der Medialität*. Berlin 2008.

Kuchenbuch, Ludolf und Uta Kleine (Hrsg.). *,Textus' im Mittelalter. Komponenten und Situationen des Wortgebrauchs im schriftsemantischen Feld*. Göttingen 2006.

Lentes, Thomas. „Textus Evangelii. Materialität und Inszenierung des ,textus' in der Liturgie". *,Textus' im Mittelalter. Komponenten und Situationen des Wortgebrauchs im schriftsemantischen Feld*. Hrsg. von Ludolf Kuchenbuch und Uta Kleine. Göttingen 2006: 133–148.

Lieb, Ludger und Michael Ott. „Schrift-Träger. Mobile Inschriften in der deutschsprachigen Literatur des Mittelalters". *Schriftträger – Textträger. Zur materialen Präsenz des*

*Geschriebenen in frühen Gesellschaften.* Hrsg. von Annette Kehnel und Diamantis Panagiotopoulos. Berlin, München, Boston, MA 2014: 15–36.

Lüdeke, Roger. „Materialität und Varianz. Zwei Herausforderungen eines textkritischen Bedeutungsbegriffs". *Regeln der Bedeutung. Zur Theorie der Bedeutung literarischer Texte.* Hrsg. von Fotis Jannidis, Gerhard Lauer, Matías Martínez und Simone Winko. Berlin, New York, NY 2003: 454–485.

Lukas, Wolfgang, Rüdiger Nutt-Kofoth und Madleen Podewski (Hrsg.), *Text – Material – Medium. Zur Relevanz editorischer Dokumentationen für die literaturwissenschaftliche Interpretation.* Berlin 2014.

Meier, Thomas, Michael R. Ott und Rebecca Sauer (Hrsg.). *Materiale Textkulturen. Konzepte – Materialien – Praktiken.* Berlin, Boston, MA, München 2015.

Müller, Jan-Dirk. „Neue Altgermanistik". *Jahrbuch der Deutschen Schillergesellschaft* XXXIX (1995): 445–453.

Müller, Jan-Dirk (Hrsg.). *‚Aufführung' und ‚Schrift' in Mittelalter und früher Neuzeit. Berichtsband des DFG-Symposions 1994.* Stuttgart, Weimar 1996.

Nichols, Stephen G. „Why Material Philology? Some Thoughts". *ZfdPh* 116 (1997) Sonderheft: *Philologie als Textwissenschaft. Alte und neue Horizonte.* Hrsg. von Helmut Tervooren und Horst Wenzel: 10–30.

Ott, Michael R., Rebecca Sauer und Thomas Meier (Hrsg.). *Materiale Textkulturen. Konzepte – Materialien – Praktiken(= Materiale Textkulturen 1).* Berlin, Boston, MA, München 2015.

Peters, Ursula. „,Texte vor der Literatur'? Zur Problematik neuerer Alteritätsparadigmen der Mittelalter-Philologie". *Poetica* 39 (2007): 59–88.

Peters, Ursula. „Philologie und Texthermeneutik. Aktuelle Forschungsperspektiven der Mediävistik". *Internationales Archiv für Sozialgeschichte der deutschen Literatur* 36 (2011): 251–282.

Raible, Wolfgang. *Die Semiotik der Textgestalt. Erscheinungsformen und Folgen eines kulturellen Evolutionsprozesses.* Heidelberg 1991.

Rockenberger, Annika, und Per Röcken. „Wie ‚bedeutet' ein ‚material text'?". *Text – Material – Medium. Zur Relevanz editorischer Dokumentationen für die literaturwissenschaftliche Interpretation.* Hrsg. von Wolfgang Lukas, Rüdiger Nutt-Kofoth und Madleen Podewski. Berlin, Boston, MA 2014: 25–52.

Schaefer, Ursula. *Vokalität: Altenglische Dichtung zwischen Mündlichkeit und Schriftlichkeit.* Tübingen 1992.

Schwindt, Jürgen Paul. „(Radikal)Philologie". *Materiale Textkulturen. Konzepte – Materialien – Praktiken.* Hrsg. von Thomas Meier, Michael R. Ott und Rebecca Sauer. Berlin, München, Boston, MA 2015: 237–243.

Stackmann, Karl. „Neue Philologie?". *Modernes Mittelalter. Neue Bilder einer populären Epoche.* Hrsg. von Joachim Heinzle. Frankfurt am Main, Leipzig 1994: 398–427.

Strohschneider, Peter. „Situationen des Textes. Okkasionelle Bemerkungen zur ‚New Philology'". *Philologie als Textwissenschaft. Alte und neue Horizonte.* Hrsg. von Helmut Tervooren und Horst Wenzel, *ZfdPh* 116 (1997), Sonderheft: 62–87.

Strohschneider, Peter. „Textualität der mittelalterlichen Literatur. Eine Problemskizze am Beispiel des Wartburgkrieges". *Mittelalter. Neue Wege durch einen alten Kontinent.* Hrsg. von Jan-Dirk Müller und Horst Wenzel. Stuttgart, Leipzig 1999: 19–41.

Strohschneider, Peter. „Innovative Philologie?" *www.germanistik2001.de. Vorträge des Erlanger Germanistentags. Band 2.* Hrsg. von Hartmut Kugler. Bielefeld 2002: 901–924.

Strohschneider, Peter. *Höfische Textgeschichten. Über Selbstentwürfe vormoderner Literatur.* Heidelberg 2014.
Strowick, Elisabeth. „Materielle Ereignisse. Performanztheoretische Konzeptionen von Materialität". *Prima materia. Beiträge zur transdisziplinären Materialitätsdebatte.* Hrsg. von Sigrid G. Köhler, Jan Christian Metzler und Martina Wagner-Egelhaaf. Königstein im Taunus 2004: 27–46.
Wolf, Jürgen. „New Philology/Textkritik. a) Ältere deutsche Literatur". *Germanistik als Kulturwissenschaft: Eine Einführung in neue Theoriekonzepte.* Hrsg. von Claudia Benthien und Hans Rudolf Velten. Reinbek bei Hamburg 2002: 175–195.
Wolf, Jürgen. *Buch und Text. Literatur- und kulturhistorische Untersuchungen zur volkssprachigen Schriftlichkeit im 12. und 13. Jahrhundert.* Tübingen 2008.
Wolf, Jürgen. „Verzwickte Materialität. Kostbares Buch auf schlechtem Material. Beobachtungen zu volkssprachigen Zimelien". *Materialität in der Editionswissenschaft.* Hrsg. von Martin Schubert. Berlin, New York, NY 2010: 323–332.

## 2.13 Editionsphilologie

Robert Seidel

### Einleitung

Seit der sogenannte *material turn* in den kulturwissenschaftlichen Disziplinen zu beobachten ist, haben auch Editionswissenschaftler und professionelle Editoren begonnen, sich mit der Materialität von Zeugnissen und Praktiken des Schreibens zu beschäftigen und deren Bedeutung für die Konzeption, Realisation und Bewertung kritischer Textausgaben in den Blick zu nehmen. Maßstabsetzend wurde – jedenfalls für die Germanistik – die 12. internationale Tagung der Arbeitsgemeinschaft für germanistische Edition (2008), aus der ein Zeitschriftenthemenband (*editio* 22, 2008) sowie weitere Buchpublikationen (Schubert 2010b) hervorgingen. Außerdem widmen sich neuere Artikel der Zeitschrift *TextKritische Beiträge* und der Buchreihe *Zur Genealogie des Schreibens* sowie Untersuchungen des Heidelberger SFB 933 *Materiale Textkulturen* dem Konnex von materieller Kultur und Editionswissenschaft. Im Umfeld maßgeblicher Editionsprojekte ist eine viel beachtete Doppelpublikation entstanden, die sich einem der paradigmatischen Gegenstände an der Schnittstelle von ‚Text', ‚Ereignis' und ‚Objekt' zuwendet, nämlich dem hand- oder maschinengeschriebenen Brief aus der Zeit vom 18. bis zum 20. Jahrhundert (Bohnenkamp und Wiethölter 2008; Wiethölter und Bohnenkamp 2010). Die vorgestellten Exponate demonstrieren in suggestiver Anschaulichkeit, wie sehr ihre ‚Materialität' konstitutiv für das spontane Verständnis, aber auch für die editorische Aufbereitung der Korrespondenzen ist. Dies gilt *mutatis mutandis* für Manuskripte und Typoskripte aller Art – zu denken ist etwa an mehrfach überschriebene oder mit Marginalien versehene ‚Dichterhandschriften' (siehe auch 2.14 Benne und Spoerhase) –, während sich im Falle der Drucküberlieferung das Spektrum der Untersuchungsbereiche auf den ersten Blick schmaler und weniger eindeutig präsentiert: Gehören die zentriert gesetzten Verse in Arno Holz' *Phantasus* in derselben Weise dem Bereich der materiellen Kultur an wie ein barockes Figurengedicht? Spielen die Typografie oder die räumliche Anordnung des Zeichenmaterials eine so wichtige Rolle, dass man sie in der kritischen Ausgabe reproduziert oder zumindest im Kommentar beschreibt? Wie verhält es sich mit der Darbietung peri- und paratextueller Druckanteile; ist hier der gestaltete Raum des Datenträgers als bedeutungshaltiges Element abzubilden, oder beschränkt sich der Herausgeber auf die Vermittlung sprachlicher und allenfalls grafischer Zeichen?

## ‚Materialität' aus der Perspektive der Editionswissenschaft

Bereits vor dem *material turn* findet sich in editionswissenschaftlichen Abhandlungen der Terminus ‚Materialität', denn spätestens seit den 1970er Jahren wurde gesehen, „daß zur Materialität eines Textes nicht nur das Material des Überlieferungsträgers (Manuskript, Typoskript, Buch u. a.), sondern auch das verwendete *Zeichenmaterial* gehört" (Kanzog 1991, 50). Es ging in dieser Phase der germanistischen Editionsdebatten allerdings fast ausschließlich darum, wie ein Befund von grafischen Zeichen im Rahmen einer akribischen Sichtung des Überlieferten zu deuten und bei der Erstellung einer kritischen Ausgabe zu behandeln sei. Im Fokus standen hier beispielsweise die Entzifferung einer Handschrift, die Rekonstruktion von Druckpraktiken (Doppeldrucke, Titelblattvarianten, Presskorrekturen usw.) oder die Entscheidung für unveränderte oder modifizierte Wiedergabe der überlieferten Grafie und Interpunktion. Diese werk- bzw. textorientierte Sichtweise hat sich in den vergangenen zwei Jahrzehnten grundlegend geändert, und zwar – wenn auch keineswegs ausschließlich – unter dem Einfluss posthermeneutisch-dekonstruktivistischer Theorien, die im ‚Materialcharakter' der sprachlichen und außersprachlichen Zeichen ein Element des Widerstandes gegenüber einer allein sprachbasierten Sinnzuschreibung durch Autor und/oder Leser, mithin gegen eine „Philologie des reinen Textes" (Rahn 2014, 153), ausmachen. Etwas konzilianter formuliert: „Die materiellen Eigenschaften des Speichermediums verlieren ihren sekundären Status als einfache Bedeutungs*träger* in dem Moment, in dem die spezifischen Bedeutungseffekte der materiellen Aufzeichnungs- und Vermittlungsbedingungen selbst ins Zentrum des Forschungsinteresses gelangen" (Lüdeke 2003, 459). Den bislang gründlichsten Versuch einer Applikation des Materialitätsbegriffs an die Editionswissenschaft unternahm Per Röcken, der nach einem weit ausgreifenden Überblick über das gesamte Spektrum der einschlägigen Positionen für eine auffällig restringierte Begriffsbestimmung plädiert: „Im editionsphilologischen Sprachgebrauch sollte der Ausdruck ‚Materialität' die chemischen und/oder im weitesten Sinne physikalischen Eigenschaften der (Bestandteile der) Überlieferungsträger bezeichnen" (Röcken 2008, 38). Gemeint sind damit nicht nur haptisch erfassbare Aspekte wie die Beschaffenheit der Beschreibstoffe oder die Montage divergenter Materialien (z. B. eingeklebte Zettel oder Bilder), sondern auch alle diejenigen Eigenschaften des beschriebenen Objektes, die neben der syntagmatischen und paradigmatischen Ordnung der Schriftzeichen zusätzlich Bedeutung transportieren. Darunter versteht Röcken (2008, vgl. die Liste 43–45) so unterschiedliche Faktoren wie die Modalitäten der Verbreitung – eigentlich unter dem Rubrum der ‚Medialität' zu fassen –, die Wahl der Drucktype oder die Flächenaufteilung eines handgeschriebenen Blattes.

Exemplarisch lässt sich das Gewicht der materialen Faktur eines Textes an scheinbar geringfügigen, doch bedeutungshaltigen Abweichungen von den hergebrachten Normen sprachlicher Vermittlung demonstrieren. Kein Herausgeber würde in Stefan Georges Gedichten die Hochpunkte durch gebräuchliche Satzzeichen ersetzen oder solche nach geläufigem Sprachgebrauch ergänzen, denn die Interpunktion gilt bei autorisierten Drucken als souveräne Entscheidung des Verfassers. Für den Zeilenfall in Gedichten trifft dies gleichfalls zu, allerdings sehen sich die Herausgeber bisweilen zu pragmatischen Eingriffen genötigt (z. B. umbrochene Langverse in kleinformatigen Reclam-Ausgaben). Umgekehrt kann ein „detailtypographisch gestifteter Störfall" (Rahn 2014, 155) in Gestalt eines satztechnisch nicht notwendigen Zeilenumbruchs im Erstdruck von Rilkes *Buch der Bilder* als derart semantisch aufgeladen gewertet werden, dass es sich anbietet, das Schriftbild in einer kritischen Edition zu reproduzieren. Materialcharakter in einem ganz prägnanten Sinne besitzen hingegen die Tränen auf einem Brief Anna Louisa Karschs an Johann Wilhelm Ludwig Gleim. Die Edition des Briefwechsels zwischen den beiden Partnern vermerkt den Ort der Flüssigkeitsränder im Manuskript mit dem Herausgeberzusatz „[Träne]". Aus der scharfsichtigen Analyse der zugehörigen „Schreibszene" geht indessen hervor, dass die Tränen „das Papier benetzt, es raumfordernd in Besitz genommen [haben], ehe die Verfasserin zur Feder gegriffen und ihre Zeilen dem ‚Tränen'geflecht effektvoll eingepaßt hat" (Wiethölter 2010, 8). Ein weiteres anschauliches Beispiel ist die „kenntliche Tilgung als performative[r] Akt" (Schubert 2010a, 6), die es in Editionen unbedingt so genau wie möglich wiederzugeben gilt. Immerhin ist es im Falle eines Schreibens von Conrad Ferdinand Meyer nicht unplausibel anzunehmen, dass „erst die materiell sichtbare Streichung und Negierung den Schreiber beruhigt" habe bzw., weniger psychologisierend ausgedrückt, dass „Meyer die Dimension des Materiellen für seine Botschaften" einsetzte (Lukas 2010, 57).

## Grundbegriffe der Editionswissenschaft

Beim Umgang mit der Überlieferung ist zwischen Textzeugen, die vom Verfasser autorisiert sind, und solchen, bei denen dies nicht der Fall ist, zu unterscheiden. Aus der Literatur des Mittelalters sind – wie aus der Antike – so gut wie keine autorisierten Texte überliefert, so dass die Aufgabe der Edition darin besteht, die vom Autor niedergeschriebene Fassung nach Möglichkeit zu rekonstruieren. Hierfür hat die Philologie, im Anschluss an entsprechende Verfahren der Altertumswissenschaften und neben alternativen Konzepten wie dem der ‚Leithandschrift' (Details bei Nutt-Kofoth 2007), die ‚stemmatische' Methode der Textkritik entwickelt: Die den Text überliefernden Handschriften, also durchweg Abschriften (Apografen), werden ermittelt (Heuristik), gesichtet und miteinander verglichen (Kollation), wobei die in diesem Prozess aufgedeckten Trenn- und Bindefehler auf die Abhängigkeit der Handschriften untereinander schließen lassen. Es wird ein Stammbaum (*stemma*) der Überlieferungsträger erstellt, der neben den vorhandenen Handschriften auch erschlossene Vorstufen (*archetypus*, *hyparchetypus*) enthält. Nach Ermittlung des bestbezeugten Wortlautes (*recensio*) wird überprüft, ob diese Überlieferung nach inneren Gründen als original angenommen werden darf (*examinatio*). So kann, falls nötig, durch philologische Eingriffe in die Überlieferung (Konjektur), der ursprüngliche Text näherungsweise wiederhergestellt (*emendatio*) und in einer Edition, die in ihrem ‚kritischen Apparat' über den Überlieferungsbefund Auskunft gibt, präsentiert werden. Da keine Zeugnisse von der Hand des Verfassers und vielfach nicht einmal Dokumente aus seinem Umfeld vorliegen, können Fragen nach dem Arbeitsprozess, nach verschiedenen Fassungen usw. meist nicht sinnvoll behandelt werden. Im Hinblick auf die materielle Kultur sind die Überlieferungsträger zwar als Rezeptionsdokumente (gerade auch im Sinne der *new philology*) von großer Bedeutung, eine Verbindung zwischen der Ausstattung der Textzeugen und dem Verfasser bzw. dem Entstehungskontext ist dagegen nicht herzustellen.

Völlig anders liegt das Interesse der Forschung und damit auch der editorischen Praxis bei Texten, von denen autorisierte Fassungen wie ein eigenhändiges Manuskript (Autograf) oder eine vom Verfasser überwachte Druckversion vorliegen. Dabei spielt die in der Literaturwissenschaft gängige Problematisierung des Autorschaftskonzeptes keine Rolle, da ja gerade die postmoderne Vorstellung von der bloß angemaßten Verfügung des einer Fülle von Einflüssen unterliegenden Verfassers über ‚seinen' Text einem editorischen Verfahren entgegenkommt, das den Arbeitsprozess eines empirisch greifbaren Autors eben auch in materieller Hinsicht minutiös zu dokumentieren versucht. Historisch setzt die Phase der autorisierten Textzeugen mit der Erfindung des Buchdrucks, also um die Mitte des 15. Jahrhunderts, ein. Für die folgenden rund 300 Jahre vollzieht sich die Überlieferung literarischer Texte dann fast ausschließlich im Medium des Drucks. Da frühneuzeitliche Autoren wie ihre mittelalterlichen Vorgänger ihre Manuskripte nicht zu archivieren pflegten, gibt es bis weit ins 18. Jahrhundert hinein nur wenige ‚Dichterhandschriften'. Bei Autografen aus dieser Zeit handelt es sich weitgehend um Briefe, Tagebücher und andere Ego-Dokumente wie zum Beispiel Stammbuchblätter; für die Edition literarischer Werke spielt daher die häufig recht komplexe Drucküberlieferung eine entscheidende Rolle. Erst mit dem Aufkommen eines emphatischen Dichterbegriffs in der Goethezeit wurden Manuskripte in großem Umfang aufbewahrt und konnten von den sich etablierenden Nationalphilologien gemeinsam mit den historischen Drucken als Grundlage für die Erstellung kritischer Ausgaben genutzt werden. Verschiedene editorische Paradigmen prägten sich aus: So entstand im angelsächsischen Raum aus der Tradition der Shakespeare-Philologie, die von zahlreichen, aber sämtlich unautorisierten zeitgenössischen Drucken auszugehen hat, das sogenannte Copy-Text-Verfahren, das eine höhere Fehleranfälligkeit jüngerer Textzeugen in Bezug auf Grafie und Interpunktion bei gleichzeitiger Verbesserung des Wortlauts aufgrund einzelner Änderungen durch den Autor postulierte (Kanzog 1991, 63). Auf diese Weise wurden kontaminierte Fassungen generiert, die Bestandteile aus verschiedenen Bearbeitungsphasen eines Textes enthielten. Hingegen hatte es die germanistische Editionsphilologie im Bereich ihrer Klassiker mit autorisierten Drucken oder divergenten handschriftlichen Fassungen zu tun und neigte deshalb dazu, die Texte in ihrer Genese zu präsentieren. Es ließen sich zu diesem Zweck immer anspruchsvollere Formen der Variantenverzeichnung wie Stufenapparat, Einblendungsapparat oder synoptischer Apparat entwickeln (Nutt-Kofoth 2007, 15–17). In neuester Zeit werden Hybrideditionen erarbeitet, die die Entstehungsphasen eines Textes im digitalen Medium sichtbar machen (Bohnenkamp 2011). Entscheidend ist in beiden Fällen die Akzentverlagerung von einer teleologischen zu einer prozessualen Auffassung des literarischen Werkes. Insofern ist die ‚Fassung letzter Hand' nur eine unter mehreren, gleichermaßen authentischen Versionen eines Textes, was in der Struktur neuerer kritischer Ausgaben abgebildet wird.

## Materielle Kultur und editorische Praxis

Dennoch wird auf Seiten der Editionsphilologie eine gewisse Zurückhaltung gegenüber dem *material turn* in den Kulturwissenschaften konstatiert. Bei der Edition moderner Klassiker konkurrieren mehrere gleichermaßen ambitionierte Modelle: Während etwa die historisch-kritische Ausgabe der Gedichte Georg Heyms (1993) das textgenetische Verfahren konsequent realisiert, gilt für das zeitgleich begonnene Projekt der Kafka-Ausgabe (1995ff.), dass „die minutiöse Darstellung der Textgenese verabschiedet" wurde, „hingegen die materiale Ausprägung des Textes auf dem Manuskript [...] zum Kern des Editionsinteresses avanciert" (Lukas et al. 2014, 7). Vom Standpunkt der aktuellen editionswissenschaftlichen Theorien aus sind die Voraussetzungen für eine semantisierende Perspektive auf die materialen Gegebenheiten gut. Die heute übliche Vorstellung von der ‚unausdrücklichen Autorisation', die die nachweisbare Verantwortung des empirischen Autors für die jeweiligen Fassungen eines Textes einschließlich aller Streichungen, Marginalien usw. zum Kriterium für die Wahl der Editionsgrundlage(n) macht, leistet der Berücksichtigung des Textzeugen als eines unabgeschlossenen und gegebenenfalls polyfonen Dokumentes Vorschub: „Anders als die Berufung auf die ‚Autorintention' greift der Begriff ‚Autorisation' auf die materiale Überlieferung des Textes zurück." (Grubmüller und Weimar 1997, 182) Seit rund zwanzig Jahren verbreitet sich das kulturwissenschaftliche Paradigma der ‚Schreibszene', worunter eine „Konstellation des Schreibens, die sich innerhalb des von der Sprache (Semantik des Schreibens), der Instrumentalität (Technologie des Schreibens) und der Geste (Körperlichkeit des Schreibens) gemeinsam gebildeten Rahmens abspielt" (Stingelin 2004, 15), verstanden wird. Dieses ursprünglich diskurstheoretische Konzept ist für die Edition von Ego-Dokumenten ebenso fruchtbar zu machen wie für spezielle Herausforderungen, etwa die Ausgabe von Robert Walsers *Mikrogrammen* (Groddeck 2014). Entsprechend fordert ein kulturwissenschaftlich ausgerichteter Appell zur Edition von Briefen „die Rekonstruktion von Schreib- und Empfangsszenen, von Postierung und Archivierung, kurz: der wenigstens teilweise materialiter sichtbar gemachten Spuren brieflicher Ökonomie", ferner „die kommentierende Ko- und Kontextualisierung des Brieftexts mit dem Brief als Objekt, mit dessen Entstehungs- und Nutzungszusammenhängen" (Strobel 2010, 77).

Im Zeichen des *material turn* bedeutet Edieren, „Textartefakte als Repräsentation verfügbar zu machen" (Petzold et al. 2015, 220). Die neuere Tendenz zur Produktion von ‚Archiv-Ausgaben' (Kanzog 1991, 181) oder Faksimile-Editionen hat freilich nicht nur das Ziel, den „Präsenzeffekt und die Auratizität des Originals" (Petzold et al. 2015, 221) zu vermitteln, vielmehr wird damit auch die Absicht verfolgt, die Rezeption nicht durch editorische Entscheidungen, und seien diese auch noch so plausibel begründet, zu manipulieren. Jenseits solcher konsequenter Lösungen wird in jüngerer Zeit ein besonderer Fokus auf die Bedeutung drucktechnischer Auffälligkeiten gelegt, zumal „die Grenze zwischen Typografie und Design fließend ist" (Reuß 2006, 56). Dabei ergeben sich spannende Unterscheidungen: Wenn eine humanistische Horaz-Ausgabe den Metatext (Kommentar) suggestiv in kleinerer Type und gebührendem Abstand um den Haupttext herum arrangiert, oder wenn Klopstock die eigenwillige Metrik seiner Oden durch Einrückungen kenntlich macht und den Texten ein die Struktur ‚abbildendes' Schema der Hebungen und Senkungen voranstellt, besitzen diese editorischen Entscheidungen eine erläuternde Funktion, die ohne Sinnverlust auch anders realisiert werden könnte. Hingegen zielt der Satz von Mallarmés Gedichtzyklus *Un coup de dés*, der die komplette Doppelseite als Verfügungsbereich des divergenten Zeichenmaterials bereitstellt, auf „eine spatiale Lektüre, bei der der Raum, auch und gerade der leere, entscheidend für die Apperzeption des Textes ist" (Reuß 2006, 94). Das Editionsverfahren „gemäß dem topologischen Prinzip" (Röllin et al. 2008, 107) wird bei der Wiedergabe komplizierter Handschriftenbefunde wie etwa im Falle von Nietzsches Nachlassheften zunehmend praktiziert; in der Regel erfordern pragmatische Erwägungen freilich gewisse, von den Editoren sorgsam dargelegte Modifikationen. Umgekehrt kann ein radikaler Verzicht auf jegliche editorische Eingriffe zugunsten einer Faksimile-Ausgabe die materialen Gegebenheiten gleichfalls nicht angemessen repräsentieren, denn „auch die beste Reprografie zeigt oft nicht hinreichend die Differenz aller Schreibstoffe, Reste von abgeriebenem Bleistift, Reste von Klebstoffen usw." (Ries 2010, 164)

Mit der Verabschiedung eines Literaturverständnisses, das das ultimative ‚Dichterwort' ins Zentrum wissenschaftlicher Interessen stellte, ist auch in der Editionsphilologie die Erkenntnis gewachsen, dass es nicht (bloße) Texte, sondern Manuskripte oder Drucke, eben ‚Artefakte', zu edieren gilt. Dabei stellt die Quellenlage den Herausgeber im Detail vor Entscheidungsprobleme, wenn beispielsweise bei Briefen zu fragen ist, ob Zusätze von fremder Hand, die oft in ein dialogisches Verhältnis zum Grundtext treten, als Bestandteile des Textes ediert oder lediglich im Kommentar erwähnt werden sollen. Abgesehen von solchen Debatten aus der Praxis zeigt sich in der neueren Forschung die Tendenz, auf der Basis einer genauen Untersuchung materieller Praktiken eingeführte Textausgaben einer Kritik zu unterziehen. Nicht zu übersehen sind indessen auch Warnungen vor einer Überforderung des attraktiven Paradigmas. So wird die Brandenburger Kleist-Ausgabe als Beleg dafür angeführt, „wie ein hyperdokumentarisches Interesse zur metaphysischen Aufladung der Materialität der Texte und zur Auratisierung der Überlieferungsträger führt" (Richter und Hamacher 2010, 382). Gleichwohl könnten sich Editionsphilologie, Literaturwissenschaft und *material studies* mit ihren jeweiligen Möglichkeiten zu einer avancierten Form von Textwissenschaft verbinden – und zwar unabhängig davon, welches Modell der ‚Sinnzuschreibung' favorisiert wird.

## Literaturverzeichnis

Bohnenkamp, Anne, und Waltraud Wiethölter (Hrsg.). *Der Brief – Ereignis & Objekt. Katalog der Ausstellung im Freien Deutschen Hochstift – Frankfurter Goethe-Museum.* Frankfurt am Main, Basel 2008.

Bohnenkamp, Anne. „Perspektiven auf Goethes *Faust.* Werkstattbericht der historisch-kritischen Hybridedition". *Jahrbuch des Freien Deutschen Hochstifts* (2011): 23–67.

Groddeck, Wolfram. „Überlegungen zum Editionsmodell der *Mikrogramme* in der *Kritischen Robert Walser-Ausgabe*". *Internationalität und Interdisziplinarität der Editionswissenschaft.* Hrsg. von Michael Stolz und Yen-Chun Chen. Berlin, Boston, MA 2014: 111–122.

Grubmüller, Klaus, und Klaus Weimar. „Autorisation". *Reallexikon der deutschen Literaturwissenschaft. Band 1.* Hrsg. von Klaus Weimar. Berlin, New York, NY 1997: 182–183.

Heym, Georg. *Gedichte 1910–1912. 2 Bände.* Tübingen 1993.

Kafka, Franz. *Historisch-kritische Ausgabe sämtlicher Handschriften, Drucke und Typoskripte.* Hrsg. von Roland Reuß und Peter Staengle. Basel, Frankfurt am Main 1995 ff.

Kanzog, Klaus. *Einführung in die Editionsphilologie der neueren deutschen Literatur.* Berlin 1991.

Kleist, Heinrich von. *Sämtliche Werke.* Hrsg. von Roland Reuß und Peter Staengle. Basel, Frankfurt am Main 1988 ff.

Lüdeke, Roger. „Materialität und Varianz. Zwei Herausforderungen eines textkritischen Bedeutungsbegriffs". *Regeln der Bedeutung. Zur Theorie der Bedeutung literarischer Texte.* Hrsg. von Fotis Jannidis, Gerhard Lauer, Matías Martínez und Simone Winko. Berlin, New York, NY 2003: 454–485.

Lukas, Wolfgang. „Epistolographische Codes der Materialität. Zum Problem para- und nonverbaler Zeichenhaftigkeit im Privatbrief". *Materialität in der Editionswissenschaft.* Hrsg. von Martin Schubert. Berlin, New York, NY 2010: 45–62.

Lukas, Wolfgang, Rüdiger Nutt-Kofoth und Madleen Podewski (Hrsg.). *Text – Material – Medium. Zur Relevanz editorischer Dokumentationen für die literaturwissenschaftliche Interpretation.* Berlin, Boston, MA 2014.

Mallarmé, Stéphane. „Un coup de dés jamais n'abolira le hasard". *Cosmopolis*, mai 1897, 417–427.

Nietzsche, Friedrich. *Werke. Abt. 9. Der handschriftliche Nachlaß ab Frühjahr 1885 in differenzierter Transkription.* Berlin, Boston, MA 2001 ff.

Nutt-Kofoth, Rüdiger. „Editionsphilologie". *Handbuch Literaturwissenschaft. Band 2.* Hrsg. von Thomas Anz. Stuttgart, Weimar 2007: 1–27.

Petzold, Kay Joe, Joachim Friedrich Quack und Jakub Šimek. „Edition". *Materiale Textkulturen. Konzepte – Materialien – Praktiken.* Hrsg. von Thomas Meier, Michael R. Ott und Rebecca Sauer. Berlin, Boston, MA, München 2015: 219–231.

Rahn, Thomas. „Gestörte Texte. Detailtypographische Interpretamente und Edition". *Text – Material – Medium. Zur Relevanz editorischer Dokumentationen für die literaturwissenschaftliche Interpretation.* Hrsg. von Wolfgang Lukas, Rüdiger Nutt-Kofoth und Madleen Podewski. Berlin, Boston, MA 2014: 149–171.

Reuß, Roland. „Spielräume des Zufälligen. Zum Verhältnis von Edition und Typographie". *TextKritische Beiträge* 11 (2006): 55–100.

Richter, Myriam, und Bernd Hamacher. „Grenzen der Materialität". *Materialität in der Editionswissenschaft.* Hrsg. von Martin Schubert. Berlin, New York, NY 2010: 381–390.

Ries, Thorsten. „,Materialität'? Notizen aus dem Grenzgebiet zwischen editorischer Praxis, Texttheorie und Lektüre. Mit einigen Beispielen aus Gottfried Benns ‚Arbeitsheften'". *Materialität in der Editionswissenschaft*. Hrsg. von Martin Schubert. Berlin, New York, NY 2010: 159–178.

Röcken, Per. „Was ist – aus editorischer Sicht – Materialität? Versuch einer Explikation des Ausdrucks und einer sachlichen Klärung". *editio* 22 (2008): 21–46.

Röllin, Beat, Marie-Luise Haase, René Stockmar und Franziska Trenkle. „,Der späte Nietzsche'. Schreibprozess und Heftedition". *Schreibprozesse*. Hrsg. von Peter Hughes, Thomas Fries und Tan Wälchli. München 2008: 103–115.

Schubert, Martin. „Einleitung". *Materialität in der Editionswissenschaft*. Hrsg. von Martin Schubert. Berlin, New York, NY 2010a: 1–13.

Schubert, Martin (Hrsg.). *Materialität in der Editionswissenschaft*. Berlin, New York, NY 2010b.

Stingelin, Martin. „,Schreiben'. Einleitung". *„Mir ekelt vor diesem tintenklecksenden Säkulum". Schreibszenen im Zeitalter der Manuskripte*. Hrsg. von Martin Stingelin. München 2004: 7–21.

Strobel, Jochen. „Zur Ökonomie des Briefs – und ihren materialen Spuren". *Materialität in der Editionswissenschaft*. Hrsg. von Martin Schubert. Berlin, New York, NY 2010: 63–77.

Walser, Robert. *Kritische Ausgabe sämtlicher Drucke und Manuskripte. Band VI/1: Mikrogramme 1924/1925*. Hrsg. von Angela Thut, Christian Walt und Wolfram Groddeck. Basel, Frankfurt am Main 2016.

Wiethölter, Waltraud, und Anne Bohnenkamp (Hrsg.). *Der Brief – Ereignis & Objekt. Frankfurter Tagung*. Frankfurt am Main, Basel 2010.

Wiethölter, Waltraud. „Rolle rückwärts? Von der brieflichen Typologie zum Brief". *Der Brief – Ereignis & Objekt. Frankfurter Tagung*. Hrsg. von Waltraud Wiethölter und Anne Bohnenkamp. Frankfurt am Main, Basel 2010: 7–23.

## 2.14 Manuskript und Dichterhandschrift

Christian Benne und Carlos Spoerhase

**Manuskript und Autograf**

Wohl um 1800 bildet sich ein neues Verständnis der literarischen Handschrift heraus. Noch im 18. Jahrhundert umfasst der Begriff des Autografs oder der Handschrift solche Schriften, die nicht von der Hand des Autors selbst geschrieben worden sind (gängige Ausdrücke wie „eigenhändige Handschrift" stellen damals deshalb keine Tautologien dar). Begriffe wie Autograf oder Handschrift verengen um 1800 aber zunehmend ihre Bedeutung auf von der Dichterhand selbst verfasste Schriften. Das Konzept der Handschrift verschiebt sich um 1800 also von einem frühneuzeitlichen, noch apografisch orientierten Konzept zu einem modernen, autografisch ausgerichteten Konzept (Sirat 1998; Sirat 2006). Die konzeptuelle Handschriftlichkeit der Frühen Neuzeit war noch grundsätzlich diejenige einer Abschrift für einen mehr oder weniger restringierten Rezipientenkreis, weshalb Handschriftlichkeit und Publizität in keinem Gegensatz stehen mussten.

Die um 1800 erfolgende Herausbildung des von Dichterhand verfassten modernen Manuskripts weist mehrere Dimensionen auf (Müller 2012; Chartier 2014; Benne 2015). Das Manuskript erfährt eine allgemeine Aufwertung als sowohl individuelles und intimes wie auch einzigartiges und authentisches Schriftstück. Diese konzeptuelle Aufwertung geht einher mit institutionellen Veränderungen (Etablierung von Autografenkunde und Autografenhandel) und technologischen Transformationen (Reproduktion von Handschriftlichkeit durch Lithografie). Hinzu kommt innerhalb der philologischen Beobachtung von Literatur ein steigendes Interesse für die genetische Dimension literarischer Werke. Die Emergenz des modernen Dichtermanuskripts als unverwechselbare und unikale Handschriftlichkeit führt dazu, dass neben und in gewisser Hinsicht im Gegensatz zu dem gedruckten Werk eine handschriftliche Parallelwelt der Dichtermanuskripte etabliert wird, die in privaten oder öffentlichen Archiven aufbewahrt werden.

Die Rekonzeptualisierung der Handschrift als unverwechselbar und unikal rückt diese in einen starken Gegensatz zur typografischen Darstellung von Literatur im Medium des Drucks (Stallybrass 2008). Die typografische Repräsentation von Literatur kommt nämlich nicht umhin, den autografischen Charakter des Manuskripts, der nunmehr zu dem zentralen Definitionsmerkmal von Handschriftlichkeit avanciert ist, unsichtbar zu machen. Im Rahmen der Rekonzeptualisierung von Handschriftlichkeit ereignet sich eine klare wechselseitige Abgrenzung von Handschrift und Druckschrift, die das Imaginäre literarischer Produktion bis in die Gegenwart prägt. Auch wenn viele Schriftstellerinnen und Schriftsteller seit den 1990er Jahren bereits die ersten Entwürfe ihrer Werke auf einem Rechner mit einem Textverarbeitungsprogramm verfassen (Koelbl und Palmer 1996), scheint die Faszination für die Handschrift als Hort literarischer Kreativität ungebrochen.

## Handschrift im Zeitalter des Buchdrucks

Nach traditioneller Vorstellung lässt sich die Geschichte der Literatur als Mediengeschichte erzählen, die ihrerseits als Abfolge angesehen wird: Auf das Zeitalter der Mündlichkeit folgte die Schriftlichkeit in der Form einer Manuskriptkultur, die ihren Höhepunkt im Mittelalter fand und erst vom Gutenbergzeitalter abgelöst wurde, das mit dem Aufkommen der modernen Massenmedien, insbesondere der Verbreitung von IT-Technologien an sein Ende komme. Für diese Linearität gibt es kaum Belege, vielmehr befinden sich unterschiedliche Medien in einem ständigen Prozess funktionaler Ausdifferenzierung, auf den zahlreiche Faktoren einwirken. Der Druck ist ursprünglich nicht als Verbesserung, sondern als Erleichterung der Schreibarbeit gedacht. In der Frühzeit des Drucks sind Handschriften und Drucke häufig kaum auseinanderzuhalten.

Eine funktionale Differenzierung setzt schon im 16. Jahrhundert ein (Schnell 2007), gelangt aber erst im 18. Jahrhundert zur vollen Entfaltung, das heißt mit der endgültigen Durchsetzung des Drucks gegenüber Schreibermanufakturen. Die Befreiung des Manuskripts von den Aufgaben der Vermittlung und Verbreitung eröffnet in der Folgezeit und oft im Kontrast zum Buch gedacht eine Vielzahl an neuen Funktionen. Die autografen Manuskripte werden zunehmend mit Exklusivität, Verlangsamung, Konzentration, Individualität, aber auch mit Authentizität assoziiert, namentlich im Kontrast zum Buchhandel, der sich an ein anonymes Publikum richtet. Der Autoritätsverlust des Drucks, geschuldet der Piraterie, die im 18. Jahrhundert um sich greift, trifft in der Gegenbewegung auf den Authentizitätsanspruch der intimen, handschriftlichen Genres wie Tagebücher, Briefe, Autobiografien, deren Aufkommen unter anderem durch wachsende Alphabetisierungsraten geradezu explodiert. Die Existenz von Manuskripten wird im Verlauf des 18. Jahrhunderts zum Kriterium der Echtheit und textuellen Zuverlässigkeit.

Die Eigenschaften der Handschrift werden zunehmend auch in übertragener Bedeutung verwendet, etwa im kurzlebigen Genre der „Manuskripte für

Freunde", bei dem es sich meist um Privatdrucke handelte (Spoerhase 2014b). Die gedruckte Literatur differenziert sich ihrerseits wieder in Anlehnung an die materiale Unterscheidung von Manuskript und Druck nach anspruchsvoller, auf komplexen (und dokumentierbaren) Schreibprozessen beruhender Dichtung einerseits und für ein Massenpublikum geschriebenen Werken andererseits, die kaum von der Manuskriptästhetik geprägt sind. Die rein mediale Unterscheidung von Manuskript und Druck wird für die Literatur der Moderne, namentlich für deren experimentelle Mischformen, dann hinfällig.

## Handschrift und Schreibszene

Das literarische, autografe Manuskript ist in besonderer Weise auf den Arbeitsprozess bezogen und reflektiert diesen in seiner Entstehung mit. „Schreiben" ist keine lineare Zeichenproduktion, sondern ein komplexes, diskontinuierliches Ineinander von Diskursen, Praktiken, Institutionen, Materialien und Instrumenten – bei der Drucklegung kommen zahlreiche weitere Faktoren hinzu. Mit „la scène de l'écriture" bezeichnet Jacques Derrida die Einsicht, dass der Akt des Schreibens nicht der Kontrolle des Subjekts unterstehe (Derrida 1967). Ein einflussreicher Aufsatz Rüdiger Campes (Campe 1991) hebt den praktisch-gestischen Charakter des Schreibens hervor. Das Schreiben der Moderne, gebunden an die Produktion autografer Manuskripte, wird in der Folge auch als Schreib-Szene beschrieben, das heißt als ein Vorgang, der sich selbst beobachtet und reflektiert (z. B. Stingelin 2004).

## Handschrift und Werkpolitik

Autoren sind keine Spielbälle der Mediengeschichte, sondern prägen diese bewusst mit. Dichterhandschriften werden seit dem 18. Jahrhundert zu wichtigen Faktoren literarischer „Werkpolitik" (Martus 2007). Anstatt sich der an Büchern orientierten Kritik auszuliefern, versuchen Autoren zunehmend ein Publikum von Bewunderern oder spezialisierten Lesern zu erziehen, das ihrem Gegenstand genauso ergeben ist wie die Klassischen Philologen der antiken Dichtung. Da Philologen im Unterschied zu Kritikern vornehmlich mit Manuskripten und Fragmenten arbeiten, bietet sich das fragmentarische Manuskript auch für die Auratisierung der modernen Dichtung an. Durch die Markierung langer und komplexer Arbeitsprozesse unter anderem mithilfe von Handschriften und handschriftlichen Elementen in der gedruckten Literatur, von Nachlässen oder Editionsprojekten gehen Autoren einen „genetischen Pakt" (Benne 2015) ein, wonach die Leser die Intensität ihrer Rezeption mit der Komplexität des Entstehungsprozesses erhöhen und nach seinen Spuren im Werk forschen müssen.

Diese Form der Werkpolitik hat freilich auch handfeste juristische und ökonomische Gründe. Das geistige Eigentumsrecht, das im 18. Jahrhundert langsam entsteht, richtet sich, einer Argumentation John Lockes folgend, am Begriff der Arbeit und der Urbarmachung neu besiedelten Landes aus. Druckrechte und Eigentumsrechte lassen sich nurmehr über den Besitz von Handschriften durchsetzen, die nun auch im Besitz des Autors verbleiben und nicht länger automatisch dem Drucker gehören. Vor dem Recht des Autors wird das Recht des Manuskripteigentümers geschützt (vgl. z. B. St Clair 2004).

## Nachlass, Nachlassbewusstsein

Wirksam wird das Dichtermanuskript im Rahmen der Literaturwissenschaft vor allem als die epistemische Formation „Nachlass". Diese Formation ist seit dem 19. Jahrhundert in Archiven und Bibliotheken fest verankert, hat in der akademischen Philologie eigene Arbeitsformen und Untersuchungsverfahren hervorgebracht und ist im Rahmen von politischen Prozessen funktionalisiert worden. Für die Schriftstellerinnen und Schriftsteller ist der handschriftliche Nachlass schließlich zunehmend zu einer festen Bezugsgröße ihrer Selbstverständigung geworden: Mittlerweile hat sich ein poetisches Nachlassbewusstseins voll ausgebildet (Sina und Spoerhase 2013; Spoerhase 2014a; Sina und Spoerhase 2016).

Postume Relevanz weisen Dichtermanuskripte lange nur deshalb auf, weil sie nach dem Ableben des Autors in Druckwerke konvertiert werden können. Dabei werden meist die Handschriften vernichtet, sobald sie erfolgreich in den Druck überführt worden sind. Im deutschsprachigen Raum ist vermutlich Johann Wilhelm Ludwig Gleim (1719–1803) der erste Schriftsteller, der ein neues Verständnis des Dichtermanuskripts etabliert, das nicht an den Druck gebunden ist. Wie sich seinen testamentarischen Verfügungen entnehmen lässt, bittet er seine Nachkommen, seine Handschriften in einer Werkausgabe zu veröffentlichen; er besteht aber darauf, dass die Handschriften auch über die Druckpublikation hinaus erhalten werden sollen. Gleim ist damit der erste Autor, für den literarische Handschriftlichkeit Ausdruck einer auratischen Einzigartigkeit ist, die nur mit Verlusten in Druckschriftlichkeit konvertiert werden kann. Das persönliche Manuskriptarchiv des Dichters ist also bereits für Gleim einerseits Ausgangspunkt einer druckschriftlichen Nachlassausgabe, andererseits Sammlungsort eigenwertiger Manuskripte.

Beide Dimensionen des Manuskriptnachlasses lassen sich auch bei Johann Wolfgang von Goethe nachvollziehen, der im Anschluss an Gleim eine für das

19. Jahrhundert musterhafte Nachlasspolitik betreibt. Die Nachlasspapiere finden bei Goethe Verwendung sowohl im Kontext der Planung seiner Ausgabe letzter Hand, die als Gesamtausgabe postum um Nachlassbände vervollständigt werden soll, als auch im Kontext seiner Etablierung eines eigenen Schriftstellerarchivs, das die Überlieferung seiner Handschriften sicherstellen soll. Einerseits gilt es also, die Dichterautografen in gedruckte Gesamtausgaben zu konvertieren; andererseits sollen die Autografen aber ein Gegenreich zur Welt der Druckwerke bilden.

Im Rahmen einer weiteren Emphatisierung der Dichterhandschrift, die sich bereits Ende des 19. Jahrhunderts beobachten lässt, wird das handschriftliche Dichterarchiv als ein epistemischer Ort konfiguriert, der einen vertraulichen Zugang zur kreativen Psyche des literarischen Autors und einen direkten Zugriff auf die intimen Prozesse der poetischen Produktion erlaube. Wilhelm Dilthey betreibt nachdrücklich die Aufwertung von literarischer und philosophischer Handschriftlichkeit mit philologischen und politischen Argumenten. Er verankert das schriftstellerische Handschriftenarchiv in einem übergreifenden kulturnationalistischen Programm; da die Manuskripte eminenter Schriftsteller zum nationalkulturellen Kernbestand gehörten, müsse der Staat für ihre Erhaltung und Erschließung in Archiven Sorge tragen. Seit Ende des 19. Jahrhunderts lässt sich im deutschsprachigen Raum eine verstärkte staatliche Institutionalisierung von Handschriftensammlungen beobachten (Hutchison und Weller 2011; Stead und Smith 2013; Lepper und Raulff 2016).

Das Nachlassmanuskript ist aber bereits vor Dilthey als ein epistemisches Objekt eigenen Rechts profiliert worden. Die Herausbildung eines neuen Konzepts des „Manuskripts" lässt sich auch innerhalb der Neuphilologie beobachten. Diese übernimmt im Laufe des 19. Jahrhunderts die textkritische Forschungsemphase ihrer Vorbilddisziplin: der Klassischen Philologie. Auch in der Neuphilologie sollen alle vorfindlichen Textzeugnisse gesammelt und alle nachweisbaren Textvarianten erfasst werden, um einen zuverlässigen Text zu konstituieren. Die handschriftlichen Zeugnisse und Varianten, mit denen sie operiert, stammen allerdings meist nicht aus dem textuellen Überlieferungszusammenhang (wie in der Klassischen Philologie), sondern aus dem textuellen Entstehungszusammenhang, wie er sich anhand des überlieferten Dichternachlasses rekonstruieren lässt. Hier dient das moderne Manuskriptarchiv deshalb in erster Linie dem Nachvollzug der Werkgenese. Die Beobachtung der handschriftlichen Genese bleibt gleichwohl lange teleologisch auf die als autorisiert geltende Druckfassung bezogen.

## Literaturarchiv. Die ausgestellte Handschrift

Während Schriftstellerinnen und Schriftsteller seit der Wende zum 19. Jahrhundert den postumen Umgang mit ihren Handschriften zwar testamentarisch verfügen, nicht aber selbst steuern können, sind Autorinnen und Autoren heute bereits zu Lebzeiten in der Lage, sich um den Verbleib und die Verwendung ihrer postumen Papiere zu kümmern. Dafür steht ihnen heute das Modell des „Vorlasses" zur Verfügung. Häufig werden Schriftstellerinnen und Schriftsteller, die große Anerkennung seitens der Literaturkritik und Literaturwissenschaft erfahren haben, bereits zu Lebzeiten von kulturellen Institutionen kontaktiert, die ihren „Vorlass" erwerben möchten. Als ein frühes Beispiel für dieses heute allgegenwärtige Interesse seitens der Archive ließe sich Thomas Mann (1875–1955) anführen, der als international beachteter Nobelpreisträger nicht nur das Interesse der Philologen auf sich zog, sondern auch das der nordamerikanischen Forschungsbibliothekare, die sein Manuskriptmaterial für die Handschriftenabteilungen ihrer Universitätsbibliotheken erstehen wollten (weitere Beispiele aus dem angloamerikanischen Raum bei Leader 2013).

Die Dichterhandschrift ist in der Forschungsbibliothek und im Literaturarchiv aber nicht nur ein Depositum, das für die philologische Forschung aufbewahrt und erschlossen wird; häufig ist sie auch ein Exponat, das in Ausstellungen einem größeren Publikum zur Kenntnis gebracht werden soll. Signifikant ist hier, dass die meisten Literaturarchive nicht als reine Archive, sondern zugleich als Museen konzipiert sind. Überraschend ist diese Verbindung insofern, als das Archiv und das Museum Institutionen sind, die heterogenen sozialen ‚Logiken' gehorchen, das heißt auch in verschiedenen Räumen stattfinden und divergierende Praktiken implizieren (vgl. zur ‚Logik' des Archivs Steedman 2002; Friedrich 2013; Yale 2015). Dies führt dazu, dass ein und dieselbe materiale Dichterhandschrift als Archivalie und als Exponat auf ganz unterschiedliche Weise als Gegenstand konstituiert wird.

Das lässt sich an der Frage der Berührung deutlich machen: Ein Manuskript, das in einem Archiv ein problemlos von einem Forschenden berührbarer Gegenstand ist, wird in einer musealen Ausstellung zu einem grundsätzlich unberührbaren Objekt, befinden sich doch Manuskriptexponate in den Literaturarchiven meistens hinter Glas. In gewisser Hinsicht ist es für das Manuskript als Ausstellungsstück (im Museum) konstitutiv, dass es (normativ) unberührbar ist. Man könnte hier auch von abweichenden Politiken der materiellen Berührung sprechen: Ein Manuskript, das als kulturelles Artefakt im Archiv berührt werden darf, ist in der Ausstellung mit einem Berührungsverbot versehen. Man machte es sich zu einfach, wenn man die divergierenden Politiken des Berührens, die sich auch bei religiösen Artefakten beobachten lassen, eindeutig einem Auratisierungsgewinn oder -verlust zuordnen würde. Viel plausibler ist, dass das Museum und das Archiv abweichende Modelle der Auratisierung nahelegen.

Der Unterschied zwischen Archiv und Museum ließe sich auch an der Frage des Kuratierens deutlich machen: Während das Manuskript als Ausstellungsstück Gegenstand übergreifender kuratierender Intentionen ist, ist die Handschrift als Depositum innerhalb eines Archivs in einem konstitutiven Sinne ein nicht-kuratierter Gegenstand. Diese Unterscheidung bringt es mit sich, dass viele Präsentationen von Dichterhandschriften im Web häufig weniger einen Archivcharakter aufweisen als vielmehr als digitale Großausstellungen (ohne Museum) zu charakterisieren wären. Auch für digitale Dichternachlässe stellt sich also die Frage, ob sie eher als Archiv oder als Ausstellung zu konzipieren und darzustellen sind.

## Handschrift im Buch. Manuskriptedition

Die Individualisierung der Autorfunktion sowie die Etablierung und spätere Institutionalisierung von Schriftstellerarchiven führt im 19. Jahrhundert zur Entstehung der historisch-kritischen Edition (siehe auch 2.13 SEIDEL), die im Vergleich zur älteren Variorum-Ausgabe noch stärker das individuelle Archiv und damit vor allem verschiedene Kategorien von Manuskripten verschiedener Arbeitsstadien einbezieht. Zudem erhalten die Spuren der Entstehung überindividuelle Bedeutung für das kulturelle Gedächtnis der Nation. Im Geiste des Positivismus wird das Manuskript zudem zur gesicherten Quelle und zum Prüfstein jeder Ausgabe. Unter der Perspektive, in welchem Umfang und auf welche Weise es Eingang in die Edition selbst gewinnen soll, kann man seither die Editionen klassifizieren. Die Bezeichnung ‚historisch-kritisch' verbirgt einen grundlegenden Widerspruch zweier einander entgegengesetzter Stile: einem auf Unterscheidung und Hierarchisierung der verschiedenen Textzeugen angelegten und einem, für den deren Vollständigkeit und rekonstruierte chronologische Anordnung an erster Stelle steht.

Der Anspruch der historisch-kritischen Edition war ein vermeintlich goldener Mittelweg, der heute zunehmend weniger Nutzer findet als die beiden Pole: kritische Auswahlausgaben (häufig Studienausgaben), die weitgehend ohne Rücksicht auf und Darstellung von Manuskripten auskommen, sowie textgenetische oder dokumentarische Ausgaben, die das Manuskript durch Faksimilierung und Transkription in den Mittelpunkt stellen und damit im Unterschied zur historisch-kritischen Ausgabe auch große Teile des Variantenapparates und textkritischen Kommentars überflüssig machen sollen. Erst damit soll die traditionelle Edition überwunden werden, die an den weitgehend autografenlosen Beständen der Klassischen Philologie und der Mediävistik ausgerichtet war. Radikale Maßstäbe setzte die Hölderlin-Edition von D. E. Sattler, die als erste den Anspruch vertritt, durch die möglichste vollständige Wiedergabe bzw. Abbildung der Handschriften die Entstehung von Hölderlins Werken zu dokumentieren und diesen Prozess der Entstehung als das eigentliche Werk darzustellen. Weitaus radikaler versuchte die französische *critique génétique*, den Begriff des Werks aufzulösen. Selbst die Edition wird als Legitimationsgrund der Beschäftigung mit der ‚Genese' hinfällig. Ihre Rekonstruktion mithilfe abgebildeter Handschriften gehöre nicht mehr zur Philologie, sondern in eine umfassendere Humanwissenschaft (vgl. z. B. Hay 1993; Grésillon 1999).

## Literaturverzeichnis

Benne, Christian. *Die Erfindung des Manuskripts. Zu Theorie und Geschichte literarischer Gegenständlichkeit*. Berlin 2015.
Campe, Rüdiger. „Die Schreibszene. Schreiben". *Paradoxien, Dissonanzen, Zusammenbrüche. Situationen offener Epistemologie*. Hrsg. von Hans Ulrich Gumbrecht und K. Ludwig Pfeiffer. Frankfurt am Main 1991: 759–772.
Chartier, Roger. *The Author's Hand and the Printer's Mind*. Cambridge, Malden, MA 2014.
Derrida, Jacques. *L'Écriture et la différence*. Paris 1967.
Friedrich, Markus. *Die Geburt des Archivs. Eine Wissensgeschichte*. Berlin, Boston, MA 2013.
Grésillon, Almuth. *Literarische Handschriften. Einführung in die „Critique Génétique"*. Bern 1999.
Hay, Louis (Hrsg.). *Les manuscrits des ecrivains*. Paris 1993.
Hölderlin, Friedrich. *Sämtliche Werke. Historisch-kritische Ausgabe*. Hrsg. von D. E. Sattler. Frankfurt am Main 1975–2008.
Hutchinson, Ben, und Shane Weller. „Archive Time". *Comparative Critical Studies* 8 (2011): 133–153.
Koelbl, Herlinde, und Hartmut Palmer. „Der Fluss des Schreibens. Wie Dichter zu Werke gehen". *Spiegel special* 10 (1996): 36–49.
Leader, Zachary. „Cultural Nationalism and Modern Manuscripts: Kingley Amis, Saul Bellow, Franz Kafka". *Criticial Inquiry* 40 (2013): 160–193.
Lepper, Marcel, und Ulrich Raulff (Hrsg.). *Handbuch Archiv. Geschichte, Aufgabe, Perspektiven*. Stuttgart 2016.
Martus, Steffen. *Werkpolitik. Zur Literaturgeschichte kritischer Kommunikation vom 17. bis ins 20. Jahrhundert mit Studien zu Klopstock, Tieck, Goethe und George*. Berlin, New York, NY 2007.
Müller, Lothar. *Weiße Magie. Die Epoche des Papiers*. München 2012.
Schnell, Rüdiger. „Handschrift und Druck. Zur funktionalen Differenzierung im 15. und 16. Jahrhundert". *Internationales Archiv für Sozialgeschichte der deutschen Literatur* 32.1 (2007): 66–111.

Sina, Kai, und Carlos Spoerhase. „Nachlassbewusstsein. Zur literaturwissenschaftlichen Erforschung seiner Entstehung und Entwicklung". *Zeitschrift für Germanistik* 3 (2013): 607–623.

Sina, Kai, und Carlos Spoerhase (Hrsg.). *Nachlassbewusstsein. Literatur, Archiv, Philologie. 1750–2000*. Göttingen 2017.

Sirat, Colette. „La trace graphique, le geste et la personne". *OP CIT n°10 Revue de littératures française et comparée*. Hrsg. von Jean-Gérard Lapacherie. Pau 1998: 19–27.

Sirat, Colette. *Writing as Handwork. A History of Handwriting in Mediterranean and Western Culture*. Hrsg. von Lenn Schramm. Turnhout 2006.

Spoerhase, Carlos. „Postume Papiere. Nachlass und Vorlass in der Moderne". *Merkur. Deutsche Zeitschrift für europäisches Denken* 68.6 (2014a): 502–511.

Spoerhase, Carlos. „‚Manuscript für Freunde': Die materielle Textualität literarischer Netzwerke, 1760–1830". *Deutsche Vierteljahrsschrift für Literaturwissenschaft und Geistesgeschichte* 88 (2014b): 172–205.

Stallybrass, Peter. „Printing and the Manuscript Revolution". *Explorations in Communication and History*. Hrsg. von Barbie Zelizer. New York, NY 2008: 111–118.

Stead, Lisa, und Carrie Smith (Hrsg.). *The Boundaries of the Literary Archive. Reclamation and Representation*. Farnham 2013.

St Clair, William. *The Reading Nation in the Romantic Period*. Cambridge 2004.

Steedman, Carolyn Kay. *Dust. The Archive and Cultural History*. New Brunswick, NJ 2002.

Stingelin, Martin (Hrsg.). *„Mir ekelt vor diesem tintenklecksenden Säkulum". Schreibszenen im Zeitalter der Manuskripte*. München 2004.

Yale, Elizabeth. „The History of Archives: The State of the Discipline". *Book History* 18 (2015): 332–359.

# 2.15 Buchforschung

Ursula Rautenberg

## Einleitung

Das Buch ist ein alltagsweltlicher Gegenstand. Buchforschung hat die Aufgabe, die Sicht auf das Materialobjekt Buch in disziplinenspezifischer Weise zu konzeptualisieren. Den unterschiedlichen Fragestellungen entsprechend formuliert die buchwissenschaftliche Forschung ihr Formalobjekt in kommunikationswissenschaftlicher, sozial- und wirtschaftswissenschaftlicher Perspektive (Rautenberg 2010; Rautenberg 2015a). Der Schwerpunkt der folgenden Ausführungen liegt auf der materialitätsorientierten Buchforschung.

Die primäre Funktion von Buchkommunikation besteht darin, sprachlich codierte Informationen in geschriebenen, gedruckten oder am Bildschirm erscheinenden Sprachzeichen zu speichern und zu übermitteln. Für die Buchtechnologie sind die Herstellorganisationen (Skriptorium, Druckerei, Binderei etc.), für die Bereitstellung und Distribution die Verbreitungsorganisationen (Verlag, Buchhandel) zuständig. Auf deren möglichst funktionale Erbringung von Leistungen achten gesellschaftliche Institutionen. Die wichtigste an das Buch gebundene Primärfunktion ist die soziale Praktik des Lesens, die gesellschaftliche Organisation und Teilhabe ermöglicht.

Hinzu kommen sekundäre Funktionen, die sich an unterschiedliche Handhabungen des Buchs sowie die Arbeit am und mit dem Buchkörper anlagern. Das Interesse einer kulturwissenschaftlichen Materialitätsforschung ist eher auf diese sekundären Funktionen gerichtet, während die ältere Buchforschung, ihrem Ursprung aus den historischen Hilfswissenschaften geschuldet, sich auf die Buchtechnologie oder – aus der Nähe zur Buchhandelspraxis und den Handelswissenschaften – auf die Ökonomie konzentriert hatte. Auch dem kulturwissenschaftlichen Interesse würde sich der Zugang über die Buchtechnologie bzw. das Artefakt anbieten. Diese Brücke ist allerdings schwer zu schlagen – zu positivistisch und nicht anschlussfähig erscheinen manchen Literatur- und Kulturwissenschaftlern die erschließenden, klassifizierenden und katalogisierenden Mühen der Empiriker am Buchgegenstand (Kimmich 2014, 305).

Der Ursprung der materiellen Kulturtheorie und der Dingforschung liegt in der Anthropologie und Ethnologie (Hahn 2014). Möglicherweise erklärt dies eine weitgehende Ausblendung von Artefakten, die in irgendeiner Weise mit Schrift kontaminiert sind. Das Verhältnis von Sprache bzw. Schrift und Dingen

(u. a. Vedder 2014; Eggert 2014) ist im Zusammenhang mit dem ‚material culture turn' (Bräunlein 2012) auch in den Literatur- und Kulturwissenschaften verstärkt in den Blick geraten. In diesem Kontext wurden die Unterschiede zwischen Sprache einerseits und der metaphorischen Rede von der ‚Sprache der Dinge' andererseits herausgearbeitet: „Sprache ist dazu geschaffen [...], einer bestimmten Aussage die jeweils erforderliche Genauigkeit zu verleihen; bei den Dingen des Alltags ist dies nicht der Fall." (Hahn 2014, 137) In der Dingforschung werden die kommunikativen Leistungen des Zeichensystems Schrift und das „kommunikative Potenzial von Dingen" (Eggert 2014, 51) strikt getrennt: „Texte sind keine Dinge und Dinge keine Texte", formuliert Eggert (2014, 55), in dieser Prägnanz auch als Reaktion auf strukturalistische Theorien von materieller Kultur als ‚Texten' (Olsen 2006, 89–92).

Auch wenn die semiotischen Dimensionen von Schrift und Artefakt auseinanderzuhalten sind, ist für Schriftmedien konstitutiv, dass Schriftträger und Schriftzeichen – vom Sonderfall der digitalen Schriftmedien abgesehen – unlösbar verbunden sind, selbst noch in der Zerstörung des Artefakts. Eine theoretische Positionierung des Buchs als materieller Gegenstand und Träger überwiegend sprachbasierter Inhalte (neben Bildern) ist aus kulturwissenschaftlicher Materialitätsforschung nur annäherungsweise erfolgt: Bücher sind Dinge, in denen Ideen sind („No ideas but in things", Vedder nach Bill Brown 2014, 40; oder „scripta cum rebus materialibus", Eggert 2014, 55). Dieses Postulat gilt allerdings nur für das konkrete Buchexemplar, denn Inhalte bzw. Werke können als geschriebene Objekte unikal in vielen Büchern und unterschiedlichen Ausgaben überliefert sein. So ist zwischen dem Objektcharakter des (einzelnen) Buchs und der Objektklasse ‚Buch' als Medium zur Vermittlung von Informationen zu unterscheiden. Doch jenseits einer solchen sperrigen Dichotomie wären die Bedeutungen der Schrift und die des Artefakts in ihren wechselseitigen Beziehungen darzustellen.

Geht man von einem kommunikationswissenschaftlichen Modell aus, mithin von der Aufgabe der Medien, materielle und immaterielle Kommunikationsangebote herzustellen, anzubieten und zu verbreiten, so lässt sich eine von Ulrich Saxer (1999, 6) kompakt formulierte Nominaldefinition auf Buch bzw. Buchkommunikation anwenden: „Medien sind komplexe institutionalisierte Systeme um organisierte Kommunikationskanäle von spezifischem Leistungsvermögen." Entsprechend können Mediensysteme anhand folgender Dimensionen beschrieben werden: Kommunikationskanal (Bereitstellungsqualität), Produktion und Verbreitung von Medien in arbeitsteiligen, zweckgerichteten sozialen Organisationen (Organisiertheit), gesellschaftliche Regelungsinstanzen der Medienkontrolle oder -stützung (Institutionalisiertheit), Leistungen, die Medien für ein bestimmtes

Gesellschaftssystem erbringen (Funktionalität). Damit lässt sich Medienkommunikation als das Ergebnis des Zusammenwirkens dieser Subsysteme auf der politischen, rechtlichen, ökonomischen und kulturellen Ebene fassen. Im Rahmen eines solchen systemischen Modells ist die Materialität des Buchs ein Element, das in vielfältigen und variablen Beziehungen mit Elementen anderer Subsysteme interagiert.

## Das Buch als Artefakt und Materialobjekt

Ausgehend von der Dimension der Bereitstellungsqualität ist das Buch ein Artefakt, dessen Trägermaterialien und Herstellungstechnologien seine medienspezifischen Leistungen prägen. Die Haltbarkeit des Materials (Papyrus, Pergament, Papier aus Lumpen oder Holzstoff) setzt der Lebensdauer des Überlieferungsträgers zeitliche Grenzen und damit auch den geistigen Inhalten, die, wenn sie nicht rechtzeitig in andere materielle Träger migriert werden, vom Verlust bedroht sind. Die Verfügbarkeit von Papyruspflanzen, Tierhäuten für Pergament, Lumpen oder Holzstoff bzw. Zellulose für Papier hat Einfluss darauf, in wie vielen Exemplaren und zu welchen Kosten Schriftmedien hergestellt und verbreitet werden können. Zur Produktion des Buchs sind zahlreiche handwerkliche, manufakturmäßige oder industrielle Herstellungstechnologien nötig: für die Aufbereitung der Grundstoffe zu einer beschreib- oder bedruckbaren Fläche (Blattbildung aus dem Mark der Papyruspflanze, Verarbeitung der Tierhaut zum Pergamentbogen, des Faserbreis aus Lumpen oder Zellulose zum Papierbogen in der Bütte oder mit der Papiermaschine) und schließlich zur Herstellung des eigentlichen Buchkörpers (Rolle, Buch in Codexform). Die Buchformen sind den jeweiligen Materialqualitäten angepasst; das spröde Papyrusblatt lässt die Verarbeitung zur endlosen Rollenform zu, nicht aber zum Codex, der aus gefalzten rechteckigen Bogen in mehreren Lagen besteht, in einen festen Einband oder Umschlag gebunden. Materialeigenschaften und Form des Buchkörpers bedingen auch seine Speicherkapazität (z. B. der minimale oder maximale Umfang der Rolle oder des Codex sowie die ein- oder zweiseitige Beschreibbarkeit), so dass Werkgrenzen und Grenzen des Trägers nicht notwendig übereinstimmen. Zu den materiellen Bedingungen gehört zudem das Schreiben und Drucken der Schriftzeichen, Symbole, Wörter und Sätze, im Buchkörper mit Tinte, Druckerschwärze und Farben. Jeder Text, der geschrieben oder gedruckt wird, ist zwangsläufig ein gestalteter Text, der eine Entscheidung für die Wahl einer Schriftart aus einer Vielzahl von Möglichkeiten, Schriftgrößen und Schriftfarben sowie die Anordnung, Auszeichnung, Gliederung und Erschließung in der Kolumne und auf der Seite voraussetzt. Skriptografie und Typografie als dispositive Gestaltungsregeln (Wehde 2000) überlagern die primäre Aufzeichnungsfunktion – Gedanken in Schrift zu erfassen – mit grafischen und visuellen Reizen. Jeder zu lesende Text enthält zahlreiche Signale der Lese- und Leserlenkung (Rautenberg 2015b).

## Buchkunde und Buchforschung

Die historisch-systematische Bücherkunde ist im 18. Jahrhundert entstanden und seitdem ständig methodisch ausdifferenziert worden. Zu den ‚Buchkunden' gehören im Einzelnen die Handschriften-, Papier-, Wasserzeichen- und Einbandkunde, die Makulaturforschung, Paläografie und Typenkunde sowie die Bibliografie. Ziel dieser Forschungen am Material ist es, Handschriften, Bücher, Einblattmedien etc. zu beschreiben, zu datieren und mit Entstehungsort oder Produzenten zu verbinden; auf dieser Basis erstellte Repertorien und Kataloge dienen der Ordnung der Sammlung und dem Wiederfinden der Objekte. Die so konturierte Buchforschung entstand zunächst aus ‚musealen' Kontexten: aus der Bewahrung und Verzeichnung des antiquarischen kulturellen Erbes um seiner selbst willen, nämlich den vor allem in Bibliotheken und Archiven massenhaft vorhandenen Medien der schriftlichen Überlieferung.

Im Rahmen der modernen Buchforschung verstehen sich die ‚Buchkunden', die die methodischen Grundlagen gelegt haben, inzwischen als eigenständige Disziplinen. Sie arbeiten nicht ausschließlich hermeneutisch, sondern nutzen auch naturwissenschaftliche oder digitale Techniken. Dabei profitieren sie von digitalisierten und digitalen Quellen sowie Methoden der *digital humanities* (Wagner und Reed 2010). So sind digitalisierte und mit strukturierten Metadaten erschlossene Handschriften, Drucke, Einblattmedien etc. inzwischen in großer Zahl online verfügbar; qualitative und quantitative Fragestellungen, die die Konsultation und den Vergleich möglichst vieler Exemplare und Ausgaben voraussetzen, können nun auf eine breitere Basis gestellt werden. Online-Datenbanken erlauben den Zugriff auf eine große Zahl strukturiert gespeicherter empirischer Befunde; z. B. Einbanddatenbank (EBDB); Wasserzeichen-Informationssystem (WZIS), Bernstein – The memory of paper; Typendatenbank online (GW); Provenienzforschung: Inkunabelkatalog deutscher Bibliotheken (INKA), Material Evidence in Incunabula Database (MEI). Zudem sind es digitale Verzeichnisse der gedruckten Buchproduktion – z. B. Katalog der Deutschen Nationalbibliothek, Gesamtverzeichnis der Wiegendrucke (GW), Incunabula Short Title Catalogue (ISTC), die retrospektiven deutschen Nationalbibliografien VD16, VD17, VD18 –, die zahlreiche quantitativ-statistische Fragestellungen zur Buchproduktion ermöglichen und Visualisierungen wie beispielsweise interaktive Karten (z. B. The Atlas of Early Printing) zugrunde liegen. Und schließlich können Digitalisierungen von sammlungsbezogenen Katalogen und Datenbanken mit einer tiefen Erschließung der exemplarspezifischen Besonderheiten – wie Provenienzen und Besitzeinträge, Marginalien und Leserspuren sowie die Nennung von Buchpreisen – Exemplarbiografien entstehen lassen sowie eine große Zahl ‚realer' Leser und Besitzer in Ort und Zeit sichtbar machen.

Die empirische Buchforschung am Objekt ist die Grundlage einer materiellen Geschichte der literarischen Überlieferung. Über den engen Objektbezug hinaus bildet materielle Buchforschung den Ausgangspunkt für übergreifende Fragen der Buchkommunikation, zur Buchproduktion und zu Lesestoffen, zum Papier- und Buchhandel, zur geografischen Wanderung von Exemplaren und zu den sozioökonomischen Bedingungen des Buchmarkts (siehe auch 2.16 GRIEM). Wichtige Impulse sind seit den 1970er Jahren von der Sozialgeschichte der Literatur ausgegangen, insbesondere für die Leseforschung zum Akt des Lesens, zu Leseweisen und -situationen, zum Zusammenhang von Layout und Lesen sowie zum realen Leser. Die Lese- und Leserforschung hat sich zu einem interdisziplinär anschlussfähigen Forschungsfeld entwickelt (Rautenberg und Schneider 2015).

In dieser kommunikationswissenschaftlichen Perspektive, die die funktionale Verbreitung immaterieller und materieller Angebote betont, ist die Dimension der Medienästhetik wenig ausgearbeitet, die nur am Rande als Teil der Bereitstellungsqualität von Medien aufscheint. Eine historisch variierende und ausdifferenzierte ‚Buchkultur' aber prägt die Buchkommunikation ebenso wie Ökonomie, Recht und Politik. Die eher ‚weichen' Faktoren wie Materialqualitäten und Gestaltungsdispositive nehmen Einfluss auf Lesen, Leseverstehen und Buchnutzung. Sie sind darüber hinaus mit zahlreichen sekundären Praktiken um das Buch verbunden.

## Buchausstattung und Buchgebrauch

Die Ausstattung von Büchern bzw. Buchexemplaren reicht vom minimalen Standard einer möglichst optimalen Benutzbarkeit des Buchgegenstands und der guten Lesbarkeit über bibliophile und Sonderausgaben bis hin zu Objekten wie Künstlerbüchern und Malerbüchern. Ein Blick in die Buchgeschichte zeigt, dass erst mit der industriellen Massenproduktion von Büchern unikale Materialqualitäten des Objekts zum elitären Distinktionsmerkmal des Sammelns und Besitzens um seiner selbst willen geworden sind. Bücher, vor allem mittelalterliche Handschriften, aber auch das frühneuzeitliche Buch, sind in unterschiedlichsten Ausstattungen überliefert. Vom liturgischen Buch des frühen Mittelalters auf Pergament mit künstlerisch herausragenden Miniaturen und in Einbänden mit kostbaren Materialen wie Elfenbein, Gold, Emaille und Edelsteinen bis zur schlichten Papierhandschrift des ausgehenden Mittelalters, geschrieben in einer Bastarda und mit farbigen Rubriken und Lombarden (Initialen) als einzigem Schmuck ausgezeichnet, sind alle Ausstattungsniveaus vertreten. Die Ausstattung des materiellen Buchgegenstands erlaubt – über Handeinband, Buchformat, Qualität des Pergaments oder Papiers, eine Schriftenhierarchie von feierlicher Buchschrift bis zu flüchtiger Kursive und illustrativem Buchschmuck – eine große materielle und formalästhetische Vielfalt. Auch das gedruckte Buch der Frühen Neuzeit beharrt trotz vieler Rationalisierungsmaßnahmen in Typen, Schrift und Satz, der mechanischen Vervielfältigung von Illustrationen im Holzschnitt und Kupferstrich und einer generellen Tendenz zur Ökonomisierung auf einer weiterhin deutlichen Unterscheidung von Buchgattungen mithilfe des Ausstattungsniveaus. Ebenso wie in der Moderne sind manche Buchtypen und Exemplare wertiger als andere und werden zu Objekten adliger und bürgerlicher Repräsentation. Sie bewegen sich aber in einem Koordinatensystem, das Anspruch und Gültigkeit der Inhalte, die mit dem Buch angestrebten Praktiken sowie den materiellen Wert von Material und künstlerischer Produktionsweise jenseits handwerklicher Professionalität in Einklang bringt.

Als kulturelles Objekt ist das Buch Konstruktionsmaterial für vielfältige symbolisch-kommunikative Handlungen und rituelle Praktiken. Sekundäre Formen der Buchnutzung speisen sich aus der Materialität des physischen Artefakts ebenso wie aus immateriellen kollektiven Zuschreibungen an ein über fast zweieinhalb Jahrtausende hinweg institutionalisiertes Leitmedium, das zum Symbol von kodifiziertem Wissen, Bildung, Wahrheit sowie des ‚Guten' und ‚Schönen' geworden ist. Diese historisch wandelbaren Konnotationen werden auch von illiteraten Gruppen in semiliteralen oder literalen Gesellschaften übernommen. Die Beziehung zwischen Gegenstand und sozialen Praktiken kann als implizites Verstehen symbolischer Ordnungen formuliert werden, das „in den tätigen Körpern und […] zugleich in den Artefakten materialisiert ist. Die Materialität der Artefakte beeinflusst (aber determiniert nicht), welches praktische Verstehen und folglich welche sozialen Praktiken möglich sind." (Reckwitz 2008, 154)

Einige dieser Praktiken um den Buchgegenstand sind das Inszenieren und Zeigen, das Sammeln, der magische Buchgebrauch und die Verwendung von Buchattrappen als Behältnis. So gehört das rituelle Zeigen des Buchs zu den wirkmächtigsten Buchinszenierungen und ist fest in der christlichen Liturgie verankert, verweisen doch Zeigen und Herumtragen des Buchs im Kirchenraum während des Gottesdienstes und der Prozession symbolisch auf die göttliche

Offenbarung. Nahezu unüberschaubar sind daneben die säkularen Praktiken des Zeigens: im musealen Raum einer Ausstellung, im Schauraum der Bibliothek oder im privaten Zimmer. In der modernen gehobenen Wohnkultur sind das repräsentativ gefüllte Bücherregal als ‚Büchertapete', das Coffee Table Book und Arrangements von Büchern Ausdruck eines bürgerlichen Bildungsideals, so wie die Titelauswahl der soziokulturellen Identitätskonstruktion der Bewohnerinnen und Bewohner dienen kann. Auch das Nicht-Zeigen ist signifikant in Zeiten des leisen Lesens, wenn ein fremder Blick auf den Lesestoff mithilfe neutraler Umschläge verhindert wird.

Die Praxis des Sammelns ist durch das Zusammentragen von gleichartigen, sich in bestimmten Eigenschaften unterscheidenden Objekten in definierten Sammelgebieten gekennzeichnet. Bücher werden zu Lese- und Arbeitsbibliotheken zusammengetragen und haben einen primär funktionalen Zweck, während für das bibliophile Sammeln im weitesten Sinn das Lesen sekundär ist. Stattdessen steht die Wertschätzung von Büchern als geistige und handwerklich-ästhetische Artefakte im Vordergrund, wobei die Materialqualitäten und der künstlerische Rang (unter anderem von Einband, Illustrationen, Schriftgestaltung) konstitutiv für Sammelgebiete sein können. Sammeln ist stets auch eine soziale Handlung, zu der das Zeigen im Kreise Gleichgesinnter, organisiert in bibliophilen Gesellschaften oder in Ausstellungen, ebenso gehört (Lucius 2010) wie das Sammeln gelesener Bücher als Träger von Erinnerungen und als Zeugnisse biografischer Identität.

Eine weitgehende Verdinglichung des Artefakts Buch geht mit dem magischen Buchgebrauch einher, denkt man zum Beispiel an das Buch als am Körper getragenes Heilmittel (Apotropäum), die Bibliophagie oder die Bücherverbrennung. Ebenso schwer überschaubar und historisch wirkungsmächtig ist die Arbeit am Buchkörper. Die Codexform des Buchs als eckiger ‚Kasten' wird in vielerlei Verfremdungen zitiert: als hohles Büchermöbel aus aufgeschichteten Buchattrappen, als Buchtresor für Wertsachen, als Handtasche, als Verpackung für Schokolade, Parfum, Pizza etc. Verborgen werden auch schambesetzte Dinge: etwa der Nachtstuhl des französischen Adels im 18. Jahrhundert, der in einen Stapel von realistisch nachgebildeten Buchattrappen gesetzt wird, die Videokassette im Buchschuber oder das Fernsehgerät in einer Bücherschrankattrappe. Allen diesen Praktiken ist gemeinsam, dass sie sich auf symbolische Zuschreibungen an das Buch beziehen. Dies gilt auch für die Buchverfremdungen, Buchcollagen oder Buchskulpturen in der bildenden Kunst im 20. und 21. Jahrhundert.

Sowohl die empirischen, materiellen Befunde als auch soziokulturelle Buchpraktiken können für eine Objektbiografie (Henning 2014; Hoskins 2006) einzelner Exemplare genutzt werden (s. die Fallstudie Rautenberg 2017). Verbunden damit ist ein Wechsel der Forschungsperspektive vom Buch als Träger von Einschreibungen hin zum Akteur (Bruno Latour), zu einer Erzählung der Beziehungen zwischen Mensch und Buchobjekt. Über die traditionelle Provenienzforschung hinaus wird das Artefakt in den weiteren Kontext seiner Bedeutungen und seines Werts eingeordnet, die es in den Stadien seines Lebenszyklus bzw. seiner Wanderung erfährt: als ökonomisches und bibliophiles Gut, als Diebesgut, Lesegegenstand und Arbeitsmittel, als Teil einer Sammlung und museales Ausstellungsstück und als Mittel von Identitätskonstruktionen. Für die Buchforschung liegen dazu bisher keine beispielhaften Einzelstudien vor.

## Literaturverzeichnis

Bräunlein, Peter J. „Material Turn". *Dinge des Wissens. Die Sammlungen, Museen und Gärten der Universität Göttingen*. Göttingen 2012: 30–44.
Eggert, Manfred K. H. „Schrift und Dinge". *Handbuch materielle Kultur. Bedeutungen, Konzepte, Disziplinen*. Hrsg. von Stefanie Samida, Manfred K. H. Eggert und Hans Peter Hahn. Stuttgart 2014: 47–56.
Hahn, Hans Peter. *Materielle Kultur. Eine Einführung*. 2. überarbeitete Auflage. Berlin 2014.
Hennig, Nina. „Objektbiographien". *Handbuch materielle Kultur. Bedeutungen, Konzepte, Disziplinen*. Hrsg. von Stefanie Samida, Manfred K. H. Eggert und Hans Peter Hahn. Stuttgart 2014: 234–237.
Hoskins, Janet. „Agency, Biography and Objects". *Handbook of Material Culture*. Hrsg. von Christopher Tilley, Webb Keane und Susanne Kuechler-Fogden. Los Angeles, CA 2006: 75–84.
Kimmich, Dorothee. „Literaturwissenschaft". *Handbuch materielle Kultur. Bedeutungen, Konzepte, Disziplinen*. Hrsg. von Stefanie Samida, Manfred K. H. Eggert und Hans Peter Hahn. Stuttgart 2014: 305–308.
Lucius, Wulf D. von. „Zur Geschichte und gegenwärtigen Situation von bibliophilen Gesellschaften in Deutschland". *Buchwissenschaft in Deutschland. 2 Bände*. Hrsg. von Ursula Rautenberg. Berlin, New York, NY 2010: 1033–1046.
Olsen, Bjørnar. „Scenes from a Troubled Engagement. Post-Structuralism and Material Culture Studies". *Handbook of Material Culture*. Hrsg. von Christopher Tilley, Webb Keane und Susanne Kuechler-Fogden. Los Angeles, CA 2006: 85–103.
Rautenberg, Ursula (Hrsg.). *Buchwissenschaft in Deutschland. 2 Bände*. Berlin, New York, NY 2010.
Rautenberg, Ursula. „Buch". *Reclams Sachlexikon des Buches*. Hrsg. von Ursula Rautenberg. 3. vollständig überarbeitete und aktualisierte Ausgabe. Stuttgart 2015a: 65–68.
Rautenberg, Ursula. „Das Buch in der Codexform und einblättrige Lesemedien". *Lesen. Ein interdisziplinäres Handbuch*. Hrsg. von Ursula Rautenberg und Ute Schneider. Berlin, Boston, MA 2015b: 279–336.
Rautenberg, Ursula. „Das Buch als Artefakt und kommunikatives Angebot. Die Exemplargeschichte des Herbarius latinus (Mainz: Peter Schöffer, 1484) aus der Bibliothek des Christoph Jacob Trew. Biographien des Buches". *Biografien des Buches*. Hrsg. von Ulrike

Gleixner, Constanze Baum, Jörn Münkner und Hole Rößler. Göttingen 2017: 39–87, Tafeln 437–443.
Rautenberg, Ursula, und Ute Schneider. „Historisch-hermeneutische Ansätze der Lese- und Leserforschung". *Lesen. Ein interdisziplinäres Handbuch*. Hrsg. von Ursula Rautenberg und Ute Schneider. Berlin, Boston, MA 2015: 85–114.
Reckwitz, Andreas. *Unscharfe Grenzen. Perspektiven einer Kultursoziologie*. Bielefeld 2008.
Saxer, Ulrich. „Der Forschungsgegenstand der Medienwissenschaft". *Medienwissenschaft. Ein Handbuch zur Entwicklung der Medien und Kommunikationsformen. 1. Teilband*. Hrsg. von Joachim-Felix Leonhard, Hans-Werner Ludwig, Dietrich Schwarze und Erich Straßner. Berlin, New York, NY 1999: 1–14.
Vedder, Ulrike. „Sprache und Dinge". *Handbuch materielle Kultur. Bedeutungen, Konzepte, Disziplinen*. Hrsg. von Stefanie Samida, Manfred K. H. Eggert und Hans Peter Hahn. Stuttgart 2014: 39–46.
Wagner, Bettina, und Marcia Reed (Hrsg.). *Early Printed Books as Material Objects*. Berlin, New York, NY 2010.
Wehde, Susanne. *Typographische Kultur. Eine zeichentheoretische und kulturgeschichtliche Studie zur Typographie und ihrer Entwicklung*. Tübingen 2000.

# 2.16 Ökonomische Materialität von Literatur

Julika Griem

## Einleitung

Das im Folgenden skizzierte Themenfeld bezieht den Leitbegriff der Materialität nicht primär auf die Dimension physisch fassbarer Dinge und Stofflichkeiten, die mithilfe eines *material turn* in den Vordergrund gerückt worden sind: auf jene nur indirekt ‚sprechenden', aber substanziell erfahrbaren Gegenständlichkeiten, mit denen sich ein Eigensinn des Materiellen gegen Idealismen der Kommunikation und des Bewusstseins geltend machen lässt. Hier soll stattdessen die im weitesten Sinne ökonomische Beschreibbarkeit und Relevanz von Literatur innerhalb von Wertschöpfungs- und Wertumwandlungsprozessen im Mittelpunkt stehen. Diese ökonomische Dimension von Literatur verfügt über eine eigene Historizität. Sie ist zudem in einem dem Ideal ästhetischer Autonomie verpflichteten Kunstdiskurs so nachhaltig ausgeblendet bzw. kritisiert worden, dass die zum Beispiel von der Sozialgeschichte der Literatur oder der Literatursoziologie vorgeschlagenen Ansätze sich vor allem in einer marxistischen Tradition entwickelt haben. In dieser werden Basis-Überbau-Konstellationen bzw. normative Konflikte zwischen Kapitalismus und Kunst, Markt und Kultur häufig fortgeschrieben, so dass es weiterhin eine Herausforderung darstellt, textbezogene und systembezogene Beschreibungen von Literatur unter kapitalistischen Bedingungen nicht gegeneinander auszuspielen, sondern funktionsgeschichtlich zu integrieren. Forschungsperspektiven mit diesem Ziel sind von Pierre Bourdieu und in jüngerer Zeit im deutschsprachigen Bereich aus diskursanalytischer und wissenspoetischer Perspektive (Vogl 2004) sowie im englischsprachigen Bereich unter dem Sammelbegriff eines *„New Economic Criticism"* (Woodmansee und Osteen 1999) vorgeschlagen worden. In einer Bilanz verschiedener Versuche, Kopplungen von Kultur und Materialität nicht mehr in Form von Kultur-Struktur-Unterscheidungen zu konzipieren, hat Andreas Reckwitz eine heuristische Rahmung durch Praktiken und Sozialitätsformen vorgeschlagen (Reckwitz 2016, 95). Diese Kombination von Mikroaktivitäten und Makrokomplexen würde es auch erlauben, die ökonomische Dimension von Literatur sozial- und kulturtheoretisch zu beschreiben. Noch keinesfalls beantwortet ist allerdings die Frage, wie sich eine solche Beschreibung mit literaturwissenschaftlichen und philologischen Textanalysen verbinden ließe.

## Systematische Kategorien einer ökonomischen Perspektive auf Literatur

Betrachtet man Literatur als ökonomischen Gegenstand, geraten Elemente eines Wirtschaftsgeschehens in den Blick, die es terminologisch zu reflektieren und historisch zu konturieren gilt. Spätestens seit dem 18. Jahrhundert können literarische Werke auch als Waren betrachtet werden, die unter unterschiedlichen Bedingungen beworben und gehandelt, konsumiert, geschützt oder auch limitiert werden. In Deutschland weist die Buchpreisbindung literarische Werke als Kulturgüter mit einem vertragsrechtlich privilegierten Status aus; in verwandter Weise wird in vielen Ländern geistiges Eigentum von Autorinnen und Autoren durch Urheberrechte geschützt. Begreift man die Zirkulation literarischer Waren als wirtschaftlichen Zusammenhang, müssen Produktions-, Distributions- und Rezeptionsprozesse auch als Marktgeschehen beschrieben werden. Obwohl Kulturgütern häufig ein eigener Status zugeschrieben wird, stellen Literaturmärkte doch auch Handels- und Handlungszusammenhänge dar, in denen profitorientiert konkurriert wird: Im Wettbewerb um lesende Kunden müssen Gewinne nicht nur erzielt werden, um eine Marktposition zu halten, sondern auch, um mithilfe von Mischkalkulationen nicht-profitable Produkte anbieten zu können. Wie die Teilnehmer anderer Märkte sind die Akteure auf dem Buchmarkt Wettbewerbsbeschränkungen wie zum Beispiel dem Kartellrecht unterworfen; sie sind technologischen Innovationen, Produktionsverlagerungen und Konzentrationsbewegungen ausgesetzt (Schütz 2005, 266–270).

Eine weitere Kategorie zur Erfassung ökonomischer literarischer Zusammenhänge stellt der Betrieb dar: Er umfasst nicht nur finanzielle und rechtliche Organisationsformen, sondern Institutionen, Formate und Akteure wie den Buchhandel, Verlage, Agenturen, Festivals, Literaturhäuser, Übersetzer, Rezensionsorgane und Sponsoren. Als institutionelles Geflecht unterschiedlicher Interessen und Aufgaben steht der Literaturbetrieb für eine konfliktreiche Überlagerung und Konfrontation von Rollen, Standards und Zuständigkeiten (Williams 2001). Wie Philipp Theisohn und Christine Weder gezeigt haben, steht auch die Modellierung literarischer Ökonomien als Betrieb häufig noch im Zeichen einer asymmetrisch-wertenden Leitdifferenz von Kunst und Geschäft, die die Literatur unter dem Einfluss einer Tradition der Genie- und Autonomieästhetik von allem Kommerziellen freizuhalten sucht bzw. auf kompensatorische oder kritische Weise gegen die Sphäre der Ökonomie und ihrer Primate von Wettbewerb, Profitorientierung und Verwertbarkeit in Stellung bringt (Theisohn und Weder 2013).

Wie im Fall anderer Kulturgüter verbinden sich in literarischen Gegenständen Herstellungs-, Gebrauchs- und Tauschwerte auf spezifische Weise mit symbolischen Wertzuschreibungen. Unterschiede ergeben sich hier zum Beispiel zwischen durch Knappheit oder Einzigartigkeit aufgewerteten und wiederholt studierten bibliophilen Sammlungsobjekten und billig hergestellter ‚pulp fiction', die zur Entsorgung nach einmaligem Konsum einlädt. Keinesfalls kann hier aber simplifizierend von Material und Herstellungskosten auf Symbolwerte geschlossen werden, denn der Status literarischer Texte leitet sich aus komplexen Überlieferungs- und Kanonisierungsprozessen ab, die kontingent verlaufen können und im Zusammenhang mit historisch variablen Formen von Autorschaft (Bosse 2014 [1983]), Rezeptionsbedingungen und der Pflege von kulturellem Erbe und Erinnerungskulturen stehen. In den Ausstellungen des Deutschen Literaturarchivs in Marbach sind diese spezifischen Wertzuschreibungen an literarische Dinge und Gegenstände zu beobachten: Hier sind komplizierte finanzielle Transaktionen und juristische Konstruktionen erforderlich, damit nicht nur klassische Autografen und Manuskripte, sondern auch populäre literarische Texte, kommerzielle Produkte und auratisierte Gegenstände wie Thomas Manns Taufkleid, Friedrich Kittlers selbst gebastelte Computer oder jener Revolver, mit dem Wolfgang Herrndorf sich 2013 erschossen hat, präsentiert und aufbewahrt werden können.

Im Begriffsfeld aus der Ökonomik übernommener Termini zur Beschreibung literarischer Phänomene hat sich neben den Kategorien der Ware, des Markts, des Wettbewerbs und des Betriebs vor allem die Rede von verschiedenen Kapitalformen bewährt. Dies verdankt sich Pierre Bourdieus Differenzierung zwischen ökonomischem, kulturellem, sozialem und symbolischem Kapital (Bourdieu 1992), auf die er auch in seiner historischen Rekonstruktion des literarischen Feldes in Frankreich zurückgreift (Bourdieu 2001): Im Rahmen einer Theorie der Gesellschaft als Sozialraum wird hier vorgeschlagen, den Literaturbetrieb als ein eigenes Feld zu erklären, in dem sich durch den Einsatz bestimmter Kapitalformen eine relative Autonomie von den sozialen Dynamiken in der Gesamtgesellschaft ergeben hat. Bourdieu geht von Strukturhomologien zwischen sozialen Positionen, strategischen Möglichkeiten und künstlerischen Werken aus. Seine kultursoziologische Theorie des literarischen Feldes bietet damit eine Möglichkeit, das kompetitive Handeln literarischer Akteure in betriebs- und marktförmigen Zusammenhängen auf die Qualität ihrer Texte zu beziehen. Sie liefert darüber hinaus eine nicht mehr idealistische, sondern historisch-materialistische Erklärung für die Wirkmacht einer Norm ästhetischer Autonomie, deren symbolisches Prestige gerade nicht an ökonomischen Erfolg gebunden ist.

Aus einer mikrotheoretischen Perspektive ist Bourdieus Feldtheorie vielfach aufgegriffen und ertragreich auf konkrete Betriebsfaktoren wie zum Beispiel Literaturpreise angewandt worden (Huggan 2001; English 2005). Die schwierigere Frage, ob der Feldbegriff auch zur Modellierung eines sich globalisierenden Literaturbetriebs und seines Starsystems taugt, wird kontrovers diskutiert. Grundsätzlich gilt es in diesem Forschungszusammenhang, die systematische Kombinierbarkeit zentraler Konzeptmetaphern (Markt, Betrieb, Feld, System, Netzwerk) zu prüfen und sich zur Beschreibung von Literatur als ökonomischem Phänomen der anspruchsvollen Aufgabe einer Verbindung von gesellschaftstheoretischer Modellierung, philologischer Textanalyse und sozialwissenschaftlicher Empirie zu stellen.

## Historische Perspektiven auf literarische Märkte und den Literaturbetrieb

In literaturhistorischer Perspektivierung eignet sich nicht erst Daniel Defoes als *homo oeconomicus* gedeuteter Protagonist Robinson Crusoe, sondern bereits der Fall William Shakespeare, um zu illustrieren, wie sich in England bereits in der Frühen Neuzeit marktwirtschaftliche Strukturen herausbilden, in denen finanzielle und symbolische Wertschöpfungsprozesse eng miteinander verbunden sind: Shakespeares Kunst erwies sich in einer früher als in Deutschland entstehenden bürgerlichen Unterhaltungskultur als durchaus profitabel, und auch in seinen Dramen spielen riskante Geschäfte und Spekulationen, Schulden und Kredite eine wichtige Rolle. Shakespeares literarisches Repertoire einer frühen Marktgesellschaft hat in den 1980er Jahren auch das Interesse jenes *cultural materialism* geweckt, der sich insbesondere in der Ausprägung des New Historicism nicht nur darum bemühte, die literarhistorische Forschung um ökonomische Quellen zu bereichern, sondern ihre kulturgeschichtliche Rekontextualisierung auch durch ökonomieaffine Konzeptmetaphern wie ‚circulation' und ‚negotiation' zu strukturieren (Greenblatt 1988).

Als kultur- und symboltheoretisches Thema haben Phänomene wie Geldverkehr und Warentausch, Spekulation, die Kreditökonomie und Währungsverhältnisse auch die amerikanistischen Vertreterinnen und Vertreter des *cultural materialism* inspiriert. Mit einer sozial-, rechts- und wirtschaftsgeschichtlich angereicherten Studie zum amerikanischen Naturalismus hat Walter Benn Michaels vorgeschlagen, literarische Texte nicht allein als Produkte, sondern auch als produktive Faktoren innerhalb einer kapitalistischen Marktwirtschaft zu untersuchen (Michaels 1988). Nach Heinrich Bosses (2014 [1983]) einschlägiger Arbeit zur Entstehung des Urheberrechts in der Phase der deutschen Klassik konnte Martha Woodmansee am Beispiel deutscher philosophischer und literarischer Debatten des 18. Jahrhunderts nachweisen, wie sich die Grundlagen von Autonomie- und Genieästhetik keinesfalls gegen eine zunehmend marktförmigere bürgerliche Öffentlichkeit herausgebildet haben, sondern im Zusammenspiel mit neuen Vorstellungen geistigen und künstlerischen Eigentums, ohne die die literarischen Akteure im zeitgenössischen literarischen Wettbewerb nicht handlungsfähig gewesen wären (Woodmansee 1994). Laurence Rainey hat in einer viel beachteten Studie ähnliche Fragen an kanonische Figuren des britischen Modernismus gestellt und die dieser Formation zugeschriebenen Ideale ästhetischer Selbstgenügsamkeit und des Formbewusstseins als Faktoren in einem institutionellen Funktionszusammenhang von Patronage, Vermarktung und Zuschussgeschäft rekonstruiert (Rainey 1998). In Mary Pooveys ebenfalls dem ‚New Economic Criticism' verpflichteter Untersuchung stehen schließlich weniger soziale Institutionen, sondern ökonomische sowie literarische Gattungen im Mittelpunkt. Mit ihnen werden die Sphären von Literatur und Ökonomie nicht als einseitiges Abhängigkeitsverhältnis, sondern als Kräftefeld beschrieben, in dem vielseitig relevante Fragen von Repräsentation und Steuerung, Prognostik und Bewertung verhandelt werden (Poovey 2008).

Joseph Vogl hat in *Kalkül und Leidenschaft* (2004) die neuhistorische Denkfigur einer Kulturpoetik diskursanalytisch zugespitzt, um das Leitbild des Homo oeconomicus in einem um politische Theorien erweiterten Zusammenhang zu rekonstruieren. Einige der hier aufscheinenden Formen von Selbststeuerung und Selbstkontrolle machen sich auch Theisohn und Weder zu eigen, wenn sie den gegenwärtigen Literaturbetrieb mithilfe einer „Poetik einer Produktionsgemeinschaft" modellieren: Auch hier geht es darum, nicht vorschnell asymmetrisch wertende Verhältnisse von Ökonomie und Literatur, Geschäft und Kunst festzuschreiben, sondern literarische Texte und Akteure als Teilnehmer eines diskursiv formatierten Verhandlungsgeschehens zu erfassen. In Theisohns und Weders Sammelband (2013) wird zudem deutlich, wo die methodischen Schwierigkeiten und Herausforderungen einer Untersuchung gegenwärtiger literarischer Ökonomien liegen: Die paradoxale Notwendigkeit, gegenwärtiges Geschehen zu historisieren, macht es erforderlich, analytische Distanz zu aktuellen und damit unmittelbar konstitutiven Produktions-, Distributions- und Rezeptionsbedingungen von Literatur zu schaffen. In deren Zentrum steht die Frage, wie umfassende Digitalisierungsprozesse sowie die durch sie hervortretenden Medien und Formate, Rhythmen, Reaktionszeiten und Reichweiten gegenwärtige Vorstellungen von Literatur bzw. Literarizität verändern. So verfügen Autorinnen und Autoren mittlerweile etwa durch Homepages über andere Möglichkeiten, ihr Auftreten zu vermarkten, mit Lesern in Kontakt zu treten und die

Selektions- und Exklusionsmechanismen etablierter Institutionen zu umgehen (John-Wenndorf 2014). Traditionelle Formen des *gatekeeping* verlieren auch in der Literaturkritik an Bedeutung: Am Beispiel der Rezensionsaktivitäten im Netz ist zu beobachten, wie bewusst anti-akademische, amateur- und laienhafte Zugänge zu literarischen Texten erprobt werden, wodurch sich Lesekulturen und ihre Expertisen sowie das jeweils mobilisierte Kapital verschieben. Mit den hier entstehenden Formen des Kommentierens verschieben sich die Grundlagen einer akademisch geprägten professionellen Literaturkritik: Auf dem digital erweiterten und veränderten literarischen Markt treten zunehmend Leserinnen und Leser auf, die sich von philologisch geprägten Qualitätsdiskursen abgrenzen und stattdessen psychologische Selbstthematisierung und Kreativitätswünsche ins Zentrum stellen (Wegmann 2011, 286–291). Der sich auch hier abzeichnende Strukturwandel einer immer weniger bildungsbürgerlich geprägten Lese- und Schreibkultur betrifft nicht allein die normativen Grundlagen der Kritik, sondern auch die der Literaturwissenschaft im Zeichen spätkapitalistischer Transformationen.

## Aktuelle Forschungsperspektiven

Abschließend sei auf drei Arbeitsfelder verwiesen, auf denen sich aussichtsreiche Perspektiven zur weiteren Untersuchung der ökonomischen Dimension von Literatur abzeichnen. Im Zentrum des ersten Feldes steht der Zusammenhang von Wert und Wertung, der in vielen der genannten Studien im Umkreis des ‚New Economic Criticism' in seinen historischen Entwicklungen zur Diskussion steht. Während es im jüngeren Forschungsfeld der Kulturökonomik um Institutionen geht, in denen wirtschaftliche und kulturelle Werte in zunehmend komplizierte Konfliktlagen geraten, kann es sich auch hier lohnen, nach den historischen Genealogien, den normativen Prämissen, den praktischen Bedingungen und den theoretischen Beschreibbarkeiten unterschiedlicher Routinen der Wertschöpfung und Bewertung zu fragen: Nicht allein im Feld der bildenden Kunst, sondern auch in dem der Literatur wird es zunehmend schwierig, kommerziellen Erfolg und ästhetische Konsekration, Markt und Kultur auf traditionelle Weise zu trennen, so dass sich längst Bewertungspraktiken entwickelt haben, die eigene ökonomische Wirkmacht entfalten und im Widerspruch sowohl zu philosophisch-ästhetischen Positionen als auch zu Begründungen wissenschaftlicher Wertungen im akademischen Feld stehen (Heydebrandt und Winko 1996).

Ein zweiter reichhaltiger Forschungskomplex hat sich durch soziologische Untersuchungen der Ästhetisierung des Kapitalismus einschließlich seiner Sozialformen wie dem unternehmerischen Selbst, dem Kreativitätsdispositiv und veränderten Waren- und Konsumformen im Zeichen von Einzigartigkeit, Authentizität und Singularisierung entwickelt (Reckwitz 1995; Bröckling 2007; Karpik 2011; Franck 2005). In vielen dieser Arbeiten spielen die bildende Kunst, die Werbung, das Stadtmarketing sowie der gesamte Bereich von Gesundheit, Wellness und Fitness eine herausgehobene Rolle. Weitere Studien könnten explorieren, wie auch im literarischen Feld und auf literarischen Märkten zum Beispiel autobiografische Gattungen oder Formate wie Literaturfestivals an der gesamtgesellschaftlichen Tendenz eines sich zunehmend ästhetisierenden Kapitalismus beteiligt sind.

In einem dritten Feld stehen schließlich, getrieben von weitreichenden Entwicklungen im Bereich der digitalen Daten-, Informations- und Wissensverarbeitung, Fragen nach der Ökonomie nicht nur der Aufmerksamkeit (Franck 1998), sondern auch literatur- und textwissenschaftlicher Methoden im Mittelpunkt. Hier geht es weniger darum, literarische Formen und Traditionen als gesamtgesellschaftliche Produktivkräfte zu erkennen, und ebenso wenig darum, theoretische Modellierungen zu entwickeln, die die ökonomischen Verflechtungen und Wechselwirkungen gegenwartsliterarischer Phänomene überhaupt erst zu erkennen erlauben. Wie Nikolaus Wegmann in einem Aufsatz zum staatlich gelenkten Projekt einer DDR-Nationalliteratur erörtert hat, dient die pluralisierte Frage nach den Ökonomien unserer Methoden vielmehr einer dezidiert abstrahierenden und formalisierenden Suchbewegung, die auf die Relevanz der Größenverhältnisse und Skalierbarkeiten von Datenmengen, Korpora, Textgrundlagen und Aussagereichweiten philologischen, literatur- und kulturwissenschaftlichen Arbeitens zielt (Wegmann 2013).

## Literaturverzeichnis

Bosse, Heinrich. *Autorschaft ist Werkherrschaft. Über die Entstehung des Urheberrechtes aus dem Geist der Goethe-Zeit*. München 2014 [1983].
Bröckling, Ulrich. *Das unternehmerische Selbst – Soziologie einer Subjektivierungsform*. Frankfurt am Main 2007.
Bourdieu, Pierre. *Die verborgenen Mechanismen der Macht*. Hamburg 1992.
Bourdieu, Pierre. *Die Regeln der Kunst. Genese und Struktur des literarischen Feldes*. Frankfurt am Main 2001.
Defoe, Daniel. *The Life and Adventures of Robinson Crusoe*. London 1985 [1719].
English, James. *The Economy of Prestige: Prizes, Awards and the Circulation of Cultural Value*. Cambridge, MA 2005.
Franck, Georg. *Ökonomie der Aufmerksamkeit. Ein Versuch*. München 1998.
Franck, Georg. *Mentaler Kapitalismus. Eine politische Ökonomie des Geistes*. München 2005.

Greenblatt, Stephen. *Shakespearean Negotiations: The Circulation of Social Energy in Renaissance England*. Oxford 1988.
Heydebrandt, Renate, und Simone Winko. *Einführung in die Wertung von Literatur. Systematik – Geschichte – Legitimation*. Paderborn 1996.
Huggan, Graham. *The Postcolonial Exotic. Marketing the Margins*. London 2001.
John-Wenndorf, Carolin. *Der öffentliche Autor. Über die Selbstinszenierung von Schriftstellern*. Bielefeld 2014.
Karpik, Lucien. *Mehr Wert. Die Ökonomie des Einzigartigen*. Frankfurt am Main 2011.
Michaels, Walter Benn. *The Gold Standard and the Logic of Naturalism*. Los Angeles, CA 1988.
Poovey, Mary. *Genres of the Credit Economy: Mediating Value in Eighteenth and Nineteenth-Century Britain*. Chicago, IL 2008.
Rainey, Lawrence. *Institutions of Modernism. Literary Elites and Public Culture*. New Haven, CT 1998.
Reckwitz, Andreas. *Die Erfindung der Kreativität. Zum Prozess gesellschaftlicher Ästhetisierung*. Frankfurt am Main 1995.
Reckwitz, Andreas. *Kreativität und soziale Praxis. Studien zur Sozial- und Gesellschaftstheorie*. Bielefeld 2016.
Schütz, Erhard (zus. mit Silke Bittkow, David Oels, Stephan Porombka und Thomas Wegmann) (Hrsg.). *Das BuchMarkt-Buch. Der Literaturbetrieb in Grundbegriffen*. Reinbek bei Hamburg 2005.
Shakespeare, William. *Complete Works*. Hrsg. von Jonathan Bate und Eric Rasmussen. London 2007.
Theisohn, Philipp, und Christine Weder (Hrsg.). *Literaturbetrieb. Zur Poetik einer Produktionsgemeinschaft*. München 2013.
Vogl, Joseph. *Kalkül und Leidenschaft. Poetik des ökonomischen Menschen*. Zürich 2004.
Wegmann, Thomas. „Warentest und Selbstmanagement. Literaturkritik im Web 2.0 als Teil nachbürgerlicher Wissens- und Beurteilungskulturen". *Kanon, Wertung und Vermittlung. Literatur in der Wissensgesellschaft*. Hrsg. von Matthias Beilein, Claudia Stockinger und Simone Winko. Berlin, New York, NY 2011: 279–292.
Wegmann, Nikolaus. „Literature Made in Germany (East). Ein Skalierungsproblem". *Jahrbuch der Deutschen Schillergesellschaft* 57 (2013): 587–602.
Williams, Jeffrey J. (Hrsg.). *The Institution of Literature*. New York 2001.
Woodmansee, Martha. *Author, Art and the Market: Rereading the History of Aesthetics*. New York, NY 1994.
Woodmansee, Martha, und Mark Osteen (Hrsg.). *The New Economic Criticism. Studies at the Interface of Literature and Ecoomics*. New York, NY, London 1999.

# 3. Exemplarische Analysen

## 3.1 Die höfische Welt der Dinge: Wolframs von Eschenbach *Parzival*

Michael R. Ott

### Einleitung

Wer die Dinge in den Blick nimmt, von denen mittelalterliche Romane erzählen, könnte sich an die positivistischen Interessen des 19. Jahrhunderts erinnert fühlen. Man denke etwa an die zweibändige Studie des Kunsthistorikers Alwin Schultz (Schultz 1879/1880): Um ‚das' Bild ‚der' höfischen Lebenswelt zu rekonstruieren, trug er aus einer Vielzahl von Texten Informationen zur mittelalterlichen höfischen ‚Sachkultur' zusammen, ohne die sozialen und textuellen Kontexte näher zu berücksichtigen. Post-positivistische Monografien wie die von Joachim Bumke (1986) lösen zwar das Problem der ungenügenden Berücksichtigung von Kontexten, bleiben aber der Idee einer additiven Sammlung verhaftet, die jene Fragen noch nicht kennt, welche sich vor dem Hintergrund einer Ding-Theorie, der *Material Culture Studies* und verwandter Ansätze stellen.

Als umfassende Textsammlungen haben die älteren Überblicksdarstellungen auch angesichts der aktuellen Theorieentwürfe ihren Wert. Relevant sind darüber hinaus aber auch die spezifischeren Ansätze, die schon bereitliegen, um Lektüren von den Dingen her zu entwickeln. Für die mittelalterliche Literatur des deutschsprachigen Raums sind dies etwa Weiterentwicklungen und Aneignungen der Gabentheorie (unter dem Stichwort der „Liebesgabe" bei Egidi et al. 2012 sowie Oswald 2004) sowie Auseinandersetzungen mit ekphrastischen Beschreibungen (Wandhoff 2003). Hinzu kommen Überlegungen zu prominenten erzählten Dingen, die schon seit Langem die Aufmerksamkeit der Mediävistinnen und Mediävisten gefunden haben, beispielsweise der Hort im *Nibelungenlied* oder die Tafel des Gregorius in der gleichnamigen Erzählung Hartmanns von Aue.

Im Gegensatz zu diesen beiden Texten bietet der *Parzival* Wolframs von Eschenbach eine umfassende und dichte Darstellung der höfischen Ritterkultur, wie sie in den Romanen des späten 12. und frühen 13. Jahrhunderts erstmals entworfen wird. Da der *Parzival* zudem – als Coming-of-Age-Geschichte – einen Sozialisierungsprozess erzählt, der mit Missverständnissen, Fehlern und Fehleinschätzungen einhergeht, erlaubt der Roman auch einen außergewöhnlichen Blick auf die Dinge, mit denen der Protagonist in Berührung kommt. Die Welt der Dinge, in die Parzival hineingerät, nachdem er in einer ‚a-höfischen' Welt herangewachsen war, ist zum einen (1) eine höfische Welt mit Schmuck, aufwendiger Kleidung, Rüstungen und Waffen; sie ist außerdem – hinsichtlich der Praktiken – (2) eine Welt der Sachbeziehungen und Beziehungssachen; und schließlich verfügt diese Dingwelt – in medialer Hinsicht – (3) über magisches und transzendentes Potenzial, das in ein Jenseits der höfischen Dingwelt verweist. Diese drei Bereiche bilden das Raster der folgenden *Parzival*-Lektüre.

## Kleidung und Rüstung

Parzivals erste zufällige Begegnung mit Rittern führt ein Motiv in den Roman ein, das im Folgenden vielfach variiert wird: ‚Erziehungsverantwortliche' geben knappe und kontextlose Erläuterungen, die bei Parzival zum Missverstehen der höfischen Kultur führen und unhöfische Handlungen auslösen. Dass Gott „noch heller als der Tag" sei (Wolfram 1999, 119,19 [alle Übersetzungen von M. O.]), mag als erster Vermittlungsversuch religiösen Wissens aus dem Mund der Mutter die Wissbegierde des neugierigen Parzival stillen, aber angesichts des nie zuvor gesehenen Glanzes der Rüstungen wendet Parzival sein eben erworbenes Wissen interpretatorisch an und sieht sich plötzlich Gott gegenüber. Ein Wort führt zum anderen: Die Ritter erklären, dass sie nicht Gott, sondern Ritter seien, und beantworten bereitwillig die Frage nach der Instanz, die jemanden zum Ritter macht: „‚[D]as tut der König Artus'" (Wolfram 1999, 123,7).

Nach diesem Blick in eine höfisch-ritterliche Welt, der Parzival aus familiären Gründen immer schon zugehört, erweist sich der Versuch seiner Mutter als gescheitert, ihn von dem ihm gebührenden Leben abzuhalten. Er verlangt nun nach einem Pferd – und seine Mutter entwickelt eine neue Strategie: Parzival erhält ein schlechtes Pferd und wird mit Narrenkleidern ausgestattet, damit er möglichst bald – verspottet und verprügelt – zu ihr zurückkehre. Dieser Ausstattung mit Kleidung, dieser ersten ‚Investitur' (vgl. Kraß 2006), wird kurze Zeit später eine weitere folgen: Noch bevor er zu König Artus und dessen Hofgesellschaft gelangt, trifft Parzival auf einen Ritter in roter Rüstung, der einen rotgoldenen Becher bei sich hat, mit dem er zuvor am Artushof versehentlich Wein in den Schoß der Königin gekippt hatte. Den Hintergrund dieses Geschehens bildet, wie im Text mehr angedeutet als erläutert wird, ein Erbschaftsstreit, der zum Zeitpunkt von Parzivals Eintreffen noch nicht geklärt ist. Dieser Streit wird nun symbolisch – und das heißt in diesem Fall: dinglich – verhandelt. Der Rote Ritter hätte, wie er selbst erläutert, mit einem *schoube* (Wolfram 1999, 146,26), einem Strohbündel, eine Rechtsgeste öffentlich vollziehen müssen. Wie genau man sich diese Geste vorzustellen hat, geht aus dem Roman nicht eindeutig hervor, und auch unter Berücksichtigung anderer Texte der Zeit lässt sich nur annehmen, dass der Ritter ein brennendes Strohbündel in die Erde hätte stoßen müssen. Da er sich jedoch nicht mit Ruß hatte beschmutzen wollen, nahm er einen prächtigen Becher, woraufhin er versehentlich den Schoß der Königin mit Wein begoss.

Artus selbst und sein Umfeld sind offenbar nicht in der Lage, das Problem zu lösen. In dieser Situation kommt der mutig-naive Narr gerade recht, und so lässt man Parzival, der sein unbedingtes Begehren auf die rote Rüstung gerichtet hat, gegen den Roten Ritter antreten. Dass Parzival aus dem Zweikampf als Sieger hervorgeht, hat er vor allem seinem Wurfspieß zu verdanken, einer denkbar ‚unritterlichen' Waffe, mit der er aus der Ferne durch den Sehschlitz, eine Schwachstelle der Rüstung ausnutzend, Auge und Kopf des Ritters durchbohrt. Damit wird die zweite Investitur ermöglicht, die allerdings Probleme bereitet: Parzival wälzt den Toten hin und her, kann aber die Rüstung, diese aufwendig gestaltete zweite Haut des Ritters, zunächst nicht vom Körper lösen, so sehr er sich auch bemüht. Schließlich hilft ihm ein Knappe, der ihm dann auch die Rüstung anlegt, ihm allerdings seinen Köcher samt Wurfspießen nicht reichen will, weil sich diese Waffe für einen Ritter nicht gehöre. Stattdessen bindet er ihm das Schwert des getöteten Ritters um und macht den eben erst ausgezogenen Parzival nun (zumindest äußerlich) zu einem Ritter – in geraubter Rüstung; Raub aber ist nichts anderes als eine spezifische Form einer reziproken Logik der Zirkulation der Dinge (Sahm 2014).

Die Tötung eines Ritters bleibt nicht ohne Kritik und Folgen, zumal es sich in diesem Fall um einen Verwandten des Protagonisten handelt. Auch Parzivals Einübung in die höfisch-ritterliche Dingkultur ist noch lange nicht abgeschlossen – zumal er es nicht nur mit König Artus und dessen Hofgesellschaft zu tun hat, sondern kurz darauf auch mit dem Gralskönig. Im Gegensatz zur spärlichen Beschreibung des Artushofes wird Parzivals erster Besuch auf der Gralsburg mit einer über alle Maßen prächtigen Darstellung höfischen Reichtums und höfischer Pracht geschildert (Groos 2014, 45–47). Allerdings sind die inszenierten Abläufe mit den darin involvierten Dingen für Parzival kaum zu verstehen. Einige Hinweise werden im Laufe des Romans nachgetragen; bis dahin aber ist Parzival mit unverständlichen Praktiken konfrontiert. Das liegt auch daran, dass ihm zuvor eingeschärft wurde, nicht immer so viel zu fragen. So bleibt ihm lediglich stummes Beobachten: Er wird in einen Saal geführt, wo einhundert Kronleuchter mit zahlreichen Kerzen hängen, einhundert Betten stehen, auf denen einhundert Decken liegen und je vier Leute sitzen, während drei viereckige Feuerstellen brennen. Herein kommt ein junger Mann, der eine Lanze trägt, von deren Schneide Blut bis zur Hand und zum Ärmel des Trägers fließt. Danach betreten zwei prächtig gekleidete junge Frauen den Saal, die Kerzen tragen, gefolgt von einer Herzogin und einer weiteren Frau, gefolgt von vier Mal zwei Frauen, die vier Kerzen und vier Edelsteine tragen, gefolgt von zwei Frauen mit Messern, gefolgt von weiteren vier Frauen, so dass schließlich – die Erzählinstanz hat mitgezählt und sagt dies auch – achtzehn Frauen in den Saal getreten sind. Im Anschluss kommt eine Frau hinzu, die als Königin bezeichnet wird; sie trägt „ein Ding, das ‚der Gral' genannt wurde" (Wolfram 1999, 235,23). Schließlich, nach weiteren Beschreibungen der unvergleichlichen Pracht, erhält Parzival auch noch das Schwert des Gastgebers.

Sowohl das Schwert als auch ein Mantel, den Parzival zuvor bekommen hat, sind traditionelle Herrschaftsinsignien. Er erhält diese Dinge, weil er derjenige ist, der dem verletzten Gralskönig nachfolgen soll. Die Prachtdemonstration wiederum ist nicht nur einer gewollten Darstellung der alimentären Potenz des Grals geschuldet, sondern auch als überwältigender Versuch zu verstehen, Nachfragen auf Seiten Parzivals zu erzeugen – doch weder kann Parzival die symbolische Bedeutung von Mantel und Schwert entziffern, noch bringt ihn die Inszenierung zum Sprechen. Weil es jedoch seine Aufgabe war, zu fragen, wird er am nächsten Morgen getadelt und verlässt die Burg ohne höfische Verabschiedung.

Parzival, der abseits der höfischen Dingkultur aufwächst, muss sich in diese Kultur erst mühsam hineinfinden. Der Effekt dieses eng mit Dingen verknüpften Sozialisierungsprozesses ist in doppelter Hinsicht interessant und relevant: Zum einen zeigt sich, dass Parzivals Integration in die höfische Ritterkultur mit der Aneignung von Dingen und dem Einüben der zugehörigen Handlungs- und Verhaltensweisen einhergeht. Zum anderen werden höfische Dinge ihrer kulturellen Selbstverständlichkeit entkleidet, indem an und mit ihnen Handlungen vollzogen werden, die sich jenseits routinierter Verwendungsweisen bewegen. Dies wiederum erlaubt einen erhellenden Blick auf Geltungsansprüche, Praktiken und Diskurse einer erzählten höfischen Dingwelt.

## Liebesgaben und Beziehungssachen

Mit dem unehrenhaften Abschied Parzivals von der Gralsburg ist die Beziehung zwischen ihm und der Gralsgesellschaft bis auf Weiteres beendet. An anderen Stellen des Romans wird indes deutlich, dass das Stiften von Beziehungen eine wichtige Funktion der Dinge darstellt. Dies gilt insbesondere für das Liebespfand, eine spezielle Form von Liebesgabe, die von den Damen an die Ritter, die in ihrer Gunst stehen, vergeben wird. Der Normalfall scheinen die tausend Mark teuren Kleinodien zu sein, die Parzivals Vater, Gahmuret, gleich zu Beginn des Romans von einer Freundin erhält (Wolfram 1999, 12,3–14) oder (wie im 7. Buch des *Parzival*) der Ärmel der Dame, den der Ritter an seinem Schild befestigt, bevor er in den Kampf zieht.

Allerdings ist im *Parzival*, diesem notorisch erratischen Roman, selbst der Normalfall in ein dichtes Netz von Abweichungen eingespannt. So gibt Parzivals Mutter Herzeloyde ihrem Mann nicht nur einen Ärmel als Liebespfand, sondern auch noch ein weißes Seidenhemd, das sie selbst getragen hat. Bis zu seinem Tod wird Gahmuret achtzehn dieser Hemden über seine Rüstung ziehen, und jedes einzelne wird im Kampf durchstochen und zerfetzt. Als man ihr nach Gahmurets Tod das Hemd bringt, das er zuletzt übergestreift hatte, will Herzeloyde auch noch dieses blutige und zerrissene Hemd anlegen (Wolfram 1999, 111,26–27).

Über die Funktion des Hemdes als Liebesgabe und Beziehungssache hat Susanne Hafner (1994) im Rahmen einer psychoanalytisch orientierten Lektüre des Hemdes nachgedacht. Sie rekapituliert die schwierige Hierarchie zwischen Herzeloyde, einer Königin, und Gahmuret, einem zunächst landlosen Ritter, der rastlos in Kämpfe verwickelt ist und sich durch Ehebindungen kaum bändigen lässt. Nachdem Gahmuret seine erste Frau verlassen hatte, wird er durch ein Gerichtsurteil zu einer zweiten Heirat verpflichtet, und er verpflichtet seinerseits seine zweite Frau darauf, ihn regelmäßig an Turnieren teilnehmen zu lassen. Das Seidenhemd, das Gahmuret nicht unter, sondern über seiner Rüstung trägt, wird zum Ort der Auseinandersetzung der Ehepartner, weil es den Schlägen und Hieben der Gegner ausgesetzt wird: „Der Ehegatte wider Willen schlägt zurück, indem er Herzeloydes Fetisch einem rituellen Gewaltakt aussetzt – einer Vergewaltigung, wenn man das Hemd als Symbol für Herzeloydes weiblichen Körper ansieht" (Hafner 1994, 100–101).

Dinge wie Herzeloydes Hemd werden zu fetischisierten Vermittlern affektiver Konstellationen angesichts komplexer Liebesdiskurse und Geschlechterverhältnisse, wie sie in der höfischen Textkultur des provenzalisch-französisch-deutschsprachigen Raums im 12. Jahrhundert entwickelt und durchgespielt werden. Was Parzivals Mutter anbelangt, so wird nach dem Tod Gahmurets der freigewordene Platz in der Ökonomie des Begehrens durch das Kind gefüllt, das sich zu diesem Zeitpunkt seit achtzehn Wochen im Mutterleib bewegt: „Die Identität dieser Zahlen", so bemerkt Hafner mit Blick auf die achtzehn zerstochenen Hemden, „schafft eine direkte Verbindung zwischen Gahmurets Turnieren und der fortschreitenden Schwangerschaft Herzeloydes" (Hafner 1994, 103) – und so erklärt sich auch, warum Parzivals Mutter alles daransetzt, Parzival, diesen Ehemann-Ersatz, bei sich zu behalten und von dem potenziell tödlichen Rittertum abzuschirmen.

Als dieses Vorhaben einer dauerhaften Bindung Parzivals an seine Mutter gescheitert ist, lautet einer der Ratschläge, die er von ihr erhält: „‚Wo auch immer du den Ring einer guten Frau bekommen kannst – und ihren Gruß –, das nimm; es verringert deine Mühe und Not'" (Wolfram 1999, 127,26–28). Schon kurz nach seinem Abschied von der Mutter bekommt Parzival die Möglichkeit, diesen Ratschlag zu beherzigen: Auf einer Lichtung steht ein Zelt, in dem sich nicht nur ein reichhaltiges Angebot an Speisen befindet, sondern auch die Dame eines Ritters, die schlafend und liebreizend, wenn nicht gar aufreizend auf einem Bett liegt. Dass Parzival nach seinem Abschied aus dem behüteten ‚Naturzustand' zuerst auf ein Zelt trifft, ist signifikant: Als „transportabler und schnell installierbarer Innenraum" bieten Zelte temporäre höfische Räume innerhalb der Natur (Stock 2008, 69). Parzivals erste Begegnung mit diesem höfischen Raum ist schnell erzählt: Er springt zur Frau in das Bett, erzwingt einen Kuss, nimmt einen ihrer Ringe und ein *fürspan* (Wolfram 1999, 131,17), eine Spange, die den Mantel vorn zusammenhält. Danach verspürt Parzival plötzlich Hunger und macht sich über die bereitstehenden Speisen her. Anhand des Umgangs mit Nahrungsmitteln lässt sich schon deshalb einiges über Parzivals Sozialisierungsprozess sagen, weil sich höfisches Verhalten auch beim Essen und Trinken zu bewähren hat (Bleuler 2013; Lieb 2002). Zu höfischem Essverhalten ist er zwar zu diesem Zeitpunkt noch nicht in der Lage, immerhin aber verhindert das Stillen des Hungers die Vergewaltigung – und Parzival zieht weiter. Dass die Dame dennoch von ihrem zurückkehrenden Ritter bestraft wird, hat nicht nur mit dem fehlenden Ring und der fehlenden Spange zu tun, sondern auch mit einigen Zeltschnüren, die Parzival achtlos herausgerissen hatte. Schon anhand dieser Zeltschnüre bemerkt der Ritter die reale (und für ihn auch symbolisch lesbare) Störung des Raumes, den das Zelt aufspannt. Zwar beteuert die Dame, keinen Geliebten zu haben, doch ihr Ritter glaubt ihr nicht und bestraft sie für ihr vermeintliches Fehlverhalten.

Parzival kann freilich mit der Spange nichts anfangen; er gibt sie einem Fischer, um bei ihm essen und übernachten zu können und sich den Weg zum Artushof zeigen zu lassen. Dass der Wert der Brosche diese einfachen Gegenleistungen bei Weitem übersteigt, weiß Parzival nicht, und weil es für ihn nicht weiter relevant ist, wird er es auch später nicht lernen müssen: Der Fischer bewegt sich zwar in räumlicher Nähe, aber jenseits der höfischen Sphäre, und während er für Leistungen Gegenleistungen einfordert, gehört die *milte*, die materielle Verausgabung, zu den zentralen Anforderungen an die herausgehobenen Vertreter des Hofes (Groos 2014, 49). Einige relevante Dingbeziehungen im Roman bewegen sich in Grenzbereichen zwischen höfischer und nicht-höfischer Kultur, etwa im Bereich des Warenaustausches von Kaufleuten und der

Bezahlung für Unterstützung und Hilfe. Dies gilt insbesondere auch für Gawan, den zweiten Protagonisten des Textes, der im siebten Buch für einen Kaufmann, gar für einen Geldwechsler oder sogar Falschmünzer gehalten wird, im zehnten Buch mit einem Fährmann in Verhandlung treten muss und im elften Buch auf einen Kaufmann mit kostbarem Kaufmannsgut trifft. All diese Dingexperten jenseits der höfischen Gaben- und Verausgabungslogik haben es mit Gegenständen zu tun, die keine symbolischen und affektiven Funktionen erfüllen müssen und deshalb nicht zu gebrauchen sind, um längerfristige Beziehungen zu stiften.

**Magie und Transzendenz**

Ebenfalls jenseits der höfischen Kultur bewegen sich jene Dinge, die über magisches Potenzial verfügen, mithin zwischen Immanenz und Transzendenz vermitteln oder Transzendenz sichtbar werden lassen. Für den Bereich der Magie steht insbesondere der Zauberer Clinschor, der im Land *Terre marveile* in einer Burg namens *Schastel marveile* zahlreiche höfische Damen gefangen hält, deren Befreiung an verschiedene Aufgaben geknüpft ist. Diese Aufgabenkette beginnt mit einem Wunderbett, *Lît marveile* (vgl. Wolfram 557,6–9 und 566,14–15), das mit vier runden Rädchen aus Rubinen auf einem glatten Boden steht und ausweicht, sobald man sich ihm nähert. Schafft man es doch, auf das Bett zu springen, so versucht *Lît marveile* den Eindringling abzuschütteln wie ein Pferd einen unwillkommenen Reiter; nachdem dies überstanden ist, werden Steine und Pfeile auf das Bett geschleudert – bevor noch weitere Prüfungen folgen. In Clinschors Palast gibt es zudem eine Wundersäule, eine Art Überwachungskamera, mit der man sehen kann, was im Umkreis von sechs Meilen passiert (Wolfram 1999, 589,27–590,16). Die magische Qualität derartiger Dinge ist nicht leicht zu bewerten, immerhin handelt es sich in gewissem Sinne zuallererst um technische Imaginationen jenseits der Möglichkeit der Verwirklichung. Genau deshalb befinden sich diese Dinge in einem Zwischenraum zwischen Zauberei und höfischem Leben.

Das wichtigste Ding mit magischer Qualität im *Parzival* ist der Gral, dessen Wirkungsweise und Herkunft im Laufe des Romans Stück für Stück dichter beschrieben wird. Hierzu gehören eine komplexe Herkunftsgeschichte (insbesondere Wolfram 1999, 452,29–455,24), eine Reihe von Wirkungen (unter anderem kann eine Woche lang nicht sterben, wer den Gral gesehen hat) und eine Beziehung zur göttlichen Sphäre: Auf dem Gral erscheinen „Inschriften" (Lieb 2015), die den göttlichen Willen verkünden und verschwinden, sobald man sie gelesen hat. So gesehen ist der Gral ein spezifisch mittelalterliches Medium der Verbindung zur Transzendenz (Kiening 2007).

Dass sich göttliches Wirken indes nicht nur in Form von Inschriften zeigt, wird von der Erzählinstanz gegen Ende des Textes suggeriert, als Parzival mit seinem Halbbruder kämpft (ohne um das Verwandtschaftsverhältnis zu wissen). Als Parzivals Schwert – dasjenige, das er dem Roten Ritter geraubt hat – beim Aufprall auf den Helm seines Gegners zerbricht, heißt es, Gott habe nicht länger dulden wollen, dass Parzival sich einer Waffe bedient, die aus einem Leichenraub stammt (Wolfram 1999, 744,14–16). Durch die Handlungen, die auf das Zerbrechen des Schwertes folgen, werden die drei hier diskutierten Dingdimensionen harmonisiert: Unter dem neuen Gralsherrscher kommt die höfische Freude an den Gralshof zurück; problematische und abgebrochene Personenbeziehungen werden restituiert, und der magisch-transzendente Gral wird in die höfische Welt eingebunden. So ist auch das Ende des Romans in vielerlei Hinsicht um Dinge herum arrangiert.

## Literaturverzeichnis

Bleuler, Ann Kathrin. „Körperdramen. Wolframs Inszenierung der Parzival-Figur anhand von Essen und Trinken". *Imaginative Theatralität. Szenische Verfahren und kulturelle Potenziale in mittelalterlicher Dichtung, Kunst und Historiographie* (Interdisziplinäre Beiträge zu Mittelalter und Früher Neuzeit 1). Hrsg. von Manfred Kern. Heidelberg 2013: 101–127.

Bumke, Joachim. *Höfische Kultur. Literatur und Gesellschaft im hohen Mittelalter. 2 Bände.* München 1986.

Egidi, Margreth, Ludger Lieb, Mireille Schnyder und Moritz Wedell (Hrsg.). *Liebesgaben. Kommunikative, performative und poetologische Dimensionen in der Literatur des Mittelalters und der Frühen Neuzeit* (Philologische Studien und Quellen 240). Berlin 2012.

Groos, Arthur. „Ekphrasis, Landscape, and Power: Some Castles and Their Rulers in Wolfram's Parzival". *Literaturwissenschaftliches Jahrbuch* 55 (2014): 41–57.

Kiening, Christian. „Medialität in mediävistischer Perspektive". *Poetica* 39 (2007): 285–352.

Hafner, Susanne. „Herzeloydes Hemd: Ein Dessous obenauf". *Sexuelle Perversionen im Mittelalter. Les perversions sexuelles au Moyen Age* (Wodan 46). Hrsg. von Danielle Buschinger und Wolfgang Spiewok. Greifswald 1994: 97–105.

Kraß, Andreas. *Geschriebene Kleider. Höfische Identität als literarisches Spiel* (Bibliotheca Germanica 50). Tübingen, Basel 2006.

Lieb, Ludger. „Essen und Erzählen. Zum Verhältnis zweier höfischer Interaktionsformen". *Situationen des Erzählens. Aspekte narrativer Praxis im Mittelalter* (Quellen und Forschungen zur Literatur- und Kulturgeschichte 20). Hrsg. von Ludger Lieb und Stephan Müller. Berlin, New York, NY 2002: 41–67.

Oswald, Marion. *Gabe und Gewalt. Studien zur Logik und Poetik der Gabe in der frühhöfischen Erzählliteratur* (Historische Semantik 7). Göttingen 2004.

Sahm, Heike. „Gabe und Gegengabe, Raub und Vergeltung. Reziprozität in der mittelhochdeutschen Epik". *Zeitschrift für deutsche Philologie* 133 (2014): 419–438.

Schultz, Alwin. *Das höfische Leben zur Zeit der Minnesinger. 2 Bände*. Leipzig 1879/1880.
Stock, Markus. „Das Zelt als Zeichen und Handlungsraum in der hochhöfischen deutschen Epik. Mit einer Studie zu Isenharts Zelt in Wolframs *Parzival*". *Innenräume in der Literatur des deutschen Mittelalters*. XIX. Anglo-German Colloquium Oxford 2005. Hrsg. von Burkhard Hasebrink, Hans-Jochen Schiewer, Almut Suerbaum und Annette Volfing. Tübingen 2008: 67–85.
Wandhoff, Haiko. *Kunstbeschreibungen und virtuelle Räume in der Literatur des Mittelalters* (Trends in Medieval Philology 3). Berlin, New York, NY 2003.
Wolfram von Eschenbach. *Parzival*. Studienausgabe. Mittelhochdeutscher Text nach der sechsten Ausgabe von Karl Lachmann. Berlin, New York, NY 1999.

## 3.2 Materielle Kultur in der *City Comedy* der Frühen Neuzeit

Sabine Schülting

### Einleitung

„What is't you lack?" – der Ruf der Händler hallt durch die *City Comedies* von Thomas Dekker, Ben Jonson, Thomas Middleton, John Marston und anderen. Die Gattung entsteht im späten 16. Jahrhundert und ist vor allem in den ersten Jahrzehnten des 17. Jahrhunderts populär, bis zur Schließung der Theater durch die Puritaner im Jahr 1642 (vgl. Gibbons 1968; Wells 1981; Mehl et al. 2004). Im Zentrum der satirischen Komödien steht die prosperierende Schicht der Londoner Bürger, insbesondere die der Kaufleute. Die Plots kreisen um Handel und Konsum, um die Ökonomisierung aller Bereiche des Lebens, einschließlich der Geschlechterbeziehungen, mithin um die Zirkulation von Geld, Dingen und Frauen. Die *City Comedy* ist eine Reaktion auf den zunehmenden politischen, ökonomischen und kulturellen Einfluss Londons, nicht zuletzt als Folge der Expansion internationaler Handelsbeziehungen innerhalb Europas, aber auch zwischen Europa, Asien, Afrika und der ‚Neuen Welt'. Durch den Handel kommt eine Vielzahl neuer Dinge nach England (vgl. Peck 2000): Edelmetalle, Porzellan, feine Stoffe, Teppiche, Gewürze, Zucker, Tabak usw. Es ist nicht zuletzt diese Vielfalt der materiellen Welt, die in den Komödien in den Blick bzw. auf die Bühne kommt. In Dekkers *The Shoemaker's Holiday* (1599) bringt ein niederländisches Schiff reiche Waren: Zucker, Parfum, Mandeln, Stoffe und „tausend" andere Dinge, durch die der Schuhmacher Eyre wohlhabend und politisch einflussreich wird. Die *City Comedy* ist folglich nicht nur ein primär urbanes Genre, sondern auch Ausdruck der neuartigen Dingkultur, die um 1600 entsteht: „[T]he celebration of the urge to own, the curiosity to possess the treasures of other cultures, and the pride in a new craftsmanship which can make the most humdrum commodities desirable." (Jardine 1998 [1996], 34)

Mit der Intensivierung internationaler Handelsbeziehungen entwickeln sich neue Kleiderkulturen und Modeerscheinungen (vgl. Jones und Stallybrass 2000), infolge derer die traditionellen *sumptuary laws*, ständische Kleiderordnungen, ihre Wirksamkeit verlieren; sie werden während der Regierungszeit James I. (1603–1625) abgeschafft. Als stabiles Zeichen für sozialen Stand eignen sich die Dinge nicht mehr. Die Stücke reflektieren solche Entwicklungen, häufig satirisch, und geben dabei auch der verbreiteten Sorge um die Auflösung traditioneller Beziehungen und den Verlust moralischer Werte Ausdruck. Douglas Bruster versteht die *City Comedy* als Gattung, die die vielschichtigen Beziehungen zwischen Menschen und Dingen theoretisiert; sie sei das Produkt einer Gesellschaft, die beständig über die materielle Kultur nachgedacht habe (vgl. Bruster 2001, 238). Für die kulturhistorische Auseinandersetzung mit der frühneuzeitlichen Dingkultur (vgl. De Grazia et al. 1996) sind zudem die (materiellen) Aufführungsbedingungen der *City Comedy* auf den Bühnen der neuen Londoner Theater interessant.

## Die Lust an den Dingen

Es sind die Laster und Torheiten der Londoner Bürger und Bürgerinnen, die die Plots der *City Comedies* antreiben: Geiz und Habgier, Statusdenken und das Streben nach sozialem Aufstieg, sexuelles Begehren und Promiskuität. Heirat und sexuelle Beziehungen folgen ökonomischen Interessen, so dass die Grenze zwischen Prostitution und Ehe unscharf wird. In Middletons *A Chaste Maid in Cheapside* (1613) beispielsweise versuchen die Yellowhammers, Londoner Goldschmiede, durch die strategische Verheiratung ihrer beiden Kinder den sozialen Aufstieg der Familie voranzutreiben. Die Tochter Moll, die titelgebende keusche Magd, soll mit Sir Walter Whorehound verheiratet werden, dessen vielfältige Liebschaften bereits durch seinen Namen angezeigt werden. Während es Moll am Ende gelingt, die Pläne ihrer Eltern zu durchkreuzen und ihren geliebten Touchwood Junior zu heiraten, ehelicht Tim Yellowhammer tatsächlich, wie von seinen Eltern arrangiert, die walisische Mätresse von Sir Walter, die er für eine reiche Erbin hält. Sir Walter wiederum führt eine langjährige Affäre mit Mistress Allwit, die gerade ein weiteres Kind von ihm zur Welt gebracht hat. Master Allwit, der gehörnte Ehemann, genießt den Luxus, den ihm diese *ménage à trois* einbringt. In solchen amourösen Verwicklungen spielen materielle Objekte eine wichtige Rolle: Sie sind ökonomischer Besitz, Konsum- und Luxusgut, Statussymbol, Fetisch, aber auch Liebespfand, wobei die Grenzen zwischen diesen Funktionen der Dinge fließend sind und immer wieder neu bestimmt werden müssen (vgl. Schülting 2014). Als Kleidung, Accessoires und Waffen konstituieren bzw. dekonstruieren die Dinge die geschlechtlichen wie sozialen Identitäten der Figuren. In Männerkleidern werden weibliche Figuren nicht als Frauen erkannt; in seiner Verkleidung wird der Richter Overdo in Jonsons *Bartholomew Fair* (1614) für einen Verbrecher gehalten und in den Stock gesperrt. Moll Cutpurse, das ‚Roaring Girl' aus Middletons/Dekkers gleichnamiger Komödie (1611), wird aufgrund ihrer die Geschlechtergrenzen verwischenden Kleidung – sie trägt gleichzeitig Frauen- *und* Männerkleider – als „codpiece daughter"

(4.100) bezeichnet, wird also über die Schamkapsel, einen den Phallus markierenden Teil der frühneuzeitlichen Männermode, identifiziert. Ihr gelingt es, dem romantischen Liebespaar Mary und Sebastian zu ihrem Glück zu verhelfen; doch als sie Mary in Männerkleidern zu Sebastian schmuggelt, ist dieser insbesondere von der Verkleidung seiner Geliebten angetan: „Methinks a woman's lip tastes well in a doublet." (8.47) Auch in *Bartholomew Fair* scheint sich das Begehren des Anwalts Littlewit weniger auf den Körper seiner Frau als auf die fetischisierten Kleidungsstücke, die sie trägt, zu richten: „Now you look finely indeed, Win! This cap do's convince! [...] Sweet Win, let me kiss it! And her fine high shoes, like the Spanish lady! [...] By this fine cap, I could never leave kissing on't." (1.1.17–1.1.23)

Diese ‚Verdinglichung' zwischenmenschlicher Beziehungen wird durch eine Sprache unterstützt, die durch den Materialismus ihrer Sprecher und Sprecherinnen geprägt ist und kontinuierlich Menschen mit Waren gleichsetzt. In der Figurenrede gleiten die Relationen zwischen Dingen und Personen beständig zwischen Metapher und Metonymie: Yellowhammer versteht seine Tochter als seinen Besitz; von ihren Eltern wird sie wiederholt mit wertlosen Waren – schlechtem Leinen oder unreinem Gold – verglichen (vgl. Newman 2008). Selbst Touchwood Junior vergleicht seine Moll mit dem Diamanten, den er für sie anfertigen lässt. In derselben Komödie wird ein uneheliches Kind von seinem Vater als Stück Fleisch bezeichnet, das er mit einer Geldzahlung an die Mutter zurückweist. Die entledigt sich ihrerseits der Verantwortung, indem sie den Säugling in einem Korb mit Fleisch versteckt, der von den städtischen Kontrolleuren als vermeintliches Vergehen gegen das Fleischverbot in der Fastenzeit konfisziert wird.

Dieser Materialismus erfasst folglich alle Figuren, einschließlich der Vertreter der weltlichen und geistlichen Autoritäten, die ebenfalls weniger an Moral oder Gesetzen als vielmehr an ihrem eigenen Wohlergehen – einem guten Braten bzw. dem Geldwert der konfiszierten Güter – interessiert sind. In Jonsons Komödie *Bartholomew Fair* gelingt es weder dem Richter Overdo noch dem selbstgerechten Puritaner Zeal-of-the-Land-Busy, dem anarchischen Treiben auf dem Bartholomew Fair, einem jährlich stattfindenden Jahrmarkt, Einhalt zu gebieten. Das Zentrum des Geschehens ist durch die Bude von Ursula markiert, wo Schweinefleisch, Alkohol, Tabak und Prostituierte feilgeboten werden. Dieser Ort und die hier zum Verkauf stehenden Waren ziehen alle Figuren magisch an. Bartholomew Cokes beispielsweise, der naive Landjunker, lässt sich an jedem Jahrmarktstand zum Kauf verleiten und erwirbt allerlei nutzlosen Tand, der zu teuer verkauft wird. Doch Steckenpferde und Gingerbread sind ihm wichtiger als seine Verlobte Grace, die er schließlich ebenso verliert wie seine Einkäufe, seinen Geldbeutel, Hut, Mantel und sein Schwert. Die endgültige Inbesitznahme von Dingen gelingt den Figuren der *City Comedy* selten; die Objekte gehen verloren, werden gestohlen, verwechselt oder getauscht. In den Komödien wird die Marktlogik der Zirkulation nicht nur thematisiert, sondern prägt auch die Handlungsstruktur der Stücke selbst.

## Dinge auf der Bühne

Fungiert die *City Comedy* einerseits als Satire auf die Welt der Londoner Bürger, rekonstruiert sie andererseits eben diese Welt materiell auf der Bühne. Schauplätze sind die Häuser und die Straßen des frühneuzeitlichen Londons, häufig auch die Orte der Stadt, an denen Handel getrieben wird: die Cheapside, der Jahrmarkt in Smithfield in *Bartholomew Fair*, Ladengeschäfte und Marktstände wie das Geschäft des Goldschmieds Yellowhammer in *A Chaste Maid in Cheapside*, die Läden des Apothekers Gallipot, des Schneiders Openwork und des Federhändlers Tiltyard in *A Roaring Girl* oder auch Ursulas Bude in *Bartholomew Fair*. Diese Läden wurden vermutlich durch einfache Bühnenkonstruktionen dargestellt, während die zum Verkauf stehenden Waren auf dem Theater durch eine Vielzahl von Requisiten repräsentiert wurden, unter anderem durch Kostüme, Waffen, Schmuck, Möbel, Geschirr und Besteck. In den Regieanweisungen sind einige solcher Dinge explizit erwähnt, auf andere wird in der Figurenrede verwiesen, so dass davon ausgegangen werden kann, dass sie auf der Bühne zu sehen waren.

Auf der Bühne führen diese Dinge ein Doppelleben (vgl. Harris und Korda 2002). Wie andere Kunstformen ist auch das Theater ein Symbolisierungssystem, dessen Welterzeugung über sprachliche wie nicht-sprachliche Zeichen erfolgt, welche auf eine Welt jenseits der Bühne verweisen. Anders als in der Prosa oder der Lyrik aber entsteht diese Welt nicht ausschließlich in der Imagination der Zuschauerin, sondern auch materiell auf der Bühne. Mit anderen Worten: Als Zeichen konstituieren die Dinge auf der Bühne einerseits die fiktionale Welt der Londoner Bürger und Bürgerinnen, andererseits figurieren sie aber auch als materielle Objekte, die an die Dingpraktiken des Publikums anschließen. Diese beiden ‚Dingwelten' und ihre jeweils spezifischen Praktiken sind nicht identisch, zuweilen konkurrieren sie miteinander, um sich dann doch wieder zu überlagern. In dem Maße, wie das materielle Objekt auf der Bühne in seiner alltäglichen Realität, in seiner Teilhabe an der Welt der Zuschauer im Moment der Aufführung wahrgenommen wird, verliert es seinen Verweischarakter auf die fiktionale Welt bzw. oszilliert zwischen diesen beiden Welten (vgl. hierzu States 1985; Calderwood 1971; Richardson 2002). Requisiten auf der (frühneuzeitlichen) Bühne sind folglich nicht bloß arbiträre Zeichen; aufgrund ihrer spezifischen Materialität werden sie als eigenständige Dinge wahrgenommen, die Teil der ‚realen' Welt außerhalb des Theaters sind (siehe auch 3.13 SIEGEL).

Dieses ‚Doppelleben' der Dinge ist von entscheidender Bedeutung für die *City Comedy*, deren fiktionale Welten so eng mit der Erfahrungswelt des frühneuzeitlichen Londoner Publikums verbunden waren. Es sind gerade die alltäglichen Dinge, die als Requisiten dazu beitragen, die zeitgenössische Welt zu reproduzieren und auf diese Weise soziale Praktiken zu verhandeln (vgl. Roberts 2002, 167). Das Bett der Wöchnerin Allwit in *A Chaste Maid in Cheapside* beispielsweise verweist auf das Bett als zentrales Objekt im Leben einer Familie, als Statusobjekt einerseits, als Schauplatz des Familienlebens, von der Sexualität über die Geburt bis zum Tod, andererseits (vgl. Roberts 2002, 155). In Middletons Stück werden solche Assoziationen allerdings unterlaufen, wenn Master Allwit zwar die Geburt des Kindes feiert und stolz die luxuriöse Ausstattung des Wöchnerinnenzimmers seiner Frau präsentiert, sich aber herausstellt, dass nicht er, sondern Sir Walter Whorehound der Vater des Kindes ist, der für seine sexuellen Freuden mit Mistress Allwit die Familie großzügig unterstützt. Die Feier fungiert demnach kaum als Bestätigung der patriarchalen Familie: Master Allwit ist nur daran interessiert, seinen Wohlstand auszustellen; Sir Walter verweist wiederholt auf das Wöchnerinnenbett als Ort des Ehebruchs; und die puritanischen Frauen tun sich ausgiebig an den dargebotenen Speisen und Getränken gütlich. Der Humor bzw. die satirische Wirkung des Stücks beruht gerade auf solchem Changieren zwischen normativen und devianten Dingpraktiken. In *The Stage Life of Props* argumentiert Andrew Sofer, dass eine Destabilisierung der konventionellen Bedeutung von Dingen durch ambivalente Requisiten insbesondere in Zeiten von semiotischen Krisen zu beobachten ist (vgl. 2003, 61–62); man könnte hinzufügen, dass dies auch für Epochen wie die Frühe Neuzeit gilt, in denen sich die Welt der Dinge, das Verhältnis zwischen Menschen und Dingen, die kulturelle Bedeutung der Dinge und die um sie kreisenden Praktiken grundlegend verändern.

Einige *City Comedies* stellen diese ‚Doppelnatur' der Dinge auf der Bühne selbstreflexiv aus. Jonsons *Bartholomew Fair*, 1614 im Hope Theatre uraufgeführt, beginnt mit einer „Induction", in der ein Bühnenarbeiter, ein Souffleur und ein Schreiber sich über das Stück unterhalten, das wenig später aufgeführt werden soll: *Bartholomew Fair*. Als der Arbeiter erwähnt, dass die ‚Groundlings', die Zuschauer auf den billigen Stehplätzen direkt an der Bühne, ihn nach seiner Meinung gefragt hätten, jagt ihn der Souffleur davon, nicht ohne ihn daran zu erinnern, worin seine Aufgabe im Theater besteht: „Your judgement, rascal? For what? Sweeping the stage? Or gathering up the broken apples for the bears within?" („Induction", 45–46) Er verweist einerseits auf die Geschichte des Hope Theaters, das auf dem Gelände einer früheren Bärenhatz-Arena errichtet wurde, andererseits auf die Konsumgewohnheiten des Londoner Publikums, dem im Theater tatsächlich Äpfel, Nüsse, Orangen und ähnliches angeboten wurden (vgl. Stern 2014, 69–70). Die Äpfel sind somit einerseits Teil der Fiktion, in ihrer Präsenz auf der Bühne aber auch der (vorgebliche oder tatsächliche) materielle Überrest der Aufführung vom vorigen Tag.

Neben Äpfeln wird in *Bartholomew Fair* Fleisch und Gingerbread verzehrt, Ale getrunken und Tabak geraucht. In *A Chaste Maid* isst man Pflaumen, Konfekt, Fleisch, eingelegte Gurken, Pies, Heringe, Kartoffeln und anderes Gemüse. In den jeweiligen Aufführungen wird ein Großteil dieser Lebensmittel nur in der Rede der Figuren erwähnt worden sein, aber in manchen Szenen, wie zum Beispiel der Feier der Taufe im Hause der Allwits, werden die Schauspieler tatsächlich auf der Bühne gegessen haben, wie die Bühnenanweisung nahelegt: „Enter *Nurse with comfits and wine*" (3.2.49 SD). Vielleicht wurde den Schauspielern nicht Wein, sondern Wasser, und nicht Konfekt, sondern Brot gereicht. Die Nahrungsmittel auf der Bühne wären damit Requisiten, nur Repliken oder Platzhalter jener Dinge, die sie repräsentieren. Damit ähneln sie den verfälschten oder unechten Dingen, die im frühneuzeitlichen London feilgeboten werden: dem billigen Metall der Goldhändler oder dem vergoldeten Tand auf dem Jahrmarkt. Die Zuschauer im Theater verwandeln sich so in Kunden, die bereitwillig für den ‚Betrug' bezahlen. Und doch handelt es sich um echtes Essen, auf das sie körperlich reagiert haben dürften – je nachdem, ob sie hungrig oder satt waren (vgl. Dobson 2009, 62). Nahrungsmittel auf der Bühne sind Zeichen, doch eignet ihnen auch eine irreduzible Materialität, die die Grenze zwischen der Welt der Bühnenfiktion und der des Publikums überschreitet und viszerale Reaktionen hervorruft.

In einer der komischsten metadramatischen Szenen von *Bartholomew Fair* treten die Puppen eines Puppenspielers auf, die ein erstaunliches Eigenleben entwickeln. Insbesondere gelingt es ihnen, die puritanischen Argumente von Zeal-of-the-Land-Busy gegen das Theater im Allgemeinen und insbesondere das *cross-dressing* der ausschließlich männlichen Schauspieler auf der frühneuzeitlichen englischen Bühne zu widerlegen. Ihren Rock lüftend, beschreibt sich eine der Puppen selbst als ein lebloses Objekt ohne menschlichen Körper und geschlechtliche Identität: „It is your old stale argument against the players, but it will not hold against puppets; for we have neither male nor female amongst us." (5.5.88–5.5.90) Gegenüber dieser schwindelerregenden Überlagerung von materiellem Objekt, Schauspieler und fiktionaler Figur muss der Puritaner seine

Niederlage eingestehen und revidiert sein Verhältnis zum Theater. Diese Logik setzte sich in der realen Welt nicht durch, wo die puritanische Theaterkritik 1642 ganz materielle Folgen zeitigte, als die Theater geschlossen wurden und achtzehn Jahre lang nicht wieder geöffnet werden sollten.

## Literaturverzeichnis

Bruster, Douglas. „The New Materialism in Renaissance Studies". *Material Culture and Cultural Materialisms in the Middle Ages and Renaissance*. Hrsg. von Curtis Perry. Turnhout 2001: 225–238.
Calderwood, James. *Shakespearean Metadrama*. Minneapolis, MN 1971.
Dekker, Thomas. *The Shoemaker's Holiday*. 3. Auflage. Hrsg. von Jonathan Gil Harris. London 2007.
De Grazia, Margreta, Maureen Quilligan und Peter Stallybrass (Hrsg.). *Subject and Object in Renaissance Culture*. Cambridge 1996.
Dobson, Michael. „‚His banquet is prepared': Onstage Food and the Permeability of Time in Shakespearean Performance". *Shakespeare Jahrbuch* 145 (2009): 62–73.
Gibbons, Brian. *Jacobean City Comedy: A Study of Satiric Plays by Jonson, Marston and Middleton*. London 1968.
Harris, Jonathan Gil, und Natasha Korda (Hrsg.). *Staged Properties in Early Modern Drama*. Cambridge 2002.
Jardine, Lisa. *Worldly Goods: A New History of the Renaissance*. New York, NY 1998 [1996].
Jones, Ann Rosalind, und Peter Stallybrass (Hrsg.). *Renaissance Clothing and the Materials of Memory*. Cambridge 2000.
Jonson, Ben. *Bartholomew Fair*. 2. Auflage. Hrsg. von G. R. Hibbard. London 2007.
Mehl, Dieter, Angela Stock, und Anne-Julia Zwierlein (Hrsg.). *Plotting Early Modern London: New Essays on Jacobean City Comedy*. Aldershot 2004.
Middleton, Thomas. *The Collected Works*. Hrsg. von Gary Taylor und John Lavagnino. Oxford 2010 [2007].
Newman, Karen. „‚Goldsmith's ware': Equivalence in *A Chaste Maid in Cheapside*". *Huntington Library Quarterly* 71.1 (2008): 97–113.
Peck, Linda Levy. „Building, Buying, and Collecting in London, 1600–1625". *Material London, ca. 1600*. Hrsg. von Lena Cowen Orlin. Philadelphia, PA 2000: 268–289.
Richardson, Catherine. „Properties of Domestic Life: The Table in Heywood's *A Woman Killed with Kindness*". *Staged Properties in Early Modern Drama*. Hrsg. von Jonathan Gil Harris und Natasha Korda. Cambridge 2002: 129–152.
Roberts, Sarah. „‚Let the curtains draw': The Dramatic and Symbolic Properties of the Bed in Shakespearean Tragedy". *Staged Properties in Early Modern Drama*. Hrsg. von Jonathan Gil Harris und Natasha Korda. Cambridge 2002: 153–174.
Schülting, Sabine. „‚What is't you lack?' Material Culture in Thomas Middleton's *A Chaste Maid in Cheapside*". *Litteraria Pragensia: Studies in Literature and Culture* 24 (2014): 97–111.
Sofer, Andrew. *The Stage Life of Props*. Ann Arbor, MI 2003.
States, Bert O. „The World on Stage". *Great Reckonings in Little Rooms: On the Phenomenology of Theater*. Berkeley, CA 1985: 19–47.

Stern, Tiffany. "'Fill thy purse with money': Financing Performance in Shakespearean England". *Shakespeare Jahrbuch* 150 (2014): 65–68.
Wells, Susan. "Jacobean City Comedy and the Ideology of the City". *English Literary History* 48.1 (1981): 37–60.

## 3.3 Poetische Gaben im Petrarkismus

Daniel Dornhofer

**Einleitung**

„I gaue thee gifts thou shouldst haue giuen againe". In diesem klagenden Ton wandte sich William Alexander (1577–1640) an Aurora, die petrarkistische Herrin seiner gleichnamigen Sonettsequenz. Damit machte er ungewöhnlich deutlich, dass dem galanten poetischen Liebesspiel bei Hofe eine Gabenstruktur zugrunde lag, wie sie fast alle frühneuzeitlichen Beziehungen durchzog. Der Austausch von Geschenken strukturierte soziale Bindungen und Hierarchien, begründete Verpflichtungen und Loyalität. Gaben konnten dabei Objekte oder Dienstleistungen sein, die vor allem das Verhältnis zwischen Geber und Empfänger sichtbar machen und das symbolische Kapital beider Parteien steigern sollten. Diesem Zweck diente im Rahmen höfischer Patronagenetzwerke auch die poetische Gabe.

Das Gedicht fungiert zugleich als Gegenstand und Schauplatz des Gabentauschs. Dichtung produziert symbolisches Kapital und macht so die symbolische Ökonomie, welche gesellschaftliche Tauschprozesse ordnet und ihnen Sinn gibt, erkennbar. Literarische Repräsentation dient demnach nicht der Verschleierung materieller Verhältnisse, sondern ist selbst eine soziale Strategie, die nur im Kontext anderer symbolischer Tauschprozesse verständlich wird (Haselstein 2000, 161–162). Gerade in der Elitekultur des Hofes zirkulierte Dichtung als Bestandteil des *self-fashioning*, vermittelte das Wissen um die Reflexivität symbolischer Formen und leitete zu deren strategischem Gebrauch an.

Dichterische Komplimente trugen zum Renommee von Mäzeninnen und Mäzenen bei, die im Gegenzug literarisch tätige Klienten mit einer Position in ihrer Entourage versahen. William Alexander meisterte dieses Spiel rasch nach seiner Einführung am Edinburgher Hof. Er gehörte 1603 zu den schottischen Höflingen, die ihren König nach London begleiteten, und stieg schließlich zum Earl of Stirling auf. Seine Gedichtsammlung *AVRORA* wurde 1604 in London gedruckt und versammelte zuvor als Einzelstücke kursierende Gedichte zu einer Sequenz, mit der der aufstrebende Höfling nun auch Zugang zu englischen Patronagenetzwerken suchte und sich als zur Gegengabe fähiger Klient in Szene setzte (Dornhofer 2012, 93).

## Ökonomie der Gabe

Als Gegenstand in einer höfischen Tauschsituation unterliegt das zugeeignete Gedicht einer Gabenlogik, wie sie Marcel Mauss in *Die Gabe* (1999) (*Essai sur le don*, 1955/1929) beschrieben hat. Dort arbeitete er heraus, dass Gaben in vormodernen Gesellschaften ein Rechtsverhältnis begründen und die Kraft von Verträgen besitzen können. Zwar werden sie stets mit dem Gestus freiwilligen Schenkens überreicht, sind aber streng obligatorisch (Mauss 1999, 36). Zu geben bedeutet Status zu demonstrieren, denn Reichtum zeigt sich erst durch Freigiebigkeit. Nicht zu geben wäre hingegen ein grober Verstoß gegen das Dekorum und hätte Rangverlust zur Folge (Starobinski 1994, 92–94). Eine ebenso gravierende Missachtung der Etikette wäre es, die Annahme einer Gabe zu verweigern. Dies würde offenbaren, dass man die Schuld scheut oder aber fürchtet, keine adäquate Gegengabe erbringen zu können. Beides würde als Herabwürdigung der zurückgewiesenen Partei aufgefasst und hätte fatale Folgen für die Beziehungen. Mit der pflichtgemäßen Annahme signalisiert man hingegen, zur Entgegnung fähig zu sein, und unterstreicht den eigenen Status im System des Gabentauschs. Durch die implizite Pflicht zur Gegengabe stiftet das Geschenk eine Beziehung zwischen Geber und Nehmer, die nicht erlischt, aber mit der Erwiderung stets von Neuem bestätigt wird. Dabei garantiert das geschenkte Objekt selbst seine Beantwortung, denn Dinge gehen nie vollends in den Besitz des Empfängers über, sondern bleiben mit dem ersten Geber verbunden, der den Nehmer zur Gegengabe innerhalb eines dem Dekorum entsprechenden Zeitraums verpflichtet. Eine zu rasche Erwiderung wäre hoffärtig, eine zu langsame demütigend.

So waren auch in der Frühen Neuzeit höfische Feste und ritualisierte Geschenke Ausdruck adeliger Tugend und Autorität mit dem Ziel, Klienten zu binden, Konkurrenten zu übertrumpfen und sich mächtigere Patrone geneigt zu machen. Da ein Geschenk weder materiell aufgewogen werden konnte noch je vollständig vom Geber gelöst wurde, glich die Gegengabe die Schuld nicht aus. Weil also nicht zurückgegeben, sondern erneut gegeben wurde, blieben beide Partner einander als Gläubiger und Schuldner zugleich verbunden, und es entstand ein sich selbst perpetuierendes Verhältnis gegenseitiger Verschuldung und Abhängigkeit, von dem alle Beteiligten profitieren (Godelier 1999, 62–63).

Besonders bei Beziehungen zwischen Angehörigen unterschiedlicher Stände wurde Hierarchie durch Geschenke deutlich gemacht und legitimiert. Während die Gabe beide Parteien einander in einer persönlichen Bindung annäherte, entfernte sie sie sozial voneinander. In der Frühen Neuzeit setzten Höhergestellte sich als großzügige Geber in Szene, die scheinbar keinen Wert auf baldige Erwiderung legten. Zum einen betonte dies Tugenden des Gebers (Starobinski 1994, 72 und 103), zum anderen blieb ihm der Empfänger länger in pflichtgemäßer Dankbarkeit verbunden. Umgekehrt waren Gaben von Personen niederen Standes ebenfalls performative Akte, begleitet durch eine symbolische Iteration des sozialen Unterschiedes (etwa durch Knien) (vgl. Davis 2000, 56–59).

Pierre Bourdieu hat in *Sozialer Sinn* (2005) (*Le sens pratique*, 1981) dargelegt, wie das System des Gabentauschs soziale Asymmetrien legitimiert und gleichzeitig verschleiert. Wenn ökonomische Abhängigkeiten in moralische Verpflichtungen wie Standesehre und Loyalität übersetzt und von der rituellen Reziprozität der Beziehung verdeckt werden, so zieht der höhergestellte Partner aus dem Gabentausch zwar keinen unmittelbaren materiellen Nutzen, dafür aber einen symbolischen Mehrwert in Form von Treue und anderen Dienstverpflichtungen (Bourdieu 2005, 180–182 und 191–196). Gaben an sozial niedrig gestellte Nehmer schaffen auch über den Zeitraum bis zur Erwiderung hinaus eine Verpflichtung, da sie nie beglichen werden können. Dies bezeugt der Nehmer mithilfe von Wartegeschenken, die ihn nicht von seiner Schuld gegenüber dem Patron befreien, sondern dessen Ansprüche bestätigen (Mauss 1999, 65). Ungleichheit wird so besiegelt und zugleich befriedet. Dabei ist symbolisches Kapital die notwendige Voraussetzung für die Anerkennung von Macht und bedarf beständiger ‚Investition' durch performative Akte (Berking 1996, 78–79).

## Ökonomie der Liebe

Die gängige Kontaktsprache in diesem höfischen Spiel von Geben und Nehmen war der Petrarkismus, der mit seiner Überbietungsrhetorik, seiner impliziten Hierarchisierung von Sprecher und Adressatin und den konventionellen Motiven von Treue, Klage und innerer Zerrissenheit multiple Möglichkeiten der dichterischen Selbstpositionierung bot. Der Hof war der ‚natürliche Ort', an dem der Petrarkismus seine Funktion als Sprache des Gabentauschs entfalten konnte. Multiple Selbstdarstellungen und komplexe Verhandlungen über Status und Loyalität waren zentral für die individuellen Strategien von Höflingen, die mit diesen Mitteln ihre Positionen innerhalb der Netzwerke von Patronage und Klientel zu verbessern suchten. Jedes Mitglied der Elite war in eine ganze Reihe von Beziehungssystemen eingebunden, so dass es einer beachtlichen Vielseitigkeit und Effizienz der *dissimulatio* des Einzelnen bedurfte, um sehr unterschiedliche Loyalitäten in Einklang zu bringen. Für die sprachliche Ausgestaltung dieser *conditio* des Hoflebens zwischen hoffnungsvollem Leid und gleichzeitiger tugendhafter Treue bot sich der petrarkistische Liebesdiskurs an, mit dessen Hilfe die uneinheitliche Lebenssituation des Höflings auf eine allgemein verständliche literarische Formel gebracht werden konnte. Daher rührt in zahlreichen Sonetten die auffallende Engführung von Liebesdienst und der Selbstinszenierung als nützlicher Klient. Einzelne Gedichte können so zu ersten Gaben zu Beginn einer sozialen Bindung an eine höhergestellte Person werden oder als öffentlich gegebene Wartegeschenke fungieren, die eine solche Beziehung sichtbar machen, erneuern, aber auch kommentieren.

Ein zentrales Thema der amourösen Dichtung, dem auch in der ritualisierten höfischen Rede zwischen Klient und Patron größte Bedeutung zukam, ist die Inszenierung langfristiger und unbedingter Treue. In der frühneuzeitlichen Realität waren weder Liebes- noch Patronagebeziehungen notwendigerweise exklusiv und dauerhaft, doch mit dem Gebrauch der institutionalisierten Liebessprache konnte in beiden Bereichen dem Dekorum entsprochen und an tradierte Werte angeknüpft werden. Folglich finden sich in jeder petrarkistischen Sonettsequenz hyperbolische Beteuerungen des liebenden Dichters, es müsse sich erst die ganze Welt verkehren, ehe er von seiner Treue zur Herrin abrücke. Solch öffentlich beeidete Loyalität wies deutlich über die Beziehung zwischen Liebendem und Geliebter hinaus. Vielmehr stellte sie eine Gabe dar, die das symbolische Kapital der Empfängerin oder des Empfängers vermehrte. Auf diese Weise bekräftigte nicht nur der Liebhaber seine Treue, sondern vor allem der Klient seine Dienstbereitschaft gegenüber dem Mäzen oder der Mäzenin. So wurde das Sonett zu einem kleinen, aber öffentlichen und den Status beider Parteien verdeutlichenden Geschenk im Gabenfluss, der eine Patronagebeziehung strukturierte. Der gebende Dichter demonstrierte mit dem poetischen Gelübde entweder seine fortgesetzte Solidarität in einer bereits bestehenden Bindung, zeigte Dankbarkeit für erhaltene Wohltaten und Eifer für weitere Dienste. Oder er inszenierte sich als zuverlässiger Gefolgsmann, um potenzielle Förderer von seinen Tugenden zu überzeugen und zur Aufnahme einer Beziehung zu bewegen. Die Übertragbarkeit der Liebessprache auf Patronage und Klientel wurde nicht zuletzt dadurch begünstigt, dass es sich in beiden Fällen um eine zutiefst asymmetrische, jedoch stets persönliche Beziehung von Angesicht zu Angesicht handelte.

Sonett LVIII von William Alexanders *AVRORA* verknüpft den petrarkistischen Topos von der Umkehrung der Naturgesetze mit dem die Beziehung stützenden Gabentausch, um die unerschütterliche Treue des Sprechers als Liebhaber, Dichter und Klient zu markieren:

> Feare not, my Faire, that euer any chaunce
> So shake the resolutions of my mind,
> That like *Demophon* changing with the wind,
> I thy fames rent not labor to enhaunce:
> The ring which thou in signe of fauour gaue,

Shall from fine gold transforme it selfe in glasse:
The Diamond which then so solid was,
Soft like the waxe, each image shall receiue:
[…]
Before that I begin to change in ought,
Or on another but bestow one thought.
(Alexander 1929, 489, 1–8 und 13–14)

Das Sonett ist Teil einer längeren Subsequenz über die Abwesenheit der Geliebten. Liebessonette zu Abschied und Trennung waren fester Bestandteil der petrarkistischen Tradition und boten dem Dichter Gelegenheit, seinem Schmerz freien Lauf zu lassen und gleichzeitig seine Treue zu unterstreichen. Das Gedicht, das sich später leicht in eine Sequenz einreihen ließ, fungierte dabei als Geschenk oder Liebespfand. Alexanders Sonett spricht Sorgen an, die sowohl die Geliebte als auch den Patron vor der Abreise plagen könnten. Im ersten Quartett tritt das lyrische Ich der Befürchtung entgegen, es könne seiner Dame in der Fremde untreu werden. Als Figur des wortbrüchigen Liebhabers fungiert hier Demophon, der durch widrige Winde nach Thrakien verschlagen wurde, dort die Königstochter Phyllis heiratete, aber nach erneuter Seereise nie zu ihr zurückkehrte, worauf sie sich das Leben nahm (vgl. Ovids *Heroides* II). Solche Illoyalität weist der Sprecher als Liebender von sich, aber auch als Dichter. Dass er trotz Trennung stets den Ruhm seiner Herrin zu vermehren suchen werde, ist eine Botschaft, die einen adeligen Patron nicht minder erfreuen dürfte. Die konventionelle Parade unmöglicher Bedingungen für einen Bruch seiner Treue leitet er im zweiten Quartett anhand des ihm als Gunstbezeugung geschenkten Rings ein. Bis zum Erbringen einer angemessenen Gegengabe erkennt der Empfänger seine Schuld durch kleinere Geschenke an den Geber an, der wiederum durch den Austausch von Wartegeschenken Gunst und Geduld gegenüber dem Klienten bezeugt. Ring und Sonett verhalten sich demnach nicht zueinander wie Gabe und Gegengabe, sondern sind vielmehr Zeichen der fortgesetzten reziprok nutzbringenden, aber asymmetrischen Beziehung zwischen Dichter und Mäzen bzw. Mäzenin. Bei diesem Ring schwört der Sprecher nun seine amouröse wie auch poetische Treue, die er erst dann vergesse, wenn Gold zu zerbrechlichem Glas und der harte Diamant weich wie Wachs werde. Solange dies aber nicht eintrete, so verkündet das Couplet, verschwende er an eine andere keinen Gedanken und bleibe als Liebhaber, Dichter und Klient seiner Herrin treu. Durch die Gabe des Sonetts, die er mit ihrem Gunstbeweis des Ringes verbindet, bezeugt er den die Beziehung bekräftigenden Austausch von Geschenken und somit die Anerkennung ihres und seines Status. Alexander inszenierte so zentrale höfische Tugenden, indem er sich als treuer Liebender, exklusiver Panegyriker und pflichtbewusster Klient zeigte.

## Gabe und Krise

Trotz des Wissens um Absichten und strategische Spielräume halten die Beteiligten die Fiktion von Uneigennützigkeit, Freigiebigkeit und Gemeinschaft hoch. Ein Vokabular von Liebe, Ehre, Pflicht und Hoffnung beherrscht die performative Sprache des frühneuzeitlichen Patronagesystems und überdeckt Abhängigkeit und Ausbeutung durch die Betonung von Freiwilligkeit und Reziprozität (Peck 1986, 33–34).

Dennoch sind Patronagebeziehungen fragil und müssen stetig erneuert, bekräftigt und reproduziert werden, denn auch der Bruch einer Bindung und Umorientierung beider Parteien sind möglich. Stellte sich im Verhältnis zum Patron keine Reziprozität ein, da Gegengaben nicht die erhoffte Form annahmen oder ganz ausblieben, drohte die Beziehung zu scheitern. Nutzten auch Erinnerungsgeschenke und poetische Mahnungen nichts, konnte der Höfling sich schließlich von einem Mäzen abwenden. Mithilfe des petrarkistischen Vokabulars für Klagen über die Hartherzigkeit der Herrin und unter Einbeziehung anderer Liebesdiskurse, die sich leicht in der Sonettsequenz vereinen ließen, war die endgültige Trennung von der lieblosen Dame ebenso effektvoll auszugestalten. Dieser Abbruch der Beziehung wurde nicht selten als eine letzte öffentliche Gabe inszeniert, die durchaus dem adeligen Renommee schaden konnte. Eine solche poetische Abwendung fungierte einerseits als letzter Versuch, den offenbar desinteressierten Patron doch zur neuerlichen Zuwendung zu bewegen, andererseits präsentierte sich der Hofmann bereits als fähiger Dichter, der nunmehr als Klient für andere Parteiungen zur Verfügung stand. Je nach Schärfe dieser literarischen ‚Kündigung' wirkten die Verse als ‚böses' Geschenk, das ein Mäzen annehmen musste, obgleich es sein symbolisches Kapital zugunsten des Gebers schmälerte.

Mit großer Deutlichkeit bringt Alexander den wohl meistverbreiteten Grund für das Scheitern einer Verbindung zwischen Klient und Mäzen bzw. Mäzenin auf den Punkt. Nach einer konventionellen Beschreibung von Auroras Schönheit durch den leidenden petrarkistischen Verehrer zu Beginn des Sonett XCII vollzieht das lyrische Ich mit der *volta* eine überraschende Wendung und richtet nun scharfe Worte an seine Herrin:

> Yet for all this, O most ungratefull woman,
> Thou shalt not scape the scourge of iust disdaine;
> I gaue thee gifts thou shouldst haue giuen againe,
> It's shame to be in thy inferiors common:
> I gaue all what I held most deare to thee,
> Yet to this houre thou neuer guerdon'd me.
> (Alexander 1929, 512, 9–14)

Zwar kamen bereits an früheren Stellen der Sequenz Vorwürfe gegen Aurora auf, die jedoch anschließend dementiert wurden. Mit Sonett XCII aber verändert sich der Ton im Zyklus, und die Dame wird immer öfter als Tyrannin gescholten, bis sich der Sprecher in CVI endgültig von ihr lossagt. Die ungewöhnliche Dynamik des hier wiedergegebenen Gedichtes konfrontiert den Leser oder Zuhörer mit einer unerwarteten Seite der Beziehung zwischen Liebendem und Dame. Hatte der Sprecher in den ersten beiden Quartetten treu seinen poetischen Dienst zu ihrem Ruhm versehen, kündigt er ihr nun plötzlich Bloßstellung und Statusverlust an. Mit der direkt nach der *volta* erhobenen Anschuldigung der Undankbarkeit (Alexander 1929, 512,9) verlässt er die Position des klagenden Verehrers und zeigt sich als Klient, der mit eindeutigem Vokabular die mangelhafte Gegenseitigkeit der Beziehung enthüllt. Zwar besteht ein freier Austausch im petrarkistischen Liebesdiskurs schon aufgrund des Standesunterschiedes nicht, wenn der Liebende einzig von der Hoffnung auf kleine Zeichen lebt, die seine Bindung perpetuieren. Umso erstaunlicher, dass Alexanders lyrisches Ich hier dennoch eine balancierte Reziprozität einfordert. Dass er für seine (poetischen) Gaben keinerlei Gegenleistung von Aurora erhalten habe (Alexander 1929, 512,11), beklagt er nicht in der zu erwartenden Liebessprache, sondern wirft ihr eine Verletzung des sozialen Dekorums vor. Deren Leidtragende ist sie selbst, da sie ihre Standesehre und so ihren Status verletzt. In der offenen Benennung der Umkehrung der sozialen Ordnung („to be in thy inferiors common", Alexander 1929, 512,12) wird ihr Fehlverhalten deutlich gemacht, hatte sie sich doch in die Schuld ihres Dieners begeben, indem sie seine Gaben annahm, ohne sie zu erwidern (Alexander 1929, 512,13-14). Die Drohung des Klienten, den Dienst aufzukündigen, bleibt hier unausgesprochen, doch wiegt die scharfe Kritik am ehrverletzenden Verhalten der Patronin schwer.

Mit dieser Präsentation unterstreicht Alexander den Gabencharakter nicht nur der ersten acht Zeilen, sondern zugleich aller anderen Gedichte an Aurora und gibt den Lesern eine Ahnung, wie viele Geschenke die Dame annahm, aber nicht vergalt. Zum einen inszeniert er sich so als freigiebiger Klient, der zunächst ohne Erwiderung zahlreiche, den Lesern ja in ihrer Qualität bekannte Geschenke machte, und stellt so sein moralisch einwandfreies Verhalten heraus. Zum anderen kontrastiert er damit ihre grobe Verletzung des Dekorums durch das Verweigern von Gegengaben und droht ihr zugleich mit weiteren öffentlichen dichterischen Schmähungen. Alexander macht hier deutlich, welche Mechanismen der Beziehung zugrunde liegen und wie der Standesunterschied verdeckt wird. Die Genderkonstellation spielt dabei gegenüber der sozialen Differenz nur eine deutlich untergeordnete Rolle. Zwar ermöglichte die Sprecherrolle des petrarkistischen Liebhabers dem Dichter die symbolische Beherrschung seiner Dame, doch zeigen die häufigen Dementi, die solche Selbstermächtigungen in Sonettzyklen relativieren oder widerrufen, dass Ehre oder Tugend von Mäzeninnen und Mäzenen gleichermaßen ängstlich gewahrt bleiben mussten.

Der Gebrauch der normativen Sprache des Petrarkismus erweist sich hier als soziale Strategie. Poetische Texte als Bestandteile des höfischen Gabentauschs ermöglichten einen Statuszugewinn für beide Parteien, ihre Produktion und Zirkulation wird dabei jedoch nur im Zusammenhang mit anderen Tauschprozessen verständlich, die sämtlich auf die Gewinnung symbolischen Kapitals abzielen und in der höfischen Dichtung, die an ihnen teilnimmt, nicht verschleiert werden.

## Literaturverzeichnis

Alexander, Sir William. *The Poetical Works II*. Hrsg. von L. E. Kastner. Edinburgh 1929.
Berking, Helmuth. *Schenken: Zur Anthropologie des Gebens*. Frankfurt am Main 1996.
Bourdieu, Pierre. *Sozialer Sinn. Kritik der theoretischen Vernunft*. Frankfurt am Main 2005 [1981].
Davis, Natalie Zemon. *The Gift in Sixteenth-Century France*. Madison, WI 2000.
Dornhofer, Daniel. *Petrarkistischer Diskurs und höfische Kommunikation im Wandel: Strategien schottischer Dichter, 1580-1625*. Heidelberg 2012.
Godelier, Maurice. *Das Rätsel der Gabe: Geld, Geschenke, heilige Objekte*. München 1999 [1996].
Haselstein, Ulla. *Die Gabe der Zivilisation: Kultureller Austausch und literarische Textpraxis in Amerika, 1682-1861*. München 2000.
Mauss, Marcel. *Die Gabe: Form und Funktion des Austauschs in archaischen Gesellschaften*. Frankfurt am Main 1999 [1929/1955].
Peck, Linda Levy. „For a King not to Be Bountiful Were a Fault: Perspectives on Court Patronage in Early Stuart England". *Journal of British Studies* 25 (1986): 31–61.
Starobinski, Jean. *Gute Gaben, schlimme Gaben: Die Ambivalenz sozialer Gesten*. Frankfurt am Main 1994.

## 3.4 Dinggedächtnis.
## Johann Amos Comenius' „Orbis pictus" (1658)

Stefan Laube

### Gedächtnis zwischen Ding und Sinnlichkeit

Seit jeher besteht zwischen Gedächtnispraktiken und materieller Kultur ein Nahverhältnis. Das Eselsohr auf der Buchseite, der berühmte Knoten im Taschentuch – Materialitäten werden verformt, um das Erinnerungsvermögen zu wecken bzw. zu steuern. Das Gedächtnis scheint konkrete Dinge und Orte zu benötigen, um gut zu arbeiten – eine Tatsache, der man seit der Antike durch die *Loci*-Methode Rechnung trägt. Dass sich die von Jan Assmann (2005) entwickelte Forschungskategorie des „kulturellen Gedächtnisses" neben dem „mimetischen" und dem „kommunikativen" auch auf das „Ding-Gedächtnis" stützt, kann in diesem Kontext kaum überraschen. Es versieht die gesamte materielle Kultur, die den Menschen umgibt, mit einem orientierungsspendenden Zeitindex – von banalen Gerätschaften, wie Bett, Stuhl und Geschirr, bis zu Infrastrukturen, wie Häuser, Dörfer und Straßen. Auch Andenken, die sich auf geliebte oder verehrte Personen beziehen, funktionieren vor allem im Modus der Verdinglichung. Die mit dem Tod einhergehende physische Abwesenheit einer Bezugsperson hat die Menschen veranlasst, persönliche Gegenstände oder gar Teile des Körpers der vermissten Person aufzubewahren (Habermas 1999; Laube 2014). Das „Andenken", bisher meist als Verbform von Andacht gebraucht, beginnt sich in der zweiten Hälfte des 18. Jahrhunderts zu materialisieren. Es wird zu einem Dingwort (Holm und Oesterle 2005).

Beim Schulbuch kreuzen sich nun Materialität und Gedächtnismedialität in spezifischer Weise. Jeder kann Unterrichtsmaterial auch materiell spüren, es in die Hand nehmen und die Qualität dieser Buchgattung hängt wesentlich von ihrem Vermögen ab, Inhalte eingängig und dauerhaft zu vermitteln. Der *Orbis Pictus*, 1658 bei Michael Endter in Nürnberg in einer bilingualen, mit zahlreichen Holzschnitten versehenen Fassung erstmals erschienen (Abb. 1), passte durch sein handliches Oktavformat in jede Tasche: Ein „kleines Büchlein" und zugleich „ein kurzer Begriff von der ganzen Welt", wie der Autor in seinem Vorwort betont. Johann Amos Comenius war ein universaler Denker, der sich zugleich als Theologe und Seelsorger, Historiker und Philosoph, Naturforscher und Kosmologe verstand. Vor allem aber ging er als Reformpädagoge in die Geschichte ein.

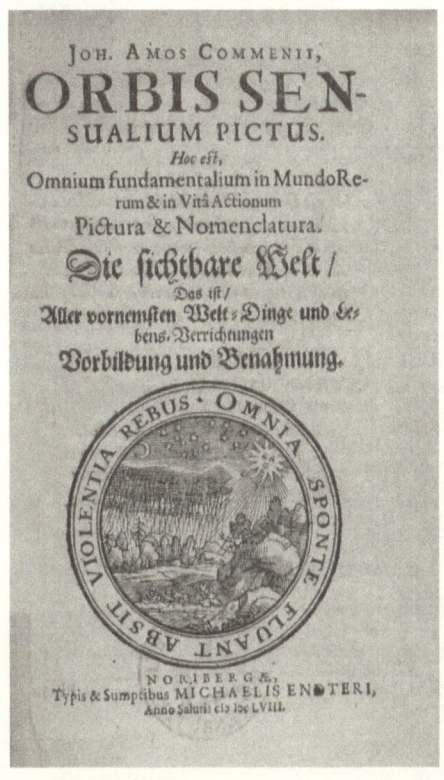

Abb. 1

Es gibt wohl kein Buch aus dem schulischen Bereich, das in der Frühen Neuzeit intensiver genutzt worden wäre als der *Orbis Pictus*. Im 18. Jahrhundert stieg es zum Inbegriff des Schulbuchs auf, auch beim jungen Goethe. Auf mehr als 300 Seiten bzw. in 150 Kapiteln beschreibt Comenius im *Orbis Pictus* systematisch und eingängig die Welt vom ganz Kleinen bis zum ganz Großen, vom Konkreten bis zum Abstrakten, entsprechend der vielschichtigen Bedeutung von Ding oder *res* in der Frühen Neuzeit, womit ein konkretes Objekt gemeint sein kann, aber ebenso im Sinne von Sachverhalt eine komplexe Erscheinung. Auch eschatologische Phänomene, wie Tod, Gericht, Himmel und Hölle, waren Dinge und zwar die sogenannten letzten Vier. Ähnlich changiert der Dingbegriff im *Orbis Pictus* zwischen Mikro- und Makroperspektive. Er reicht vom „Nachtpott" in der Kammer (Comenius 1658, 149) bis zu Gott, der als „das allervollkommenste und allerseeligste Seyn (Ding)" bestimmt wird, als Schöpfer „aller Dinge, die wir nennen die Welt" (Comenius 1658, 6). Während sich in den einzelnen Kapiteln Mineralien und Metalle, Pflanzen und Tiere, Handwerksberufe, Tugenden, Künste und Wissenschaften und vieles andere mehr entfalten, ist stets der implizite Rahmen präsent, das Ganze der Welt eingängig zu vermitteln. Dahinter steht der Gedanke, dass der Mensch über das Einzelne – richtig ausgewählt – das System der Dinge, das zugleich die Ordnung Gottes darstellt, erfassen kann.

Fast alle Kapitel sind nicht länger als eine Doppelseite. Auf der linken Seite ist eine Abbildung mit Verweisnummern abgedruckt, die auf der rechten Seite aufgelöst werden – auf Latein in der ersten Spalte, auf Deutsch in der zweiten. Wenig später erschienen sogar viersprachige Ausgaben, so 1666 auf Lateinisch, Deutsch, Italienisch und Französisch. Bis heute eignet sich das Buch zum Erlernen von fremden Sprachen. Die Vielfalt des Handwerks wird in nicht weniger als vierzig Kapiteln ausgebreitet, wirkt doch der Mensch am Gottes Werk der Weltschöpfung aktiv mit. Dazu passt, dass Comenius auch die Schule als „eine Werkstat, in welcher die jungen Gemüter zur Tugend geformt werden" (Comenius 1658, 198), bezeichnet. Zur Mnemotechnik in Schulen gehören das häufige Wiederholen, die Niederschrift, die permanente Veranschaulichung, und Comenius stellte zu diesem Zweck die unentbehrlichen Materialien bereit: die schwarze Tafel, die Kreide, die sie temporär beschreibt, sowie das Lehrbuch, von dem jeder Schüler ein Exemplar in Händen hält. Diese Selbstverständlichkeiten waren Mitte des 17. Jahrhunderts neu (Abb. 2).

Abb. 2

Der *Orbis Pictus* ist ein bebildertes Kompendium der Welt, eine frühneuzeitliche Enzyklopädie für Kinder, ein Nachschlagewerk, das ebenso von Anfang bis

Ende gelesen werden kann. Dabei haben die Wahrnehmung einzelner Dinge und der authentische Bezug zur Außenwelt die Funktion, dem Menschen einen festen Grund zu erschließen, der ihn vor labyrinthischem Umherirren bewahren soll. Glück und Zufriedenheit jedes Menschen beruhen bei Comenius auf erfahrungsgesättigtem Wissen (Hornstein 1997). Der *Orbis Pictus* will die Vielfalt der Dinge im Gedächtnis verankern und bedient sich dabei eines innovativen Ansatzes. Wie nie zuvor wird das Prinzip Anschauung im Unterricht eingesetzt (Schaller 1962). Im Vorwort zitiert Comenius eine die moderne Wissenschaftsentwicklung auf den Nenner bringende Sentenz: *Nihil est in intellectu, quod nisi fuerit prius in sensu.* [Nichts ist im Intellekt, was nicht zuvor mit den Sinnen aufgenommen worden ist.] Diesen aristotelischen Grundsatz hatte Comenius bereits 1613 als junger Mann an der Universität zu Herborn im Rahmen einer von Johann Heinrich Alsted geleiteten Disputation verteidigt (Fijałkowski 2008, 20). Später sollte Comenius die Formel unmittelbar auf Francis Bacon beziehen (Schaller 1991).

Bei Comenius stellt das Gedächtnis eine stets auf Sinnlichkeit bezogene individuelle Bewusstseinsleistung dar, das der Abrufung eingeprägter Inhalte dient. Das Gedächtnis ist Speicher menschlichen Sachwissens, in dem reale Erfahrungen bereitgestellt werden, die Verstand und Willen anregen sollen. Ohne Verstand keine Unterscheidung der einzelnen Merkmale, ohne Willen keine Auswahl durch Interessen, und ohne Gedächtnis haben beide keinen Stoff, an dem sie sich abarbeiten können (Comenius 1985 [1657], 60). Ging es darum, sich möglichst viele Sachen zu merken, wurde das Gedächtnis in der Frühen Neuzeit als ein geschlossener Raum vorgestellt, wo alle Dinge der Welt ihren angestammten Platz einnehmen, um sie zu gegebener Zeit – meist für eine Rede – abzurufen (siehe am Beispiel eines Theaterraums bei Giulio Camillo: Bolzoni 1994; Yates 2001 [1966], 129–160; siehe auch 2.6 Erll). Auch die Schautafeln im *Orbis Pictus* vermitteln Räume, aber ganz anders als es die mnemotechnischen Methoden propagieren (Knape 1993). In der Werkstatt eines Schreiners, im Inneren eines Wohnhauses, in der Landschaft unter freiem Himmel sind dazu passende Dinge ausgebreitet. Oft fungieren Tische als Plattformen, auf denen die Dinge ausliegen (Comenius 1658, 265). Die Inhalte sind also bei Comenius nicht mehr in eine immer gleiche Memorialfigur eingeschrieben, vielmehr fügen sie sich in eine kontextorientierte Anschaulichkeit ein, die sich je nach Sachbereich ändert (Graczyk 2001). Das Bild wird zu einer Schaubühne für Requisiten, die als Protagonisten fungieren – und alles dient dem Ziel, das Merkvermögen des Nutzers zu steigern.

Als der *Orbis Pictus* 1658 in Nürnberg erschien, war Comenius bereits 64 Jahre alt. Als Anhänger der Böhmischen Brüder, eine dem Kalvinismus nahestehende Glaubensrichtung, war er im Zeitalter der Glaubenskriege oft konfessionellen Verfolgungen ausgesetzt. Im tolerant eingestellten, zwischen Habsburg und dem Osmanischen Reich gelegenen Fürstentum Siebenbürgen hatte Comenius die Gelegenheit, seine umwerfenden Ideen zur Wissensvermittlung, die er schon längere Zeit in sich trug, endlich umzusetzen. Als Gast der Familie Rákóczi auf Schloss Sárospatak verfasste er in den Jahren 1653 und 1654 mit *Schola ludus* und *Orbis sensualium pictus* zwei Schulbücher, die Furore machen sollten – das eine bediente sich szenischer Dramaturgie (Rößler 2012, 42–45), das andere nutzte Bilder und Verweisnummern, um den Kreis des Wissens spielerisch zu vermitteln, denn: Lernen sollte von nun an Spaß machen! Kurz nach Fertigstellung des *Orbis Pictus* war Comenius abermals auf der Flucht. Schließlich ließ er sich in Amsterdam nieder, wo er bis zu seinem Tod im Jahr 1670 blieb.

## Plädoyer für polysensuelle Wahrnehmung

Vieles spricht dafür, dass Comenius' Schulbuch mit „Die sichtbare Welt" verkürzt übersetzt worden ist. Der lateinische Titel *Orbis Sensualium pictus* (wörtlich übersetzt: „die gemalte Welt des sinnlich Erfahrbaren") signalisiert ein großes Anliegen von Comenius: Erst auf dem Wege eines polysensuellen Zugangs gegenüber den Phänomenen der Welt, erst wenn alle menschlichen Sinne als natürliche Medien fungieren (Böhme und Matussek 2008, 100–106), kann das Potenzial des menschlichen Gedächtnisses voll ausgeschöpft werden. Das bedeutet, wenn der Autor im *Orbis Pictus* Singvögel behandelt (Comenius 1658, 44–45), so ist der akustische Sinn herausgefordert, geht er auf Obst ein (Comenius 1658, 30–32), so ist es der Geschmackssinn (Diaconu 2005). Im 41. Kapitel des *Orbis Pictus* sollte Comenius neben den inneren die äußeren Sinne des Menschen behandeln. Auf einem ausgebreiteten Tuch sind collagenhaft die äußeren Wahrnehmungsorgane Auge, Ohr, Nase, Zunge und Hand dargestellt (Abb. 3). Insbesondere der Zusammenhang zwischen Erinnerung und Geruch ist frappant. Als den „Sinn des Gedächtnisses" bezeichnete Arthur Schopenhauer (1986, 46) den Geruchssinn. Die wie amputiert wirkende Nase oben rechts auf dem Tuch verweist darauf, dass vergangene Ereignisse durch einen bestimmten Geruch plötzlich heraufbeschworen werden und tiefe Emotionen hervorrufen können.

Das Bild, so nützlich es ist, bleibt defizitär, weil es eben nur die visuelle Wahrnehmung anregen kann. Wenn möglich, so sollen die Dinge in ihrer Echtheit und Polyvalenz vorgeführt werden, sie sollten angefasst werden, geradezu mit allen zur Verfügung stehenden Sinnen erspürt werden. Auslöser einer funktionierenden Erinnerung ist also stets die unmittelbare Dingwahrnehmung, ob sie nun optisch, auditiv, olfaktorisch, gustatorisch oder haptisch transportiert wird. In seiner *Didactica magna* (1657; *Große Didaktik* 1885) warb Comenius eindringlich für den Anschauungsunterricht und hob die Vorzüge von Modellen beim Unterricht hervor. Comenius forderte ein Naturalienkabinett für die Schule; zudem wollte er die Kinder auf das Feld hinausführen (Kormann 1992). Der unmittelbaren Anschauung räumte er eine zentrale Scharnierfunktion ein, um Wort und Sache konzis zu verbinden. Unterstützt werden sollte sie dabei durch Bilder, die wiederum ergänzt werden durch das Wort – mediale Interaktionen also, wie sie der tschechische Pädagoge im *Orbis Pictus* mustergültig umsetzen sollte.

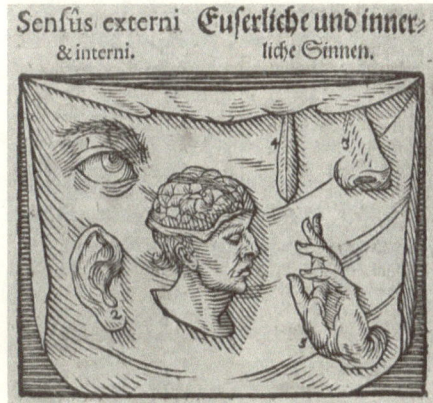

Abb. 3

## Defensiver Text und dominantes Bild

Davon überzeugt, dass sinnlich aufgefasstes Wissen besser im Gedächtnis haftet, setzt Comenius im *Orbis Pictus* auf die Vermittlungskraft von Bildern, obwohl er sich bewusst ist, dass Bilder nie die Sachen selbst darstellen können (Comenius 1658, Vorwort). Meist sind die Abbildungen realistisch gestaltet und nicht symbolisch aufgeladen, wie in der damals populären Emblematik. Comenius behandelt aber auch abstrakte Themen, wie Seele, Tugenden, das Jüngste Gericht oder die Vorsehung Gottes. Hier muss Comenius den Bildern eine symbolische Kraft geben. Im Vordergrund steht nichtsdestotrotz die zeichnerische Wiedergabe von handfesten Dingen. Hin und wieder ist aber die emblematische Darstellungsmethode unentbehrlich, um geistige Wahrheiten zu veranschaulichen (Neval 2007, 96–100; Harms 1970). Verschiedene Illustrationsebenen sind also berührt: Sehr oft kommen direkte Abbildungen von konkreten Dingen vor, die man anfassen kann, wie die Wespe (Comenius 1658, 53), die Heugabel (Comenius 1658, 95) oder der Kupferkessel (Comenius 1658, 25). Verbreitet sind auch Bilder von signifikanten Dingen, die im Sinne des *pars pro toto* eine Institution oder eine Wissenschaft kennzeichnen, wie Kreide und Tafel die Schule (Comenius 1658, 199) oder Pille und Harn die Medizin (Comenius 1658, 261). Schließlich bedient sich Comenius auch der metaphorisch-ikonografischen Veranschaulichung, so beim Jüngsten Gericht (Comenius 1658, 306).

Die Abbildfunktion, auf die der *Orbis Pictus* setzt, beschränkt sich nicht nur auf reproduzierte Bilder. Sie liegt dem gesamten kosmologischen Verständnis des Autors zugrunde. Schauend erkennt der Mensch in der unmittelbaren Wahrnehmung die Welt, indem er Dinge an den Ideen und Urbildern misst. Die *rationes rerum* sind dem endlichen menschlichen Verstand nicht direkt zugänglich. Er muss sie durch Induktion aus der Wahrnehmungswelt erst zugänglich machen, sie vom Besonderen, Zufälligen, Singulären, das allen sinnlichen Erscheinungen anhaftet, abstrahieren. Diese rationale „Abbildung" ist selbst Bild einer originalen, zeitentrückten „präexistierenden" Idee im Denken Gottes. Die Holzschnitte im *Orbis Pictus* sind also in einem mehrstufig-umgreifenden bildphilosophischen Kontext verortet. In einem eidetischen, das heißt nicht-sensuellen Sinn sind sie Bilder von Wahrnehmungsbildern, die wiederum Bilder von Urbildern sind (Rossi 2006 [1983], 130–145).

## *Orbis Pictus* und Anamnesis

Der *Orbis Pictus* ist in die Metaerzählung von der Wiederherstellung der verlorenen Göttlichkeit des Menschen eingebettet. Deswegen ist auch die kindgerechte Realenzyklopädie transzendent eingefasst. Das erste Kapitel hat „Gott" zum Thema, das letzte Kapitel „das Jüngste Gericht". Der Abschnitt zum Menschen beginnt bezeichnenderweise mit Adam und Eva im Paradies (Comenius 1658, 74–75). In den übrigen Kapiteln führt der Weg zu Gott über die Dinge der Natur, die zugleich ein sichtbarer Stempel der göttlichen Ideen sind. Da alles von Gott in wechselseitiger Harmonie geschaffen worden ist, kann das Sichtbare und Irdische auf das Unsichtbare, Himmlische verweisen – bildlich und symbolisch. Das Gedächtniskonzept von Johann Amos Comenius ist stark von der durch Platon überlieferten Anamnesis-Doktrin geprägt – und zwar in christlicher Gewandung (Oeing-Hanhoff 1965). Unmittelbar nach der Schöpfung sei der Mensch wissend gewesen, weil Gott ihm, seinem Ebenbilde, die gemeinsamen Begriffe, die Normen der richtigen Erkenntnis in die Seele eingepflanzt hat. Erst durch den Sündenfall seien die inneren Kräfte des Menschen geschwächt worden. Der Blick des Menschen auf die Welt wurde matt und trübe, sein Erkenntnisvermögen verflachte (Červenka 1970, 17). Zank, Streit und blutige Kriege waren die Folge. Dieser Verfallsprozess kann aber korrigiert werden, indem die inneren, angeborenen Wahrheiten beim Menschen wieder freigelegt werden. Nach der Lehre von der Latenz des Wissens ist das gesamte Wissen in der unsterblichen Seele immer schon vorhanden, aber bei der Geburt vergessen worden. Der menschliche Intellekt erschafft demnach kein neues Wissen, sondern erinnert sich an das Vergessene. Alles, was der Mensch begrifflich in abstraktallgemeiner Form denkt, existiert bereits als Idee, bevor die Menschen ihr Gehirn einschalten.

Der comenianische Ansatz verquickt Erkenntnis und Handlung, damit die Gesellschaft verbessert werden kann (*emendatio*). Wer die *rationes rerum* schauend erkennt, der kann beurteilen, inwiefern die einzelnen Dinge den sie konstituierenden Ideen entsprechen. Orientiert an ihren rationalen Vorbildern können dann die Dinge erneuert werden (*renovatio*). Die Bilder sind nicht nur Urbilder, sondern auch Vorbilder (Göhlich und Zirfas 2007, 77). Das Gedächtnis der Dinge bei Comenius kann also Restitution und Antizipation verbinden. Es dient nicht nur der Speicherung von vergangenen Erfahrungen, sondern hat stets auch die variable Gegenwart im Blick, indem die Vergangenheit in ein dynamisches Verhältnis zur Zukunft gesetzt wird: „Wer sich schließlich zurückerinnern vermag bis in die Zeiten, da er noch in der Wiege lag, blicke voraus bis in die Ewigkeit und bereite sich auf sie vor." (Comenius 1991, X, 5. Klasse)

## Literaturverzeichnis

Assmann, Jan. *Das kulturelle Gedächtnis. Schrift, Erinnerung und politische Identität in frühen Hochkulturen*. 5. Auflage. München 2005.
Böhme, Hartmut, und Peter Matussek. „Die Natur der Medien und die Medien der Natur". *Was ist ein Medium?* Hrsg. von Stefan Münker und Alexander Roesler. Frankfurt am Main 2008: 91–112.
Bolzoni, Lina. „Das Sammeln und die *ars memoriae*". *Macrocosmos in microcosmos: die Welt in der Stube. Zur Geschichte des Sammelns 1450-1800*. Hrsg. von Andreas Grote. Opladen 1994: 129–168.
Červenka, Jaromír. *Die Naturphilosophie des Johann Amos Comenius*. Hanau 1970.
Comenius, Johann Amos. *Orbis Sensualium Pictus. Hoc est, Omnium fundamentalium in Mundo Rerum & in Vita Actionum Pictura & Nomenclatura = Die sichtbare Welt / Das ist / Aller vornemsten Welt-Dinge und Lebens-Verrichtungen Vorbildung und Benahmung*. Nürnberg 1658.
Comenius, Johann Amos. *Große Didaktik*. 6. Auflage. Hrsg. von Andreas Flitner. Stuttgart 1985 [1657].

Comenius, Johann Amos. *Pampaedia – Allerziehung*. Hrsg. von Klaus Schaller. Sankt Augustin 1991 [um 1650].

Diaconu, Madalina. *Tasten, Riechen, Schmecken. Eine Ästhetik der anästhesierten Sinne*. Würzburg 2005.

Fijałkowski, Adam. *Orbis Pictus. Świat malowany Jana Amosa Komeńsgiego/Orbis Pictus. Die Welt in Bildern des Johann Maos Comenius*. Warschau 2008.

Göhlich, Michael, und Jörg Zirfas. *Lernen. Ein pädagogischer Grundbegriff*. Stuttgart 2007.

Graczyk, Annette. „Repräsentanz und Performanz in der Bildenzyklopädie des *Orbis sensualium pictus* von Jan Amos Comenius". *Theatralität und die Krisen der Repräsentation*. Hrsg. von Erika Fischer-Lichte. Stuttgart und Weimar 2001: 355–372.

Habermas, Tilmann. *Geliebte Objekte. Symbole und Instrumente der Identitätsbildung*. Frankfurt am Main 1999.

Harms, Wolfgang. „Wörter, Sachen und emblematische ‚res' im ‚orbis sensualium pictus' des Comenius". *Gedenkschrift für William Foerste*. Hrsg. von Dietrich Hoffmann. Köln, Wien 1970: 531–552.

Holm, Christiane, und Günter Oesterle. „Andacht und Andenken. Zum Verhältnis zweier Kulturpraktiken um 1800". *Erinnerung, Gedächtnis Wissen. Studien zur kulturwissenschaftlichen Gedächtnisforschung*. Hrsg. von Günter Oesterle. Göttingen 2005: 433–449.

Hornstein, Herbert. *Die Dinge sehen, wie sie aus sich selber sind. Überlegungen zum* Orbis Pictus *des Comenius*. Hohengehren 1997.

Knape, Joachim. „Die Stellung der Memoria in der frühneuzeitlichen Rhetoriktheorie". *Ars memorativa. Zur kulturgeschichtlichen Bedeutung der Gedächtniskunst 1400-1750*. Hrsg. von Jörg Jochen Berns und Wolfgang Neuber. Tübingen 1993: 274–285.

Kormann, Dieter. *Der Anschauungsbegriff bei Comenius, Basedow und Hartwig im Blick auf die anschauungsbezogenen methodischen Anforderungen im heutigen Fach Kunst*. Frankfurt am Main 1992.

Laube, Stefan. „Stuhl und Löffel – Katze und Finger. Idole der Aufklärung und ihre Reliquien". *Das Achtzehnte Jahrhundert* 38.1 (2014): 45–56.

Neval, Daniel A. *Comenius' Pansophie. Die dreifache Offenbarung Gottes in Schrift, Natur und Vernunft*. Zürich 2007.

Oeing-Hanhoff, Ludger. „Zur Wirkungsgeschichte der platonischen Anamnesislehre". *Collegium philosophicum. Studien Joachim Ritter zum 60. Geburtstag*. Basel 1965: 240–271.

Rößler, Hole. *Die Kunst des Augenscheins. Praktiken der Evidenz im 17. Jahrhundert*. Münster 2012.

Rossi, Paolo. *Logic and The Art of Memory. The Quest for a Universal Language*. London 2006 [1983].

Schaller, Klaus. *Die Pädagogik des Johann Amos Comenius und die Anfänge des pädagogischen Realismus im 17. Jahrhundert*. Heidelberg 1962.

Schaller, Klaus. „Die Pansophie des Comenius und der Baconismus der Royal Society". *Berichte zur Wissenschaftsgeschichte* 14 (1991): 161–167.

Schopenhauer, Arthur. *Die Welt als Wille und Vorstellung II*. Frankfurt am Main 1986.

Yates, Frances A. *Selected Works. Volume III: The Art of Memory*. London 2001 [1966].

# 3.5 Fatale Requisiten in Tragödie und Trauerspiel

Claude Haas

## Requisit und Dingwelt in der Theorie der Tragödie und des Trauerspiels

Kanonische Theorien der Tragödie, wie sie insbesondere von Aristoteles' *Poetik* und Hegels *Ästhetik* formuliert wurden und wie sie bis heute in ein literaturwissenschaftliches Verständnis der Form hinein nachwirken, hatten für Dinge auf der Bühne wenig Respekt oder auch nur Gespür. Sie verpflichteten die Tragödie – und das Drama insgesamt – in erster Linie auf die Handlung, den Konflikt oder den Dialog (Schwarz 1974), während Bühnenbild, Kostüme, Interieurs und Requisiten jeder Art ihnen kaum der Rede wert schienen (Ausnahmen: Pütz 1970, 113–125; Klotz 2000). Begünstigt wurde diese Ignoranz gegenüber den Dingen zusätzlich durch poetologische Kampfschriften, die das Drama wirkungsästhetisch auf die Kategorie der Illusion festzulegen versuchten. Als deren Träger wurde vielfach nicht etwa die Aufführung, sondern der (von Aristoteles und Hegel ebenfalls favorisierte) dramatische Text angesehen und diesem die Funktion zugewiesen, die theatrale Szenerie in ihrer Materialität möglichst vollständig zu absorbieren. Ablesen lässt sich dies an der deutschen Entdeckung Shakespeares im letzten Drittel des 18. Jahrhunderts. So schreibt etwa Herder 1773: „Mir ist, wenn ich ihn lese, Theater, Akteur, Kulisse verschwunden!" (Herder 1993, 509) Auch wenn die „Kulisse" mit dem ‚Requisit' keineswegs deckungsgleich ist, sondern von einem Requisit streng genommen erst dort die Rede sein kann, wo ein Gegenstand aus dem Bühnenbild herausgelöst wird und eine tendenzielle Eigenständigkeit gewinnt (Fischer-Lichte 1998, 151), korrespondiert Herders Geringschätzung der Kulisse eine positiv konnotierte Missachtung der gesamten theatralen Dingwelt.

Ähnliches gilt für Nietzsche, auch wenn er in seiner *Geburt der Tragödie* (1872) aufgeklärte und rationalistische Begriffe der Form ebenso nachhaltig zu verabschieden suchte wie jede Identifikation der Tragödie mit Handlung, Dialog oder Illusion. Indem Nietzsche die Tragödie primär auf den Nachvollzug von Rausch und präsentischer Ekstase hin anlegte, blieb seine Konzeption der Form jedoch merkwürdig dingfern. Die emphatische Lokalisierung des Ursprungs der Tragödie im Chor und in der mit Dionysos attribuierten ‚Musik' konnte und durfte kaum den Blick auf die Bedeutung von Requisiten eröffnen. Insofern ist

Nietzsches Theorie der Tragödie nicht weniger gegenstandslos als die seiner Widersacher Aristoteles oder Hegel.

Theoriefähig wird das Requisit wohl erstmals in Walter Benjamins *Ursprung des deutschen Trauerspiels* (1928). Dabei lässt Benjamin das Requisit in eine komplizierte geschichtsphilosophische Konstruktion ein, die auf der Unterscheidung von (antiker) Tragödie und (modernem) Trauerspiel beruht. Während die Tragödie Benjamin zufolge auf dem Opferritual fußt und sie dieses Ritual als Form zugleich vollzieht, reflektiert, säkularisiert und vielleicht sogar transzendiert, offenbart – und betrauert – das barocke Trauerspiel des 17. Jahrhunderts immer auch das historische Scheitern dieses in der Geschichte einmalig angelegten Prozesses (Greiner 2012, 748), den es als Verlust nur noch aufführen, nicht aber mehr korrigieren kann. Die Tragödie begreift Benjamin folgerichtig als strikt antike Form.

Innerhalb dieser Konstruktion avanciert nun das Requisit zu einem ausgewiesenen „mark of modernity" (Lyons 2013, 38), indem Benjamin es ausschließlich dem Trauerspiel zuschlägt: „Denn schärfer unterscheidet weniges die spätere Dramatik von antiker, als daß in dieser letzten die profane Dingwelt keine Stelle hat. [...] Ist aber die Tragödie von der Dingwelt gänzlich abgelöst, so ragt die übern Horizont des Trauerspiels beklemmend." (Benjamin 1996 [1928], 114) In der Logik seiner Studie besteht das ‚Beklemmende' der Dingwelt vornehmlich darin, dass sich der Mensch des Trauerspiels von den Requisiten kaum noch stabil zu unterscheiden vermag, stellt doch das Trauerspiel die in ihm auftretenden Figuren in ihrer ‚Kreatürlichkeit' (Benjamin 1996 [1928], 113) aus. Das Requisit überantwortet den Menschen folglich seiner eigenen materiellen Grundlage. Besonders sinnfällig wird dies in der Funktion des „fatale[n] Requisit[s]" (Benjamin 1996 [1928], 113) im ‚Schicksalsdrama', das Benjamin als Ausläufer des Trauerspiels begreift, weil sich darin „die Natur des Menschen in blinder Leidenschaft wie die der Dinge in dem blinden Zufall unterm gemeinsamen Gesetz des Schicksals" (Benjamin 1996 [1928], 113) ausspreche.

Für die ding- und requisitenlose Tragödie wiederum heißt dies, dass ihr Welt- und Menschenbild sich nicht in Schicksalsvollzügen und Materialität erschöpfte. Die Absenz einer „profanen Dingwelt" in der Tragödie steht damit bei Benjamin unterschwellig für eine historische und letztlich auch metaphysische Sehnsucht. Im Hinblick auf die Funktion der Ding- und Requisitenvergessenheit weiter Teile der Tragödientheorie weckt sein Trauerspielbuch somit freilich eher ein Bewusstsein, als dass es sich von dieser Theorie grundlegend unterscheiden ließe – will doch auch Benjamin die Tragödie von Dingwelt und Requisiten frei wissen.

## Fatales Requisit und dramatische Form

Theorien der Tragödie oder des Trauerspiels können auf die Analyse von Dramen nicht einfach appliziert werden. Sie besitzen allerdings einen hohen kulturhistorischen Symptomwert, der den Blick für bestimmte Erwartungen schärft, die an die dramatische Form und ihre Konventionen herangetragen werden. Solche Erwartungen sind immer historisch bedingt und betreffen den Stellenwert auch von Requisiten. Wenn Benjamin der vermeintlich requisitenlosen Tragödie die Modernität des Requisits im Trauerspiel gegenüberstellt, dann reagiert er womöglich auch auf die Überpräsenz und tendenzielle Banalität der längst zu Waren gewordenen Dinge, wie sie zum Zeitpunkt der Niederschrift seiner Studie unübersehbar geworden war: In Form einer negativen Emphatisierung projiziert er sie zurück auf das barocke Trauerspiel. Zu Recht hat man erst das 19. Jahrhundert verschiedentlich „das Säkulum der Dinge" (Steiner 2012, 200) genannt; und tatsächlich halten die Dinge im späten 19. und frühen 20. Jahrhundert verstärkt Einzug auch in das Drama. Die detaillierten Beschreibungen etwa von Bühnenbildern im Naturalismus, die das soziale Milieu der Protagonisten indizieren sollen, sind hierfür ein einschlägiges Beispiel (siehe auch 3.13 Siegel).

Einer solchen Ubiquität der Dinge in der Moderne trägt Benjamin indirekt Rechnung, indem er ihr die antike Form der Tragödie kategorisch entzieht. Auf Umwegen hat er der Tragödie vor allem der deutschen Tradition damit allerdings eine treffende Diagnose gestellt: Sie bleibt in Deutschland das ganze 19. Jahrhundert hindurch die Leit- und Prestigegattung der Literatur, während diese Rolle in England und in Frankreich längst der Roman übernommen hat, der auf die Proliferation der Dinge und der Warenzirkulation adäquater reagieren kann. Die genuin deutsche Faszination für die Tragödie ist oft konservativ motiviert, und die dramatische Produktion spielt dieser Faszination durchaus zu. Dies auch insofern, als das fatale Requisit – entgegen Benjamins Überzeugung – grundsätzlich nicht in seiner Plastizität oder Materialität inszeniert wird. Schließlich ist es dank seiner ausgewiesen dramaturgischen Funktion streng genommen kein Ding, sondern ein Zeichen. Dies offenbart rückblickend die dramen- und theatergeschichtliche Entwicklung seit der zweiten Hälfte des 20. Jahrhunderts. Dort, wo herkömmliche dramatische Handlungsverläufe von Autoren und Autorinnen wie Heiner Müller, Sara Kane oder auch vom zeitgenössischen Regietheater mehr und mehr aufgekündigt werden und man treffend von einem „postdramatischen Theater" gesprochen hat (Lehmann 2008), verliert das Requisit zusehends seine semiotische wie dramaturgische Bedeutung. Stattdessen bevölkern verstärkt Dinge den Bühnenraum, die der Kausalität einer Handlung nicht mehr assimilierbar sind (Lehmann 2008, 382–387;

Loch 2009). Von heute aus gesehen scheint das fatale Requisit folglich der Geschichte anzugehören.

Benjamin hat jedoch erstmalig das Gespür dafür geweckt, dass Dinge und Requisiten über die historische Form- und Gattungszugehörigkeit von Stücken entscheiden können. Zwar wird man seiner These, es fehle der Tragödie an fatalen Requisiten, ebenso wenig zustimmen dürfen wie seiner Meinung, die Dingwelt breche prominent in das barocke Trauerspiel ein und gemahne hier vornehmlich an eine gemeinsame Materialität der Dinge und Menschen. Ein bedeutendes fatales Requisit im barocken Trauerspiel stellen etwa die in Kerzen versteckten Dolche in *Leo Armenius* (1650) von Andreas Gryphius dar, mittels derer die Verschwörer um Michael Balbus während der Weihnachtsmesse den Kaiser ermorden. Dabei interessiert in diesem Trauerspiel genau wie in der Tragödie aber kaum die Materialität des Requisits, sondern ein theologisch wie politisch motiviertes „Spannungsfeld von echten und falschen Zeichen" (Kaminski 1998, 84), das das gesamte Drama durchzieht und in das die fatalen Requisiten systematisch eingebettet werden. Die Kupferstiche zu den Gryphius'schen Dramen, die oft eine unter der Requisitenlast förmlich zusammenbrechende Bühne vorstellen, arbeiten Benjamins Überzeugungen womöglich eher zu als die barocken Texte. Auch die frühneuzeitliche Aufführungspraxis der Wanderbühnen zeigte sich an Effekten der Überwältigung interessiert, die dem fatalen Requisit sicher einen breiteren Raum gewährten. Die Dramentexte bestätigen einen solchen herausragenden Status des fatalen Requisits im barocken Trauerspiel jedoch nicht ohne Weiteres. So gelangen etwa die Folter- und Todesinstrumente in Gryphius' *Catharina von Georgien* (1657) nicht direkt auf die Bühne, sondern werden dem Zuschauer lediglich über einen Botenbericht präsentiert.

Überhaupt markiert das Requisit zunächst eher den Unterschied zwischen Tragödie und Komödie als den zwischen Tragödie und Trauerspiel. Als niedere Gattung hat die Komödie eine tiefe Affinität zu den Dingen, oft bilden Requisiten sogar den Titel von Stücken. Das lässt sich von Heinrich von Kleists *Der zerbrochne Krug* (1811) über Eugène Labiches *Der Florentinerhut* (1851) bis hin zu Gerhart Hauptmanns *Der Biberpelz* (1893) oder Carl Sternheims *Die Hose* (1911) beobachten. Dabei setzt die Komödie das Requisit oft ein, um lustige Verwechslungen oder Verwirrungen anzustoßen (Klotz 2000, 43–81), so etwa im Fall der verlorenen und schließlich wieder gefundenen Perücke des Dorfrichters Adam in *Der zerbrochne Krug*.

Die Bedeutung des fatalen Requisits in der Tragödie verhält sich schon in dramaturgischer Hinsicht spiegelverkehrt zu den komödienhaften Figurationen solcher vom Requisit getragenen Verwechslungs- oder Verwirrungsszenen.

Bereits in der *Orestie* des Aischylos (458 v. Chr.) entzündet sich am fatalen Requisit nicht eine Verwechslung, sondern eine Wiedererkennung (*anagnorisis*), die für den weiteren Verlauf der Handlung von entscheidender Bedeutung ist. Elektra findet am Grab ihres Vaters Agamemnon eine Haarlocke des verschollen oder tot geglaubten Bruders Orest. Als sich die Geschwister dank der Haarlocke schließlich wiedererkennen, beschließen sie den Rachemord an ihrer Mutter Klytaimnestra, die mithilfe ihres Geliebten den eigenen Ehemann Agamemnon getötet hatte. Ausgehend vom fatalen Requisit der Haarlocke nimmt das Verhängnis seinen Lauf.

Prinzipiell kann so gut wie jedes Objekt den Status des fatalen Requisits annehmen. Die vergiftete Limonade, die Ferdinand in Schillers *Kabale und Liebe* (1784) seiner Geliebten zu trinken gibt, bevor er sich auch seinerseits damit vergiftet, ist ebenso ein fatales Requisit wie das Taschentuch der Desdemona in Shakespeares *Othello* (1604), das in eine Verwirrungs- und Intrigenszenerie eingelassen ist (Hentschel 1981, 85–93), die vordergründig durchaus komödiantische Züge aufweist, die an der Fatalität des Requisits aber nichts ändert. Das Taschentuch hatte Othello einst geerbt und es als Zeichen seiner Liebe Desdemona geschenkt. Als diese es irrtümlich fallen lässt, gerät es in die Hände des Intriganten Jago, der Othello glauben macht, Desdemona hätte das Tuch ihrem angeblichen Geliebten Cassio geschenkt. Rasend vor Eifersucht erdrosselt Othello Desdemona in ihrem Bett.

Wenn in der Tragödie wie im Trauerspiel jeder Gegenstand das Potenzial zum fatalen Requisit besitzt, heißt dies freilich auch, dass es nicht eine genuine Materialität, Widerständigkeit oder Selbstständigkeit ist, die den Dingen hier grundsätzlich eignet. Genau wie die Objektfülle der Komödie markiert auch die ‚tragische' Dingwelt Handlungsverläufe, die Form- und Gattungsgesetze erfüllen. *Agency* haben die Requisiten in Komödie, Tragödie und Trauerspiel demnach wesentlich als Zeichen oder Symbole. Andererseits unterliegen sie gerade als solche starken sozialen und ästhetischen Konventionen, die die Dinge nicht völlig austauschbar machen. Besonders augenfällig wird dies an den verschiedenen Waffenarten, die in Tragödie und Trauerspiel als fatale Requisiten eingesetzt werden und die auf poetologischer Ebene eine Unterscheidung der beiden Formen nahelegen: Während das fatale Requisit in der Tragödie einen Tod einleitet, dem häufig ein – wenn auch prekär bleibendes – positives Moment abgetrotzt wird, bleibt insbesondere das moderne nachbarocke Trauerspiel bei der Sinnlosigkeit des Untergangs oft stehen (Haas 2014).

## Waffen

Speere, Schwerter, Schilde, Helme und Rüstungen sind in der antiken und klassizistischen Tragödie grundsätzlich dort anzutreffen, wo heroische Krieger und Kämpfer agieren. Dies gilt für Aischylos' *Sieben gegen Theben* (467 v. Chr.), für Pierre Corneilles *Horace* (1640) und Friedrich Schillers *Die Jungfrau von Orleans* (1801) ebenso wie für die zahlreichen deutschen Römerdramen des 19. Jahrhunderts. Freilich werden Kriege und Schlachten im Drama schon aus technischen Gründen meist nicht direkt, sondern über die Techniken der Mauerschau oder des Botenberichts vorgestellt, so dass die heroischen Waffen dem Zuschauer nicht visuell, sondern narrativ und auditiv präsentiert werden. Allerdings spielen Tragödie und Trauerspiel das fatale Requisit des Schwerts oder Speers in seinen heroischen Implikationen oft gegen das Messer und vor allem gegen den Dolch aus.

Der Dolch ist auf den europäischen Dramenbühnen seit der Frühen Neuzeit geradezu heimisch. Vielleicht stellt er sogar das bedeutendste Theaterrequisit überhaupt dar. Anders als das Schwert indiziert er nicht Mut oder Größe, sondern Niedertracht, Hinterlist und Verschwörung. Einer der schlimmsten Intriganten der deutschen Dramengeschichte, der Mohr aus Schillers *Die Verschwörung des Fiesco zu Genua* (1783), trägt immer einen Dolch bei sich. Bereits Shakespeares Macbeth (1606) erscheint ein blutiger Dolch, der ihn zum Mord an dem schlafenden König Duncan verleitet, während der integre Banquo zuvor bezeichnenderweise nicht nach einem Dolch, sondern nach einem Schwert gesucht hatte, um den König zu bewachen. Im Lauf der Jahrhunderte wird der Dolch so prominent, dass er den Marker der Heimtücke mitunter einbüßt und die von ihm beherrschten Dramen latent trivialisiert. Dies zeigt sich in erster Linie am romantischen Schicksalsdrama, in dem fluchbeladene Geschlechter sich von Generation zu Generation selbst auslöschen. In Zacharias Werners *Der vierundzwanzigste Februar* (1808) übernimmt die entsprechende Funktion noch ein Messer, in Franz Grillparzers *Die Ahnfrau* (1817) dann ein verrosteter Dolch. Der Rost mag hier das Alter und die Langzeitwirkung des Fluchs offenbaren und erwünschte Schauereffekte potenzieren, er weist unterschwellig aber auch darauf hin, dass der Dolch als fatales Requisit in die Jahre gekommen und etwas gewöhnlich geworden ist. So existiert bereits von Schillers *Fiesco* eine vom Autor nicht autorisierte Bühnenfassung, in welcher die Hauptfigur zum Schluss nicht wie bei Schiller ertränkt wird oder – entsprechend einer zweiten von Schiller selbst stammenden Fassung – als Machthaber abdankt und überlebt, sondern in der sie eben durch einen Dolchstoß zugrunde geht. Als fatales Requisit scheint der Dolch also besonders publikumswirksam, damit ästhetisch aber auch latent zwiespältig. Die Höhe oder gar Würde des genuin tragischen

Todes, dem stets ein fragiles Sinnversprechen innewohnt, vermag der Dolch in der Regel nicht zu gewährleisten. Im Fahrwasser Walter Benjamins ließe sich folglich davon sprechen, dass der Dolch zumindest die moderne Tragödie oft ins Trauerspiel umkippen lässt; dies allerdings nicht aufgrund der Materialität des Objekts, sondern aufgrund der Überdeterminierung des Zeichens.

Dies hatte unter der Hand bereits Lessing in *Emilia Galotti* (1772) vorgeführt. Zwar durchstößt hier der Vater Odoardo seine Tochter auf deren Wunsch mit einem Dolch, doch weist er seine Tat wie sein potenzielles Selbstopfer später ausdrücklich als „schale Tragödie" (Lessing 1996, 204) zurück. Eine tatsächliche Tragödie ist Lessing zufolge in Zeiten der Aufklärung vielleicht prinzipiell nicht machbar oder gar wünschenswert, aber als nahezu unverzichtbarer Indikator einer bewussten Verfehlung der Tragödie dient ihm der Dolch. Der scheiternde Opfervollzug und die scheiternde Tragödie weisen *Emilia Galotti* tatsächlich als Trauerspiel aus, und dem Dolch kommt in diesem Kontext eine form- und gattungsmarkierende Funktion zu.

Die wenig subtile Wirkmächtigkeit des Dolches konnte Lessing freilich nicht aufhalten oder gar beenden. Sie reicht weit über das Theater hinaus und erlebte in der ‚Dolchstoßlegende' nach dem Ersten Weltkrieg ihren vorläufig letzten Triumph. Die Überzeugung, das deutsche Heer sei nicht von den feindlichen Armeen, sondern hinterrücks von inneren Feinden geschlagen worden, bündelt noch einmal die Konnotationen, die Drama und Theater dem fatalen Requisit eingebrannt haben: Heimtücke und Würdelosigkeit (Schivelbusch 2001, 245–249). Womöglich war es zudem ein ‚schales' Tragödienversprechen, das dem ‚Dolchstoß' seine nationalistische Popularität verlieh.

## Literaturverzeichnis

Aristoteles. *Poetik. Griechisch/Deutsch*. Übers. und hrsg. von Manfred Fuhrmann. Stuttgart 1982.
Aischylos. *Die Orestie*. Deutsch von Emil Staiger. Stuttgart 2003.
Aischylos. *Sieben gegen Theben*. Übers. und hrsg. Von Hans-Dieter Blume. Stuttgart 2017.
Benjamin, Walter. *Ursprung des deutschen Trauerspiels*. 7. Auflage. Frankfurt am Main 1996 [1928].
Corneille, Pierre. „Horace". *Œuvres complètes I*. Hrsg. von Georges Couton. Paris 1980: 831–901.
Fischer-Lichte, Erika. *Semiotik des Theaters. Band 1. Das System der theatralischen Zeichen*. 4. Auflage. Tübingen 1998.
Greiner, Bernhard. *Die Tragödie. Eine Literaturgeschichte des aufrechten Ganges. Grundlagen und Interpretationen*. Stuttgart 2012.
Grillparzer, Franz. „Die Ahnfrau". *Sämtliche Werke. Band 1*. Hrsg. von Peter Frank und Karl Pörnbacher. München 1960: 607–711.

Gryphius, Andreas. „Leo Armenius". *Dramen*. Hrsg. von Eberhard Mannack, Frankfurt am Main 1991: 9–116.

Gryphius, Andreas. „Catharina von Georgien". *Dramen*. Hrsg. von Eberhard Mannack, Frankfurt am Main 1991: 117–226.

Haas, Claude. „Die ‚Stunde des Absterbens'. Fälle des tragischen Todes im Trauerspiel von Schiller bis Brecht". *Benjamins Trauerspiel. Theorie – Lektüren – Nachleben*. Hrsg. von Claude Haas und Daniel Weidner. Berlin 2014: 175–198.

Hauptmann, Gerhart. *Der Biberpelz. Ausgewählte Dramen. Band 2*. Berlin (Ost) 1952: 7–79.

Hegel, Georg Wilhelm Friedrich. *Vorlesungen über die Ästhetik III*. Hrsg. von Eva Moldenhauer und Karl Markus Michel. Frankfurt am Main 1986.

Herder, Johann Gottfried. „Shakespear". *Schriften zur Ästhetik und Literatur 1767-1781*. Hrsg. von Gunter E. Grimm. Frankfurt am Main 1993: 498–521.

Hentschel, Evelyn. *Die dramatische Funktion der Requisiten bei Shakespeare*. München 1981.

Kaminski, Nicola. *Andreas Gryphius*. Stuttgart 1998.

Kleist, Heinrich von. „Der zerbrochne Krug". *Sämtliche Werke und Briefe. Band 1*. Hrsg. von Helmut Sembdner. 9. Auflage. München 1993: 175–244.

Klotz, Volker. *Gegenstand als Gegenspieler. Widersacher auf der Bühne: Dinge, Briefe, aber auch Barbiere*. Wien 2000.

Labiche, Eugène. *Der Florentinerhut*. Fassoniert und mit neuer Garnierung versehen von Axel von Ambesser. München 1965.

Lehmann, Hans-Thies. *Postdramatisches Theater*. 4. Auflage. Frankfurt am Main 2008.

Lessing, Gotthold Ephraim. „Emilia Galotti". *Werke. Band 2*. Hrsg. von Herbert G. Göpfert. Darmstadt 1996: 127–204.

Loch, Kathi. *Dinge auf der Bühne. Entwurf und Anwendung einer Ästhetik der unbelebten Objekte im theatralen Raum*. Aachen 2009.

Lyons, John D. „Material Fatality: Props and the Baroque Drama of Chance". *Yale French Studies* 124 (2013): 36–49.

Nietzsche, Friedrich. „Die Geburt der Tragödie aus dem Geiste der Musik". *Kritische Studienausgabe. Band 1*. Hrsg. von Giorgio Colli und Mazzino Montinari. Berlin, New York, NY 1988: 9–156.

Pütz, Peter. *Die Zeit im Drama. Zur Technik dramatischer Spannung*. Göttingen 1970.

Schiller, Friedrich. „Die Verschwörung des Fiesko zu Genua". *Werke und Briefe in zwölf Bänden. Band 2*. Hrsg. von Gerhard Kluge. Frankfurt am Main 1988: 315–558.

Schiller, Friedrich. „Kabale und Liebe". *Werke und Briefe in zwölf Bänden. Band 2*. Hrsg. von Gerhard Kluge. Frankfurt am Main 1988: 559–783.

Schiller, Friedrich. „Die Jungfrau von Orleans". *Werke und Briefe in zwölf Bänden. Band 5*. Hrsg. von Matthias Luserke-Jaqui. Frankfurt am Main 1996: 149–277.

Schivelbusch, Wolfgang. *Die Kultur der Niederlage. Der amerikanische Süden 1865. Frankreich 1871. Deutschland 1918*. Berlin 2001.

Schwarz, Hans-Günther. *Das stumme Zeichen. Der symbolische Gebrauch von Requisiten*. Bonn 1974.

Shakespeare, William. *Macbeth. Englisch/Deutsch*. Übers. und hrsg. von Barbara Rojahn-Deyk. Stuttgart 1986.

Shakespeare, William. *Othello. Englisch/Deutsch*. Übers. und hrsg. von Dieter Hamblock. Stuttgart 1986.

Steiner, Uwe C. „Massenseele, Medium und Mimesis. Dingtheoretische Anmerkungen zu Freud und Girard". *100 Jahre Totem und Tabu. Freud und die Fundamente der Kultur*. Hrsg. von Eberhard Th. Haas. Gießen 2012: 177–207.
Sternheim, Carl. *Die Hose*. München 1963.
Werner, Zacharias. *Der vierundzwanzigste Februar*. Leipzig 1910.

## 3.6 Das Reich der Dinge: Exotische Güter, Gender und Empire im England des frühen 18. Jahrhunderts

Susanne Scholz

### Einleitung

Auf dem Frisiertisch von Alexander Popes Belinda, der Heldin seines Epos *The Rape of the Lock* von 1711/1714, exponieren sich die Schätze der Welt: „Unnumber'd treasures ope at once, and here / The various off'rings of the world appear". Als kostbare Gaben apostrophiert, breiten die Dinge auf dem Tisch ihre Verlockungen aus: „This casket India's glowing gems unlock's / And all Arabia breathes from yonder box. / The Tortoise here and Elephant unite, / Transform'd to Combs, the speckled, and the white." (Pope 1985 [1711/1714], 91)

Metonymisch verdichtet stehen hier die exotischen Güter für ihre Herkunftsländer: Parfüms aus Arabien, Schildpatt und Elfenbein aus Indien markieren nicht nur den Reichtum der Besitzerin, die sich diese exotischen Dinge leisten kann, sondern auch die Verfügungsmacht des Mutterlandes, in dessen symbolischem Zentrum sie sich nun befinden, über die kolonisierten Länder. Belinda schmückt sich mit diesen Dingen, nicht nur, um am Hof alle Augen auf sich zu ziehen, sondern auch, um ihre Chancen auf dem Heiratsmarkt zu verbessern. Sie bedarf offenbar der Dinge, um sich selbst zum begehrenswerten Objekt zu machen. Zum Scharmützel epischen Ausmaßes kommt es, als einer ihrer Verehrer ihr – im Eifer des Kartenspiels unbemerkt – eine Locke abschneidet. Nicht bereit, diesen Übergriff als vorweggenommene Inbesitznahme zu akzeptieren und den Aggressor zu heiraten, mobilisiert Belinda die Mächte der ‚weiblichen' Unterwelt: Tränen, Schreie, Ohnmacht, Hysterie. Das Gedicht, ursprünglich in Auftrag gegeben, um nach der unerfreulichen – angeblich authentischen – Begebenheit den Frieden zwischen beiden Familien wieder herzustellen, endet mit der Apotheose der Locke in den Dichterhimmel.

Bereits die Wahl der epischen Form stellt die erzählte Begebenheit in den Horizont kollektiver Selbstvergegenwärtigung, und auch wenn Pope keine hohe Meinung von den Errungenschaften des in Formation begriffenen britischen Empire hat, so ironisiert er doch genau jene Wertverschiebungen, die der neuen Formation der *commercial society* zugrunde liegen. Sein Kulturpessimismus zeigt sich offenbar auch darin, dass er eine Frau zur Heldin der neuen Zeit macht. Auf jeden Fall aber wirft die Konstellation von epischer Schreibweise, Feminisierung der Subjektposition und geradezu aufdringlicher Repräsentation materieller Güter die Frage danach auf, welche kulturelle Konfliktstellung hier anhand der aufgezählten Dinge verhandelt wird.

## Koloniale Kreisläufe

England befand sich am Beginn des 18. Jahrhunderts in einem massiven Modernisierungsschub. Die Glorious Revolution 1688/1689 zog Veränderungen im politischen Machtgefüge nach sich, England wurde zur konstitutionellen Monarchie, politische Parteien entstanden. Während die alte Aristokratie, der sogenannte ‚landed interest', an Bedeutung verlor, stieg der sogenannte ‚moneyed interest', dessen Machtbasis nicht auf Landbesitz, sondern auf Handel beruhte, auf und gewann an politischem Einfluss, vertreten durch die Partei der Whigs. Koloniale Expansion und Überseehandel wurden, besonders nach dem für England vorteilhaften Friedensschluss von Utrecht, der 1713 den Spanischen Erbfolgekrieg beendete, zu wesentlichen Motoren britischen Reichtums, und sie brachten eine Flut von exotischen Gütern ins Land: Tee, Kaffee, Kakao, Zucker, Baumwolle, Seidenstoffe, Porzellan und auch Sklaven. Im Mutterland führte diese neue Quelle des Wohlstands zum Aufstieg des Kaufmannsstandes; der Kaufmann konnte sich fortan als Gentleman fühlen und wurde nachgerade zum Wohltäter der Gesellschaft: „[T]hey knit mankind together in a mutual intercourse of good Offices, distribute the Gifts of Nature, find work for the Poor, add Wealth to the Rich, and Magnificence to the Great." (Addison 1965 [1711], 296) Während die Menge der käuflichen Waren anstieg und damit den Beginn einer Konsumgesellschaft einläutete, wurde der Handel selbst als Motor friedlichen Austauschs zwischen den Völkern überhöht (Weinbrot 1993, Scholz 2004). Joseph Addison etwa macht in seiner berühmten Eloge auf die Londoner New Exchange (1711) gleich die Natur selbst für diese Kommunikationsprozesse verantwortlich: „Nature seems to have taken a particular care to differentiate her blessings among the different regions of the world, with an eye to this mutual intercourse and traffick among mankind, that the natives of the several parts of the globe have a kind dependence upon one another, and be united together by their common interest." (Addison 1965 [1711], 294) Wie jeder gesellschaftliche Umbruch brachte jedoch auch dieser Wertkonflikte und Ängste hervor, die sich im kulturellen Diskurs besonders an die Repräsentation von Dingen hefteten.

Ganz offenbar unterliegen die in Popes *The Rape of the Lock* aufgezählten Güter einer massiven Transformation, die auch den Kern ihrer Verführungskraft bildet, denn dass Elefant und Schildkröte in Form von Schildpatt- und Elfenbeinkämmen auf dem Tisch liegen, impliziert einerseits den Tod ihrer vormals lebendigen Träger und andererseits ihre Überführung in eine Wertökonomie jenseits ihrer Ursprungskulturen (Neumann 2012, 946). Im Epos ist es der Frisiertisch, der diese Neusemantisierungen ermöglicht, denn er dient gleichermaßen als Präsentationstableau der schönen Dinge für den Blick ihrer Besitzerin und als ‚Operationstisch' im Foucault'schen Sinn: Auf ihm werden die Dinge im Hinblick auf ihren Gebrauchswert oder ihr symbolisches Kapital neu sortiert. Der räumliche Abschluss des Tisches ermöglicht eine Ordnung durch Kontiguität: Einerseits macht er, wie der Markt, die Dinge äquivalent, andererseits etabliert er neue Bedeutungszuschreibungen, die gänzlich vom Werthorizont der Besitzerin abhängen. Die genannten Dinge haben dabei im wörtlichen wie im metaphorischen Sinne eine lange Reise hinter sich: Sie sind durch koloniale Appropriation aus ihren Ursprungskontexten herausgelöst, vereinzelt, entlebendigt, zum Luxusgegenstand verarbeitet und in den Warenfluss des Empire eingegliedert worden, der auf dem Frisiertisch der Heldin mündet. Das britische Empire erscheint hier, metonymisch vertreten durch Schätze aus allen Weltgegenden, als Reich der Dinge.

Die in dieser Szene ebenfalls inszenierte Aufgabe objektiver, gar metaphysischer Horizonte, nach der als Basis der Wertzuschreibung nur noch die willkürlichen und instabilen Mechanismen des Marktes infrage kommen, erweist sich nicht zuletzt an der arbiträren Reihung der Dinge, die aufgezählt werden: „Here files of Pins extend their shining rows, / Puffs, Powders, Patches, Bibles, Billet-doux." (Pope 1985 [1711/1714], 91) Dass Belinda den wahren Wert nicht vom Warenwert ihrer Dinge unterscheiden kann, zeigt unter anderem die parodistische Ordnung durch Alliteration, durch die auch die Bibel zum trivialen Ding wird, zum Gegenstand unter vielen.

Überhaupt wird Popes pessimistische Einstellung gegenüber der neuen Wertordnung der *commercial society* vor allem durch seinen Einsatz rhetorischer Mittel deutlich. Bereits die Miniaturisierung der epischen Form, das sogenannte „mock-epic", impliziert ironische Distanz. Die genannten Dinge gehören offensichtlich zur Rüstung der Heldin: „Now awful Beauty puts on all its arms" (Pope 1985 [1711/1714], 91). In offensichtlicher Anspielung auf die Schildbeschreibungen und Waffenkataloge der *Ilias* wird hier die Heldin für ihren Kampf auf dem sozialen Parkett kosmetisch aufgerüstet. Schildpatt, Parfüm und Elfenbein werden zu subjektkonstituierenden Dingen stilisiert, im weiteren Verlauf des Gedichts wird besonders der „petticoat" als „seven-fold fence" zum wichtigen Teil der weiblichen (Aus)Rüstung (Pope 1985 [1711/1714], 95). Dies wiederum lenkt den Blick auf die zentrale Verkehrung gegenüber dem klassischen

Heldengedicht, dass nämlich eine Frau die Heroin dieses Epos der *commercial society* ist. Das Gedicht beginnt mit einem veritablen Musenanruf, der das Vergil'sche „arma virumque cano" quasi für die neue Zeit adaptiert: „What dire offence from am'rous causes springs, / What mighty contests rise from trivial things / I sing." (Pope 1985 [1711/1714], 88) Während die Referenz auf „am'rous causes" noch den Raub der Helena durchscheinen lässt, unterscheiden sich die jeweiligen „mighty contests" erheblich in der Wahl der Mittel. Hier wird mit den Waffen der Frauen gekämpft, und die sind offenbar unweigerlich trivial. Stellt man diese Epenreferenz allerdings in den Kontext von Popes berühmten Homer-Übersetzungen, so wird die ganze Ambivalenz dieses intertextuellen Geflechts deutlich. Denn eigentlich strebte Pope zum Beispiel mit seiner *Ilias*-Übertragung eine Art Domestizierung der brutalen homerischen Kriegshandlungen an, die ihm für sein im aufklärerischen Geist erzogenes, an einem Ideal der *politeness*, des *common sense* und des friedlichen Handels orientiertes Gentleman-Publikum nicht mehr zeitgemäß erschien (Weinbrot 1993, 303). Für diese klassizistische Sublimierungs- bzw. Befriedungspolitik, die auf literarischer Ebene fortsetzte, was im gesellschaftlichen Miteinander durch Verhaltensideale der Höflichkeit propagiert wurde, spielte der Markt, als Ort agonistischer, aber gewaltfreier Konkurrenz, eine wesentliche Rolle. In diesem Licht erscheint auch die Verwandlung des kruden Epos vom Raub der Helena in die miniaturisierte, parodistische Form des *Rape of the Lock* als Zivilisierungsleistung und Anpassung der epischen Form an eine neue, höflichere Zeit. Damit stellt sich aber die Frage nach dem Geschlecht der Heldin, die, so gesehen, auch als paradigmatisches Subjekt der *commercial society* lesbar gemacht werden kann, noch einmal anders. Ohne Dinge geht es nicht, und wenn die Kämpfe um und mit „trivial things" heute im Boudoir und am Kartentisch ausgeführt werden, so erfordert dies eine Anpassung der Handelnden an die neuen Spielregeln. Wenn aber Rationalität, Handlungsmacht, Selbstbeherrschung und Verfügung über den eigenen Besitz als Kennzeichen des Subjekts gelten, so muss gefragt werden, wie sich die neue Dingflut auf die Subjektivität auswirkt. Wie ist unter diesen Bedingungen das Verhältnis von „self and stuff" (Benedict 2007, 194) zu beschreiben?

## Besitzen und besessen werden

Es fällt auf, dass alle Dinge auf Belindas Tisch syntaktisch als Agierende platziert werden: „Elephant and Tortoise unite", „Pins extend their shining Rows". Angesichts dieser offensichtlichen Handlungsmacht der Dinge ist fraglich, ob Belinda wirklich Subjektstatus zukommt, ob sie Dinge besitzt oder von diesen besessen wird. Wenn das Subjekt quasi nur die Summe seiner Sachen ist, wie ist es dann um Selbstverfügung und Autonomie bestellt? Nun ist es eine bewährte kulturelle Entlastungsstrategie, diesen Handlungs- bzw. Selbstverlust auf Frauen zu projizieren, die als ‚vermindert schuldfähig' und moralisch weniger gefestigt gelten (Brown 1993). So leicht macht es sich Pope aber nicht, auch wenn seine Belinda in ihrem späteren Abstieg in die intrauterine Unterwelt der „Cave of Spleen" – deren Herrin „rule[s] the sex to fifty from fifteen" (Pope 1985 [1711/1714], 102) – hysterische Züge trägt. Doch Belindas Ding-Dilemma verhandelt keinen kategorialen Unterschied der Geschlechter, sondern inszeniert die Zuspitzung einer Situation, die von allen Mitgliedern der *commercial society* geteilt wird: Ihr Besitz verleiht ihnen Status und untergräbt diesen auch gleich wieder. Indem sie sich den gesellschaftlichen Ritualen der Selbstausstellung als besitzende Subjekte unterwerfen, machen sie sich zu Objekten eines sozialen Blicks, der ihnen Wert zuspricht, sie aber gleichzeitig nur als schöne oder geschmackvolle Oberfläche wahrnimmt.

Elizabeth Kowaleski-Wallace hat konstatiert, dass in der Literatur des 18. Jahrhunderts Frauen als die paradigmatischen Subjekte der entstehenden Konsumgesellschaft imaginiert werden – als Repräsentantinnen einer Subjektivität, der die Instabilitäten des Haben-Wollens und Besessen-Werdens immer schon eingeschrieben sind (1997, 57–58 und *passim*). Popes Epos, so könnte man sagen, führt vor, wie unter dem Diktat der *commercial society* schöne Frau und exotische Lebewesen gleichermaßen zu Luxusobjekten werden und sich in die Sinn- und Wertökonomie der Waren einfügen. Dass diese neue Wertordnung alles andere als stabil ist, zeigt sich nicht zuletzt in Belindas Oszillieren zwischen Objekthaftigkeit und gesellschaftlicher Handlungsfähigkeit: Einmal erscheint sie als Inbegriff der schönen Dinge im Boudoir, dann wieder als ostentative Konsumentin der sie umgebenden Gegenstände. Durch den Kauf schöner Dinge und die Selbststilisierung als begehrenswertes Subjekt investiert sie in das symbolische Kapital ihrer ‚Weiblichkeit', das am Heiratsmarkt wertsteigernd wirkt. Genau diese ‚Weiblichkeit' macht sie jedoch zum Objekt und fügt sie in die Warensituation des Heiratsmarkts ein, dem sie sich durch ihre Koketterie aber – zumindest vorläufig – entzieht. Koketterie wiederum wird im Mittelteil des Gedichts als Belindas Seinszustand deklariert; sie ist eine wertsteigernde Technik, die den schönen Frauenkörper der männlichen Verfügung gleichzeitig anbietet und verweigert und ihn so zum kostbaren Gut stilisiert, das nur der Höchstbietende konsumieren kann. Sie stellt damit für heiratsfähige Frauen eine vorläufige Handlungsfähigkeit her, die jedoch durch ihre gesellschaftliche Positionierung massiv eingeschränkt ist. Susan Stewart führt für diesen Sowohl-als-auch-Zustand, der jedes weibliche Subjekt einer Konsumgesellschaft prägt und in der Literatur des 18. Jahrhunderts an unzähligen Beispielen ausagiert wird (Daniel Defoes *Roxana*, John Clelands *Fanny Hill or Memoirs of a Woman of Pleasure*, Samuel Richardsons *Pamela* und *Clarissa*, um nur die bedeutendsten zu nennen), den Begriff „self-conscious commodity" ein (Stewart 1993, 116). Die Selbstwahrnehmung als ‚selbstbewusste Ware' öffnet den warenförmig gewordenen, in verdinglichende Diskurse von Schönheit und Tugend eingespannten Frauen zumindest temporäre und räumlich begrenzte Handlungsoptionen. In erweiterter Form betrifft das alle Sub-jekte einer Marktgesellschaft, die Prestige, Reichtum, Arbeitskraft ausstellen und in die allgemeine Zirkulation einbringen müssen: eine kulturelle Kompromissformation, die modernen merkantilen Subjektformen – dem Modell des Homo oeconomicus – zugrunde liegt.

## Feminisierung des Luxus

Die von Pope hier so sorgfältig inszenierte Korrelation von schönen Frauen und exotischen Dingen findet sich in der Literatur des frühen 18. Jahrhunderts häufig, etwa in James Ralphs *Clarinda, or the Fair Libertine* von 1729 oder in Soame Jenyns *The Art of Dancing* aus demselben Jahr. Beide bedienen sich einer geradezu symptomatischen Wendung, die die Kaufkraft und Putzsucht der Frauen zur Antriebsfeder des kolonialen Handels stilisiert: „For them the Murex yields his purple Dye, / And Orient Pearls in sea-bred Oisters lye; / For them, in clouded Shell, the Tortoise shines", heißt es in *Clarinda* (Ralph 1729, 38), und Jenyns ist noch deutlicher: „For you the sea resigns its pearly store, / And earth unlocks her mines of treasure'd ore." (Jenyns 1729, 9) Die (syntaktische) Handlungsmacht der Dinge erhält hier noch eine weitere Bedeutungsdimension: Ganz ähnlich wie sich die Früchte und Fische im Landhausgedicht freiwillig in die Netze und auf die Bankett-Tische der Herrschaft begeben, verfügen sich die Dinge selbstständig in die Boudoirs der Metropole, um die schönen Damen zu schmücken. Geradezu willfährig machen sich die exotischen Gegenstände zu Komplizen der britischen Kolonisatoren, die Ausstattung der Frauen im Mutterland erscheint hier als *raison d'être* ihrer Existenz wie auch des kolonialen Handels. Das Beispiel der weiblichen Ausstattung mit Luxusgütern führt auch Addison in der bereits zitierten *Spectator*-Ausgabe (1711) an: „The Single Dress of a Woman of Quality is often the Product of an Hundred Climates. The Muff and the Fan come together from the different Ends of the Earth. The Scarf is sent from the Torrid Zone, and the Tippet from beneath the Pole. The Brocade *Petticoat* arises out of the Mines of Peru and the Diamond Necklace out of the Bowels of Indostan. [Herv. i. O.]" (Addison 1965 [1711], 295)

Diese zum Topos geronnene Konstellation agiert einen doppelten Herrschaftsanspruch aus, zeigt aber auch, im Licht der vorher aufgezeigten Ambivalenzen, die beunruhigende Instabilität der emergenten Subjektformation des Homo oeconomicus. Die bereits angesprochene Naturalisierung der kolonialen Kreisläufe und die vermeintliche Agenz der zum Konsum bestimmten Tiere auf Belindas Frisiertisch verschieben die Handlungsmacht wie auch die Gewalt der kolonialen Aneignung auf die Dinge selbst. Damit werden sowohl die ursprünglichen Bewohner der Kolonien als auch die Profitgier und Rücksichtslosigkeit der Kolonisatoren unsichtbar gemacht. Umgekehrt suggerieren die Rhetorik der Benevolenz und der freiwilligen Unterwerfung sowie die romantische Feminisierung der Objekte einen quasi-natürlichen Herrschaftsanspruch der Briten über die Welt der Dinge. Wenn auch hier der aristotelische Grundsatz der Selbstbeherrschung die Voraussetzung für politische Herrschaft bildet, so ergibt sich eine grundsätzlich aporetische Situation, denn natürlich sind auch männliche Subjekte der Dynamik des Haben-Wollens und Sich-darstellen-Müssens unterworfen. Hier erweist sich wiederum die Dichtung als Ort, von dem aus eine (phantasmatische) Freiheit der Subjekte imaginiert werden kann. Pope verweist am Ende von *The Rape of the Lock* auf die „quick poetic eyes", die mehr sehen, als vom weltlichen Standpunkt wahrgenommen werden kann, nämlich in diesem Fall die Apotheose der abgeschnittenen Locke (Pope 1985 [1711/1714], 109). Das abgetrennte Attribut, Sinnbild der weiblichen Verführungskraft wie auch der subjektivierenden Verdinglichung, steht fortan als stellare Konstellation am Himmel und bestimmt die Geschicke der Irdischen. Sichtbar ist diese fast fetischistische Kompromisslösung aber nur für den Dichter, der sie uns Lesenden vermittelt. Wieder einmal erweist sich die Feminisierung der Heldenposition im Mock-Epos als Ausweg, denn durch die Ausgestaltung der metonymischen Affizierung der schönen Frau mit den begehrenswerten Objekten in einem Tableau, auf dem sich beide in ihrem jeweiligen ‚Marktsegment' einem verfügenden (männlichen, imperialen) Blick anbieten, öffnet das Gedicht eine imaginäre, geradezu archimedische Blickposition, vermittels derer sich das männliche Subjekt, mit den Augen des Dichters sehend, als außerhalb der Diskurse stehend, imperial und überlegen fühlen darf.

## Literaturverzeichnis

Addison, Joseph. *The Spectator*. 5 Bände. Hrsg. von Donald Bond. Oxford 1965 [1711].
Benedict, Barbara. „Encounters with the Object: Advertisements, Time, and Literary Discourse in the Early 18th-century Thing-Poem". *Eighteenth-Century Studies* 40.2 (2007): 193–207.

Brown, Laura. *Ends of Empire. Women and Ideology in Early Eighteenth Century English Literature*. Cornell, NY 1993.
Cleland, John. *Fanny Hill or Memoirs of a Woman of Pleasure*. London 1994.
Defoe, Daniel. *Roxana. The Fortunate Mistress*. Hrsg. von David Blewett. Harmondsworth 1982.
Defoe, Daniel. *Moll Flanders*. Hrsg. von Albert J. Rivero. New York 2004.
Jenyns, Soame. *The Art of Dancing. A Poem in Three Cantos*. London 1729.
Kowaleski-Wallace, Elizabeth. *Consuming Subjects: Women, Shopping, and Business in the Eighteenth Century*. New York, NY 1997.
Neumann, Birgit. „The Empire of Things in Eighteenth-Century English Literature: Consumption of the Foreign and Imperial Self-Fashioning". *English Studies* 93.8 (2012): 930–949.
Pope, Alexander. *The Illiad of Homer. 2 Bände*. Hrsg. von Maynard Mack. London 1967.
Pope, Alexander. *The Rape of the Lock. Poetical Works*. Hrsg. von Herbert Davis. Oxford 1985 [1711/1714]: 86–109.
Ralph, James. *Clarinda, Or the Fair Libertine: A Poem in Four Cantos*. London 1729.
Richardson, Samuel. *Pamela*. Hrsg. von Peter Sabor. Harmondsworth 1980.
Richardson, Samuel. *Clarissa*. Hrsg. von Angus Ross. Harmondsworth 1985.
Scholz, Susanne. *Objekte und Erzählungen. Subjektivität und kultureller Dinggebrauch im England des frühen 18. Jahrhunderts*. Königstein im Taunus 2004.
Stewart, Susan. *On Longing. Narratives of the Miniature, the Gigantic, the Souvenir, the Collection*. Durham 1993.
Weinbrot, Howard. *Britannia's Issue. The Rise of British Literature from Dryden to Ossian*. Cambridge 1993.

## 3.7 Volks- und Kunstmärchen

Mona Körte

### Einleitung

In Hans Christian Andersens Märchen hofiert ein einfacher Kreisel einen mit Saffian bezogenen Ball, und ein einbeiniger Zinnsoldat umwirbt eine Tänzerin aus Papier. In der Überzeugung, sein weibliches Pendant gefunden zu haben, verkennt der Zinnsoldat, dass sich die einbeinige Wirkung der Tänzerin der Pose der Arabesque und damit dem ‚on point' gehaltenen, prekären Gleichgewicht verdankt.

Manchmal wählen die Dinge in Andersens Märchen das Objekt ihrer Begierde nach dem Schluss *per analogiam*, das andere Mal wecken die gleiche Objektklasse oder die verwandte Stofflichkeit ein gesteigertes Interesse; seltener ist es der gemeinsame Aufbewahrungsort in Kästen und Schubläden, der räumliche in emotionale Nähe verwandelt. Ein initiales Moment jedenfalls genügt, um in den Märchen Beziehungsgeschichten zwischen Dingen zu stiften, die diese in der Regel selbst erzählen. Die Dinge erproben ihre Verführungskraft und ihren Wirkungsgrad über ihre Form, Funktion und Materialität – und dies in steter Konkurrenz zu anderen Dingen. Zudem wird deutlich, dass sie ihren Rang einer menschlichen Taxonomie der Alltagsdinge verdanken. Dabei reflektieren sie die den Dingen und ihren Beziehungen unterlegten „Begehrensstrukturen" (Müller-Wille 2013, 210), genauer das im 19. Jahrhundert durch eine rasant anwachsende Warenwelt immer komplexere Verhältnis von Wunsch und Erfüllung, von (unstillbarem) Bedürfnis und seiner (vermeintlichen) Befriedigung. So führt sich das Spielzeug, wie in „Der standhafte Zinnsoldat" (1838), gleichsam selbst auf: Kaum geht der Mensch zu Bett, so spielt es Spielen, „sowohl: Es kommt Besuch, als auch Krieg führen und Ball geben" (Andersen 1850, 156 f.). Dann wieder informieren uns die Dinge über die ihnen widerfahrenen Kränkungen und die darauf antwortenden Strategien zur Wahrung ihres ‚sozialen' Standes. Egal ob „Halskragen", „Teekanne" oder „Stopfnadel" – je tiefer ihr Fall durch allgemeine Vernachlässigung und je perfider ihre funktionale Umwidmung, desto eloquenter ihr rhetorisches Vermögen zur Artikulation ihrer Hybris und ihres Stolzes.

## Dingmärchen

Als „Dingmärchen" wird jene Gruppe von Märchen bezeichnet, in denen Andersen ein ganzes Arsenal häuslicher Gebrauchsgegenstände von ihrem Verfall und Ausschluss „aus der behüteten Welt des bürgerlichen Interieurs" erzählen lässt und „den Leser in die verborgenen Räume der Städte – den Rinnstein, die Kanalisation, den Müllhaufen, die Verbrennungsöfen oder Schmelztiegeln" führt (Müller-Wille 2013, 207). Einmal aus der Ordnung des Alltags herausgefallen, werden die Dinge zu ebenso feinen wie korrumpierbaren Beobachtern ihrer selbst, die – mitunter leise von einem heterodiegetischen Erzähler korrigiert – ihre scheinbare Singularität feiern. Eine Art Lehre vom ‚erzählenden Ding' entwickelt Andersen durch den Fokus auf die Gebrechen und Eitelkeiten, die die Dinge durch biografische Selbststilisierung zu kompensieren wissen: So setzt ein heiratsfähiger „Halskragen" (1847) zunächst einem schlanken Strumpfhalter zu, flirtet mit dem heißen Plätteisen, charmiert eine Papierschere und schließlich einen Kamm, bis er am Ende im Sack des Papiermüllers landet, wo ihm nichts bleibt, als mit seinen vielen Liebschaften zu prahlen: „‚Ich habe viel auf meinem Gewissen; es thut mir noth, daß ich weißes Papier werde!' Und dahin gelangte der Halskragen; alle die Lumpen wurden weißes Papier, aber der Halskragen wurde gerade das Stück Papier, das wir hier sehen, worauf diese Geschichte gedruckt worden ist. – Und dies geschah deswegen, weil er hinterher so schrecklich mit Dingen prahlte, die gar nicht wahr gewesen." (Andersen 1850, 518)

Das fehlende Glied, der Sprung im Porzellan, kurz: Not und Differenzerfahrung stimulieren die Selbstreflexion, denn allein durch das Wissen um den Mangel gewinnt das Argument seine Eloquenz. Tapfer berichtet die Teekanne im gleichnamigen Märchen (1864) von ihrer Transformation in einen Blumentopf und schließlich in eine Scherbe und gibt sich damit einen „Lebenslauf" (Andersen 2005, 77), in dem Werden nicht ohne Vergehen zu denken ist. Entsprechend beginnt das Märchen „Der standhafte Zinnsoldat" mit der ‚Geburt' des Titelhelden: „Es waren einmal fünfundzwanzig Zinnsoldaten, die waren alle Brüder, denn sie waren von einem alten zinnernen Löffel geboren worden [...]. Der eine Soldat glich dem anderen leibhaftig, nur ein einziger war etwas verschieden; der hatte nur ein Bein, denn er war zuletzt gegossen worden, und da war nicht mehr Zinn genug; doch stand er ebenso fest auf seinem einen, als die anderen auf ihren zweien, und gerade er ist es, der merkwürdig wurde." (Andersen 1850, 155–156) Weil das Ding – durch unvorsichtigen Gebrauch oder wie hier *qua* Geburt – lädiert und deshalb nicht am Platze ist, kann es sich seiner Rolle als Accessoire und Werkzeug entledigen und zum Akteur, Abenteurer, Subjekt werden: „Das Ding", so Michael Niehaus, „ist gleichsam *als Subjekt der*

*Geschichte* mehr als nur Objekt und gehört [...] nur sich selbst [Herv. i. O.]". Es ist „auf rätselhafte Weise *mehr* als das, was die Figuren in den Geschichten mit ihm anstellen und was es für sie bedeutet [Herv. i. O.]" (Niehaus 2009, 391–392). Entsprechend liest sich der Lebenslauf des Halskragens als Biografie eines Casanovas, die nur scheinbar mit seiner Transformation in ein papierenes Medium der Aufzeichnung zu Ende geht. Doch auch als neues Medium setzt er seine Nachstellungen fort.

Dieses durch die Aufwertung der Dinge verstärkte selbstreflexive Moment des Dienstes an der Aufzeichnung, der Schrift und ihrer Zirkulation ist ein Charakteristikum sogenannter Kunstmärchen, um deren Ab- oder Unabhängigkeit vom sogenannten Volksmärchen in der Märchenforschung gestritten wird (Klotz 1985; Mayer und Tismar 1997 [1977]). Während die Grimms in ihren Vorreden zu den *Kinder- und Hausmärchen* das Volksmärchen programmatisch zur ‚Naturpoesie' erhoben und diese mit dem Argument mündlicher Tradition und anonymer Autorschaft befestigten, galten Kunstmärchen durch ihr klares Bekenntnis zu Autorfunktion, Intertextualität und Selbstreflexivität als das nachgeordnete Gegenstück: zubereitet und ‚künstlich'. Ein metareflexiver Ausweis produktiver Auseinandersetzungen um Natur- versus Kunstpoesie ist der Einsatz von Schreibwerkzeugen beispielsweise in Clemens Brentanos Märchen „Der Baron von Hüpfenstich" (1847), das auf eine italienische Vorlage zurückgeht. Hier wird neben Tinte, Streusand, Lineal, Bleistift, Federbüchse ausdrücklich die Schreibfeder zu einem magischen Rettungsgegenstand *par excellence*: Als überdimensioniertes Utensil des Dichters schützt sie die wissensdurstige Prinzessin Willwischen vor dem Menschenfresser Wellewatz, der durch die Feder und ihren Tintenklecks in Form eines schwarzen Meeres nicht nur an der Verfolgungsjagd gehindert, sondern unschädlich gemacht wird.

## Dinglicher Eigensinn

Anlage und Einsatz der Dinge in Märchen dieser Art geben Anlass, über den im Zuge der Akteur-Netzwerk-Theorie vielfach reflektierten Begriff des „Eigensinns" nachzudenken, der die lose Klammer für „den Reichtum an Wahrnehmungen und [...] die überraschenden Umgangsweisen mit Dingen" (Hahn 2015, 8) bildet. Denn gerade Märchen sind ein Hort eigensinniger und tückischer Dinge, die keineswegs so selbsterklärend sind, wie es den Anschein haben mag. Märchendinge, zumal in ihrer Widerständigkeit, sind in der Märchenforschung bislang kaum untersucht worden und geraten bestenfalls in ihrer Fülle, Vielfalt und Abhängigkeit in den Blick. Im Motivregister des *Lexikons der Zaubermärchen* von Walter Scherf werden die verschiedenen Märchendinge lediglich gelistet; einen Eintrag als Bedeutungsträger erhalten Dinge immerhin in der *Enzyklopädie des Märchens* (Ranke 1991, Stichwort: „Dingbedeutung, -beseelung"). Dort werden sie zunächst als „Werkzeuge" eingeführt, deren „besondere Bedeutsamkeit (Wertigkeit, Kraft) [...] auf Gestalt (Sichel, Ring, menschliches oder tierisches Abbild), Stoff (Stein, Pflanze, Knochen) oder Funktion (Maibaum, Gürtel) beruhen" (Ranke 1991, 674) kann. In der Folge wird die Verlebendigung von Gegenständen in Märchen als „Extremform von Dingen" bezeichnet, darin der Zeugniskraft des Überrests ähnlich. Als krafterfüllte Gegenstände werden sie zu unentbehrlichen „Requisiten" der Handlung. In *Das Volksmärchen als Dichtung* (1975) hebt Max Lüthi gerade eine fehlende Eigenständigkeit der Dinge hervor, seien sie doch nicht um ihrer selbst willen da, sondern – etwa als *pars pro toto* hilfreicher Tiere – den Figuren klar zugeordnet. Immerhin akzentuiert Lüthi deren besondere Materialität, genauer die Vorliebe des Märchens für Dinge aus zerbrechlichem Glas als äußerstem Grad der Materialbeschaffenheit, ohne jedoch damit einen Einspruch in deren utilitäre Funktion zu formulieren oder die Fragilität der Dinge auch für die Handlungsführung der Märchen zu diskutieren. Die detaillierte Beschreibung der Materialbeschaffenheit ist für ihn in erster Linie Indiz der elaborierten Verschriftlichung einer zunächst mündlich tradierten Gattung (Lüthi 1990 [1975], 24–26). Die für die Volks- wie Kunstmärchen ab 1800 charakteristische Vielfalt der Dinge und ihre erzählerische Funktion spielt auch in den großen Analysen der symbolischen Form des Märchens eine untergeordnete Rolle. In *Die historischen Wurzeln des Zaubermärchens* moniert Vladimir Propp, der Pionier der strukturalistischen Märchenanalyse, das Fehlen einer diskursiven Annäherung an Zaubergegenstände, das gerade in der bloßen Auflistung ihrer Fülle deutlich werde: „Die Zahl der Zaubergegenstände im Märchen ist so groß, daß ihre deskriptive Behandlung zu keinen Resultaten führt. Es gibt anscheinend keinen Gegenstand, der nicht als ein Zaubergegenstand fungieren könnte. [...] Wie gut wir sie auch klassifizieren und auflisten mögen, dieses Verzeichnis liefert keinen Schlüssel zu ihrem Verständnis." (Propp 1987 [1946], 238)

Das fehlende Interesse an ihrer diskursiven Funktion verwundert, werden doch insbesondere in der handschriftlichen Urfassung der *Kinder- und Hausmärchen* (1810) Dinge auf mehreren Ebenen und auf der ganzen Skala zwischen Sinn und Nicht-Sinn wirksam. Mit ihnen schlägt etwas Unheimliches, Vertracktes und Verrücktes durch, das nur vor dem Hintergrund der Entstehungs- und Editionsgeschichte der *Kinder- und Hausmärchen* zu begreifen ist. Verschiedentlich wurden die zur Transformation der oral tradierten Märchen in Buchmärchen nötigen philologischen Operationen als Zähmung und Bändigung beschrieben: „Bei einigen der Märchen gibt es Gründe für die Annahme, dass die Grimms eine vorher wenn schon nicht revolutionäre, so doch wesentlich ungebärdigere Gattung gezähmt haben." (Bausinger 1980, 56) Und tatsächlich lässt sich an der ungeschliffenen Urfassung nachvollziehen, wie sich mangelnde Erzähllogik, übersteigerte Dinge und Stilmittel der (mitunter leeren) Wiederholung zusammenschließen, um den charakteristischen Märchenton der Grimms von Ausgabe zu Ausgabe zu schärfen und zu perfektionieren. Denn den gängigen Beurteilungen von Volksmärchen zum Trotz, bleiben manche Märchen Sinnversprechen gegenüber resistent, indem sie zwar durchaus Handlungsgefüge und Spuren initiatorischer Handlungen tradieren, ohne jedoch deren Motivation und Bedeutung mitzuliefern. Innerhalb der Märchentheorien hat das zu der Auffassung geführt, dass das Märchen sich selbst nicht mehr verstehe bzw. an der Schwelle zum Buchmärchen seinen eigenen Ursprung vergessen habe (vgl. Körte 2012).

Dass Märchen wie kaum eine andere Gattung Unmöglichkeiten, Beschränkungen und Diskrepanzen austarieren und in ihrem Kern auf einer asymmetrischen Anlage von Wunsch und Erfüllung beruhen, ist bekannt. Weniger offensichtlich ist jedoch ihre sehr spezifische Relation von Wortaufwand und Dingbestand, die auch in der Frage nach dem Ding weiterführt. Denn die Figuren sehen sich nicht selten einem Dilemma gegenüber, das seinen Ausgangspunkt bei einer prekären Materialität der meist zu Haus oder Wirtschaft gehörigen Dinge nimmt. In *De beiden Künigeskinner* (1815) soll ein entlaufener Königssohn mit einem gläsernen Bohrer ein ganzes Schloss samt Hausgerät errichten, in einem osteuropäischen Märchen schmiegt sich eine Unterhose aus Marmor „wie angegossen" (Krauss 1883, 459) um den Körper einer Kaisertochter, und in „Die drei Männlein im Walde" (1812) lässt ein „Kleid von Papier" (Grimm und Grimm 2007a, 79) ein Mädchen nicht wie erwartet erfrieren, sondern führt es geradewegs durch den winterlichen Wald zu den Erdbeeren, die zu pflücken es widersinnigerweise den Auftrag hatte. Neben marmornen Unterhosen und gläsernen Bohrern kann auch ein durchlöcherter Löffel auf das Missverhältnis von Ding und Funktion hinweisen. Denn durch seine Beschaffenheit, die die Idee einer Nützlichkeit irritiert, wird der Blick auf das Ding selbst zurückgelenkt. Durch das Versagen der Materialität in einem ganz pragmatischen Sinne macht es auf sich selbst als Mittler, Supplement oder magischer Helfer überhaupt erst aufmerksam.

So gesehen unterhält die Gattung Märchen, wie in einem aus dem Geist von *Tischlein deck dich* entwickelten Gedicht namens „kalte küche" (2013) von Uljana Wolf, tatsächlich „eine art direktverbindung mit dem ding", die „dampfend" und also noch heiß, die Lücke zwischen Wort und Ding gering hält: ‚das rechte wort fährt schüsseln auf', heißt es hier. Sobald sich jedoch die „Schüsselworte" zu vermehren beginnen, sich im Sprachhaushalt also viele Wörter anstelle ‚des einen Wortes' einfinden, ist eine „entfernung, entkernung vom ding" unaufhaltsam. Der Abstand zwischen Wort und Ding wächst, bis die Verbindung reißt: „die schüsseln blieben leer, tischlein: no more" (Wolf 2013, 33).

## Unheimliche Häuslichkeit

Einerseits bildet die Kombination aus rechtem Wort und sich deckendem Tisch die Essenz eines märchentypischen Zaubers, der Wünsche wie im Märchen „Der süße Brei" (1815) durch ein vergessenes Wort auch übererfüllen kann. Andererseits mag in der ge- oder misslingenden Verbindung von Wort und Ding eine Hungererzählung aufgehoben sein, die die Andeutung einer katastrophalen und mithin immer unheimlicher werdenden Häuslichkeit enthält, wie sie sich zu Beginn des 19. Jahrhunderts zwischen den Dingen und den Menschen breitmacht. Zwar ist das Märchen kaum für Unheimlich-Phantastisches offen und verzichtet auf jene dunklen Architekturen, die – wie noch in der *Gothic Novel* des 18. Jahrhunderts – aus dem Anwesen ein Unwesen machen und das Interieur dieser Häuser in die Ökonomie einer solchen Heimsuchung einbinden. Auch lässt das Märchen noch keine Psychologisierung der Dinge zu, durch die das Verhältnis zwischen den Figuren und ihren Gegenständen zu einem Spiel mit Projektionen würde. Die Vorstellung vom Ding „als Verknotung von Eigenschaften", als ein „Identitätsprinzip" (Merleau-Ponty 1994, 312) greift erst in der phantastischen Literatur eines E. A. Poe und in anderer Ausprägung im poetischen Realismus. Stattdessen ist das sperrige, beschädigte oder fehlende Hausinventar der Märchen, unabhängig von ihrem überzeitlichen Gestus, an das alteuropäische Modell des häuslichen Lebens und Wirtschaftens gebunden. Die Lehre vom Oikos als einer Kunst, das Haus zu regieren, seine Bewohner zu lenken und sein Interieur zu verwalten, entpuppt sich hier allerdings als in Teilen versagende Kunst, weil die Dinge ihren Vertrag mit den Menschen aufkündigen und sich aus ihrer dienenden Funktion befreien, um beispielsweise wie im Märchen „Das Lumpengesindel" (1812) zu Fußgängern und Wegelagerern zu werden. Hier sammeln ein Hühnchen und ein Hähnchen zwei „magere Leute", genauer eine Stecknadel und eine Nähnadel am Straßenrand auf, weil es nach Auskunft derselben „gleich stichdunkel" würde (Grimm und Grimm 2007c, 67). Bald darauf hält die Gruppe mit ihrem Wagen vor einer Herberge, deren Wirt sie jedoch abweist, weil es sich nicht um eine „vornehme Herrschaft" handelt (Grimm und Grimm 2007c, 67). Durch Bestechung verschafft sich das Gesindel schließlich Zutritt und rächt sich am nächsten Morgen an dem ungastlichen Wirt, indem die Nadeln ihm Gesicht und Gesäß zerstechen. Wo sich die zur häuslichen Sphäre gehörenden Dinge aus ihrem Funktionszusammenhang emanzipieren, schütteln sie ihre Harmlosigkeit ab und vollziehen den Umschlag ins Böse. So auch, wenn Läuschen und Flöhchen in dem gleichnamigen Märchen der Brüder Grimm Bier in einer Eierschale brauen, das Läuschen jedoch hineinfällt und verbrennt, woraufhin die kleine Stubentür zu knarren und in Folge der Besen „entsetzlich" (Grimm und Grimm 2007b, 15) zu kehren beginnen. Kurz darauf fängt das außer Haus befindliche Wägelchen zu rennen an, das Mistchen beginnt zu brennen, ein Mädchen ihr Wasserkrügelchen zu zerbrechen und so fort, bis das Brünnchen am Ende so zu fließen anfängt, dass alle ertrinken. „Alle" (Grimm und Grimm 2007b, 16) lautet dann auch das letzte Wort des Märchens nach Aufzählung der Toten in umgekehrter Folge ihres Auftritts. Die in der Verkleinerung aufgerufenen Dinge agieren hier nach dem destruktiven Prinzip der Verkettung, sekundiert von der Sprache, deren Formelhaftigkeit die Dynamik einer tödlichen Eskalation noch forciert. Derart außer Rand und Band, kommentieren und komplettieren die Tür, der Besen, das Wägelchen, der Mist und der Krug die Katastrophe, womit die Fundamente einer häuslichen Gemeinschaft von Ding, Tier und Mensch aus den Fugen geraten: Lebenserhaltung und Zerstörung, Aktion und Reaktion, Helfen und Schädigen hängen offenbar enger zusammen, als einem lieb ist. Dabei erinnert die in den Grimm'schen Märchen so ausgeprägte Aufmerksamkeit für den ‚hyperaktiven' Hausrat daran, dass die Dinge zu Beginn des 19. Jahrhunderts und alsbald im Zuge der industriellen Revolution aus jener symbolischen Ordnung herausfallen, in die sie im 18. Jahrhundert noch eingebunden waren.

## Literaturverzeichnis

Andersen, Hans Christian. „Der Halskragen" [1847]. *Sämmtliche Märchen*. 2. Auflage. Leipzig 1850: 515–518.

Andersen, Hans Christian. „Der standhafte Zinnsoldat" [1838]. *Sämmtliche Märchen*. 2. Auflage. Leipzig 1850: 155–161.

Andersen, Hans Christian. „Die Teekanne" [1864]. *Die schönsten Märchen von Hans Christian Andersen*. Zürich 2005: 76–79.

Bausinger, Hermann. „Anmerkungen zu Schneewittchen". *Und wenn sie nicht gestorben sind... Perspektiven auf das Märchen*. Hrsg. von Helmut Brackert. Frankfurt am Main 1980: 39–70.

Brentano, Clemens. „Der Baron von Hüpfenstich. Märchen". *Zweiter Band: Die italienischen Märchen*. Paderborn 2015: 245–271.

Grimm, Jacob, und Wilhelm Grimm. „Die drei Männlein im Walde" [1812]. *Kinder- und Hausmärchen gesammelt durch die Brüder Grimm. Vollständige Ausgabe auf der Grundlage der dritten Auflage (1837)*. Hrsg. von Heinz Rölleke. Frankfurt am Main 2007a: 78–84.

Grimm, Jacob, und Wilhelm Grimm. „Das Läuschen und Flöhchen" [1810]. *Brüder Grimm. Kinder- und Hausmärchen. Die handschriftliche Urfassung von 1810.* Hrsg. von Heinz Rölleke. Stuttgart 2007b: 14–16.

Grimm, Jacob, und Wilhelm Grimm. „Das Lumpengesindel" [1812]. *Kinder- und Hausmärchen gesammelt durch die Brüder Grimm. Vollständige Ausgabe auf der Grundlage der dritten Auflage (1837).* Hrsg. von Heinz Rölleke. Frankfurt am Main 2007c: 66–68.

Grimm, Jacob, und Wilhelm Grimm. „Der süße Brei" [1815]. *Kinder- und Hausmärchen gesammelt durch die Brüder Grimm. Vollständige Ausgabe auf der Grundlage der dritten Auflage (1837).* Hrsg. von Heinz Rölleke. Frankfurt am Main 2007d: 448–449.

Hahn, Hans Peter (Hrsg.). *Vom Eigensinn der Dinge. Für eine neue Perspektive auf die Welt des Materiellen.* Berlin 2015.

Klotz, Volker. *Das europäische Kunstmärchen: Fünfundzwanzig seiner Kapitel von der Renaissance bis zur Moderne.* 3. Auflage. München 2002 [1985].

Körte, Mona. „Der Un-Sinn der Dinge in Märchentexten um 1800". *Zeitschrift für Germanistik* 22.1 (2012): 57–71.

Krauss, Friedrich Salomon. *Sagen und Märchen der Südslaven in ihrem Verhältnis zu den Sagen und Märchen der übrigen indogermanischen Völkergruppen.* Band 1. Leipzig 1883.

Lüthi, Max. *Das Volksmärchen als Dichtung. Ästhetik und Anthropologie.* Göttingen 1990 [1975].

Mayer, Mathias, und Jens Tismar. *Kunstmärchen.* 3. Auflage. Stuttgart, Weimar 1997 [1977].

Merleau-Ponty, Maurice. *Das Sichtbare und das Unsichtbare, gefolgt von Arbeitsnotizen.* Hrsg. von Claude Lefort. München 1994.

Müller-Wille, Klaus. „Collagen, Wortdinge und stumme Bücher. Hans Christian Andersens (inter)materielle Poetik". *Das Zusammenspiel der Materialien in den Künsten. Theorien – Praktiken – Perspektiven.* Hrsg. von Thomas Strässle, Christoph Kleinschmidt und Johanne Mohs. Bielefeld 2013: 183–219.

Niehaus, Michael. *Das Buch der wandernden Dinge. Vom Ring des Polykrates bis zum entwendeten Brief.* München 2009.

Propp, Vladimir E. *Die historischen Wurzeln des Zaubermärchens.* München, Wien 1987 [1946].

Ranke, Kurt (Hrsg.). *Enzyklopädie des Märchens. Handwörterbuch zur historischen und vergleichenden Erzählforschung.* Band 3. Berlin, New York, NY 1991: 674–676.

Scherf, Walter. *Lexikon der Zaubermärchen.* Stuttgart 1982.

Wolf, Uljana. „kalte küche". *meine schönste lengevitch. Gedichte.* Berlin 2013: 32–36.

## 3.8 Journal des Luxus und der Moden

Gertrud Lehnert

### Einleitung

Das von Georg Melchior Kraus und Friedrich Justin Bertuch ab November 1785 in Weimar herausgegebene *Journal des Luxus und der Moden* (*JdLM*) ist eine direkte Antwort auf das genau ein Jahr zuvor ins Leben gerufene Pariser *Cabinet des Modes* (ab November 1784), das als die erste eigentliche Modezeitschrift gilt. Der Begriff „Mode" ist im Sinne seiner etymologischen Herkunft weit gefasst: lat. „modus" bezeichnet unter anderem die Art und Weise, wie etwas getan wird; „Mode" bezeichnet im 18. Jahrhundert Dinge und Gebräuche. Entsprechend befassen sich die Zeitschriften nicht nur mit Kleidung und Accessoires, sondern mit dem, was man heute Lebensstil/Lifestyle nennen würde. Es geht also um modische Dinge – Kleider, Accessoires – und immer auch um den Umgang mit den Dingen. Mit der anthropologischen Begründung, die Lust an Putz und Mode sei allen Völkern gemeinsam, rechtfertigen Bertuch (Organisator, Geschäftsmann und anfangs Chefredakteur) und Kraus (zuständig für die Kupferstiche und Modeberichte; vgl. Borchert und Dressel 2004) ihr Unternehmen, mit dem sie zugleich die deutsche Geschmacksbildung fördern wollen. Je reicher und verfeinerter eine aufgeklärte Nation werde, desto geschmackvoller werden ihre Moden: „Genie, Caprice und Zufall sind meistens ihre Schöpfer; Durst nach Neuheit und Abwechslung, oft Hang zur Singularität, und meistens Speculation der Manufackturen [sic!] machen sie unbeständig und schnell wechselnd." (*JdLM*, November 1786, 11) Psychische und soziale Begehrensstrukturen, wirtschaftliche Erwägungen und konkrete Artefakte werden schon damals fest miteinander zu dem verwoben, was wir heute die Konsumkultur nennen.

Mode ist im 18. Jahrhundert französisch, und als französische wird sie europäisch. Die englische Mode macht der französischen zunehmend Konkurrenz, und die deutsche Mode nimmt Einflüsse beider auf. Beschreibt das *Cabinet* in der allerersten Nummer als seine Ziele die Präsentation der modischen Neuheiten zu moderaten Preisen und zum Nutzen der französischen Volkswirtschaft, so versteht sich das *Journal* sehr ähnlich als „Chronik von einem Hauptzweige des Wohllebens, und der angenehmen Sinnlichkeiten, mit allen ihren Modificationen". Es will damit, ähnlich der klassischen Poetik, „sehr angenehm unterhalten" und zugleich nützlich sein, indem es zeigt, wie man durch Selbermachen modischer Artefakte statt durch Importieren von Luxusgütern sowohl privat als auch gesamtwirtschaftlich sparen könne. Es möchte „diese ungeheure Ebbe und Fluth richtiger berechnen und benutzen lehren, und manches hundert und tausend Livres, das für Mode=Puppen und unnütze Models ausgewandert wäre, in Teutschland zurückhalten." (*JdLM*, November 1786, 10) Anders als im französischen *Cabinet* spielt im *Journal* das Geld eine große Rolle. Das bürgerliche Ideal der Sparsamkeit soll paradoxerweise mit der grundsätzlich als verschwenderisch betrachteten Lust am modischen Konsum der Individuen gekoppelt werden. Das volkswirtschaftliche Interesse aber ist dem *Journal* ebenso wichtig wie dem französischen Blatt oder der von Denis Diderot und Jean le Rond d'Alembert seit 1751 herausgegebenen *Encyclopédie ou Dictionnaire raisonné des sciences, des arts et des métiers*. Die Notwendigkeit von Luxus, verstanden als Konsum hochwertiger, handwerklich gefertigter Gegenstände durch die wohlhabenden Schichten, wird als etwas legitimiert, das – sofern im eigenen Land produziert – Arbeitsplätze und allgemeinen Wohlstand schaffe.

Das *Journal* trug den Begriff ‚Luxus' jahrzehntelang sogar im Titel, davon 27 Jahre lang an erster Stelle; 1786 erschien es zunächst als *Journal der Moden*, ab 1787 als *Journal des Luxus und der Moden*, ab 1813 als *Journal für Luxus, Mode und Gegenstände der Kunst*, von 1814–1827 als *Journal für Literatur, Kunst, Luxus und Mode*. Steht zu Beginn die Mode (als Kleidermode) im Titel des *Journal* noch an erster Stelle, so rückt sie im Laufe der Jahre mehr in den Hintergrund, das *Journal* wird mehr und mehr eine Zeitschrift für allgemeine kulturelle und teilweise politische Belange. Ab 1814 ist die Mode im Titel sogar an die letzte Stelle gerückt, und auch der Luxus hat seinen dominanten ersten Platz zugunsten von Literatur und Kunst verloren – offensichtlich ist die Bedeutung der materiellen Kultur im Vergleich zu anderen Aspekten von Lebensstilen geringer geworden.

Betont wird die Aktualität der Berichterstattung, und tatsächlich erschien das *Journal* wie das *Cabinet* alle 14 Tage. Die Kommunikation mit den Lesenden ist ausdrücklich erwünscht; immer wieder werden Kommentare oder Leserbriefe abgedruckt. In Antwort auf Leserkritik wird die Notwendigkeit behauptet, sich endlich „wissenschaftlich" mit dem allgegenwärtigen Phänomen Mode auseinanderzusetzen.

Seit einigen Jahren findet das *Journal* nicht nur mode-, sondern allgemein kulturhistorisches Interesse. Exemplarisch seien genannt der umfassende Band von Angela Borchert und Ralf Dressel (2004), die analytische Bibliografie von Doris Kuhles (2003), die modehistorischen Studien von Anna Zika (2006) und Annemarie Kleinert (1980). Indem das *Journal* Mode als Ausdruck und Konsolidierung von umfassenderen Lebensstilen auffasst und behandelt, verhandelt es zugleich kulturelle (bürgerliche und Geschlechter-)Werte und Normen und vermittelt sie – einerseits *innerhalb* einer Kultur, andererseits auch *zwischen* unterschiedlichen Kulturen. Tatsächlich befördert es damit über die Geschmacksbildung auch die Ausbildung eines nationalen Selbstbewusstseins und das Bewusstsein von Mode als (groß-)städtisches Phänomen. Situiert in einer modehistorischen Umbruchzeit, lässt das *Journal* die Grundzüge eines modernen Modekonzepts ebenso wie den Beginn der Entstehung eines Modesystems im modernen Sinne erkennen.

## Vorläufer: Von der Puppe zu Papier, Text und Bild

In der Frühen Neuzeit wurden bekleidete Modepuppen unterschiedlicher Größe zu den europäischen Höfen geschickt, um die neuesten Moden zu kommunizieren. Das war aufwendig und teuer und folglich nur wenigen vorbehalten, außerdem sehr zeitverzögert; dafür wirkten sie aber in ihrer körperlich-stofflichen Beschaffenheit anschaulich, spielerisch und sinnlich. Auch Zeitschriften sind im 18. Jahrhundert noch nicht billig und zunächst einer (bürgerlichen) Elite vorbehalten, erreichen aber zunehmend breitere Schichten. Sie bilden so gewissermaßen den Anfang einer Demokratisierung von Mode im Sinne einer weiteren Verbreitung der jeweils neuen Trends – freilich in gleichsam abstrahierter Form, was die konkrete Materialität der Kleider und Accessoires angeht, die auf den Abbildungen nicht sichtbar ist und nur in kargen Worten in den Beschreibungen benannt wird. Sie können jedoch mehr Material bieten und es in die jeweiligen kulturellen Kontexte einbetten, das heißt sie vermitteln nicht nur Kleidervorbilder, sondern Lebensstile und belehren über eine Vielzahl von Themen. So ist der kulturelle Übergang zur Dominanz des Visuellen und Sprachlichen zwar mit einem Verlust des Haptisch-Sinnlichen verbunden, jedoch ermöglicht er andererseits einen Zugewinn an (explizitem wie implizitem) Wissen.

Den Modepuppen wie auch den Kostümbüchern und den Modeblättern fehlt im Vergleich zu den Zeitschriften zweierlei: erstens der unmittelbare Vorbildcharakter einer Vielzahl visuell oder textuell präsentierter Moden, die zur Nachahmung einladen und zudem aufgrund der mitgelieferten Kontexte (Kunst, Literatur, Architektur, Reisen usf.) zugleich Geschmack und Interessen und schließlich einen Lebensstil bilden; zweitens das Prinzip der Aktualität, das den Lesenden das Gefühl vermittelt – und das Bedürfnis erzeugt –, auf der Höhe der Zeit zu sein. Indem immer wieder Neues generiert und präsentiert wird, wird ‚das Neue' zum Prinzip der Mode und bestimmt längerfristig den gesamten Lebensstil der modernen Konsumkulturen.

## Text und Bild

Das Verhältnis Text – Abbildung ist im *Journal* wie in allen anderen Zeitschriften der Zeit klar textlastig, nicht zuletzt wegen der enormen Kosten, die die Kupferstiche verursachten. Wie dem *Cabinet* sind dem *Journal* pro Ausgabe zwei oder drei kolorierte Kupferstiche beigefügt, die kurz beschrieben werden, um das auf den Abbildungen nicht Erkennbare zu erklären, vor allem das Material, aus dem die Kleider gefertigt sind. Man vertraute also – das ist angesichts der medialen Situation nicht anders zu erwarten – auf das Wort, um zu vermitteln, wie die neuesten Kleider und Accessoires aussehen und wie sie getragen werden sollen. Das setzt voraus, dass die Journalistinnen und Journalisten sich an modisch einschlägigen Orten aufhalten, gut beobachten und ihre Eindrücke schnell in anschauliche und direkt ansprechende Worte fassen können. Meinungsäußerungen sind dabei selbstverständlich. Im *Journal* geschieht die Modevermittlung sehr häufig vergleichend, zum Beispiel durch die „Modenberichte" aus verschiedenen Ländern und Städten. Man versucht die Spezifik der Moden aus Frankreich, England, zuweilen auch anderer Länder zu charakterisieren, oft mit regionalen Details, macht ganz deutlich, was Vorbild sein soll und was abzulehnen sei, um schließlich im weiteren Vergleich eine Spezifik der deutschen Adaptationen zu entwickeln.

Modische *termini technici* sind in der Regel französischen Ursprungs und werden umstandslos übernommen, denn meist, so wird im ersten Jahrgang verlautbart, seien Übersetzungen albern, und das Journal diene nicht dem Erlernen des Deutschen (*JdLM* 1786, 15). Frisuren heißen beispielsweise „à l'Ingénue", Kleider „à la Turque" oder „à la Circassienne", Hauben „à la Paresseuse" oder „à la Figaro". Den internationalen Namen entspricht eine Internationalität der Namen: Jede Leserin weiß (oder soll wissen), was gemeint ist. Kulturtransfer realisiert sich nicht als helfende Übersetzung, sondern als unmittelbarer Transfer von (abgebildeten) Dingen und den dazu gehörenden Begriffen (vgl. Lehnert 2007; zum Kulturtransfer allgemein vgl. Burke 2000).

## Themen

Die Themen sind breit gefächert und entsprechen – auf ihre zeittypische Art – strukturell durchaus den heutigen Frauen- bzw. Modezeitschriften. Es gibt vermischte Gesellschaftsnachrichten, Beschreibungen von sehenswerten Orten, Berichte über den damals viel diskutierten tierischen Magnetismus, über Modekrankheiten, über Traueretikette in Frankreich, über japanische Moden. Tipps zur Körperpflege und zu den entsprechenden Produkten zur Erhaltung der weiblichen Schönheit verurteilen die tägliche Wäsche als schädlich; mit Schminke sei sparsam umzugehen; Masken und Gesichtscremes werden empfohlen. Es wird passende Bekleidung für jüngst entbundene Frauen vorgeschlagen, erläutert, wie die Entwicklung der Herrenhose verlief oder welche Stoffe sich wofür eignen. Überraschend angesichts der Tatsache, dass vor allem ‚biedere' bürgerliche Frauen das *Journal* lasen, ist ein kleiner Beitrag in Heft 1 unter der Rubrik „Vermischte Nachrichten" über die „Priesterinnen der Venus zu Paris" – nicht die „kleinen Huren", sondern jene großen Kokotten „von edler, und gefährlicher Gattung". Man erfährt sogar, wie viel Geld Männer für die Damen ausgeben.

Die Auseinandersetzung um das, was Luxus ist und wer sich wo warum welchen Luxus (nicht) leisten kann, taucht in Varianten immer wieder auf. Sie wird beispielsweise in „Briefen aus Berlin" im Januar 1791 im Hinblick auf die städtischen Strukturen und im europäischen Vergleich geführt: „[L]assen Sie uns doch die einzigen Groß-Städter seyn, die nicht scheinen, die seyn wollen." In Berlin lebe man „entre nous", anders als in Paris oder Wien, wo Fürsten und Reiche aller Länder residierten. In Berlin genüge es, das Alltagsbedürfnis der Mitbürger zu befriedigen, „ihre Liebe zum Luxus behilft sich schon." Man werde also eher bequeme als ausgefallene Dinge haben, „und unsere Kleider werden selten mehr seyn, als was man gut gemacht nennt. [...] Wir sind mit Allem und bey Allem ökonomisch". Das Unmodische sagt man Berlin heute noch nach; es bezieht sich sowohl auf die modischen Artefakte selbst wie auf eine bestimmte Haltung gegenüber dem Umgang mit ihnen.

## Geschmack

Wenn es im *Cabinet* ganz selbstverständlich heißt, die Franzosen besäßen den besten Geschmack aller Nationen, so antwortet das *Journal* affirmativ und kritisch zugleich, denn es will die ‚biederen' Deutschen ihren eigenen Stil lehren – freilich indem es die Originalstiche teilweise geradezu sklavisch nachahmt, trotz der Behauptung, nicht kopieren zu wollen (zu den Plagiatsauseinandersetzungen mit den Herausgebern des *Cabinet* und anderen französischen Zeitschriften wie dem etwas späteren *Journal des dames et des modes* vgl. Kleinert 2004). Dennoch sind immer wieder kritische Töne gegenüber der französischen „Affectirtheit" der Berichterstattung über das maßgebliche Vorbild beigemischt, zuweilen im Vergleich mit der positiv bewerteten Einfachheit, Zweckmäßigkeit, Schönheit und Solidität der englischen vestimentären Artefakte (zum Beispiel der Männerkleidung). Das gern mit dem Französischen gleichgesetzte Übertriebene gilt der deutschen Modekritik als oberflächlich und ist daher suspekt. Es sind eher Geschmacksurteile als sachliche Argumente, die klar machen, was als übertrieben, was als „natürlich" gelten solle; zuweilen wird es auch mithilfe eines visuellen Eindrucks – also des Modekupfers, das bestimmten Darstellungskonventionen folgt und die Übertreibung in die Darstellung selbst einbaut – unmittelbar evident gemacht statt in Termini der ästhetischen Diskussion begründet. Die im zweiten Heft vorgeschlagene Idee, eine deutsche Nationaltracht einzuführen, wurde mangels weiblichen Interesses rasch wieder *ad acta* gelegt.

## Nachahmung und Variation

Nachahmung und individualisierende Variation bzw. Anpassung an den jeweiligen gesellschaftlichen und nationalen Kontext werden durchgängig als Schlüsselkonzepte modischen Verhaltens erkennbar. Das gilt im Prinzip bis heute und ist Kern aller Modetheorien. Grundsätzlicher lässt sich sagen, dass kulturelle Transferprozesse sich als Prozesse der Imitation, der Aneignung und Modifikation realisieren; Rezeption ist nie ein nur passiver Vorgang, sondern impliziert kreative Anteile. Solche Prozesse sind ein dominantes Motiv des *Journal*. Das liegt nahe in einer Zeit, in der es noch keine Massenmode gab, sondern Kleidung individuell nach kursierenden Modellen angefertigt wurde und die Konsumierenden stets ein Mitspracherecht in der Gestaltung hatten, das bei der Wahl des Stoffes anfing und bei formalen Fragen nicht endete. Das Konzept Nachahmung umfasst die Dinge selbst ebenso wie die Aktivitäten der Rezipierenden, die Beziehung zwischen Original und Nachahmung sowie den Gebrauch, der davon gemacht wird. Der Philosoph Christian Garve schreibt 1792, Mode bestehe aus „Sachen" und aus der „Regulierung unserer Handlungen" bzw. „Gebräuchen" (vgl. Garve 1987). Nachahmung bedeutet also nicht, Kleider einfach nachschneidern zu lassen, sondern auch das Verhaltensrepertoire – Bewegungen zum Beispiel – zu übernehmen, die den Kleidern auf zweifache Weise eingeschrieben sind: Kleidung gibt erstens dem Körper Bewegungsmöglichkeiten vor aufgrund der Materialien und Schnitte, die einengen oder Raum lassen; Kleidung steht zweitens als Zeichen für bestimmte Lebensstile und dient mithin der sozialen Distinktion, was bedeutet, dass man als Träger/in Kleid und soziales Verhalten verbinden muss. Modische Kompetenz besteht folglich in sozialer *und* modischer Distinktionsfähigkeit: Man muss sowohl soziale Normen erkennen wie auch das jeweils Neue an Kleidern und Accessoires erfassen und gegen das Alte austauschen können (vgl. Lehnert 2013, 32 ff.). Im späten 18. Jahrhundert, in dem das Bürgertum zur kulturtragenden Schicht wird, sind Modezeitschriften dafür unverzichtbar. Was ihnen auffällt und gefällt (modische Kleidung sowie die Art und Weise, sie zu tragen), wird zur neuen Mode erklärt und soll von den Konsumierenden aktiv umgesetzt werden. Mode wird als eine auf vielfache Weise in der materiellen Kultur gründende kulturelle Praxis erkennbar. An den frühen Zeitschriften lässt sich mithin *in nuce* das Grundprinzip modischer Dynamik erkennen, die heute von einem gigantischen Modesystem mit seiner Vielzahl von Institutionen gesteuert wird.

## Distinktion

Unverblümt wird das Streben nach sozialer Distinktion als Normalität präsentiert. So heißt es beispielsweise in einem Modenbericht aus Hamburg vom 16. Dezember 1790 abschätzig-schneidend, die „unteren Classen" einschließlich promenierender „Judenmädchen" trügen nun stolz die aufwendig geschmückten Hüte, weshalb die „oberen Classen" sich dagegen kalt und gleichgültig verhielten und andere Möglichkeiten suchten. Mithin gilt das, was die Ehefrauen der Bäcker und Schneider tragen, in den Augen der Bessergestellten, die sich als einzig legitime Träger des kulturellen Wertes „modisch" verstehen, nicht mehr als Mode. Das ist die Dynamik, die der Philosoph Garve in seiner 1792 erschienenen Schrift *Über die Moden* als selbstverständliches soziales Verhalten präsentiert. Aufgrund ihrer geselligen Natur strebten Menschen nach Ähnlichkeit untereinander (Nachahmung), sie wollen sich jedoch zugleich in der Ähnlichkeit unterscheiden; und sie ahmen grundsätzlich die Höhergestellten nach. Ganz ähnlich lautet mehr als einhundert Jahre später Georg Simmels bekannter gewordene Erklärung der modischen Dynamik als beständiges Nachahmen der Moden der sozial Höhergestellten, die dann, um sich weiterhin sozial abzugrenzen, neue Moden erfinden – das heute sogenannte „trickle down". Mode diene also einerseits der Konsolidierung sozialer Gruppen, andererseits der Individualisierung der Einzelnen in den jeweiligen Gruppen.

## Gender

Die expliziten und impliziten Geschlechterkonstruktionen entsprechen der bereits weitgehend ausgeprägten bürgerlichen Ideologie der Heteronormativität mit dem Fokus auf der Komplementarität von Frauen und Männern. Es sind vornehmlich Frauen, die vom *Journal* als Leserinnen angesprochen werden, jedoch melden sich auch Männer in Leserbriefen zu Wort. Auch Frauen äußern sich schriftlich und werden ausdrücklich dazu aufgefordert. Ihr Urteil wird akzeptiert, ihr Recht sich zu äußern als selbstverständlich vorausgesetzt. Dass die

Adressatinnen des *Journal* als selbstbewusste Frauen mit einer klaren Vorstellung von ihrer ‚natürlichen' Aufgabe im Leben erscheinen, mag auch an der spezifischen Situation in der kulturell tonangebenden Stadt Weimar liegen, wo das *Journal* herausgegeben wurde.

Dass Männer als Gründer und Herausgeber des *Journal* fungieren, führt angesichts der herrschenden bürgerlichen Geschlechterordnung zu der Frage, ob es außer dem Wunsch, neben dem nicht nur modisch, sondern kulturell tonangebenden Frankreich bestehen zu können, nicht vorwiegend wirtschaftliche Interessen waren, die zu einer positiven Beurteilung der Mode und zur Akzeptanz weiblicher Modelust führten. Mode wird großzügig den Frauen überlassen und als ihr ureigenstes Vergnügen akzeptiert – was auch impliziert, dass sie tatsächlich marginalisiert wird und Frauen als Konkurrentinnen in anderen Bereichen stillgestellt werden, wie es spätere Modetheoretiker wie Thorstein B. Veblen 1899 (vgl. Veblen 2014) oder Simmel 1905 (vgl. Simmel 2014) aus ganz verschiedenen Perspektiven analysieren.

## Literaturverzeichnis

Bertschik, Julia. *Mode und Moderne. Kleidung als Spiegel des Zeitgeistes in der deutschsprachigen Literatur (1770–1945)*. Köln, Weimar, Wien 2005.
Borchert, Angela, und Ralf Dressel (Hrsg.). *Das Journal des Luxus und der Moden: Kultur um 1800*. Heidelberg 2004.
Burke, Peter. *Kultureller Austausch*. Frankfurt am Main 2000.
*Encyclopédie ou Dictionnaire raisonné des sciences, des arts et des métiers*. Hrsg. von Denis Diderot und Jean le Rond d'Alembert, Paris 1751–1772.
Garve, Christian. *Über die Moden*. Hrsg. von Thomas Pittrof. Frankfurt am Main 1987 [1792].
*Journal des Luxus und der Moden. Analytische Bibliographie mit sämtlichen 517 schwarzweißen und 976 farbigen Abbildungen der Originalzeitschrift. 3 Bände*. Hrsg. von Doris Kuhles, unter Mitarbeit von Ulrike Standke. München 2003.
*Journal des Luxus und der Moden*. Weimar 1786–1827,
    http://zs.thulb.uni-jena.de/receive/jportal_jpjournal_00000029 (9. Mai 2017).
Kleinert, Annemarie. *Die frühen Modejournale in Frankreich. Studien zur Literatur der Mode von den Anfängen bis 1848*. Berlin 1980.
Kleinert, Annemarie. „Die französischsprachige Konkurrenz des ‚Journal des Luxus und der Moden'". *Das Journal des Luxus und der Moden: Kultur um 1800*. Hrsg. von Angela Borchert und Ralf Dressel. Heidelberg 2004: 195–215.
Lehnert, Gertrud. „Mode als Medium des Kulturtransfers im 18. Jahrhundert". *Höfe – Salons – Akademien. Kulturtransfer und Gender im Europa der Frühen Neuzeit*. Hrsg. von Margarete Zimmermann und Gesa Stedmann. Hildesheim 2007: 309–340.
Lehnert, Gertrud. *Mode. Theorie, Geschichte und Ästhetik einer kulturellen Praxis*. Bielefeld 2013.

Simmel, Georg. „Philosophie der Mode" [1905]. *Modetheorie. Klassische Texte aus vier Jahrhunderten*. Hrsg. von Gertrud Lehnert, Alicia Kühl und Katja Weise. Bielefeld 2014: 101–112.
Veblen, Thorstein B. „The Theory of the Leisure Class" [1899]. *Modetheorie. Klassische Texte aus vier Jahrhunderten*. Hrsg. von Gertrud Lehnert, Alicia Kühl und Katja Weise. Bielefeld 2014: 89–99.
Zika, Anna. *Ist alles eitel? Modejournale zwischen Aufklärung und Zerstreuung*. Weimar 2006.

# 3.9 Balzacs Dinge.
# Der Kosmos der Dingwahrnehmung in der *Comédie humaine*

Edgar Pankow

## Einleitung

Wer die Schriften des Verfassers der *Comédie humaine* (1842–1846 [*CH*]; *Die Menschliche Komödie* [*MK*]) nach markanten Dingdarstellungen durchsucht, wird schnell fündig. Kaum ein anderes literarisches Werk des 19. Jahrhunderts war derart dingverliebt und dinggesättigt wie dasjenige des Honoré de Balzac. Die Settings seiner Geschichten sind Schauplätze des Konkreten. Die Stadtteile des alten Paris – Plätze, Straßen wie Häuser –, die Interieurs der aristokratischen Salons, der bürgerlichen Stuben, der angestaubten Pensionen und der noch viel kleineren Absteigen, Zimmer und Mansarden werden nicht nur benannt, sondern mit großer Plastizität in Szene gesetzt. Balzac schreibt eine Literatur der sinnlichen Details, der Maße, Farben, Töne und Gerüche. Minutiös ist der Blick auf die Beschaffenheit der Materialien, etwa auf Schnitt und Sitz der Kleidung, den Verlauf der Fäden, die Weichheit des Tuches und die Reinheit der Stoffe. Tatsächlich haben wenige Schriftsteller vor ihm den konkreten Modifikationen der Dingwelt so viel Aufmerksamkeit gewidmet wie er. Das Personal seiner Erzählungen und Romane ist am Kosmos der ihnen zugehörigen Dinge erkennbar: als Rentier oder Advokat, als Gelehrter, Trödler oder Finanzier oder etwa als verwöhnter Bewohner des Faubourg Saint-Germain. Und es ist nicht nur die soziale Zugehörigkeit, die Balzac aus den Wohnorten und Möbeln, aus Mänteln, Hüten und Krawatten seiner Protagonisten herausliest: Ebenso werden erotische und mentale Dispositionen entlang des Leitfadens der Dinge entwickelt.

Regelmäßig handelt es sich bei der Entfaltung der Dingwelt in der *Comédie humaine* um „dichte Beschreibungen" (Geertz 1973). Balzacs Auseinandersetzung mit den Dingen ist die eines Ethnologen und Archäologen der Alltagswelt; sie zielt nicht nur darauf ab, Eigenschaften isolierter Objekte zu markieren, sondern möchte an der Form und dem Stoff des Materials soziale und ökonomische Zusammenhänge erkennbar machen. Die Dinge werden vom Erzähler als Zeichen in Anspruch genommen, genauer: als *Ding-Zeichen*, die auf ganze Lebenswelten, auf kulturelle Praktiken und Rituale und auf affektive Orientierungen verweisen. Balzac behandelt die Dinge als Zeichenkörper kultureller Dispositive. Und er verleiht ihnen den Charakter eigenständiger diskursiver Elemente, deren stumme Rede teilhat am kommunikativen Austausch des narrativen Personals. In der *Comédie humaine* sprechen die Dinge mit, wovon auch immer die Rede sein mag.

Unter allen Perspektiven, die das immense Kaleidoskop der *Comédie humaine* für seine Leser bereithält, ist diejenige der Ökonomie sicherlich eine der bedeutendsten. Der Glanz und das Elend des Materiellen ist im Kontext dieses Werkes immer auch ein Erzeugnis der ökonomischen Ordnung der Dinge. Aus der elaborierten Abendgarderobe der Marquise d'Espard lässt Balzac nicht nur den Geschmack, die Kultur und die Koketterie einer Dame der Pariser Oberschicht sprechen, sondern auch den Preis des teuren Tuches – ein vollkommen farb-, geruchs- und gewichtsloses Ingredienz, das gleichwohl den Puls und die Gedanken ihrer Bewunderer in erhöhte Schwingungen versetzt.

Mit der Darstellung der Dinge als Ware nun löst sich Balzac von deren bloß sinnlicher Erscheinungsform und ergänzt sie um eine Perspektive auf den abstrakten – beziehungsweise reflexiven – Charakter der ökonomischen Zirkulation. Die Sprache der Dinge, so wie Balzac sie entfaltet, hat regelmäßig diesen deutlichen ökonomischen Akzent: Die Dinge sind konkret, sinnlich, materiell, aber nach der Seite ihres Tauschwerts haben sie einen Preis, der ganz von diesen Qualitäten abstrahieren kann. Es gehört zur Kunst Balzacs, beide Aspekte wahrzunehmen und in einen Austausch zu bringen: die Konkretheit der Dinge und ihre Deutung als Ware und als Zeichen.

Doch damit nicht genug: Dem Schriftsteller Balzac ging es darüber hinaus um jenes eigentümliche Ding, das die Literatur selber ist, um ihre Leistungsfähigkeit als ein System von Zeichen und ihre Funktion als Ware auf dem literarischen Markt. Die Dinglichkeit der Beschreibung war für den Autor und Geschäftsmann letztlich ebenso wichtig wie die Beschreibung der Dinge.

## Fülle der Dinge, Reichtum der Welt: Vom Ding zur Ware

Die erste Erzählung, mit der Balzac den enormen Textreigen der *Comédie humaine* – nach der *Vorrede* – eröffnet, trägt den Titel *La Maison du chat-qui-pelote* (1830; *Das Haus ‚Zum ballspielenden Kater'*). Der kuriose Titel der Erzählung nennt zugleich die ersten Dinge, denen sich die Beschreibungskunst der *Comédie humaine* zuwendet. Es sind dies: das alte, im Zerfall begriffene Kaufmannshaus eines Pariser Tuchhändlers und ein ebenso altes, ebenso zerfallenes Ladenschild, auf dem sich eine Zeichnung befindet, von der das Gebäude seinen Namen erhalten hat.

Der Erzählungsbeginn mit der Hervorhebung gerade dieser Dinge ist emblematisch für die gesamte Anlage der *Comédie humaine*. Das Haus des Tuchhändlers und das Ladenschild stehen im Dienste des Geschäfts. Detailliert beschreibt Balzac die wechselvolle Geschichte und das Aussehen dieses Hauses, dessen einzelne Stockwerke, das Material, die Form und die Lage der Fenster und die Geometrie des Daches. Stadtgeschichte, Architekturgeschichte und Sittengeschichte greifen dabei ineinander, denn handelt es sich um eines jener „Häuser, die es dem Historiker ermöglichen, mittels der Analogie das ehemalige Paris zu rekonstruieren" (*CH* I, 39; *MK* I, 164). Balzac fasst die Einzeldinge als Abbreviaturen des Allgemeinen. Und zu diesem Allgemeinen gehört für ihn stets die ökonomische Zirkulation. Balzac legt seine Beschreibung immer wieder so an, dass das Allerkonkreteste der Dinge in Abhängigkeit erscheint von der abstrakten Perspektive auf den Tauschwert der Ware. Die ungewöhnlichen Fenster im ersten Stockwerk des Hauses, deren Holzscheiben eine bauliche „Singularität" darstellen, verdanken ihre Existenz eben dieser Perspektive: „vier lange, schmale, dicht nebeneinander angebrachte Fenster im ersten Stockwerk hatten im unteren Teil Scheiben aus Holz, um jenes ungewisse Licht zu erzeugen, mit dessen Hilfe ein geschickter Händler den Stoffen die Farbe verleiht, die seine Kunden wünschen." (*CH* I, 39–40; *MK* I, 164) Das durch die ökonomische Kalkulation arrangierte Zwielicht nimmt den Stoffen des Tuchhändlers die eigenen Farben und passt ihre Erscheinung marktgerechten Erfordernissen an. Die konkrete Erscheinung der Dinge wird zum Spielball von Angebot und Nachfrage, das Ding wird Ware. Auf die allermeisten Dingdarstellungen der *Comédie humaine* fällt dieses Zwielicht gegenläufiger wirtschaftlicher Interessen. Zur Konkretion des Materiellen gehört für Balzac unablösbar der ökonomische Schein.

Auch die Kunst – das Gemälde auf dem Ladenschild – ist Teil des ökonomischen Kalküls. Genau besehen handelt es sich bei diesem Gemälde um eine Groteske: Ein Kater retourniert mit einem übergroßen Schläger einen riesigen Ball, der ihm von einem elegant gekleideten Edelmann zugeworfen wurde. Dass die geschilderte Merkwürdigkeit für Aufmerksamkeit sorgt und ihren Besitzer „schneller reich" (*CH* I, 41; *MK* I, 166) macht als die Darstellung vertrauter Sujets auf den Ladenschildern der Konkurrenten, führt Balzac unmittelbar aus. Eben darauf kam es ihm an: Die Dinge der Kunst können irreal und phantastisch, sie können tatsächlich Undinge sein, wie ein tennisspielender Kater, und gleichwohl eine ästhetische und ökonomische Funktion erfüllen. Das wechselhafte Schicksal des jungen Dichters Lucien de Rubempré, des Helden der beiden gewichtigen Romane *Illusions perdues* (1843; *Verlorene Illusionen*) und *Splendeurs et misères des courtisanes* (1847a; *Glanz und Elend der Kurtisanen*), bestätigt dies auf großer narrativer Bühne. Es ist aufs Engste verwoben mit der ökonomischen Karriere der Literatur und den Instanzen, die diese auf dem Markt durchläuft: dem Druckereigewerbe, dem Verlagsgeschäft, der Redaktion, dem Vertrieb, dem Rezensionswesen der Zeitschriften und Journale, den mehr oder weniger geschickt lancierten Autorenlesungen und nicht zuletzt dem mit gesponserten Diners unterfütterten Geschwätz der literarischen Salons.

Doch kennt die *Comédie humaine* ebenso Personen, die einen Großteil ihres Lebens damit verbringen, ganz bestimmte Dinge, oft Kunstwerke, der Warenzirkulation zu entziehen und einer davon unabhängigen Wertschätzung zugänglich zu machen. Es sind die Sammler, Charaktere wie der in bescheidenen Verhältnissen lebende Musiker Sylvain Pons (*Le Cousin Pons* (1847b; *Vetter Pons*), der über Jahrzehnte hinweg ein streng behütetes Museum erschafft, das neben mancher Seltsamkeit auch Meisterwerke ersten Ranges beherbergt, wie Gemälde von Dürer, Breughel und Anthonis van Dyck oder einen exquisit illustrierten Fächer von Jean-Antoine Watteau. Pons kauft, um zu besitzen und zu bewahren, er handelt nicht. Einmal in das Separee seiner Sammlung aufgenommen, werden deren Stücke zu Gegenständen des ästhetischen und erotischen Entzückens. Der Sammler verspürt für die nun mit menschlichen Zügen besetzten Dinge „die Liebe eines Liebhabers für eine schöne Geliebte" (*CH* VII, 491; *MK* VIII, 18). Balzac zeigt aber auch, dass dieses sehr private Glück in der stillen Wunderkammer der Kunst nicht dauerhaft bestehen kann. Intrigen von perfiden Verwandten, die den Preis der Dinge kennen, ohne deren ästhetischen Wert zu schätzen, bringen Pons um seinen Schatz und führen ihn wieder dem Spiel von Angebot und Nachfrage zu. Die Metamorphose der Dinge zur Ware war im Kontext der Privatsammlung nur suspendiert, aber nicht aufgehoben. Ihre Erscheinung als Gegenstände der ästhetischen Erfahrung und als Fetisch des erotischen Begehrens macht gegen Ende des Romans wieder der Perspektive auf ihren abstrakten Tauschwert Platz.

## Die Physiognomie der Dinge: Von der Ware zum Zeichen

Die Dinge werden zu Waren und die menschlichen Beziehungen zu Dingen, die wie Waren behandelt werden. Dieser klassischen von Karl Marx geprägten Perspektive der politischen Ökonomie (Stichwort: Verdinglichung) stellt Balzac eine weitere, zugleich ergänzende und relativierende Perspektive an die Seite, die Perspektive auf den Zeichencharakter der Dinge.

Typisch dafür sind die Hausbeschreibungen, die den Eingang zahlreicher Romane und Erzählungen prägen. So hat das titelgebende *Haus ‚Zum ballspielenden Kater'* für Balzac nicht nur einen spezifischen Gebrauchs- und Tauschwert, es wird zudem als deutbares Monument kulturell erzeugter Zeichen in Anspruch genommen, die dem Gebäude seine eigentümliche Fassade – im buchstäblichen Sinne: sein Gesicht – verleihen. Balzac beschreibt das vom Zerfall bedrohte Haus nicht nur, er liest es. Er zeigt, wie dessen Erscheinungen die Zeichen eines Textes formen. „Die drohenden Mauern dieser alten Bruchbude schienen buntscheckig mit Hieroglyphen bemalt zu sein." (*CH* 1, 40; *MK* 1, 164)

Die physiognomisch aufgefassten Dinge, Orte und Möbel nehmen menschlichen Charakter an und beginnen zu ‚sprechen'. Fast programmatisch hat Balzac diese Disposition der Dingwahrnehmung in der Erzählung *L'Enfant maudit* (1837; *Das verstoßene Kind*) zum Ausdruck gebracht: „Wer hätte nicht schlimme Augenblicke erlebt, in denen man in den Dingen, die uns umgeben, nicht irgendwelche Bürgschaften der Hoffnung [*gage d'espérance*] erblickt hätte? Glücklich oder unglücklich, der Mensch leiht auch den geringsten Dingen, mit denen er lebt, eine Physiognomie; er lauscht ihnen und befragt sie; so abergläubisch ist er von Natur." (*CH* X, 868; *MK* XI, 815; Übersetzung geändert).

Die Physiognomie der Dinge ist in ein ganzes Netz sozialer Beziehungen verwoben. Balzac ist sich durchaus im Klaren darüber, dass die Anthropomorphisierung der Dingwelt letztlich vom Menschen ausgeht. Balzac ist kein Animist. Aber er weiß auch, dass die Anthropomorphisierung der Dinge, ihre Wahrnehmung als eigenständige Wesen, zu den ganz alltäglichen Versuchungen des Menschlichen gehört und in allen sozialen Schichten und Konstellationen anzutreffen ist. Die Unterscheidung „zwischen der Persönlichkeit der Dinge und ihrer Vulgarität" (*CH* VII, 398; *MK* VII, 1007–1008, Übersetzung geändert) gehört für das Personal der *Comédie humaine* zum unverzichtbaren Orientierungswissen. Marx hatte demgegenüber noch die natürlichen Eigenschaften der Dinge von der Vergegenständlichung sozialer Beziehungen in der Dingwahrnehmung kategorial trennen wollen und die zweite Form der Wahrnehmung als Fetischismus kritisiert (Marx 1962 [1867], 85–98). Balzac entgeht diesem letztlich idealistischen Residuum in der Theoriebildung des Begründers des historischen Materialismus. Er visiert die Dinge ausschließlich, insofern sie in Beziehungen auftreten, das heißt, er fasst sie nicht selbst, sondern als Erscheinungen für andere, als verwoben in Geschichten und als Geschichte. Eine vom Fetischismus bereinigte Dingwahrnehmung kann es für Balzac nicht geben, stets ist sie durchmischt mit Erwartungen, Hoffnungen, Ängsten, die aus den Dingen zu sprechen scheinen. Der Mensch ist „abergläubisch von Natur".

Die unablässige, gleichsam ‚natürliche' Interpolation der Dingwahrnehmung mit Zeichen, die auf soziale Beziehungen verweisen, affiziert ebenso den Charakter der ökonomischen Wertschätzung der Dinge. Insbesondere die von Marx angenommene kategoriale Unterscheidung zwischen Gebrauchs- und Tauschwert, zwischen den konkreten Qualitäten des Materials und der abstrakten Wertbestimmung der Ware wird von Balzac viel flexibler aufgefasst. Die Beobachtung der feinen Unterschiede und Ambivalenzen der Lebenswelt, auf die es Balzac ankam, führte ihn dazu, die Übergänge vom Ding zur Ware und von der Ware zum Ding immer wieder neu zu differenzieren und entlang verschiedener sozialer Spektren perspektivisch in Szene zu setzen. Tatsächlich hängt die Kultur- und Welthaltigkeit seiner Beschreibungskunst unmittelbar davon ab, dass er die mit Blick auf den Gebrauch und Tausch der Dinge gewonnene Ökonomie der Werte erweitert durch eine Ökonomie der Zeichen. Das ökonomische Kalkül wird entgrenzt und mit semiotischen Potenzialen aufgeladen, die an den Dingen eine soziale, ästhetische und poetische Physiognomie erkennbar machen.

## Die Undinge: Vom Ding-Zeichen zum Kollaps der Bedeutung

Mit der Akzentuierung des Zeichencharakters der Dinge hebt Balzac seine Auseinandersetzung auf ein neues Niveau. Nach der Deutung des Dings als Ware und Zeichen tritt nun das Zeichen in seiner Dinglichkeit hervor und wird seinerseits zum Material von Kunst, Wissenschaft und Religion. In den Vordergrund der Aufmerksamkeit rücken nun Dinge, deren primärer Charakter es ist, Zeichen zu sein – so etwa in Werken des zweiten Teils der *Comédie humaine* wie *La Peau de chagrin* (1831a; *Das Chagrinleder*), *Le Chef-d'œuvre inconnu* (1831b; *Das unbekannte Meisterwerk*), *La Recherche de l'Absolu* (1834; *Der Stein der Weisen*) oder im „Mystischen Buch" (*Les Proscrits* [1831c; *Die Verbannten*], *Louis Lambert* [1832; *Louis Lambert*], *Séraphîta* [1835a; *Seraphita*]). Zudem geht es für die von Balzac geschilderten Künstler, Wissenschaftler und Mystiker nicht einfach nur darum, bereits existierende Dinge zu beschreiben, sondern Dinge durch Beschreibung – allgemeiner: durch diskursive Verfahren – allererst hervorzubringen. Die Arbeit des Malers Frenhofer an seinem unvollendeten Meisterwerk, die auf das Absolute ausgerichteten Experimente des Chemikers Balthazar Claës und die Suche nach religiösen Grenzerfahrungen in den Schriften des Mystikers Louis Lambert zielen genau darauf ab: auf den schöpferischen Akt der Zeichenproduktion, auf die Hervorbringung von Dingen, die darin aufgehen, Zeichen für etwas Neues und neues Zeichen zu sein. Die Konsequenzen für die Arbeit des Schriftstellers waren für Balzac offensichtlich: Sobald der Zeichencharakter der Dinge in den Fokus der Aufmerksamkeit rückt, verschiebt sich auch der Fokus der klassischen Dingbeschreibung – die Beschreibung selbst wird dann zum eigentlichen Ding der Literatur.

Balzac zeigt aber auch auf, dass die Reflexion der Dingbeschreibung – so notwendig und unumgänglich sie auch sein mag – mit erheblichen Risiken verbunden ist. Die Diskurse, die sich ganz auf den Zeichencharakter der Dinge beziehen, wie diejenigen der Maler, Musiker, Wissenschaftler und Mystiker der *Comédie humaine*, stehen regelmäßig in Gefahr, von der in ihnen entbundenen selbstreflexiven Dynamik in die Irre geführt zu werden. Tatsächlich lässt es Balzac vollkommen offen, ob Gambara, Frenhofer, Balthazar Claës und Louis Lambert als Schöpfer neuer Dingwahrnehmungen reüssieren. Die Frage, ob ihre Deutung der Zeichen noch eine Beschreibung der Dinge ist oder bereits einmündet in den Kollaps des Sinns und die Produktion von Undingen, bleibt ohne Antwort.

Die Spannbreite der möglichen Dingdeutungen innerhalb der *Comédie humaine* wird mit dieser extremen Alternative umrissen. Sie reicht von der dichten Beschreibung der Dinge als Ware und Zeichen bis zur schöpferischen Produktion von Undingen und der damit verbundenen absoluten Dingdeutungskrise. Etwas schematisch ließe sich resümieren: Im ersten Teil der *Comédie humaine*, den *Études de mœurs* (Sittenstudien) – in Texten wie *Le Père Goriot* (1835b, *Vater Goriot*), *Illusions perdues* oder *Cousin Pons* – werden die Dingbeschreibungen vornehmlich ökonomisch und sozial ausdifferenziert. Im zweiten Teil, den *Études philosophiques* (Philosophische Studien), treten eher artistische, wissenschaftliche und religiöse Grenzgänge der Dingwahrnehmung in den Vordergrund; der Anteil der materiellen Regulative der Dingbeschreibung wird geringer, der spekulative Charakter der Dingdeutung nimmt zu. Am Ende des dritten Teils der *Comédie humaine*, den *Études analytiques*, widmet sich Balzac schließlich den Genussmitteln, Dingen, deren Waren- und Zeichencharakter sich im Gebrauch auflösen – wie die Reflexion, die unterdessen mehr und mehr zu ihrem eigenen Gegenstand geworden ist. Das Besondere dieser ganz unterschiedlichen Dingbeschreibungen liegt in ihrem grundlegend perpektivistischen Arrangement innerhalb des Gesamtwerkes; sie koexistieren, ohne einander auszuschließen. In der über alle gesellschaftlichen Schichten sich erstreckenden Wahrnehmungskette dieser Komödie des Menschlichen schimmert eins im anderen durch – ohne eine letzte Versicherung darüber, wo die Wahrnehmung der Dinge als Ware, als Zeichen und als Unding beginnt und wo sie endet.

## Literaturverzeichnis

Balzac, Honoré de. *La Comédie humaine. 12. Bände*. Hrsg. von Pierre-Georges Castex. Paris (Bibliothèque de la Pléiade) 1976–1981. [Zitate im Text unter der Sigle *CH* mit römischer Band- und arabischer Seitenzahl nachgewiesen.]

Balzac, Honoré de. *Die Menschliche Komödie. 12 Bände*. Hrsg. von Ernst Sander. München 1998 [1972]. [Zitate im Text unter der Sigle *MK* mit römischer Band- und arabischer Seitenzahl nachgewiesen.]

Balzac, Honoré de. *La Maison du chat-qui-pelote* [1830]. *CH* I: 39–93. [Dt.: *Das Haus ‚Zum ballspielenden Kater'*. *MK* I: 163–226.]

Balzac, Honoré de. *La Peau de chagrin* [1831a]. *CH* X: 57–294. [Dt.: *Das Chagrinleder*. *MK* XI: 8–283.]

Balzac, Honoré de. *Le Chef-d'œuvre inconnu* [1831b]. *CH* X: 413–438. [Dt.: *Das unbekannte Meisterwerk*. *MK* XI: 485–513.]

Balzac, Honoré de. *Les Proscrits* [1831c]. *CH* XI: 525–555. [Dt.: *Die Verbannten*. *MK* XII: 429–464.]

Balzac, Honoré de. *Louis Lambert* [1832]. *CH* XI : 589–692. [Dt.: *Louis Lambert*. *MK* XII: 471–593.]

Balzac, Honoré de. *La Recherche de l'absolu* [1834]. *CH* X: 657–835. [Dt.: *Der Stein der Weisen*. *MK* XI: 593–801.]

Balzac, Honoré de. *Séraphîta* [1835a]. *CH* XI: 727–860. [Dt.: *Seraphita*. *MK* XII: 604–756.]

Balzac, Honoré de. *Le Père Goriot* [1835b]. *CH* III: 49–290. [Dt.: *Vater Goriot*. *MK* III: 286–557.]

Balzac, Honoré de. *L'Enfant maudit* [1837]. *CH* X: 865–960. [Dt.: *Das verstoßene Kind*. *MK* XI: 811–921.]

Balzac, Honoré de. *Illusions perdues* [1843]. *CH* V: 123–732. [Dt.: *Verlorene Illusionen*. *MK* V: 357–1105.]

Balzac, Honoré de. *Splendeurs et misères des courtisanes* [1847a]. *CH* VI: 425–935. [Dt.: *Glanz und Elend der Kurtisanen*. *MK* VI: 863–1021 und *MK* VII: 9–425.]

Balzac, Honoré de. *Le Cousin Pons* [1847b]. *CH* VII: 483–765. [Dt.: *Vetter Pons*. *MK* VIII: 9–337.]

Geertz, Clifford. „Thick Description: Toward an Interpretive Theory of Culture". *The Interpretation of Cultures: Selected Essays*. New York, NY 1973: 3–30.

Marx, Karl. *Das Kapital. Marx-Engels-Werke. Band 23–25*. Berlin 1962, 1963, 1983 [1867, 1885, 1894].

# 3.10 Objektbiografien

Michael Niehaus

## Zwei Typen von Objektbiografien

Objekte sind keine Subjekte. Sie haben, wenn sie tote Dinge sind, kein Leben. Sie werden nicht geboren, und sie sterben nicht. Sie kommen auf andere Art in die Welt und verlassen sie wieder. Mit der Rede von Objektbiografien wird den Objekten ein Leben lediglich *angedichtet*. Der kurrenten Rede von Objektbiografien im Rahmen des *material turn* der Kulturwissenschaften (Hennig 2014) wohnt insofern eine irreführende, wenn auch naheliegende Metaphorik inne (Hahn 2015). Streng genommen sind nur Textwissenschaften für Objektbiografien zuständig, weil nur Texte die toten Dinge beleben und sie – in welcher Form auch immer – mit einer Biografie ausstatten. Literarische (aber auch filmische) Texte können Geschichten erzählen, in denen die Geschichte eines Dings von Anfang bis Ende erzählt wird. Damit wird das Ding bis zu einem gewissen Grad subjektiviert und zum Helden der Geschichte. Allerdings wird das den Dingen auf diese Weise eingehauchte Leben nur ein Scheinleben sein, und am Helden einer solchen Geschichte lässt sich nur sehr begrenzt Anteil nehmen.

Erzählungen sind in der Regel heterodiegetisch oder homodiegetisch. Auf die fiktionalen Objektbiografien bezogen: Die Geschichte des subjektivierten – und damit durch sein ‚Eigenleben' zum Ding gewordenen (Niehaus 2009, 384–395) – Objekts kann von einer anderen Instanz erzählt werden oder von diesem selbst. Im ersten Fall folgt die Erzählung einfach dem Schicksal des Dings statt dem der verschiedenen Menschen, die mit ihm zu tun haben. Im zweiten Fall wird dem Ding ein *Ich* angedichtet; es herrscht also die phantastische Voraussetzung, dass das Ding eine, wenn auch lautlose, Stimme hat. Es mag auf den ersten Blick erstaunen, dass diese zweite Variante der weitaus häufigere und in der Literaturgeschichte früher auftretende Fall ist. In der deutschsprachigen Literatur kommen Dinge, die aus ihrem ‚Leben' berichten – allerdings metadiegetisch, also nicht als Textsorte, sondern als rhetorische Figuration –, etwa bei Hans Sachs und vor allem bei Grimmelshausen vor, wo in der „Continuatio" des *Simplicissimus* (1669) ein Blatt Klopapier dem Protagonisten sein wechselvolles Schicksal erzählt (Grimmelshausen 1989, 612–622; vgl. Steiner 2014). In England begegnen homodiegetische Erzählungen von Dingen – sogenannte *It-Narratives* – seit dem frühen 18. Jahrhundert und werden in der zweiten Hälfte des 18. Jahrhunderts zu einer regelrechten literarischen Mode (Blackwell 2012; Zeman 2015).

## Die Autobiografie eines Taschentuchs

James Fenimore Coopers *Autobiography of a Pocket-Handkerchief* aus dem Jahre 1843 ist gerade deshalb geeignet, die problematische Struktur einer Erzählung, in der einem Objekt eine Stimme verliehen wird, exemplarisch zu veranschaulichen, weil dieser Text mit seiner beinahe romanhaften Länge von ca. 250 Druckseiten eine Ausnahme darstellt. Denn wenn der (autobiografische) Roman die Gattung ist, die ein Leben gestaltet, stellt sich die Frage, wie die Autobiografie eines Objekts, dem nur ein Scheinleben verliehen worden ist, überhaupt einen Roman bilden kann. Dies spiegelt sich bereits im Titel wider. *Autobiography of a Pocket-Handkerchief* war der Titel der Erstveröffentlichung in der amerikanischen Zeitschrift *Graham's Magazine*; für die erste eigenständige Publikation in Amerika im selben Jahr wurde er in *Le Mouchoir. An Autobiographical Romance* umgeändert; die erste englische Buchpublikation, ebenfalls 1843, hieß *The French Governess; or, the Embroidered Handkerchief. A Romance* (die erste deutsche Übersetzung von 1845 schließlich lautete *Die französische Erzieherin oder das gestickte Taschentuch. Eine Erzählung*). Wie man sieht, gibt es ein Schwanken sowohl in der Bezeichnung des Protagonisten wie auch in der Gattungszuordnung.

Wie herkömmliche Autobiografien beginnt die Autobiografie des Taschentuchs mit Dingen, die der Autobiograf nicht aus eigener Anschauung weiß: mit der Vorgeschichte, dem Herkommen, den Ahnen. Immerhin aber kann das menschliche autobiografische Subjekt angeben, wann es mit ihm offiziell angefangen hat, nämlich mit seiner Geburt. Anders bei einem Objekt wie dem Taschentuch, dessen Herstellungsprozess nicht einem Geburtsvorgang gleicht. So lässt sich auch der Augenblick der Geburt in Coopers Text nicht lokalisieren. Das Ich-Bewusstsein des Taschentuchs schwebt wundersamer Weise schon über den amerikanischen Flachsblumen, die dereinst seinen Stoff liefern werden. Das heißt auch: Das Taschentuch stammt nicht von Taschentüchern ab, sondern von dem, was wächst: „The glorious family of contemporaneous plants from which I derive my being, grew in a lovely vale of Connecticut" (Cooper 1897, 11).

Nur von den Ahnen im Allgemeinen und Diffusen kann hier die Rede sein, nicht von Vater und Mutter. Objektautobiografien, die anders verfahren, werden automatisch humoristisch – so etwa, wenn es zu Beginn von Heinrich Bölls Erzählung *Schicksal einer henkellosen Tasse* heißt: „Mein Vater war ein Kuchenteller und meine Mutter eine ehrbare Butterdose" (Böll 1981, 368). In der Regel geht, wenn Objektautobiografien überhaupt konkret auf ihren Herstellungsprozess zu sprechen kommen, der Stoff der Form voraus. Bei Cooper wird dies beiläufig damit begründet, dass die „mental confirmation" der Pflanzen – anders als die der Tiere – es ihnen ermögliche, „to refer our moral existence to a period that embraces experiences, reasoning and sentiment of several generations" (Cooper 1897, 13). Das ausgreifende Ich, das in den Objektautobiografien spricht, bestimmt sich zwar nicht primär dadurch, dass es sich als ein geformtes Ding von anderen Dingen unterscheidet, aber sein Leben kann darin bestehen, dass ihm eine Form *zugefügt* wird. Die offenbaren Widersprüche, in die eine solche Erzählperspektive verstrickt ist, werden von der Evidenz des sprechenden Ich mühelos überspielt. In Joseph Addisons *Adventures of a Shilling* (1710) erblickt das Silberstück als geschürfter Rohstoff in Südamerika das Licht der Welt, der erst später geprägt (und im Laufe seines Lebens sogar eingeschmolzen und umgeprägt) wird, und das Klopapier bei Grimmelshausen erzählt seine Lebensgeschichte als die peinvolle Passion seiner eigenen Herstellung, Zurichtung und Umformung.

Coopers Taschentuch-Autobiografie ist von einer barocken Leidensgeschichte freilich so weit wie möglich entfernt. Alles in allem geht es sehr vergeistigt zu. Schon in seiner Vorgeschichte als Flachsblume lauscht das Taschentuch andächtig den Ausführungen eines Astronomen am Feldrand über den Lauf der Welt. Die handfesten Transformationen, die aus der Flachsblumenexistenz ein konkretes Stück feinsten Batiststoffes aus der Picardie machen, werden mit ihren „humiliating" (Cooper 1897, 24) Prozeduren (Flachsbrechen usw.) nur kursorisch beschrieben. Dann wartet das Taschentuch mit seinen Genossen, mit denen es eine „single family of only twelve" (Cooper 1897, 25) bildet, eine unbestimmte Zeit lang darauf, das wahre Licht der Welt zu erblicken – das heißt: an den Mann bzw. die Frau gebracht zu werden. Denn das Schicksal eines Objekts erfüllt sich nur, wenn es am Ende an seinem Bestimmungsort ankommt – wenn es besessen wird oder in Obhut ist. Einige der zwölf Batisttücher – diejenigen, die den legitimistischen Einflüssen erlegen sind – träumen davon, demnächst in Paris vom König Frankreichs der Dauphine überreicht zu werden.

Bevor solche Phantastereien an der Julirevolution von 1830 zuschanden werden, vollzieht sich beim zukünftigen Taschentuch jedoch eine ‚Objektwahl' eigener Art: Auf dem Bleichgrund der Fabrik pflegt eine junge verarmte Adlige namens Adrienne spazieren zu gehen, die ein besonderes Faible für die feinen Tücher entwickelt und dem Ich-Erzähler nicht mehr aus dem Sinn geht. „To own the truth, I left my heart in the Picardie. I do not say that I was in love; I am far from certain that there is any precedent for a pocket-handkerchief's being in love at all, and I am quite sure that the sensations I experienced were different from those I have since had frequent occasion to hear described." (Cooper 1897, 34) Diese gewissermaßen formale Objektwahl tritt also an die Stelle dessen, was wir Liebe nennen.

Bis hierher gibt es freilich nichts, was den ‚Helden' dieser Autobiografie vor den anderen seines Schlages auszeichnet. Insgesamt gilt: Die Helden von Objektautobiografien sind ganz und gar passiv. Sie tun nichts. Sie sind keine märchenhaften Wesen, die ihren Objektstatus überschreiten und sich selbst auf den Weg machen können wie Strohhalm, Kohle und Bohne im gleichnamigen Märchen der Brüder Grimm (KHM 18) und andere Dinge in der Romantik (Brüggemann 2011). In der Diegese funktionieren sie – sogar in Hans Christian Andersens Kunstmärchen *Der Silbertaler* – wie gewöhnliche Dinge, denen ihre Geschichte nur *angetan* werden kann. Sie können sich also nicht auszeichnen, sondern nur beobachten, dass sie ausgezeichnet *werden*.

Objektautobiografien mögen bei kritischen, das heißt auf Konsistenz bedachten Leser/innen insgesamt die Frage aufwerfen, wie die gewählte homodiegetische Erzählung überhaupt möglich ist: Woher *weiß* das Objekt all das, was es erzählt? In der Regel gehen *It-Narratives* über diesen Punkt hinweg, weil jede Erklärung die Aufmerksamkeit erst recht auf die Inkonsistenz der Verknüpfung eines Dings mit einer Erzählstimme lenken würde. Die Limitierung des Erzählerwissens ergibt sich stets daraus, dass das Ding als *Zeuge* fungiert: Es kann all jene menschlichen Handlungen und Reden wahrnehmen und (weiter-) erzählen, bei denen es zugegen war. Das Ding erfüllt insofern erzähltechnisch die Funktion eines *Spions*, der Intimes beobachten kann, weil sich die Menschen vor ihm nicht in Acht nehmen. Dies ist die gewöhnliche Funktion der Erzählperspektive in den *It-Narratives*: Die Dinge fungieren als Medien, die dem Leser mit pädagogischer, politischer oder didaktischer Stoßrichtung Einblicke in unterschiedliche Milieus geben; modellbildend geschieht dies in Charles Gildons *The Golden Spy* (1709). Wie in Gildons Werk können sich die Dinge in Coopers Taschentuch-Autobiografie darüber hinaus auch untereinander austauschen (eine Möglichkeit, auf die der Text jedoch nur sporadisch zurückgreift).

Anders als die meisten seiner Vorgänger lässt Cooper sein Taschentuch halbherzig oder ironisch eine Erklärung für dessen übersinnliche Fähigkeiten vorbringen. Taschentücher, so erklärt das Taschentuch, „do not receive and communicate ideas, by means of the organs in use among human beings". Statt Organen besitzen sie „a *clairvoyance* that is always available under favorable circumstances. In their case the mesmeritic trance may be said to be ever in existence, while in the performance of their proper functions [Herv. i. O.]." (Cooper 1897, 57) Sobald das Taschentuch am menschlichen Verkehr teilnimmt, kann es bis zu einem gewissen Grade auch Gedanken lesen. Es wird sozusagen zum Superspion. So geschieht es mit Adrienne, nachdem diese unversehens im Kontor erschienen ist und das Taschentuch gekauft hat: „By virtue of this power

I had not long been held in the soft hand of Adrienne, or pressed against her beating heart, without becoming master of all her thoughts, as well as of her various causes of hope and fear." (Cooper 1897, 57) Auf diese Weise kann Cooper sein Taschentuch bei Bedarf mühelos die Demarkationslinie überschreiten lassen, die der narratologischen Doktrin zufolge die externe Fokalisierung von der Nullfokalisierung eines körperlosen Erzählers trennt.

Ganz nonchalant und ohne viel Emphase erzählt das Taschentuch, wie es in zweimonatiger Handarbeit von Adrienne in eine unverwechselbare Kostbarkeit verwandelt wird (wie die Stickerei eigentlich aussieht, erfährt man übrigens mit keinem Wort). Da Taschentücher keine Organe haben, kann diese Prozedur auch keinen Schmerz (bzw. Lustschmerz) verursachen. Gleichwohl besiegelt sie natürlich, was das Taschentuch angeht, die ‚Objektwahl'. Auf der Ebene des Textes bedeutet das, dass die Biografie des Taschentuchs an die der jungen Frau gebunden wird, der es seine entscheidende Prägung verdankt. Nur dies macht es möglich, die Objektautobiografie in eine *romance* zu überführen, und es wirft die Frage auf, wer eigentlich der Protagonist dieser Erzählung ist.

Für Adrienne ist das Taschentuch einstweilen freilich nur ein für den Markt produzierter Gegenstand, den es um einen möglichst hohen Preis zu verkaufen gilt. Die Frage nach dem Status dieses Taschentuchs als Ware durchzieht die gesamte Erzählung. Das heißt nicht nur, dass die jeweiligen Preise für das Tuch und das fertige Stück jeweils genau notiert und kommentiert werden, sondern auch, dass es Gegenstand der Spekulation ist. Der armen Adrienne wird es um einen beschämend geringen Preis abgekauft; die Spekulation aber zerschlägt sich, und das aristokratische Taschentuch bleibt über zwei Jahre als totes Kapital im Kontor, bis es wiederum zu Spekulationszwecken erworben und in die Neue Welt mitgenommen wird. Gerade dort aber zeigt sich, dass diese kostbare Handarbeit in der Welt der Warenzirkulation ein Fremdkörper bleiben muss. Ihr Wert ist ungewiss und ihr symbolischer Status schwankend, weil das Taschentuch weder als ein Gebrauchsgegenstand gelten kann, den man benutzen und beschmutzen darf, noch als ein auratisches Kunstobjekt. Als es schließlich von einer leichtfertigen jungen Dame für sage und schreibe hundert Dollar erworben wird, erklärt es deren besonnene Freundin für nutzlos, denn „it is made in a way to render it out of question to put it to the uses for which it was designed" (Cooper 1897, 133–134). Da nimmt es nicht wunder, dass der Vater des Mädchens noch in derselben Nacht seiner Spekulationswut zum Opfer fällt und das Taschentuch für die Hälfte wieder zurückverkauft wird.

Dass der französische Luxusgegenstand in der geradlinigen Neuen Welt „out of place" (Cooper 1897, 135) ist, wird im weiteren Verlauf der Erzählung immer wieder vor Augen geführt. Auch bei der nächsten Käuferin, der gutherzigen, aber etwas oberflächlichen Julie Monson, ebenfalls eine Tochter aus gutem Hause, findet das Taschentuch seinen Platz in der Welt nicht. Dies wird besonders in ausführlich kolportierten Gesprächen im Hause Monson deutlich, zu denen das inzwischen mit dem Spottnamen „the insolvent pocket-handkerchief" (Cooper 1897, 213) bedachte Taschentuch Anlass gibt. Auf dieser Ebene dient das Taschentuch – bis zu einem gewissen Grad ein ‚interkulturelles Ding' (Niehaus 2010) geworden – dazu, naheliegende Oppositionen (Amerika versus Frankreich, Aristokratie versus Unternehmertum, Funktionalität versus Luxus, männlich versus weiblich) zu entfalten und ein hemdsärmeliges Idealbild der amerikanischen Kultur zu entwerfen, in der bloße Statussymbole weiterhin als unmännlich gelten können.

Ein wenig Import französischer Kultur kann die Neue Welt gleichwohl vertragen. Im Hause Monson gibt es, abgesehen vom französischen Taschentuch, auch eine wohlgelittene französische Erzieherin, Mademoiselle Hennequin, die sich am Ende – welch ein Zufall – als die ausgewanderte Adrienne erweisen wird. Das Taschentuch wird in der Folge zum Zeugen der aufkeimenden Liebe zwischen der mittellosen Erzieherin und dem wohlhabenden Betts Shoreham, einem Freund des Hauses. In diesem Zusammenhang wird es – etwas gewaltsam – auch mit einer intersubjektiven Dimension befrachtet, wie es in Geschichten um wandernde Dinge so häufig der Fall ist (vgl. Niehaus 2009, 116–160). Bei der entscheidenden Aussprache glaubt Adrienne Shorehams Antrag aufgrund ihrer Mittellosigkeit ablehnen zu müssen, und trocknet ihre Augen mit dem versehentlich eingesteckten Taschentuch, worauf Shoreham es ein „cursed handkerchief" nennt und erklärt: „I wish I knew the real secret of its connection to your feelings" (Cooper 1843, 225). Daraufhin erzählt ihm Adrienne die wahre Geschichte dieses Taschentuchs, und die *romance* wendet sich zum Guten.

Allein bei Adrienne ist das Taschentuch an seinem Platze. Deswegen wird es von der Eigentümerin Julie, die inzwischen einen starken „distaste" für das Prunkstück empfindet, der Erzieherin bei der ersten Gelegenheit geschenkt, „under the pretense she had discovered a strong wish in the latter to possess me" (Cooper 1897, 250). Mit dieser Rückkehr zum ‚eigentlichen' Produzenten gemäß der ursprünglichen ‚Objektwahl' wird nicht nur (in einer für die Literatur des 19. Jahrhunderts charakteristischen Weise) die entfremdete Handarbeit nachträglich umdefiniert. Es wird zugleich die Unverträglichkeit der Handarbeit mit dem Warenverkehr unter industriellen Bedingungen statuiert. Weil das Taschentuch in der Welt der Waren ein Fremdkörper ist, kann es eine *eigene*, geschlossene Geschichte haben. Die Exklusivität der autobiografischen Perspektive wird dabei allerdings neutralisiert. Wenn Adrienne als glücklich verheiratete Frau am Ende im trauten Kreise von ihrem Taschentuch sagt, „it is my *friend*! [Herv. i. O.]" und „very precious to me on account of *des souvenirs*", so kann sie dann zur Erklärung auch selbst „the whole story" erzählen (Cooper 1897, 254). In dieser Erzählung kann vom Taschentuch freilich nur in der ‚dritten Person' die Rede sein. Zwar ist das Taschentuch an seinem Platz „perfectly happy", aber ein klein wenig *pièce de résistance*-Charakter bleibt ihm gleichwohl erhalten, „being French, I look forward to further changes, since the temperament that has twice ejected the Bourbons from their thrones will scarce leave me in quiet possession forever" (Cooper 1897, 253).

Vom Muster der vorangegangenen Tradition der *It-Narratives* unterscheidet sich Coopers Text dadurch, dass er die Objektautobiografie (mit begrenztem Erfolg) in eine Romanform zu überführen versucht. Die für die *It-Narratives* typische serielle Struktur, in der das Ding durch Besitzerwechsel nacheinander verschiedene Milieus durchläuft und erschließt, wird von einer geschlossenen romanesken Struktur überlagert, die den Schwerpunkt hin auf eine konventionelle Liebesgeschichte verschiebt.

## Heterodiegetische Objektbiografien

Dieser Form einer homodiegetischen Objektbiografie lässt sich eine Variante der heterodiegetischen Objektbiografie an die Seite stellen. Die heterodiegetische Objektbiografie ist eine im Grunde moderne Erzählstruktur. Längere Texte aus dem 19. Jahrhundert, die den Weg eines titelgebenden Objekts verfolgen, wie etwa Wilkie Collins' *The Moonstone* (1868) oder Robert Louis Stevensons *The Rajah's Diamond* (1879) funktionieren nach einer völlig anderen Logik. Leitfaden der Erzählung ist hier nicht die Biografie des Objekts, vielmehr geht es um die (kriminellen) Verwicklungen, die das Ding als Objekt des Begehrens unter den Menschen auslöst. Das lässt sich bereits der Wahl des Objekts selbst entnehmen: Edelsteine haben keine eigene Geschichte, weil sie als unvergänglich gelten und die Geschichte keine Spuren auf ihnen hinterlässt (Niehaus 2009, 207–211).

Heterodiegetische Objektbiografien liegen erst dann vor, wenn das Ding nicht nur durch verschiedene Hände wandert, sondern auch von Anfang bis Ende beobachtet wird, so dass wenigstens metaphorisch von einem Leben gesprochen werden kann. In Ausnahmefällen kann dies in ‚kleiner Form' auch im 18. Jahrhundert geschehen, dann aber gewissermaßen durch die bloße Ersetzung der ersten Person durch die dritte, wenn etwa die *Geschichte einer reichen Weste* in moraldidaktischer Absicht erzählt wird (Martini 1766). Ähnlich verhält es sich auch in Bölls Erzählung *Abenteuer eines Brotbeutels* (1951), die zwar heterodiegetisch erzählt wird, aber gleichwohl die Tradition der *It-Narratives* weiterführt. Wesentlich ist, dass das Ding in einer Objektbiografie nicht mehr dazu dient, seine verschiedenen Besitzer aufeinander zu verweisen. Anders gesagt: Die Geschichte zerfällt in Episoden, die – einzeln und in ihrer Gesamtheit – etwas *demonstrieren* sollen. Die Nähe dieser Struktur zum Episodenfilm wird in Helmut Käutners Film *In jenen Tagen* (1947) deutlich, in dem eine Limousine anhand verschiedener Besitzer die Zeit zwischen 1933 und 1945 ‚durchläuft‘ (und dabei in der Rahmenhandlung als *Voice-over*-Stimme sogar in der ersten Person spricht). In Annie Proulx' Roman *Accordion Crimes* (1996) wandert ein Akkordeon in verschiedenen Episoden durch das 20. Jahrhundert Amerikas, bis es von einem Truck überfahren wird; in Peter Adolphsens *Brummstein* (2003) wandert ein merkwürdig vibrierender Stein durch das Deutschland des 20. Jahrhunderts, bis er endgültig verloren geht. Auch in dem Büchlein *Aus dem Leben einer Matratze bester Machart* (2014) des Schweizer Autors Tim Krohn, das die Strukturmerkmale einer heterodiegetischen Objektbiografie musterhaft vorführt, geht es nicht zuletzt um den ‚Lauf der Geschichte‘. In all diesen heterodiegetischen Erzählungen, die in der Regel mit der mitleidlosen Dekomposition des eine Odyssee durchlaufenden Dings enden, erweist sich dessen Leben als ein Scheinleben, das nicht darauf berechnet ist, unsere Anteilnahme zu erwecken.

## Literaturverzeichnis

Addison, Joseph. „Adventures of a Shilling". *Tatler*. 249 (1710): o. S.
Adolphsen, Peter. *Brummstein. Erzählung*. München, Wien 2005.
Andersen, Hans Christian. „Der Silbertaler". *Andersens Märchen*. 4. Auflage. Kempen 1951: 306–311.
Blackwell, Mark (Hrsg.). *British It-Narratives: 1750-1830*. 4 Bände. London 2012.
Böll, Heinrich. *Gesammelte Erzählungen. Band 1*. Köln 1981.
Brüggemann, Heinz. „Mitgespielt: Vom Handeln und Sprechen der Dinge. Thema mit Variationen in Texten der Romantik". *Schläft ein Lied in allen Dingen. Romantische Dingpoetik*. Hrsg. von Christiane Holm und Günter Oesterle. Würzburg 2011: 97–120.
Collins, Wilkie. *The Moonstone*. London 1868.
Cooper, James Fenimore. *Autobiography of a Pocket-Handkerchief*. Hrsg. von Walter Lee Brown. Evanston, IL 1897 [1843].
Gildon, Charles. *The Golden Spy*. London 1809.
Grimm, Jacob und Wilhelm. „Strohhalm, Kohle und Bohne". *Kinder- und Hausmärchen*. Ausgabe letzter Hand. Stuttgart 2003: 117–118.
Grimmelshausen, Hans Jacob Christoffel von. *Werke. Band I.1*. Hrsg. von Dieter Breuer. Frankfurt am Main 1989.
Hahn, Hans Peter. „Dinge sind Fragmente und Assemblagen. Kritische Anmerkungen zur Metapher der ‚Objektbiographie'". *Biography of Objects. Aspekte eines kulturhistorischen*

*Konzepts*. Hrsg. von Dietrich Boschung, Patric-Alexander Kreuz und Tobias Kienlin. Paderborn 2015: 11–34.

Hennig, Nina. „Objektbiografien". *Handbuch materielle Kultur*. Hrsg. von Stefanie Samida, Manfred K. H. Eggert und Hans Peter Hahn. Stuttgart 2014: 234–237.

*In jenen* Tagen. Reg. Helmut Käutner. Deutschland 1947.

Krohn, Tim. *Aus dem Leben einer Matratze bester Machart*. Berlin 2014.

Martini, Carl Anton von. „Geschichte einer reichen Weste". *Der Mensch. Eine moralische Wochenschrift. Band 3*. Halle 1766: 241–251.

Niehaus, Michael. *Das Buch der wandernden Dinge. Vom Ring des Polykrates bis zum entwendeten Brief*. München 2009.

Niehaus, Michael. „Interkulturelle Dinge". *Zeitschrift für interkulturelle Germanistik* 1.1 (2010): 33–49.

Proulx, Annie. *Accordion Crimes*. New York, NY 1996.

Steiner, Uwe C. „Unbehauste Ökonomie. Von der Zirkulation der Dinge bei Hans Sachs und Grimmelshausen". *Literarische Ökonomik*. Hrsg. von Iuditha Balint und Sebastian Zilles. Paderborn 2014: 47–68.

Stevenson, Robert Louis. *New Arabian Nights. Volume 1*. London 1882.

Zeman, Mirna. „Zyklographie der Literatur. Materialistische Variante". *Kulturrevolution* 68 (2015): 32–40.

## 3.11 Die Tücke des Objekts. Friedrich Theodor Vischers *Auch Einer* (1878)

Uwe C. Steiner

### Einleitung

Von einer „‚Tücke des Objekts'" zu sprechen, notiert 1948 Ludwig Wittgenstein, das sei „ein unnötiger", ja „ein dummer Anthropomorphismus" (Wittgenstein 1977, 136). Seine Aufzeichnung ist mehrfach aufschlussreich. (1) So belegt sie, wie breit Friedrich Theodor Vischers Roman *Auch Einer* rezipiert worden ist, zitiert sie doch eine Wendung, die, längst zum geflügelten Wort avanciert, der Nennung ihrer damals noch allseits vertrauten Quelle nicht bedarf. Die Kritik des Rigoristen aus Cambridge, es sei nicht nötig, die Kollisionen mit einer widerständigen Objektwelt durch das Eingreifen von Dämonen zu erklären, weil dazu die Naturgesetze einer Welt völlig genügten, deren „ganz[er] Plan von vornherein auf's Schlimmste angelegt" sei (Wittgenstein 1977, 136), rückt Vischers literarische Fiktion (2) zudem in einen metaphysischen und gnostischen Problemhorizont. Sie erschöpft sich hierin jedoch keineswegs. Die Tücke des Objekts indiziert (3) darüber hinaus eine auf die Krise der Metaphysik folgende Krise der Kultur. Das abschlägig beschiedene Verfahren des Anthropomorphismus – oder, rhetorisch gewendet, das der Personifikation – verweist (4) außerdem auf eine ästhetische Dimension, in der sich der metaphysische Dualismus, wie ihn der Roman herausstreicht, in narrativer und poetologischer Hinsicht Positionen nähert, wie sie heute unter dem Stichwort der Mensch-Ding-Hybride diskutiert werden. Diese Dimension transzendiert nicht nur Wittgensteins obligaten Akt einer „witzlosen Aufklärung" (Böhme 2006, 493), sondern vermag auch (5) die eminente Wirkung von Roman und Denkfigur zu erklären.

### Der Roman *Auch Einer*

Der einzige, 1878 in zwei Bänden erschienene, auf 1879 vordatierte Roman des 1807 geborenen Professors für Ästhetik erfuhr zwar von den zeitgenössischen Realisten, zu denen Vischer selbst zählte, eine ob seiner widerständigen Gattungs- und Formmerkmale zunächst eher gedämpfte Aufnahme (Mayer 2014, 249–250; Ajouri 2007, 195–196). Sie konnte seinen Erfolg jedoch nicht aufhalten. Kein Gebildeter der Vorkriegszeit hätte das Buch, Georg Lukács zufolge (Martinez 1996, 109), nicht gelesen: Es wurde bis 1920 immer wieder gedruckt und konnte seine Auflage zwischen 1914 und 1920 auf mehr als 116.000 Exemplare verdoppeln (Grimm 1969, 353).

Der von Vischer selbst zumeist als Novelle, Capriccio oder Humoreske bezeichnete, dazu noch ein Tagebuch, Gattungsparodien und Gedichte einbegreifende Roman (Deupmann 2007, 236) trägt die verwirrende Genrebezeichnung „Eine Reisebekanntschaft" und evoziert oder parodiert Elemente der Reiseerzählung oder des Bildungsromans.

Im ersten Teil begegnet ein Ich-Erzähler auf einer Schweizer Reise dem exzentrisch anmutenden Protagonisten. Ihm gilt der gleichfalls irritierende Titel, entnommen dem Matthäus-Evangelium (26,73), wo die Magd Petrus auf den Kopf zusagt, er sei „auch Einer von ihnen", den Jesusleuten nämlich. Die Abkürzung dieses Titels zu „A.E." verweist, als „Alter Ego" gelesen, auf eine autobiografische Lesart (Schlawe 1959, 361; Oesterle 1982), soll aber auch pathosformelhaft dessen reine Menschlichkeit herausstreichen (z. B. *AE* I, 68: „O ja, ein Mensch! ein menschlicher Mensch!"; *AE* II, 36). Seinen Namen erfährt man erst im zweiten Band, er lautet in ironisch gefärbter Zufälligkeit „Albert Einhart".

Im Verlauf eignet sich der Erzähler sympathetisch Einharts Lehre von der Tücke des Objekts an. Sie liegt auch der „Pfahldorfgeschichte" zugrunde, einer im ersten Band mitgeteilten Erzählung A.E.s. Nachdem der Erzähler im zweiten Band vom Tod A.E.s erfahren hat, sichtet er dessen Nachlass, in dem sich unter anderem ein unvollendetes „System des harmonischen Weltalls", quasi die von ihr selbst durchkreuzte Systematik der Tücke des Objekts, und ein umfangreiches Tagebuch finden. Letzteres vereint diaristische Elemente mit biografischen, philosophischen und ästhetischen Aufzeichnungen und bildet den letzten Teil eines Romans, dessen Formexperimente auf die hybriden, satirische und groteske Elemente einbeziehenden Romanarchitekturen eines Jean Paul ebenso zurückweisen wie auf die Archivfiktion und die fragmentarische Faktur von Goethes *Wanderjahren*, und die zugleich als „Durchgangsstelle zum modernen Roman" (Oesterle 1982, 59) beschrieben worden sind.

## Krise der Metaphysik

Was an *Auch Einer* modern erscheinen mag (Haferkamp 1981), verdankt sich kaum einem Innovationskalkül des Verfassers, obgleich dessen *Ästhetik* den Roman in der Nachfolge Hegels als Ausdruck der „Prosa der Zustände" des modernen Zeitalters begreift (*Ä* VI, 177). Viel eher äußert sich in ihm die formsprengende Macht seines Stoffs: Ebenso wenig wie der Protagonist die Dinge, beherrschen Autor und Erzähler das Erzählte. Die dort waltende Tücke des Objekts greift gleichsam auf die Ebene des Erzählens, der *récit* somit auf den *discours*, über. In ihr unterminieren die Welt der Materie und der bedeutungslose Zufall die vermeintlich sinnstiftende Hoheit des menschlichen Subjekts. Die idealistische Tradition, in der der vormalige Hegelianer, zur Zeit des *Auch Einer* aber zum Kantianismus übergelaufene Vischer fest verankert steht, begreift den Menschen als „das einzige Naturwesen, an welchem wir doch ein übersinnliches Vermögen (die Freiheit) [...] erkennen können" (Kant 1990, 304). Die zwecksetzende Hoheit des Subjekts über das Objekt wird in der kopernikanischen Wende Kants ethisch, vor allem auch epistemologisch behauptet, indem diese den Verstand den Erscheinungen ihre Gesetze vorschreiben lässt. Man verkennt heute oft, dass dieses Basaltheorem einer anthropisch zentrierten Weltsicht, der zufolge alles, „womit wir zu tun haben, [...] subjektive, soziale, kulturelle Konstruktion [sei]" (hierzu kritisch: Welsch 2012, 11), eine Rettungsmaßnahme darstellt (Steiner 2011b, 285–286). Indem sie die Quellen aller Objektivität ins Menschliche verlegen, kompensieren Transzendental-Philosophie und nachfolgende idealistische Systeme, dass die Zweckkategorie im Zuge der naturwissenschaftlichen Aufklärung und des Niedergangs der Metaphysik im 17. und 18. Jahrhundert als „Anthropomorphismus" (Cassirer 1993, 66) quasi destruiert worden war. Die Krise der Teleologie setzt sich in den materialistischen und mechanistischen Wissenssystemen des 19. Jahrhunderts fort (Mayer 2014) und verschärft sich, als der Darwinismus aufkommt (Ajouri 2007).

Als Tücke des Objekts verhindert nun der Zufall sowohl die erzählte als auch die Erzählteleologie (Ajouri 2007, 198). Verlegte Brillen, sich verheddernde Hemdknöpfe, klecksende Federn, verschwundene Dokumente, zerbrechliches Geschirr, naturgemäß mit der Butterseite nach unten zu Boden fallende Brote – all die kleinen Objekte des Alltags stellen sich den Zwecken entgegen, die Einhart verfolgt. An die Stelle der Teleologie tritt das „Tendenziöse, was im Objekt überhaupt liegt" (*AE* I, 20): Die Objekte, so lehrt A.E., seien von übelwollenden Dämonen beseelt. Sie zetteln den Aufstand des „unteren Stockwerks", der Welt der Materie und der bedeutungslosen Kleinigkeiten, gegen das obere an, gegen die hehren Zwecksetzungen in Staat, Recht, Religion, Kunst und Kultur (AE I, 45).

Dass das Moralische sich immer von selbst verstehe, wie das zweite geflügelte Wort des Romans lautet (*AE* I, 25 und *passim*), artikuliert ein tragisches Bewusstsein von den Möglichkeiten des Geistes. A.E. legt dem unteren Stockwerk, der vom Zufall heimgesuchten materiellen Welt, die Form des oberen, des Reichs der Zwecke, ein. Die Realteleologie wird gleichsam fiktional gerettet, in Gestalt einer „Mythologie" (*AE* I, 89), ja einer „neuen Mythologie" (*AE* II, 221), die es dem Protagonisten zu behaupten erlaubt, „daß die Physik eigentlich Metaphysik [sei], Lehre vom Geisterreich" (*AE* I, 30–31). Im gleichen Zuge erklärt Einhart die Einwohnung böser Geister in den Dingen und den Dualismus zwischen unterem und oberem Stockwerk in einem quasi gnostischen Schöpfungsmythos (*AE* I, 89–94). Vischer selbst begreift die „Plackerei mit dem Kleinen" als Ausdruck der „furchtbar[en] Wahrheit […], daß der Geist, der Sohn des Himmels, in den Staubleib, in das rohe Gepuff der Körperwelt gebannt ist!" (Vischer 1922, 515) Eine psychologisierende, an Freuds auf Vischer verweisende *Psychopathologie des Alltagslebens* anschließende Deutung, die die Objektproblematik auf subjektive Fehlleistungen reduziert (Schlaffer und Mende 1987, 59; Martinez 1996, 124–125), geht mithin fehl.

## Krise der Kultur

Allerdings glaubt Einhart keineswegs an das selbstersonnene mythologische Gebäude, dieses sei im Gegenteil „nur sprach- und phantasiegemäß" (*AE* I, 94). Der Geist, der die eigenen Projektionen rhetorisch durchschaut, darf sich immerhin noch souverän nennen. Indem er die „poetische Verwechslung von Subjekt und Objekt" (*AE* II, 62) als Anthropomorphismus erkennt, unterstreicht er die sinnstiftenden Kräfte des Menschen und rettet die anthropische Denkform.

So kann der Roman die Macht der Objekte benennen und sie zugleich in einem kompensatorischen Humanismus relativieren. Das zeigt sich insbesondere auf dem Problemfeld, auf dem sich die Krise der Realteleologie empirisch kundtut und ihre historische Signatur offenbart: Sie begleitet das „Saeculum der Dinge" (Böhme 2006, 17), das 19. Jahrhundert, in dem sich die Objekte in zuvor nie erfahrener Weise vermehrt haben.

Tatsächlich zählt der komische Kurzschluss zwischen metaphysischer und empirischer bzw. kultureller Krise der Zweckursachen zu den basalen Operationen des Romans. Wenn die Physik eigentlich Metaphysik ist, kann Einhart nicht nur aus einem Schnupfen die Nicht-Existenz eines allgütigen Wesens herleiten (*AE* I, 25), sondern auch die Theodizeefrage aufgrund der Mängel einer Hose aufwerfen (*AE* I, 27).

In A.E., so der Erzähler, müsse das „Gefühl der Zweckmäßigkeit von ungewöhnlicher Schärfe sein" (*AE* I, 111). Daher gilt sein Zorn regelmäßig der Tatsache, dass auf die Krise der Metaphysik eine der Kultur folgt: Ja, jene zeigt sich in dieser begründet. Ausgerechnet hier aber unterbrechen die widerständigen Dinge den Fluss der Zweck-Mittel-Relation. A.E.s „Vernunftwuth" (*AE* I, 57) richtet sich daher als „Objektärger" (Lehmann 2012, 357–398) vornehmlich auf

Geschaffenes, auf Artefakte. So zum Beispiel auf den unpraktischen Griff eines Handleuchters, der „ein wahres Bild unserer deutschen Industrie [sei], deren Hauptbestreben es ja doch sei, Alles zweckwidrig zu machen" (*AE* I, 111–112). Im widerstrebenden Ding begegnet der idealistischen These, das Subjekt mache das Objekt, gleichsam die Negation. Von der hegelianischen Lehre, das Subjekt müsse als Substanz, die Substanz zugleich als Subjekt gedacht werden, behält unter dem Vorzeichen kulturwissenschaftlicher Empirie allenfalls die zweite Hälfte Gültigkeit: In seiner *Ästhetik* hatte Vischer einen „Maschinen-Charakter" an den modernen „Gerät[en]" festgestellt. Ja, die „Fabriken" lieferten nicht allein „Produkte von seelenlosem, papiernem Gepräge", sondern wirkten als „ein fressendes Gift in die Sittlichkeit des Volkes" hinein (*Ä* II, 352). Daher stellt die Tücke des Objekts weniger ein Symptom des Warenfetischismus oder einen Ausdruck der Verdinglichung dar (Kreienbrock 2008, 124). Die Krisendiagnose einer aufdringlichen Materialität und der ‚unzuhanden' sich gebärdenden Dingwelt formuliert vielmehr einen Komplementärdiskurs zur Klage, die Dinglichkeit des Dings verdampfe in der Warenform zur „gespenstig[en] Gegenständlichkeit" (Marx 1979).

In der Reflexion von Kultur unterstreicht also die Evolution der materiellen Dinge die Macht des Objekts über das Subjekt. Von ihr erzählt die von Einhart verfasste Pfahldorfgeschichte. Sie macht die von der zeitgenössischen Archäologie entdeckten Pfahldorfkulturen am Bodensee zum Stoff einer Erzählung, in der Gegenwartsprobleme (Arbeitsteilung, Fabrikwesen, Religions- und ästhetische Konflikte) satirisch verzeichnet werden. Eine mit bronzezeitlichen Innovationen konfrontierte Steinzeitkultur erlebt die Macht des unteren Stockwerks über das obere, wenn etwa ein neues Artefakt wie der Spiegel, so erkennt der Hirt Alpin, das Verhältnis der Subjekte zu sich selbst unwiderruflich verändert (*AE* I, 226–227).

## Ästhetische Krisen und Verfahren

Die Tücke des Objekts verschränkt aufs Engste philosophische, kulturgeschichtliche und ästhetische Krisen. Daher lässt sie sich in die Lehre vom Schönen, das für Vischer „die allgemeine Harmonie der Idee mit der Wirklichkeit" darstellt (*Ä* I, 157), nicht mehr integrieren (Althaus 2011, 173). So spiegelt sich der satirische Anachronismus der Pfahldorfgeschichte in der Diskrepanz zwischen ihrer intakten Erzählteleologie (Ajouri 2007, 239) und den stofflich vermittelten Irritationen. Auch der Versuch des „Wissenschaftsdilettanten" (Bertschik 2006), die inneren und äußeren Teufel zu klassifizieren, scheitert und hinterlässt eine bloß additive Häufung. Auch dergestalt überträgt sich „das Objekt auf das Subjekt, der Inhalt auf die Form" (*AE* II, 76).

Zudem wird die Literaturgeschichte revidiert, wenn sowohl die Pfahldorfgeschichte mit ihrem naiven Helden, dem Hirt Alpin, als auch der Schauplatz des Rahmens, die touristisch erschlossene Schweiz, die Gattung der Idylle evozieren. Seit Voß diese Gattung ins Bürgerliche übersetzt hatte, beschwor sie mit Vorliebe das gegengeschichtliche Glück im bürgerlichen Interieur (Schneider 1978, 392), in Gestalt einer friedlichen Eintracht von Menschen und Dingen.

Vor allem als Schauplatz von Friedrich Schillers *Wilhelm Tell* gibt die Schweiz dem bildungsgesättigten Roman mannigfach Anlass, die Kategorien des Tragischen und des Erhabenen (Deupmann 2007) intertextuell zu revidieren (neben *Tell* zum Beispiel an William Shakespeares *Hamlet* oder *Othello*) und vom Komischen absorbieren zu lassen. Das den hehren Zwecken in die Parade fahrende Bagatell etabliert eine Diskrepanz zwischen lächerlicher Außenseite und metaphysischem Ernst, in der sich nicht allein der Konflikt zwischen Begriff und Realität ausdrückt, wie ihn die Theorie des Komischen spätestens seit Kant und Schopenhauer veranschlagt. Sie etabliert zudem alle Merkmale und Verfahren des Slapsticks, wie sie wenige Jahrzehnte später die Kinoleinwand erobern sollten. Obschon komisch, ist das Slapstick-Geschehen nicht lustig: Zwischen den stets ernst dreinschauenden Helden à la Chaplin oder Keaton und den in mechanischer Kausalität sich einstellenden Tücken zumal der technisch-urbanen Moderne erstreckt sich wörtlich und metaphorisch eine Fallhöhe, die in der Sichtweise A.E.s als „echt tragischer Fall" erscheint (*AE* I, 21). Komisch kann sie nur auf einen distanzierten Betrachter wirken. Die darin liegende Analogie zur Ästhetik des Erhabenen – nur vom Ufer aus wirkt der Schiffbruch erhaben – hatte Vischer schon früh in seiner Habilitationsschrift erkannt. Daher erkenne das Subjekt im „Humor" zwar den „Riß im Innern des Weltganzen", den die Tücke des Objekts später verkörpern wird (Vischer 1967, 199). Doch bezeichnet der Humor zugleich den Ort, an dem das Subjekt eines Moments der Freiheit gegenüber der Notwendigkeit innewird.

## Wirkung

Tragikomische Konfrontationen zwischen Mensch und Ding beschrieben vor Vischer bereits James Beresford (1810), Laurence Sterne (1767), Jean Paul (1787) oder E. T. A. Hoffmann (1814). Explizit hatte der romantische Ästhetiker Stefan Schütze „das Komische der Dingwelt und des Zufalls" adressiert und damit auf Vischer gewirkt (Lehmann 2011, 127). Zeitgleich mit Vischer erzählen Wilhelm Buschs Bildergeschichten vom aufständischen Inventar (Steiner 2011b). In dem kulturkritischen Diskurs, aus dem um 1900 die Disziplin der Kulturphilosophie hervorgehen sollte und der Georg Simmels Diagnose von der Tragödie der Kultur maßgeblich Ausdruck verliehen hatte, sind Resonanzen der Tücke des Objekts ebenso zu vernehmen wie im Slapstick auf der Kinoleinwand oder im Werk des Kinogängers Kafka (Steiner 2007). Martin Heideggers Zeug-Analyse bedenkt die Phänomenologie des unzuhandenen Zeugs mit derart sprechenden Termini (zum Beispiel „Aufsässigkeit", Heidegger 1994, 74), dass ein Einfluss Vischers vermutet wurde (vgl. Steiner 2007, 2008, 2011a; Kreienbrock 2008, 2013, 130–131), und Botho Strauß erkennt im Slapstick eine „metaphysisch[e] Komik", die sich in dem „Widerstreben" der Dinge äußere, das man „gewöhnlich ihre ‚Dämonie' nenne" (Strauß 2004, 27).

Ein formal eher widerständiger Roman wie *Auch Einer* konnte zum Longseller und die Tücke des Objekts zum geflügelten Wort avancieren, weil sie eine anschlussfähige Semantik für einschlägige Erfahrungen in der Dingkultur der Moderne boten.

## Literaturverzeichnis

Ajouri, Philip. *Erzählen nach Darwin. Die Krise der Teleologie im literarischen Realismus. Friedrich Theodor Vischer und Gottfried Keller.* Berlin, New York, NY 2007.

Althaus, Thomas. „Von den Stockwerken des Lebens und von der Tücke des Objekts. Friedrich Theodor Vischers Roman *Auch Einer* und sein Held als Phraseur". *Friedrich Theodor Vischer. Leben – Werk – Wirkung*. Hrsg. von Barbara Potthast und Alexander Reck. Heidelberg 2011: 169–190.

Beresford, James. *Menschliches Elend [The Miseries of Human Life]*. Nürnberg 1810.

Bertschik, Julia. „Gesammeltes Wissen. Wissenschafts-Dilettanten und ihre Sammlungen bei Stifter, Raabe und Vischer". *Jahrbuch der Raabe-Gesellschaft* 47 (2006): 78–96.

Böhme, Hartmut. *Fetischismus und Kultur. Eine andere Theorie der Moderne.* Reinbek bei Hamburg 2006.

Busch, Wilhelm. *Historisch-kritische Gesamtausgabe*. Hrsg. von Friedrich Bohne. Hamburg 1959.

Cassirer, Ernst. „Kant und die moderne Biologie". *Geist und Leben. Schriften zu den Lebensordnungen von Natur und Kunst, Geschichte und Sprache*. Hrsg. von Ernst Wolfgang Orth. Leipzig 1993: 61–93.

Deupmann, Christoph. „Zwischen Pathos und Bagatelle. Der Norden als Schauplatz des Erhabenen und Komischen in Friedrich Theodor Vischers Roman *Auch Einer*". *Nördlichkeit – Romantik – Erhabenheit. Apperzeptionen der Nord-Süd-Differenz (1750–2000)*. Hrsg. von Andreas Fülberth. Frankfurt am Main 2007: 235–253.

Goethe, Johann Wolfgang von. *Wilhelm Meisters Wanderjahre. Sämtliche Werke nach Epochen seines Schaffens. Band 17*. München 1985 ff.

Grimm, Reinhold. „Zur Wirkungsgeschichte von Vischers *Auch Einer*". *Gestaltungsgeschichte und Gesellschaftsgeschichte*. Hrsg. von Käte Hamburger und Helmut Kreuzer. Stuttgart 1969: 352–381.

Haferkamp, Wendelin. *Aspekte der Modernität. Untersuchungen zur Geschichte des „Auch Einer" von Friedrich Theodor Vischer*. Aachen 1981.
Heidegger, Martin. *Sein und Zeit*. 15. Auflage. Tübingen 1994.
Hoffmann, E. T. A. *Der goldne Topf* [1814]. *Sämtliche Werke. Band 21: Fantasiestücke in Callots Manier*. Hrsg. von Wulf Segebrecht und Hartmut Steinecke. Frankfurt am Main 1985 ff.
Jean Paul. *Siebenkäs* [1797]. *Sämtliche Werke. I. Abteilung, Band 2*. Hrsg. von Norbert Miller. München 1959–1978.
Kant, Immanuel. *Kritik der Urteilskraft*. 7. Auflage. Hrsg. von Karl Vorländer. Hamburg 1990 [1790].
Kreienbrock, Jörg. „Tückische Objekte. Zur Widerständigkeit der Dinge bei Friedrich Theodor Vischer und Heimito von Doderer". *Agenten und Agenturen*. Hrsg. von Lorenz Engell. Weimar 2008: 101–110.
Kreienbrock, Jörg. *Malicious Objects, Anger Management, and the Question of Modern Literature*. New York, NY 2013.
Lehmann, Johannes. „‚Das Vorhandenseyn einer Körperwelt'. Widerständige Dinge in der romantischen Komiktheorie von Stephan Schütze und bei E.T.A. Hoffmann". *Schläft ein Lied in allen Dingen? Romantische Dingpoetik*. Hrsg. von Christiane Holm und Günter Oesterle. Würzburg 2011: 121–134.
Lehmann, Johannes. *Im Abgrund der Wut. Zur Kultur- und Literaturgeschichte des Zorns*. Freiburg 2012.
Martínez, Matías. *Doppelte Welten. Struktur und Sinn zweideutigen Erzählens*. Göttingen, Zürich 1996.
Marx, Karl. *Das Kapital. Karl Marx, Friedrich Engels, Werke. Band XXIII*. Hrsg. vom Institut für Marxismus-Leninismus beim ZK der SED. Berlin 1979.
Mayer, Petra. *Zwischen unsicherem Wissen und sicherem Unwissen. Erzählte Wissensformationen im realistischen Roman. Stifters „Der Nachsommer" und Vischers „Auch Einer"*. Bielefeld 2014.
Oesterle, Günter. „Die Grablegung des Selbst im Anderen und die Rettung des Selbst im Anonymen. Zum Wechselverhältnis von Biographie und Autobiographie in der zweiten Hälfte des 19. Jahrhunderts am Beispiel von Friedrich Theodor Vischers Roman ‚Auch Einer'". *Vom Anderen und vom Selbst. Beiträge zu Fragen der Biographie und Autobiographie*. Hrsg. von Reinhold Grimm und Jost Hermand. Königstein im Taunus 1982: 45–70.
Schiller, Friedrich. *Wilhelm Tell. Werke und Briefe in zwölf Bänden. Band 5*. Hrsg. von Matthias Luserke-Jaqui. Frankfurt am Main 1996.
Schlaffer, Heinz, und Dirk Mende (Hrsg.). *Friedrich Theodor Vischer. Marbacher Magazin 44* (1987) [Sonderheft].
Schlawe, Fritz. *Friedrich Theodor Vischer*. Stuttgart 1959.
Schneider, Helmut J. (Hrsg.). *Die sanfte Utopie. Idyllen der Deutschen. Texte und Illustrationen*. Hrsg. von Helmut J. Schneider. Frankfurt am Main 1978: 353–423.
Shakespeare, William. *Hamlet: The Text of 1604*. The Arden Shakespeare. Third Series. Hrsg. von Ann Thompson und Neil Taylor. London, New York, NY 2006.
Shakespeare, William. *Othello*. The Arden Shakespeare. Third Series. Hrsg. von Ernst A. J. Honigmann. London, New York, NY 1997.
Simmel, Georg. „Der Begriff und die Tragödie der Kultur" [1911]. *Kulturphilosophie*. Hrsg. von Ralf Konersmann. Leipzig 1996: 25–57.

Steiner, Uwe C. „Streitsachen und Spielsachen. Gegenstände als Widersacher und als ludische Kombattanten bei Franz Kafka". *Brücken. Germanistisches Jahrbuch Tschechien – Slowakei*. Neue Folge 15 (2007): 131–148.

Steiner, Uwe C. „Widerstand im Gegenstand. Das literarische Wissen vom Ding am Beispiel Franz Kafkas". *Literatur, Wissenschaft und Wissen*. Hrsg. von Thomas Klinkert. Berlin, New York, NY 2008: 237–252.

Steiner, Uwe C. „Actio, Narratio und das Gesicht der Dinge". *Zeitschrift für Medien- und Kulturforschung* 1 (2011a): 185–203.

Steiner, Uwe C. „,Alles Gartenutensil mischt sich in das Kampfgewühl'. Vom Aufstand der Inneneinrichtung und den Krisen des Menschen bei Busch, in Vischers ,Auch Einer' und in Stifters ,Nachsommer'". *Magie der Geschichten. Weltverkehr, Literatur und Anthropologie in der zweiten Hälfte des 19. Jahrhunderts*. Hrsg. von Michael Neumann und Kerstin Stüssel. Konstanz 2011b: 285–303.

Sterne, Laurence. *The Life and Opinions of Tristram Shandy, Gentleman*. Hrsg. von Melvyn New und Joan New. London 2003 [1759–1767].

Strauß, Botho. *Der Untenstehende auf Zehenspitzen*. München, Wien 2004.

Vischer, Friedrich Theodor. *Auch Einer. Eine Reisebekanntschaft. Zwei Bände*. 5. Auflage. Stuttgart, Leipzig 1891. [Zitate im Text unter der Sigle *AE* mit römischer Band- und arabischer Seitenzahl nachgewiesen.]

Vischer, Friedrich Theodor. „Mein Lebensgang". *Kritische Gänge. Sechster Band*. Zweite, vermehrte Auflage. Hrsg. von Robert Vischer. München 1922: 439–536.

Vischer, Friedrich Theodor. *Über das Erhabene und Komische und andere Texte zur Ästhetik*. Frankfurt am Main 1967.

Vischer, Friedrich Theodor. *Ästhetik oder Wissenschaft des Schönen. Sechs Bände*. Fotomechanischer Nachdruck der zweiten Auflage. München 1923. Hrsg. von Robert Vischer. Hildesheim und New York 1975. [Zitate im Text unter der Sigle *Ä* mit römischer Band- und arabischer Seitenzahl nachgewiesen.]

Welsch, Wolfgang. *Homo mundanus. Jenseits der anthropischen Denkform der Moderne*. Weilerswist 2012.

Wittgenstein, Ludwig. *Vermischte Bemerkungen. Eine Auswahl aus dem Nachlaß*. Hrsg. von Georg Henrik von Wright. Frankfurt am Main 1977.

# 3.12 Realismus und Wahrnehmung der Dinge: Adalbert Stifter

Christian Begemann

## Einleitung

Materielle Dinge – Einzeldinge ebenso wie Dingensembles – spielen in der Literatur des Realismus eine zentrale Rolle. *Zum einen* sind Dinge im Allgemeinen gewissermaßen die Elementarteilchen des Realismus. Schon die Begriffsgeschichte weist darauf hin, denn das Wort ‚Realismus' leitet sich über ‚realis' von den ‚res', den Dingen, her. Die Bezugnahme auf Dinge als „Realien" ist dem Realismus demnach wesentlich (vgl. Grätz 2013). Dinge simulieren innerhalb der Texte die Präsenz dessen, was die sinnfällige Welt für uns ausmacht, und fungieren daher als „Garanten für die Faktizität der erzählten Welt" (Schneider 2008, 13), also als poetologisch relevante Marker für die Referenz von Texten auf Wirklichkeit. Dies bestätigt sich *zum anderen*, insofern die erzählten Dinge einen spezifischen historischen Index aufweisen, treten sie doch als Elemente der zeitgenössischen Realität in Erscheinung. Hartmut Böhme hat das 19. Jahrhundert als „Saeculum der Dinge" bezeichnet (Böhme 2006, 17–18), in dem letztere tief greifenden Veränderungen unterliegen. Besonders ins Gewicht fallen hier *erstens* die Neucodierung der Dinge der Natur zu empirisch und ‚objektiv' beobachteten Gegen-Ständen der Wissenschaft, denen keine Spur ihres Betrachters mehr anhaften soll; *zweitens* die flächendeckenden Tendenzen der Sammlung und Musealisierung, die im Zusammenhang mit dem Historismus stehen; *drittens* die „hybride Wucherung der Dinge" im kulturellen Sektor (Böhme 2006, 18), ihre neuartige industrielle Produktionsweise, ihre Warenform, ihre soziale Signifikanz und affektive Besetzung. In all diesen Bereichen treten die Dinge zwar zunächst in ihrer materiellen Beschaffenheit in Erscheinung, sind aber zugleich auch mehr als das, nämlich Repräsentanten und Bedeutungsträger. Sie werden als Objekte zu Exemplaren und Indizien; als Teile von Sammlungen zu Memorialdingen und „Semiophoren" (Pomian 1988, 81); als Waren zu Indikatoren bürgerlichen Wohlstands, Statussymbolen und Fetischen. Der wahrnehmende Blick haftet also ebenso sehr an der materiellen Oberfläche der Dinge, wie er quasi durch diese hindurchgeht oder sie zur Projektionsfläche gelegentlich geradezu hypertropher Besetzungen macht. Die Literatur des 19. Jahrhunderts steht im Sog dieser veränderten Dingbeziehungen, reflektiert sie und treibt sie mit voran.

## Objekt, Fetisch, Dämon – Stifters Dinge

Als exponierteste Position eines literarischen Kults um die Dinge innerhalb des deutschsprachigen Realismus ist zweifellos Adalbert Stifter zu nennen (vgl. Begemann 2010). In Stifters Texten zeigt sich nicht nur eine Überfülle an Dingen, ja eine „hypertrophe Gegenstandsfixierung" (Grätz 2013, 118), sondern auch ein exzessiver Gebrauch des Wortes „Ding" selbst. Insbesondere in Stifters Roman *Der Nachsommer* von 1857 wächst den Dingen eine immanent sakrale Bedeutung zu, wie die Wendung von der „Ehrfurcht vor den Dingen" verrät, die in ihrer „Wesenheit" zu ergründen und zu respektieren seien (*HKG* 4, 3, 145). Solche Ehrfurcht bezieht sich nicht nur auf das materielle Sosein der „Wirklichkeit der Dinge" (*HKG* 4, 1, 29), vielmehr sind diese immer auch Teile und Repräsentanten einer „Ordnung der Dinge" (*HKG* 4, 3, 146). Dabei handelt es sich zunächst um die Ordnung der Natur. Der Ich-Erzähler Heinrich ist ein angehender Naturforscher, der die Dinge geradezu systematisch fixiert. Sein wissenschaftlicher Weg beginnt mit der Frage nach den „Namen der Dinge" (*HKG* 4, 3, 29), denn die Benennung hebt das einzelne Ding differenziell aus der Masse aller anderen heraus. Die nächsten Schritte des Erkenntnisprozesses bestehen im *Nachsommer* in einem Zusammenspiel von Sammeln, Beschreiben und Zeichnen von Naturdingen, komplementären Modi der Repräsentation mithin. Mit dem Mittel der Beschreibung werden die Eigenschaften der durch Benennung identifizierten Dinge entfaltet, wobei Heinrich auf „die wesentlichen Merkmale" (*HKG* 4, 3, 38) zielt. Von hier aus geht die Untersuchungsrichtung auf größere morphologische Einheiten, Zusammenhänge und Entstehungsprozesse. Auf die Rekonstruktion der Natur zielt auch die Sammlung, die sich als eine Art Realrepräsentation ihrer Gegenstände verstehen lässt. Sie besteht aus den Dingen der Natur, macht sie zugleich aber auch zu Zeichen, denn jedes Objekt repräsentiert *pars pro toto* seine Gattung und seine Systemstelle (vgl. Michler 2007, 192–193). Die sinnfälligen Dinge werden ganz im Sinne eines wissenschaftlichen Empirismus einer entsubjektivierten systematischen Wahrnehmung unterworfen, doch geht, so die Vorrede zu Stifters Erzählungssammlung *Bunte Steine*, „der Geisteszug des Forschers vorzüglich auf das Ganze und Allgemeine" (*HKG* 2, 2, 10). Dabei ist das Ziel jedoch eher eine idealisierende „Naturwahrheit" als die auch das Besondere und Kontingente wiedergebende „Objektivität" im Sinne Lorraine Dastons und Peter Galisons (2007, 17–37 *passim*). Die „Ehrfurcht vor den Dingen, wie sie an sich sind", die im Roman *Der Nachsommer* zum Programm erhoben wird, bezieht sich mithin in erster Linie auf die Dinge in ihrer „Wesenheit" (*HKG* 4, 3, 145) und als Teile einer Ordnung, die, so sehr in ihr noch Reste einer zunehmend problematisch werdenden Metaphysik nachklingen, im Kern säkular gedacht wird (vgl. Begemann 2002, 123). Poetologisch ist dieses Konzept nicht nur deswegen relevant, weil Stifter – wiederum in der Vorrede der *Bunten Steine* – Naturforschung und literarisches Erzählen analogisiert, sondern auch weil das Prinzip der hier praktizierten Naturforschung mit den Postulaten des programmatischen Realismus in der deutschsprachigen Literatur übereinkommt, der gleichfalls auf eine Tiefenschicht des Wesentlichen zielt.

Eine zweite Kategorie von Dingen, auf die Heinrich erst allmählich aufmerksam wird, bilden die kulturellen, historischen und künstlerischen Artefakte. Auch sie werden in *Der Nachsommer* im großen Stil gesammelt. Mit Konservierung und Restauration wird nicht nur ihre individuelle materielle Gestalt bewahrt, sondern auch eine weitere Ehrfurcht gebietende Dimension der Dinge. So sehr etwa im Aufsatz über den Wiener *Tandelmarkt* oder im „Alterthümer"-Kapitel der *Mappe meines Urgroßvaters* verkommene und nichtige Dinge ins Blickfeld gerückt werden, so sehr erscheinen sie doch zugleich als Träger von Bedeutung. Dinge sind immer auch Erinnerungsspeicher. Sie tragen die „Spuren" ihres Eigentümers, der in ihnen sein „Leben noch über das Grab hinaus" verlängert (*HKG* 1, 5, 11). Dinge werden hier quasi zum Ersatz einer christlichen Unsterblichkeit. Wenn umgekehrt die Nachkommen in den Dingen die Memoria pflegen, dann hat das für sie einen nicht weniger existenziellen Effekt. Die „Spuren der Alltäglichkeit und Gewöhnlichkeit" an den Dingen entfalten eine besondere Attraktion, „weil wir auf ihnen am deutlichsten den Schatten der Verblichenen fort gehen sehen, und unsern eignen mit, der jenem folgt" (*HKG* 1, 5, 16). Die Dinge werden stumme „Erzähler" (*HKG* 1, 5, 17), ja „Reliquien" (*HKG* 1, 5, 15), die den Nachkommen seiner Identität vergewissern, begreift er sich doch als Glied „einer langen unbekannten Kette" von Generationen, durch die der „große goldene Strom der Liebe" (*HKG* 1, 5, 17) fließt.

Zielen die kognitive Konturierung, die Benennung, Beschreibung, Definition und Klassifikation der natürlichen Gegenstände auf das Ganze der Naturordnung, deren Teil der Mensch ist, so versichern uns die als Memorialzeichen begriffenen Dinge des allerhaltenden sanften Gesetzes der Liebe, das seinerseits den Status eines Naturgesetzes beansprucht, wie die Vorrede zu den *Bunten Steinen* behauptet. Jeweils verweisen die Dinge im Letzten auf eine Art Megasignifikat. In diesem Licht richtet sich der Drang der nachsommerlichen Rosenhausbewohner zu einem sorgsamen Aufbewahren, Pflegen und Wiederherstellen der Dinge nicht zuletzt auf diese, insoweit sie Träger des kollektiven, familialen oder individuellen Gedächtnisses sind. Im Bereich der Natur wie der Geschichte wird dabei deutlich, dass die ‚Dinge', die Stifter allem menschlichen Denken und Handeln unvordenklich voraussetzen möchte, sich erst in der größten Konzentration und Bemühung um sie, in permanenten Akten einer Freilegung unter Verfälschendem und Zufälligem und einer pfleglichen Bewahrung ihres Wesentlichen als das zeigen, was sie vermeintlich immer schon sind. Die Dinge werden sie selbst erst in Akten epistemischer Konstruktion, und dasselbe gilt für ihre Ordnung.

Beide Ebenen, die epistemologische und die memoriale, überlagern sich etwa im Fall der prächtigen Rosen an der Außenmauer des Rosenhauses, um die ein regelrechter Kult betrieben wird. Einerseits bewahren sie das Gedächtnis an die verflossene und mittlerweile sublimierte Jugendleidenschaft des Hausherrn, andererseits bilden sie als Sammlung eine natürliche Ordnung ab – jeder Rose ist ihr Name in einem wasserdichten Glasröhrchen beigegeben – und bannen in dieser Überlagerung die Erinnerung an subjektive Verfehlungen. Die Rosen offenbaren dabei auch die zumeist eher latent fetischistische Dimension des Stifter'schen Dingkults.

Stifter ist, etwa gleichzeitig mit dem jungen Karl Marx, einer der ersten Autoren, die das ethnografische und religionsgeschichtliche Konzept des Fetischismus (vgl. Böhme 2006) in kritischer Absicht zur Binnenbeschreibung der eigenen Kultur einsetzen (Bischoff 2013, 254–276). In *Wien und die Wiener* findet sich der Aufsatz über die *Streichmacher*, eine Spezies von Aufschneidern, die einen sozialen Status nur simulieren, indem sie Dinge zur Schau stellen, die im gesellschaftlichen Leben als „Reichthumszeugnisse" gelten, obwohl *de facto* „kein Reichthum da ist" (*HKG* 9, 1, 191). Auch sonst, etwa im Aufsatz über *Warenauslagen und Ankündigungen*, gilt Stifters Interesse den Mechanismen der Warenkultur seiner Zeit, in der sich der Symbolwert der Dinge gegenüber ihrem Gebrauchswert verselbstständigt. Die gesellschaftliche Fixierung auf Statussymbole hat ein geradezu sakrales Ausmaß angenommen. „Im Winter", so wird das gesellschaftliche Leben in Wien beschrieben, „werden dann zuweilen [...] viele Menschen eingeladen, welche durch die Zimmer [...] gehen, und die Fetische anbeten, die da ausgestellt sind" (*HKG* 9, 1, 192). Aufschlussreich ist nicht nur, dass Stifter sich die ursprünglich religiöse Dimension des Fetischkonzepts analytisch zunutze macht, sondern auch dass er den Fetischbegriff dezidiert semiotisch versteht: „ein wesentliches Merkmal der Streichmacherei" ist, „daß sie, statt auf die *Sache*, auf die *Zeichen* ausgeht; denn ihr Zweck ist, sich gelten zu machen, andern zu imponieren, andere zu überflügeln [Herv. i. O.]" (*HKG* 9, 1, 194). Das Moment der Täuschung liegt darin, den bloßen Signifikanten gewissermaßen als seinen eigenen Referenten erscheinen zu lassen. Der Prestigewert, der einem Ding beigelegt wird, wird mit diesem selbst identifiziert, so dass das Ding wesentlich als das erscheint, was es nur repräsentiert.

Vor dem Hintergrund einer in ihren Dingbeziehungen fetischistisch gestörten Gesellschaft erweist sich, dass die Maxime der „Ehrfurcht vor den Dingen, wie sie an sich sind" (*HKG* 4, 3, 145), in *Der Nachsommer* explizit gegen den faktischen Lauf der Welt und ihre Verkennung und Verfälschung der Dinge gerichtet ist. *De facto* aber teilt die Rosenhauswelt die Strukturen des Fetischismus in mancherlei Hinsicht. Die Ehrfurcht vor der Ordnung der Dinge ist eine säkularisierte Schwundform von Religiosität und Erlösungshoffnung, die aus dem Raum der Transzendenz in den der Immanenz der Dinge einwandert. Gewiss sind die Dinge zunächst einmal Dinge in ihrer materiellen Gestalt (vgl. Bischoff 2013, 259–275). Als Teil einer Ehrfurcht gebietenden Ordnung aber ist das einzelne Ding immer schon mehr als es selbst. Die Materie ist gleichsam durchdrungen von dem, was ihr an Sinn und Bedeutung aufgebürdet wird, muss allerdings, gerade um solche Signifikation tragen zu können, als sie selbst bewahrt oder restauriert werden. Die Haltung einer kontemplativen Versenkung in das verehrungswürdige Wesentliche und Bedeutende führt an den Punkt, an dem der Betrachter selbst „Sache" und „Zeichen" in eins setzt und das Ding mit dem ihm zugeschriebenen Versprechen identifiziert. Dinge werden so tendenziell zu Fetischen.

Die Dingordnungen, die bei Stifter mit so viel epistemologischem, konservatorischem und vor allem textuellem Aufwand (re-)konstruiert werden, sind allerdings schweren Irritationen abgewonnen, die gleichsam durch sie hindurch scheinen. Nicht nur bleiben sie bloßes Postulat, ausstehendes, aber unerreichtes und unerreichbares Ziel von Erkenntnisprozessen (vgl. Begemann 2002, 112–125). Mit Blick auf die Dinge sind es nicht zuletzt die erratischen, vergessenen, namenlosen Relikte der Hinterzimmer, Dachböden und Trödelläden, die das Ordnungsbegehren nachhaltig infrage stellen. Sie entfalten semiotisch einen unauslöschbaren Eigensinn, indem sie in eine andere als die intendierte Richtung weisen oder sich der Zuschreibung von Bedeutung und Sinn ganz entziehen. So sehr der Versuch unternommen wird, die von ihren toten Besitzern hinterlassenen Dinge im Sinne einer „Dichtung des Plunders" zu „Denkmalen", „Reliquien" (*HKG* 1, 5, 13–16) und Trägern des sanften Gesetzes zu nobilitieren, so sehr bleiben in ihrer beschädigten materiellen Gestalt metonymisch Verletzung, Schmerz und Tod ihrer Eigentümer präsent (vgl. Schneider 2008, 160–161). Auch die Pflege und Konservierung der Dinge verschaffen ihrem Untergang nur einen begrenzten Aufschub. Bereits Stifters Aufsatz über den Tandelmarkt beschreibt mit betretener Faszination, wie sich Dinge auflösen, wie sie ihre Gestalt und ihren Namen einbüßen, um schließlich, aus ihrem „Zusammenhange gerissen", als „Fragmente von einstigen Ganzen" und „Sachen, die gar Niemand mehr kennt", im „uralten Staube" der „Trödelberge" unterzugehen (*HKG* 9, 1, 228–235). Der Zerfall der Dinge bewegt den Erzähler nicht zuletzt darum so sehr, weil er dem des Menschen selbst entspricht. Der *Gang durch die Katakomben* unter dem Stephansplatz zeigt, wie die menschlichen Überreste sich nicht mehr Namen und vergangenen Identitäten zuordnen lassen, sondern sich in eine „schauererregende Masse" und in „Haufen namenlosen Moders" (*HKG* 9, 1, 54, 56) auflösen. Das verdeutlicht drastisch den bestürzenden Sachverhalt, dass „das Höchste und Heiligste dieser Erde, die menschliche Gestalt, ein werthlos Ding wird, hingeworfen in das Kehricht" (*HKG* 9, 1, 57). Der Mensch wird zum Ding, und der Verfall ist sein Telos, vor dem dann auch das noch so sorgsam kultivierte Gedächtnis kapitulieren muss.

Die hier drohende Entropie wird zum wahren Untergangsszenario in der *Aus dem bairischen Walde* betitelten Beschreibung eines exorbitanten Schneefalls, Stifters letztem Text. Wie von einem „Zauber" magisch gebannt, beschwört der Erzähler die Auslöschung der „bekannte[n] Gestaltungen", der „Linie[n] oder Grenze[n]" der „festen Körper[]" im sinnverwirrenden „Flimmern und Flirren und Wirbeln" der vom Himmel strömenden Schneemassen (*PRA* 15, 338–345), die als nachhaltige Störung der Wahrnehmung ins Innere des Subjekts eindringen. Die Wirklichkeit verliert ihren Status dinglicher Konkretheit und sinkt ins Amorphe zurück. Ja, mehr noch: Der Schneefall lässt die „unfaßbare Menge der Dinge" (*PRA* 15, 327) eines wohlgegliederten Landschaftsraums zu einem „weißen Ungeheuer[]" mutieren (*PRA* 15, 353) und das Vertraute als ein absolut Fremdes zurückstarren. Die beschwörende Emphase der Stifter'schen Dingordnungen verdankt sich zu einem guten Teil dem düsteren Fond dieser immer wieder durchbrechenden Katastrophik. Je intensiver die Bedrohung durch Untergang und Verfall wahrgenommen wird, umso höher wird die Ordnung affektiv besetzt.

Die kaum verhohlene Dämonie dieser Szenarien enthüllt einen weiteren Aspekt schwerster Irritation: Was hier von der Auflösung bedroht ist, sind nicht nur die konkreten Dinge, es ist tendenziell die Ding*kategorie* selbst. Der Mensch wird zum Ding, das Ding wird Ungeheuer, ein Zauber bannt den Betrachter – wenigstens metaphorisch sind hier magische Transformationen am Werk, in denen fundamentale Distinktionen sich auflösen: die Grenze zwischen Dingen und Lebewesen etwa oder zwischen Innen und Außen. Es entstehen Übergangszonen, in denen sich vermischt, was ein szientisches Weltverständnis sorgfältig trennen will. Besonders deutlich wird das an den dinglichen Hinterlassenschaften, in denen ihre toten Besitzer in einer unheimlichen Weise ‚fortleben', so dass sie für die kindlichen Betrachter zurückzublicken scheinen (*HKG* 1, 5, 14–16). Die Dinge tragen Spuren des Interesses, Spuren des Gebrauchs, und Erinnerungen haften an ihnen. Das spielt sie in eine Zwischenzone, in der etwas von dem Leben, in das sie involviert waren, erhalten bleibt. Sie sind weder ganz unbelebt noch ganz belebt, weder ganz Ding noch ganz Lebewesen. Mit Bruno Latour ließe sich hier von „Hybriden" und einer „Assoziierung von Menschen und nichtmenschlichen Wesen" sprechen (Latour 2008, 9–11). Das rückt die Dinge zugleich in die Nähe jener animistischen Konzepte, die im Zuge ihrer Objektivierung zu Gegen-Ständen der Erkenntnis gerade verbannt werden sollten.

Andere Autoren werden mit dem, was sich bei Stifter allenfalls andeutet, sehr viel expliziter experimentieren. Theodor Storms Gedicht *Sturmnacht* (1849), Friedrich Gerstäckers Erzählung *Die neue Geisterwelt* (1862) oder Friedrich Theodor Vischers Roman *Auch Einer* (1879) artikulieren in ironischer und spielerischer Weise Gegenentwürfe zum szientifischen Objektbegriff, der sich als defizitär erweist, und inszenieren eine Wiederkehr des Animismus. Gezeigt wird hier die Gegenwehr der Dinge gegenüber ihren kulturellen Zurichtungen. Die ‚Dinge' sind gerade keine ‚Objekte', vielmehr werden ihnen anthropomorphe Züge, eine Intentionalität und eine Art Restleben zugesprochen. Sie sind schillernde hybride Phänomene, die die szientifisch konstitutive Grenze zwischen Natur und Kultur, Leben und unbelebter Materie ins Schwimmen bringen und metamorphotische Prozesse durchlaufen können. Mitten im *état positif* (Auguste Comte) ereignet sich so die Wiederkehr einer kulturell vergessenen oder verdrängten Dimension. Allerdings, so kann man behaupten, ist damit kein Rückfall aus dem realistischen Paradigma in ‚romantische' und naturmagische Denkmuster verbunden. Vielmehr dienen solche ‚phantastischen' Erzählelemente gerade der Verhandlung von Realitätskonzepten und epistemischen Leitdifferenzen der Moderne. Die Texte betreiben damit eine Art tentativer Komplettierung des Verständnisses von ‚Wirklichkeit' um eine kulturell unterschlagene Dimension.

Stifters ‚Realismus' gerät eher von einer anderen Seite her unter Druck. Der Bezug auf die Dinge ist nicht nur für die Figuren ein epistemologischer wie ethischer Imperativ, er soll auch auf der Ebene des Textes Welt- und Wirklichkeitshaltigkeit garantieren. Dabei aber lässt sich, nicht zuletzt aufgrund der skizzierten Gefährdungen dieses Konzepts, ein Umschlag der Ordnungsbemühungen ins Zwanghafte und Artifizielle feststellen. Wo sich der sinnfälligen Wirklichkeit eine „Ordnung der Dinge" nicht abgewinnen lässt, wird sie von der Ordnung des Textes kompensiert (vgl. Begemann 2002, 125). Damit aber wird gerade jener Wirklichkeitsbezug unterminiert, der mit der Verpflichtung auf die mimetische Wiedergabe von Dingen und Dingordnungen gegeben schien.

## Literaturverzeichnis

Begemann, Christian. „Metaphysik und Empirie. Konkurrierende Naturkonzepte im Werk Adalbert Stifters". *Wissen in Literatur im 19. Jahrhundert*. Hrsg. von Lutz Danneberg und Friedrich Vollhardt. Tübingen 2002: 92–126.

Begemann, Christian. „Ding und Fetisch. Überlegungen zu Stifters Dingen". *Der Code der Leidenschaften. Fetischismus in den Künsten*. Hrsg. von Hartmut Böhme und Johannes Endres. München 2010: 324–343.

Bischoff, Doerte. *Poetischer Fetischismus. Der Kult der Dinge im 19. Jahrhundert*. München 2013.

Böhme, Hartmut. *Fetischismus und Kultur. Eine andere Theorie der Moderne*. Reinbek bei Hamburg 2006.

Daston, Lorraine, und Peter Galison. *Objektivität*. Frankfurt am Main 2007.

Gerstäcker, Friedrich. „Die neue Geisterwelt". *Heimliche und unheimliche Geschichten*. Leipzig 1862.

Grätz, Katharina. „Realistische Realien. Zur Zeichenfunktion des Gegenständlichen bei Adalbert Stifter". *Entsagung und Routines. Aporien des Spätrealismus und Verfahren der frühen Moderne*. Hrsg. von Moritz Baßler. Berlin 2013: 115–129.

Latour, Bruno. *Wir sind nie modern gewesen. Versuch einer systematischen Anthropologie*. Frankfurt am Main 2008.

Michler, Werner. „Adalbert Stifter und die Ordnungen der Gattung. Generische ‚Veredelung' als Arbeit am Habitus". *Stifter und Stifterforschung im 21. Jahrhundert. Biographie – Wissenschaft – Poetik*. Hrsg. von Alfred Doppler, Johannes John, Johann Lachinger und Hartmut Laufhütte. Tübingen 2007: 183–199.

Pomian, Krzysztof. *Der Ursprung des Museums. Vom Sammeln*. Berlin 1988.

Schneider, Sabine. „Vergessene Dinge. Plunder und Trödel in der Erzählliteratur des Realismus". *Die Dinge und die Zeichen. Dimensionen des Realistischen in der Erzählliteratur des 19. Jahrhunderts*. Hrsg. von Sabine Schneider und Barbara Hunfeld. Würzburg 2008: 157–174.

Stifter, Adalbert. *Sämmtliche Werke*. 25 Bände. Begründet und hrsg. von August Sauer. Fortgeführt von Franz Hüller, Gustav Wilhelm et al. Prag 1901 ff., Reichenberg 1927 ff., Graz 1958, Hildesheim 1979. [Zitate im Text unter der Sigle *PRA* nachgewiesen.]

Stifter, Adalbert. *Werke und Briefe. Historisch-kritische Gesamtausgabe*. Hrsg. von Alfred Doppler, Wolfgang Frühwald und Hartmut Laufhütte. Stuttgart, Berlin, Köln, Mainz 1978 ff. [Zitate im Text unter der Sigle *HKG* nachgewiesen.]

Storm, Theodor. „Sturmnacht". *Sämtliche Werke in vier Bänden. Band 1*. Hrsg. von Karl Ernst Laage und Dieter Lohmeier. Frankfurt am Main 1987: 45–47.

Vischer, Friedrich Theodor. *Auch Einer. Eine Reisebekanntschaft. 2 Bände*. Stuttgart, Leipzig 1879.

# 3.13 Bühnenbildbeschreibungen im Drama des Naturalismus

Eva-Maria Siegel

## Die Rolle des Interieurs

Als zentral für die Bühnenbilder im Naturalismus gilt die Überzeugung, eine totale Erfassung empirisch gegebener Wirklichkeit sei vermittels einer Abbildung *en détail* möglich. Von dieser Vorannahme ausgehend, wird die Bedeutung materieller Ausstattung für die gesamte naturalistische Bühnenkonzeption hoch angesetzt. Hingegen kommen Aufführungen etwa der Stücke Gerhart Hauptmanns, betrachtet man die gegenwärtige Theaterszene in Deutschland, in der Regel mit nur wenigen Requisiten und einer minimalen Skizzierung der Umgebung von Personen aus. So beschränkte sich die Aufführung von *Einsame Menschen* im Frühjahr 2015 am Kölner Theater im Bauturm (Ausstattung: Fatima Sonntag) weitgehend auf einen überdimensionalen Vorhang, der Anna, der weiblichen Hauptfigur, zugleich als Versteck, Gewand oder Verkleidung diente. Ein ähnlicher Minimalismus dominierte auch in der Kostümierung, die mit zeitlosen Accessoires arbeitete und offenbar bewusst auf jede Anspielung in historizistischer Manier verzichtete.

Die Faszination des naturalistischen Theaters für das zeitgenössische Publikum am Ende des 19. Jahrhunderts beruhte aber auf einem gegenteiligen Effekt: Gesetzt wurde auf die Wirkung einer überbordenden Fülle des Interieurs. Auf skandalumwitterte Aufführungen der Frühwerke von Hauptmann, für die paradigmatisch *Vor Sonnenaufgang* aus dem Jahr 1889 steht, trifft das ebenso zu wie auf die Dramen von Arno Holz und Johannes Schlaf, zum Beispiel auf das Stück *Die Familie Selicke* aus dem Jahr 1890. In ihrem Prosawerk *Papa Hamlet*, erschienen ein Jahr zuvor, machten die beiden Verfasser sogar die auf der Bühne übliche Opulenz der Schauspielkunst sowie die Suggestion einer milieugerechten Umgebung in ironischer Weise zum Gegenstand ‚pointillistischer' Erfahrung und Sprache. Insbesondere Hauptmanns Anlage der Figuren aber stand für eine „subtile Charaktergestaltung" (Brauneck und Schneilin 2001, 703) ein, die – wie im Falle des Stückes *Der Biberpelz* – auch komödiantischer Elemente nicht entbehrte. Freilich werden die entscheidenden Elemente der dramatischen Hauptwerke des europäischen Naturalismus mit Henrik Ibsen und zum Teil auch August Strindberg zunächst in den skandinavischen Literaturen manifest.

Als künstlerische Strömung verkörperte und soufflierte der Naturalismus das positivistische Zeitalter zwischen 1880 und 1900, und zwar als gesamteuropäisches Phänomen. Seine Adepten vereint das Bemühen, eine der Wissenschaft vergleichbare Exaktheit der Wiedergabe von Bezugsordnungen des Realen anzustreben. Dabei sollten, so ließ jedenfalls die Programmatik verlauten, die Mittel des naturwissenschaftlichen Experiments in den literarischen Text Einzug halten und auf die Bühne übertragen werden. Es galt, ‚den Menschen' innerhalb seiner Umgebung, unter den Voraussetzungen seines Milieus, so präzise wie möglich zu erfassen. Dramaturgisch wurde dieses Verlangen in erster Linie im Handlungsraum präsent. Daher rührt der beträchtliche Stellenwert der oft minutiösen Bühnenanweisungen, die zur Charakterisierung der Gestalten dienen sollten, sowie die Benutzung aller illusionistischen Kunstmittel, die einem zeitgenössischen Bühnenbildner zur Heraufbeschwörung einer milieugetreuen Stimmung zur Verfügung standen. Unter dieser Maßgabe wurden Orts- und Zeitangaben weitgehend an Parametern des Wahrscheinlichen ausgerichtet. In aller Regel gaben die Dramen einer geringen Anzahl an Personen auf der Bühne den Vorzug, um deren Beobachtbarkeit sowie die Transparenz des Beziehungsgefüges zu gewährleisten.

Für alle Neugründungen von europäischer Bedeutung – André Antoines Théâtre Libre in Paris, Otto Brahms Freie Bühne in Berlin, Jacob Greins Independent Theatre in London – galt zudem das Diktum der imaginären ‚Vierten Wand'. Die Vorstellung eines geschlossenen Aufführungsraumes erweiterte die seit dem Barocktheater übliche Guckkastenbühne und baute sie in strenger Form auch architektonisch aus. So konnte zum Beispiel die zum Publikum hin offene Seite einer Zimmerdekoration von den Darstellern im Spiel nicht durchschritten werden. Bereits die Grenzüberschreitung eines einzigen Blickes von der Bühne her ins Publikum, verbunden mit der Möglichkeit, den Bühnenraum für eine Interaktion mit den Zuschauern zu nutzen, galt als Durchbrechung der Illusion – und damit als Verstoß gegen eine gesellschaftliche Konvention, die das Theater als Institution noch weitgehend beherrschte. Der Ausbruch aus einer performativen Projektion, wie sie die Theaterrolle vorgab, galt – ebenso wie die Absage an das verfestigte soziale Rollengefüge im Wilhelminischen Reich – als eine unerlaubte Überschreitung der bürgerlichen Realitätsvorstellung. Damit verbunden war die Forderung nach ‚Selbstvergessenheit' der Schauspieler/innen, die das naturalistische Theater nach 1900 allerdings an den zeitgleich aufkommenden Film weitergab. In diesem neuartigen Medium wiederum war es insbesondere die Materialität der Leinwand, die von nun an die Funktion einer weitgehend undurchlässigen Grenze hin zum Zuschauerraum übernahm. Dieser Übertritt performativer Illusionsbildung in den neuen, rasch bevorzugten Darstellungsraum von *Intimität* (Streisand 2001) setzt bis heute theatralische Mittel frei. Vor allem die Konzeption einer imaginären Grenze zwischen Zuschauer- und Bühnenraum auf dem Theaterparkett wurde schließlich obsolet; nicht zuletzt, weil die ‚Vierte Wand' im Format der Fernsehserie, besonders in den ‚Seifenopern', und ganz allgemein im industriell gefertigten Entertainment des Reality-TV offensichtlich überlebte.

Bei der Betrachtung solcher und ähnlicher Übertrittsprozesse fällt zudem auf, dass das entsprechende Repertoire noch immer mit der Zurschaustellung von Unterschichten sowie mit der Vorführung von Spannung erzeugenden, weil vom Publikum mehrheitlich als sensationell einzuschätzenden Umständen und Milieus verbunden ist. Auf dem Theater allerdings war mit dem zunehmenden Einfluss der Bauhausarchitektur auf die Gestaltung der Bühne, die mit Bertolt Brechts und Erwin Piscators Kritik an den Mitteln des bürgerlichen Theaters einherging, der Ausbau von Tendenzen zur Episierung von Handlung und Sprecherrolle verbunden. Freilich wies das naturalistische Theater bereits in diese Richtung – auch wenn sich die Konzeption der abgeschotteten Illusionsbildung auf den ‚Brettern, die die Welt bedeuten', zunächst einmal erledigt hatte.

## Bühnentechnische Innovationen

Epische Breite wiesen im Naturalismus aber nicht nur die Regieanweisungen der Stücke auf (Siegel 2004, 216–220; vgl. Stöckmann 2009). Ein prominentes Beispiel für die Personenbeschreibung mit ihren materialbezogenen Anweisungen stellen Hauptmanns detaillierte Ausführungen zur Darstellung der Figur des Loth in *Vor Sonnenaufgang* dar, in denen allein die Schilderung der Extravaganz der Kleidung – symbolisch für die Haltung des Städters, der in ein bäuerliches Milieu eintritt – sowie die Anforderungen an die gewünschte Physiognomie des Schauspielers nahezu eine Seite umfassen (Siegel 2004, 252). Auch Anforderungen an die Konzeption des Bühnenaufbaus stellten im naturalistischen Drama oft äußerst präzise Vorgaben dar. Sie gaben in der Regel enorme Erwartungen an das Handwerk des Bühnenbildners sowie eine hohe Wertschätzung seines Geschicks zu erkennen. Exemplarisch gibt sich dies in Hauptmanns Stück *Die Ratten* von 1911 zu erkennen, dessen Handlung am Schauplatz eines Berliner Mietshauses angesiedelt ist. Entsprechend zeigt sich der gesamte Bühnenraum vertikal aufgeteilt, um eine räumliche Gliederung in Keller, Souterrain, Beletage und Dachboden zu ermöglichen, wobei die Spielorte zwischen Wohnung respektive Zimmer und Dachgeschoss des Hauses wechseln. In der abschließenden Szene kommt noch die Geräuschkulisse der Straße als imaginärer Schauplatz hinzu. Das räumliche *Setting* für den ersten Akt umfasst in der

Centenar-Ausgabe folgerichtig mehr als eineinhalb Seiten: „Im Dachgeschoss einer ehemaligen Kavalleriekaserne zu Berlin. Ein fensterloses Zimmer, das sein Licht von einer brennenden Lampe erhält, die von der Mitte der Decke über einem runden Tisch herunterhängt. [...] Eine Tür an der Wand links schließt ein Nebengemach ab. An der Wand rechts führt eine Treppe zum Dachboden." (Hauptmann 1965, 2 und 735)

In weniger umfangreichen Aufbauten avancierte das Bühnenbild gleichsam zum Hintergrundgemälde, das den szenischen Raum auf ein spezifisches Milieu fixierte, den Blick des Publikums perspektivisch lenkte und somit räumliche Illusion erschuf. Diese Reduktion auf die Funktion der Illustration einer Handlung erfolgt im Rahmen eines vielfältigen Einsatzes theatralischer Mittel. Oft schufen diese eine keineswegs widerspruchsfreie Mischung der Stile, die erst nach 1900 mit *Art nouveau* und Jugendstil der Bevorzugung floraler Formen und klarer Linienführung wich (Wolff 1974, 159). Die bis dahin vorherrschende Formensprache des Historismus ging seit der zweiten Hälfte des 19. Jahrhunderts mit dem Aufkommen neuer visueller Mittel sowie mit dem Einsatz technischer Neuerungen des Industriezeitalters einher. Dazu sind insbesondere die Einführung der Stahlkonstruktion, die Erfindung der Drehbühne, die Nutzung der Möglichkeit zur Versenkung von Bühnenteilen und der Einsatz der elektrischen Bühnenbeleuchtung zu zählen. Diese veränderten materialen Voraussetzungen des Apparats trugen, begleitet vom Siegeszug der Fotografie, zunächst zu der Vorstellung bei, eine getreue Wirklichkeitskopie des Umfeldes von Personen auf der Szene ins Bild setzen zu können. Ebenso wie der Übergang von der starren Schminkmaske zu dezenterer Farbgebung und neuartigen Formen der Maskenbildnerei – Alfred Jarry hatte erstmals 1896 in der Aufführung von *Ubu Roi* aufwendige Schminkprozeduren kurzerhand durch eine Kopf-Ganzmaske ersetzt – trug allerdings auch die Nutzung technischer Möglichkeiten der Moderne alsbald eher zur Durchbrechung der Schaulust des Publikums als zu seiner Befriedigung bei.

Besonders deutlich zeigen sich solche Umschlageffekte an der Wirkungsgeschichte der Erfindung der Drehbühne durch Karl Lautenschläger im Jahr 1882. Lautenschläger führte als Dekorateur im Münchener Residenztheater die Anwendung der Elektrizität als Antriebskraft im Theater ein und revolutionierte damit den Kulissenzauber der Bühnentechnik auf der Szene. Die Drehbühne war es, die jene „schnelle Verwandlung mit angedeuteten Dekorationen" (Schöne 1974, 180) auf wechselnder Szene ermöglichte, wie sie für den neuen Raumbegriff des modernen Theaters schließlich typisch werden sollte. Sie ersetzte das bislang rechtwinklige, aus dem Barock überlieferte Kulissensystem durch eine schiefwinklige, den Raum zur Dimension der Tiefe hin stark verengende Anordnung der Gegenstände. Diese „Diktatur der Diagonale" (Schöne 1974, 180), wie einige Kritiker befanden, war der Schlüssel für ein neues Sehen auf dem Theater, das sich von den herkömmlichen Wahrnehmungsgewohnheiten der naturalistischen Bühne deutlich abhob. Max Reinhardt, Mitbegründer der Kleinkunstbühne Schall und Rauch, ließ, als er das Neue Theater in Berlin – später Theater am Schiffbauerdamm – zwischen 1902 und 1905 übernahm, dort ebenfalls eine Drehbühne einbauen, die mittels einer Eisenkonstruktion bewegt wurde. Sie nahm auf den bereits bestehenden Apparat von Versenkungen unterhalb des Bodens Rücksicht und wurde anfangs im Handbetrieb von drei Männern betrieben. Der Einbau von Kugellagern machte es schließlich möglich, die gesamte Bühne durch die Muskelkraft eines einzigen Mannes in eine Drehung zu versetzen (Schöne 1974, 186). Diese Konstruktion übernahm Reinhardt 1905 auch für das Deutsche Theater. Helene Weigel erbat als Intendantin des nach Kriegsende im Theater am Schiffbauerdamm beheimateten Berliner Ensembles Hilfe bei der Kommandantur der sowjetischen Besatzungsmacht, um die im Krieg beschädigten Kugellager zu reparieren; so unerlässlich erschien die Drehbühne schließlich für das theatrale Geschehen. Der sowjetische Kulturoffizier von Berlin soll für die Ummontierung von Panzerrädern gesorgt haben, die in ihrer neuen Funktion wiederum der besonderen Wertschätzung der Institution Theater für den Umerziehungsprozess der Bevölkerung nach dem Ende der Naziherrschaft Ausdruck gaben.

In dieser Weise technisch aufgerüstet war weder das Podium der Freien Bühne, die seit 1889 unter der Ägide des Theatervereins die weitaus meisten naturalistischen Aufführungen zu verzeichnen hatte – oft als Privataufführungen oder wegen der Zensur als Mitgliederversammlungen getarnt –, noch die 1890 durch Bruno Wille begründete Freie Volksbühne, die als Publikum eher die bildungshungrigen Arbeitermassen ins Auge fasste, und deren Gründungsversammlung mit 2.000 Anhängern in einem Brauhaus stattfand – ein frühes *aperçu* performativ inszenierter Öffentlichkeiten. Ansonsten blieben die Dinge dort vorläufig an ihrem Platz, dem Schaugepräge der Horizontalperspektive verhaftet.

## Die Logik der Dinge im Raum der Bühne

Vielleicht aus diesem Grund hat die lexikalische Verzeichnung der zeitgenössischen Theaterästhetik bislang den Dingbegriff weitgehend ausgespart (Brauneck und Schneilin 2001). Für die Erfassung der Besonderheiten von Bühnenbildbeschreibungen im Naturalismus ist er allerdings von erheblicher Bedeutung und bei der Kennzeichnung von Zügen eines theatralen Realismus auf der Bühne in den letzten Jahren zunehmend in den Blick geraten. Die Zuspitzung auf Detailreichtum und seine ‚getreue' Darstellung auf der Bühne, wie sie die Raumillusion des Zuschauers vor 1900 dominierte, lebt von der Zusammenschau einer Vielfalt an Gegenständen auf dem Boden der gemeinsamen Szenerie. Ausstattung und Bewegung, Statik und Wechsel gibt der Paratext der Regieanweisung möglichst exakt vor – im Hinblick auf Ort, Zeit und Verhalten der Figuren. Die Umwelt der Figur drückte sich im Bühnenbild aus. Unerwünscht waren im Naturalismus daher prachtvolle, die Bewunderung des Publikums hervorrufende Kostüme. Der Bezug zwischen Schauspielkunst und Bühnenraum sollte klar erkennbar sein, die Einheit von Gesamteindruck und Gesamterleben gewahrt. Solche Effekte machten Bühnenraum, Kostüme und Interieur gleichsam zu Mitspielern auf der Szenerie. Vermittels der Bühnenillusion sollte, wie es im Vorwort zu *Die Familie Selicke* hieß, der Zuschauer „in ein Stück Leben" hineinsehen können „wie durch ein Fenster"; die Regieanweisung setzt in ihrer epischen Breite sogar mit einer Art Kapitelüberschrift ein: „Das Wohnzimmer der Familie Selicke. Es ist mäßig groß und sehr bescheiden eingerichtet. [...] Die Rückwand nimmt ein altes, schwerfälliges, großgeblumtes Sofa ein, über welchem zwischen zwei kleinen, vergilbten Gipsstatuetten ‚Schiller und Goethe' der bekannte Kaulnach'sche Stahlstich ‚Lotte, Brot schneidend' hängt." (Müller und Schlien 1962, 417) Dieses Bedienen eines voyeuristischen Begehrens des Zuschauers braucht zur Komplettierung die Illusion der Echtheit. Auf diese Weise wird die Erregung des Hinguckens geschürt und angetrieben. Das Interieur im Raum bzw. die ihn füllenden Dinge werden, neben der Sprache des Dialogs und der Körperlichkeit der Schauspieler/innen, zur dritten „Parallelsprache" (Streisand 2001, 206) auf der Bühne. Auf diese Weise spiegeln sich Motorik, Gestik und Mimik der menschlichen Darsteller/innen im dinglich bestimmten Umfeld und führen so die Subjekte, ihre Wahrnehmung und ihre Umwelt als kulturell geformt und historisch begreifbar vor. Diese Einsicht allerdings zählt erst zu den Erkenntnissen der Zwanzigerjahre und ist im Wesentlichen auf Walter Benjamin und Brecht zurückzuführen.

Dagegen zeigt eine Fotografie der Aufführung von Hauptmanns Stück *Das Friedensfest* in den Kammerspielen im Jahr 1907 (Streisand 2001, 220) die detailgetreue Nachbildung eines bürgerlichen Wohnzimmers um 1900 mit allen Finessen der Zimmerdekoration: Stilisierte Tapete trifft auf dunkel verglasten Herrenschrank und elektrisch beleuchteten Kandelaber, geschmückter Weihnachtsbaum harrt auf weißer Tischecke des weiteren Verlaufs der Familienkatastrophe. Die detaillierte Nachbildung des Schauplatzes sowie die damit verbundene Logik der Bühnendinge korrespondieren auffällig mit der Spielart des ontologischen Naturalismus, der die Handlung dominiert und für den es keinerlei Übernatur mehr gibt. Was entsteht, ist eine fetischistische Ästhetik des unbelebten Objekts. Der Gebrauchswert des ganzen ‚Zeugs' auf der Bühne ist zugunsten repräsentativer oder performativer Funktionen weitgehend ausgesetzt. Die mit dem Studium einer derartigen Dingkultur verbundene „konventionelle Information" (Siegel 2004, 209–211) wird durch geradezu klassisch zu nennende Dinganordnungen noch gesteigert. Sie bilden entweder das Zentrum einer Handlung mit kollektiver Gedächtnisfunktion – im Falle des *Friedensfestes* ist das der Weihnachtsbaum – oder exemplifizieren den gesamten Index einer Figur. Gemeinhin gibt es seit „Shakespeares Zeiten [...] keine Situation, in der ein Schauspieler mit einem Totenschädel in der Hand nicht sofort als Hamlet, respektive Hamlet-Zitat identifiziert würde" (Loch 2009, 18–19). In einer solchen Formierung theatraler Dingwelten geht die Zuschreibung von Bedeutung der Funktionalität voran, ohne dass deren soziokulturelle Bezugsordnung ganz verleugnet werden kann. Aus diesen oder ähnlichen Gründen ließ der naturalistische Regisseur André Antoine in seinen Pariser Inszenierungen die Schauspieler/innen schon zu Beginn der Proben in vollgestopften, detailliert und realistisch möblierten Interieurs spielen, in denen sie sich nur schwer zurechtfanden. Das Bühnenbild stellt ein „prägendes Milieu" (Loch 2009, 112) vor Augen, das nicht einfach die Wirklichkeit des Draußen imitierte, sondern den Charakter auf der Bühne in der Fülle der Gegenständlichkeit buchstäblich erst erschuf.

Aus all den genannten Gründen war es daher nicht die Neigung zur detailfreudigen Ausstattung des ‚gerahmten Ereignisses' der Aufführung allein, welche die Reformer nach 1900 so entschieden auf den Plan rief. Es war eine symbolische Überfrachtung der Dingwelt, die damit einherging. Seit der Inszenierung der romantischen Schicksalsdramen mit ihren gemalten Kulissen um die Mitte des 19. Jahrhunderts dauerte sie auf den Bühnen der Theaterhäuser an. Diese ausstattungstechnische Komponente komplettierte die literarische Dimension des Textes wie seine schauspieltechnische Umsetzung, um sich durch Beobachtung, Erfahrung oder Erinnerung möglichst weit sozialen Verhaltensweisen anzunähern. Aktuell gilt diese Trias als ein Merkmal neorealistischer Haltung auf der Bühne. Sie hält den dominanten postdramatischen Darstellungsformen auf diese Weise das Plädoyer entgegen, die Bühne für die Untersuchung der „Beziehungen und Machtstrukturen" zwischen Menschen und Dingen zu nutzen, mit dem Ziel, Wirklichkeit transparenter zu machen – eine „Aufgabe, die der eines Forschers in einem Labor menschlicher Verhaltensweisen nahekommt" (Ostermeier 2009, o. S.).

## Literaturverzeichnis

Brauneck, Manfred, und Gérard Schneilin (Hrsg.). *Theaterlexikon. Band 1: Begriffe und Epochen, Bühnen und Ensembles*. Reinbek bei Hamburg 2001.

*Einsame Menschen*. Theaterstück nach einem Text von Gerhart Hauptmann. Aufführung im Theater im Bauturm. Regie: Catharina Fillers. Köln, April 2015.

Hauptmann, Gerhart. *Sämtliche Werke. Band II (Dramen)*. Hrsg. von Hans-Egon Hass. Darmstadt 1965.

Hauptmann, Gerhart. *Das Friedensfest. Eine Familienkatastrophe*. Bühnendichtung. Berlin 1899.

Holz, Arno, und Johannes Schlaf. *Die Familie Selicke. Drama in drei Aufzügen*. Berlin 1890.

Holz, Arno, und Johannes Schlaf. *Papa Hamlet*. Hrsg. von Theo Meyer. Frankfurt am Main 1979 [1889].

Jarry, Alfred. *König Ubu. Stücke und Materialien*. Leipzig 1978.

Loch, Kathi. *Dinge auf der Bühne. Entwurf und Anwendung einer Ästhetik der unbelebten Objekte im theatralen Raum*. Aachen 2009.

Müller, Artur, und Hellmut Schlien (Hrsg.). *Dramen des Naturalismus*. Emsdetten 1962.

Ostermeier, Thomas. „Erkenntnisse über die Wirklichkeit des menschlichen Miteinanders. Plädoyer für ein realistisches Theater". *Kräfte messen. Das Körber Studio Junge Regie, Band 6*. Hamburg 2009: o. S.

Schöne, Günter. „Karl Lautenschläger, ein Reformator der Szene". *Bühnenformen – Bühnenräume – Bühnendekorationen. Beiträge zur Entwicklung des Spielortes. Herbert A. Frenzel zum 65. Geburtstag*. Hrsg. von Rolf Bandehausen und Harald Zielske. Berlin 1974: 177–186.

Siegel, Eva-Maria. *High Fidelity – Konfigurationen der Treue um 1900*. München 2004.

Stöckmann, Ingo. *Der Wille zum Willen. Der Naturalismus und die Gründung der literarischen Moderne 1880–1900*. New York, NY 2009.

Streisand, Marianne. *Intimität. Begriffsgeschichte und Entdeckung der ‚Intimität' auf dem Theater um 1900*. München 2001.

Wolff, Hellmuth Christian. „Das Bühnenbild um die Mitte des 19. Jahrhunderts". *Bühnenformen – Bühnenräume – Bühnendekorationen. Beiträge zur Entwicklung des Spielortes. Herbert A. Frenzel zum 65. Geburtstag*. Hrsg. von Rolf Bandehausen und Harald Zielske. Berlin 1974: 148–159.

# 3.14 Enthumanisierende Verdinglichung im Industrieroman

Eckart Voigts

## Der geistesgeschichtliche Kontext: Mensch-Maschinen

Der Roman ist als Geschichtengenerator ein besonders geeignetes Mittel zur konstruktiven Semantisierung der Welt, denn „Objekte *brauchen* Erzählungen, Objekte *generieren* Erzählungen, schließlich Objekte *sind* Erzählungen [Herv. i. O.]" (Scholz 2004, 22). Der Industrieroman der viktorianischen Zeit entwickelt sich im 19. Jahrhundert im Spannungsfeld von Literatur und Technik unter dem Signum des von Thomas Carlyle ausgerufenen ‚Age of Machinery'. Er beschäftigt sich mit den soziokulturellen Folgen permanenten Wandels. Im Kontext des sogenannten *material turn* der Viktorianismusforschung (Pykett 2003; vgl. Mills 2008) kommt dem Industrieroman eine zentrale Rolle zu, da er sowohl die akzelerierende Massenproduktion des ‚langen' 19. Jahrhunderts diskutiert als auch zentrale Modi des Güterkonsums ausweist. Bringt das 18. Jahrhundert vor allem das Sammeln und Ausstellen von (fremden) Dingen im erweiterten kolonialen Kontext und somit den Beginn der Konsumgesellschaft (Scholz 2004; Neumann 2015), so kommt im 19. Jahrhundert der neue Kontext der Massenproduktion von Dingen hinzu, katalogisiert bei Asa Briggs (1988). Am Beispiel Charles Dickens ist abzulesen, wie das Schreiben selbst als ‚mechanisiert' und ‚verdinglicht' erscheint (Connor 1996, 3): Der Roman wird so zur Schreibfabrik (Johnson 1989, 129).

Verschiedene Ansätze zeigen die Modernisierungsprozesse im 19. Jahrhundert kulturanthropologisch als Verdinglichung auf: Der Mensch wird von den Automaten beherrscht, unterwirft sich dem Arbeitsrhythmus der Maschine, löst sich aus raumzeitlichen Bindungen unter dem Diktat der neuen Kontinuität und Gleichförmigkeit der Arbeit. Häufig ist eine dichotomische Setzung im Zeichen von romantischen Verlustthesen und der Verdammung der neuen industriellen Räume mit ihren massenhaft bösen Dingen evident. Bedroht durch Beschleunigung und Standardisierung des Lebens im Wandel der Industrialisierung seien die Natur, Friede, Freiheit, Demokratie, Schönheit, Glauben, Spiritualität, Intellektualität und Geschichtsbewusstsein. Die maschinelle Massenproduktion wird in einer insgesamt techno-regressiven, anti-materialistischen Denkachse von William Blake über Carlyle, John Ruskin, Matthew Arnold bis zu William Morris als kulturvernichtend kritisiert, besonders das dingliche Begehren und der Warenfetischismus (Karl Marx). Die Entfremdung des Menschen von der Natur nimmt in der romantischen Reaktion auf die Industrialisierung ihren Ausgang, bereits in Blakes „dark Satanic mills" und „mind-forged manacles" oder bei William Wordsworth: „The world is too much with us; late and soon, / Getting and spending, we lay waste our powers" (zit. nach Wu 2012, 249, 545).

Demgegenüber stehen Auffassungen vom technologischen Erhabenen, von der Emanzipation des Menschen von Naturzwängen und der Erkenntnis des Weltwesens, von Demokratisierung und sozialer Nivellierung, von den Potenzialen zivilisatorischen wie infrastrukturellen Fortschritts. Begrüßt wird darin eine technische Teleologie, die sich aus der Performanz, der Verfügbarkeit, dem Besitz und der Zurschaustellung von Dingen sowie einer objektgebundenen Selbststilisierung ebenso speist wie aus dem überlegenen Gebrauch, der souveränen Aneignung, der Evidenzübertragung und Erkenntnisleistung von Objekten.

Der fortschrittsteleologische Enthusiasmus für den Komplex aus kolonialer Expansion, technologischer Modernität und künstlerischer Schönheit kulminierte in der *Great Exhibition* 1851. Diese inszenierte die viktorianische Dingwelt als Konsumspektakel und lenkte in einem Akt der Dekontextualisierung von den sozialen Kosten und imperialen Fundierungen der Industrialisierung ab (Purbrick 2001, 18; Richards 1990). Das Glas des *Crystal Palace* stellte als Vitrine oder Schaufenster in einer Art industrieller Wunderkammer die Dinge viktorianischer Massenproduktion aus – wie Isobel Armstrong (2008, 14) gegen Walter Benjamin argumentiert, nicht nur aus ‚durchschaubarem', homogenem Warenfetischismus, sondern in komplexer Medialisierung.

Das zentrale Objekt der industriellen Revolution ist die Maschine, hervorgebracht durch Technik, die sich die Natur materiell aneignet. Die Gegensatzbildung von mechanischen Gebilden und vitalen Körpern wird erst im Laufe des 18. Jahrhunderts möglich, nachdem Julien Offray de La Mettries *L'homme machine* (1747) im Anschluss an René Descartes den Menschen, als Teil einer durch und durch mechanomorphen Sicht des Lebendigen, zur Maschine erklärte. Die industrielle Revolution erweiterte die bekannte Basismetapher Marionette/ Mensch (präsent auch in den im 18. Jahrhundert populären Automaten) um die Aspekte serieller Produktion und gelenkten Werbevertriebs (Drux 1986, 30) – in Großbritannien begünstigt durch den Siegeszug des Utilitarismus.

In Walter Bagehots *Physics and Politics* (1872) wird die Selbststilisierung in einem bemerkenswerten Dingarrangement deutlich, das mechanische und organische Gestalt verquickt: „The English not only possess better machines for moving nature, they are themselves better machines." (Bagehot 2007 [1872], 132) Die von Gott geschaffene Menschenmaschine, die bereits vor Newton bekannt war, verändert sich mit dem Fortschritt der Erfindungen von Richard Arkwright,

Matthew Boulton und James Watt unter anderen zu einer in Serie produzierten Maschinen-Nation. Die industrielle Maschine zeichnet sich bei viktorianischen Maschineneuphorikern (Edward Baines, Andrew Ure) dadurch aus, dass sie von organischen Limitierungen befreit ist und den Weg zur Massenproduktion weist: „Thus, the *Iron Man*, as the operatives fitly call it, sprung out of the hands of our modern Prometheus at the bidding of Minerva – a creation destined to restore order among the industrious classes, and to confirm to Great Britain the empire of art [Herv. i. O.]." (Ure, zit. nach Jennings 1995 [1985], 191–192) Für Humphrey Jennings ist dies eine Degradierung des Humanen, denn „men, women and children are yoked together with iron and steam. The animal machine – breakable in the best case, subject to a thousand sources of suffering – is chained fast to the iron machine" (Jennings 1995 [1985], 185).

Die Maschine steht bei Carlyle metonymisch für ein facettenreiches frühindustrielles Syndrom: das Ende der alten feudalen Ordnung, Krieg gegen die Natur, Entfremdung von direkter Tätigkeit, eine spirituelle Maschinisierung, die Ausmerzung des Individuellen. Carlyle prägt einige der für den Industrieroman gültigen metaphorischen Schemata von menschlicher Erweiterung, Stolz und Geschichtsdominanz (vgl. Carlyle 1904 [1829], 747). Er trägt in den vitalistischen Verknüpfungen politischer und organischer Potenz das industriell Sublime weiter. Im Krieg mit der organischen Welt ist die Maschine ubiquitär, machtvoll und essenziell andersartig: „It is the Age of Machinery [...]. There is no end to machinery." (Carlyle 1904 [1829], 474) Die Maschine wird, wie in der Folge auch in Arnolds *Culture and Anarchy* (1869), zur „controlling metaphor" (Sussman 1968, 23) des Industrialismus. Gegen die Zweckrationalität der Maschine wenden sich am Ende des Jahrhunderts Rettungsversuche eines holistischen, vorindustriellen Kunstverständnisses, zum Beispiel bei Ruskin und Morris, in den *Arts and Crafts Movements*, hin zum Ästhetizismus, der nach Walter Pater die Kunst von jeglicher sozial-integrativer Praxisrelevanz abkoppelt.

## Die Romantik und das industrielle Objekt

Seit Beginn der industriellen Revolution erscheinen Maschinen also ganz selbstverständlich in animistischer Gestalt, wie die Pioniere durch die Namensgebung ihrer ersten Maschinen unterstreichen: „Spinning Jenny" (John Hargreaves, 1764), „Spinning Mule" (Samuel Crompton, 1779). In Charles Dickens' *Hard Times* prägen endlose Rauchschlangen oder elefantine Dampfmaschinen die vitalisierte und individualisierte Sicht der neuen Serienmaschinen, die im typisch allegorischen Denkstil des 19. Jahrhunderts zu „Personifikationen des Dampfes und der Maschine" neigt (Sternberger 1981 [1938], 23).

Erasmus Darwin konnte 1791 in „The Botanic Garden" noch ein vorindustrielles Technologiebild artikulieren, das sich mit der Massendynamik von Urbanisierung und Industrialisierung nicht auseinandersetzen musste. Dampf wird darin als naturpräsente „Giant-Power" aufgefasst, eingesperrt von Thomas Saverys ‚atmosphärischer' Maschine zu einer von keinem Schatten getrübten Variante des industriellen Sublimen (vgl. in Harvie et al. 1970, 46). Hingegen erscheint in Thomas Hardys *Tess of the d'Urbervilles* (1891) die dampfgetriebene Dreschmaschine im Geflecht eines tragischen Determinismus, der aus Schopenhauers Willen und der Evolutionstheorie gespeist wird. Ihr dienen und folgen die fahrenden Landarbeiterinnen als „red tyrant" (Hardy 1988 [1891], 315); sie setzt die natürlichen Rhythmen der Jahreszeiten außer Kraft und ersetzt sie durch eine dämonische Maschinenzeit. Maschine und Maschinenmann sind Fremdkörper, „compelled [...] to wander here against his will in the service of his Plutonic master" (Hardy 1988 [1891], 316). Das Bild der Dreschmaschine als Pluto, dem mit landwirtschaftlichem Reichtum verbundenen Herrn der Unterwelt, überhöht die ökonomische Potenz ebenso wie die versklavende Herrschaft der Maschine: Der Maschinenmann ist eine höllische Kreatur.

Mit der Eisenbahn hat die industrialisierte Maschine Einzug in die literarische Vorstellungskraft gehalten (Sussmann 1968, 9). Als Projektil die Landschaft durchschießend, so eine gängige Metapher, vernichtet die Eisenbahn die Entfernung, es folgt die Entauratisierung des Raums (Schivelbusch 1989 [1977], 429). In den von romantisch-konservativen Gegenkräften bestimmten Industrieromanen von Frances Trollope, Dickens, Elizabeth Gaskell oder Elizabeth Tonna begegnet unweigerlich das Amalgam aus Dunkelheit, Tod, Kampf, Korruption, Wandel, Gleichförmigkeit, sinnlicher Überforderung und Entmenschlichung. Hier wird der Widerstand gegen eine abstrakte, weltzeitlich standardisierte und ökonomisierte Zeit ablesbar, welche die zyklischen Naturrhythmen bedrohe. Trollopes *Michael Armstrong, The Factory Boy* (1839–1840) gestaltet die romantische Polarität von kreatürlich-kreativem Mensch und entfremdeter Dingwelt. In den rationalistisch-materialistischen Schemata der Maschinenrhetorik, die Trollope ironisiert, erscheinen die Fabrikkinder als lebende Triebfedern „more delicate and (alas!) living springs", Gott als Ingenieur: „the Great Artificer" (Trollope 1968 [1840], 237).

## Häusliche und koloniale Dinge im Industrieroman

Für die verbreitete These, der Industrieroman führe überraschend wenig industrielle Räume und Objekte vor, stellt Gaskells *Mary Barton* (1848) ein gutes Beispiel dar. Gaskell zielt darauf, Verständnis für die englische Industriearbeiterschaft zu wecken. In ihrer berühmten Metaphorisierung der Arbeitersolidarität als Dampfkraft greift sie Erasmus Darwins konventionell sublime Apotheose des Zeitalters auf – jedoch ohne sich moralisierend von den Gewerkschaften abzugrenzen: „Combination is an awful power. It is like the equally mighty agency of steam; capable of almost unlimited good or evil." (Gaskell 1987 [1848], 203)

In *North and South* (1855) ruft Gaskell die industrielle Welt zunächst aus weiter Perspektive mit einem anti-industriellen Topos auf: Manchester ist als Milton-Northern eine Milton'sche Hölle, und die Grafschaft „Darkshire" (Gaskell 1995 [1855], 116) erinnert an die Hell-Dunkel-Antithesen der Romantik. Margaret und ihre Mutter bringen anfangs die bekannten Vorbehalte gegen die industrielle Welt vor, die sie als freudlos, laut und schmutzig empfinden; folgerichtig stirbt Margarets Mutter in Milton („our coming to Milton has killed her", Gaskell 1995 [1855], 110). Vorbereitet wird dieser Tod bereits durch das ruinierte violette Kleid von Mrs Hale bei einem Fabrikbesuch: Die Fabrik zerstört eine Zartheit, die ihren Lebensumständen nicht angepasst ist.

Während Mrs Hales Versuche, ihre Räume durch helle, hübsche Tapeten von der Umgebung abzusetzen, nur bedingt Erfolg haben, lebt Fabrikbesitzer Thornton am Ende einer „long dead wall" (Gaskell 1995 [1855], 111) in einer zwar reichen, jedoch als „grim" (Gaskell 1995 [1855], 77) beschriebenen Umgebung. Die Lebenszeichen in Hales Haus – von Nahrungsmitteln und gelesenen Büchern bis hin zu der dieser humanen Vitalität zugehörigen Margaret – kontrastieren mit dem „drawing room" der Thorntons, dessen Effekt „icy, snowy discomfort" ist, „painfully spotted, spangled, speckled" (Gaskell 1995 [1855], 112). Eine solche aufgesetzte, sterile und museale Sauberkeit wird gegenüber dem ebenso lebensfeindlichen, industriell verschmutzten Raum als komplementär semantisiert.

Von den *Material Culture Studies* sind beide Romane als ein Fundus für häusliche, weniger für industrielle Objekte gesehen worden; zudem wird dort die Rolle von Objekten aus postkolonialer Perspektive hervorgehoben. Christoph Lindner akzentuiert eine Passage in *Mary Barton*, in der der Arbeiter John Barton – der später einen Mord an einem Industriellen begehen wird – die für ihn unerreichbaren Objekte des *consumerism* im Schaufenster betrachtet (Lindner 2003, 39). Suzanne Daly fokussiert die Seriosität, die sich in der Kleidung der Arbeitermädchen manifestiert – abzugrenzen von der Prostituiertenkleidung der *fallen woman* Esther (vgl. Daly 2011, 13). In dem „A Manchester Tea-Party" überschriebenen zweiten Kapitel, kurz vor der Schilderung von Mrs Bartons Tod im Kindbett, bringen die Ausstattungsobjekte die Raumsemantik des nahezu Bürgerlich-Heimeligen in den Roman: „The place seemed almost crammed with furniture (sure sign of good times among the mills)" (Gaskell 1987 [1848], 13).

Im Unterschied zur dekadenten Raumexotisierung in Oscar Wildes *The Picture of Dorian Gray*, so Daly, suggeriert das „japanned" (Gaskell 1987 [1848], 113) Teeservice in *Mary Barton* lediglich, dass die Familie sich orientalisierten Tand leisten konnte, der jedoch in Birmingham in Imitation hergestellt wurde. Tee und seine zeremoniellen Dinge sind in den *Material Culture Studies* als klassisches imperiales Gut diskutiert worden, das, seine koloniale Herkunft verschleiernd, als essenziell englisch und häuslich normalisiert wird (vgl. Fromer 2008). Elaine Freedgoods Analyse der detailliert beschriebenen häuslichen Objekte in dieser Romanpassage – die den Fokus auf Konsum, nicht auf Produktion richtet – weist in eine ähnliche Richtung: „Gaskell would have us experience cotton as a thing rather than as a commodity, as something that is consumed pleasurably rather than produced miserably." (Freedgood 2006, 60) Ähnliche Bedeutungsdimensionen haben beispielsweise die *Indian shawls* in Gaskells *North and South*: Mrs Shaw und Margaret Hale tragen ihre handgemachten Kaschmirschals als Zeichen von Ehrbarkeit und Anstand, in Abgrenzung zur Massenfabrikation von Baumwollschals in Manchester, ohne dass deren Herkunft als Exportobjekte der Kolonien jemals thematisiert würde. Wie Daly zeigt, suggeriert nicht nur die Liebe zwischen Fabrikbesitzer Thornton und der opferbereiten Margaret die Vereinigung von Norden und Süden, Industriewelt und ländlicher Englishness, sondern auch die Akzeptanz massengefertigter Textilien aus Manchester (vgl. Daly 2011, 31–32).

Der Fokus auf häusliche Objekte hängt einerseits mit der Unkenntnis vieler Autorinnen und Autoren gegenüber Objekten des Industriellen zusammen, die meist nur über *blue books* (Parlamentsberichte) erschlossen wurden. Andererseits fungiert die detaillierte Beschreibung der Arbeiterwohnung als eine plausibilisierende Darstellungsstrategie im Kontext des realistischen Romans. Vor allem aber lassen sich die skizzierten gegenstrebigen Dimensionen des Materiellen im Industriezeitalter auch anhand von häuslichen Objekten vorführen, wie etwa die Baumwollvorhänge der Arbeiterfamilie Barton zeigen. Zum einen stellen sie Metonymien des Stabilen, Verlässlichen, Gediegenen dar: Die Arbeiterfamilie ist eben weder nachlässig noch ausschweifend. Zum anderen aber unterlaufen sie, wie Freedgood markiert, das Heimelige des englischen Arbeiterheims und die suggerierte Interessenidentität von Arbeitern und Industrie. Denn die karierten Stoffe dienten im Sklavenhandel als Währung und verweisen bereits durch ihre Benennung auf die koloniale Ausbeutung, bezeichnet doch „Calicut" ihren südindischen Herkunftsort (vgl. Freedgood 2006, 63–64). Die beginnende Globalisierung übertüncht den Klassenkonflikt in

Großbritannien durch die Ausschaltung der indischen Konkurrenz – auch wenn das im Roman nicht offen thematisiert wird. Der Massenimport von minderwertigen Baumwollprodukten aus Manchester in das Empire hinein führte in Indien zu massiven sozialen Verwerfungen. Daly und Freedgood resümieren, dass der Industrieroman bei aller Kritik an der sozialen Situation des englischen Fabrikarbeiters die globalen Folgen der industriellen Marktexpansion unterschlägt (Daly 2011, 32–33; Freedgood 2006, 69).

## Literaturverzeichnis

Armstrong, Isobel. *Victorian Glassworlds: Glass Culture and the Imagination 1830–1880*. Oxford 2008.
Bagehot, Walter. *Physics and Politics*. New York, NY 2007 [1872].
Briggs, Asa. *Victorian Things*. Harmondsworth 1988.
Carlyle, Thomas. „Signs of the Times"[1829]. *Critical and Miscellaneous Essays. Band 1*. London 1904: 471–492.
Connor, Steven. „Introduction". *Charles Dickens*. Hrsg. von Steven Connor. London, New York, NY 1996: 1–33.
Daly, Suzanne. *The Empire Inside: Indian Commodities in Victorian Domestic Novels*. Ann Arbor, MI 2011.
Drux, Rudolf. *Marionette Mensch: Ein Metaphernkomplex und sein Kontext von E.T.A. Hoffmann bis Georg Büchner*. München 1986.
Freedgood, Elaine. *The Ideas in Things: Fugitive Meaning in the Victorian Novel*. Chicago, IL 2006.
Fromer, Julie E. *A Necessary Luxury: Tea in Victorian England*. Athens, GA 2008.
Gaskell, Elizabeth. *Mary Barton*. Oxford 1987 [1848].
Gaskell, Elizabeth. *North and South*. Harmondsworth 1995 [1855].
Hardy, Thomas. *Tess of the d'Urbervilles*. Oxford 1988 [1891].
Harvie, Christopher, Graham Martin und Aaron Scharf (Hrsg.). *Industrialisation und Culture 1830–1914*. Basingstoke 1970.
Jennings, Humphrey (Hrsg.). *Pandaemonium: The Coming of the Machine as seen by Contemporary Observers*. Basingstoke 1995 [1985].
Johnson, Patricia E. „*Hard Times* and the Structure of Industrialism: The Novel as Factory". *Studies in the Novel* 21 (1989): 128–137.
La Mettrie, Julien Offray de. *L'homme machine. Der Mensch eine Maschine*. Stuttgart 2001 [1747].
Lindner, Christoph. *Fictions of Commodity Culture: From the Victorian to the Postmodern*. Hampshire 2003.
Mills, Victoria. „Introduction: Victorian Fiction and the Material Imagination". *19: Interdisciplinary Studies in the Long Nineteenth Century* 6 (2008): 1–14.
Neumann, Birgit. „Präsenz und Evidenz fremder Dinge im Europa des 18. Jahrhunderts: Zur Einleitung". *Präsenz und Evidenz fremder Dinge im Europa des 18. Jahrhunderts*. Hrsg. von Birgit Neumann. Göttingen 2015: 9–36.
Purbrick, Louise. *The Great Exhibition of 1851: New Interdisciplinary Essays*. Manchester 2001.

Pykett, Lyn. „The Material Turn in Victorian Studies". *Literature Compass* 1 (2004): 1–5.
Richards, Thomas. *The Commodity Culture of Victorian England: Advertising and Spectacle, 1851–1914*. Stanford, CA 1990.
Schivelbusch, Wolfgang. *Geschichte der Eisenbahnreise: Zur Industrialisierung von Raum und Zeit im 19. Jahrhundert*. Frankfurt am Main 1989 [1977].
Scholz, Susanne. *Objekte und Erzählungen: Subjektivität und Dinggebrauch im England des frühen 18. Jahrhunderts*. Königstein im Taunus 2004.
Sternberger, Dolf. *Panorama oder Ansichten vom 19. Jahrhundert*. Frankfurt am Main 1981 [1938].
Sussmann, Herbert L. *Victorians and the Machine: The Literary Response to Technology*. Cambridge, MA 1968.
Trollope, Frances. *The Life and Adventures of Michael Armstrong, the Factory Boy*. London 1968 [1840].
Wu, Duncan (Hrsg.). *Romanticism: An Anthology*. 4. Auflage. Oxford 2012.

## 3.15 Rausch der Dinge: Literarische Warenhäuser

Franziska Schößler

### Einleitung

Die Modernisierungsschübe im 19. Jahrhundert werden in populär- und hochkulturellen Texten vielfach als wirtschaftliches Phänomen wahrgenommen; die Ökonomie avanciert zum Leitdiskurs und führt zu einer nachhaltigen Krise der Kunst und der Geisteswissenschaften. Diejenigen literarischen Texte, die sich unmittelbar mit den wirtschaftlichen Innovationen der sich globalisierenden Moderne auseinandersetzen, machen neben der Börse mit Vorliebe den spektakulären Ort des großen Kaufhauses, seine innovativen Produktions- wie Distributionsmethoden, die Verführung des Konsumenten sowie prekäre Arbeitsverhältnisse zum Gegenstand – diese thematisieren Romane der Zwischenkriegszeit wie Hans Falladas *Kleiner Mann – was nun* (2016 [1932]) ebenso wie rezente Texte, beispielsweise Robert Kischs ‚Tatsachenroman' *Möbelhaus* (2015). Meist dominieren im Angesicht der schimmernden Warenwelten Kritik und Skepsis, doch ebenso häufig zeigen sich die Texte von den Luxuswaren fasziniert, die sich auf den kunstvoll beleuchteten Bühnen der Kaufhäuser präsentieren und die die als kopflos imaginierten Käuferinnen überwältigen.

Die industriell gefertigten Kaufhausdinge, die maßgeblich zur Inflation der Dingkultur im 19. Jahrhundert beitragen (Böhme 2006, 17), haben aus Sicht der Zeitgenossen einen prekären Status, denn sie kündigen die Idee eines ‚Verwachsenseins' des Menschen mit seinen Produkten auf. Der Wirtschaftshistoriker Werner Sombart setzt deshalb in seiner Schrift „Das Warenhaus, ein Gebilde des hochkapitalistischen Zeitalters" (1928) der anonymen Ware das materiellsinnliche, affektiv aufgeladene Ding entgegen, zu dem der liebevolle Händler in ein „beseeltes" Verhältnis tritt. Georg Simmels Essay „Der Begriff und die Tragödie der Kultur" (1983 [1911]) bewertet die Abtrennung von schaffendem Subjekt und den ‚Sachreihen' der Objekte in der arbeitsteiligen Manufaktur als Krisenzeichen der Moderne, weil sich das arbeitende Subjekt nicht mehr in den von ihm produzierten Gegenständen als Totalität selbst zu begegnen vermag.

Literarische Texte, die die neue Konsumform kritisieren, nehmen sich in der Regel wie ein Pendant zu Karl Marx' metaphernreicher Analyse des Warenfetischismus aus. Der politische Ökonom bezeichnet mit diesem Begriff die Verlebendigung und Autonomisierung von Dingen, die ihren strukturellen Zusammenhang mit der Produktionssphäre dissimulieren, das heißt als Produkte menschlicher Arbeitsprozesse und als zwischenmenschliche Medien unkenntlich werden, während sich die Käufer/innen durch die Manipulation der Tauschwerte verdinglichen (Böhme 2006, unter anderem 319). Kaufhausromane des 19. und frühen 20. Jahrhunderts differenzieren diesen Fetischismus aus, indem sie vor Augen führen, auf welche Weise die phantasmatische bzw. emotionale Besetzung von Gegenständen erfolgt, welche Funktionen der sexualisierenden Werbung, den inszenierten Weiblichkeitsimagines, den theatralischen Arrangements in den Schaufenstern und der ausgefeilten Lichtregie zukommen (Bowlby 1985, 2), welche Sinne adressiert werden – die Parfümerieabteilungen befinden sich bis heute in der Nähe des Eingangs, um die KäuferInnen olfaktorisch in eine andere Welt zu versetzen – und welche Sehnsüchte aufgerufen werden, um die Waren zu auratisieren. Ihre Kapitalismuskritik verbinden europäische Texte bis 1945 häufig mit antisemitischen Topoi. Das Kaufhaus gilt in Romanen wie *Warenhaus Berlin* von Erich Köhrer (1909) und *Der Warenhauskönig* von Max Freund (1912) als dubiose jüdische Institution (Schößler 2013).

## Tauschverhältnisse: Weiblichkeit und Waren

Die Faszination literarischer Texte für die neue Warenwelt ergibt sich insbesondere aus der diskursiven Kopplung von Weiblichkeit und Konsum (Lerner 2006; Lenz 2011), die Sombarts Studie *Liebe, Luxus und Kapitalismus. Über die Entstehung der modernen Welt aus dem Geist der Verschwendung* (1983 [1913]) empirisch zu bestätigen scheint und die populäre Formate, wie der Fortsetzungsroman von Alexander Sternberg *Ein Warenhausmädchen. Schicksale einer Gefallenen* (1909), ebenso genüsslich ausmalen wie der große Kaufhausroman des 19. Jahrhunderts, Émile Zolas *Au Bonheur des Dames* (1883). Der Kaufhausdiskurs delegiert das zu seiner Zeit irritierende Phänomen des Kaufhauses konsequent an eine weibliche Klientel und entwirft Bilder verstörter Käuferinnen, die in der Regel an der neuen Krankheit der Kleptomanie leiden und während des Einkaufs, der sie mit ‚künstlichen' Bedürfnissen und einem manipulativen Warenarrangement konfrontiert, in hysterische Zustände geraten (vgl. Lamberty 2000, 86). Den Einkauf als rationalen Akt zu entwerfen, wie ihn Henriette Fürth im frühen 20. Jahrhundert konzipiert (Lamberty 2000, 74), oder aber als Tätigkeit, die eine profunde Geschmacksbildung verlangt, um die sich zur Jahrhundertwende 1900 Gruppierungen wie der Deutsche Werkbund kümmern (König 2009), bleibt eher eine Seltenheit, ebenso der Versuch, den Einkauf als männliches Vergnügen wahrzunehmen (Breward 1999). Dass der Einkauf im großen Kaufhaus die Handlungsmächtigkeit von Frauen befördern kann (Lo 2010), lassen nur wenige literarische Texte wie beispielsweise Theodore Dreisers Roman *Sister Carrie* (1900; *Schwester Carrie* 1953) kenntlich werden.

Das Kaufhaus verändert die Rolle von Frauen in der Öffentlichkeit nachhaltig, in Amerika ebenso wie in England, Frankreich und Deutschland (Strohmeyer 1980, 67) – dort entstehen die ersten Kaufhäuser im kleinstädtischen Milieu seit den 1880er Jahren (Briesen 2001, 10). Die Frau betritt mit dem Einkauf im *grand magasin* den öffentlichen Raum und wird zur „public woman"; das große Kaufhaus ist entsprechend auf den Haushalt und dessen Bedürfnisse zugeschnitten. Der bekannte Pariser Arzt Paul Dubuisson, der sich mit der Kleptomanie als flankierendes Symptom des (unterstellten) weiblichen Konsumrausches beschäftigt, bezeichnet das Kaufhaus deshalb als zweites Heim (vgl. Abelson 1989, 52; Lamberty 2000, 86). Die enge Verbindung von Weiblichkeit und Kaufhaus führt zu einer nachhaltigen Erotisierung der Warenwelt (Felski 1995; Schößler 2005), die bis heute als erfolgreiche Werbestrategie gilt und das Kaufhaus in der allgemeinen Wahrnehmung zu einem Ort der Sinnlichkeit und des Rausches werden lässt. Paul J. Möbius, der für Diebinnen in Kaufhäusern eine mildere Bestrafung fordert, weil sie sich selten im vollen Besitz ihrer Geisteskräfte befänden, bezeichnet das *grand magasin* als Ort „süsser Erregungen" (Möbius 1905, 9).

## Die Versprechen der Waren bei Zola

Zolas Roman *Au Bonheur des Dames*, der sich an Entwürfen für das La Samaritaine in Paris orientiert (Hoffmann 1990, 146) und für expositorische Texte wie Paul Göhres Essay *Das Warenhaus* (1907) vorbildlich geworden ist, führt die Fetischisierung der Waren auf die Partialisierung des weiblichen Körpers zurück. Die Masse der Käuferinnen – Zolas Roman ist auch ein Text über strömende Massenbewegungen und die Weiblichkeit der Masse – ist kopflos im übertragenen Sinne, wie die Modepuppen in drastischen Körperbildern der Verstümmelung veranschaulichen (Zola 2002, 65, 100, 327, 343). Zolas Roman führt den Einkauf als Schlacht, die Frau als Opfer vor: In das Fundament des Kaufhauses ist eine tote Frau buchstäblich eingelassen; die Ehefrau Mourets fällt bei der Besichtigung der Arbeiten in eine Baugrube (Zola 2002, 29).

Die Dekomposition des weiblichen Körpers ermöglicht jenseits des Opferdiskurses eine phantasmatische Aktivität, die die Waren emotional besetzt und zu Objekten des Begehrens werden lässt. Diesen Prozess verdeutlicht die Beschreibung eines edlen Mantels im Schaufenster, die zugleich der neuen Kultur des Zeigens und der Sichtbarkeit (König 2009, 125) sowie dem sinnlich-transzendenten Status von Waren Rechnung trägt (Böhme 2006, 323): „[A]uf diesem Kapellenhintergrund hoben sich kräftig die Konfektionswaren ab, wirkte der großartige silberfuchsbesetzte Staubmantel wie die geschwungene Seitenansicht einer Frau ohne Kopf, die durch den Regenguss zu irgendeinem Fest in die unbekannte Finsternis von Paris eilte." (Zola 2002, 28) Die Partialisierung des Körpers ermöglicht seine imaginative Verlebendigung, regt also die Phantasie der Käuferinnen an, die für den Kaufvorgang grundsätzlich zentral ist; Waren fordern zu Fiktionalisierungen des eigenen Lebens heraus und bieten alternative Lebensentwürfe an (Ullrich 2006, 30) – ähnlich wie die Literatur. Die Luxusware evoziert einen erotisierten urbanen Lebensstil, der zusammen mit dem Gegenstand begehrt wird. Die Beschreibung lässt kenntlich werden, dass Waren in kulturelle Kontexte eingebettet sind, dass sie Lebensstile symbolisieren und soziale Praktiken der Distinktion ermöglichen, wie sie Pierre Bourdieu für den Kunstgeschmack beschrieben hat. Waren lassen kollektive Identitäten entstehen und sind Schlüsselinstrumente bzw. ‚Autoren' sowie Medien von Kultur (McCracken 1990; König 2009, 30).

Die Bedeutung der Kaufhauswaren wird in *Au Bonheur des Dames* durch metonymische und symbolische Verfahren gesteigert, die die literarische Beschreibung simuliert und die in einem komplexen Arrangement von sinnlichen Eindrücken und Worten den weiblichen Körper bzw. allgemeiner: Alterität als Verheißung aufscheinen lassen. Die opulenten Stoffe in *Au Bonheur des Dames* gleichen in ihrer literarischen Darstellung, die die Werbesprache imitiert, weiblicher Haut (Zola 2002, 532), während die Bezeichnungen der Textilien den Orient assoziieren (Lindemann 2007, 254). Nach Eva Illouz kombiniert die Konsumkultur häufig „Aspekte des Sensorischen – Haptik und Optik – mit stark konnotativen sprachlichen Kategorien" (2011, 85). Schöne Dinge verheißen Ganzheit und Identität (vgl. zur Identitätsbildung Drügh 2011, 21), weil sie vielfältige Genüsse bieten. In *Au Bonheur des Dames* fungiert der Stoff als Spiegel, in dem ein (weiblicher) Narziss seine Schönheit und Ganzheit zu erblicken hofft: Zola schildert diverse Sorten von Samt, „die mit ihren schillernden Flecken einen reglosen See bildeten, darin die Spiegelungen von Himmel und Landschaft zu schwanken schienen. Bleich vor Begierde beugten sich Frauen vor, als wollten sie auch ihr Bild darin erblicken" (Zola 2002, 135–136). Alterität als Ausnahmezustand, als das Andere des Alltags, und Identitätsbildung lauten also die paradoxalen Versprechen der Warendinge, die letztendlich auf transzendente Glücksverheißungen zielen. Dass die Versprechen an sich Erlösung und Paradies heißen, signalisiert die architektonische Verwandtschaft von Kaufhaus und Kirche (Zola 2002, 65) ebenso wie der sinnlich-übersinnliche Status der Warenhausdinge (Böhme 2006, 323). Die Konsumkultur weist dem Numinosen und Sakralen einen neuen Ort zu, wie in Don DeLillos Kaufhausszenen aus *White Noise* (1985; *Weißes Rauschen* 2006) ebenfalls deutlich wird (Leypoldt 2011, 230).

Die Warenhausdinge oszillieren also zwischen sinnlicher Konkretion und Abstraktion, die auch die ‚Transzendenz' des Kapitals sein kann, wie Zolas extensive Schilderung der Weißwaren deutlich werden lässt. Die Ausstellung betörender Unterwäsche häuft Berge von weißen Stoffen an, die überschneiten Gebirgen, Schmetterlingen und Strömen gleichen. Das Erzählen/die Werbung holt die ausgetriebene sinnliche Natur (des Körpers) als zweite Natur wieder ein; Fetische nehmen häufig „den Schein der Selbständigkeit, etwas Naturhaftes und Außermenschliches" an (Böhme 2006, 319). Zolas Warenlandschaft in Weiß simuliert jedoch zugleich, wie Juliane Vogel (2003, 185) gezeigt hat, die Abstraktion des Geldes, dem die konkreten Gegenstände gleichgültig sind. Der ökonomische Diskurs setzt die Abstraktionsfähigkeit des Geldes entsprechend mit Farblosigkeit gleich; nach Simmel ist der Geldwert zur völligen „Farblosigkeit" verallgemeinert (Simmel 2001 [1920], 484). Die Waren in Zolas Roman sind also einerseits materiell-sinnliche Dinge und inkorporieren andererseits ihre Funktion als Tauschwert, die sie der Abstraktion des Kapitals annähert. Sein Roman lässt kenntlich werden, dass Waren ein dichtes Gespinst aus zum Teil kontradiktorischen Bedeutungen darstellen.

Zola führt das Kaufhaus also einerseits als Ort der Entfremdung und des Vampirismus vor (Zola 2002, 100 und 405), erzählt andererseits jedoch von der identitätsbildenden und sozialen Funktion der Waren, davon, welche Sehnsüchte sie aufrufen, welche Versprechen sie machen, und welche Kommunikationen sie initiieren.

## Einkauf: Entfremdungserfahrung und Bedingung sozialer Anerkennung

Dass die Verlebendigung von Waren nicht unbedingt mit der Manipulation der Käuferinnen einhergehen muss und der Einkauf ein kreativer, emanzipatorischer Akt sein kann, zeigt sich in Dreisers frühem Roman *Schwester Carrie*, der als Gegenentwurf zu Zola gelesen werden kann. Der Text des US-amerikanischen Autors schildert ein nicht moralisch diskreditiertes Begehren nach Luxus (Dreiser 1953 [1900], 79), abstrakter gesprochen: nach einem Rahmen, der die physische Existenz der Konsumenten aufwertet und die Bedingung von Liebe und Begehren ist. Konsum und Luxusgegenstände bilden in diesem Text Rahmen, in denen sich der bzw. die Genießende platziert, mit Behagen ausstattet und seine Attraktivität steigert (Dreiser 1953 [1900], 41). Auch bei Dreiser werden die Warenhausdinge lebendig und flüstern Verheißungen (Dreiser 1953

[1900], 66) bzw. bedienen sich einer intimen Liebessprache – die soziologische und ethnologische Forschung betont den konstitutiven Zusammenhang von Liebe und Konsum (Campbell 1987; Miller 1998; Illouz 2003). Die verführerische Sprache der Waren wird in Dreisers Roman jedoch nicht als manipulatorische begriffen, und sie schmälert die *agency* der Käuferin nicht – Dreiser erzählt vielmehr eine weibliche Emanzipationsgeschichte, für die das *selffashioning* im Warenhaus eine wesentliche Rolle spielt. Sein Roman konzipiert den Einkauf als emotionalen Akt, der „Erkenntnis, Affekt, Bewertung, Motivation und den Körper" umfasst (Illouz 2011, 55), und das Warending als ein „multiples Gewebe aus visuellen, aber auch auditiven, taktilen, olfaktorischen, geschmacklichen wie semantischen *Repräsentationen*" (Böhme 2006, 348). In *Sister Carrie* produzieren das Äußere, der Glanz der Oberfläche und die Dinge das Wohlgefühl und das Selbstbewusstsein beider Geschlechter. Der Konsum (im Kaufhaus) fungiert als Medium gesellschaftlicher Distinktion und Anerkennung, das den Einzelnen zum kommunikativen Wesen macht und in einem Netz sozialer Beziehungen situiert.

## Kaufen, Schreiben und Lesen

Die literarische Sprache der Warenhaustexte wird von ihrem Gegenstand nachhaltig affiziert; sie nähert sich in ihrer Beschreibungsmanie und der Simulation persuasiver Werbeslogans Modejournalen an und entwickelt einen Detailfetischismus, der demjenigen der Waren entspricht (Beizer 2001, 405). Zola zum Beispiel sammelte für seinen Roman eine Flut von Dokumenten – der Sammler gilt gemeinhin als Fetischist –, fertigte Exzerpte aus Modemagazinen sowie Skizzen von architektonischen Details an und holte Informationen über die Organisation des Warenverkaufs ein.

Die Forschung parallelisiert darüber hinaus die Rezeption von Literatur und den Konsum von Waren mit unterschiedlichen Argumenten. Leser/innen von Kaufhausromanen üben sich in die Lektüre von Waren, das heißt ihrer symbolischen Bedeutungen, Informations- und Sinnsysteme ein, nicht nur weil sie mit der gängigen Werbesprache vertraut gemacht werden, sondern auch, weil die „Performativität der Kauflust im Verhältnis zur Ware" mit dem zu vergleichen ist, was die „Lektüre im Verhältnis zum Text" (Böhme 2006, 22) darstellt. Zudem ist es recht eigentlich die Literatur, die im 19. Jahrhundert den phantasierenden und tragträumenden Konsumenten entstehen lässt. Diejenigen Autoren, die beispielsweise Emma Bovary liest, Honoré de Balzac, George Sand und Eugène Sue, publizierten in Modejournalen, und die Werbung bediente sich ihrerseits literarischer Phantasien, um das Begehren der Käuferinnen zu wecken. Waren ermöglichen wie Literatur eine Welterweiterung, für die sie überzeugende Geschichten erzählen oder aber als eine Form der Kunst gestaltet sein müssen (Priddat 2006, 11).

## Literaturverzeichnis

Abelson, Elaine S. *When Ladies Go A-Thieving. Middle-Class Shoplifters in the Victorian Department Store.* Oxford 1989.
Beizer, Janet. „*Au* (delà du) *Bonheur des dames*: Notes on the Underground". *Australian Journal of French Studies* 38 (2001): 393–407.
Böhme, Hartmut. *Fetischismus und Kultur. Eine andere Theorie der Moderne.* Reinbek bei Hamburg 2006.
Bowlby, Rachel. *Just Looking. Consumer Culture in Dreiser, Gissing and Zola.* New York, NY, London 1985.
Breward, Christopher. *The Hidden Consumer. Masculinities, Fashion and City Life 1860–1914.* Manchester 1999.
Briesen, Detlef. *Warenhaus, Massenkonsum und Sozialmoral. Zur Geschichte der Konsumkritik im 20. Jahrhundert.* Frankfurt am Main 2001.
Campbell, Colin. *The Romantic Ethic and the Spirit of Modern Consumerism.* Oxford, New York, NY 1987.
DeLillo, Don. *Weißes Rauschen.* München 2006 [1985].
Dreiser, Theodore. *Schwester Carrie.* Hamburg 1953 [1900].
Drügh, Heinz. „Einleitung: Warenästhetik. Neue Perspektiven auf Konsum, Kultur und Kunst". *Warenästhetik. Neue Perspektiven auf Konsum, Kultur und Kunst.* Hrsg. von Heinz Drügh, Christian Metz und Björn Weyand. Berlin 2011: 9–44.
Fallada, Hans. *Kleiner Mann – was nun?* Ungekürzte Neuausgabe. Berlin 2016 [1932].
Felski, Rita. *The Gender of Modernity.* London 1995.
Freund, Max. *Der Warenhauskönig. Roman.* Barmen 1912.
Göhre, Paul. *Das Warenhaus.* Frankfurt am Main 1907.
Hoffmann, Raoul. „Das Paradies der Damen. Die Pariser Kaufhäuser des 19. Jahrhunderts". *Dokumente. Zeitschrift für den Deutsch-Französischen Dialog* 46 (1990): 143–147.
Illouz, Eva. *Der Konsum der Romantik. Liebe und die kulturellen Widersprüche des Kapitalismus.* Frankfurt am Main 2003.
Illouz, Eva. „Emotionen, Imagination und Konsum: Eine neue Forschungsaufgabe". *Warenästhetik. Neue Perspektiven auf Konsum, Kultur und Kunst.* Hrsg. von Heinz Drügh, Christian Metz und Björn Weyand. Berlin 2011: 47–91.
Kisch, Robert. *Möbelhaus. Ein Tatsachenroman.* Dresden 2015.
Köhrer, Erich. *Warenhaus Berlin. Ein Roman aus der Weltstadt.* Berlin 1909.
König, Gudrun M. *Konsumkultur. Inszenierte Warenwelt um 1900.* Wien, Köln, Weimar 2009.
Lamberty, Christiane. *Reklame in Deutschland 1890–1914. Wahrnehmung, Professionalisierung und Kritik der Wirtschaftswerbung.* Berlin 2000.
Leypoldt, Günter. „Don DeLillos auratische Dinge". *Warenästhetik. Neue Perspektiven auf Konsum, Kultur und Kunst.* Hrsg. von Heinz Drügh, Christian Metz und Björn Weyand. Berlin 2011: 225–247.

Lenz, Thomas. *Konsum und Modernisierung. Die Debatte um das Warenhaus als Diskurs um die Moderne*. Bielefeld 2011.

Lerner, Paul. „Consuming Pathologies. Kleptomania, Magazinitis, and the Problem of Female Consumption in Wilhelmine and Weimar Germany". *WerkstattGeschichte* 42 (2006): 45–56.

Lo, Kyung Eun. *Envisioning Female Spectatorship. Visuality, Gender, and Consumerism in Eighteenth-Century Britain*. Dissertation. Michigan State University 2010.

McCracken, Grant. *Culture and Consumption. New Approaches to the Symbolic Character of Consumer Goods and Activities*. Bloomington und Indianapolis, IN 1990.

Miller, Daniel. *A Theory of Shopping*. Cambridge 1998.

Möbius, Paul J. *Über den physiologischen Schwachsinn des Weibes*. Faksimiledruck der 8. Auflage. Halle 1905.

Priddat, Birger. „Moral als Kontext von Gütern. Choice and Semantics". *Ethik des Konsums*. Hrsg. von Peter Koslowski und Birger Priddat. München 2006: 9–22.

Schößler, Franziska. „Die Konsumentin im Kaufhaus: Weiblichkeit und Tausch in Emile Zolas Roman *Au Bonheur des Dames*". *Tauschprozesse. Kulturwissenschaftliche Verhandlungen des Ökonomischen*. Hrsg. von Georg Mein und Franziska Schößler. Bielefeld 2005: 245–273.

Schößler, Franziska. „Blutzauber, Magie und Spekulation. Die ‚unproduktiven' Wirtschaftspraktiken im ‚jüdischen' Kaufhaus". *Das nennen Sie Arbeit? Der Produktivitätsdiskurs und seine Ausschlüsse*. Hrsg. von Nicole Colin und Franziska Schößler. Heidelberg 2013: 67–87.

Simmel, Georg. „Der Begriff und die Tragödie der Kultur". *Philosophische Kultur. Über das Abenteuer, die Geschlechter und die Krise der Moderne*. Berlin 1983 [1911]: 195–219.

Simmel, Georg. *Philosophie des Geldes*. Hrsg. von Alexander Ulfig. Köln 2001 [1920].

Sombart, Werner. „Das Warenhaus. Ein Gebilde des hochkapitalistischen Zeitalters". *Probleme des Warenhauses. Beiträge zur Geschichte und Erkenntnis der Entwicklung des Warenhauses in Deutschland*. Berlin 1928: 77–88.

Sombart, Werner. *Liebe, Luxus und Kapitalismus. Über die Entstehung der modernen Welt aus dem Geist der Verschwendung*. Berlin 1983 [1913].

Sternberg, Alexander. *Ein Warenhausmädchen. Schicksale einer Gefallenen*. Berlin 1909.

Strohmeyer, Klaus. *Warenhäuser. Geschichte, Blüte und Untergang im Warenmeer*. Berlin 1980.

Ullrich, Wolfgang. *Habenwollen. Wie funktioniert die Konsumkultur?* Frankfurt am Main 2006.

Vogel, Juliane. „Mehlströme/Mahlströme. Weißeinbrüche in der Literatur des 19. Jahrhunderts". *Weiß*. Hrsg. von Wolfgang Ullrich. Frankfurt am Main 2003: 167–192.

Zola, Émile. *Das Paradies der Damen [Au Bonheur des Dames]*. 2. Auflage. Berlin 2002 [1883].

## 3.16 Dekadenter Exzess des Materiellen: Joris-Karl Huysmans' *À rebours* (1884)

Anne-Berenike Rothstein

### *À rebours* – Repräsentation(en) des *Fin de Siècle*

„Plus de deux mois s'écoulèrent avant que Des Esseintes pût s'immerger dans le silencieux repos de sa maison de Fontenay" (Huysmans 2015 [1884], 23) („Mehr als zwei Monate verflossen, ehe sich Des Esseintes in die schweigende Ruhe seines Hauses in Fontenay versenken konnte", Huysmans 1992 [1884], 39) – in dieser „schweigenden Ruhe" von Fontenay, wie der erste Satz aus Joris-Karl Huysmans Roman *À rebours/Gegen den Strich* den Wohnsitz seiner Hauptfigur charakterisiert, wird sich der wohl berühmteste dekadente Mikrokosmos der Literatur des *Fin de Siècle* entfalten. *À rebours* gehört zu den programmatischen Texten der Dekadenz und bietet in seinen enzyklopädisch angelegten 16 Kapiteln eine Diskussion sämtlicher Bereiche des *Fin de Siècle* wie Ästhetizismus, Dandytum, Neurose, Degeneration, Misogynie, Bibliophilie, überbordendes Dekor. Innerhalb des Gesamtwerks von Huysmans kann *À rebours* als Paradebeispiel für seinen mit naturalistischen Elementen angereicherten Ästhetizismus angesehen werden: Der von der bürgerlich-biederen Gesellschaft angeekelte, neurasthenische „aristocrate dégénéré" (Jourde 1991, 22–23) Jean Floressas Des Esseintes, der sich ganz (zerebralen) Genüssen in seinem hermetisch abgeriegelten, eigens für ihn angelegten schlossartigen Refugium Fontenay-aux-Roses hingibt, gilt im *Fin de Siècle* als Kultfigur und findet bis heute Verehrer (wie etwa François, der Protagonist aus Michel Houellebecqs Roman *Soumission*). *À rebours* gehört mit Sicherheit zu den meistinterpretierten Werken der Literatur; Standardwerke zu Huysmans' Gesamtwerk bilden Prierre Cognys Arbeiten (1953 und 1987) sowie die Gesamtinterpretation von *À rebours* von François Livi (1972).

Bilder, Bücher, Dekorelemente, alle nur erdenklichen Raffinements in der Einrichtung – Fontenay-aux-Roses bietet ein Übermaß an Dingen und Objekten. Im Folgenden soll punktuell und beispielhaft dieser ästhetisch-spirituell eingerichtete Raum untersucht werden. Er bietet eine Kumulation von Dingen und Dingrelationen, deren Sinn und Bedeutungsmöglichkeiten nachfolgend auf drei paradigmatischen Ebenen – inhaltlich, poetologisch und psychologisch bzw. psychisch – erschlossen werden.

## Im Rausch der Dinge – inhaltliche Ebene:
## Leere Materialität und/oder ‚horror vacui'?

Die Haupthandlung konzentriert sich innerhalb eines extrem kleinen dekadenten Mikrokosmos (der nur selten für Prolepsen oder Analepsen verlassen wird) auf die Auseinandersetzung des Aristokraten mit seinen Dingen und damit auf seinen ‚horror vacui', der für ihn Motivation ist, sein leeres Haus nicht nur anzufüllen, sondern sich selbst in einen Rausch der Dinge zu versetzen. Auf der einen Seite verkörpert Fontenay-aux-Roses den Rückzug Des Esseintes' aus der fortschrittsorientierten Gesellschaft, auf der anderen Seite repräsentiert gerade die Experimentierfreude Des Esseintes' auch den Fortschrittsgedanken der Zeit, indem der Protagonist etwa mechanische Fische in seinem Aquarium schwimmen lässt (Huysmans 2015 [1884], 30). Diese „monde décadent" (Solal 2008, 211) („dekadente Welt") versinnbildlicht sich in Exzessen der Einsamkeit und des Selbstkultes. Das Dekor ist nicht nur eine Anhäufung dekadent-schöner Objekte und letztlich Sinnbild leerer Materialität (vgl. Lemaire 1978, 192), sondern dieses Universum der Artefakte ist ein existenziell notwendig gewordenes Refugium für Des Esseintes. Von Erinnerungen, Obsessionen und Angstvorstellungen (meist durch Sinneseindrücke ausgelöst) geplagt, dienen Düfte, ausgeklügelte Kompositionen von Farben, die Zusammenstellung von Parfums etc. weniger dazu, neue Sinneseindrücke zu schaffen, als vielmehr den Protagonisten in der Gegenwart zu fesseln und ihn von der Einsamkeit abzulenken.

Das Dekor zielt auf die rein ästhetische Verbindung von Objekten und vermeidet die Verwendung der Gegenstände in ihrer natürlichen Funktionsweise. Dies manifestiert sich beispielsweise im Esszimmer, einer Art Schiffskoje, die eine Raum-im-Raum-Konstruktion darstellt und zu imaginären Reisen einlädt (vgl. Huysmans 2015 [1884], 29). Natur und Natürlichkeit werden zum Nicht-Authentischen verkehrt; so beobachtet Des Esseintes durch ein Bullauge mechanische Fische in einem gewaltigen Aquarium und erhält einzig durch das Licht des Aquariums sowie durch indirektes Licht eine Beleuchtung seines Dekors. Er erreicht in seinem Haus eine Ordnung der Dinge, die mit einer Ordnung des Menschen korreliert. So choreografiert er sein Dienerpaar (vgl. Huysmans 2015 [1884], 28) in seinem Anwesen innerhalb eines semiologischen Systems der Geräusche (vorrangig „[un] rigide silence de moines claustrés", Huysmans 2015 [1884], 28) („das strenge Sillschweigen von Mönchen", Huysmans 1992 [1884], 47) und Gesten, die, stark ritualisiert, Des Esseintes' eremitenähnliches Dasein begleiten und den hochsensiblen Misanthropen nicht beeinträchtigen. Dieser Kosmos der absoluten Ordnung ist als Gegenentwurf zur sich beständig verändernden Welt gedacht. Des Esseintes' Affinität zum Ästhetizismus zeigt sich auch in der Einrichtung seines Schlafzimmers, das – gemäß seiner ästhetischen Spiritualität – zwar als Mönchszelle eingerichtet ist, jedoch anhand feinster und luxuriösester Materialen die Einfachheit und Nüchternheit einer Gebetszelle lediglich imitiert. „Ornament, in the nineteenth century, is the intersection of an excessively refined aesthetic taste and a regression to the chaos of unstructured reality, such as one finds represented in the grotesque, in the sublime, or in hysteria." (Gordon 1992, 229–230) Die Spannung, die durch die extreme, ästhetisch motivierte Ordnung auf der einen Seite und die ungezügelten Reisen in die Phantasie, in Träume, das Imaginäre auf der anderen Seite entsteht, wird erst im Verlassen seiner Wirkstätte am Schluss des Romans aufgelöst.

## Im Rausch der Dinge – poetologische Ebene: Komposition und Dekomposition von Material(ität)

Um seine Imagination anzuregen und dem ‚horror vacui' zu entfliehen, dient die Kunst, vor allem die Figur der Salome – die geheimnisvolle und sinnliche Tänzerin, Sinnbild der „femme fatale" im *Fin de Siècle* – zur Stimulation Des Esseintes'. Dieser widmet sich eingehend Gustave Moreaus Salome-Darstellungen (*Salomé dansant devant Herode* und *L'Apparition*, beide 1876; Huysmans 2015 [1884], 53). Durch ekphrastische Passagen gelingt es dem Kunstexperten Huysmans (*L'Art moderne*, Sammlung kunstkritischer Essays von 1883), Literatur und Kunst zu verbinden und eine Wechselbeziehung zwischen Betrachter und Objekt zu erzeugen, indem er ein Netz von Blicken entstehen lässt: Der Protagonist betrachtet das Bild, die Personen im Bild blicken zurück, scheinen ihn sogar zu reflektieren und zu spiegeln (vgl. Jourde 1991, 55). Dabei verschmelzen Mensch, Objekt und Raum zu einem Gesamten. Dank Salome lebt Des Esseintes in einer „ambiance irréelle, dans un bain d'hallucinations" (Kociubinska 2006, 132) („in einem unwirklichen Ambiente, in einem Bad der Halluzinationen"), das seine Sinne stimuliert und ihn veranlasst, sämtlichen Details des Mysteriums Salomes anhand des Bildes nachzugehen. Stimulierend wirkt auch die Erinnerung an Lektüren, die das Geistige ergänzt, indem zum Beispiel durch die Verwendung kulinarischer Metaphern ein synästhetischer Effekt erzeugt wird. Blumen und Blumenarrangements sind wichtige Bestandteile der dekadenten Ästhetik, und so gibt sich auch Des Esseintes ihrer synästhetischen Ausdruckskraft hin. Durch die Vielfalt und Unbekanntheit der im Text aufgezählten Blumen, die der Protagonist aus Treibhäusern beschafft, stellt sich zunächst für den Leser ein anderer Effekt ein: Der Wert dieser Beschreibung liegt in der Sprache selbst, bildet sie doch durch ihren onomatopoetischen Charakter den Formenreichtum der Flora ab (unter anderem „Alocasia Metallica" oder „Tillandsia

Lindeni", Huysmans 2015 [1884], 78–79). Die Blumen haben für Des Esseintes keinen spezifischen Symbolwert, etwa als Ausdruck menschlicher Affekte, sondern dienen im Gesamten als Zeichen des floralen Rauschs und als Grundlage für die Beschreibung der im Roman nachfolgenden Syphilis. Als Sinnbild der Dekadenz und dekadenten Gesellschaft – Schönheit und Degeneration gleichermaßen umfassend – fusionieren Fleischliches und Artifizielles: „la plupart, comme rongées par des syphilis et des lèpres, tendaient des chairs livides, marbrées de roséoles, damassées de dartres" (Huysmans 2015 [1884], 78) („die meisten wie von Syphilis und Lepra zerfressen, reckten leichenfahles Fleisch aus, von Röteln marmoriert, von Flechten damasziert", Huysmans 1992 [1884], 118). Huysmans' Experiment, eine künstliche Welt zu erschaffen, um sie wieder zu zerlegen, spiegelt sich auch in jener ausgeklügelten barocken Sprache wider, die diametral zur amerikanischen Welt steht, die er ablehnt. Diese Sprache ist gekennzeichnet durch einen „excès du signifiant" (Jourde 1991, 56) („Exzess der Zeichen"), durch Neologismen (beispielsweise „gingembré", Huysmans 2015 [1884], 29 [„ingwerscharf", Huysmans 1992 [1884], 18]), eine Liebe zur französischen Sprache (Livi 1972, 99) sowie durch Umkehrung von Wörtern, um ein besonderes Leseerlebnis schaffen. Insofern die einfallsreiche Sprache Dinge und Dingrelationen aufgreift, lässt sich von ihrem Exzess und ihrer Kraft zur Materialisierung sprechen (vgl. Gordon 1992, 206).

## Im Rausch der Dinge – psychologische und psychische Ebene: Entmaterialisierung der Wirklichkeit

Die Entmaterialisierung der Wirklichkeit durch die Dingwelt Des Esseintes' (die Kunst ist hier ausgenommen) lässt sich als inhaltliches und strukturelles Prinzip des Romans definieren. „Das Wertvolle, Wertobjekte, werden dem Ich dienstbar gemacht, das sich damit autonomisieren will, gar in einer Welt magischer Gesetzmäßigkeit von seinem eigenen Körper Unabhängigkeit erlangen möchte." (Amend-Söchting 2001, 142) Aus den vielen Verankerungen des Werks in seiner Epoche seien an dieser Stelle zwei herausgegriffen, die in paradigmatischer Weise in Bezug zu Dingrelationen und Objekten stehen und zudem miteinander verknüpft sind: Dandytum und Neurose. Das Dandytum zeigt sich bei Des Esseintes einerseits in klassischer Form, indem er als Sinnbild des „l'art pour l'art"-Gedankens sowie des *Fin de Siècle* einen überlegenen, aristokratischen, ästhetisierten Geschmack verkörpert und letztlich sich an bestimmten sozialen Regeln orientiert, um sie zu brechen und neu zu definieren: „Le Dandysme [...] se joue de la règle et pourtant la respecte encore." (Barbey d'Aurevilly 1845, 15; vgl. Kelly 2015, 100–107) Das vorherrschende Charakteristikum des Dandys jedoch ist „[creating] ,la mode', style, itself [...], [requiring] an audience in order to display his hauteur, his very distance from that audience" (Feldman 1993, 3). Dieses wird in Des Esseintes' Exil, ohne die Möglichkeit zur Selbstdarstellung in der höheren Gesellschaft und der klassischen Salonkultur, *ad absurdum* geführt: Die Sorgfalt liegt nun darin, die Gesellschaft durch materielle Dinge zu ersetzen und diese möglichst ohne Nutzen und Natürlichkeit in die immer dichter werdende, eigens geschaffene artifizielle Welt zu integrieren. In der persönlichen Kreation seines Lebensstils, der sich wie beim klassischen Dandy gegen die Nivellierung der Gesellschaft richtet, zeigt sich die Hinwendung des einstmals extrovertierten, sich in der Öffentlichkeit darstellenden Dandys (vgl. das „dîner de faire-part, d'une virilité momentanément morte", Huysmans 2015 [1884], 25) (vgl. das „Diner zur Anteilnahme an einer vorübergehend verstorbenen Manneskraft", Huysmans 1992 [1884], 42) zum introvertierten, aber immer noch exzentrisch-gefühlskalten Dandy.

Huysmans setzt seinen Protagonisten in den zeitgenössischen psychologischen Diskurs, der die Neurose nicht nur als Nervenkrankheit definiert, sondern ihr auch hohes kreatives Potenzial zuschreibt (vgl. Kingcaid 1992). Das neurotische System weist zusätzlich eine ausgeprägte Nähe zum Melancholie-Diskurs des 18. Jahrhunderts auf, an den sich Huysmans mit Konzepten der Hysterie, Neurasthenie und vor allem mit Baudelaires „ennui" anlehnt. Die Nervenkrankheit dient Des Esseintes aber auch als Mittel zur Erfahrung der Psyche, die ihn tiefere Bedeutungsschichten der Dinge erkennen lässt, als sie Gesunden zur Verfügung stehen. Den Ausgangspunkt bilden manchmal ein Objekt, ein Bild, ein Stich. Das Geflecht der psychischen Erkrankungen dient zwar zu einem gewissen Grad als Selbsterfahrung, indem Des Esseintes seine ästhetizistischen Experimente durchführt, jedoch findet keine Selbstreflexion statt bzw. erschöpft sich das Kreativitätspotenzial auf Sichten, Sammeln, Ordnen und Klassifizieren bzw. in der Kombination von Bekanntem (beispielsweise benennt Des Esseintes seine Ansammlung von Likörfässchen als „orgue à bouche" [„Mundorgel"], Huysmans 2015 [1884], 48). Des Esseintes erschafft sich seine eigene Dingwelt mit dem Ziel, das Natürliche ganz durch das Künstliche zu ersetzen, seines Erachtens eine weitere Möglichkeit, das Banale, sprich Bürgerliche, abzulehnen und der Realität zu entfliehen (vgl. Kociubinska 2006, 127). Huysmans illustriert diesen letztlichen Triumph des Künstlichen stufenweise an unterschiedlichen Materialien: Weder normale noch abnorme Blumen sind für Des Esseintes reizvoll, so dass er sich zunächst mit Blumen aus dem Treibhaus beschäftigt, um sich dann solchen Blumen, die künstliche Blumen imitieren, zu widmen. Mit größter Akribie versucht er das Interieur von Fontenay-aux-Roses farblich so zu gestalten, dass die Farben nicht nur miteinander harmonieren, sondern auch durch künstliches Licht besser zur Geltung kommen. In impressionistischer Manier wählt er ausschließlich Komplementärfarben und findet in Orange die ideale und vorherrschende Farbe. Diese entfaltet ihre „splendeurs fictives" (Huysmans 2015 [1884], 27) („mit dem falschen Glanz", Huysmans 1992 [1884], 44), lässt nur bestimmte Reize in das Innere, markiert vor allem die Abkehr vom Herkömmlichen und passt hervorragend zu allen nervösen Charakteren (vgl. Huysmans 2015 [1884], 27). Die Kulmination seiner Bemühungen, Künstlichkeit als Leitgedanken seines Lebens zu definieren, ist erreicht, als sein Körper selbst zum Objekt wird: Durch seine Neurose ist es ihm nicht mehr möglich zu essen, und er wird künstlich ernährt. Die Transformation des Natürlichen in Künstliches, der Triumph der Kunst über die Natur zeigt sich am deutlichsten in der Entmaterialisierung eines Tieres: Des Esseintes lässt den Panzer seiner Schildkröte vergolden und mit ausgesuchten Edelsteinen dekorieren, um den Schildkrötenpanzer in farbliche Harmonie, „une harmonie fascinatrice et déconcertante" (Huysmans 2015 [1884], 46) („eine faszinierende und beunruhigende Harmonie", Huysmans 1992 [1884], 72), zu seinem neuen Teppich zu setzen. Diese Episode zeigt auf der einen Seite die Suche Des Esseintes' nach dem Absoluten (in) der Kunst; das Tier selbst spielt für ihn keinerlei Rolle. Huysmans jedoch stellt durch die Wahl der Schildkröte als Rohmaterial das Experiment seines Protagonisten in unterschiedliche Denksysteme, die sämtlich durch die Tötung der Schildkröte den Bruch mit dem Kosmos versinnbildlichen: In orientalischen Mythen sind in der Schildkröte alle Aspekte der kosmischen Ordnung zusammengefasst, sie selbst ist mit chthonischen Kräften ausgestattet (vgl. Amend-Söchting 2001, 143); aus theologischer Perspektive begeht Des Esseintes einen Sündenfall; aus alchemistischer Sicht setzt er sich in die Nachfolge Hermes', der aus dem Panzer einer Schildkröte seine Leier herstellen sollte (Gebelein 1991, 110). Indem jedoch Des Esseintes nach seinem ersten Freudentaumel (zunächst erregt das Natürlich-Künstliche des artifizierten Tieres sogar seinen Appetit) im Tod der Schildkröte das Scheitern seines Experiments sieht, lässt Huysmans – mithilfe eines heterodiegetischen Erzählers – seine Kritik am solipsistischen Agieren seines Protagonisten einfließen: „[E]lle était morte. Sans doute habituée à une existence sédentaire, à une humble vie passé sous sa pauvre carapace, elle n'avait pu supporter le luxe éblouissant qu'on lui imposait, la rutilante chape dont on l'avait vêtue, les pierreries dont on lui avait pavé le dos, comme un ciboire." (Huysmans 2015 [1884], 51) („[S]ie war tot. Vermutlich an ein sesshaftes Dasein gewöhnt, an ein demütig unter ihrem armen Panzer verbrachtes Leben, hatte sie den ihr auferlegten blendenden Luxus nicht ertragen können, das funkelnde Gehäuse, mit dem man sie umkleidet hatte, die

Edelsteine, mit denen man ihr den Rücken einem Ziborium gleich gepflastert hatte", Huysmans 1992 [1884], 80.)

## Vom Ende eines Exzesses

Exzess des Materiellen – Des Esseintes scheitert letztlich mit seinem ästhetizistischen Experiment, zwischenmenschliche Relationen durch Dingrelationen zu ersetzen. Die von seinen Objekten maßgeblich geprägte Individualutopie Fontenay-aux-Roses wird zum Ort des Pathologischen. Werden die Dinge zunächst zum Daseinsmittelpunkt von Des Esseintes und bemächtigen sich seiner, so dass er schließlich ein Teil von ihnen wird, widerspricht sein profanes und letztlich auf Luxus beruhendes Eremitendasein der menschlichen Natur. Er kehrt am Ende des Romans in das Pariser Leben zurück und beendet seine versinnbildlichte, rein ästhetische Spiritualität durch eine konkrete Hinwendung zur christlichen Religion. So nimmt auch der letzte Satz des Romans transzendenten Charakter an: „Seigneur, prenez pitié du chrétien qui doute, de l'incrédule qui voudrait croire, du forçat de la vie qui s'embarque seul, dans la nuit, sous un firmament que n'éclairent plus les consolants fanaux du vieil espoir!" (Huysmans 2015 [1884], 171) („Herr, erbarme dich des zweifelnden Christen, des Ungläubigen, der glauben möchte, des Lebenssträflings, der allein sich einschifft, nächtens, unter einem Firmament, das die tröstlichen Leuchtfeuer der alten Hoffnung nicht mehr erhellen!", Huysmans 1992 [1884], 250.)

## Literaturverzeichnis

Amend-Söchting, Anne. *Ichkulte. Formen gebündelter Subjektivität im französischen Fin de Siècle-Roman*. Heidelberg 2001.
Barbey d'Aurevilly, Jules. *Du Dandysme et de G. Brummel*. Caen 1845.
Cogny, Pierre. *Joris-Karl Huysmans. A la recherche de l'unité*. Paris 1953.
Cogny, Pierre. *Joris-Karl Huysmans. De l'écriture à l'Écriture*. Paris 1987.
Feldman, Jessica. *Gender on the Divide: The Dandy in Modernist Literature*. Ithaca, NY 1993.
Gebelein, Helmut. *Alchemie*. München 1991.
Gordon, Rae Beth. *Ornament, Fantasy, and Desire in Nineteenth-Century French Literature*. Princeton, CA 1992.
Huysmans, Joris-Karl. *L'Art moderne*. Paris 1986 [1883].
Huysmans, Joris-Karl. *Gegen den Strich*. Stuttgart 1992 [1884].
Huysmans, Joris-Karl. *À rebours*. Berlin 2015 [1884].
Houellebecq, Michel. *Soumission*. Paris 2015.
Jourde, Pierre. *„ À rebours ", l'identité impossible*. Paris 1991.

Kelly, Dorothy. „Habitus, Gender und der weibliche Dandy: Rachildes *Monsieur Vénus*". *Rachilde (1860-1953). Weibliches Dandytum als Lebens- und Darstellungsform*. Hrsg. von Anne-Berenike Rothstein. Wien, Köln, Weimar 2015: 99–120.

Kingcaid, Renée A. *Neurosis and Narrative. The Decadent Short Fiction of Proust, Lorrain, and Rachilde*. Carbondale, IL 1992.

Kociubinska, Edyta. *Le dialogue avec le naturalisme dans l'œuvre de Joris-Karl Huysmans: „A vau-l'eau" – „ À rebours " – „Là-bas"*. Lublin 2006.

Lemaire, Michel. *Le dandysme de Baudelaire à Mallarmé*. Paris 1978.

Livi, François. *J.-K. Huysmans. À rebours et l'esprit décadent*. Paris 1972.

Solal, Jérôme. *Huysmans et l'homme de la fin*. Caen 2008.

# 3.17 Verlust und Gewinn der Dinge in Rainer Maria Rilkes und Gertrude Steins Dinggedichten

Ulrich Plass

## Zum Begriff des Dinggedichts

In seinem Aufsatz „Der Ursprung des Kunstwerkes" (1935) postuliert Martin Heidegger, dass Kunstwerke in ihrer Dinghaftigkeit aufzufassen seien und dass in ihnen das „allgemeine Wesen der Dinge" (Heidegger 1977, 22) wiedergegeben werde. Zur Veranschaulichung dieses Postulats zitiert er C. F. Meyers Gedicht „Der römische Brunnen" (1882), das, wie auch Eduard Mörikes „Auf eine Lampe" (1846) (vgl. Müller 1997, 367), als Prototyp des modernen „Dinggedichts" gilt. Dieser 1926 von Kurt Oppert geprägte Begriff findet sich sowohl in der jüngsten Auflage des *Reallexikons der deutschen Literaturwissenschaft* (Müller 1997) als auch in der aktuellen Auflage der *Princeton Encyclopedia of Poetry and Poetics* (Winkler 2012). Erstaunlich ist dies insofern, als der Begriff eigentlich nur auf einen bestimmten ästhetischen Gestus der mittleren Periode Rainer Maria Rilkes zutrifft, nämlich auf die Briefe über Paul Cézanne (1907) und die zwei Bände der *Neuen Gedichte* (1907 und 1908). Der literaturwissenschaftlichen Definition zufolge werden im Dinggedicht, im Unterschied zur Ekphrase, Gegenstände und Bilder nicht beschrieben, sondern durch analogische Assoziationen und metaphorische Verdichtungen in ästhetisch erfahrene „Kunstdinge" verwandelt. Ein Dinggedicht im wortwörtlichen Sinn wäre so etwas wie eine poetische Inschrift auf einem material vorhandenen Gegenstand, wie etwa Johann Wolfgang von Goethes Gedicht „Eine Schachtel Mirabellen", eingeklebt in den Deckel einer Spanholzschachtel (vgl. Ortlieb 2015, 179).

## Kompensationsfunktion: Rilkes Dinge

Eine in Rilkes *Neuen Gedichten* beredt werdende Sehnsucht, Vergangenes durch Inversion in Zukünftiges und Verlorenes in noch zu Gewinnendes umzuwerten, ist bereits im ersten Gedicht, dem Sonett „Früher Apollo", ausgedrückt. Dort heißt es im Strophenbruch vom zweiten Quartett zum ersten Terzett: „und später erst wird aus den Augenbraun / hochstämmig sich der Rosengarten heben." (Rilke 1996, 449) Unerheblich ist die Frage, welche Apollo-Plastik aus dem Bestand des Pariser Louvre dem Dichter als Anregung gedient haben mag. Wesentlich jedoch ist, dass mit dem Wort „Augenbraun", ob man es nun als ‚Augenbrauen' oder als ‚Braun der Augen' liest, etwas benannt wird, was der griechischen Skulptur fehlt, nämlich einerseits die Farbe und andererseits die Materialität der Braue. Eine nicht-imaginierte Apollo-Skulptur besitzt anstelle einer Braue allein die Kontur, die die Augenhöhle von der Stirn unterscheidet. Indem sich Rilkes visualisierende Sprache zoomartig auf die Augenbraue richtet, wirkt das Sonett plastischer als eine reale antike Plastik. Es ‚sieht' mehr, als den äußeren Sinnesorganen gegeben ist, und dadurch überhöht dieses Dinggedicht die Materialität des ästhetischen Gegenstands ins immateriell Visionäre. Zugleich wird dieses entmaterialisierte Schauen verzeitlicht: Der Apollo ist nicht nur *früh*, sondern deutet auch auf etwas voraus, was noch nicht stattgefunden hat. Daher spricht der Kommentar der Werkausgabe von einer „unanschauliche[n], aber umso aussagekräftigere[n] Metaphorik" (Rilke 1996, 920). Das vage Wort „aussagekräftig" bezeichnet jedoch wenig mehr als ein Auseinanderklaffen von Phänomen und Bedeutung; denn während das Wort „Augenbraun" sich noch an der Materie der vorgestellten Statue entlangtastet, fügt das fast gewaltsame Bild des emporwachsenden Rosengartens einen symbolhaltigen Bedeutungskomplex hinzu, den keine rein sinnliche Anschauung dem Gegenstand entlocken könnte.

Dass diese organizistische Bildlichkeit eine auf das Werk Rilkes im Ganzen zu beziehende kompensatorische Funktion hat, geht aus Briefstellen wie der folgenden hervor: „Die Welt zieht sich ein; denn auch ihrerseits die Dinge tun dasselbe, indem sie ihre Existenz immer mehr in die Vibration des Geldes verlegen und sich dort eine Art Geistigkeit entwickelt, die schon jetzt ihre greifbare Realität übertrifft." (Rilke 1950, 1: 373) Vor dem Hintergrund dieser Verlusterfahrung (vgl. Jamme 1992) tritt der symptomatische Charakter von Rilkes Dinggedichten hervor. Sie wirken wie die ästhetisierten Wundmale einer kapitalistischen Moderne, in der das begrifflich-abstrakte Geld die anschauliche Konkretheit des Goldes ersetzt hat, das in Rilkes nostalgischer Imagination „eine schöne Sache, die handlichste, verständlichste von allen" (Rilke 1950, 1: 373) war. In seinen Überlegungen zum Verhältnis von Lyrik und Gesellschaft liest Theodor W. Adorno Rilkes Gedichte als „Reaktionsform auf die Verdinglichung der Welt, der Herrschaft von Waren über Menschen", und deutet Rilkes „Dingkult" kritisch, nämlich als Versuch, „noch die fremden Dinge in den subjektiv-reinen Ausdruck hineinzunehmen und aufzulösen, ihre Fremdheit metaphysisch ihnen gutzuschreiben" (Adorno 1986, 52). Andere Leser entdecken in Rilkes Dinggedichten jedoch eine intensivierte Aufmerksamkeit gegenüber der gegenständlichen Welt, die es ermöglicht, zuvor Unsichtbares zum ersten Mal zu visualisieren (Baer 2006, 172). Rilke entwickelte und verfeinerte sein ästhetisches Wahrnehmungsvermögen im Umgang mit bildender Kunst, insbesondere den Gemälden Cézannes, die er im Oktober 1907 fast täglich auf der Gedenkausstellung im Salon d'automne betrachtete. Aus den sich daraus ergebenden Überlegungen kann man viel über die Poetik von Rilkes Dingdichtung lernen, wie in der folgenden retrospektiven Beobachtung von 1921: „[D]ie tiefe Verzweiflung im Schaffen Cézanne's [sic!], sein Ringen um ‚réalisation' hat [sic!] mir oft wie eine Gewaltsamkeit erschienen, Gegenstand und Bedeutung noch einmal, um jeden Preis, gleichzusetzen." (Rilke 2000, 117) Dasselbe hätte Rilke auch über seine eigenen *Neuen Gedichte* sagen können, wie am Beispiel des viel zitierten Sonetts „Blaue Hortensie" zu erkennen ist. Es lautet:

> So wie das letzte Grün in Farbentiegeln
> sind diese Blätter, trocken, stumpf und rauh,
> hinter den Blütendolden, die ein Blau
> nicht auf sich tragen, nur von ferne spiegeln.
>
> Sie spiegeln es verweint und ungenau,
> als wollten sie es wiederum verlieren,
> und wie in alten blauen Briefpapieren
> ist Gelb in ihnen, Violett und Grau;
> Verwaschnes wie an einer Kinderschürze,
> Nichtmehrgetragnes, dem nichts mehr geschieht:
> wie fühlt man eines kleinen Lebens Kürze.
>
> Doch plötzlich scheint das Blau sich zu verneuen
> in einer von den Dolden, und man sieht
> ein rührend Blaues sich vor Grünem freuen. (Rilke 1996, 1: 481)

Rilke komponiert das Bild einer Hortensie durch die Abfolge von Gleichnis („so wie") und Deixis („diese Blätter"). Die Künstlichkeit dieser Komposition wird durch den Hinweis auf die fast leeren Farbtiegel auch inhaltlich untermalt. Es ist nicht nur die Gerätschaft des Malers, die hier an Cézanne denken lässt. An Clara Rilke schreibend, preist der Dichter Cézannes Fähigkeit, den Farben selbst nicht nur eine abbildende, sondern auch eine transformative Kraft zu entlocken. Cézannes Malerei zieht, meint Rilke, „so unbestechlich Seiendes auf seinen Farbeninhalt zusammen [...], daß es in einem Jenseits von Farbe eine neue Existenz, ohne frühere Erinnerungen, anfing." (Rilke 1996, 4: 623) In einem anderen Brief betont Rilke, dass das Malen eine beinahe instinktive Farbwahrnehmung und Farbgebung erfordert, und es sind Cézannes Farben, die den Dichter auch am letzten Tag der Ausstellung noch einmal in den Salon treiben: „[Ich] möchte [...] ein Violett, ein Grün oder gewisse blaue Töne wieder aufsuchen, von denen mir scheint, daß ich sie hätte besser, unvergeßlicher sehen müssen." (Rilke 1996, 4: 629) Es ist aber nicht nur Rilkes Auseinandersetzung mit Farbe in der Malerei, die das Gedicht als Hommage an Cézanne kenntlich macht. Auch der Name *Hortensie* verweist auf Cézannes Gattin, Marie-Hortense Fiquet; das Porträt *Madame Cézanne im roten Sessel* hatte es ihm angetan. Rilke übersetzt Cézannes Begriff der „réalisation" mit dem Ausdruck „Dingwerdung", womit er eine zweite, ganz und gar artifizielle Schöpfung einer Wirklichkeit durch „sein [des Malers] eigenes Erlebnis mit dem Gegenstand" (Rilke 1996, 4: 608) meint. Was auf der, metaphorisch gesprochen, poetischen ‚Leinwand' erscheint, das ästhetische Phänomen, ist somit nicht Abbild einer objektiven Materialität; es ist vielmehr das in sich gebrochene Bild eines aktiven Vorstellungsprozesses, in dem sich phänomenale und intellektuelle Anschauung überlagern (Fischer 2015, 221). Hierin liegt, in Rilkes Formulierung, „die Absicht seiner [des Malers] innersten Arbeit" (Rilke 1996, 4: 608) – und eben auch die Absicht des Dichters, der in den *Neuen Gedichten* bewusst das Erbe des Malers Cézanne antritt.

Durch die Versprachlichung des Gesehenen wird dieses nun nicht, und das scheint die Pointe des Gedichts zu sein, noch einmal überhöht. Der Gestus des „sachlichen Sagen[s]" (Rilke 1996, 4: 624) bewahrt das Gedicht vor dem Rückfall in Romantik; Rilkes blaue Blume ist, anders als die von Novalis, kein Symbol. Im Gegensatz zur ins Unendliche strebenden romantischen Transzendental-Poesie betont das Gedicht die unwiderrufliche Faktizität der Vergänglichkeit: Das Blau der verwelkenden Hortensie ist nur noch als Spiegelung erkennbar, als eine Art optische Täuschung, verstärkt dadurch, dass der Sehende sich an ihr vormaliges Blau erinnert. In der Versprachlichung des ‚Dings' setzt sich, ohne sich pronominal zu benennen, das wahrnehmende Subjekt mit. Was das Gedicht so in Erscheinung bringt, ist weder die Materialität des Gegenstands noch ein (Spiegel-)Bild im Verstand des Betrachters, noch ist es ein Ding oder Nicht-Ding; vielmehr ist es ein neues, widersinniges Bildphänomen, das sich im Zwischenraum von Material und Begriff entfaltet (vgl. Schneider 2010, 280–281).

Ermöglicht wird die unerwartete Öffnung dieses Zwischenraums durch den Gebrauch der Farbe Blau, das zuerst nur als Spiegelung erscheint, dann als Eigenschaft des Schreibmaterials (das Blau der Blüten-Blätter/Briefpapiere ‚spiegelt' die Farbe von Rilkes blauen Notizheften) und am Ende als epiphanische Erneuerung (Schneider 2010, 284). So wie die farbigen Pinselstriche Cézannes einem gewissen eigendynamischen „Automatismus" (Clark 2001, 110) zu folgen scheinen, lässt sich das Blau der Hortensie in Rilkes Gedicht nicht in Einklang mit dem Gegenstand bringen, der dargestellt werden soll: Der Signifikant erscheint als ein „nicht gesicherter" (Clark 2001, 108–109). Deshalb bekommt das Gedicht nicht das Ding ‚Hortensie' zu fassen, sondern muss sich mit einem abwesend-anwesenden ‚undinglichen' Blau begnügen. Während das Objekt selbst in diesem Blau verschwindet, erfindet das Gedicht einen lyrischen Kunstgriff der Kompensation: Anstelle einer gegenständlichen Hortensie treten die neologistischen Nominalisierungen „Verwaschnes", „Nichtmehrgetragnes", „Blaues" und „Grünes" – durch dieses rhetorische „verneuen" wird der Dingverlust mehr als wettgemacht. Anstatt eines ‚realistischen' referenziellen Bezugs auf materielle Wirklichkeit produziert die figurative Verwendung von Sprache einen antirealistischen ‚Präsenzeffekt'.

Durch die petrarkische Sonettgestaltung sowie die Bewegung vom Verlust des Blaus zum Gewinn seiner plötzlichen Erneuerung bildet Rilkes *Blaue Hortensie* eine nahezu klassisch geschlossene einheitliche Form.

## Verlust als Gewinn: Steins Dinge

Wie antimaterialistisch Rilkes Dinggedichte trotz ihrer Hinwendung an die moderne Malerei sind, wird deutlich, wenn man sie mit den Prosagedichten Gertrude Steins vergleicht, die die Autorin explizit als „complete[ly] realistic" verstanden wissen wollte (Stein 1971, 29). Genau wie ihr Pariser Zeitgenosse Rilke mit seinen *Neuen Gedichten* schrieb Stein ihre 1914 zuerst veröffentlichten *Tender Buttons* unter dem Eindruck Cézannes, der, wie sie meinte, „conceived the idea that in composition one thing was as important as another thing" (Stein 1971, 15; vgl. Rilke 1996, 4: 630). Ein dezentrierendes Verflachen von Hierarchien ist auch das primäre Merkmal von Steins Schreibweise. In ihren Darstellungen gewöhnlicher Gegenstände wird diese Dezentrierung durch einen Multiperspektivismus radikalisiert, der an den Kubismus gemahnt, mit dem Stein vor allem durch die Werke Pablo Picassos und Georges Braques vertraut war. Der Wort-Multiperspektivismus in *Tender Buttons* schafft einen Wahrnehmungs- und Darstellungsraum, in dem sich der Standpunkt der Beobachterin im Prozess der Beschreibung zu verschieben scheint und die Dinge umso fremder und obskurer werden, je mehr die Betrachterin sie in Augenschein nimmt und versprachlicht. Der erste Teil der *Tender Buttons* trägt den Titel „Objects" und beginnt so:

> A CARAFE, THAT IS A BLIND GLASS.
> A kind in glass and a cousin, a spectacle and nothing
> strange a single hurt color and an arrangement in a system
> to pointing. All this and not ordinary, not unordered in not
> resembling. The difference is spreading. (Stein 2014, 11)

Man kann sich einem solchen Prosagedicht nicht anders als assoziativ nähern, obwohl auch hermeneutische Versuche, Steins „Knöpfe" als codierte Anspielungen auf häusliche und intime Praktiken zu entziffern, zu gewitzten Resultaten führen können (vgl. Gass 178, 105–107). Einen Schlüssel zur Interpretation gibt es nicht, denn obwohl die Vorstellung einer Karaffe, die hier ausgedrückt wird, sich durchaus am konkreten außersprachlichen Gegenstand entzündet haben mag (vgl. Stein 1971, 29), so ist sie doch, durch und durch, eine Wort-Karaffe und keine Ding-Karaffe. Konstitutiv für Steins Darstellungsmethode ist die „Wort-Beziehung" zwischen Wort und Ding: „I used to take objects on a table, like a tumbler or any kind of object and try to get the picture of it clear and separate in my mind and create a word relationship between the word and the things seen." (Stein 1971, 25) Die Wörter beziehen sich also nicht auf die Dinge an sich, sondern auf die Dinge im Akt der versprachlichenden Wahrnehmung. Die poetische Produktion verfährt durch Suggestion, womit offenbar eine Verkettung von Assoziationen gemeint ist: „I try to call to the eye the way it appears by suggestion the way a painter can do it." (Stein 1971, 25)

Steins fast formloser Text bildet keine Karaffe ab; er definiert sie provisorisch und spielerisch durch assoziative Selbstkorrektur. Schon der Titel „A carafe, that is a blind glass" lässt sich nicht nur als Präzisierung der benannten Karaffe lesen, sondern auch als Zögern, um was für eine Karaffe es sich handeln mag und ob ‚es' (das mit dem Signifikanten Bezeichnete) überhaupt eine ist. Vielleicht ist die Karaffe ja tatsächlich nicht nur aus blindem, also nicht-transparentem oder nicht-widerspiegelndem Glas gemacht; vielleicht ist die Karaffe gar kein Glas (im Sinne von Gefäß), sondern eher etwas einer Karaffe Verwandtes („A *kind* in glass and a *cousin*"), ein Schaustück („a spectacle"), möglicherweise auch nur das Rot des Weins in der Karaffe („a single hurt color"). Das Gedicht eröffnet einen analytischen Blick auf die gewöhnlich unbegriffene grundlegende Zeichenhaftigkeit der gegenständlichen Wirklichkeit („an arrangement in a system of pointing"). Anstatt aber eine (helle) Bedeutung aus der Dunkelheit der materiellen Dingwelt zu gewinnen, verliert sich das Gedicht in dieser Dingwelt, denn diese ist, als Produkt sozialer Praxis, semiotisch offen – und daher produziert Stein, im Gegensatz zu Rilke, radikal offene Texte. Ihr an alltäglicher Lebenspraxis orientiertes Sehen interessiert sich weder für Naturobjekte noch für Kunstdinge, sondern für die unscheinbaren Gegenstände des Alltagslebens. Dieses in seiner unerwarteten Widersprüchlichkeit und Unergründlichkeit zu durchmustern ist die Aufgabe, der sie in *Tender Buttons* nachgeht.

Das ‚blinde Glas' der Karaffe bildet gewissermaßen den Gegenpol zur epiphanischen Phänomenalität von Rilkes Dinggedichten, und diese Tendenz zur

Priorisierung der Materialität des Zeichens, der „wordness" (Bernstein 1990) des Wortes, entspricht der Tendenz in der modernen Malerei, die intensivierte Dingvision, wie man sie bei Cézanne findet, durch die kubistische Zerlegung der Objekte in verschiedene Blickwinkel zu entzaubern. Das mimetische Gebot der Ähnlichkeit, der Korrespondenz von Zeichen und Bezeichnetem, weicht dem Primat der nicht-ähnlichen, abstrakten Anordnung: „All this and not ordinary, not unordered in not resembling." Indem dieser Satz den arbiträren Bezug von Signifikant und Signifikat konstatiert, bricht das Gedicht geradezu programmatisch mit allen Resten einer mimetischen Repräsentationslogik (vgl. aber Haselstein 2002, 203). Während im letzten Vers von „Blaue Hortensie" die substantivierten Farben den Gewinn einer lebendigen Einheit andeuten, zieht Steins Gedicht den gegenteiligen Schluss und proklamiert, dass das semiotische Prinzip der Materialität des Zeichens das Prinzip der sich ausbreitenden, unaufhaltsamen Differenz ist: „The difference is spreading."

Die Crux von Steins angestrebter Verwirklichung (*realisation*) und Neuschöpfung (*recreation*) von Dingen (Stein 2004, 140) liegt nicht im Gewinn der Ganzheit und Identität der Dinge. Vielmehr realisieren die *Tender Buttons* ihre Objekte nur in ihrer Nicht-Identität, die allerdings, im Kontrast zu Rilkes ins Visionäre entrückte Dingästhetik, die Gegenstände nicht ihres materiellen Zusammenhangs beraubt. Im häuslichen Gebrauch macht sich die Materialität der Gegenstände durch ihre Widerspenstigkeit und Uneindeutigkeit bemerkbar. Mit dieser Erfahrung des Uneins-Seins wird der Identitätsverlust zum Gewinn einer verschärften Urteilskraft, welche die jedem Gegenstand inhärente Differenz zu erkennen vermag. Damit können auch Eigenschaften artikuliert werden, welche die Dinge nur *ex negativo* haben: „A purse was not green, it was not straw color, it was hardly / seen [...]" (Stein 2014, 21). Was hier in den Blick gerät, ist nicht das Ding als solches, sondern das Problem, wie Dinge überhaupt *als* bestimmte Dinge sprachlich festgehalten werden können. Steins *Tender Buttons* sind so etwas wie der kritische, selbstreflexive Kommentar zur Idee des Dinggedichts.

## Literaturverzeichnis

Adorno, Theodor W. „Rede über Lyrik und Gesellschaft". *Gesammelte Schriften. Band 11*. Hrsg. von Rolf Tiedemann. Frankfurt am Main 1986: 49–68.
Baer, Ulrich. *Das Rilke-Alphabet*. Frankfurt am Main 2006.
Bernstein, Charles. „Inventing Wordness: Gertrude Stein's Philosophical Investigations". *Gertrude Stein Advanced: An Anthology of Criticism*. Hrsg. von Richard Kostelanetz. Jefferson, NC, London 1990: 57–62.
Clark, T. J. „Phenomenality and Materiality in Cézanne". *Material Events: Paul de Man and the Afterlife of Theory*. Hrsg. von Tom Cohen et al. Minneapolis, MN, London 2001: 93–113.

Fischer, Luke. *The Poet as Phenomenologist: Rilke and the New Poems*. New York, NY 2015.
Gass, William H. „Gertrude Stein and the Geography of the Sentence". *The World Within the World*. New York, NY 1978: 63–123.
Haselstein, Ulla. „Gertrude Steins Porträts von Dingen". *Dinge: Medien der Aneignung, Grenzen der Verfügung*. Hrsg. von Claudia Breger, Gisela Ecker und Susanne Scholz. Königstein im Taunus 2002: 197–217.
Heidegger, Martin. „Der Ursprung des Kunstwerkes" [1935]. *Gesamtausgabe. Band 5: Holzwege*. Hrsg. von Friedrich-Wilhelm von Herrmann. Frankfurt am Main 1977: 1–74.
Jamme, Christoph. „Der Verlust der Dinge: Cézanne – Rilke – Heidegger". *Deutsche Zeitschrift für Philosophie* 40 (1992): 385–397.
Müller, Wolfgang G. „Dinggedicht". *Reallexikon der deutschen Literaturwissenschaft, Band 1*. Hrsg. von Klaus Weimar. Berlin, New York, NY 1997: 366–368.
Oppert, Kurt. „Das Dinggedicht: Eine Kunstform bei Mörike, Meyer und Rilke". *Deutsche Vierteljahrsschrift für Literaturwissenschaft und Geistesgeschichte* 4 (1926): 747–783.
Ortlieb, Cornelia. „Verse unter Umständen. Goethes und Mallarmés Schreib-Materialien". *Ästhetik der Materialität*. Hrsg. von Christiane Heibach und Carsten Rohde. Paderborn 2015: 173–196.
Rilke, Rainer Maria. *Briefe. 2 Bände*. Hrsg. vom Rilke-Archiv Weimar. Wiesbaden 1950.
Rilke, Rainer Maria. *Werke: Kommentierte Ausgabe in vier Bänden*. Hrsg. von Manfred Engel und Ulrich Fülleborn. Frankfurt am Main, Leipzig 1996.
Rilke, Rainer Maria. *Über moderne Malerei*. Hrsg. von Martina Krießbach-Thomasberger. Frankfurt am Main, Leipzig 2000.
Schneider, Sabine. „Kaumblau. Rilkes prekäre Bildontologie in den neuen Gedichten". *Das lyrische Bild*. Hrsg. von Ralf Simon, Nina Herres und Csongor Lörincz. München 2010: 273–297.
Stein, Gertrude. *A Primer for the Gradual Understanding of Gertrude Stein*. Hrsg. von Robert Bartlett Haas. Los Angeles, CA 1971.
Stein, Gertrude. *Look at Me Now and Here I Am: Selected Writings 1911–1945*. Hrsg. von Patricia Meyerowitz. London 2004.
Stein, Gertrude. *Tender Buttons: The Corrected Centennial Edition*. Hrsg. von Seth Parlow. San Francisco, CA 2014.
Winkler, Michael. „Dinggedicht". *The New Princeton Encyclopedia of Poetry and Poetics*. Hrsg. von Roland Greene. Princeton, CA, Oxford 2012: 367–368.

# 3.18 Buch im Exil: Gefährdete Bibliothek und portatives Vaterland

Susanne Komfort-Hein

## Einleitung

Mit dem erzwungenen Exil ihrer Besitzer verwandeln sich die Dinge, die sie im Fluchtgepäck mitnehmen, zu besonderen Objekten, die die (Selbst-)Reflexion der Bedingungen des Exils erlauben: Gewaltsam aus dem kulturellen Zusammenhang gerissen, werden auch sie gewissermaßen zu Kronzeugen von Abtrennung und Entwurzelung; auch sie sind durch Spuren der Verworfenheit, des Unterwegsseins und der Fluchtorte gezeichnet (vgl. Bischoff und Schlör 2013). In literarischen Texten, die Exilerfahrungen darstellen, dient die Aufmerksamkeit auf diese Dinge weniger einem Realitätseffekt als vielmehr der metonymischen Repräsentation verlorener Heimat. In ihnen materialisiert sich ein Kontinuität wie Identität versprechendes Nachleben einer Heimat ohne Territorium ebenso wie das Wissen um deren grundlegenden Verlust. So ist den geretteten Dingen – als überlebenden Resten einer ehemaligen Gemeinschaft und eines kulturellen Zusammenhangs – ein Erinnerungsüberschuss eingezeichnet.

Das gilt auf ganz besondere Weise für Bücher, die ohnehin in literarischen Texten einen Sonderstatus in der Welt der Dinge behaupten. Als Buch im Buch beziehungsweise als imaginäre Bibliothek weisen sie zumeist „über ihre Materialität intertextuell und symbolisch weit hinaus" (Rieger 2002, 11). Als „Kristallisationspunkte von Identitäts-, Wissens- und Sprachvorstellungen" (Dickhaut 2004, 17), als Figurationen kultureller Werte und Gedächtnisspeicher stehen die imaginären Bibliotheken mit der Tendenz zur *mise en abyme* im literarischen Text für dessen selbstreflexive Dimension und kulturelle Verortung ein. Werden Bücher und Bibliotheken zum Thema, sei es in ihrer konkreten Dinglichkeit oder als Zitat, dann richtet sich die Aufmerksamkeit zumeist auf eine Lektüre, die „Gebrauch von ihnen" (Moenninghoff 2000, 122) macht. Texte, die sich der Erfahrung des Exils widmen, verhandeln diese Aspekte des Buches, das in unserer Kultur als besonders schützenswertes Gut gilt, im Zeichen von Entfremdung, Gefährdung und Zerstörung. Im je einzelnen Buch wie in der im Text aufgerufenen imaginären Bibliothek finden die bedrohte kulturelle Überlieferung und das gegen die faktische Zerstreuung aufgebotene Versprechen der imaginären Sammlung ihren Niederschlag. Wie die Buchlektüre kann das Buch in seiner konkreten Materialität gleichsam als Prothese für die verlorene Heimat dienen. Es mag jedoch auch als sichtbarer Beweis eines Leidens am Exil wahrgenommen werden, wenn es „zerlesen, [...] fleckig, [...] eingerissen" ebenso wie sein Besitzer „rührende Narben des Lebenskampfes" (Wolfskehl 1963 [1936], 4) davonträgt. Das literarische Zeugnis einer Beschädigung des Buches oder gar seiner Zerstörung dokumentiert in seiner Memorialfunktion zugleich den Kampf gegen die Auslöschung eines individuellen und kulturellen Gedächtnisses sowie die Geste einer Selbstermächtigung, eben im Medium des Buches selbst (vgl. Körte 2012).

Ist die Rede von einem rettenden Exil der Bücher, so scheint unter anderem die Anknüpfung an eine lange jüdische Tradition von Exil und Diaspora auf, in der Schrift und Buch die verlorene Heimat intellektuell substituieren. Mit der Wendung des „portativen Vaterlands" (Heine 1982 [1854], 43) aktualisierte etwa Heinrich Heine in seinem Pariser Exil den Topos vom *Volk des Buches*, der von Vieldeutigkeit und Deutungskonkurrenz geprägt ist. So repräsentiert der Topos nicht allein ein vormodernes religiöses Verständnis des Judentums, dem die hebräische Bibel und ein Lesen ohne Ende zur Versicherung einer gemeinsamen Herkunft und Identität wurden. In einem viel stärkeren Maße erscheint er erstaunlicherweise als eine säkulare Figur in der jüdischen Moderne, die erst seit der Aufklärung „ihre eigentliche Konjunktur" (Kilcher 2009, 45) verzeichnet und das Buch tendenziell zum „ästhetischen Modell" (Kilcher 2009, 54) kosmopolitischer intellektueller Heimat werden lässt. In dem Zusammenhang „koinzidiert die Zentralität des Buches mit der besonderen Situation des Exils und bedenkt deren Realisierung" (Steiner 1997, 247).

In dem vom Nationalsozialismus erzwungenen Exil hat das Mythem des landlos gewordenen, exilierten *anderen Deutschlands*, das sich in unmittelbarer Frontstellung gegen den faschistischen Anspruch auf nationalkulturelle Repräsentanz etablierte, nachhaltig gewirkt – bis in die Erinnerung des Exils in beiden ehemaligen deutschen Staaten – und in der DDR sogar Bedeutung als kulturpolitisches Gründungsnarrativ erlangt (Bischoff und Komfort-Hein 2012). Das dem Missbrauch oder der Vernichtung entzogene muttersprachliche Buch im Reisegepäck des Exilanten behauptet diesem Mythem zufolge einen moralischen, politischen und kulturellen Repräsentations- und Erbeanspruch und gehört, wie Alfred Kantorowicz 1947 formulierte, zu den „legitime[n] Kulturbeständen der alten Welt", die es „mit in die neue hinüberzuretten" (1974, 293) gilt. Die literarischen Schauplätze imaginärer Bibliotheken, die in diesem Diskurs der Exilliteratur ein gefährdetes kulturelles Erbe metaphorisch vertreten, geben sich im Schatten der totalitär symbolpolitisch aufgeladenen Bücherverbrennungen durch die Nationalsozialisten (vgl. Lischeid 2001) dementsprechend als andere Erinnerung und stehen im Zeichen eines seit der Antike prominenten Narrativs: „Das Sammeln von Büchern ist Kultur, deren Vernichtung ist Barbarei." (Körte 2012, 11) Dies soll anhand dreier exemplarischer literarischer Figurationen nun nachvollzogen werden.

## Das Buch als Sehnsuchtsort landloser Heimat: Vladimir Vertlibs *Zwischenstationen* (2005)

Von seinem wichtigsten Reisegepäck, einem Koffer mit Kinderbüchern, muss sich der kindliche Protagonist in Vladimir Vertlibs Roman, ein leidenschaftlicher Leser, auf seiner langen Odyssee von Exilstation zu Exilstation trennen. Die Stimme seiner Mutter im Ohr – „die Bücher kommen sowieso weg" (Vertlib 2005, 159) – entledigt er sich des Koffers in einem Anflug von Verzweiflung, indem er ihn ins Meer wirft: „Und ich hatte das Gefühl, als hätte ich das Teuerste, was ich besitze, verloren. Ich stellte mir vor, wie die Bücher Wasser aufsogen, zu undefinierbaren Klumpen wurden, wie die Buchstaben vom Salz zerfressen wurden, jene Buchstaben, die treue Wegbegleiter meiner Kindheit gewesen waren." (Vertlib 2005, 160) Die Trauer gilt nicht so sehr der Vernichtung der Bücher in ihrer konkreten Materialität, verkörpern diese für ihn doch vielmehr einen unersetzlichen magischen Wert, der die Grenze zwischen Mensch und Ding schon längst hat unsicher werden lassen. Als „treue Wegbegleiter der Kindheit" anthropomorphisiert, bieten sie sich ihm nun in ihrer ganzen Verletzlichkeit als verworfene Gefährten dar, spiegeln sein Schicksal der Heillosigkeit und gewähren dem Kind keine Fluchten in imaginäre Welten, keine erlesenen Träume heilender Restitution von Heimat. Die Szene fungiert als eine Art Initiation, die das Band zu einem Ort ursprünglicher Geborgenheit unwiderruflich kappt; unlesbar geworden ist die Schrift, in der sich die Erinnerungen an ein vermeintliches Kindheitsparadies eingerichtet hatten.

*Zwischenstationen* erzählt die Odyssee einer russisch-jüdischen Familie, die 1971 auf der Flucht vor einem politischen und alltäglichen Antisemitismus von ehemals Leningrad unter anderem nach Israel führt, quer durch Europa, in die USA und schließlich ein letztes Mal nach Österreich. Die ursprünglich vorgesehene Ausreise aus der Sowjetunion nach Israel, als Flucht vor Überwachung und Verfolgung, der vor allem der Vater als bekennender Zionist ausgesetzt war, wird zu einer nicht endenden Route immer neuer ‚Zwischenstationen'. Auch das ersehnte Land Israel wartet mit bitterer Enttäuschung für die russischen Migranten auf und bestätigt die Regel, stets am falschen Ort zu sein und immer als fremd identifiziert zu werden. Diese Erzählung öffnet sich zur Erinnerungsreise einer russisch-jüdischen Familiengeschichte eines ganzen Jahrhunderts, zwischen Stalinterror, ethnonationaler Vernichtungspolitik des Nationalsozialismus und der Erschütterung des Glaubens an einen erfüllten Sozialismus durch die antisemitischen Repressionen in der damaligen Sowjetunion. Vertlibs Roman gewinnt so die Qualität eines transhistorischen Archivs von Exilerfahrungen, denen keine Vertreibung aus einer ursprünglichen Ganzheit und Geborgenheit vorausgeht, vielmehr immer schon Fremdheit und Bruch. Die vom Ich-Erzähler erinnerte Kindheitsepisode der Bücherzerstörung findet in diesem Archiv auf besondere Weise ihren Platz: Der Roman profiliert die Strategie eines Eingedenkens, die jenes Heimatversprechen der Kinderbücher bewahrt und zugleich mit deren Vernichtung die Unwiderruflichkeit des Exils besiegelt. Der weiterhin rastlos lesende Erzähler, der sich fortan in Leihbibliotheken bedient, folgt in seinen Lektüren einer Sehnsucht, die auch die Hoffnungen seines Vaters auf ein Ende des Exils kommentiert: „Die bessere Welt war immer anderswo gewesen, in einem fernen Land des Glücks." (Vertlib 2005, 264) Sein „Land des Glücks" sucht der Sohn jedoch im Gegensatz zum Vater in dem immateriellen Versprechen einer portablen, nicht lokalisierbaren Heimat buchstäblich erlesener Welten. Mit der Suche des Sohnes nach geistiger Verortung ruft der Text gegen den zionistischen Traum des Vaters den diasporischen Topos vom ‚Volk des Buches' der jüdischen Tradition in Erinnerung. Erhofft der Sohn einerseits Halt in der Sammlung des Buchwissens, so demonstriert sein Weiterlesen im geliehenen Buch nach der Vernichtung des eigenen Buchbesitzes andererseits die Ahnung einer unmöglichen Rückkehr zu heimatlichen Wurzeln; die nicht endende Lektüre wird ihm zur Heimat des Exils, des Wartens, der Sehnsucht, „immer anderswo". Indem der Roman selbst jene Ahnung wiederum als Erzählprojekt des Sohnes archiviert, stellt er letztlich auch der erzwungenen Buchvernichtung in Form einer *mise en abyme* die Geste einer Selbstermächtigung des Buches im Exil zur Seite.

## Das unvollendete Buch als Sendung: Anna Seghers' *Transit* (1944)

Anna Seghers' Roman *Transit* gibt sich als bergendes Archiv zerstreuter Lebensgeschichten. Er ist nicht nur Erinnerungsroman des Exils, sondern reflektiert zugleich das Potenzial literarischer Erinnerungsarbeit, den „Ort der Literatur im Gedächtnis des Exils" (Winckler 2010, 206). Schauplatz ist die Hafenstadt Marseille um 1940 und 1941 in der nicht besetzten, von Vichy regierten Zone Frankreichs. Tausende von Flüchtlingen treffen hier aufeinander, auf der verzweifelten Suche nach Visa, Stempeln, Papieren und Schiffspassagen, um Europa auf der Flucht vor dem Faschismus in Richtung Übersee zu verlassen. Dem anonymen Erzähler des Romans bietet sich das einer Naturkatastrophe gleichende Szenario der „Auflösung unserer Weltordnung" (Seghers 1993 [1944], 12). Hier sind nicht nur Leib und Leben gefährdet; mit dem gewaltsamen Bruch in den Lebensgeschichten drohen auch Erinnerung und Gedächtnis verlorenzugehen. Dagegen suchen die Flüchtenden die sammelnde, identitätsstiftende Kraft des Erzählens. Als Zuhörer und unermüdlicher Archivar eines vielstimmigen, nicht zum Ende gelangenden Erzählstroms entwurzelter Lebenserinnerungen wird der namenlose Erzähler zum „Wegelagerer" (Seghers 1993 [1944], 80) in einem ganz neuen Sinn. Das wichtigste Fundstück auf seinem Fluchtweg ist ein in einem Hotel hinterlassener Handkoffer mit dem unvollendeten Roman eines toten Dichters. Als der Erzähler das rätselhafte Manuskript liest, erkennt er in ihm das materialisierte Gedächtnis einer exterritorialen Heimat im Exil. Ausgerechnet er, der „noch nie ein Buch zu Ende gelesen" hat, wird nun zum Erben des literarischen Vermächtnisses, „vor dem letzten fast leeren Bogen allein gelassen" (Seghers 1993 [1944], 27). Ihm wird so gleichsam die Fortsetzung der Autorschaft für ein Buch übertragen, das seinen Weg ins Exil als *work in progress* gefunden hat. Über diese literarische Flaschenpost des fortzuschreibenden Buches eröffnet der Roman eine selbstreflexive poetologische Dimension. Das Manuskript im Koffer und der Roman *Transit* als „Chronik des Exils" (Winckler 2010) bieten einen literarischen Resonanzraum des vielstimmigen, gemeinschaftlichen Erinnerns und treten so in eine entschiedene Konkurrenz zur Buchführung der Exilbehörden. Gegen die im bürokratischen Akt festgehaltene, von der jeweiligen Lebensgeschichte trennende Identifizierung „armer, verwehter Name[n]" (Seghers 1993 [1944], 210) verlangen Manuskript und Roman nach aufzeichnender Sammlung und Eingedenken des Verlorenen. Das aufgefundene literarische Fragment wird in Seghers' Roman zum Zeichen einer zugleich gefährdeten wie auch über die Zeit geretteten Form eines literarischen Gedächtnisses.

## Imaginäre Rettung der Bibliothek: Peter Weiss' *Ästhetik des Widerstands* (1975–1981)

Das monumentale literarische Gedächtnisprojekt der *Ästhetik des Widerstands* arbeitet am Eingedenken gewaltsam untergegangener Geschichtshoffnungen in einem – auf die abendländische Geschichte ausgedehnten – historischen Resonanzraum des vom Nationalsozialismus erzwungenen Exils. Diese Erinnerungsarbeit des Romans verschreibt sich der akribischen Spurensicherung des in einer Geschichte der Herrschenden Vergessenen und Ausgelöschten, verweigert sich jedoch einer einfachen Umkehrung des Blickwinkels. Vielmehr gibt sie sich als kritische Revision monologischer Fortschrittsnarrationen, indem sie deren Voraussetzungen dekonstruiert und sich „überraschenden Konstellationen, kaum vorhersehbaren Kontaktaufnahmen" (Wiethölter 1992, 220), Interferenzen und Widersprüchen überlässt. Auf dem Prüfstand stehen dabei die abendländische Kultur- und Bildungsgeschichte, stehen vor allem Literatur und Kunst in ihrem utopischen Versprechen, in ihrem Vermögen historischer Zeugenschaft, aber auch hinsichtlich ihrer gewaltsamen politischen Indienstnahme. Die immer wieder von den Protagonisten verhandelte aktualisierende Rezeption von Buch und Bild geschieht im Schatten der lebensrettenden Flucht vor dem Nationalsozialismus und der Rettung kulturellen Gutes vor Enteignung und Auslöschung.

Exemplarisch mag dafür die Episode um das Schicksal der ins skandinavische Exil mitgenommenen Bibliothek Bertolt Brechts dienen: Angesichts des Einmarsches deutscher Truppen in Dänemark und Norwegen sieht sich Brecht zur raschen Flucht aus seinem Exilland Schweden genötigt. Überstürzt wird eine „äußerst gesichtete Auswahl von Büchern" in die „schwarze Seemannskiste" (Weiss 2005 [1975–1981], 838) gepackt, zugleich Grab und rettendes Behältnis zur Überfahrt. Die Seemannskiste substituiert an dieser Stelle den nach Michel Foucault heterotopischen Ort der Bibliothek und ist dabei zugleich Bestätigung und Rücknahme der humanistischen Bibliotheksidee, „die Welt mikrokosmisch" (Dickhaut 2004, 46) zu bewahren. Der Zwang zur Auswahl wird der Idee nicht (mehr) gerecht, „alles zu akkumulieren […], einen Ort aller Zeiten zu installieren, der selber außer der Zeit und sicher vor ihrem Zahn sein soll" (Foucault 1990, 43). Den drohenden Verlust sucht das Gedächtnisarchiv des Textes zu kompensieren: Die Schilderung der Ereignisse unterbricht der namenlose Ich-Erzähler, der innerhalb der Fiktion Brecht beim Einpacken zur Seite steht, durch eine ausufernde, mehrseitige Auflistung des Bibliotheksbestandes. An die Stelle der gefährdeten Bibliothek tritt der Katalog, mit dem Bemühen, sie als eine portable, ortlos gewordene Sammlung (wenigstens) auf dem Papier über die Zeit zu retten und ihr ein erinnerndes Nachleben in der Schrift zu sichern. Der Memorialakt des Abschieds von der Bibliothek gleicht einem Begräbnisritual, das den Unterschied zwischen Büchern als materiellen Dingen und Menschen, die ins Exil getrieben werden, verschwimmen lässt: „[D]ie Bücher waren unsre Verbündeten im Kampf gegen die feindlichen Gewalten. Und es war doch die Stunde ihres Begräbnisses." (Weiss 2005 [1975–1981], 842) Wenn der Erzähler die Bücherlisten dann unmerklich in Namenslisten ihrer zumeist schon gestorbenen oder von Verfolgung und Tod bedrohten Autoren überführt, öffnet und transformiert sich der Bücherkatalog zu einer die Jahrhunderte durchstreifenden „Totenklage" (Werle 2007, 189), die eine Gemeinschaft der Lebenden und Toten stiftet, Gegenwart, Vergangenheit und Zukunft vielstimmig ineinander blendet: „Mit Stevenson und Melville flutete eine Zeit heran, deren Atem schon in unsre Gegenwart drang […] und hinabgesenkt wurde Ehrenburg, […] als Toter wäre er nichts wert, als Lebender würde er einmal Bericht erstatten können." (Weiss 2005 [1975–1981], 844) Die Bücherliste erweist sich im Unterschied zu anderen Registern, die dem exilierten Erzähler als Überlebensform der Erinnerung dienen und etwas „von der zwanghaften Gewalt, die unser Denken bedrohte", vermitteln, als eigenwillig: „[D]ie Bücher dagegen schlugen, ein jedes, einen Weg frei, hierhin und dorthin" (Weiss 2005 [1975–1981], 842). Das macht sie zu wesentlichen Zeugen des von Tod und Vergessen Bedrohten in einem kollektiven Gedächtnisraum des Textes, der sich *en miniature* auch in Brechts Ordnung seiner Exilbibliothek spiegelt, in der Bücher weder chronologisch noch alphabetisch sortiert, „doch auch keineswegs regellos zusammengestellt gewesen waren, sondern nach Verwandtschaftsbeziehungen, nach einem System gegenseitiger Sympathien oder Zugehörigkeiten in Streitgesprächen" (Weiss 2005 [1975–1981], 840). Und diesem Prinzip folgt auch das Erinnerungsprojekt einer *Ästhetik des Widerstands* als Buch der Bücher.

## Literaturverzeichnis

Bischoff, Doerte, und Susanne Komfort-Hein. „Vom *anderen Deutschland* zur Transnationalität. Diskurse des Nationalen in Exilliteratur und Exilforschung". *Exilforschung* 30 (2012): *Exilforschungen im historischen Prozess*: 242–273.

Bischoff, Doerte, und Joachim Schlör. „Dinge des Exils. Zur Einleitung". *Exilforschung* 31 (2013): *Dinge des Exils*: 9–20.

Brecht, Bertolt. „Steffinsche Sammlung". *Werke. Band 12.* Hrsg. von Werner Hecht, Jan Knopf, Werner Mittenzwei und Klaus-Detlef Müller. Frankfurt am Main 1988: 93–112.

Dickhaut, Kirsten. *Verkehrte Bücherwelten. Eine kulturgeschichtliche Studie über deformierte Bibliotheken in der französischen Literatur.* München 2004.

Foucault, Michel. „Andere Räume". *Aisthesis. Wahrnehmung heute oder Perspektiven einer anderen Ästhetik.* Hrsg. von Karlheinz Barck, Peter Gente und Heidi Paris. Leipzig 1990: 34–46.

Heine, Heinrich. „Geständnisse" [1854]. *Historisch-kritische Gesamtausgabe der Werke/ Heinrich Heine. Bd. 15: Geständnisse, Memoiren und kleinere autobiographische Schriften.* Hrsg. von Manfred Windfuhr. Hamburg 1982: 11–57.

Kantorowicz, Alfred. „Deutsche Schriftsteller im Exil". *Deutsche Literatur im Exil. Band 1.* Hrsg. von Heinz Ludwig Arnold. Frankfurt am Main 1974: 286–295.

Kilcher, Andreas. „‚Volk des Buches'. Zur kulturpolitischen Aktualisierung eines alten Topos in der jüdischen Moderne". *Münchner Beiträge zur jüdischen Geschichte und Kultur* 2 (2009): 43–58.

Körte, Mona. *Essbare Lettern, brennendes Buch. Schriftvernichtung in der Literatur der Neuzeit.* München 2012.

Lischeid, Thomas. *Symbolische Politik. Das Ereignis der NS-Bücherverbrennung im Kontext seiner Diskursgeschichte*. Heidelberg 2001.
Moenninghoff, Burkhard. „Die Bibliothek als Schauplatz". *Literatur für Leser* 23.2 (2000): 121–131.
Rieger, Dietmar. *Imaginäre Bibliotheken. Bücherwelten in der Literatur*. München 2002.
Seghers, Anna. *Transit*. Berlin 1993 [1944].
Steiner, George. *Der Garten des Archimedes*. München, Wien 1997.
Vertlib, Vladimir. *Zwischenstationen*. München 2005.
Werle, Dirk. „Reflexe auf Mangel und Verlust: Formen und Funktionen von Bücherkatalogen im Kontext imaginierter Bibliotheken". *Verbergen – Überschreiben – Zerreißen. Formen der Bücherzerstörung in Literatur, Kunst und Religion*. Hrsg. von Mona Körte und Cornelia Ortlieb. Berlin 2007: 183–202.
Weiss, Peter. *Die Ästhetik des Widerstands*. Frankfurt am Main 2005 [1975–1981].
Wiethölter, Waltraud. „Mnemosyne oder Die Höllenfahrt der Erinnerung. Zur Ikono-Graphie von Peter Weiss' ‚Ästhetik des Widerstands'". *Zur Ästhetik der Moderne*. Hrsg. von Gerhart von Graevenitz. Tübingen 1992: 217–257.
Winckler, Lutz. „Eine Chronik des Exils. Erinnerungsarbeit in Anna Seghers ‚Transit'". *Exilforschung* 28 (2010): *Gedächtnis des Exils. Formen der Erinnerung*: 194–210.
Wolfskehl, Karl. „Die Juden und das Buch" [1936]. *Deutsche Juden als Bibliophile und Antiquare*. Hrsg. von Fritz Homeyer. Tübingen 1963: 1–4.

# 3.19 Automobilität in der afrikanischen Literatur

Frank Schulze-Engler

## Einleitung

Wie überall auf der Welt sind Autos auch in Afrika seit mehreren Generationen zu einem festen Bestandteil der Alltagswelt geworden. Dies gilt für die rasch wachsenden urbanen Räume Afrikas, wo 2030 voraussichtlich mehr als die Hälfte aller Afrikaner/innen leben wird (Department of Social and Economic Affairs, 7–9), ebenso wie für ländliche Lebenswelten, wo Mobilität angesichts fehlender oder kaum verfügbarer öffentlicher Verkehrsmittel in vielen Ländern Afrikas in der Regel auf den Straßenverkehr angewiesen bleibt. Das Auto als „Leitobjekt in der ‚Welt der Objekte'" (Lefebvre 1975, 12) ist also längst auch in Afrika angekommen und hat dort Kulturen und Literaturen nachhaltig geprägt.

## Automobilität und afrikanische Moderne

Als eine zentrale Komponente der materiellen Infrastruktur einer globalisierten Moderne, aber auch als eines ihrer mächtigsten Symbole, ist das Auto tatsächlich ubiquitär. Dies bedeutet aber keineswegs, dass die globalisierte Moderne einheitliche Formen von Automobilität (Featherstone et al. 2005) hervorgebracht hat. Tatsächlich sind im Zuge der Globalisierung der Moderne höchst unterschiedliche Modernitäten oder Varianten der Modernität entstanden, die sich zum Teil deutlich von europäischen oder nordamerikanischen Formen der Moderne unterscheiden und seit geraumer Zeit im Zentrum intensiver Debatten um die Dezentrierung der Moderne (Eisenstadt 2000, Gaonkar 2001, Randeria 2009) bzw. die Provinzialisierung Europas (Chakrabarti 2000) stehen.

Afrika hat als weltweit ärmster Kontinent spezifische Formen nicht nur von Modernität (Probst et al. 2002), sondern auch von Automobilität generiert. Zwar lässt sich aus den heterogenen Realitäten der 55 Nationalstaaten Afrikas keine homogene gesellschaftliche, ökonomische oder kulturelle ‚African (road) condition' abstrahieren, noch lässt sich auf der Ebene der Nationalstaaten von einheitlichen Formen von Automobilität sprechen. Aber spezifisch afrikanische Formen von Automobilität sind maßgeblich von der sozialen Differenzierung zeitgenössischer nachkolonialer Gesellschaften in Afrika geprägt – und vermitteln gleichzeitig ein eindrucksvolles Bild dieser Differenzierung.

So macht bereits ein erster Blick auf den Straßenverkehr einer beliebigen afrikanischen Großstadt deutlich, dass hier höchst unterschiedliche Formen von Automobilität aufeinanderprallen. Am einen Ende des Verkehrsspektrums finden sich hochpreisige Limousinen und SUVs, mit denen eine meist recht kleine einheimische Oberschicht (und vielerorts Vertreter internationaler Firmen und NGOs) Macht und Einfluss demonstrieren; am anderen Ende steht eine schier unübersehbare Zahl von Sammeltaxis, die für die große Mehrzahl der Menschen das alltägliche automobile Transportmittel darstellen. Dazwischen finden sich die meist wenig luxuriösen Fahrzeuge einer in vielen Ländern Afrikas rasch anwachsenden Mittelklasse, deren soziale Lage alles andere als stabil ist. Und natürlich teilt sich der Personenverkehr die Straßen mit Lastwagen und Transportern, Motorrädern und Mopeds, Karren und Pferde- oder Ochsenwagen, Radfahrern und vor allem zahlreichen Menschen, die zu Fuß unterwegs sind, weil selbst die für westliche Verhältnisse preiswerten Sammeltaxis für sie unerschwinglich sind.

So unterschiedlich diese Praktiken der Straßennutzung und Automobilität auch sein mögen, sind doch alle Verkehrsteilnehmer in den meisten städtischen wie ländlichen Gebieten des subsaharischen Afrika mit oft schlecht unterhaltenen Straßen, einem hohen Unfallrisiko (Adeloye et al. 2016), weit verbreiteter Korruption staatlicher Behörden und einem (vor allem in den städtischen Regionen) oft chaotischen Verkehrsgeschehen konfrontiert. Lindsey Green-Simms stellt in ihrer Studie zu ‚Postkolonialer Automobilität' deshalb die plausible These auf, dass sich globale Automobilität in Afrika auf ebenso selektive wie prekäre Weise ausprägt und dass Erfahrungen afrikanischer Automobilität sowohl durch Mobilität und Modernisierung als auch durch Blockaden und Stillstand bestimmt sind (Green-Simms 2009, 39). Green-Simms weist allerdings selbst darauf hin, dass der paradoxe Zusammenhang zwischen individueller Mobilität und kollektivem Stillstand Automobilitäten in vielen Teilen der Welt prägt und der Theoriebegriff der Automobilität selbst daher zunehmend kritisch gesehen wird (vgl. Böhm et al. 2006; Conley und McLaren 2009). Auch wenn die widersprüchliche Beziehung von Mobilität und Stillstand somit keinesfalls ein spezifisch afrikanisches Phänomen darstellt, lässt sich dennoch von spezifisch afrikanischen „Autokulturen" (Miller 2001) sprechen, die wiederum zu einem wichtigen Thema der afrikanischen Literatur geworden sind. So lassen sich in der anglofonen Literatur Afrikas drei Modi der literarischen Thematisierung von „Autokulturen" beobachten: zunächst das (Luxus-)Auto als Statussymbol und dessen makabre Faszinationskraft, dann der Straßenverkehr als Symbol einer afrikanischen Moderne, schließlich Autofahrerinnen und ‚weibliche' Autos als Objekte einer prekären afrikanischen Mittelklasse.

## Das Auto als (kompensatorisches) Statussymbol

Für die Frage nach Automobilität als Bewegung weniger durch physische als durch soziale Räume rückt zum einen eine neuentstandene afrikanische Mittelklasse in den Blick, die – schon bald nach der Unabhängigkeit zu einer kleinen Oberschicht mutiert – ihre Privilegien erbarmungslos gegen die große Bevölkerungsmehrheit verteidigt; zum anderen die große Mehrheit derer, die erkennen müssen, dass ihre Erwartungen an eine gerechte Neuordnung in den nachkolonialen Gesellschaften Afrikas bitter enttäuscht wurden.

Der kenianische Schriftsteller Ngũgĩ wa Thiong'o, einer der bekanntesten Autoren Afrikas, verwendet in seiner in den 1970er Jahren verfassten Kurzgeschichte „A Mercedes Funeral" das Auto als paradigmatisches Symbolobjekt für diese gegenläufigen Öffnungs- und Schließungsprozesse. Im Mittelpunkt der Geschichte steht das Begräbnis des Wachmanns Wahinya, der sich mitten in der heißen Phase des Wahlkampfs um den Parlamentssitz in Ilmorog, einer fiktiven kenianischen Kleinstadt, in der viele der Werke Ngũgĩs angesiedelt sind, zu Tode trinkt. Der bisherige Parlamentsabgeordnete, der um seine Wiederwahl kämpft, sowie seine drei Herausforderer beschließen, dem mittellosen Wahinya ein ‚würdiges' Begräbnis zu spendieren; aus der scheinbaren Geste sozialer Verantwortung wird jedoch eine Inszenierung politischer Geschmacklosigkeit, als sich die Kandidaten mit immer aufwendigeren Särgen zu überbieten versuchen und der bisherige Amtsinhaber schließlich einen pompösen Sarg in Form eines Mercedes 600 enthüllt, mit dem er Wahinyas Wunsch, einmal im Leben Mercedes zu fahren, posthum zu erfüllen verspricht.

Der namentlich nicht genannte Erzähler, der diese bizarre Begräbnisgeschichte in einer Bar vorträgt, kannte Wahinya seit seinen Jugendtagen und hat, spiegelbildlich zu dessen sozialem Abstieg, selbst einen rasanten sozialen Aufstieg hinter sich. Während Wahinya seine Schulbildung frühzeitig abbrechen musste, durchlief der Erzähler eine mustergültige Bildungskarriere, die ihn in die neue Mittelklasse des unabhängigen Kenia katapultierte. Uhuru, die Unabhängigkeit Kenias, wurde so für ihn wie für viele seiner Mitstudenten an der Universität Makerere (der lange Jahre einzigen Universität in Ostafrika) zu einem rauschenden Aufstiegsfest: „Strange things we heard and saw: most of those who had finished Makerere were now being trained as District Officers, Labour Officers, Diplomats, Foreign Service – all European jobs. Uhuru. Cha. Cha Cha. [...] We could hardly wait for our turn." (Ngũgĩ 1975a, 126) Bezeichnenderweise misst diese neue Mittelschicht ihren Erfolg vor allem an den (Mittelklasse-)Autos, mit denen ihre soziale Mobilität für sie erfahrbar wird: „The car was now our world. We compared names: VW, DKW, Ford Prefects, Peugeots, Flying A's. Mercedes Benzes were then beyond the reach of our imagination." (Ngũgĩ 1975a, 126–127) Die märchenhaften Jahre des sozialen Aufstiegs direkt nach der Unabhängigkeit werden jedoch rasch von einer Phase der Asphaltierung sozialer Ungleichheit abgelöst: Einigen wenigen Mitgliedern der Mittelklasse gelingt der Aufstieg in die Ränge einer neuen Oberschicht (die Ngũgĩ in der Kurzgeschichte „The Mubenzi Tribesman" satirisch als „Mercedes-Stamm" bezeichnet), für die der einst unerreichbare Mercedes Benz sowohl zum alltäglichen Gebrauchsgegenstand als auch zum Statussymbol wird, während die meisten anderen Bürger des ‚neuen Kenia' allmählich erkennen müssen, dass sie als Fußgänger und Benutzer von Matatu-Sammeltaxis auf der Strecke geblieben sind.

**Abb. 1:** Autosarg aus Ghana

In Ngũgĩs Geschichte wird das Mercedes-Begräbnis als Höhepunkt der verflochtenen Geschichten von sozialem Auf- und Abstieg im nachkolonialen Kenia zu einer satirischen Inszenierung von Automobilität als (gesellschaftlichem) Stillstand. Anders als in Westafrika, wo aufwendige Särge mit Motiven aus der modernen Lebenswelt zu einem festen Bestandteil populärer Begräbniskulturen geworden sind (Beckwith 1994; Secretan 1995) und Auto-Särge (vor allem in Ghana) regelmäßig Verwendung finden (Abbildung 1), wird der Mercedes-Sarg in Ngũgĩs kenianischer Kleinstadt als taktlose Verhöhnung empfunden: Das Begräbnis endet mit einem Eklat, Wahinya wird später in aller Stille in einem schmucklosen Sarg beerdigt, und dem Amtsinhaber gelingt es nicht, mit seinem pompösen Geschenk die Herzen der Wähler zu erobern (auch wenn er letztlich dennoch wiedergewählt wird). „A Mercedes Funeral" endet also mit dem literarischen Begräbnis eines nachkolonialen Traums von Automobilität als neu gewonnener Freiheit.

Ngũgĩs Auto-Begräbnis ist zweifelsohne stringent erzählt, greift mit der Enttäuschung der Hoffnungen der antikolonialen Bewegungen der 1940er und 50er Jahre ein zentrales Thema der nachkolonialen afrikanischen Literatur der 1960er und 70er Jahre auf und präsentiert mit dem Mercedes-Sarg als groteskem Gipfelpunkt des ironischen Wechselspiels von automobiler Bewegung und gesellschaftlichem Stillstand ein ebenso innovatives wie wirkungsmächtiges Sinnbild für diese Enttäuschung. Dennoch bewegt sich die Geschichte innerhalb eines relativ engen ideologischen Horizonts. Getreu dem von Ngũgĩ immer wieder aufgegriffenen Diktum, es gäbe im modernen Afrika nur noch zwei Stämme, die Besitzenden und die Habenichtse (Ngũgĩ 1972, xvii), entwirft „The Mercedes Funeral" ein Panorama des nachkolonialen Kenia, in dem die afrikanische Mittelklasse und ihre Autos nicht mehr vorkommen: die VWs, DKWs, Ford Prefects und Peugeots der ersten Unabhängigkeitsjahre sind gleichsam aus dem Bild gerollt, und durch die Geschichte fahren am Ende nur noch die Mercedes-Benz-Wagen der neuen Oberschicht, die im übrigen allesamt männlich konnotiert sind. Das Auto wird in „The Mercedes Funeral" somit zum Vehikel einer populistischen Gesellschaftskritik, die paradoxerweise die Mittelklasse-Lebenswelten afrikanischer Schriftsteller/innen und ihrer Leser/innen ausblendet, die oft rostigen und verbeulten Fahrzeuge einer prekären afrikanischen Mittelklasse aus dem Blick verliert und ganz nebenbei ein strikt patriarchales Bild von Automobilität entwirft, in dem Autofahrerinnen ebenso wie ‚weibliche' Fahrzeuge keinen Platz haben.

## Autos und Straßenverkehr als Sinnbilder einer afrikanischen Moderne

Auch im literarischen Werk des nigerianischen Literaturnobelpreisträgers Wole Soyinka sind Autos wichtige Symbolobjekte. Der Straßenverkehr fungiert bei Soyinka allerdings nicht nur als Spiegelbild einer sozial gespaltenen Gesellschaft, sondern avanciert zum Symptom einer afrikanischen Moderne, deren transformative Kraft, aber auch deren Schwächen und Widersprüche Soyinka im Rückgriff auf die westafrikanische Yoruba-Mythologie sichtbar zu machen versucht.

In zahlreichen seiner Essays, Prosawerke und Theaterstücke setzt sich Soyinka kritisch mit einem afrikanischen Kulturnationalismus auseinander, der das Dorf als das authentische Herz Afrikas verklärt und der technischen Moderne als Ausfluss einer vermeintlich europäischen Lebensart skeptisch gegenübersteht. Diesem „Neo-Tarzanismus", der seiner Ansicht nach zentrale Tropen eines kolonialen Afrikabildes recycelt, setzt Soyinka das Bild einer selbstbewussten afrikanischen Moderne entgegen, für die moderne Technik schon längst ein selbstverständlicher Bestandteil afrikanischer Lebenswelten geworden ist: „My African world is a little more intricate and embraces precision machinery, oil rigs, hydro-electricity, my typewriter, railway trains (not iron snakes!), machine guns, bronze sculpture, etc., plus an ontological relationship to the universe including [...] pumpkins and iron bells." (Soyinka 1975, 38) Die in dieser Aufzählung nicht angeführten Autos, Autobusse und Laster sind für Soyinka eine zentrale Komponente dieser „etwas komplizierteren" afrikanischen Welt, mit der er sich nicht nur als Bürgerrechtsaktivist (der den Straßenverkehr als politisches Problem begriff und einige Jahre lang die nigerianische Straßensicherheitskommission leitete, Gibbs 1995), sondern auch als Schriftsteller intensiv auseinandergesetzt hat.

Bereits in seinem ersten Theaterstück „A Dance of the Forests" (UA 1960 anlässlich der Unabhängigkeitsfeiern Nigerias) lässt Soyinka einen typisch westafrikanischen „mammy wagon" durch einen von Waldgeistern und Yoruba-Göttern bevölkerten Wald fahren. Der zum Personentransporter umgebaute Laster soll mit seinen dicken Abgasschwaden zwei auf die Erde zurückgekehrte Ahnen in die Flucht schlagen, die als Überraschungsgäste bei den Unabhängigkeitsfeiern Zeugnis von Grausamkeit und Tyrannei in der afrikanischen Geschichte ablegen wollen, um so die Lebenden davor zu warnen, in der nachkolonialen Zukunft die Fehler der Vergangenheit zu wiederholen. Dass auch die Gegenwart bereits Anlass zu einem kritischen Blick auf die Gesellschaftswirklichkeit bietet, wird am Beispiel eines anderen „mammy wagon" deutlich, der bei einem Unfall – weil ein korrupter Verwaltungsbeamter die Zahl der zulässigen Sitzplätze verdoppelt hat – zur Todesfalle für 70 Reisende wird.

In „The Road" (1965), einem der bekanntesten Theaterstücke Soyinkas, wird die automobile Moderne auf dem Hintergrund der nigerianischen Yoruba-Kosmologie ausgedeutet. Ogun, der Gott des Feuers und des Eisens, schlug einst eine Schneise in den undurchdringlichen Urwald, der Menschen und Götter voneinander trennte, und machte so als Schutzpatron der Straße Kultur,

Zivilisation und Technologie erst möglich; von seinen Anhängern gegen seinen Willen zum König erhoben, erschlug der trunkene Gott später jedoch Freund und Feind gleichermaßen, zog sich aus der Welt zurück und wurde so zum Sinnbild der schöpferischen ebenso wie der zerstörerischen Kräfte von Zivilisation und Technologie. Der Autohof, den der Professor – die schillernde Hauptfigur des Stücks, die philosophische Lebensweisheit mit skrupelloser Geschäftemacherei verbindet – in „The Road" betreibt, ist Treffpunkt von Fernfahrern, Busschaffnern, Gelegenheitsdieben und Schlägern ebenso wie von Göttern und Menschen. Die Straße ist einerseits Lebensader des modernen Nigeria, die die entlegensten Teile des Landes miteinander verbindet, und andererseits ein „Schlachtfeld" (Soyinka 1973b, 219), auf dem der Professor einen lukrativen unfallgespeisten Ersatzteilehandel betreibt: „Breathe like the road. Be the road. Coil yourself in dreams, lay flat in treachery and deceit and at the moment of a trusting step, rear your head and strike the traveller in his confidence" (Soyinka 1973b, 228).

Straßen und Verkehr sind bei Soyinka stets Symbole einer komplexen Moderne. Seine Mythopoiesis, die diese Moderne mit Göttern, Geistern und Ahnenfiguren bevölkert, zielt nicht darauf ab, einer ‚westlichen Moderne' eine ‚afrikanische Tradition' gegenüberzustellen, an der das nachkoloniale Afrika spirituell genesen soll. Vielmehr geht es um die kulturell produktive Ausdeutung einer spezifisch afrikanischen Moderne mithilfe der komplexen Bilder, Symbole und Figuren, die die Yoruba-Mythologie und die orale Tradition als eine reichhaltige Ressource für moderne afrikanische Kunst und Literatur kenntlich machen.

## Autofahrerinnen: Das ‚weibliche' Auto als Objekt einer prekären afrikanischen Mittelklasse

Gegenwärtig wird die Literatur Afrikas maßgeblich von Frauen mitgeprägt: Autorinnen wie Chimamanda Ngozi Adichie, NoViolet Bulayawo, Taiye Selasi oder Yvonne Vera haben mit dem populistischen Ideal des Schriftstellers als Stimme seines Volkes gebrochen, das vor allem in der ersten Generation männlicher afrikanischer Autoren weit verbreitet war. Sie setzen sich intensiv mit der häufig transnational geprägten Lebenswirklichkeit einer neuen afrikanischen Mittelklasse auseinander – und entwerfen nebenbei ein neues Bild afrikanischer Automobilität.

So spielen beispielsweise in Ama Ata Aidoos Roman *Changes: A Love Story* (1991) eine Autofahrerin und ein ‚weibliches' Auto eine zentrale Rolle. Esi, die Protagonistin des Romans, ist mit ihrem in die Jahre gekommenen Auto (dessen Marke bezeichnenderweise ungenannt bleibt) in der ghanaischen Hauptstadt

Accra unterwegs und muss sich von Taxifahrern üble Sprüche über „Frauen am Steuer" anhören. Ihr Auto ist im Text ‚weiblich' konnotiert: Zum einen gehört es Esi selbst und unterscheidet sich somit vom Stereotyp des Zweitwagens, den erfolgreiche Männer ihren Frauen als ‚shopping basket' zur Verfügung stellen; zudem zeichnet es, unzuverlässig und rostig, Esi als Mitglied einer prekären Mittelklasse aus und ist im Unterschied zu ‚männlichen' Fahrzeugen ein reiner Gebrauchsgegenstand, kein Prestigeobjekt. Als Esi ihren späteren Ehemann Ali kennenlernt, steigt dieser in sein „solid and luxurious vehicle", während sie sich auf ganz andere Weise aus der Szene verabschiedet: „Then she was opening the door of her car, sitting before the wheel, putting it into motion, and with the old machine coughing like some asthmatic, she was gone." (Aidoo 1991, 4)

Wie stark das Thema Automobilität das Alltagsleben der Charaktere in *Changes* prägt, wird auch am Beispiel von Esis bester Freundin Opokuya deutlich, die sich mit ihrem Ehemann Kubi im Dauerstreit um die Nutzung des Familienautos befindet. Kubi betrachtet das Auto als sein Privateigentum, nimmt die von seinem Arbeitgeber angebotene Wartung des Autos als zusätzliche Vergünstigung in Anspruch und verhindert so, dass Opokuya, die neben ihrem Vollzeitjob als Krankenschwester vier Kinder zu versorgen hat, das Auto für Familienzwecke nutzen kann. Für ihn ist es selbstverständlich, dass das Auto den ganzen Tag auf dem Parkplatz seiner Behörde steht, auch wenn er den Tag über auf Dienstreise ist. Für Opokuya hingegen stellt sich die Situation ganz anders dar: „Opokuya thought this was absolutely ridiculous and even mad. A car is to be used. How was she to work full-time, and medical work at that, and look after a family as big as theirs without transportation of their own?" (Aidoo 1991, 17)

Aidoos Roman *Changes* weist mehrfach darauf hin, dass seine Mittelklasse-Protagonistinnen im Vergleich zu vielen anderen ghanaischen Frauen relativ privilegiert sind, setzt sich aber bewusst von paternalistischen Denkmustern ab, die lediglich ‚arme Afrikanerinnen' als relevante soziale Realität wahrnehmen, die soziale Komplexität zeitgenössischer afrikanischer Gesellschaften negieren und die Probleme der neuen afrikanischen Mittelschichten als ‚Luxusprobleme' abtun. Tatsächlich sind die automobilen ‚gender troubles' der Romanfiguren Symbol eines Kampfs um Gleichberechtigung und verdeutlichen die feministische Perspektive des Romans. Opokuyas Arbeitskolleginnen, die Opokuya als undankbar und ‚verwöhnt' (Aidoo 1991, 19) abtun, erweisen sich als gedankenlose Vertreterinnen einer patriarchalen Werteordnung, gegen die sich Opokuya ebenso wie Esi immer wieder zur Wehr setzen: „Opokuya […] did not feel spoilt. Each morning's argument ended with one of them giving in. […] If Opokuya won, she would [...] mentally look through her day, and quickly make a list. She always knew that even in a week with the car there was no chance of her being able to do half of what she had put down for the day." (Aidoo 1991, 19)

Auch in Chimamanda Ngozi Adichies Roman *Purple Hibiscus* (2001) spielen gendercodierte Fahrzeuge eine zentrale Rolle. Da ist zum einen das Oberklassemodell von Eugene, dem Herausgeber einer der wichtigsten, der Opposition nahestehenden Tageszeitungen Nigerias, der als bigotter Christ und autoritärer Familienvater seine Kinder und seine Frau regelmäßig misshandelt. Während für Eugenes Autos stets genug Benzin da ist, um die Automobilität der Familie zu gewährleisten, wird für seine Schwester Ifeoma, die als alleinstehende Universitätsdozentin auf die öffentliche Benzinversorgung angewiesen ist, Autofahren oft unfreiwillig zum Abenteuer. Als Eugenes Kinder ihre Tante besuchen, werden sie unmittelbar mit den Besonderheiten prekärer Automobilität konfrontiert: Ifeomas rostiger Kombi vermittelt mit fehlender Klimaanlage und ausgeleierten Stoßdämpfern ein ganz anderes Straßengefühl als der saubere, kühle Kokon, mit dem sie im väterlichen Mercedes durch den Verkehr gleiten. Ob und wie weit mit dem Auto gefahren werden kann, hängt ganz wesentlich davon ab, ob Ifeoma einige Liter Benzin ergattern konnte; und das Absaugen von Benzin aus anderen Autotanks gehört zu den Grundfertigkeiten, die Angehörige der Mittelschicht bereits als Kinder erlernen.

Wie in Aidoos *Changes* ist das ‚weibliche' Mittelklasseauto auch in Adichies *Purple Hibiscus* kein Luxusobjekt, sondern ein Gebrauchsgegenstand, der dringend zur Bewältigung eines komplizierten Alltags benötigt wird. Ifeoma muss neben ihrer Arbeit an der Universität ihre beiden Kinder versorgen und kümmert sich darüber hinaus um ihren Vater, der außerhalb der Stadt wohnt. Als dieser krank wird, wird das nahezu immobile Auto zum Symbol ihres prekären Mittelklasse-Status. Ifeoma hat nicht genug Benzin im Tank, um die Stadt zu verlassen, wann es wieder Benzin gibt, steht in den Sternen, und brauchbare Alternativen gibt es für sie auch nicht: „I cannot afford to charter a taxi. If I take public transport, how will I bring back a sick old man in those buses so packed with people your face is in the next person's smelly armpit?" (Adichie 2013, 149)

## Fazit

Autos sind im nachkolonialen Afrika nicht nur selbstverständlicher Bestandteil der Lebenswirklichkeit, sondern lassen sich auch aus der zeitgenössischen Literatur Afrikas nicht mehr wegdenken. Sie sind weder materieller Ausdruck des Neokolonialismus noch Sinnbilder einer literarischen ‚Verwestlichung'; als literarische Objekte fungieren sie als Vehikel gesellschaftskritischer Interventionen ebenso wie als Symbole einer ambivalenten Moderne und als Marker zeitgenössischer – vor allem urbaner – Lebensverhältnisse. Autos sind Bestandteil einer komplexen afrikanischen Modernität – und haben längst ihre eigene Geschichte in der materiellen Kultur ebenso wie in der Literatur Afrikas.

## Literaturverzeichnis

Adeloye, Davies, Jacquelin Y. Thompson, Moses A. Akanbi, Dominic Azuh, Victoria Samuel, Nicholas Omoregbe und Charles K. Ayo. „The Burden of Road Traffic Crashes, Injuries and Deaths in Africa: A Systematic Review and Meta-Analysis". *Bulletin of the World Health Organization*, 94.7 (2016): 510–521.
Adichie, Chimamanda Ngozi. *Purple Hibiscus* (2004). London 2013.
Aidoo, Ama Ata. *Changes: A Love Story*. London 1991.
Beckwith, Carol. „To Heaven by Land, Sea or Air: Fantasy Coffins from Ghana". *National Geographic* 186.3 (1994): 120–130.
Böhm, Steffen, Campbell Jones, Chris Land und Matthew Paterson (Hrsg.). *Against Automobility*. Malden, MA 2006.
Chakrabarty, Dipesh. *Provincializing Europe: Postcolonial Thought and Historical Difference*. Princeton, CA 2000.
Conley, Jim, und Arlene Tigar McLaren (Hrsg). *Car Troubles: Critical Studies of Automobility and Auto-Mobility*. Farnham 2009.
Department of Social and Economic Affairs, United Nations. *World Urbanization Prospects: The 2014 Revision*. New York, NY (United Nations) 2014.
Eisenstadt, Shmuel N. „Multiple Modernities". *Daedalus*. 129.1 (2000): 1–29.
Featherstone, Mike, Nigel Thrift und John Urry (Hrsg.). *Automobilities*. London 2005.
Gaonkar, Dilip Parameshwar (Hrsg.). *Alternative Modernities*. Durham, NC 2001.
Gibbs, James. „The Writer and the Road: Wole Soyinka and Those Who Cause Death by Dangerous Driving". *The Journal of Modern African Studies*. 33.3 (1995): 469–498.
Green-Simms, Lindsey. *Postcolonial Automobility*. Dissertation. University of Minnesota 2009.
Lefebvre, Henri. *Metaphilosophie: Prolegomena*. Frankfurt am Main 1975.
Miller, Daniel (Hrsg.). *Car Cultures*. Oxford 2001.
Ngũgĩ wa Thiong'o. *Homecoming: Essays on African and Caribbean Literature, Culture and Politics*. London 1972.
Ngũgĩ wa Thiong'o. „A Mercedes Funeral". *Secret Lives: Short Stories*. London 1975a: 113–137.
Ngũgĩ wa Thiong'o. „The Mubenzi Tribesman". *Secret Lives: Short Stories*. London 1975b: 138–144.
Probst, Peter, Jan-Georg Deutsch und Heike Schmidt (Hrsg.). *African Modernities: Entangled Meanings in Current Debate*. Oxford 2002.
Randeria, Shalini. „Entangled Histories of Uneven Modernities: Civil Society, Case Councils, and Legal Pluralism in Postcolonial India". *Comparative and Transnational History*. Hrsg. von Heinz-Gerhard Haupt and Jürgen Kocka. New York, NY 2009: 77–104.
Secretan, Thierry. *Going into Darkness: Fantastic Coffins from Africa*. London 1995.
Soyinka, Wole. „A Dance of the Forests". *Selected Plays I* [1960]. Oxford 1973a: 1–77.

Soyinka, Wole. „The Road". *Selected Plays I* [1965]. Oxford 1973b: 147–232.
Soyinka, Wole. „Neo-Tarzanism: The Poetics of Pseudo-Tradition". *Transition*. 48 (1975): 38–44.

## 3.20 Strandgut: Postkoloniale/transnationale Bausteine kultureller Artikulation

Nina Jürgens

### Einleitung

Begibt man sich auf die Suche nach Strandgut in der Literatur, so ähnelt dies methodologisch dem Vorgehen des Strandläufers auf der Suche nach angespülten Preziosen: Zwischen den Zeilen findet man Angeschwemmtes, das sich vielleicht erst nach längerem Suchen offenbart, dann aber Faszination und Neugier auslöst. Es kommt aus fremden Gefilden und bringt Narrative mit sich, die, einmal aufgelesen, in neue Bedeutungskontexte überführt werden können. Das Sammeln, Betrachten und Ordnen dieser Dinge bietet Anlass, sich mit kulturell geprägten Deutungsmustern auseinanderzusetzen, die in den durch angeschwemmte Gegenstände markierten Grenzräumen auf die Probe gestellt werden.

Strandgut stellt zunächst einen Oberbegriff dar, der verschiedene, oftmals rätselhafte Dinge vereint. Sobald sie an einem Strand liegen, können sie zum Beispiel als meeresbiologischer Wissensträger, ästhetisches Kuriosum oder als subsistenzsichernde Lebensgrundlage neue Bedeutung gewinnen. Angeschwemmtes wirft Fragen nach seiner Herkunft auf: Es kann Teil globalkapitalistischer Warenströme sein, auf die Schattenseiten von Konsumkultur oder auf Naturkatastrophen verweisen. Als Überrest ist es nicht mehr Teil jener materiellen Kultur, aus dem es kommt, aber auch (noch) nicht in seinem neuen Kontext integriert; als Zwischending eröffnet es einen Interpretations- und Aktionsraum im Umgang mit materiellen Resten.

Strandgut stellt einen bemerkenswert egalitären Forschungsgegenstand dar (vgl. Wood 1987), dem seit einigen Jahren ein vermehrtes populärwissenschaftliches Interesse zugekommen ist. So hat der ‚professionelle Strandläufer' Curtis Ebbesmayer aus angeschwemmten Turnschuhen oder Plastikspielzeug Einblick in ozeanische Strömungsmuster gewonnen (Scigliano und Ebbesmayer 2009). Bislang gibt es jedoch keine eigenständige kulturwissenschaftliche Studie zu angeschwemmten Dingen, auch wenn zum Beispiel die eher künstlerisch bzw. autobiografisch inspirierten Beiträge von Gerhard Priewe und Jürgen Bummert (2013) und Skye Moody (2006) deren enormes Potenzial für eine systematische

Analyse andeuten. Vor allem Moodys Katalog der angeschwemmten Dinge beleuchtet die spirituelle, wirtschaftliche und historische Bedeutung von Strandgut. Ihre narrative Sammlung reicht von Steinen, die einen rein emotionalen Wert haben, bis hin zur wirtschaftshistorischen Bedeutung wertvoller Biomasse wie Ambergris. Die spirituelle Wirkmacht von Strandgut schildert Moody exemplarisch anhand südpazifischer Cargo-Kulte. Der Begriff kam in der Anthropologie der 1940er auf und beschreibt die im pazifischen Kulturraum verbreitete Vorstellung, dass die Güter, die entweder angeschwemmt oder über westliche Entdecker, Forscher oder Missionare mitgebracht wurden, Geschenke der Ahnen sind, die durch Rituale immer wieder reproduzierbar sind. Die neuere Forschung schreibt diesem besonderen Umgang mit Dingen jedoch eine eher kulturpraktische Funktion vor dem Hintergrund gesellschaftlichen Wandels zu (McDowell 1988).

In seiner engsten Definition als „vom Meer an den Strand gespülte Gegenstände" (Duden) verweist der Begriff auf Fragen nach Herkunft und Besitzverhältnissen der meist nach Schiffbruch oder Havarie an Land getriebenen Dinge. Ursprünglich hat diese Definition einen rechtlichen Hintergrund, der Besitzverhältnisse um Angespültes klärt und sich darauf bezieht, wie die Gegenstände ins Meer gelangten – zum Beispiel absichtlich aus einer Notlage heraus oder ohne menschliches Zutun durch Naturgewalten. In der englischen Umgangssprache denotieren die Begriffe *flotsam* bzw. *jetsam* heute „useless and discarded objects" oder, in metaphorischer Übertragung, „people and or things that have been rejected and are regarded as worthless" (OED). Eine meeresbiologische Definition von Treibgut lautet: „[A]ny object [...] that has been lost or discarded [...]. [It] threatens marine wildlife [but also] could potentially be transported into new ecosystems." (Cunningham 2003, 421) Diese ökologische Auffassung von Strandgut engt auf der einen Seite das semantische Feld wieder ein, der Hinweis auf die Gefahr für maritime Ökosysteme deutet aber bereits an, dass von den Dingen eine *agency* ausgeht, die auch für Strandgut in der Literatur zum Tragen kommt.

Der Strand als „symbolische Schnittstelle zweier Existenzformen" (Feldbusch 2003, 17), als liminaler Raum und Ort des Ansammelns bietet ein kulturwissenschaftlich etabliertes Diskursfeld im Zusammenhang mit postkolonialen anglofonen Literaturen und Kulturen (siehe zum Beispiel Kluwick und Richter 2015). Er ist Grenze und „contact zone" (Pratt 2010), gleichzeitig Meeressaum und Raum individueller und kollektiver Identitätsentwürfe. In der Geschichte Australiens zum Beispiel fungiert er als Bühne kolonialer Begegnung, aber auch als Ort rassistischer Auseinandersetzungen wie den *Cronulla Riots* in Sydney im Jahr 2005, durch die der Mythos eines egalitären und multikulturellen Australiens als eben solcher entlarvt wurde. Diese Wechselhaftigkeit kann zum einen positiv gedeutet werden, als Ort der Befreiung von beengenden Definitionen: „[T]he arbitrary throwing together of heterogeneous flotsam and jetsam precludes reliance on category and definition, is acceptance of ambiguity and difference, a preference for lack of closure and a resistance to boundaries separating one category from another." (Huntsman 2001, 74) Eine solche Ambiguität und Offenheit kann den Strand zum utopischen Fluchtpunkt stilisieren. In Hinblick auf die jüngsten politischen Entwicklungen im Nahen Osten und Europa fällt es jedoch schwer, diese Auffassung vom positiven und ambigen Spiel der Signifikanten unkritisch beizubehalten. Über ikonische Bilder, die auf der Flucht ertrunkene Kleinkinder und Erwachsene an Urlaubsstränden zeigen, wird auf eindringliche Weise die politische und vor allem humanitäre Dimension des Angeschwemmten vor Augen geführt.

Für die Deutungsproblematik in Bezug auf rein dingliches Strandgut, welches bislang noch eher Gegenstand literarischer Darstellungen ist, spielen Sammlerfiguren – oder *beachcomber* – eine tragende Rolle, da sie diejenigen sind, die durch ihre Interpretationsleistung die Dinge zum Sprechen bringen. Hier zeigt sich, nach welchen Mustern Fremdes und Eigenes gesammelt, betrachtet, geordnet und klassifiziert wird, kurz, welche Deutungsmuster an die Dinge herangetragen werden. Der *beachcomber* ist in dieser Hinsicht ‚kultureller Arbeiter': „[He] draws on contingency and yet attempts to recreate some kind of order by assembling random bits and pieces lost as the result of maritime catastrophe." (Döring 2015, 116) Das bekannteste literarische Vorbild ist wohl Daniel Defoes Robinson Crusoe (1719). Sein neu zu erschaffendes Reich baut auf den Materialien auf, die angespült werden. Sie sichern sein Überleben, markieren aber ebenso die unüberbrückbare Distanz zwischen dem *castaway* und seiner ursprünglichen kulturellen Verankerung. Dies wird besonders deutlich in jenen Stücken, die nicht praktisch verwertbar sind, sondern als letzte Zeichen seiner ertrunkenen Kameraden fungieren: „three of their hats, one cap, and two shoes that were not fellows" (Defoe 2007 [1719], 41). Die Kleidungsstücke symbolisieren die Abwesenheit derer, die sie einmal trugen, und bedeuten gleichzeitig Crusoes Bruch mit dieser Vergangenheit.

Das Zusammenspiel von Finder und Strandgut ist zudem für die Konstruktion unterschiedlicher Modi einer postkolonialen bzw. transnationalen ‚imagined community' (Anderson 2006) relevant. Diese zeigt sich etwa in Murray Bails Roman *Holden's Performance* als von klassischen postkolonialen Binarismen durchzogen, die sich in der materiellen Welt niederschlagen, während David Wiesners Bilderbuch *Flotsam* als eher transnational ausgerichtet gelesen werden kann, insofern es die netzwerkartigen Verbindungen zwischen Kulturen hervorhebt und Strandgut zu einem Signifikanten transnationaler Prozesse macht (Shelley Fisher Fishkin zit. in Denson et al. 2013). Beide Texte, die sich um die Herausforderungen kultureller Artikulation angesichts globaler Dynamiken drehen, seien nun genauer betrachtet.

## „Each one tells a story" – Strandgut und Australien in Murray Bails *Holden's Performance* (1987)

Der Strand spielt, neben Outback und Großstadt, eine zentrale Rolle in der identitätsstiftenden Mythenbildung Australiens (Fiske et al. 1987; Huntsman 2001; Perera 2009). Es ist daher nicht verwunderlich, dass an einem so hochgradig semantisierten Ort den Dingen, die sich dort sammeln, und den Interaktionen, in die sie mit Strandbesuchern treten, besondere Bedeutung zukommt – so auch in Bails satirischem Bildungsroman *Holden's Performance*. Vor dem Hintergrund eines wirtschaftlich erstarkenden Australien der Nachkriegszeit wirft dieser Roman einen kritischen Blick auf das materialistisch geprägte Denken jener Epoche. Anhand der Lebensgeschichte des Titelhelden zeichnet Bail die Entwicklungsgeschichte einer Nation, die nach dem Wechsel geopolitischer Allianzen zwischen Australien, den USA und Großbritannien in ihrem Bewusstsein stark verunsichert ist. Bails Figuren sehen sich von Individuen, Informationen und Dingen belagert, die die kulturell homogenen und klar geordneten Strukturen ihres anglozentrisch ausgerichteten Welt- und Selbstverständnisses empfindlich stören. Dem bedrohlichen Chaos setzen sie Strategien des Ordnens und Sammelns entgegen, die es ihnen ermöglichen, eine australische Identität gegenüber den imperialen und ‚neo-kolonialen' externen Mächten Großbritannien bzw. den USA zu positionieren. Besonders in den Dingen, die als Strandgut die Küste erreichen, vereinen sich räumliche und zeitliche Aspekte. Dabei fungiert der Strand als permeabler Grenzraum, der die Dinge den Interpretationsprozessen der Figuren zur Verfügung stellt. Diese Durchlässigkeit birgt jedoch die Gefahr kultureller Kontamination, die dem Titelhelden Holden und seinen Sammlerfreunden, den Alltagsempirikern Vern Hartnett, Les Flies und Gordon Wheelright, zwar ein reichhaltiges Betätigungsfeld eröffnet, ihrer Freizeitbeschäftigung aber auch eine explizite Wächterfunktion zukommen lässt. An einem Strandstück südlich von Adelaide finden sie die Überreste der jüngeren Weltgeschichte: „Gas masks [lay] tangled [...]. Empty life rafts sloshed with puke and inflated toadfish. [...] Wheelright picked up [...] bits of the *Bismarck* [...]. Dresden soup plates, Tudor gables, [...] carcasses of glockenspiels." (Bail 1987, 103–104) Diese Dinge sind Zeugen geopolitischer Verwerfungen, an denen Australien nur am Rande beteiligt war. Während sie in narrativer Hinsicht durch die

Form der Aufzählung bzw. die räumliche Anordnung entlang des Spülsaums sortiert sind, stellen sie zugleich ein Abbild der gesellschaftlichen und nationalpolitischen chaotischen Verwicklungen des Zweiten Weltkriegs dar. Unter die materiellen Überreste mischen sich maritime Lebewesen als Stellvertreter der Gefallenen: die Fragmente des größten deutschen Schlachtschiffs, der *Bismarck*, zeugen vom Untergang des ‚Dritten Reichs', der aufgeblähte Kugelfisch erinnert an Kriegsopfer, die als Wasserleichen endeten. Daneben finden sich Gegenstände, die die verheerenden Auswirkungen auf die westliche Zivilgesellschaft unabhängig von ihrer nationalen Affiliation verdeutlichen: das Dresdner Porzellan, die Bauteile englischer Häuser, die Reste der europäischen Industriekultur und die ambigen ‚Glockenspiel-Gerippe' bilden als Strandgut eine heterogene Masse, die das kollektive Trauma der westlichen Welt nun Australien anträgt.

Durch den archäologisch-objektiven Blick der Strandsammler wird die Peripherie zum Ausgangspunkt der Deutung gemacht, wandelt sich der Kontinent von einer globalen Müllkippe zum Zentrum archivarischer Bestrebungen: „History consisted not so much of facts as artifacts. Ordinary everyday objects are discarded or swept away by events. Each one tells a story." (Bail 1987, 281) Der bislang marginalisierte Inselkontinent entwickelt sich zum Repositorium potenzieller Deutungshoheit, deren Sinn und Zweck allerdings infrage gestellt wird. Statt die Narrative, die ihnen buchstäblich zu Füßen liegen, weiterzuerzählen, überführen die Freunde ihre Fundstücke in ihr persönliches Garagen-Archiv. Das Strandgut lagert in Pappkartons und fällt bald dem Vergessen anheim, so dass den Dingen ihr potenziell verstörender Charakter genommen wird, sie werden zum Schweigen gebracht. Sammeln wird zum Ausdruck ossifizierter kompensatorischer Praktiken, die Fremdes zwar aufnehmen, aber es eben dabei belassen. Diese Strategie bestärkt die Vorstellung eines weißen Australien als monolithische Einheit am ‚anderen' Ende der Welt, für die die Nation als formgebendes Konzept ein fragiles Gerüst ist. Der Strand, bei Bail Ausdruck insularer Mentalität, und das angespülte Strandgut stehen sinnbildlich für eine Nation, die sich (noch) nicht mit ‚Störfaktoren' auseinandersetzen kann. Das Eindringen fremder Narrative wird zwar registriert, findet aber keinen Eingang in einen Diskurs, der für eine australische postkoloniale Identität weiterführend sein könnte.

## Aus der Tiefe geholt – Strandgut in David Wiesners *Flotsam* (2012)

Wiesners postmodernes Bilderbuch geht in diesem Zusammenhang einen Schritt weiter, da hier das Prinzip des archivierenden, possessiven Umgangs mit Strandgut von einer flexibleren kommunikativen und transkulturellen Haltung abgelöst wird. Der Plot ist schnell erzählt: Ein kleiner Junge findet eine Kamera, beschäftigt sich eingehend mit dem Fundstück und wirft es anschließend zurück ins Meer. Anhand dieses angespülten *everyday object* entwickelt Wiesner ein *deep reading* von Strandgut, das über den Umgang mit Objekten die Entstehung transhistorischer und transnationaler Gemeinschaft ausbildet.

Während die Erwachsenen im Liegestuhl den Blick in die Ferne schweifen lassen, birgt das Fundstück des Kindes, eine Kamera, im wahrsten Sinne des Wortes phantastische Einblicke. Denn durch den in der Kamera befindlichen Farbfilm und den chemischen Prozess des Entwickelns wird sichtbar, welche Geschichten sie aufgezeichnet hat. Die Farbfotos werden zu Chronotopoi, die räumlich ins Phantastische abschweifen: Hier bekommen Junge und Leser/in maritime Welten zu sehen, in denen Lebewesen und Dinge in Einklang zu leben scheinen. Mechanische Fische schwimmen neben lebendigen, und einige Meeresbewohner haben sich – wiederum aus im Meer treibenden Dingen – ein bourgeois anmutendes Wohnzimmer gebaut.

Den Bildern maritimer Reisebegleiter folgt eine *mise en abyme* von Repräsentationen, das alle vorangegangen Finder der Kamera auf einem Bild vereint: Jedes Kind hat sich mit dem Bild der Vorgänger in der Hand selbst fotografiert und so bildlich in die Geschichte der Apparates eingeschrieben. Mithilfe seines Mikroskops erkennt der Protagonist, dass er das vorläufig letzte Glied einer Kette von Kindern ist, die sowohl verschiedene Kulturen als auch historische Momentaufnahmen verknüpft. Je mehr er das Foto vergrößert, desto weiter in die Vergangenheit reicht diese Kette – den Anfang, so lässt die Kleidung des Jungen und der Figuren im Hintergrund vermuten, macht ein Strandläufer um 1900, der winkend von einer Schwarz-Weiß-Aufnahme grüßt. Anstatt aber nun dieses Objekt der Zeitgeschichte zu verwahren, beschließt der jüngste *beachcomber*, den Dialog weiterzuführen. Auch er schießt ein Foto, auf dem er die Aufnahme der anderen Kinder in der Hand hält, und wirft schließlich die Kamera zurück ins Wasser, wo sie von den Meeresbewohnern an andere Strände transportiert wird, um so aufs Neue gefunden zu werden. Das letzte Panel zeigt dementsprechend ein anderes Kind, diesmal an einem palmengesäumten Strand, das nach dem Strandgut greift.

Wiesners Bilderbuch stellt durch die Wiederholung der Motive, die zum genauen Hinsehen auffordern, sowie durch die Wahl der Kamera als narratives Objekt, Strandgut als geheimnisvolle, vor Geschichte(n) überbordende Dingkategorie dar, deren verbindendes Potenzial unter bestimmten Bedingungen aktiviert werden kann. Der Strand als Ort der Ankunft und als Schwelle zwischen außen und innen wird in diesem Zusammenhang sowohl *contact zone* als auch Ort weiterführender Artikulation. Ein egalitärer, pluralistischer und dynamischer Dialog zwischen Kulturen entwickelt sich dann, wenn Dinge nicht in statischen Archiven hierarchischen Besitz- und Deutungsverhältnissen unterworfen werden, sondern wenn durch das Weitererzählen über, durch und mit Strandgut sich eine neue, zukunftsweisende *imagined community* bildet.

Anhand von Strandgut als Dingkategorie lässt sich also ein Konzept der Kulturanalyse entwickeln, das Wege aufzeigt, wie sich Identitäten anhand des Umgangs mit Dingen und deren Bewegungen ausformulieren. Vergleicht man Bails und Wiesners Strandsammler, so zeigt sich, unter welchen Bedingungen die angespülten Dinge in entweder postkolonialer oder transnationaler Perspektive in Anspruch genommen werden können: Je nach Ankunftsort und kulturgeschichtlichem Kontext kann Strandgut wie im Falle Bails das Selbstverständnis Australiens als abgeschotteter, marginalisierter ‚Inselkontinent' problematisieren, dessen Struktur in Binärstrukturen verharrt, in denen der Austausch von Narrativen stagniert. Wenn Strandgut hingegen zu einem Akteur im Netzwerk transnationaler Verbindungen gemacht wird, wie in Wiesners Beispiel, kann es statische Identitätskonstruktionen unterwandern und zu einer Ressource kreativer Imagination werden.

## Literaturverzeichnis

Anderson, Benedict. *Imagined Communities: Reflections on the Origin and Spread of Nationalism*. London 2006.
Bail, Murray. *Holden's Performance*. New York, NY 1987.
Brewster, Anne. „Beachcombing: A Fossicker's Guide to Whiteness and Indigenous Sovereignty". *Practice-Led Research, Research-Led Practice in the Creative Arts*. Hrsg. von Hazel Smith und Roger T. Dean. Edinburgh 2009: 126–152.
Cunningham, D. J., und S. P. Wilson. „Marine Debris on Beaches of the Greater Sydney Region". *Journal of Coastal Research* 19.2 (2003): 421–430.
Defoe, Daniel. *Robinson Crusoe*. Oxford, New York, NY 2007 [1719].
Denson, Shane, Christina Meyer und Daniel Stein. „Introducing Transnational Perspectives on Graphic Narratives". *Transnational Perspectives on Graphic Narratives. Comics at the Crossroads*. Hrsg. von Shane Denson, Christina Meyer und Daniel Stein. London, New Delhi, New York, NY, Sydney 2013: 1–14.

Döring, Tobias. „Caribbean Beachcombers". *The Beach in Anglophone Literatures and Cultures. Reading Littoral Space.* Hrsg. von Ursula Kluwick und Virginia Richter. London 2015: 107–120

Feldbusch, Thorsten. *Schreiben zwischen Land und Meer: Schreiben auf den Grenzen.* Würzburg 2003.

Fiske, John, Bob Hodge und Graeme Turner. *Myths of Oz: Reading Australian Popular Culture.* Winchester, MA 1987.

Huggan, Graham. *Australian Literature: Postcolonialism, Racism, Transnationalism.* Oxford 2007.

Huggan, Graham. „Introduction". *The Oxford Handbook of Postcolonial Studies.* Hrsg. von Graham Huggan. Oxford 2013: 1–27.

Huntsman, Leone. *Sand in Our Souls: The Beach in Australian History.* Melbourne 2001.

Kluwick, Ursula, und Virginia Richter. „Twixt Land and Sea: Approaches to Littoral Studies". *The Beach in Anglophone Literatures and Cultures. Reading Littoral Space.* Hrsg. von Ursula Kluwick und Virginia Richter. London 2015: 1–20.

McDowell, Nancy. „A Note on Cargo Cults and Cultural Constructions of Change". *Pacific Studies* 11.2 (1988): 121–134.

Moody, Skye. *Washed Up: The Curious Journeys of Flotsam and Jetsam.* Seattle, WA 2006.

Perera, Suvendrini. *Australia and the Insular Imagination.* New York, NY 2009.

Pratt, Marie-Louise. *Imperial Eyes: Travel Writing and Transculturation.* London 2010.

Priewe, Gerhard, und Jürgen Bummert. *Strandgut: Finden, auflesen, mitnehmen?* Rostock 2013.

Scigliano, Eric, und Curtis Ebbesmayer. *Flotsametrics and the Floating World: How One Man's Obsession with Runaway Sneakers and Rubber Ducks Revolutionized Ocean Science.* London 2009.

Wiesner, David. *Flotsam.* London 2012.

Wood, Amos. *Beachcombing the Pacific.* West Chester 1987.

## 3.21 Konsumobjekte in der Pop Art: Richard Hamilton und Rolf Dieter Brinkmann

Heinz Drügh

**Konsum: Analyse und Kritik**

In der Geschichtswissenschaft und Soziologie hat sich der Begriff ‚Konsumgesellschaft' etabliert. Damit wird eine Lebensform bezeichnet, in der „ein überwiegender Teil der Bevölkerung deutlich über die Grundbedürfnisse hinaus" (König 2008, 28) konsumiert. Voraussetzung dafür ist, dass durchweg mehr verdient wird als das bloße Existenzminimum und für genug Freizeit gesorgt ist, damit das überschüssige Einkommen für Konsumwünsche eingesetzt werden kann. Gesellschaftlich wird dieser Vorgang nicht bloß akzeptiert, sondern goutiert und sogar aktiv befördert.

Namentlich gilt diese Charakteristik für westliche Gesellschaften nach dem Zweiten Weltkrieg. Neben dem „ubiquitäre[n] und omnitemporale[n] Verzehr industriell hergestellter Lebensmittel" wird der dort herrschende Lebensstil geprägt durch „Bekleidung mit modischer Massenkonfektion", durch eine „dramatisch gestiegene Mobilität", das „Wohnen in technisierten Haushalten" und eine „medial gestaltete Freizeit" (König 2008, 28). Im Jahr 1958 prägt John K. Galbraith den Begriff *Affluent Society*. Damit markiert er jenen Prozess, mit dem die industrielle Produktion der Vereinigten Staaten, die durch die Herstellung kriegswichtiger Güter immens hochgefahren worden war, durch Massenkonsum auf ihrem Level gehalten werden soll. Hierzu bedurfte es einer Neuakzentuierung des Konsums. Er galt fortan nicht mehr dominant als Befriedigung basaler Bedürfnisse. An die Stelle des von Karl Marx sogenannten Gebrauchswerts der Waren trat das, was die heutige Forschung als deren Fiktionswert (vgl. Ullrich 2013, 7–30) bezeichnet. Damit geht die Strategie einher, Konsumentenwünsche gezielt zu stimulieren. Werbung und Marketing erleben einen Aufschwung. Die gesellschaftlichen Konsequenzen dieser Entwicklung werden freilich von vielen Theoretikern mit Skepsis beurteilt.

So behauptet Hannah Arendt in der 1958 publizierten Schrift *The Human Condition* (*Vita Activa oder Vom tätigen Leben*, 1960), dass Konsum für Oberflächlichkeit und Gier stehe und in Bezug auf das Politische wie ein Sedativum wirke. Sobald die Befriedigung durch den Konsumakt nachlasse, jagten die Konsumenten auch schon dem nächsten käuflichen Objekt hinterher, statt sich fürs Gemeinwesen zu engagieren. „Die große Hoffnung", schreibt Arendt, „die

Marx und die Besten der Arbeiterbewegung in allen Ländern beseelte: daß Freizeit schließlich den Menschen von der Notwendigkeit befreien und das Animal laborans produktiv machen würde", erweise sich aufgrund der offensichtlichen Attraktivität des Shoppings als trügerisch (Arendt 1960, 120–121). In vergleichbarer Weise argumentieren auch Herbert Marcuse in *One Dimensional Man* (1964) oder Wolfgang Fritz Haug mit seiner *Kritik der Warenästhetik* (1971).

Aufgeschlossener steht Michel de Certeau dem Konsum gegenüber. In seiner Abhandlung *Die Kunst des Handelns* bestreitet zwar auch er nicht, dass in der Konsumsphäre Versuche der „Manipulation" durch „aufgezwungene[] Kenntnisse und Symboliken" an der Tagesordnung sind. Er bezweifelt nur, dass Konsumenten dem hilflos ausgeliefert sind. So konzediert er ihnen einen „Handlungsstil", mit dessen Hilfe sie sich als „verkannte Produzenten", ja sogar als „Dichter ihrer eigenen Angelegenheiten und Erfinder ihrer eigenen Wege durch den Dschungel der funktionalistischen Rationalität" kämpfen (de Certeau 1988, 78–79, 82, 85) (vgl. auch McCracken in 2.11 Drügh). „Let's not pretend that the quantity of things is intrinsically oppressive", fordert auch Daniel Miller, „it is only that it has the capacity to become so." (Miller 2010, 62) Konsumobjekte gehören nun einmal zur *material culture* und lassen sich als Elemente grundlegender Weltorientierung wie auch als basales Kommunikationsmittel begreifen. „All material possessions carry social meaning", schreiben Mary Douglas und Baron Isherwood in ihrer Studie *The World of Goods*, und folglich seien sie als „communicators" zu untersuchen. Dies bedeutet aber keine überspitzt affirmative Haltung in Bezug auf den Konsum, sondern ist schlicht „standard ethnographic practice" (Douglas und Isherwood 1979, 279). Darüber hinaus akzentuiert Miller eine geradezu emanzipative Seite des Konsums, und zwar insofern, als dieser „merge[s] cultural and parental influences, normative social orders and other ingredients, which we add as we go along" (Miller 2008, 295). Diese Bemerkung lässt sich als Nachklang einer Pop-Attitüde verstehen. Spaßorientiert und durch und durch käuflich, wird Popmusik auch zum Vehikel dissidenter Regungen wie des Einspruchs gegen Provinzialismen, gegen die Dominanz der Eltern und ihrer Moralvorstellungen oder gegen herrschende gesellschaftliche Regimes. In Bezug auf die Konsumsphäre funktioniert diese kritische Haltung nicht ohne einen gewissen performativen Selbstwiderspruch, ist Pop doch selbst ein kulturindustrielles Gut. Umso nachdrücklicher sucht die Popmusik ihre Identität gegen die Hegemonie des Konsums und seinen fortwährenden Versuch zu verteidigen „to drive my imagination", wie es in Mick Jaggers und Keith Richards Song *Satisfaction* heißt. Mit ihrem Distinktionsbestreben gegenüber der Konsumsphäre pflegt Popmusik eine gegenkulturelle Künstlerattitüde. Anders hält es der Rap bzw. Hip-Hop. Sein exzessives Zitat von

Konsumgegenständen steht für eine Strategie der Selbstermächtigung in einem kapitalistischen System, und zwar nicht durch die Negation, sondern durch die überspitzte Affirmation seiner Betriebsgesetze.

## Pop als Gegenkultur? Richard Hamiltons Konsum-Kunst

Leichter als Popmusik kann sich die bildende Kunst dem Konsum widmen und daraus sogar Distinktionsgewinn erzielen. Anhand von Richard Hamiltons Collage *Just what is it that makes today's homes so different, so appealing* (1956) lassen sich die wichtigsten Aspekte einer solchen Öffnung nachzeichnen. Im Zentrum dieser Arbeit findet sich die Vokabel „Pop", und zwar auf jenem von dem Bodybuilder mit unmissverständlicher Geste vor seine Körpermitte gehaltenen ,Lolli*pop*'. Die phallische Komponente findet ein ironisches Echo in der Werbebotschaft für den *Hoover*-Staubsauger „Ordinary cleaners reach only this far", und in dieses Tableau passt auch das weibliche Pin-up. Ansonsten aber stammen die Inventarstücke des Bildes aus der gewöhnlichen Konsumsphäre. So finden sich Einrichtungsgegenstände, industriell verarbeitete Lebensmittel (Dosenschinken der Marke *Armour Star*), Haushalts- und Unterhaltungselektronik (*Hoover*-Staubsauger, Tonbandgerät, Fernseher der Marke *Stromberg-Carlson*) bzw. Erzeugnisse der Unterhaltungsindustrie (Kinofilm *The Jazz Singer*, *Young Romance*-Comic). Durch den mit einem *Ford*-Logo beklebten Lampenschirm ist auch der Automobilismus mit von der Partie; im weiteren Resonanzraum der Collage ist damit auch der Fordismus präsent, das heißt jenes Modell technisierter Massenproduktion, die der Überflussgesellschaft einerseits entfremdende Fertigungsweisen (Fließband), andererseits ihre ,ungeheure Warensammlung' (Marx) sowie den für ihren Erwerb erforderlichen Reichtum verschafft hat.

Fünf Formen der Verhandlung von Konsum lassen sich bei Hamilton unterscheiden. *Erstens* kann man Hamiltons Zugriff auf die Bilder der Konsumwelt *kritisch-ethnografisch* nennen. Seine Hauptquellen sind das *Ladies' Home Journal* und Magazine wie *Life* oder *Look*, alles aus dem Jahr 1955. John Paul Stonard weist darüber hinaus auf Hamiltons Vorliebe für die Satirezeitschrift *MAD* hin, deren „critical position on 1950s consumerism" er für einzigartig hält (Stonard 2007, 612 und 614). Hiervon lässt sich *zweitens* ein *aisthetisches* Interesse an den visuellen Oberflächen der Konsumkultur unterscheiden, das *drittens* eng mit einem *soziologischen* sowie *viertens* einem *ökonomischen* Argument zusammenhängt: mit der Frage, umgeben von welchem Formklima, an welchen Institutionen und mit welcher Betätigungsmöglichkeit Künstler zeitgenössisch ausgebildet werden. Was die aisthetische Würdigung der Flut von Phänomenen aus der

Konsumsphäre anbelangt, zeigt sich Hamilton überzeugt, dass hierfür ein geeignetes Sensorium allererst zu entwickeln sei. Im Begleittext zur Ausstellung *This is tomorrow* der Independent Group, aus deren Anlass die Collage entstanden ist, schreibt er: „Tomorrow can only extend the range of the present body of visual experience. What is needed is not a definition of meaningful imagery but the development of our perceptive potentialities to accept and utilize the continual enrichment of visual material." (Hamilton 1982a [1956], 31) Die Verben „to accept" und „utilize" markieren eine grundsätzlich affirmative Haltung, die von einem „respect" für die kapitalistische Lebenswelt ebenso geprägt ist wie von der Überzeugung, „that the artist in 20th century urban life is inevitably a consumer of mass culture and potentially a contributor to it" (Hamilton 1982b [1961], 43). An der Würdigung des visuellen ‚enrichment' ist Hamilton als Akademiedozent unter anderem für Industriedesign auch praktisch beteiligt. Was die Soziologie mitunter als allgemeine Ästhetisierung der Lebenswelt kritisiert (vgl. Schulze 1982; Featherstone 2007, 64–80), stellt sich für ihn als Fülle kreativer Akte und Berufe dar. Aber es geht Hamilton *fünftens* auch darum, die Öffnung zur Konsumsphäre *ästhetisch* zu überhöhen. Die „expression of popular culture in fine art terms" wird als das zentrale Problem zeitgenössischer „avantgarde" verstanden. Es geht in Hamiltons Pop Art mithin um ambitionierte, von ihrer Innovations- und Erkenntniskraft überzeugte Kunst, um eine Form von „aesthetic[s]", die nicht „artistic" sein will (Hamilton 1982b [1961], 42–43), nicht auf die Formkonventionen kanonisierter Kunst oder auf Techniken künstlerischer Virtuosität zurückgreift, sondern mit den Oberflächen des Konsums operiert.

Systematisch wird dieser Gedanke von Boris Groys in seinem Versuch *Über das Neue* (1992) entfaltet. Groys vertritt dort die These, dass es gerade jene „Dinge des profanen Raums" sind – das heißt alles, was unter hochkulturellen Aspekten zum „Wertlosen, Unscheinbaren, Uninteressanten, Außerkulturellen, Irrelevanten und – Vergänglichen" gezählt wird –, die in besonderer Weise „als Reservoir für potentiell neue kulturelle Werte", aber auch für ästhetische Innovation geeignet sind. Das kulturökonomische Verfahrensgesetz dafür lautet: Aufmerksamkeitserzeugung per Andersheit. Gerade weil es so ungewöhnlich ist, ein profanes, keineswegs glamouröses Konsumgut, etwa einen Waschmittelkarton, in ein Museum zu platzieren, ist es unvermeidlich, dass dadurch die Frage aufgeworfen wird, was um Himmels Willen er dort zu suchen hat und ob das noch Kunst zu nennen ist. In Groys' Worten: „Der Ursprung des Neuen ist deshalb der valorisierende Vergleich zwischen den kulturellen Werten und den Dingen im profanen Raum." (Groys 1992, 56) Neues ist ein Effekt der Aushandlung zwischen jenen beiden Sphären: „dem valorisierten, hierarchisch aufgebauten kulturellen Gedächtnis einerseits und dem wertlosen profanen Raum andererseits" (Groys 1992, 56).

Wichtigste Referenz für diese These ist Andy Warhol. Auf dem Höhepunkt der Pop Art ab Mitte der 1960er Jahre hat Warhol sein Loblied auf die Schönheit von Ikonen des amerikanischen Konsums wie *Coca-Cola* oder *McDonald's* zu einem sowohl verbal als auch bildkünstlerisch geradezu maschinellen Verfahren perfektioniert. Die Anfänge der Bewegung in den USA erinnern indes noch an die Position Richard Hamiltons. So trägt Claes Oldenburg im Zusammenhang mit seiner Installation *The Store* aus dem Jahr 1961 die Anziehungskraft der Konsumsphäre als emphatische Ästhetik vor: „I saw, in my mind's eye, a complete environment based on this theme ... I began wandering through stores – all kinds and all over – as though they were museums. I saw the objects displayed in windows and on counters as previous works of art." (zit. nach Rublowsky 1965, 65) Warhol selbst stellt als ausgebildeter Werbegrafiker 1961 fünf künstlerische Arbeiten in einem Schaufenster des New Yorker Warenhauses *Bonwit Teller* aus. Die Bilder, darunter auch der später zu Ruhm gelangte großformatige Superman, dienen nur als Kulisse für die ausgestellte Mode, stehen fast schüchtern in der zweiten Reihe. Warhols Emanzipation vom reinen Gebrauchsartisten geht also einher mit der Einebnung der Grenze zwischen Kunst und Konsumsphäre.

Mit welch diffizilen Nuancen sich die ästhetische Theorie in den 1960er Jahren an den Phänomenen Pop und Konsum abarbeitet, ist auch an Susan Sontags Essay *Notes on Camp* nachzuvollziehen. *Camp*, eine exaltierte, dem Konsum ebenso wie dem Kitsch zugewandte, queere Ästhetik wird als Antwort auf die Frage „how to be a dandy in the age of mass culture" (Sontag 1966, 288) begriffen. Gelten die „arts of the masses" meist als oberflächlich und gleichmacherisch, so gibt Sontag die Devise aus, dass man sie sich dann eben auf rare und ausgesuchte Weise anzueignen habe (Sontag 1966, 289). *Camp* wird dabei als „tender feeling" charakterisiert, im Unterschied zur Pop Art, die als „more flat and more dry, more serious, more detached, ultimately nihilistic" beargwöhnt wird. Dennoch gehe es auch bei *Camp* darum, „capable of experiencing the psychopathology of affluence" (Sontag 1966, 288–289) zu bleiben.

## Zur literarischen Funktion der Konsumobjekte bei Brinkmann

Mit welchen ästhetischen Konsequenzen sich das Eindringen von Pop und Konsum in die Literatur vollzieht, lässt sich mit Blick auf Rolf Dieter Brinkmann nachzeichnen. Mitte der 1960er Jahre schreibt Brinkmann eine sperrige Prosa, die der literarischen Moderne ebenso verpflichtet ist wie der Avantgarde des

*Nouveau Roman* (vgl. Drügh 2011). Dieser richtet sich gegen jene sogenannten „alten Mythen der ‚Tiefe'" wie Hermeneutik oder Psychologie. Erzählerisch steht dafür eine Wendung fort von dominant narrativen hin zu deskriptiven Texturen, welche die „*Oberfläche* der Dinge [Herv. H. D.]" im emphatischen Sinne und nicht bloß als „Maske ihres Herzens" (Robbe-Grillet 1969 [1963], 48–49) darzustellen bestrebt sind. Resultat ist ein formalistisch-purifizierendes Verfahren, wie es im Bereich der bildenden Künste auch vom Abstrakten Expressionismus und seinem Cheftheoretiker Clement Greenberg (einem der zentralen Antipoden der Pop Art) vertreten wird. So widmet sich Brinkmanns Erzählung *In der Seitenstraße* (1966) zwar ausführlich einem Lebensmittellädchen, es lässt sich aber angesichts der vorherrschenden abstrakten, ornamentalen oder geometrischen Arrangements kaum behaupten, dass die Darstellung hier etwas mit Pop zu tun hätte. Nur am Rande kommen konkrete Konsumobjekte zur Sprache, etwa „spanische Apfelsinen" der „Handelsklasse A" oder „Maggiflaschen". Primär scheint der Text aber darauf aus zu sein, konkrete Markennamen zu camouflieren, wie anhand eines Kondensmilch-Arrangements (unverkennbar: *Bärenmarke*) deutlich wird: „ Oben auf dem langgestreckten Regal stand ein aus dicker Pappe ausgeschnittener Bär. Der Bär sah freundlich aus, er stand aufgerichtet und hielt zwischen den Tatzen eine weiße Dose, auf der ein ähnlich freundlich aussehender Bär mit dickem, aufgeblasenem Kopf und schwarzen Glasaugen abgebildet war. Die Nase war ein roter Punkt. Er ließ seinen Blick von dem Reklameschild herabgleiten." (Brinkmann 1985 [1966], 205–206)

Das erzählerische Interesse, wenn man bei dem raschen Herabgleiten des Blicks überhaupt davon sprechen will, gilt eher gewissen Spezifika des Bärenbildes als dem konkreten Konsumgut. Man hat es folglich mit einem Fall jener für das Selbstverständnis seriöser Literatur konstitutiven Distanzierung vom banalen Alltag zu tun (vgl. Seiler 1998, 288–303). Die Frequenz und Intensität der Warenreminiszenzen in Brinkmanns Prosa erhöht sich indes, als er sich für US-amerikanische Beatliteratur bzw. Pop Art zu interessieren beginnt. In seinem Begleitessay zur Textsammlung *Acid. Neue amerikanische Szene* mahnt Brinkmann, die den „Oberflächen verhaftete[] Sensibilität" durchlässig für „zeitgenössische[s] Material" werden zu lassen, nicht zuletzt für einen „Umgang mit Konsummitteln, deren Auswirkungen über die Sättigung vorhandener Reizbedürfnisse hinausgehen" (Brinkmann 1982a, 223 und 234). Genauer nachzuvollziehen ist das anhand des Vorworts, das Brinkmann zu seiner Übersetzung von Frank O'Haras *Lunch Poems* (1969, Original 1964) verfasst. O'Haras Poetik sei gekennzeichnet durch die „Hereinnahme alltäglicher Details", die „hier wie dort in den USA immer noch ausgeklammert bleiben ... als lebten ‚Dichter' nur mit kostbarsten gedanklichen Wertgegenständen, in einer Welt ohne Schlager,

Schlagzeilen und Kinoplakate, ohne ganzseitige Reklamen für Cinzano, Rank Xerox und arden für men, ohne Autounfälle und persönliche Disaster, Mittagessen und Sonderangebote an Armbanduhren, ohne Röcke, die über Luftschächte hochgeblasen werden" (Brinkmann 1982b [1969], 211).

Von jenem „tender feeling" bzw. der dandyhaften Attitüde, die Susan Sontag gegenüber der Warenwelt beschwört, bleibt Brinkmanns Umgang mit ihr jedoch zu unterscheiden. Jenen in einfachen Anführungszeichen ironisch als solchen adressierten „‚Dichter[n]'", die stets noch mit „fränkische[n] Kirschgärten, nordische[n] Flechten" oder auch nur der „Heiterkeit eines Sommernachmittags (unter hohen Bäumen)" (Brinkmann 1982a [1969], 230) beschäftigt seien, knallt er Lexeme wie „Schmierwurst von Hertie" oder „C&A" (Brinkmann 1982a, 223 und 226) vielmehr mit aggressiver Geste entgegen. Doch auch der Alltag spätkapitalistischer Gesellschaften wird zum Ziel heftiger Unverträglichkeitsreaktionen, wie ein Blick auf eine der Tiraden des Erzählers aus dem 1968 publizierten Roman *Keiner weiß mehr* belegt. Dessen „fixe Idee" ist es, sich fortwährend „mit Sachen vollgestopfte Schaufenster" einer „sehr öde[n]" (Brinkmann 1970 [1968], 134) Stadt anzusehen – was ein durchaus obsessives Verhältnis zur bundesdeutschen Massenkultur offenbart (die eben nicht das New York Frank O'Haras ist): „Deutschland, verrecke. Mit deinen ordentlichen Leuten in Masse, sonntags nachmittags auf den Straßen. Deinen Hausfrauen. Deinen Kindern, Säuglingen, sauber und weich eingewickelt in sauberstes Weiß. Mit den langweiligen Büchern, den langweiligen Filmen. Mit Roy Black und Udo Jürgens. Mit Thomas Fritsch. [...]. Mit dem Kölner Dom. Verrecke, auf der Stelle, sofort. Mit deinen Dralonmännern, Lupolenmännern. Deinen ausgebufften Polyesterjungs in all den Büros von halb neun bis fünf Uhr nachmittags [...]. Mit deinen ausgeleierten Triumphmieder-Mädchen Fanta-Mädchen. Helanca-Mädchen. Deinen höheren Bleyle-Vetrix-Töchtern. Und Hildegard Knef. [...] Verreckt. Aus. Auch du, Hans-Jügen Bäumler. Und du, Marika Kilius. Und du, Pepsi-Mädchen Gitte. Und du, Palmolive-Frau. Und du, Luxor-Schönheit Nadja Tiller. [...] Onkel Tchibo auf Reisen. Langnese Eiscremekonfekt. Mon Cherie [...] Undwassonstnochalles, undwassonstnochalles, wassonstnochalles, wassonstnoch. [...] Zusammenficken sollte man alles, zusammenficken." (Brinkmann 1970 [1968], 132–133).

Die Verhandlung der Konsumsphäre bleibt für die Popliteratur eine Konstante, der Modus, in dem dies geschieht, ist nie ungebrochen emphatisch, sondern oft aggressiv, melancholisch oder voller Ekel (vgl. Drügh 2015). „Wir brauchen noch mehr Reize, noch viel mehr Werbung Tempo Autos Modehedonismen Pop und nochmals Pop", bellt Rainald Goetz 1983 beim Wettbewerb um den Ingeborg Bachmann-Preis den Kritikern mit aufgeschlitzter Stirn entgegen

(Goetz 1984, 165). Bret Easton Ellis' oder Christian Krachts Romane *American Psycho* (1991) bzw. *Faserland* (1995), die für ihren Markenfetischismus berühmt geworden sind, stehen für die von Sontag geforderte Fähigkeit, empfänglich für die „psychopathology of affluence" zu bleiben. Nicht ganz so grell akzentuieren ein Roman wie Leif Randts *Schimmernder Dunst über Coby County* (2011), ein Film wie Sophia Coppolas *The Bling Ring* (2013) oder auch ein Song wie Frank Oceans *Super Rich Kids* (2012) die Segnungen des Konsums als Ennui und Wohlstandsverwahrlosung.

## Literaturverzeichnis

Arendt, Hannah. *Vita Activa oder Vom tätigen Leben*. Stuttgart 1960.
Brinkmann, Rolf Dieter. *Keiner weiß mehr*. Reinbek bei Hamburg 1970 [1968].
Brinkmann, Rolf Dieter. „Der Film in Worten" [1969]. *Der Film in Worten. Prosa, Erzählungen, Essays, Hörspiele, Fotos, Collagen 1965-1974*. Reinbek bei Hamburg 1982a: 223–247.
Brinkmann, Rolf Dieter. „Die Lyrik Frank O'Haras" [1969]. *Der Film in Worten. Prosa, Erzählungen, Essays, Hörspiele, Fotos, Collagen 1965-1974*. Reinbek bei Hamburg 1982b: 207–222.
Brinkmann, Rolf Dieter. „In der Seitenstraße" [1966]. *Erzählungen*. Reinbek bei Hamburg 1985: 203–220.
de Certeau, Michel. *Kunst des Handelns*. Berlin 1988.
Douglas, Mary, und Baron Isherwood. *The World of Goods. Towards an Anthropology of Consumption*. New York, NY, London 1979.
Drügh, Heinz. „‚Studio Linie.' Zu Brinkmanns Warenästhetik". *Medialität der Kunst. Rolf Dieter Brinkmann in der Moderne*. Hrsg. von Markus Fauser. Bielefeld 2011: 33–52.
Drügh, Heinz. *Ästhetik des Supermarkts*. Konstanz 2015.
Ellis, Bret Easton. *American Psycho*. New York, NY 1991.
Featherstone, Mike. *Consumer Culture and Postmodernism*. 2. Auflage. London, Thousand Oaks 2007.
Goetz, Rainald. „Subito". *Rawums. Texte zum Thema*. Hrsg. von Peter Glaser. Köln 1984: 152–165.
Groys, Boris. *Über das Neue. Versuch einer Kulturökonomie*. München 1992.
Hamilton, Richard. „Man, Machine and Motion" [1956]. *Collected Words. 1953–1982*. London 1982a: 19–35.
Hamilton, Richard. „For the Finest Art try – POP" [1961]. *Collected Words. 1953–1982*. London 1982: 42–43.
Haug, Wolfgang Fritz. *Kritik der Warenästhetik*. Frankfurt am Main 1971.
König, Wolfgang. *Kleine Geschichte der Konsumgesellschaft. Konsum als Lebensform der Moderne*. Stuttgart 2008.
Kracht, Christian. *Faserland*. Köln 1995.
Marcuse, Herbert. *One Dimensional Man*. Boston, MA 1964.
Miller, Daniel. *The Comfort of Things*. Cambridge, Malden, MA 2008.
Miller, Daniel. *Stuff*. Cambridge, Malden, MA 2010.
Randt, Leif. *Schimmernder Dunst über Coby County*. Berlin 2011.

Robbe-Grillet, Alain. „Dem Roman der Zukunft eine Bahn" [1963]. *Plädoyer für eine neue Literatur*. Hrsg. von Kurt Neff. München 1969: 43–50.
Rublowsky, John. *Pop Art*. New York, NY 1965.
Schulze, Gerhard. *Die Erlebnis-Gesellschaft. Kultursoziologie der Gegenwart*. Frankfurt am Main 1982.
Seiler, Bernd W. *Die leidigen Tatsachen. Von den Grenzen der Wahrscheinlichkeit in der deutschen Literatur seit dem 18. Jahrhundert*. Stuttgart 1998.
Sontag, Susan. „Notes on ‚Camp'". *Against Interpretation and Other Essays*. New York, NY 1964: 275–292.
Stonard, John-Paul. „Pop in the Age of Boom: Richard Hamilton's ‚Just what is it that makes today's homes so different so appealing'? *The Burlington Magazine* 149 (2007): 607–620.
*The Bling Ring*. Regie: Sophia Coppola. USA 2013.
Ullrich, Wolfgang. *Alles nur Konsum. Kritik der warenästhetischen Erziehung*. Berlin 2013.

## 3.22 Fotografische (Erinnerungs-)Objekte in Texten nach 1945

Silke Horstkotte

### Fotografie, Objekt, Erinnerung

Unter den Formen, in denen sich ein mediales Zeitalter der Materialität zuwendet, nimmt die Fotografie in zweifacher Hinsicht eine Sonderstellung ein. Zum einen entstehen Fotografien, wenigstens analoge, aus der Lichtspur der Dinge, die sie abbilden; sie gelten als objektive Dokumente und als privilegierter Zugang zum Realen. Zum anderen ist das analoge fotografische Bild selbst ein Ding mit einer materiellen Form als Negativ oder Papierabzug, und diese Form kann materielle Spuren wie Kratzer, Retuschen, Benutzungsspuren oder Beschriftungen enthalten. In jeder Fotografie verschränken sich deshalb zwei zeitliche Ordnungen: Die Fotografie bewahrt Dinge in ihrer Vergänglichkeit, aber das fotografische Bild selbst altert und trägt die Spuren der Zeit, in der es entstand, in die Gegenwart, in der es betrachtet wird.

Seit ihren Anfängen prägt die Fotografie unser Verständnis von Materialität, aber sie führt es auch immer wieder an seine Grenzen. Vorstellungen von Objektivität, Realität und Dokumentation, die bis heute ihre Gültigkeit bewahren, werden im 19. Jahrhundert in Auseinandersetzung mit dem fotografischen Dispositiv gebildet. Das Fotoalbum, die dominante Form, in der Fotografien im 20. Jahrhundert betrachtet werden, ist ein taktiles Objekt mit beweglichen Teilen, dessen Rezeption nach der physischen Intimität der Berührung ebenso wie nach der distanzierteren Wertschätzung des Blicks verlangt (Batchen 2004). Auch das Fotografieren ist zugleich körperliche Geste und materielle Praxis – die aber auf dem fotografischen Bild unsichtbar bleibt und nur indirekt erschlossen werden kann (Olin 2012). Der visuelle Aspekt der materiellen Praxis ‚Fotografie' ist deshalb immer synästhetisch unrein. In einem digitalen Zeitalter bleibt diese materiell-physische Dimension erhalten, wenn Fotografien ausgedruckt, gerahmt oder verschenkt werden. Doch ist die Materialität der Fotografie zugleich flüchtig und vergänglich, konserviert Materielles ebenso wie Immaterielles – Licht, Stimmung, Atmosphäre, spektrale Erscheinungen. Unter den Theoretikern der Fotografie hat besonders Walter Benjamin deren gleichzeitige Offenheit und Ambivalenz zum Materiellen betont. Benjamin stellt die Verbindung der Fotografie zur Vergangenheit infrage, wenn er argumentiert, die Reproduktion einer Oberflächenerscheinung der Dinge verrate uns wenig über deren soziale und politische Umstände, aber er spricht bestimmten Fotografien dennoch eine magische oder auratische Verbindung zu ihren Gegenständen zu, die auch auf die Betrachter wirkt (Benjamin 1977).

Werden Fotografien in Büchern reproduziert, so verwandelt sich mit dem fotografischen Bild zugleich die materielle Wirklichkeit, auf die es referiert. Abbildungen nach fotografischen Vorlagen zitieren ein materielles Objekt ‚Fotografie', das wiederum materielle Objekte dokumentiert. Fotografien in Texten besitzen eine doppelte, gestaffelte Objektreferenz, die ihren Gegenständen Sichtbarkeit verleiht, indem sie sich zugleich von ihnen distanziert. Die Komposition einer literarischen Schrift-Bild-Collage kann dem Bild eine neue Bedeutung geben oder sogar ein völlig neues Objekt erschaffen, wenn die Fotografie beispielsweise retuschiert oder beschnitten wurde. Als Element der Buchgestaltung stören fotografische Abbildungen ein auf Illusionsbildung trainiertes Leseverhalten, machen die sinnliche Oberfläche der Buchseite und das Buch selbst als materielles Objekt neu wahrnehmbar. Aber Fotografien in Büchern können die opake Oberfläche der Buchseite auch aufbrechen und auf den abgebildeten Repräsentationsraum hin öffnen. Fotografische (Erinnerungs-)Objekte in Texten stehen deshalb immer in der von Benjamin beschriebenen Spannung der Fotografie zwischen oberflächlicher Reproduktion und magischem Zugang. Beide Pole sind von Autor/innen seit 1945 unterschiedlich betont worden.

## Schnelle und langsame Bilder

In den 1960er und 70er Jahren entwickelte sich in den europäischen und US-amerikanischen Literaturen ein neuer visueller Realismus. Das Interesse am fotografischen Bild und an seinem Referenzversprechen lässt sich am deutlichsten in solchen Texten beobachten, die Abbildungen nach fotografischen Vorlagen integrieren – nicht als Illustrationen, sondern als Teil eines bildsprachlichen Fototextes (Bryant 1996). Die deutsche Literatur nahm an dieser allgemeinen Entwicklung teil, bildet wegen der problematischen Rolle von Bildern in der NS-Propaganda aber zugleich einen Sonderfall (Anderson 2008). Bis zur Mitte des 20. Jahrhunderts hatten wenige Regimes Visualität zu solch notorischen ideologischen Zwecken eingesetzt wie die Nationalsozialisten. Propagandabilder in Zeitungen wie dem *Völkischen Beobachter* und dem *Stürmer*, die durch das Reichspropagandaministerium ausgeübte Kontrolle über Dokumentar- und Spielfilme sowie die strategische visuelle Organisation und spätere Medienverbreitung von Massenveranstaltungen trugen zum Lügencharakter des NS-Regimes bei. Nach 1945 verschwanden diese Bilder aus der Öffentlichkeit. Sie hinterließen eine Lücke im Imaginären der Nation, verursachten aber auch eine anhaltende Faszination. Einer jungen Künstlergeneration der späten 1960er Jahre boten sich zwei Möglichkeiten, mit der Spannung von Bildverbot und Bildfaszination umzugehen: eine enthistorisierende ‚amerikanische' Feier des populären Bildes in der Pop Art oder eine faktengetriebene Politisierung des Bildes, die eine problematische Vergangenheit wieder sichtbar machte (Anderson 2008).

Mit seinen Montagen provokanter Fotografien und unkonventioneller literarischer Texte gehört der Lyriker Rolf Dieter Brinkmann zu den schrillsten Vertretern einer literarischen Pop Art, die durch rasch konsumierbare Bilder starke Eindrücke erzeugen will. Brinkmanns notorischer Gedichtband *Godzilla* von 1968 druckte 22 Gedichte quer über Aktfotografien weiblicher Models in Badeanzügen, die so beschnitten wurden, dass sie auf Brüste oder Genitalbereich der Frauen fokussierten. Nach seinem Unfalltod erschien der aus Briefen, Aufzeichnungen und Fotomaterial montierte Band *Rom, Blicke* (1979), der noch von Brinkmann selbst zur Publikation vorbereitet worden war. Der Band, der bis heute kultische Verehrung genießt, ist geprägt von tiefem Hass auf das, was er zu zeigen vorgibt. Seine dicht mit nichtssagenden Fotografien gesichtsloser Vorstädte und unscharfer Landschaften, mit Zeitungsausschnitten, Stadtplänen, Kursbuchseiten und Erotikpostkarten bedruckten Bildseiten parodieren die Konventionen des touristischen Fotoalbums. Die Überfülle der Bilder denunziert die Fotografie als konsumierbare Massenware, indem sie sich zugleich als Konsumverweigerung inszeniert. In seiner Studie *Literarische Foto-Texte* hat Thomas von Steinaecker die Banalität der Fotografien in *Rom, Blicke* als Ausweis eines neuen Interesses am Alltäglichen und als Lösung von obsoleten ästhetischen Paradigmata gedeutet (2007, 93). Doch stehen konsumierbare Alltagsprodukte bei Brinkmann nicht für sich selbst, sondern dienen vor allem der apotropäischen Abwehr einer Vergangenheit aus „Ruinen, die in Abfällen vergammeln, zerstückelte[n] Landschaften, das menschliche Leben verwüstet unaufhörlich den Ort, die Zeit" (Brinkmann 1979, 231). Brinkmanns Fotografien inszenieren einen erinnerungslosen Bezug zur Vergangenheit, wenn sie gegen „touristische Zuckungen, die sich an historischen Resten delektiert", das Prinzip der „Nachtaufnahme" setzen: „ausgelaugt, leergesogen, das ist die Situation der Umgebung die verstaubt ist" (Brinkmann 1979, 30). Die Bilder sind reine Oberfläche – nicht, weil sie der Wirklichkeit ähneln oder deren Oberfläche reproduzieren, sondern weil sie jeglicher Referenz zum Materiellen entleert sind (vgl. Neumann 2006, 271). Auch Brinkmanns Notizsplitter wirken als solche „Blitzlichtaufnahmen" (Brinkmann 1979, 63) gemäß dem poetologischen Prinzip des Bandes: „Treten, Schritte, Sehen:klack, ein Foto!:Gegenwart, eingefroren" (Brinkmann 1979, 139).

Brinkmanns ‚schnelle' Bilder entstammen einem postmodernen Verständnis der Fotografie als Kopie ohne Original, die durch ihrer Referenzlosigkeit jedes historische Bewusstsein destruiert. Dagegen zielen die zur gleichen Zeit entstandenen Foto-Text-Montagen des Filmemachers Alexander Kluge auf eine ‚langsame' Rezeption, die zu Reflexion und Abstraktion auffordert und so politisches und historisches Bewusstsein weckt. Kluges Dokumentarästhetik ist stärker als die anderer Autoren der 1970er Jahre von den Experimenten der Weimarer Avantgarde geprägt, besonders von Bertolt Brecht und der Montage-Tradition sowie den Foto-Text-Experimenten der Neuen Sachlichkeit. Die emotional flache Dokumentation der Bombardierung Halberstadts in Kluges *Neue Geschichten* (1977) kombiniert Fotografien, technische Zeichnungen, Zeitungsausschnitte und schriftsprachliche Erzählung so, dass faktengetreue historische Information ununterscheidbar von erfundenen (wenngleich scheinbar realistischen) narrativen Elementen wird (Anderson 2008). In einer Serie individueller Wahrnehmungen des Bombenangriffs ‚von unten' lenkt Kluge Aufmerksamkeit auf ein Ereignis, dessen Gedächtnis unterdrückt wurde (Huyssen 2003). Dazu verwendet er teilweise fiktives Material; aber auch authentische Fotografien erhalten eine ironische Brechung durch das erste Bild der Erzählung, eine Reproduktion des Kinoplakats zu dem NS-Propagandafilm *Heimkehr*, der – Kluge zufolge – im Halberstädter Kino Capitol gezeigt wurde, als die Bomben fielen. Mark Anderson weist auf die *mise en abyme*-Struktur dieser Abbildung hin, die die ideologische Konstruktion der Filmbilder thematisiert, während sie zugleich auf den Konstruktionscharakter der von Kluge eingesetzten Bilder verweist (Anderson 2008). Kluges Fotografien behindern einen raschen Bilderkonsum: Sie sind körnig, dunkel, unscharf, haben gar keine oder allzu lange Bildunterschriften. Die Diskontinuität der Bilder eröffnet immer nur einzelne Facetten des historischen Ereignisses, nie das Ereignis selbst. Diese formalen Schwierigkeiten sind Teil der komplexen Realismus-Strategie, durch die Kluges Bilder sich als authentische Dokumente präsentieren.

## Aura und Archiv

Seit Beginn der 1990er Jahre publizierte der Autor und Literaturwissenschaftler W. G. Sebald eine Reihe pseudodokumentarischer Fototexte, deren Bildpoetik Kluges Programm langsamer Bilder aufgreift und weiterentwickelt. Wie Kluge verwendet Sebald Fotografien, die nicht trivial, nicht hedonistisch sind und doch ständig zwischen Faktizität und Fiktionalität changieren. Dieses Schillern ist bei Sebald schwieriger zu erkennen, weil viele der Fotografien in seinen Texten dem privaten Bereich entstammen und Zugang zu Individuen, weniger zu einer geteilten Geschichte verschaffen: zu den vier „Ausgewanderten" in der gleichnamigen Erzählsammlung, zu dem Romanprotagonisten Jacques Austerlitz, schließlich zu den schattenhaften Erzählerfiguren, die diese fremden Lebensgeschichten an den Leser übermitteln.

Einen wesentlichen Teil dieser Vermittlung übernehmen in *Die Ausgewanderten* (1992) die Porträtfotografien und Bildpostkarten, die den Familienalben der vier Protagonisten entstammen sollen. Es handelt sich um alte, im benjaminschen Sinne auratische Bilder mit einem deutlich sichtbaren historischen Index – die Porträtierten gehören ebenso wie die Bilder selbst einer unwiederbringlich verlorenen Ära an. Die Albumfotografien in *Die Ausgewanderten* entstammen keiner bildgesättigten Kultur der Readymades, sondern einer bildarmen Vergangenheit, in der dem Einzelbild ein hoher emotionaler Wert zukommt. Sebalds Gedächtnisarbeit ist, anders als die Kluges, empathisch, nicht emotional flach. Seine Fotografien sind Gegenstand intensiver Betrachtung, ja meditativer Versenkung des Erzählers. Auch Sebalds Leser erhalten durch die Reproduktion einzelner Fotografien die Möglichkeit, an dieser Versenkung teilzuhaben und mit dem Erzähler in die vier Lebensläufe einzutauchen.

Erst auf den zweiten Blick wird erkennbar, dass die Erzählungen einer empathischen Identifikation auch entgegenarbeiten. Nicht nur die als alt und authentisch präsentierten Porträtaufnahmen, sondern ebenso die unscharfen, unterbelichteten, mit einer billigen Kleinbildkamera geknipsten Schnappschüsse des Erzählers werden als Zugang zur Vergangenheit eingeführt, behindern diesen Zugang aber durch ihre Undeutlichkeit. Sie werden ergänzt durch eine breite Palette weiterer Bildtypen – Stiche, Pläne, Karten, Skizzen und Gemäldereproduktionen –, die in den Text der Erzählung eingebunden und durch ihr Schwarz-Weiß, oft auch durch ihre Anpassung an den Satzspiegel dem Text formal angeglichen wurden (Horstkotte 2009). Diese Foto-Text-Strategie durchkreuzt ebenso wie das Fehlen eines Abbildungsverzeichnisses das Referenzversprechen, das den Bildern in der Erzählung zugeschrieben wird. Auch die emphatische Aufladung banaler und obsoleter Objekte wie des Teeautomaten *teasmaide* kann als ironische Brechung eines auratischen Fotografieverständnisses gelesen werden.

Noch deutlicher wird diese Brechung im Roman *Austerlitz* (2001). Hier präsentiert der Erzähler Fotografien und die auf ihnen abgebildeten Dinge, Gebäude und Personen als Fossilien oder gar Reliquien vergangener Epochen. So soll das Erinnerungsalbum des untergegangenen Dorfes Llanwddyn einen unmittelbaren Zugang zur Vergangenheit ermöglichen: Durch die Betrachtung der Bilder wird Jacques Austerlitz zum Geisterseher, der die porträtierten Dorfbewohner auch außerhalb des Albums sehen kann (Sebald 2001, 76–77). Besonders emphatisch tritt die fossile Dimension der Fotografie dort hervor, wo tatsächlich archäologische Fundstücke abgebildet werden. Die detailreichste Fotografie des Romans zeigt eine Reihe aus dem Boden hervortretender Skelette, die bei Grabungsarbeiten am Londoner Bahnhof Liverpool Street gefunden wurden; wie eine Reliquie scheint das Foto eine physische Verbindung zu den Toten herzustellen (Sebald 2001, 189). Aber dieser Glaube an die Fotografie als Medium der Aufbewahrung, ja Auferstehung der Toten erweist sich im Verlauf des Romans als Irrglaube der Figur Austerlitz. Dessen Suche nach einem Bild seiner Mutter führt in die Irre, weil das schließlich gefundene Foto die porträtierte Person niemals präsent machen kann (Olin 2012, 87). Jonathan Long liest die Fotografien in *Austerlitz* deshalb nicht als objektives Archiv der Vergangenheit, sondern als Archiv des Subjekts Austerlitz, das einer psychoanalytischen Entschlüsselung durch den Leser bedarf (Long 2007). Aber die zahlreichen Fotografien unbedeutender Details und Objekte in *Austerlitz* – eine Taschenuhr, ein paar Billardkugeln – lassen sich auch als formästhetischer Reflex lesen. Oft scheinen die Fotografien eher aus kompositorischen Gründen als wegen einer spezifischen Indexikalität ausgewählt worden zu sein. Auratisiert werden dabei nicht die abgebildeten Objekte, sondern das Medium Fotografie selbst; Sebalds Bücher erweisen sich als Archiv nicht der Vergangenheit, sondern ihrer Bildformen, ein neuer Mnemosyne-Bilderatlas, der von Ähnlichkeiten, Wiederholungen und Kontrasten lebt.

## Am Ende des Analogen

Seit der Jahrtausendwende haben Autoren wie Stephan Wackwitz (*Ein unsichtbares Land, Neue Menschen*) oder Thomas Medicus (*In den Augen meines Großvaters*) die Fotopoetik Sebalds weiter variiert, oft im nicht-fiktionalen Kontext einer Literarisierung des eigenen Familienalbums. Anders als Sebalds fotografische Fundstücke, deren fiktionaler Charakter vom Leser erkannt werden muss, scheinen die authentischen Bilder in diesen Texten die Authentizität auch der abgebildeten Personen und Objekte zu verbürgen. Dass auch autobiografische Fotografien aus einer Spannung zwischen Oberfläche und Tiefe leben können, zeigt Angela Krauß in ihrem Lyrikband *Eine Wiege* (2015). Der autobiografischen Reflexion ihrer Gedichte hat die Autorin eine Serie unbedeutender, unscharfer Fotografien gegenübergestellt, mutmaßlich aus dem eigenen Familienalbum. Auch wenn der private Schnappschusscharakter dieser Fotografien sich an Sebald orientiert, unterscheidet sich Krauß' literarische Umgangsweise mit Fotografien von derjenigen Sebalds. Ihre kurzen lyrischen Reflexionen isolieren einzelne Erinnerungsmomente; dieser Beobachtungsmodus nähert sich dem fotografischen Verfahren an und stellt so eine Äquivalenz zwischen Bild und Text her, statt Fotografien als Störmomente zu behandeln. Ein gemeinsames Ziel von Fotografien und Gedichten ist das Einführen in eine Stimmung, in jenes „etwas", das „liebkost / ehe der Mensch anfängt, / sich Gedanken zu machen" und das im lyrischen Ich Überraschung und Staunen auslöst (Krauß 2015, 13). Allerdings weckt die Banalität der Bilder, die aus jedem Familienalbum stammen könnten, Zweifel an der Ernsthaftigkeit, mit der *Eine Wiege* diese magische Sicht der Fotografie als Eintrittsmedium in eine andere Wirklichkeit vertritt.

Krauß blickt aus einer nostalgischen Perspektive auf die Fotografie. Im Jahr 2012 stellte die Firma Kodak die Produktion von Fotofilmen ein. Das Zeitalter der analogen Fotografie und die in ihm entwickelten Vorstellungen objektiver Referenz kamen an ein Ende. In einer digitalen Gegenwart fungiert das fotografische Bild nicht mehr als kontinuierlicher Abdruck einer materiellen Realität, sondern als unendlich rekonfigurierbares Skript, aus dem sich zahllose weitere Bilder generieren lassen. Fotografien gleichen nun einer Karte, die auf kein Territorium mehr verweist (Ritchin 2009). Die neueren Bücher Alexander Kluges bilden digitale Fotografien zwar ab, kritisieren sie aber als omnipräsente Bilder ohne Herkunft und ohne Eigentümer. Hinsichtlich ihrer materiellen Referenz wie auch als Instrument politischer Bildung wird die Fotografie für Kluge wertlos und nichtssagend. In *Das fünfte Buch* bezeichnet Kluge das Bild des amerikanischen Präsidenten Barack Obama, der in der Kommandozentrale des Weißen Hauses die Erschießung Osama Bin Ladens verfolgt, als „digitales Machwerk" und weist auf den nachträglichen Status des Beweisfotos hin (Kluge 2012, 418). Tatsächlich ersetzte das inszenierte und bearbeitete Bild (die Computermonitore der Stabschefs wurden geschwärzt) in der öffentlichen Wahrnehmung die Fotografie der Erschießung, die zunächst nicht über die Nachrichtenagenturen verbreitet wurde. Für Kluge stellt gerade diese Nicht-Veröffentlichung „die höchste Form der Dramatisierung eines Bildes" dar: Das unsichtbar gemachte Bild ist für ihn aussagekräftiger als das verbreitete Foto (Kluge 2012, 418). Damit pocht Kluge anachronistisch auf die Erhabenheit der Fotografie – ähnlich wie Sebald, der seine Bücher während des medialen Umbruchs zur Digitalität publizierte, aber ausschließlich und emphatisch analoge Bilder verwandte. Auch für die medientheoretisch geschulten Autoren Rainald Goetz (*Elfter September 2010*) und Kathrin Röggla (*really ground zero*) wird die Fotografie zu einem Medium der Bildkritik. Röggla knüpft in ihrem 9/11-Band eng an Alexander Kluges Foto-Text-Montagen aus den 1960er und 70er Jahren an, auch die Bebilderung des Bandes durch fotografische Schnappschüsse ist durch die Dokumentarästhetik Kluges inspiriert. Doch die Bilder bieten, so reflektiert Röggla,

„keine fotoausgänge aus dieser geschichte", weil die Todeszone um Ground Zero auf ihnen „nicht abbildbar" zu sein scheint (Röggla 2001, 18 und 9).

## Literaturverzeichnis

Anderson, Mark M. „Documents, Photography, Postmemory: Alexander Kluge, W. G. Sebald, and the German Family". *Poetics Today* 29.1 (2008): 129–153.
Batchen, Geoffrey. *Forget Me Not: Photography and Remembrance*. New York, NY 2004.
Benjamin, Walter. „Kleine Geschichte der Photographie". *Gesammelte Schriften. Band II.1.* Hrsg. von Rolf Tiedemann und Hermann Schweppenhäuser. Frankfurt am Main 1977: 368–385.
Brinkmann, Rolf Dieter. *Godzilla*. Köln 1968.
Brinkmann, Rolf Dieter. *Rom, Blicke*. Reinbek bei Hamburg 1979.
Bryant, Marsha. *Photo-Textualities: Reading Photographs and Literature*. Newark, NJ 1996.
Goetz, Rainald. *Elfter September 2010*. Berlin 2010.
Horstkotte, Silke. *Nachbilder: Fotografie und Gedächtnis in der deutschen Gegenwartsliteratur.* Köln, Weimar, Wien 2009.
Huyssen, Andreas. „Air War Legacies: From Dresden to Baghdad". *New German Critique* 90 (2003): 163–176.
Kluge, Alexander. *Neue Geschichten. Hefte 1–18: ‚Unheimlichkeit der Zeit'*. Frankfurt am Main 1977.
Kluge, Alexander. *Das fünfte Buch: Neue Lebensläufe*. Berlin 2012.
Krauß, Angela. *Eine Wiege*. Berlin 2015.
Long, Jonathan J. *W. G. Sebald: Image, Archive, Modernity*. Edinburgh 2007.
Medicus, Thomas. *In den Augen meines Großvaters*. München 2004.
Neumann, Michael. *Eine Literaturgeschichte der Photographie*. Dresden 2006.
Olin, Margaret. *Touching Photographs*. Chicago, IL 2012.
Ritchin, Fred. *After Photography*. New York, NY 2009.
Röggla, Kathrin. *really ground zero. 11. september und folgendes*. Frankfurt am Main 2001.
Sebald, W. G. *Die Ausgewanderten*. Frankfurt am Main 1992.
Sebald, W. G. *Austerlitz*. München 2001.
Steinaecker, Thomas von. *Literarische Foto-Texte. Zur Funktion der Fotografien in den Texten Rolf Dieter Brinkmanns, Alexander Kluges und W. G. Sebalds*. Bielefeld 2007.
Wackwitz, Stefan. *Ein unsichtbares Land. Familienroman*. Frankfurt am Main 2003.

# 3.23 Unbekannte Flugobjekte

Rembert Hüser

## Einleitung

Erst weiß man nicht so recht, womit man es zu tun hat, dann ist man nicht wirklich überrascht: Mitten in Cristina de Middels *The Afronauts*, dem Buch einer spanisch-belgischen Fotografin zum sambischen Raumfahrtprogramm von 1964 – einer Materialsammlung von eingehefteten Schreibmaschinenbriefen, Zeitungsausschnitten, Zeichnungen, Karten, schwarz-weißen, farbigen, aufklappbaren Fotografien von Landschaften, gemusterten Stoff-Flaggen, Kleidern und Uniformen, Afrikanern mit durchsichtigen Kugelhelmen, Hangars, Ausbildungsszenarien, Elefanten, Geigenrochen, bemalten Ölfässern, verbeulten, überdimensionierten Metallbehältern und Strandfundstücken – findet sich eine Aufnahme von einem Alien. Man hatte auf den Seiten zuvor einen Kontrollraum gesehen und eine Schwarz-Weiß-Doppelseite von einem aus dem Himmel fallenden, landenden Astronauten im collagierten Zeitrafferstil. Dann sehen wir das Alien von der Seite auf dem Rücken auf einem Gitterbett. Kopf, Oberkörper und Oberarm sind im Bild. Oberhalb des Gitters befindet sich ein Stahltablett mit nicht identifizierbaren Objekten, in die eine behandschuhte Hand aus einem Anzugärmel fasst. Es hat etwas Offizielles.

Abb. 1

Das ist seltsam, passt aber durchaus. Viele der Objekte auf den anderen Seiten sind auch nicht ohne Weiteres einzuordnen, und ein Alien mittendrin macht die gezeigten Situationen auch nicht mehr oder weniger glaubwürdig. Als eine Spur, ein weiteres Indiz, eine Abkürzung, eine Verknüpfungsmöglichkeit mehr von Geschichten – die von Glauben, Nicht-Glauben und Beglaubigungen ebenso handeln wie von Zukunft, Technologien, Infrastrukturen und Körpertechniken, von uns, von Afrika, von nicht Vertrautem, unbekanntem Terrain – macht es, wie die anderen Bausteine auch, erst einmal nur neugierig. Ob die Aufnahmen, die wir uns nacheinander ansehen, eher dokumentarisieren oder fiktionalisieren, liegt an uns. Keine ist vorab entschieden (Odin 1998, 293). Wohl wird man durch solche Schnitte, mit einer Seite, die etwa plötzlich ein Alien auf dem Rücken zeigt, dazu angehalten, zwischen den beiden Wahrnehmungsmodi jederzeit hin- und herzuschalten, was lustbetont geschieht. Man lernt, jeweils anders zu kombinieren, andere Reihen zu bilden, und schaut mit jedem neuen Bild wieder anders auf die vorhergehenden. Als Platzhalter ungeklärter Kräfte, Energien, Ordnungen, Intelligenzen bringt das abgebildete Alien Leben in die Reihe. Was wird aber hier genau beobachtet – Rituale, Praktiken, Narrationen?

## Medium Buch

Zunächst einmal beobachtet man mit diesem Buch das Medium Buch selbst. *The Afronauts* ist ein Künstlerbuch aus dem Jahr 2012 im Format 17 cm x 23 cm mit 88 Seiten, das in einer Auflage von 1.000 Exemplaren im Selbstverlag in Madrid erschienen ist. 2013 steht es auf der Shortlist für den Deutsche Börse Photography Foundation Prize und gewinnt im selben Jahr den Infinity Preis für Publikationen des International Center of Photography in New York. Während es in nahezu keiner Bibliothek vorhanden ist, kann man das Buch mit Glück aufgeklappt unter Glas in Ausstellungen wie *The Shadows Took Shape* im Studio Museum Harlem sehen oder deren Nachleben im Netz („Untitled [from ‚The Afronauts' series]" 2013), 2014 an der Stellwand im Kölner PhotoBookMuseum im Carlswerk oder auf der Website der Künstlerin (Cristina de Middel. Books 2012). Erste wissenschaftliche Publikationen beginnen sich für das Projekt zu interessieren (Gunkel 2015, 159). Auf *vimeo.com*, auf der Website *Have A Nice Book*, wird das Buch zur Musik des französischen „Grand Prix d'Eurovision"-Beitrags 2008 ‚Divine' von Sébastien Tellier Seite für Seite vorgeblättert (de Middle 2012b). Zwar kann man die (wenigen) Texte nicht lesen, bekommt aber ein erstes Gefühl für Abfolgen, die Komposition der Seiten und die Materialität des Buches.

Das Vorblättern im Netz ist, auch wenn sich Fotografien, streng genommen, nicht lesen lassen, ein Beispiel einer kursorischen Lektüre, die, einmal aktiviert, von selbst abläuft, die man also nicht in der Hand hat, mit dem Pausenbutton aber jederzeit in den statarischen Modus versetzen kann (Kopp und Wegmann 1988, 52). In der Durchsicht liefert es wichtige Informationen zum Haptischen des Buches und seiner diagrammatischen Ordnung. Die verschiedenen Seiten auf zum Teil unterschiedlichem Papier, die Aufklappseiten, die bedruckten, transparenten Zwischenblätter, müssen unterschiedlich angefasst werden. Die Materialität des Objekts verändert dabei die Lektüre. Leserichtungen müssen gewechselt, das Buch selbst muss hin und wieder gedreht werden. In der „Betrachtung zeitgenössischer Künstlerpublikationen [...] [ist] das Buchgefüge Ausgangspunkt [...]: also der Zusammenhang, in den die Dinge im Buch geraten. [...] Gefragt wird, ob sich ein Zugang finden lässt, der nicht Bücherarten zu unterscheiden sucht und Typologien erstellt, sondern sich Aspekte[n] der Medien- und Technikgeschichte nähert, die sich vornehmlich einer medialen Historiografie des Buchs verdank[en]. Darum wird zunächst von Objekten die Rede sein, denen keine Autorschaften zugewiesen werden können" (Wiedemeyer 2014, 25–26). Das Alien mit seiner merkwürdigen Zusammensetzung, das nicht zu fassen ist, betont viele dieser bedeutungshaltigen Elemente der Oberfläche noch zusätzlich. Vorblättern in einem Videoclip klingt auch anders. Als das Alien in der *vimeo*-Fassung des Buches plötzlich in Minute 02:43 auftaucht, singt Tellier gerade „I'll be a Chivers guy some day", was die Lektüre anders strukturiert als wenn Just A Bands „Huff + Puff" aus Kenia mit „Hope you know that we've been to the moon and back" im Hintergrund laufen würde (Gunkel 2015, 159).

Während das gedruckte Buch mittlerweile Mondpreise auf Auktionen erzielt, erscheint eine unlimitierte E-Book-Version und in Paris ein Folgeprojekt aus Afrika von *Les Petites Pierres*, einem Künstlerkollektiv aus Dakar: ein *Afronaut*-Zine mit 38 Seiten in 300er Auflage plus signiertem Foto der Künstlerin, das in einer neuen Kollaboration mit neuen Fotos von De Middel die Logik und den Materialumgang von *The Afronauts* weiterschreibt. „The idea came to us very early on to involve Selly Raby Kane, a fashion designer and member of the collective since 2009. Young, talented and offbeat, Selly is symbolic of her generation; Generation Y, Africa's future, Africa 3.0. SRK is a UFO in the Senegalese fashion world. [...] The next lines of the story were in all likelihood already written in the stars; a bubble machine discovered in a desolate former industrial area, an old mixing table, the arm of a robot used during the previous festival, and a collection of random objects found in the markets of Dakar ... these became the necessary devices for a new Afronaut expedition: Mission to Mars!" (Maya V 2014, 5)

## Operationen

Die Objekte im Buch auf dem Bildschirm sind das Resultat einer Reihe von Operationen: Medialisierungen im Prozess der jeweiligen Medientransfers von Foto zu Buch zu Computer. Das Objekt und der Bildträger müssen miteinander in Kontakt treten, was nicht komplett steuerbar ist und bereits verschiedene Transformationen beinhaltet, um dann in die unterschiedlichen textuellen Register und Text-Bild-Protokolle von Printmedium und Internet, den für Fotos jeweils fest etablierten und codierten Rahmen in unterschiedlichen historischen Situationen (vgl. Armstrong 1998, 4–5), übertragen zu werden, deren Regeln der Lesbarkeit und des Zugriffs gleichermaßen aufgegriffen wie unterlaufen werden. Die Medien enthalten andere Medien und einen Platzhalter aus dem Weltall.

Das Alien auf dem Foto existiert tatsächlich. Es ist in einem Museum aufgenommen, dem Internationalen UFO Museum and Research Center in Roswell, New Mexiko. Dort ist es Teil eines Dioramas, also einer öffentlichen Objekt-Schauanordnung, das die Autopsie eines Aliens nach dem legendären Roswell-Zwischenfall zeigt, dem Absturz eines unbekannten Flugobjekts auf einer Ranch in der Nähe der Kleinstadt im Juli 1947. Auf dem Foto zu sehen ist also ein Ausschnitt eines Moments von Spektakel, Wissensproduktion, Popularisierung und Tourismus, wobei der institutionelle Rahmen außen vor gelassen und überschrieben wird. Das Fotobuch, das Objekte sammelt, tritt an die Stelle des Museums. Gesammelt wird hier nicht die Geschichte von UFO-Sichtungen mit lokalem Schwerpunkt mit einem Augenzwinkern, sondern, durchaus spielerisch, die Geschichten des sambischen Raumfahrtprogramms mit den globalen Potenzialen, die es über die historische Situation hinaus eröffnet. Im neuen afrikanischen Kontext wird damit der Beleg aus den USA zum Zitat geläufiger Praktiken, herkömmlicher Erzählmodelle und vertrauter Dokumentationen des gänzlich Neuen, die nicht weiter überraschen. Der Fremdkörper aus dem All liefert dabei die Anschaulichkeit für das Höchstmaß an Unerklärlichem, mit dem man es einmal zu tun haben könnte. Etwas, das gegen einen zu denken vermag. Und das man sich daraufhin in dieser Form zurechtgelegt hat. Als eines der bekanntesten Exponate des UFO-Museums sind Fotos dieses Objekts aus anderen Perspektiven – nicht weiter verwunderlich – auch Bestandteil von Stock-Photography-Angeboten (New Mexico Roswell International UFO Museum 1994; Alien Autopsy Exhibit at UFO Museum, Roswell, o.J.), populärwissenschaftlichen Zeitschriften (International UFO Museum and Research Center, o.J.) und von Amateur-Urlaubserinnerungsfotos auf diversen Internet-Plattformen (BMWGSGirl 2011; TravelingOtter 2013).

## Selbstbeschreibungen

Eingebettet in ein Künstlerfotobuch, zitiert das Foto der Untersuchung eines Überbleibsels des vermeintlichen UFO-Absturzes von 1947 einen Klassiker des Genres: Larry Sultans und Mike Mandels Bildersammlung *Evidence*, die 1977 Fotografien aus öffentlichen und privaten Archiven von Firmen, Regierungsabteilungen, Schulen, Universitäten und medizinischen Einrichtungen zusammengetragen hatte, welche dort als objektiver Nachweis technologischer Errungenschaften, experimenteller Settings und Situationen fungiert hatten. Jetzt ohne notwendige Referentialisierung nebeneinander rekontextualisiert, als illustre Reihe scheinbar evidenter Objektivitäten, bleiben (nicht ohne Komik) allein Bilder kryptischer Räume, Praktiken und Rituale übrig: Teile von Selbstbeschreibungen hochtechnologisierter westlicher Gesellschaften. Testpersonen liegen in Astronautenuniformen auf dem Teppichboden, Kabelknäuel hängen durch in verlassenen Kontrollräumen, Fallschirme an Masten, Leute agieren seltsam vor einer Wand, merkwürdige Geräte messen irgendetwas. Im Diorama des UFO-Museums sind es zwei Institutionen – das FBI mit Anzug und Hut und die Medizin mit Kittel und Haube –, die als erste Instanzen zur Erzeugung von Evidenz das in unseren Blickkreis Geratene mit Mundschutz in Augenschein nehmen. Politik und Wissenschaft fehlen hingegen auf der Aufnahme in de Middels *The Afronauts*, die nur ein Tablett mit der Fülle glänzender Stahlinstrumente oberhalb des Alienkopfes zeigt und so die Frage nach den Werkzeugen aufwirft.

Dem Bild des Aliens gehen nicht nur Bilder eines Kontrollraums und einer Landung voraus, sondern auch das eines fliegenden Feldstechers und danach eines eingehefteten Zettels mit Beobachtungen vor einem Afrikaner an den Reglern des Raumes. Das Werkzeug-Raumschiff in der Luft, das von niemandem gehalten werden muss, platziert kurz vor dem Alien, leitet über zu einer Reflexion auf die Instrumente unserer Beobachtung und ihren Verschriftlichungen und Einschreibungen. In Bezug auf UFO-Entführungs-Narrative, die zurück auf der Erde nur in Hypnose wieder einholbar sind, wird dabei das Moment der Inspektion umgekehrt: Wechselseitige Beobachtung und die fortwährende Möglichkeit des Gegenbesuchs werden zur Grundlage jedweder Beobachtungsverhältnisse. Dabei sind die Werkzeuge auf dem Tablett selbst nicht als Skalpell, Säge, Sonde oder Bohrer zu identifizieren. Für eine solche Operation, die neuen Ansprüche, braucht man offensichtlich ein neues Besteck. Das Herantreten an den Tisch der Untersuchung eröffnet die Séance.

## Zukünftige Fragen

Das Alien auf der Fotografie ist der als Modell nachgebaute Inhalt eines unbekannten Flugobjekts, wie man ihn von Fotografien, Erinnerungen und Geschichten her zu kennen glaubt. Eine fotografische Dokumentation des *reenactments* eines Untergenres der Geisterfotografie, bei der so einiges nicht zusammengehen will: „Ufology pictures an aesthetic collision between a housing structure, the UFO, and an alien element that inhabits this house, in an uncommon aesthetic mixture of the abject and the technological." (Kelley 2002) Dabei ist die Frage, ob das UFO und das Alien existieren oder nicht, rein theologischer Natur: „What is *actually* known about UFOs is that we have no idea what they are, including whether they are alien; far from proving UFO skepticism, science proves its ignorance. With so little science on either side, therefore, the UFO controversy has been essentially theological, pitting ET believers against unbelievers [Herv. i. O.]." (Wendt und Duvall 2008, 617) Die unbeholfen als „kleingebaute[s] Mängelwesen mit Kunststoffhaut, Kindchenschema und Fixierblick" (Schüttpelz 2008, 44) im Medium wachgehaltene, unsichtbare Präsenz einer anderen Form von Leben und Intelligenz, die ‚Alienbeseelung' eines Objekts, rechnet mit Wiedererkennungseffekten: „[U]nsere Gesellschaften verstehen sich selbst seit dem 19. Jahrhundert – in ihren kolonialen Fortschrittsgeschichten, in allen ihren populären Technikgeschichten und futurologischen Entwürfen – als eine solche Ankunft ‚aus der Zukunft'. Claude Lévi-Strauss brachte die Sache auf den Punkt: ‚Wir sind die Primitiven unserer Urenkel.' Es werden machtgeschützte Leute mit neuen Apparaten kommen, die einzelne von uns mit starrem Blick – und geschützt durch ihre apparativen Anzüge – untersuchen werden, um mit unverständlichen elektronischen Geräuschen über unsere Zukunft zu beratschlagen. Man kann diese Sicht der Dinge so sehr verinnerlichen, dass sie als Erfahrung nach außen schlägt, als eine Ankunft von außerhalb der Welt" (Schüttpelz 2008, 46).

## Unabhängigkeiten

Dass dieses Bild der Figur einer uns grenzenlos überlegenen technologischen Intelligenz zur Um- und Weiterschreibung eines historischen Ereignisses im Umfeld der Souveränität Sambias herangezogen wird, ist aufschlussreich. 1960 hatte der Schullehrer Edward Makuka Nkoloso aus einem Randbezirk von Lusaka die Zambia Academy of Sciences and Space Technoloy gegründet, die im Wettlauf-ins-All-Szenario des Kalten Krieges die Großmächte mit einem Flug zum Mars ausstechen sollte. „I see the Zambia of the future as a space-age Zambia, more advanced than Russia or America. In fact, in my Academy of Sciences our thinking is already six or seven years ahead of both powers." (Nkoloso 1964) Geplant war, die siebzehnjährige „Afronautin" (eine Wortprägung Nkolosos) Matha Mwambwa sowie zwei Katzen und einen Missionar am Tag der Unabhängigkeitsfeier 1964 in einer Rakete ins All zu schießen. Nachdem die UNESCO einen Sieben-Millionen-Dollar-Antrag auf Förderung abschlägig beschieden hatte und die Afronautin schwanger geworden war, wurde das Projekt eingestellt – begonnen hatte es bereits auf einer verlassenen Farm mit einem ersten, für das Fernsehen dokumentierten Schwerelosigkeitstraining in 44-Gallonen-Ölfässern, die einen Hang hinuntergerollt wurden (Lenda 2013). In der Afrofuturismus-Diskussion wird Nkoloso heute als jemand diskutiert, der Bilder setzt, an die sich anknüpfen lässt, weil sie experimentelle afrikanische Temporalitäten zu denken helfen (Keith et al. 2013, 10 und 122).

Dies unternimmt auch de Middels Foto-Aneignung des Objekts aus dem Herzen der Supermacht-Zivilisation, das die anthropozentrische Metaphysik moderner Souveränitätskonzepte grundsätzlich in Frage stellt: „Unlike some objects [...] the UFO might also have subjectivity (ETs). [...] As potential subject, then, the UFO radically relativizes modern sovereignty, disturbing its homologous character with the threat of unimagined heterogeneity, the sovereignty of the fully alien (non-human) Other." (Wendt und Duvall 2008, 624)

## Literaturverzeichnis

„Alien Autopsy Exhibit at UFO Museum, Roswell". *Science Photo Library.*
    http://www.sciencephoto.com/media/338907/view (24. Februar 2016).
Armstrong, Carol. *Scenes in a Library. Reading the Photograph in the Book. 1843–1875.*
    Cambridge, MA, London 1998.
BMWGSGirl: Ride Log 9: Texas: Day 6. 9. August 2011.
    http://www.bmwgsgirl.com/2011_08_01_archive.html (24. Februar 2016).
de Middel, Cristina. *The Afronauts.* Books. http://www.lademiddel.com/the-afronauts.html.
    Madrid 2012 (24. Februar 2016).
de Middel, Cristina. *The Afronauts. Have a Nice Book.* https://vimeo.com/54568373.
    29. November 2012 (24. Februar 2016).
Gunkel, Henriette. „,We've been to the moon and back'. Das afrofuturistische Partikulare im universalisierten Imaginären". *total. – Universalismus und Partikularismus in post_kolonialer Medientheorie.* Band V. Hrsg. von Ulrike Bergermann und Nanna Heidenreich. Bielefeld 2015: 149–162.
„International UFO Museum and Research Center". Pinterest via *New Scientist*: o.J.
    https://de.pinterest.com/pin/220113500510223852/ (24. Februar 2016).
Keith, Naima J., Zoe Whitley und Lauren Haynes (Hrsg.). *The Shadows Took Shape.* New York, NY 2013.

Kelley, Mike. „On the Aesthetics of Ufology (excerpted from an interview with M. A. Greenstein), 1997". *Blastitude (Eternity Blast Special)*. Hrsg. von Cary Loren.) 13 (August 2002). http://www.blastitude.com/13/ETERNITY/ufology_kelley.htm (24. Februar 2016).

Kopp, Detlev, und Nikolaus Wegmann. „Das Lesetempo als Bildungsfaktor? Ein Kapitel aus der Geschichte des Topos ‚Lesen bildet'". *Der Deutschunterricht. Beiträge zu seiner Praxis und wissenschaftlichen Grundlegung*. 40.4 (1988): 45–59.

Lenda, Kabinda. „Faces of Africa, 09/09/2013: Makuka Nkoloso: the Afronaut". *China Central Television*. CCTV.com English. http://english.cntv.cn/program/facesofafrica/20130909/100179.shtml. (24. Februar 2016).

Maya V. „The Afronauts on a Mission to Mars". *Zine-Collection. The Afronauts on a Mission to Mars*. Hrsg. von Cristina De Middel. 12 (2014): 4–5.

„New Mexico Roswell International UFO Museum and Research Center Interior Alien Prop Created for 1994 Showtime Movie Roswell". *Alamy. 69,129,579 Stock Photos, Vectors and Videos*. http://www.alamy.com/stock-photo-new-mexico-roswell-international-ufo-museum-and-research-center-interior-1386859.html. 1994 (24. Februar 2016).

Nkoloso, Edward Makuka. „We're going to Mars! With a Spacegirl, Two Cats and a Missonary". [1964]. In: Coralie Harmache. „The Almost Forgotten Zambian Space Odyssey". *Motherboard*. 21. November 2012. http://motherboard.vice.com/blog/the-almost-forgotten-zambian-space-odyssey (24. Februar 2016).

Odin, Roger. „Dokumentarischer Film – dokumentarisierende Lektüre". *Bilder des Wirklichen. Texte zur Theorie des Dokumentarfilms*. Hrsg. von Eva Hohenberger. Berlin 1998: 283–303.

Schüttpelz, Erhard. „‚Die Außerirdischen sind wir.' Ufo-Entführungen neu erklärt". *Mediazine* 16 (Juni 2008): 44–46.

Sultan, Larry, und Mike Mandel. *Evidence*. New York, NY 2017.

TravellingOtter. „Alien Autopsy Exhibit at UFO Museum – Roswell, New Mexico". 17. November 2013. *flickr*. https://www.flickr.com/photos/travellingotter/14726715824 (24. Februar 2016).

„Untitled (from ‚The Afronauts' series)". *The Shadows Took Shape*. The Studio Museum Harlem. Exhibition. tumblr. http://shadowstookshape.tumblr.com/post/61451136296/cristina-de-middel-b-1975-alicante-spain. 11. November 2013 (24. Februar 2016).

Wendt, Alexander, und Raymond Duvall. „Sovereignty and the UFO". *Political Theory*. 36.4 (2008): 607–633.

Wiedemeyer, Nina. *Buchfalten: Material, Technik, Gefüge der Künstlerbücher*. Dissertation. Bauhaus-Universität Weimar 2011. Ms. Online-Publikationsserver Bauhaus-Universität Weimar. 6.8.2014. https://e-pub.uni-weimar.de/opus4/frontdoor/index/index/docId/2252 (24. Februar 2016).

# 3.24 Zimmerreisen

Bernd Stiegler

## Einleitung

Was ist eine Zimmerreise? Friedrich Nicolai stellte bereits 1781 eine Frage, die die globalisierte Tourismusindustrie zu antizipieren scheint: Wie ist unter der Voraussetzung des Reisens ein Zuhausebleiben möglich? Nur kurze Zeit später wurde die Frage umgekehrt: Wie ist unter der Voraussetzung des Zuhausebleibens ein Reisen möglich? Xavier de Maistres *Voyage autour de ma chambre* aus dem Jahr 1794 war eine Antwort auf diese Frage und begründete zugleich ein eigenes Genre der Reiseliteratur. De Maistre nutzte einen 42-tägigen Hausarrest, um ein angeblich längst geplantes Vorhaben in die Tat umzusetzen – und bereiste sein Zimmer. Ergebnis war ein kleines, ironisches, witziges, tiefsinniges und ungemein anregendes Buch: ein besonderer Reisebericht, dem es um die ferne Nähe und die nahe Ferne geht und um Ereignisse in einem Raum, in dem es eigentlich keine Ereignisse gibt. Die Zimmerreise ist eine Art *Ent-fernung*, die abrückt von einem Raum der Gewohnheit und diesen neu erkundet und zugleich beschreibt. Damit sollte de Maistre zugleich eine Gattung begründen, die bis zur Gegenwart hin nichts an Attraktivität eingebüßt hat. Bis heute wurden zahlreiche Texte dieses bisher kaum beachteten Bereichs der Literatur veröffentlicht (vgl. Stiegler 2010). Die meisten von ihnen gehören auch nicht zu jener Literatur, die gemeinhin als kanonisch angesehen wird. Gleichwohl hat diese kleine literarische Form auch in andere Kunstformen ausgestrahlt, so etwa in die bildende Kunst oder die Fotografie.

Zimmerreisen sind – und das gilt es zu betonen – keine imaginären Reisen. Sie entwerfen keine Utopien, die eben ‚keinen Ort nirgends' zum Gegenstand haben, sondern konzentrieren sich auf den vermeintlich bekannten Raum hier und jetzt. Sie beschreiben keine Traumwelten, sondern den banalen Raum des Alltags. Sie erkunden nicht die exotische Ferne, sondern bleiben in der unmittelbaren Umgebung: im Zimmer, in der eigenen Straße oder Stadt. Doch diese Räume können sich, wenn denn der Betrachter (zimmer-)reisend unterwegs ist, verwandeln und zu regelrechten Erfahrungsräumen werden, die bis dahin verborgen oder vom Mehltau des grauen Alltags überzogen waren. Die Zimmerreise ist ein ‚Sesam öffne dich' des Alltags, der sich mit einem Mal anders auf- und erschließt.

## De Maistres Modell

Im Frühjahr 1790 macht Xavier de Maistre, der Bruder des konservativen Staatstheoretikers Joseph de Maistre, aus einem Hausarrest das Beste und unternimmt eine 42-tägige Zimmerreise, von der er in einem detaillierten Reisebericht Auskunft gibt, der zu einem überaus erfolgreichen Text der französischen Literatur werden sollte und zugleich ein eigenes Genre der Literatur begründete. Am 31. Dezember 1799 schreibt de Maistre an seinen Bruder Joseph über seinen kolossalen Erfolg: „Ich habe es überall gefunden: es ist ins Deutsche übersetzt. Daraus wurde ein anderes Buch mit dem Titel *Zweite Reise um*, usw. ebenfalls übersetzt. Das ist sehr schön, und ein drittes nach diesem Vorbild: *Reise durch meine Taschen*, mittelmäßig" (de Maistre 2005, 60). Viele Jahre später wird er selber eine Art Fortsetzung schreiben: eine *Expédition nocturne autour de ma chambre*, die aber nun nur noch eine Nacht dauert.

De Maistres schlankes Buch *Voyage autour de ma chambre* ist voller Anspielungen auf die Tradition des Reiseberichts, aber auch der Literatur. Einerseits setzt er sich ironisch von seinerzeit überaus erfolgreichen Berichten von implizit wie explizit zitierten Entdeckungsreisenden ab, indem er sich andererseits auf die durch Laurence Sternes *Sentimental Voyage* (1768) unternommene Neuakzentuierung des Reiseberichts bezieht, dem es nun weniger um aufsehenerregende Entdeckungen und Erkundungen fremder Menschen, Tiere, Sensationen als vielmehr um die *sensations* des Reisenden selbst geht. Eine jede Entdeckung ist immer auch eine Entdeckung dessen, was schon entdeckt worden ist. De Maistres Reise erkundet die längst bekannte Welt, indem er sie mit den Mitteln der reisenden *und* der ironischen Distanzierung erneut in den Blick nimmt.

Auf seinen Wanderungen entdeckt der „seßhafte Reisende" (de Maistre 1976, 46) nicht nur die zweckmäßige Schönheit der Alltagsgegenstände – lauter gewöhnliche Dinge eines gewöhnlichen Haushalts, wie etwa ein Bett und ein Lehnstuhl –, sondern berichtet auch von der Geschichte der im Zimmer aufgehängten Bilder und von seinen Entdeckungen in der kleinen Bibliothek. Vor allem aber erzählt de Maistre in loser Folge von Geschichten des Alltags – berichtet von seinem Diener, seinem Hund und seiner Geliebten –, Geschichten, in denen durch die aufgrund der Reisehaltung besondere Rezeptivität wie Sensibilität die „Dichotomie von ‚langweiligem Alltagsleben' und ‚wunderbarer Welt'" in eigentümlicher Weise suspendiert sind (de Botton 2003, 271). Das Alltägliche verwandelt sich in der spezifischen Perspektive der Zimmerreise in besondere Geschichten, denen es doch nur um die Macht der Gewohnheit geht, die hier für die kurze Zeit der Reise ihre Macht verliert.

## Frauenzimmer

Eine solche Zimmerreise findet sich auch bei Sophie von La Roche. Bereits in der von ihr herausgegebenen Zeitschrift *Pomona für Teutschlands Töchter* (1783–1784) beantwortet sie die „Fragen nach meinem Zimmer" mit einer detaillierten mehrseitigen Beschreibung „meines Zimmers und meiner Aussicht" (La Roche 1987, 227). In *Mein Schreibetisch*, das fünfzehn Jahre später erschien, hat diese Beschreibung bereits andere Dimensionen angenommen. „Ob und wie Frauenzimmer reisen dürfen", diese Frage stellte Franz Ludwig Posselt 1795 in seinem Buch *Apodemik oder die Kunst zu reisen*. Sophie von La Roches zweibändiges, über 850 Seiten umfassendes Buch *Mein Schreibetisch* ist eine jener Ende des 18. Jahrhunderts entstandenen Zimmerreisen, die in den Gender Studies als spezifische Form weiblichen Schreibens ausgemacht wurden und in denen es nicht um die Unendlichkeit und irreduzible Souveränität des eigenen Innenlebens, sondern um dessen gesellschaftlich bedingte und kulturell codierte Beschränkung geht. In *Mein Schreibetisch* etwa tritt La Roche als „Sammlerin ihres eigenen Ich" auf: „Zeitlich und räumlich Fernes versammelt sie als Korrespondenzen, Büchersammlungen und Erinnerungsgegenstände ‚gleichsam in der Kapsel' ihres Interieurs." (Pelz 1993, 50) Hier erscheint die Zimmerreise als Form der Distanznahme *qua* Beobachtung, genauer als „Prozeß radikaler Selbstentfremdung", in dem sich das Zimmer in das „Draußen des eigenen Kopfes" verwandelt. „In dieser Weise von sich selbst abgehalten, kann der Kopf sachlicher gesehen werden, man kann darin reisen." (Pelz 1993, 53) Das „Frauen-Zimmer" wird, so Annegret Pelz, zum „Kopf-Zimmer", dessen Erkundung die eigene Selbstentfremdung auslotet.

Die in *Mein Schreibetisch* unternommene Reise verlässt zu keinem Zeitpunkt die vier Wände des Zimmers und beschränkt sich ausschließlich auf den Schreibtisch und die Bibliothek. Die Beschreibung der Sedimentierung der verschiedenen Schichten des Schreibetisches wird zu einer regelrechten Paläontologie ihrer eigenen Geschichte, zu einer stratografischen Bestandsaufnahme ihres individuellen „Frauenzimmers", geht doch die von einem „edlen Freund" gestellte Aufgabe einer getreulichen Darstellung des Tisches davon aus, „daß eine aufrichtige Beschreibung des, auf diesem Tische und bey der Fenstermauer verbreiteten, Gemisches von Papieren und Büchern, ihm [dem „edlen Freund"; B. S.] auch einen sehr genauen Grundriss von meinem Kopf und meinen Neigungen geben würde" (La Roche 1997, I, 6). *Mein Schreibetisch* entwirft nicht nur eine innere Biografie, sondern eine äußere „Autogeographie" (Pelz 1993) der eigenen Existenz, die auf jede Introspektion verzichtet und sich ausschließlich auf die verschiedenen Schriften beschränkt, die sich in ihrem „Frauenzimmer", auf ihrem Schreibetisch und um ihn herum befinden.

## Expeditionen in die Nähe

Von Ende des 18. bis hin zum späten 19. Jahrhundert entsteht eine Vielzahl von Miniaturreisen, bei denen die Schwelle eines Zimmers oder Hauses oder die Grenzen einer Stadt nicht überschritten werden: Man bereist die Hosentaschen, das Zelt oder die Schublade, das Zimmer des Tags wie des Nachts, die eigene Bibliothek oder immerhin eine Großstadt wie Paris, die, so der passionierte Fernreisende Arsène Houssaye, selbst dem Pariser immer noch eine unbekannte Welt ist – oder dort nur den Palais Royal, der allein eine ganze Reise erfordert (Houssaye 1855, 230). Arthur Mangins *Voyage scientifique autour de ma chambre*, die im 19. Jahrhundert gleich mehrere Auflagen erfuhr, hat sich etwa dem Ziel verschrieben, ein Zimmer im Geiste der Naturwissenschaften zu erkunden. Der Erzähler durchreist mit dem Sohn eines Studienfreundes, der sich bisher den ‚Lettres' verschrieben hatte, sein Haus und erklärt ihm Raum für Raum, Ding für Ding die Errungenschaften der modernen Naturwissenschaften, die nicht länger ein Arkanum, ein Geheimwissen, sondern nun frei zugänglich sind. Das Zimmer ist der Ort, an dem, historisch betrachtet, die allermeisten Entdeckungen gemacht wurden und nun auch in der Perspektive der Reise in anderer Weise gemacht werden können.

Andere Reisen verfolgen andere Strategien: Sie unterlegen die Gegenstände mit mehr oder weniger detaillierten Geschichten Einzelner oder aber einer kollektiven Kulturgeschichte. Die *Voyage dans mes poches* (Anonym 1798) fördert etwa eine Tabakspfeife, ein Taschentuch, Wachskügelchen und ein Portefeuille zutage, die zum Anlass werden, Geschichten zu erzählen. Schreibers *Reise meines Vetters auf seinem Zimmer*, die wie die Taschenreise aus dem Jahr 1797 stammt, erzählt über die einzelnen Gegenstände (Schreibtisch und Feder, Tabakspfeife und Knotenstock, Steckenpferd und Tisch, Kamin und Pudel) Geschichten von Mitgliedern seiner Familie oder von Nachbarn. In Karl Sterns *Auch eine Reise auf meinem Zimmer*, die acht Jahre später erschien, werden die Nachbarn mit ihren Geschichten zu Störungen, die die Zimmerreise be- und dann auch verhindern. S. d'Houays Reise durch sein Haus aus dem Jahr 1880 hingegen kündigt ähnlich wie Mangin eine Expedition an, die der Entdeckung Amerikas in nichts nachsteht. „Ist ein Haus letztendlich nicht ein kleines Universum und kann man dort nicht mit interessanteren Funden rechnen als in einem neuen Amerika?" (d'Houay 1880, 9) Ein jeder Gegenstand hat hier nicht nur eine persönliche, sondern auch eine allgemeine, kulturelle Geschichte. In der Reise durch sein Haus eignet sich der Erzähler die Geschichte seiner eigenen Kultur an. Die Etappen dieser Reise könnten dabei gewöhnlicher wie heterogener kaum sein: Es geht um Uhren, die Zuckerherstellung, die Geschichte der Grafik, um Klaviere, Kaffee und Tabak, um Porzellan, Schuhe, Emaille und

Lampen. Ein jedes dieser Dinge führt über die kulturhistorische Erzählung nicht nur weit zurück in die Vergangenheit, sondern auch in die Ferne.

## Das Leben der Pflanzen

Nicht wenige Zimmerreisetexte des 19. und frühen 20. Jahrhunderts beschränken sich auf den Raum des Gartens und auf das florale Leben eines Hauses, und in manchen spielen Pflanzen eine gewichtige Rolle. Die beiden wichtigsten Texte des 19. Jahrhunderts sind wohl Alphonse Karrs *Voyage autour de mon jardin* (1845), das sogar zu einem Theaterstück wurde, welches 1867 in der Comédie Française unter dem Titel *Roses Jaunes* aufgeführt wurde, und Georges Astons *L'ami Kips. Voyage d'un botaniste dans sa maison* (1879). Hier ist die Reise durch die Pflanzenwelt eines Hauses eine regelrechte Initiationsgeschichte, in der der Protagonist die dunkle Geschichte des verhinderten wie skurrilen Botanikers Kips erhellt und am Ende sein Schwiegersohn wird. Karrs *Voyage autour de mon jardin* beschreibt hingegen in zwei Bänden und auf fast 700 Seiten nicht mehr, aber auch nicht weniger als seinen Garten. Dieser – nicht aber der Mensch – gibt die Intensität und auch den Rhythmus der Ereignisse vor. Er ist Herbarium, Nutzgarten und zugleich mythologisches Imaginarium. Der Garten wird zu mehr als nur einem Reiseersatz – er wird zur Welt. Karrs Reise durch den Garten entwirft sich in Absetzung von der Reise eines Freundes, der die Welt be- und umreist, ihm gelegentlich einen Bericht aus Peru oder einem anderen fernen Ort schickt, und am Ende der Erzählung nach vielen Wochen in der Ferne ein wenig ernüchtert wie erschöpft wiederkommt, während der ausgeruhte Karr den Eindruck hat, seine Reise durch den Garten kaum zur Hälfte absolviert zu haben – so vielfältig sind die Entdeckungen, die er dort gemacht hat. (Karr 1845, II, 358) Karrs Reise durch seinen Garten ist die Geschichte einer Wiederverzauberung der Welt.

## Das Leben der Dinge

Eines der wohl eigentümlichsten Bücher der Literatur des 19. Jahrhunderts, das 1881 in zwei recht stattlichen Bänden erschien, ist Edmond de Goncourts *La maison d'un artiste*. Auf nicht weniger als 739 Seiten listet das Buch minutiös die Gegenstände auf, die sich in seinem Haus befinden. Die zwei Bände sind nichts anderes als eine Beschreibung der Dinge mit ihrer Geschichte und mitunter auch jener ihres Erwerbs: Kunstgegenstände, Möbel, Grafiken, Porzellan, Bilder, Bücher, Manuskripte, Japonica und andere Asiatica, seltene Bücher und andere bemerkenswerte *bibelots*. Raum für Raum durchwandert der beschreibende Blick das Haus, ohne dabei den Garten auszusparen und die Schubladen ungeöffnet zu lassen. Es handelt sich um eine in Listen geronnene Ekphrasis, die die Dinge zu beleben und in der Beschreibung ihnen eine eigene Geschichte zuzuweisen sucht, hinter der die Geschichte ihres Besitzers zurücktritt. Das Haus ist dabei weder ein Museum noch ein Archiv oder eine spezialisierte Sammlung: Es ist von allem etwas und insbesondere ein Raum, in dem die Dinge zu leben beginnen und das Leben der Bewohner aus Blickreisen durch die dicht gewobene Oberfläche der Dinge besteht.

Für de Goncourt ist diese Passion für die Dinge aber mehr als eine persönliche Leidenschaft. Sie ist ein Zeichen der Zeit, ja die zeitgemäße Form der Sensibilität. Die *bricabracomanie*, die im 18. Jahrhundert noch eine Leidenschaft älterer Herren war, wird nun für eine ganze Generation zu einer Passion, die die Dinge nachgerade libidinös besetzt: Die Gegenwart zeichne sich durch eine „nahezu menschliche Zärtlichkeit für die Dinge [meine Übersetzung; B. S.]" (Goncourt 1881, 3) aus. Es ist ein einsames Vergnügen, angesiedelt zwischen Langeweile und ungewisser Zukunft, das in den Dingen die Geschichte, das Leben und auch dasjenige erblickt, was später vererbt werden kann. Dinge sind mehr als nur bloßer Besitz: Sie sind Frauen und Kinder, Geschichte und Begehren, Gedächtnis und Glück. Sie kommen aus aller Herren Länder und geben Anlass zu vielfältigen Erzählungen und Deutungen. Sie laden zu Berichten, aber eben auch zu Reisen ein. Die Innerlichkeit, die das 19. Jahrhundert entdeckt und ausbildet, ist, so Goncourt, keineswegs jene des Subjekts, sondern die des Hauses, in dem Dinge ihr Eigenleben führen und doch vom Blick des Betrachters fortwährend belebt werden wollen. Die Innerlichkeit des 19. Jahrhunderts ist das *intérieur*: eine Dingwelt, die zum Reflex des Blicks wird. Die Subjektivität gewinnt erst im Spiegel der Dinge ihre Konturen, ihr Leben und ihre Geschichte und findet so im Raum des Zimmers oder des Hauses ihren eigenen Ort.

Dieses Modell findet sich noch im 20. Jahrhundert. 1924 skizziert Adolf Heilborn in *Die Reise durchs Zimmer* eine „Kulturgeschichte der Wohnung und des Hausrats" und führt den Leser „in Gegenden, die er vordem noch nie gesehen hat.' [...] An einen Ort will ich dich führen, den du am wenigsten kennst von allen Orten der Erde. Es ist dein Zimmer!" (Heilborn 1924, 5 und 9) Das Zimmer wird dabei zu einer räumlichen Verkörperung von individueller *und* kollektiver Geschichte, trägt Spuren der Menschheitsentwicklung mit ihrem Wunsch nach Behausung *und* der individuellen Handschrift des Bewohners und wird so als Verflechtung von Mikro- und Makrokosmos entzifferbar. Es ist ein Schutzraum des Individuums sowie Verkörperung seiner Geschichte *und* dechiffrierbare

Materialisierung einer kollektiven kulturellen Entwicklung, die Heilborn in diversen Streifzügen skizziert.

## Künstlerische Projekte

Die französische Künstlergruppe *Ici-Même*, deren Name bereits Programm ist, begann am 15. Februar 2002 eine Zu-Fuß-Durchquerung des besiedelten Stadtgebiets von Grenoble. Selbstauferlegte Verpflichtung dieser Aktion – die mit drei weiteren verbunden war, bei denen bestimmte Orte in der Stadt neuen Aufgaben zugeführt wurden – war eine Übernachtung bei einem dem Reisenden bis dahin nicht bekannten Bewohner der Großstadt. Aus dieser Aktion hervorgegangen ist ein Buch in der Art eines Wörterbuchs mit Einträgen von A bis Z, die die Beteiligten gemeinsam geschrieben haben. Dieses Projekt ist Teil einer ganzen Reihe von künstlerischen Projekten, die eine andere Form der Zimmerreise erkunden.

Jochen Gerz präsentierte auf der *documenta 6* 1977 seine Installation „Der Transsib.-Prospekt". Gerz unternahm eine 16 Tage und 16 Nächte dauernde Reise mit der Transsibirischen Eisenbahn, die er in einem abgedunkelten Zugabteil mit verschlossenen und abgedeckten Fensterscheiben verbrachte. Während dieser Reise nahm er 16 Schiefertafeln mit, für jeden Tag eine, auf die er seine nackten Füße stellte. Alle Zeugnisse der Reise sollten vernichtet werden. Es blieben einzig die Abdrücke seiner Füße auf den Schiefertafeln – bzw. das, was man für diese eben hielt bzw. hält. Diese Tafeln wurden dann Teil der Installation. In den Skizzen für dieses Projekt führte Jochen Gerz eine umfangreiche Liste mit Reiseliteratur und insbesondere auch Zimmerreisen an, wie etwa der von de Maistre, aber auch abgelegenere Texte wie Schreibers *Reise meines Vetters auf seinem Zimmer*.

Gregor Schneider baute in seinem Projekt „Totes Haus u r", das seinen Namen durch die Lage Unterheydener Straße 12 in Rheydt erhalten hatte, ein Haus komplett um und öffnete es dann für Besucher. Es entstand eine komplexe Einschachtelung von Räumen, Wänden und Treppen (Schneider 1996, 21). Schneider geht es um die Erzeugung von Raumwirkungen, die kaum zu messen, wohl aber zu erfahren sind, um das Spiel mit Sichtbarkeit und Unsichtbarkeit, mit Gewohnheit und Veränderung, bewusster und unbewusster Wahrnehmung, mit Vertrautheit und Schrecken.

Zu nennen sind schließlich Experimentalfilme, wie etwa der Kurzfilm des dänischen Künstlers Ulrik Heltoft *Voyage autour de ma chambre* (2008) oder der gleichnamige Film von Olivier Smolders (2008). Und auch die Website der Familie M. und Ch. Studer van den Berg alias Monica Studer und Christoph van den

Berg bietet eine – nun digitale – Zimmerreise im virtuellen „Vue des Alpes" an. Das künstlerische Projekt spielt mit den Verlockungen des Internets, in dem man sich ja bereits navigierend, sprich reisend fortbewegt und das zudem über zahllose Webcams virtuelle Reisen in Echtzeit ermöglicht. Ihr Hotelprojekt bietet einen reisenden Stillstand inmitten einer rasenden Navigation durch Hunderte von Websites, die man in aller Regel nur für kurze Zeit besucht, um sie sogleich wieder zu verlassen.

## Literaturverzeichnis

Anonym. *Voyage dans mes poches*. O.O. 1798.
Aston, Georges. *L'ami Kips. Voyage d'un botaniste dans sa maison*. Paris 1879.
de Botton, Alain. *Kunst des Reisens*. Frankfurt am Main 2003.
de Maistre, Xavier. *Voyage autour de ma chambre, par M. le Chev. X*** *** O.A.S.D.S.M.S.* Turin (i.e. Lausanne) 1794 (i.e. 1795).
de Maistre, Xavier. *Die Reise um mein Zimmer. Nächtliche Entdeckungsreise um mein Zimmer.* Weimar 1976.
de Maistre, Xavier. *Lettres à sa famille. 3 Bände.* Hrsg. von Gabriel de Maistre. Clermond-Ferrand 2005 (Band 1) und 2006 (Band 2 und 3).
d'Houay, S. *Voyage dans ma maison*. Rouen 1880.
Gerz, Jochen. „Der Transsib.-Prospekt". *Get out of my lies*. Wiesbaden 1997: 84–97.
Goncourt, Edmond de. *La maison d'un artiste. 2 Bände.* Paris 1881.
Heilborn, Adolf. *Die Reise durchs Zimmer*. Berlin 1924.
Houssaye, Arsène. *Voyage à Venise, Œuvres. Band 4.* Paris 1855.
Ici-Même [Künstlergruppe]. *Les Paysages étaient extraordinaires*. Grenoble 2004.
Karr, Alphonse. *Voyage autour de mon jardin. 2 Bände.* Paris 1845.
La Roche, Sophie von. *Pomona für Teutschlands Töchter. 4 Bände* [1783–1784]. München u. a. 1987.
La Roche, Sophie von. *Mein Schreibetisch. 2 Bände* [1799]. Karben 1997.
Mangin, Arthur. *Voyage scientifique autour de ma chambre*. 3. Auflage. Paris 1889 [1862].
Pelz, Annegret. *Reisen durch die eigene Fremde. Reiseliteratur von Frauen als autogeographische Schriften.* Köln, Weimar, Wien 1993.
Posselt, Franz Ludwig. *Apodemik oder die Kunst zu reisen. 2 Bände.* Leipzig 1795.
Schneider, Gregor. *Gregor Schneider*. Ausstellungskatalog. Bern 1996.
Schreiber, Alois. *Reise meines Vetters auf seinem Zimmer*. Bremen 1797.
Stern, Karl. *Auch eine Reise auf meinem Zimmer*. Leipzig 1805.
Sterne, Laurence. *A Sentimental Journey Through France and Italy*, London 1768.
Sterne, Laurence. *Eine empfindsame Reise durch Frankreich und Italien*. München 1963.
Stiegler, Bernd. *Reisender Stillstand. Eine kleine Geschichte der Reisen im und um das Zimmer herum.* Frankfurt am Main 2010.
Studer, Monica, und Christoph van den Berg. „Vue des Alpes". http://www.vuedesalpes.com/home_d.html (25. Mai 2017).
*Voyage autour de ma chambre*. Regie: Ulrik Heltoft. 2008, 3:52 Min.
*Voyage autour de ma chambre. Film immobile*. Regie: Olivier Smolders. Frankreich 2008, 26 Min.

## 4. Dingmagazin

# Abfall/Müll

## Lis Hansen

Welche Dinge als Abfall und Müll gelten, wird nicht von intrinsischen Merkmalen der Gegenstände selbst bestimmt, sondern ist vom historischen Zeitpunkt sowie von gesellschaftlichen, kulturellen und individuellen Zuschreibungen abhängig. Der Begriff ‚Abfall' leitet sich zunächst vom Ab-Fall von einer religiösen oder politischen Instanz ab und etabliert sich erst im Zuge von Industrialisierung und zunehmendem Warenverkehr für materielle → Reste der Produktion oder des Konsums. Mit der steigenden Menge der vor allem städtischen Abfälle Ende des 19. Jahrhunderts wird zudem der Begriff ‚Müll' geläufig. Die literatur- und kulturwissenschaftliche Forschung bezieht sich bei ihrer Beschäftigung mit Abfall und Müll zumeist auf zwei theoretische Ansätze: Die Ethnologin Mary Douglas beschreibt den Ausschluss bestimmter Aspekte, das heißt die Produktion von Abfällen, als grundlegend für die Konstitution eines gesellschaftlichen Systems. Sie definiert in dieser Hinsicht Abfälle wie Schmutz als Materie am falschen Platz, die die gesellschaftliche Ordnung störe und Reinigungshandlungen evoziere (Douglas 1987 [1966], 52). Michael Thompsons *Rubbish Theory* hingegen bestimmt Dinge nach dem Wert, der ihnen von der Gesellschaft zugesprochen wird. Gegenstände können demzufolge wertvoll (dauerhaft) oder wertlos (vergänglich) und damit Abfall sein (Thompson 1981 [1979], 21).

In literarischen Darstellungen von Müll und Abfällen als Motiv, Metapher oder Topos spielt insbesondere der Transfer zwischen den Wertkategorien der Dinge eine Rolle. Dieser ist mit dem Aspekt einer gesellschaftlichen Ordnung eng verbunden, denn Abfälle werden häufig als eine Kehrseite der Kultur thematisiert. Dies betrifft auch die mit ihnen zusammenhängenden Figuren, wie etwa Lumpensammler, Trödler, Müllmänner, Punks und Messies, sowie den Schutthaufen, den Kehricht, die Mülldeponie oder den Mülleimer als letzte Station der Dinge, mit der ein besonderer Blick auf die Welt verbunden wird.

Die „Kulturmetapher" Abfall (Kuchenbuch 1988, 155) erfährt in der Literatur und Kunst des 20. Jahrhunderts eine besondere Konjunktur, etwa in Arbeiten mit *objets trouvés* oder in der *Junk* und *Abject Art*, im Spiel mit den Metamorphosen des Abfalls (Hauser 2001), den Ambiguitäten seiner Wahrnehmung und Bewertung. In literarischen Inszenierungen von Abfällen kann wertloser Müll in ein bedeutungstragendes Ding verwandelt werden, etwa durch seine Inklusion als Erinnerungsstück, plotinitiierendes Fundstück, Erkenntnis generierender Gegenstand oder als ästhetisches Objekt. Der verworfene und verdrängte Müll wird in Kunst und Literatur sichtbar und produktiv gemacht, die Kehrseite einer Warenästhetik in das kulturelle Gedächtnis eingeschrieben. Seit der Romantik gibt es in der Literatur eine verstärkte Hinwendung zur Nachtseite der Dinge und zu einer *Ästhetik des Häßlichen* (Rosenkranz, 1990 [1853]), die bis in die Gegenwart reicht: In Helmut Kraussers Roman *Fette Welt* heißt es programmatisch: „Die Zeit der Olivenbäume, Weißdornbüsche und Rosenbeete ist vorbei [...], und der neue Topos ist das verfilzte Haarbüschel im Aluminiumaschenbecher" (Krausser 1999 [1992], 25). Insbesondere seit den 1970er Jahren fungiert Müll in Umwelt- oder Katastrophendarstellungen als Zeichen einer aus der Ordnung geratenen Welt, und die Zunahme der gesellschaftlichen und ökologischen Bedeutung von Müll, etwa vor dem Hintergrund der *Anthropozän*-These (Klingan et al. 2014), spiegelt sich in der Literatur, worin Müll häufig Teil von Risiko- und Gefahrennarrativen wird. Zudem dient er als Zeichen für die dingliche wie menschliche Sterblichkeit (Giesen 2007, 108), wenn das Müllgebirge, von dem aus die Rättin in Günter Grass' gleichnamigem apokalyptischen Roman das Ende der Menschheit verkündet, zu einem beredten Erbe und einer Allegorie der Erinnerung wird: „Was vom Menschengeschlecht geblieben, zählen wir zum Gedächtnis auf. Von Müll befallen, breiten sich Ebenen, strändelang Müll, Täler, in denen der Müll sich staut. Synthetische Masse wandert in Flocken, Tuben, die ihren Ketchup vergaßen, verrotten nicht. [...] All das redet von euch ohne Unterlaß." (Grass 2007 [1986], 14)

Zudem spielen Abfälle und Müll – *from the garbage into the book* (Andy Warhol) – eine signifikante Rolle bei der Produktion von Literatur: in Form des Ver- und Wegwerfens, von Entwürfen und Varianten, wie das programmatische Einbringen von vormals Weggeworfenem bei Verfahren des Recyclings oder der Kompostierung (Fayet 2003). Ferner lässt sich eine poetologische Traditionslinie von Charles Baudelaires Lumpensammler bis ins digitale Zeitalter zu Rainald Goetz' Blogprojekt *Abfall für Alle* (1999) ausmachen, die durch das Auflesen der Abfälle der Gesellschaft eine Archäologie der Gegenwart sichtbar und literarisch produktiv macht und Müll zur Selbstbeschreibung der Literatur nutzt. Allerdings sind sowohl die fiktionsinternen Abfall- und Mülldarstellungen als auch die poetologische wie materielle Arbeit mit Müll stets mit dem paradoxen Problem verbunden, inwieweit Müll in Literatur und Kunst noch ‚Müll' ist.

## Literaturverzeichnis

Douglas, Mary. *Reinheit und Gefährdung. Eine Studie zu Vorstellungen von Verunreinigungen und Tabu*. Berlin 1987 [1966].
Fayet, Roger. *Reinigungen. Vom Abfall der Moderne zum Kompost der Nachmoderne*. Wien 2003.
Giesen, Bernhard. „Der Müll und das Heilige". *Arbeit am Gedächtnis*. Hrsg. von Michael C. Frank und Gabriele Rippl. München 2007: 101–110.
Grass, Günter. *Die Rättin*. München 2007 [1986].
Hauser, Susanne. *Metamorphosen des Abfalls: Konzepte für alte Industrieareale*. Frankfurt am Main 2001.
Klingan, Katrin, Ashkan Sepahvand, Christoph Rosol und Bernd M. Scherer. *Textures of the Anthropocene: Grain Vapor Ray*. Berlin 2014.
Krausser, Helmut. *Fette Welt*. Hamburg 1999 [1992].
Kuchenbuch, Ludolf. „Abfall. Eine Stichwortgeschichte". *Kultur und Alltag*. Hrsg. von Hans-Georg Soeffner. Göttingen 1988: 155–170.
Rosenkranz, Karl. *Die Ästhetik des Häßlichen*. Stuttgart 1990 [1853].
Thompson, Michael. *Die Theorie des Abfalls. Über die Schaffung und Vernichtung von Werten*. Stuttgart 1981 [1979].

# Accessoires

## Susanne Scholz

Nach Angaben von Knaurs *Deutschem Wörterbuch* handelt es sich bei einem Accessoire um ein für eine Hauptfunktion nicht notwendiges, der Mode angepasstes Beiwerk (Knaur 1985, 108). Das *Oxford English Dictionary* spricht etwas weniger herablassend von „something contributing in a subordinate degree to a general result or effect" (OED 1989, „accessory"), nennt dieses Detail aber auch „adjunct, additional, subsidiary, auxiliary, supplementary" (OED 2011). Als Nebensächlichkeit, die den Charakter der Hauptsache unterstreicht bzw. erst zum Vorschein bringt, ist das Accessoire unverzichtbarer Bestandteil der Subjektausstattung. Dass es sich um Marginalien der äußeren Erscheinung handelt, soll also nicht darüber hinwegtäuschen, dass Accessoires keineswegs akzidentiell sind, denn „subjectivity is mediated and realized by material objects" (Pointon 2013, 127). Dies lässt sich auch daran ablesen, dass besonders in vormodernen Zeiten häufig Accessoires – zum Beispiel Perlenschnüre, Handschuhe, Federboas, Gürtel und Taschentücher – als Teil eines Gabentauschs funktionierten, der soziale Beziehungen etablierte bzw. festigte, etwa als Verlobungsgeschenke oder Liebesgaben (Mirabella 2011, 1–10). Accessoires, so suggeriert bereits der Name, verschaffen „access", das heißt Zugang zu sozialen Beziehungen (Mirabella 2011, 2). Dass Accessoires auch im heutigen politischen Diskurs als Zeichen von Macht, Zugehörigkeit und Status gelesen werden, zeigt ein Blick in Madeleine Albrights *Read My Pins* (2009).

Wichtiger noch als im ‚richtigen Leben' sind Accessoires in der Literatur, wo sie als bedeutungstragende Nebensächlichkeiten figurieren, die den Lesenden ein Bild der Protagonisten vermitteln, etwas über ihre Selbstwahrnehmung, ästhetische Präferenzen und soziale Beziehungen preisgeben sollen. Sie fungieren als zunächst nebensächliche Erzählanlässe und Erinnerungsaktualisierer, um die herum ganze Universen konstruiert werden können. Möglicherweise lassen sie sich als Erben der ikonografischen Attribute allegorischer Modi verstehen, in jedem Fall aber als bedeutungsvolle Requisiten im Theater des Selbst.

Accessoires sind dabei keinesfalls ausschließlich weiblich codiert, im Gegenteil: In vielen literarischen Texten, besonders denen des 18. und 19. Jahrhunderts, dienen sie als Requisiten der Subjektwerdung und als äußerlich sichtbare, dabei bewegliche (das heißt nicht natürliche) Zeichen arrivierter Männlichkeit. Weniger offensichtlich als die Schamkapseln der Frühen Neuzeit fungieren im 18. Jahrhundert Perücken, Degen, Spazierstöcke, sogar Schnupftabakdosen als Teil einer sartorialen Semiotik der Maskulinität. Wenn sich Captain John Good in Henry Rider

Haggards Abenteuerroman *King Solomon's Mines* (1885) nicht ohne Lorgnon, gestärkte Ersatzkragen und Tweedanzug in die afrikanische Savanne begibt, dann deshalb, weil diese Gegenstände für die Zivilisiertheit und damit koloniale Überlegenheit des Briten bürgen (Scholz und Dropmann 2011).

Oft werden Accessoires auch als Statthalter dessen eingesetzt, was nicht explizit gesagt werden soll oder darf: Die sexuelle Symbolik von Knopf und Knopfloch war längst etabliert, als Laurence Sterne ihr in *Tristram Shandy* (1759) ein literarisches Denkmal setzte. Grundsätzlich können Knöpfe als „bedeutungsvoller Kulturbeleg" verstanden werden, der „die Kunst einer Epoche auf kleinsten Raum verdichtet" (Loschek 1993, 95). Knöpfe an Männerkleidung können aber auch als quasi ‚phallische' Zeichen Status und Zugehörigkeit signalisieren, etwa an Uniformen, aber auch als Clubabzeichen oder Markensignets. Fehlende, abgesprungene oder unzureichend geschlossene Knöpfe sind als Zeichen mangelnder Selbstbeherrschung lesbar; umgekehrt gilt ein introvertierter Mensch als ‚zugeknöpft'.

Markante Accessoires können als Erkennungszeichen dienen (Indiana Jones' Hut), vielfach werden Accessoires aber auch genutzt, um eine oberflächliche Verkennung der wirklichen Werte der Dinge zu inszenieren. Besonders in der Männermode kommt es auf die Mäßigung der sartorialen Ausdrucksmittel an. Figuren des Exzesses wie der Dandy inszenieren hingegen ihre Vorliebe für exzentrische Details. Joris-Karl Huysmans' *Des Esseintes* (*À rebours*, 1884) etwa verschwindet als Person fast hinter den schönen Dingen, die er anhäuft, aber immerhin generiert er damit ästhetischen Mehrwert (vgl. 3.16 ROTHSTEIN). Wenn schließlich, wie etwa in Christian Krachts *Faserland* (1995), Markennamen die Persönlichkeitsartikulation übernehmen (vgl. 3.21 DRÜGH), dann erscheint das Subjekt endgültig als Summe seiner Sachen, deren symbolisches Kapital schon fast mit realem Tauschwert engeführt werden kann.

## Literaturverzeichnis

Albright, Madeleine. *Read My Pins. Stories from a Diplomat's Jewel Box*. New York, NY 2009.
Knaur. *Das Deutsche Wörterbuch*. München 1985.
Loschek, Ingrid. *Accessoires. Symbolik und Geschichte*. München 1993.
Mirabella, Bella (Hrsg.). *Ornamentalism. The Art of Renaissance Accessories*. Ann Arbor, MI 2011.
*Oxford English Dictionary*. Oxford 1989 und 2011.
Pointon, Marcia. „Accessories in Portraits. Stockings, Buttons and the Construction of Masculinity in the Eighteenth Century". *Portrayal and the Search for Identity*. London 2013: 121–179.
Scholz, Susanne, und Nicola Dropmann. „The Props of Masculinity in Late Victorian Adventure Fiction". *Constructions of Masculinity in English Literature*. Hrsg. von Stefan Horlacher. Basingstoke 2011: 169–186.

# Album

## Annegret Pelz

Das lateinische Epitheton *albus, alba, album* [glanzlos weiß] und das Konkretum *album, albi* [weiße Farbe, Färbestoff in Gips oder Zementputz] bezeichneten ursprünglich geweißte, zentral aufgestellte hölzerne Tafeln oder Hauswände zur Bekanntmachung von Edikten, Annalen und Verzeichnissen in Listenform (Schmidt 1893). Erst zur dauerhaften Archivierung wurden die Inhalte auf handliche Schriftträger, Buchrollen oder geheftete, gewachste bzw. geweißte Holztäfelchen übertragen.

Die heutige Praxis des Sammelns und Archivierens von Texten, Bildern, Dingen, Filmen und Musik in Blankobüchern oder auf digitalen Leerseiten entstand in der Frühen Neuzeit. Neben lokalen und institutionengebundenen Einschreibebüchern (Matrikel-, Gemeinde-, Salonalbum, Haus- und Memorbuch) etablieren sich Blankalben, Stammbücher, Freundschaftsbücher (Schnabel 2013) als mobile Reisebegleiter. Ausgehend von dem protestantischen Gelehrtenmilieu um Luther und Melanchthon verbreitet sich das Sammeln von Inskriptionen in europäischen Adels-, Handwerker-, Soldaten- und Studentenmilieus (Schnabel 2003) und unter Frauen (Delen 1989; Zimmermann und Bung 2013). Diese halbprivaten, handschriftlichen „Buchgeschöpfe[] aus Grenzgebieten" (Benjamin 1980 [1931], 393) blieben lange ohne festen Bezug zur stationären Struktur der Wissensordnung in den Bibliotheken. Sie werden erst durch Digitalisierung zugänglich und dienen heute der Erforschung von Denkkollektiven und Netzwerken in diversen europäischen Kulturräumen (Henzel 2014). Als Sammelformat und Ordnungszusammenhang sind Alben Gegenstand künstlerischer Projekte sowie literatur- und kulturwissenschaftlicher Forschung (Kramer und Pelz 2013; Blume 2016). Der weltgrößte historische Albenbestand (1550–1765) der Weimarer Herzogin Anna Amalia Bibliothek (Raffel 2012) sowie der Frankfurter Linel-Sammlung (Linhart 2006) werden derzeit erschlossen, das Tübinger *Repertorium Album Amiorum* (RAA) verzeichnet europaweit über 20.000 Alben.

Im 19. Jahrhundert formiert sich das flexible Einsteck- und Fotoalbum zum Dispositiv der bürgerlichen Erinnerungskultur (Bickenbach 2001). Da die Bild- und Merkwelt von Alben offen für Veränderungen bleibt, gehen bei jedem Öffnen, Blättern und Umordnen andere Geschichten aus ihrer sichtbaren Ordnung hervor. Die Idee in sich konstellierbarer Kleinformen inspiriert ‚Album' genannte Sammelwerke, die wie die innovativen Zeitungsformate eine punktuelle, aktive und produktive Lesetätigkeit erfordern. Insbesondere Novellen, die in der Literaturorganisation des 19. Jahrhunderts zu den beweglichen narrativen

Kleinformen zählen, werden zu *Alben-* und *Mappenwerken* zusammengebunden, in denen sich die novellenspezifische Inszenierung von Geselligkeit, Konversation und Kontingenz auf die Ebene der Objekterzählung überträgt (Pelz 2016).

In der Gegenwart durchläuft das Album vielfältige alltagspragmatische, mediale und künstlerische Transformationen (vgl. Carson et al. 2013). Die Literatur, die nach 1945 Deportation, Vertreibung und Exil thematisiert, bezieht sich auf das Album als „portable property" (Plotz 2008; Pelz 2013) und als privilegiertes Objekt lückenhafter poetologischer Verfahren (Pelz und Windsperger 2015). Beispielhaft sind Arno Schmidts Prosa-„Berechnungen" (*Rosen und Porree*, 1959), die das epische Kontinuum mit geschriebenen Foto-Text-Einheiten brechen. Mit der Mikrografie der Moderne (Giuriato 2006) und den Hybridformen der großstädtischen Miniatur (Huyssen 2015) gehen die neuen Albenformate produktive Verbindungen ein und stellen auf Papier wie im Internet die Beweglichkeit, Unfertigkeit und die Gemachtheit ihrer Inskriptionen aus. Ein wie ein Album geschriebenes Buch besteht aus kurzen Momentaufnahmen und dem umgebenden Weißraum (Müller 2012), der mitgelesen werden will. Es bewahrt die Erinnerung an den lebendigen Augenblick der Aufnahme und teilt mit seinen historischen Vorgängern die Faszination für das Sammeln, das Faktum, das Wechselverhältnis von Ordnung und Unordnung und für die offene Form eines situationsbedingten, diskontinuierlichen, zufällig geordneten Ensembles. Ein Album arbeitet performativ, materialästhetisch und archäologisch mit Fundstücken, zum Beispiel Wilhelm Genazinos *Auf der Kippe* (2000) oder Hans Magnus Enzensbergers *Album* (2011), oder rechtfertigt mit geschriebenen „Klicks", wie etwa Stéphane Mosès' *Momentaufnahmen* (2010) oder Dubravka Ugrešić' *Museum der bedingungslosen Kapitulation* (2000), die „Idee des Zusammengenähten, des Flickwerks, des Patchwork" (Barthes 2008, 290).

## Literaturverzeichnis

Barthes, Roland. *Die Vorbereitung des Romans. Vorlesung am Collège de France 1978–1979 und 1979–1980*. Hrsg. von Éric Marty. Frankfurt am Main 2008.

Benjamin, Walter. „Ich packe meine Bibliothek aus. Eine Rede über das Sammeln" [1931]. *Gesammelte Schriften. Band IV.1*. Hrsg. von Rolf Tiedemann und Hermann Schweppenhäuser. Frankfurt am Main 1980: 388–396.

Bickenbach, Matthias. „Das Dispositiv des Fotoalbums: Mutation kultureller Erinnerung. Nadar und das Pantheon". *Medien der Präsenz: Museum, Bildung und Wissenschaft im 19. Jahrhundert*. Hrsg. von Jürgen Fohrmann, Andrea Schütte und Wilhelm Voßkamp. Köln 2001: 87–128.

Blume, Judith. *Wissen und Konsum. Eine Geschichte des Sammelbildalbums (1860–1952)*. Dissertation. Historisches Seminar, Goethe Universität Frankfurt am Main 2016.
Carson, Jonathan, Rosie Miller und Theresa Wilkie (Hrsg.). *The Photograph and the Album: Histories, Practices, Futures*. Edinburgh, Boston, MA 2013.
Delen, Marie-Ange. „Frauenalben als Quellen. Frauen und Adelskultur im 16. Jahrhundert". *Stammbücher des 16. Jahrhunderts*. Hrsg. von Wolfgang Klose. Wiesbaden 1989: 75–93.
Giuriato, Davide. *Mikrographien: Zu einer Poetologie des Schreibens in Walter Benjamins Kindheitserinnerungen (1932–1939)*. München 2006.
Henzel, Katrin. *Mehr als ein Denkmal der Freundschaft. Stammbucheinträge in Leipzig 1760–1804*. Leipzig 2014.
Huyssen, Andreas. *Miniature Metropolis. Literature in an Age of Photography and Film*. Cambridge, MA, London 2015.
Kramer, Anke, und Annegret Pelz (Hrsg.). *Album. Organisationsform narrativer Kohärenz*. Göttingen 2013. FWF-E-Book-Library. https://e-book.fwf.ac.at/o:340 (16. Mai 2016).
Linhart, Eva. „Vom Stammbuch zum Souvenir d'amitié. Deutscher Schicksalsfaden". *Der Souvenir: Erinnerung in Dingen von der Reliquie zum Andenken*. Ausstellungskatalog. Hrsg. vom Museum für Angewandte Kunst Frankfurt. Frankfurt am Main 2006: 202–233.
Mosès, Stéphane. *Momentaufnahmen/Instantanés*. Hrsg. von Sigrid Weigel. Berlin 2010.
Müller, Lothar. *Weiße Magie. Die Epoche des Papiers*. München 2012.
Pelz, Annegret. „Wohnung beziehen – im Album". *Dinge des Exils. Exilforschung. Ein internationales Jahrbuch* 31 (2013): 213–222.
Pelz, Annegret. „Mappen-Werk. Rahmungs- und Präsentationsform beweglicher Kleinprosa". *Zeitschrift für deutsche Philologie*. Sonderheft „Rahmungen. Präsentationsformen und Kanoneffekte" (2016).
Pelz, Annegret, und Marianne Windsperger. „Constituting Transareal Convivence via Portable Collection Books. Home and Belonging in Times of Uprootedness and Increased Mobility". *Diasporic Constructions of Home and Belonging*. Hrsg. von Florian Kläger und Klaus Stierstorfer. Berlin, Boston, MA 2015: 265–278.
Plotz, John. *Portable Property. Victorian Culture on the Move*. Princeton, CA, Oxford 2008.
Raffel, Eva. *Galilei, Goethe und Co. Freundschaftsbücher der Herzogin Anna Amalia Bibliothek. Ein Immerwährender Kalender*. Berlin 2012.
Schmidt, Johannes. „Album". *Paulys Realencyclopädie der classischen Altertumswissenschaft*. Hrsg. von Georg Wissowa. Stuttgart 1893: I, 1, Sp. 1332–1336. https://de.wikisource.org/wiki/RE:Album (16. Mai 2016).
Schnabel, Werner Wilhelm. *Das Stammbuch. Konstitution und Geschichte einer textsortenbezogenen Sammelform bis ins erste Drittel des 18. Jahrhunderts*. Tübingen 2003.
Schnabel, Werner Wilhelm. „Poesiealbum/Stammbuch". *Handbuch Medien der Literatur*. Hrsg. von Natalie Binczek, Till Dembeck und Jörgen Schäfer. Berlin, New York, NY 2013: I, 429–434.
Zimmermann, Margarete, und Stephanie Bung. „Salonalben: Kollektive Gedächtniswerke der Frühen Neuzeit. Mit einem Exkurs zu *La Guirlande de Julie*". Göttingen 2013: 254–270. https://fedora.e-book.fwf.ac.at/fedora/get/o:340/bdef:Content/get (16. Mai 2016).

# Alltag

Gisela Ecker

Dinge des Alltags lassen sich verstehen als Teil von Praktiken, die auf den Gewohnheiten ihres kulturellen Umfelds basieren und weitgehend in Form von Automatismen ablaufen. Die Dinge in diesem Kontext haben zu funktionieren und werden dann wenig beachtet, als selbstverständlich gesehen. Erst wenn sie nicht zur Verfügung stehen, oder wenn sie defekt sind und ihre Funktion versagt, werden die mit ihnen umgehenden Subjekte auf sie aufmerksam. Ihr Ort ist der Haushalt, das Shopping Center, die Straße, der Arbeitsplatz. Alltagsdinge werden, gerade weil sie in Routinen eingebunden sind und wenig bewusst wahrgenommen werden, einerseits auf stereotype Weise als unbedeutend, banal, unspektakulär, gewöhnlich gewertet, andererseits entfaltet sich bei näherer Betrachtung ein reiches Potenzial von unerwarteten Bedeutungswechseln und differenzierten Funktionen der Dinge.

Soziologische und kulturanalytische Arbeiten zum Alltag (Elias 1978, Bourdieu 1976, Barthes 1964 und Baudrillard 1991) haben sich in den Anfängen, seit den 1970er Jahren, zunächst weniger mit den Dingen des Alltags und mehr mit kulturkritischen Fragen zu Arbeit und Milieu, zu Habitus, Distinktionsverhalten und Lifestyle, Konsum und Freizeitverhalten befasst. Erst mit den *Cultural Studies* (vgl. exemplarisch die Beiträge von Stuart Hall, Meaghan Morris, John Fiske in Grossberg et al. 1992) und den Studien zur *material culture* (Appadurai 1986; Brown 2004, Miller 1998, Hahn 2005) hat sich die mit Alltag befasste Forschung den Dingen zugewandt und dabei Ansätze der Anthropologie und Ethnologie mit denen der Soziologie zusammengeführt. Man interessiert sich seither für die in Haushalten versammelten Gebrauchsdinge, für Werkzeuge und Plunder (→ TRÖDEL/PLUNDER), für Geschenke, Souvenirs (→ ANDENKEN/SOUVENIR) und die Dinge, die auf dem Kaminsims ausgestellt werden, für die Gestaltung milieubedingter Interieurs, die Demonstration von Statussymbolen und nicht zuletzt für die Keller, Dachböden, Kramschubladen und Abstellkammern.

Im Gefolge dieses breiter gefassten kulturwissenschaftlichen Interesses an Alltagsdingen hat sich die Literaturwissenschaft zunehmend von der dominanten Untersuchung symbolhaft verstandener Einzeldinge wegbewegt und sich Ensembles – Sammlungen und Ansammlungen – von Dingen zugewandt. Zu entdecken ist dabei, im Gegensatz zu stereotypen Konzepten von Alltäglichkeit und Routine, eine wesentlich größere Vielfalt und Heterogenität in den Nachbarschaften von Dingen, die sich im stetigen Prozess von Umwidmungen, Kategorienwechseln, Zweckentfremdungen, Provisorien und Basteleien befinden und ihr überraschend widerständiges Eigenleben demonstrieren. Damit wird es möglich, fiktionale Welten in Bezug auf ihre impliziten Ordnungen und die Protagonisten auf ihren Umgang mit diesen Ordnungen hin zu befragen. Kanonische Texte werden in Akten der Relektüre auf Dinge des täglichen Lebens hin erneut in den Blick genommen, so zum Beispiel Abhandlungen über die Ordnung des Haushalts in der Frühen Neuzeit (vgl. Alberti 1962 [1434]), die unbedeutenden Dinge bei Hans Jakob Christoffel von Grimmelshausen, die von ihrer ‚Biografie' sprechenden Dinge der *It-Narratives* des 18. Jahrhunderts, die Geschichten über Salons des 18. und 19. Jahrhunderts, die erzählten Schreibtischarrangements der Klassik. Die entsprechend ausgerichtete Forschungsliteratur über die differenzierten Dingwelten der Autor/innen des Realismus ist ausgesprochen produktiv. Die Literatur seit Beginn des 20. Jahrhunderts liefert vermehrt Experimente der Ent-Automatisierung. So erschaffen Avantgardisten wie Gertrude Stein oder Robert Walser hybride, Alltag, Fest und Traum zusammenschließende Dingarrangements; Franz Kafkas zwischen Alltagsding und Subjekt changierende Figur des Odradek bleibt unhintergehbar rätselhaft; zahllose entfesselte Küchendinge durchbrechen die naturalisierte Verbindung von Weiblichkeit und Haushalt, zum Beispiel bei Brigitte Kronauer oder Grace Paley; ‚gedehnte' Blicke werden auf das Leben der Straße gerichtet (Wilhelm Genazino); die Fahrt auf der Rolltreppe (Nicolson Baker) oder ein einziger Gang in den Supermarkt (David Wagner) werden romanfüllend inszeniert. Alltagsdinge in der Literatur werfen noch viele Fragen für die Forschung auf, nicht nur thematisch und poetologisch, denn gerade im Bereich des Alltäglichen werden Subjekte von den Dingen überformt, genauso wie die Dinge selbst Züge des Menschlichen (Latour 2008) annehmen.

## Literaturverzeichnis

Alberti, Leon Battista. *Vom Hauswesen (Della Famiglia)*. Zürich 1962 [1434].
Appadurai, Arjun (Hrsg.). *The Social Life of Things. Commodities in Cultural Perspectives*. Cambridge 1986.
Barthes, Roland. *Mythen des Alltags*. Frankfurt am Main 1964.
Baudrillard, Jean. *Das System der Dinge. Über unser Verhältnis zu den alltäglichen Gegenständen*. Frankfurt am Main 1991.
Bourdieu, Pierre. *Entwurf einer Theorie der Praxis*. Frankfurt am Main 1976.
Brown, Bill. *A Sense of Things. The Object Matter of American Literature*. Chicago, IL 2004.
Elias, Norbert. „Zum Begriff des Alltags". *Materialien zur Soziologie des Alltags*. Hrsg. von Kurt Hammerich und Michael Klein. Opladen 1978: 22–29.
Grossberg, Lawrence, Cary Nelson, Paula Treichler (Hrsg.). *Cultural Studies*. New York, NY 1992.
Hahn, Hans Peter. *Materielle Kultur. Eine Einführung*. Berlin 2005.
Latour, Bruno. *Wir sind nie modern gewesen*. Frankfurt am Main 2008.
Miller, Daniel. *Material Cultures. Why Some Things Matter*. Chicago, IL 1998.

# Andenken/Souvenir

Christiane Holm

Handliche und mobile Erinnerungsstücke von der Locke zur Taschenuhr, von der Handschrift zum Foto, vom verbeulten Kriegsgerät zur Zigarettenkippe gewinnen seit dem ausgehenden 18. Jahrhundert zunehmend Raum in der europäischen Erzählliteratur. Diese Konjunktur wird insbesondere in Romanen reflektiert, die ihren Magazincharakter in der Darstellung von Andenkensammlungen exponieren, etwa durch Gedächtniskästen mit Übergangsobjekten auf dem Dachboden in Louisa May Alcotts *Little Women* (1868) oder durch ein inner- wie außerhalb des Textes eingerichtetes Museum mit ausgewählten Hinterlassenschaften der Geliebten in Orhan Pamuks *Masumiyet Müzesi* (2008; *Das Museum der Unschuld*).

Die reich belegte Verbundenheit der Erzählliteratur mit dem Andenken ist nicht allein ein Effekt des alltagskulturellen Phänomens, sondern vor allem narrativer Art: Kein objektbezogenes Kriterium, sondern allein seine Geschichte weist ein Ding als Andenken aus. Entsprechend weit reicht das in den Texten verhandelte Spektrum von intim-dilettantischen, exklusiv-kunsthandwerklichen wie (proto-)industriellen Artefakten bis hin zu Naturalien jeglicher Art, von Gebrauchs-, Schau- und Bruchstücken zum Abfall, von Waren und Gaben zu Erb-, Fund- und Beutestücken. Und weil man einem Ding nicht ansehen kann, ob es ein Andenken ist oder nicht, wird das narrative Spiel mit dem Zeigen und Verbergen geradezu herausgefordert. So kann beispielsweise ein im Familienkreis bestens bekannter Kettenanhänger erst nach dem Öffnen eines Grabes umgewendet werden und eine verborgene Binnenerzählung ans Licht bringen (Theodor Storm, *Im Sonnenschein*, 1854).

Dass ein Andenken bzw. ein *souvenir*, *keepsake* oder *memento* vornehmlich über eine Praxis definiert ist, bildet sich in deren Begriffsgeschichten ab. Prinzipiell kann jedes Ding durch eine entsprechende Gründungsszene zum Andenken werden, fortan bedarf es, soll es seinen Status behalten, der situativen Bestätigung, wobei es immer wieder neu in den Plot verwickelt werden kann. Seine besondere Spannung bezieht das Andenkennarrativ aus der Konfrontation der Zeitregister von erlebtem Augenblick und überlebenslanger Dauer. Empfindsame Reise- und Briefromane im Gefolge von Laurence Sternes *Sentimental Journey* (1768) und Johann Wolfgang von Goethes *Werther* (1774) führen vor, wie das Anwesende mit der Einsetzung des Erinnerungsmediums als ein Abwesendes imaginiert und somit räumliche Gegenwart temporalisiert wird. In Gustave Flauberts *L'éducation sentimentale* (1869) wird das in dem nunmehr topischen

Andenkenmotiv der Lockengabe reflektiert, wenn der Fokus weniger auf dem Akt des Schnitts liegt, sondern auf der vorausgehenden Szene, in der das Paar in wortlosem Nebeneinander in einem dämmrigen Zimmer die Vergegenwärtigung räumlich-zeitlicher Absenz einübt.

Die Literatur macht die vermeintlich banale und alltägliche Praxis des Andenkens diskursfähig, bevor diese im 20. Jahrhundert – zumeist in pejorativer Weise als Relikt des 19. Jahrhunderts – erinnerungstheoretisch erschlossen wird. Walter Benjamin analysiert das „Andenken" als „säkularisierte Reliquie" und „abgestorbene Erfahrung", in der „die Vergangenheit als tote Habe inventarisiert" wird (Benjamin 1974, 681). Diese polemische Abgrenzung, die innerhalb von Benjamins Erinnerungstheorie vor allem der Profilierung des Eingedenkens zuarbeitet, knüpft an Konzepte der vormodernen Reliquie sowie des modernen Warenfetischs an, die bereits in der literarischen Reflexion des Andenkens mit Blick auf seine Verankerung in der protestantischen Andachtspraxis ausgelotet wurden (Holm und Oesterle 2005). Ein Andachtsmedium wird, so das wahrnehmungstechnisch programmatische *Pair of Spectacles* in Joseph Halls *Occasional Meditations*, „not as object but as help" definiert (Hall 1633, CIIII). Dieser instrumentelle Medienbegriff bleibt das Regulativ gegen einen allzu passionierten Andenkengebrauch sowohl in der Abgrenzung vom religiösen Konzept der Reliquie als auch vom psychologischen Konzept des Fetischs. Wenn sich die literarische Auseinandersetzung mit dem Andenken mit der Grundsatzfrage nach der Möglichkeit der dinglichen Ent*äußerung* von mentaler Erinnerung befasst, wird immer auch die Leistungsfähigkeit des Textmediums verhandelt. So wird dem Waisenkind Grete Minde in Theodor Fontanes gleichnamigem Roman (1878) zwar erlaubt, ein Reliquienkettchen der verstorbenen Mutter als Andenken anzulegen, jedoch mit der Auflage, es gemäß der Andachtspraxis zunehmend von der Position auf dem Herzen in das Herz hinein zu verlegen. Dieser Ansatz wird in Fontanes *Stechlin* (1895/1897) in paragonaler Weise profiliert, wenn ein Foto als Andenken verworfen wird, um es durch eine erzählte Geschichte zu ersetzen. Stärker interessiert an der *agency* von Erinnerungsdingen sind die Bildungsromane um 1800, so Goethes *Wilhelm Meister* (1795/1796 und 1821) oder Novalis' *Ofterdingen* (1802), die dem Andenken eine konstruktive Rolle in dem schwierigen Projekt modernen Subjektseins unter den Bedingungen der Temporalisierung einräumen. Denn ob ein Andenken als instrumentelle Erinnerungshilfe oder wirkmächtiger Erinnerungstreiber in Erscheinung tritt, wird durch wechselnde Näheverhältnisse von Räumen und Figuren, durch die Konfrontation verschiedener Zeitregister, durch Relation und Prozess geregelt. Die Literatur um 1900 setzt sich verstärkt mit Grenzphänomenen des Andenkens auseinander. In Georges Rodenbachs *Bruges-la-Morte*

(1898) bleibt der Protagonist seiner verstorbenen Frau durch deren Haarflechte in einer Weise verbunden, dass er diese in einer eskalierenden Konfrontation mit der neuen Geliebten als Mordwerkzeug verwendet. Marcel Proust hingegen entwickelt in *À la recherche du temps perdu* (1913–1927) einen neuen Ansatz, indem er den intentionalen Gebrauch ins Leere laufen lässt, um die Intensität der ungesteuerten, multisensuellen Begegnung mit Erinnerungsdingen zu steigern.

## Literaturverzeichnis

Benjamin, Walter. „Zentralpark". *Gesammelte Schriften. Band I.2*. Hrsg. von Rolf Tiedemann. Frankfurt am Main 1974: 655–690.
Hall, Joseph. *Occasional Meditations*. London 1633.
Holm, Christiane, und Günter Oesterle. „Andacht und Andenken. Zum Verhältnis zweier Kulturpraktiken um 1800". *Erinnerung, Gedächtnis, Wissen. Studien zur kulturwissenschaftlichen Gedächtnisforschung*. Hg. von Günter Oesterle. Göttingen 2005: 433–448.

# Anthologie/Textsammlung

Philip Ajouri

Der Begriff bezeichnet die Vereinigung literarischer Texte eines Autors oder mehrerer Autoren durch diese/n selbst oder durch einen Dritten (Herausgeber, Kompilator) mit dem Ziel, eine Sammlung zu schaffen – im Unterschied zu einem einzelnen veröffentlichten literarischen Text (Einzelausgabe), zu einem Werk, das nur zufällig mit anderen Texten gemeinsam erscheint (zum Beispiel ein Gedicht in einer Zeitung), und zu Sammelwerken nicht-literarischen (zum Beispiel wissenschaftlichen) Charakters. Der Grenzfall des buchbinderischen Sammelbands bleibt hier unberücksichtigt. Mittelalterliche Bibliotheken vereinigten ihre Handschriften überwiegend in Sammelbänden, ähnlich wurde mit den Druckwerken in der Frühen Neuzeit verfahren (vgl. Corsten 1985, 475). Insofern wurde ein Großteil dieser Literatur in Sammlungen überliefert.

Literarische Texte (insbesondere Gedichte) befinden sich häufig in Textsammlungen und werden in dieser Weise rezipiert. Wichtige Typen – mit je eigener Geschichte und eigenen Regeln – sind die Anthologie (bzw. das Florilegium und die Chrestomathie), die Werksammlung, die durch den Autor selbst veranstaltet wurde (zum Beispiel Gedichtsammlungen, Novellenzyklen, Werkausgaben), Märchen- und Mythensammlungen sowie Editionen, die vom Autor unterschiedene Herausgeber haben (Gesammelte Werke, Kritische Ausgaben etc.).

Die Tatsache, dass sich ein Text in einer Sammlung befindet, kann für seine Interpretation relevant sein, so dass die ein Werk umgebenden Texte als wichtiger intertextueller Kontext (vgl. Danneberg 1997–2003, 334) zu betrachten sind. Das gilt in einem hohen Maße, wenn der Autor die Texte selbst in einer Sammlung arrangiert hat. Es stimmt aber ebenso, wenn diese Leistung auf einen Herausgeber oder Kompilator zurückgeht, über dessen Textverständnis die Zusammenstellung ebenso etwas aussagen kann wie über die zeitgenössische Bedeutung des fraglichen Textes. Spiegelung, Kontrastierung, Steigerung, Relativierung und die Herstellung eines epischen Zusammenhangs sind aus der Literaturgeschichte bekannte Verfahren der Ensemblebildung und damit der Bedeutungsstiftung in Textsammlungen (zum Beispiel bei Johann Wolfgang von Goethe; vgl. Eibl 1987, 732–733), deren Paratexte ebenfalls interpretationsrelevant sein können.

Anthologien und Werkausgaben sind für Kanonisierungsprozesse wichtig. Bereits in die Anthologien der vorchristlichen Antike wurden als „musterhaft und kanonisierungswürdig" (Bark 1992–2004, 678) angesehene Texte aufgenommen. Im Mittelalter und der Frühen Neuzeit gaben die in Anthologien gesammelten anerkannten Schriftsteller die Richtschnur vor, an der man sich im Rhetorikunterricht orientieren und die man nachahmen konnte. Das Paradebeispiel für eine Textsammlung, die kanonisch wurde, ist die Heilige Schrift, also die beiden biblischen Kanones, die nichts anderes als über längere Zeit kanonisierte Textsammlungen sind. Dass Texte gesammelt und damit kanonisiert wurden, ist vielfach Ursache dafür, dass sie überhaupt überliefert wurden (vgl. zum Beispiel *Codex Manesse*).

Die Anordnungsprinzipien der versammelten Texte sind vielfältig und historisch variabel: Es gibt Anthologien, die alphabetisch nach Versanfängen ordnen (so zeitweise eine Redaktion der später sogenannten *Anthologia Graeca* durch Philippos von Thessalonike, circa 40 n. Chr.; vgl. Degani und Schwindt 1996–2003, 736), nach thematischen Bereichen sortieren (Kurt Pinthus' *Menschheitsdämmerung*, 1919) oder zur Gänze sachgruppenspezifisch sind (Anthologien von Natur- oder Liebesgedichten etc.). Andere Anthologien teilen ihre Werke nach Autoren ein (zum Beispiel *Des Minnesangs Frühling*) oder verfahren chronologisch innerhalb eines Jahres (zum Beispiel nach dem Kirchenjahr wie die *Legenda Aurea* des Jacobus de Voragine [um 1264]), nach Jahreszeiten oder nach Epochen der Literaturgeschichte (zum Beispiel *Der Große Conrady*). Im Mittelalter und der Frühen Neuzeit ist auch eine ständische Gliederung üblich (zum Beispiel *Codex Manesse*). Eine Kombination verschiedener Ordnungsmuster ist dabei die Regel.

Durch Dritte erstellte Werkausgaben werden meist nach Hauptgattungen angeordnet. Seit Christian Gottfried Körners Schiller-Ausgabe (1812–1815) ist auch eine chronologische Anordnung der Werke möglich (zum Beispiel Michael Bernays und Salomon Hierzels *Der junge Goethe*, 1875). Textsammlungen können durchaus idiosynkratische Einteilungen vornehmen (zum Beispiel Goethes Gedichte seit seiner Sammlung von 1815) oder, wie bei den frühneuzeitlichen Gedichtsammlungen, die mit dem Titel ‚Wälder' (*Silvae*) versehen sind, einfach Verschiedenes enthalten.

## Literaturverzeichnis

Corsten, Severin. „Sammelband". *Lexikon des gesamten Buchwesens. Band 6*. Hrsg. von Severin Corsten, Günther Pflug, Friedrich Adolf Schmidt-Künsemüller und Stephan Füssel. Stuttgart 1985: 475–476.

Danneberg, Lutz. „Kontext". *Reallexikon der deutschen Literaturwissenschaft. Neubearbeitung des Reallexikons der deutschen Literaturgeschichte. Band 2*. Hrsg. von Klaus Weimar, Harald Fricke und Jan-Dirk Müller. Berlin, New York, NY 1997–2003: 333–337.

Degani, Enzo, und Schwindt, Jürgen Paul. „Anthologie". *Der Neue Pauly. Enzyklopädie der Antike. Band I*. Hrsg. von Hubert Cancik, Helmuth Schneider, Manfred Landfester. Stuttgart, Weimar, 1996–2003: 734–737.

Bark, Joachim. „Anthologie". *Historisches Wörterbuch der Rhetorik. Band 1*. Hrsg. von Gert Ueding. Tübingen 1992–2014: 678–685.

Eibl, Karl. „Kommentar". Johann Wolfang Goethe. *Sämtliche Werke, Briefe, Tagebücher und Gespräche. Band 1. Gedichte 1756–1799*. Hrsg. von Karl Eibl. Frankfurt am Main 1987: 727–1266.

# Archiv und Literaturmuseum

## Heike Gfrereis

Was Literaturarchiv und Museen mit materieller Kultur zu tun haben? Nichts scheint leichter als die Antwort. Sie sind Orte, die gesättigt sind mit Gegenständen, mit Materialien und Materialitäten: Manuskripte, Tagebücher, → ZETTELKÄSTEN, → BRIEFE, Lebenszeugnisse, Tonspuren, Filmrollen, Bildnegative, Festplatten, Papiere, Tinten, Bleistifte, Schreibmaschinen, Zeichen, Notationen, Skizzen, Abdrücke und Abgüsse. Literarische Texte lassen sich hier in der „Logik ihres Produziertseins" (Adorno 1981, 159) sehen, in ihrer Entstehung wie endgültigen Konstitution entdecken. Die Funktionen und Bedeutungen werden sichtbar, die die Schrift, das Schriftbild, der Papierraum, die Schreibmaterialien und Beschreibstoffe besitzen, aber auch die Materialien aus dem Einzugsgebiet des Schreibens und Lesens: Bücher, Bilder und Schallplatten, die → BIBLIOTHEK und die Wohnung eines Schriftstellers, Randerscheinungen auf und neben dem Schreibtisch. Schon Johann Wolfgang von Goethe, der als erster Schriftsteller verfügt hat, dass sein literarisches, naturwissenschaftliches, privates und geschäftliches Archiv bewahrt und zugänglich wird, kündigte 1826 seine sämtlichen Werke „Ausgabe letzter Hand" als Einblick in die „Logik ihres Produziertseins" an: „Die deutsche Cultur steht bereits auf einem sehr hohen Punkte, wo man fast mehr als auf den Genuß eines Werkes, auf die Art, wie es entstanden, begierig scheint." (Zentralinstitut für Literaturgeschichte der Akademie der Wissenschaften der DDR 1982, 361)

Beispiele für solche Materialuntersuchungen finden sich vor allem im Bereich der Editionsphilologie (die Hölderlin-Ausgabe von Dietrich E. Sattler und die Kafka-Ausgabe von Roland Reuß und Peter Staengle) (vgl. 2.13 SEIDEL) und der Literaturausstellungen, die aus Archiven heraus entstanden sind (wie *Walter Benjamins Archive. Bilder, Texte, Zeichen* der Akademie der Künste, 2006; *Rätsel.Kämpfe.Brüche.* im Kleist-Museum Frankfurt an der Oder, seit 2013; *Mikrogramme* im Robert-Walser-Zentrum, 2014; und viele Ausstellungen der Museen des Deutschen Literaturarchivs Marbach, zum Beispiel über W. G. Sebald; Hermann Hesses *Glasperlenspiel*; Randzeichnungen; Schrift und Energie; Franz Kafka). Im Falle von Archiven und Museen, die nicht nur einem Autor gelten, werden größere Dimensionen der materiellen Kultur offensichtlich – diachron und synchron (zum Beispiel *Kulturen des Sinnlichen*, Klassik Stiftung Weimar, 2012; *Der Brief – Ereignis und Objekt*, Freies Deutsches Hochstift, 2009; *Ordnung. Eine unendliche Geschichte*, Deutsches Literaturarchiv, 2007; *Der literarische Einfall*, Österreichisches Literaturmuseum, 1998).

Archive und Museen sind konkret, die Materialien, die sie sammeln, bewahren und zeigen, real. Man kann diese anfassen und umdrehen, in ihnen blättern, auch wenn es sich um Fiktionen handelt, die auf und mit ihnen erschaffen und publiziert worden sind. Doch – und hier liegt das Paradox, das eine zweite Antwort notwendig macht – ihre Bedeutung für die Literaturwissenschaft, die *cultural* und *material studies* haben Archive und Museen in erster Linie nicht der Wirklichkeit und den konkreten Gegenständen zu verdanken, sondern dem Archiv als Begriff und Mythos. Sie sind anschauliche Denkräume einer theoretischen Betrachtung. Für Jacques Derrida ist das Archiv daher konsequent ein zukünftiger Ort: „Eine gespenstische Messianizität beeinflusst den Begriff Archiv und bindet ihn, wie die Religion, wie die Geschichte, wie die Wissenschaft selbst, an eine ganz einzigartige Erfahrung des Versprechen." (Derrida 1997, 65) Für Georges Didi-Huberman ist das, was nicht (mehr) da ist, der Reiz der Archive: „Das Eigentliche des Archivs ist seine Lücke, sein durchlöchertes Wesen." (Didi-Huberman 2009, 7–8) Schon Wilhelm Dilthey sieht in *Archive für Literatur* (1889) durch deren Materialität hindurch: „Sie wären eine andere Westminsterabtei, in welcher wir nicht die sterblichen Körper, sondern den unsterblichen idealen Gehalt unsrer großen Schriftsteller versammeln würden." (Dilthey 1970, 16)

Archive waren und sind in den Geisteswissenschaften und Künsten vor allem ein Ort, an dem sich Ideen materialisieren und subjektive, verborgene Vorgänge sichtbar werden: Denken, Träumen, Sprechen, Schreiben, Erinnern, Wissen, Sterben. Das Archiv ist das leibhaftige Unbewusste, ein reales Bergwerk der Seele, die institutionalisierte fassbare Unendlichkeit und das reale Gegenstück zur *cloud*; einen ‚unterirdischen Himmel' hat es Martin Walser genannt. Es birgt den Keim zu allem, was in der Welt ist, war und sein kann. Es ist Dispositiv, Maschine, Programm, Wunderblock und *musée imaginaire*. In Romanen ist es daher gern ein Schauplatz, an dem das Skurrile ebenso wie die kleinen Formen des Privaten und Indiskreten – die Anekdote, das Gerücht – zu Hause sind, zudem Tod und Bürokratie, Masse und Macht. Das Material eines Archivs zu heben, birgt so das Risiko der Entzauberung und Trivialisierung. Als Begriff ist das Archiv mit einem Feld von Assoziationen verbunden, die von Michel Foucaults *Archäologie des Wissens* (1969) ebenso geprägt worden sind wie von Umberto Ecos *Der Name der Rose* (1980), wo der Bibliothekar Jorge von Burgos die Seiten eines verschollenen Aristoteles-Manuskripts – eine Philosophie des Lachens – vergiftet und es am Ende selbst in den Mund steckt und hinunterschluckt, damit es niemand mehr lesen kann. Anziehung und Abschreckung, Heimlichkeit und Unheimlichkeit des Materials.

## Literaturverzeichnis

Adorno, Theodor W. „Valérys Abweichungen". *Noten zur Literatur*. Frankfurt am Main 1981: 158–202.
Derrida, Jacques. *Dem Archiv verschrieben. Eine Freudsche Impression*. Berlin 1997.
Didi-Huberman, Georges. „Das Archiv brennt". Georges Didi-Huberman und Knut Ebeling. *Das Archiv brennt*. Berlin 2009: 7–32.
Dilthey, Wilhelm. „Archive für Literatur". *Gesammelte Schriften*. Band 15. Göttingen 1970: 1–16.
Zentralinstitut für Literaturgeschichte der Akademie der Wissenschaften der DDR (Hrsg.). *Quellen und Zeugnisse zur Druckgeschichte von Goethes Werken. Band 2: Die Ausgabe letzter Hand*. Bearbeitet von Waltraud Hagen. Berlin 1982.

# Ausgrabung/Archäologie

## Dietmar Schmidt

‚Archäologie' nennt man jene Humanwissenschaft, die seit dem 18. Jahrhundert die materiellen Hinterlassenschaften menschlicher Kulturen erforscht, um deren vergangene Wirklichkeiten zu erschließen. ‚Ausgrabungen' sind ihr wichtigstes Verfahren, mit dem die Findung, genaue Lokalisierung und schließliche Bergung ihrer Objekte vollzogen wird. Archäologische Fundobjekte sind nie einzelne, für sich wertvolle Gegenstände, sondern immer ein Ensemble von Dingen: eine stets unvollständige Gesamtheit, deren wesentliche Bedeutungen von den spezifischen Lagerungsverhältnissen ihrer Bestandteile abhängen und daher von ‚Schatzsuchern' und anderen archäologischen Amateuren leicht verfehlt werden können. In seinem Bericht von 1762 über die Entdeckung Herculaneums führt Winckelmann dazu warnend ein „Exempel" an: „Da man eine große öffentliche Inschrift, ich weiß nicht, an dem Theater, oder an einem andern Gebäude entdeckete, welche aus Buchstaben von Erzt bestand, [...] wurden dieselbe[n], ohne die Inschrift vorher abzuzeichnen, von der Mauer abgerissen, und alle unter einander in einen Korb geworfen [...]. Der erste Gedanke, welcher einem jeden Menschen kommen mußte, war die Frage, was diese Buchstaben bedeutet; und dieses wußte niemand zu sagen. Viele Jahre standen dieselbe[n] in dem Museo willkührlich aufgehängt, und ein jeder konnte das Vergnügen haben, sich nach seinem Gefallen Worte aus denselben zu bilden" (Winckelmann 1762, 19). Die räumliche Anordnung materieller Objekte und die Kombination von Zeichen zu einem Text sind hier verknüpft, ja sie werden identisch. Die Materialität und die Zeichenhaftigkeit der Grabungsfunde begründen gemeinsame Formen der Empirie, einer „Wahrheit des Augenscheins" (Winckelmann 1762, 8), in denen archäologische und philologische Praktiken des Zusammen-Lesens von vornherein verschwistert sind.

Die klassische Archäologie ist von dieser Nähe zur Philologie bis heute geprägt, was wiederum für die Beziehungen der Literatur zur Archäologie konstitutiv ist. Erstens (1) kann die Lektüre alter Texte neue Grabungsexpeditionen veranlassen (vgl. Schliemanns Entdeckung Trojas): wobei die Empirien archäologischer und philologischer Befunde sich wechselseitig bestärken und in einer Art hermeneutischem Zirkel halluzinatorische Evidenzen erzeugen (Schliemann 1874). Zweitens (2) zeigt sich Literatur selbst von solcher philologisch induzierten Archäologie fasziniert, weil daran eigene Konstitutionsprinzipien verhandelbar werden – selbst dort, wo es um vorgeschichtliche Entdeckungen geht, die auf keinerlei Schriftzeugnisse bezogen werden können. Wenn in Friedrich

Theodor Vischers Roman *Auch einer*, gestützt auf zeitgenössische archäologische Funde, die Geschichte eines steinzeitlichen Pfahldorfes fabuliert wird und darin ein prähistorischer Dorfbewohner auf die Reste einer noch viel älteren Zivilisation stößt, die seine Imagination beflügelt, so entdeckt hier die Erzählung in einer *mise en abyme* die Vorgeschichte ihrer eigenen Fiktionalität und verhält sich so zu sich selbst archäologisch (vgl. 3.11 STEINER). Drittens (3) sind es konkrete Einlagerungen früherer Texte, durch die Literatur auf eigene archäologische Spuren verweist. So wird in Wilhelm Raabes satirischer Novelle *Keltische Knochen* eine „überbordende Zitationspraxis" entfaltet (Downing 2009, 79), die mit der Thematisierung der in Hallstatt entdeckten prähistorischen Gräber enggeführt wird. Wie die Erzählung, unentwegt Klassiker zitierend, altphilologisches Bildungswissen mit sich führt, so wollen zwei Wissenschaftler der alten Knochen und Kultgegenstände habhaft werden und streiten um die Frage, ob der bronzezeitliche Friedhof keltischen oder germanischen Ursprungs sei. Einig werden sie sich nur im schließlich gemeinsam begangenen Akt der Grabräuberei. Die so aus ihren Fundzusammenhängen herausgerissenen archäologischen Gegenstände erhalten einen notwendig falschen, warenförmigen Wert, ähnlich den von Johann Joachim Winckelmann beschriebenen Buchstaben. Sie werden zum ästhetischen Reflex eines Diskurses, der, alte Wendungen aufnehmend, keinen stabilen Sinn mit ihnen zu garantieren vermag. Viertens (4) können literarische Texte im archäologischen Thema ihre eigenen poetischen Verfahren realisieren. Dies hat Freud in seiner Relektüre von Wilhelm Jensens *Gradiva* eindringlich vorgeführt. In der Hinwendung zu den Überresten des Altertums – hier von Pompeji, wie das von Winckelmann beschriebene Herculaneum durch den Vesuvausbruch im Jahre 79 n. Chr. zerstört – ist in Jensens Novelle nicht nur Vergangenes angezeigt, sondern eine unbemerkte Erfahrungswelt der Gegenwart tangiert, die sich der aufmerksamen Lektüre (und endlich auch dem Protagonisten der Erzählung) in einer Vielzahl von Äquivalenzen erschließt. Was Sigmund Freud (1973) als Mechanismen der Traumarbeit erscheint (Verschiebung, Verdichtung), lässt sich ebenso als Spürbarkeit der poetischen Funktion von Sprache beschreiben (Jakobson 1979), durch die sich das Nacheinander sprachlicher Sequenzen zu einem spannungsreichen Nebeneinander von Zeichen, das heißt zu einem *Text* verräumlicht.

## Literaturverzeichnis

Downing, Eric. „Wilhelm Raabes ‚Keltische Knochen' und die Archäologie deutscher Identität". *Jahrbuch der Raabe-Gesellschaft* 50 (2009): 69–81.

Freud, Sigmund. *Der Wahn und die Träume in W. Jensens ‚Gradiva'. Mit dem Text der Erzählung von Wilhelm Jensen und Sigmund Freuds Randbemerkungen*. Hrsg. von Bernd Urban. Frankfurt am Main 1973.

Jakobson, Roman. „Linguistik und Poetik". *Poetik. Ausgewählte Aufsätze zu Sprache 1921-1971*. Frankfurt am Main 1979: 83–121.

Schliemann, Heinrich. *Trojanische Altherthümer. Bericht über die Ausgrabungen in Troja*. Leipzig 1874.

Winckelmann, Johann Joachim. *Sendschreiben von den Herculanischen Entdeckungen*. Dresden 1762.

# Bibliothek

## Mona Körte

Die Bibliothek ist eine planvolle Sammlung und ein Aufstellungsort von Büchern, deren Definition sich auch auf das Gebäude erstrecken kann, das die Bücher beherbergt. Beinhaltet schon diese begriffliche Breite Spielräume, die das Verhältnis von Ding und Raum, von Stellort und Bücherfülle betreffen, so erst recht die ihr zugesprochene überzeitliche Aufgabe und Funktion: Ihre Aufgabe besteht im Sammeln, Ordnen und Bereitstellen von Informationen und ihre traditionssichernde Funktion darin, ‚Gedächtnis der Menschheit' (Gottfried Wilhelm Leibniz), Schatzhaus des Geistes oder, in zeitgemäßer Diktion, Wissens- bzw. Informationsspeicher zu sein.

Dass diese Adressierungen „geisteswissenschaftliche Projektion[en]" (Schneider 2003, 111) darstellen, bekundet die außerordentliche Dichte an Bibliotheksfiktionalisierungen innerhalb der europäischen Literatur. Diese nehmen – wie auch Hegel in seinem Wort von der „Schädelstätte des Geistes" (Hegel 1970, 591) – die Ambivalenzen der Institution in den Blick, die nicht selten an ihren eigenen Maßstäben, an der Übererfüllung ihrer Sammel- oder Ordnungskriterien, zu zerbrechen droht. Damit wird die Bibliothek als dysfunktionale in das „projektförmige Denken der Moderne" (Schneider 2003, 111) einbezogen, genauer wird an der Denkfigur der stets brandgefährdeten, beschädigten oder verschwundenen Bibliothek einerseits ein „Wahrnehmungsmodus" erkennbar, der diese vergleichsweise unauffälligen Einrichtungen nur in der Ausnahme, nämlich als verlorene zur Geltung bringen kann (Jochum 2007, 107). Zugleich ist der Topos vom Untergang ein wissensökonomisches Instrument epochaler Zäsuren, das von der Fülle traditioneller Erkenntnisse befreit und die Entstehung neuer Wissensfelder begünstigt (Thiem 2007, 37).

So wird in der wohl ersten Bibliotheksphantasie, die François Rabelais in *Gargantua et Pantagruel* (1532–1564) in Gestalt eines seitenlangen Verzeichnisses der Bibliothek von Sankt Viktor in Paris zum Besten gibt, die Idee vom Schatzhaus und Hort geistiger Nahrung subvertiert: Denn die dort gereihten lateinischen Titel verballhornen geistliche Werke und handeln von Ausscheidungen und Gelüsten aller Art. Neben Rabelais fiktionalisiert Miguel de Cervantes in *Don Quijote* (1605/1615) das Unbehagen am inneren Wesen einer Privatbibliothek. Hier steht eine hundertbändige Bibliothek an Ritterromanen in dem Ruf, ihren Besitzer mit ‚teuflischen Reden' zu verführen, weshalb sich Barbier, Pfarrer und Haushälterin für ein Bücher-Autodafé zusammentun. Anschließend vermauern sie Don Quijotes Bibliothek in der Hoffnung, dass mit der Ursache möglichst auch die Wirkung verschwinde. Ihr materieller Verlust ist allerdings der beste Beweis ihrer offenbar unumstrittenen Geltung – umso deutlicher, wenn etwa Don Quijote oder einer seiner prominenten Nachfahren, der gelehrte Sinologe Peter Kien in Elias Canettis Roman *Die Blendung*, ihre Bibliothek als unzerstörbare im Kopf tragen und jederzeit vergegenwärtigen können. Damit stehen beide Protagonisten in einer bis in die Antike zurückreichenden Tradition der bildlichen Assoziierung von „Memoria, Gehirn und Bibliothek" (Ernst 1997, 112).

Lange bevor die Bibliotheken im frühen 20. Jahrhundert durch Avantgarde-Bewegungen wie den Futurismus zu unheiligen Orten falscher Traditionssicherung mutieren, findet sich im satirischen Genre der Bücherschlachten nach Art von Jonathan Swifts *A Full and True Account of the Battel Fought Last Friday between the Ancient and the Modern Books in St. James Library* (1704) die Metapher von der Bibliothek als Friedhof vorgebildet. Hier ist die Bibliothek ein Kampfplatz, auf dem ästhetische wie epistemologische Wissenskonzepte verhandelt werden. In Johann Karl Wezels Bibliothekssatire *Silvans Bibliothek oder Die gelehrten Abenteuer* (1777/1778) erklären sich Bücher, wo sie nicht miteinander zärteln, den Krieg, begünstigt durch ihre merkwürdige Zusammenstellung, die sich allein den Maßen des Stellregals und dem Zustand der Buchkörper verdankt. Ironischer lassen sich die aufgeklärte Bibliothek, das fetischisierte Ordnungsbegehren und die Verehrung von Buch und Buchkultur nicht fassen.

Im Verlauf des 20. Jahrhunderts werden die Imaginationen Jorge Luis Borges' und Umberto Ecos zu einer vielfach variierten Folie. In *Il nome della rosa* (1980; *Der Name der Rose*) literarisiert Eco die Bibliothek als geistiges und zugleich irdisches Labyrinth, das mit dem Höchstmaß an Ordnung ein Höchstmaß an Konfusion erreiche, wodurch sie wie bei Borges in Analogie zum Universum steht. In seiner Erzählung *La biblioteca de Babel* (1941; *Die Bibliothek von Babel*) enthält die Bibliothek jedes mögliche Buch, in ihr ist auch das bewahrt, was im Ausleseprozess der Traditionsbildung vergessen wurde. So beherbergt sie Wahrheit und Irrtum gleichermaßen und entspricht darin dem Gleichmut der Ewigkeit. Fiktionalisierungen wie diese erweitern die Bibliothek als Denkfigur, indem sie sie universalisieren und allegorisieren.

Weil Bibliotheken in der Literatur häufig als gefährdete, dysfunktionale oder verschwundene erscheinen, also meist im Modus ihrer Ausnahme zur Regel werden, stellt man ihrer fragilen Materialität alternative Formen der Speicherung, des Zugriffs und der haptischen Aneignung zur Seite (Körte 2012). Die Digitalisierung ganzer Bibliotheken ist aus dieser Warte nur eine von vielen Varianten ihres spezifischen Wahrnehmungsmodus.

# Literaturverzeichnis

Ernst, Ulrich. „Die Bibliothek im Kopf. Gedächtniskünstler in der europäischen und amerikanischen Literatur". *Zeitschrift für Literaturwissenschaft und Linguistik* 27 (1997): 86–123.

Hegel, Georg Wilhelm Friedrich. *Phänomenologie des Geistes. Werke. Band 3*. Frankfurt am Main 1970.

Jochum, Uwe. „Vernichten durch Verwalten. Der bibliothekarische Umgang mit Büchern". *Verbergen Überschreiben Zerreißen. Formen der Bücherzerstörung in Literatur, Kunst und Religion*. Hrsg. von Mona Körte und Cornelia Ortlieb. Berlin 2007: 106–119.

Körte, Mona. *Essbare Lettern, brennendes Buch. Schriftvernichtung in der Literatur der Neuzeit*. München 2012.

Schneider, Ulrich J. „Bücher und Bewegung in der Bibliothek von Herzog August". *Sammeln, Ordnen, Veranschaulichen: zur Wissenskompilatorik in der Frühen Neuzeit*. Hrsg. von Frank Büttner, Markus Friedrich und Helmut Zedelmaier. Münster 2003: 111–127.

Thiem, John. „Die Bibliothek von Alexandria brennt – wieder und wieder". *Verbergen Überschreiben Zerreißen. Formen der Bücherzerstörung in Literatur, Kunst und Religion*. Hrsg. von Mona Körte und Cornelia Ortlieb. Berlin 2007: 31–45.

# Brief

## Sarah Schmidt

Den Brief als Kommunikationsform – begreift man ihn in seinem weitesten Umfang von den babylonischen Tontafeln bis zur SMS – gibt es ebenso lange wie die Schrift. Der Brief im engeren Sinne, die auf Papier geschriebene Nachricht, die einem Boten anvertraut mit einer Zeitverzögerung seinen Adressaten erreicht, erfährt erst mit der flächendeckenden Ausweitung des Postwesens in Europa ab Mitte des 18. Jahrhundert eine Konjunktur, die mit einer grundlegenden funktionellen und konzeptionellen Veränderung des Briefes einhergeht. War das Briefeschreiben zuvor der männlichen Gelehrtenwelt vorbehalten, wird es nun zu einem Breitenphänomen persönlicher und inspirierter Innenschau. Das Briefeschreiben, sei es als realer Brief oder literarische Kunstform, wird dabei nicht nur ebenso von Frauen betrieben, vielmehr werden die Stilmerkmale der Authentizität und Natürlichkeit, die gerade in der Kunstform ihre gesteigerte Darstellung finden (Anton 1995; Reinlein 2003), in Brieftheorie und Briefstellern des ausgehenden 18. und beginnenden 19. Jahrhunderts feminisiert.

Das Aufschreibesystem ‚Brief' (Kittler 1985), seine papierene Beschaffenheit, die Schreibutensilien, spezifische Schreib- und Lesesituationen und die Technik seiner Beförderung sind dabei mehr als nur materielle und logistische Bedingungen des Gedankentransports (Siegert 1993). Sie konditionieren eine Kommunikationskultur ebenso wie diese sich in ihnen materialisiert. Papier- und Tintenqualität, die grafische Erscheinung der mitunter Zeichnungen umschlingenden Schrift, Briefsiegel, Faltungstechniken und Briefeinlagen sind darüber hinaus Elemente einer materiellen Semiotik des Briefes, die nach Deutung verlangt und in einer allein auf Schrift fixierten Edition unterzugehen droht (Wiethölter und Bohnenkamp 2008 und 2010). In Form von Schreibszenen findet dieser Komplex aus Sprache, Geste und Technik in Briefen eine poetische Selbstreflexion (Campe 1991; Bunzel 2008; Stingelin 1999).

Neben epistolografischer Literatur und zahlreichen Studien zum Brief als literarische Form sind Auseinandersetzungen mit dem Brief als literarischem Motiv überschaubar (Stadter 2015, 21). Gleichwohl kommt dem Brief als ‚Ding' in der Literatur eine große Bedeutung zu. Gerade aufgrund seiner materiellen Präsenz gerät er – wie in Edgar Allan Poes *The Purloined Letter* (1844; *Der entwendete Brief*) – in falsche Hände, er geht verloren oder taucht nach jahrelangem Verlust wieder auf und wird in Erzählungen, Romanen oder Dramen zu einem zentralen, die Handlung vorantreibenden erzähltechnischen Element (Honnefelder 1975; Stadter 2015, 45–82). So bringen die zufällig entdeckten, längst verjährten Liebesbriefe zwischen Effi Briest und Major Crampas in Theodor Fontanes *Effi Briest* (1894/1895) eine Lawine ins Rollen, die schließlich zu Effis Tod führt. Während es hier ein rotes Band ist, mit dem die Briefe zusammengebunden sind, das wie ein Signal ihren Inhalt verrät, müssen die Elemente einer nicht-sprachlichen Semiotik des Briefes mit dessen geschriebenem Inhalt nicht korrelieren.

Handschrift, Typografie, Briefmarke und Versandart enttarnen – als fester Bestandteil der Spurenlese in zahlreichen Detektivgeschichten wie in Agatha Christies *The Moving Finger* (1942; *Die Schattenhand*) – den anonymen Schreiber. Zwischen Liebenden übernimmt der Brief die Funktion einer vermittelten Berührung, ja wird zu einer inszenierten Vereinigung, zum *pars pro toto* des oder der Geliebten und wie in Friederike Mayröckers *Die Abschiede* (1980) zu einem Fetisch, an dem geknabbert und auf dem herumgekritzelt wird (Bosse 2010, 218–220.) In Felicitas Hoppes metafiktionalen Erzählungen *Verbrecher und Versager* (2004) hingegen ist der fragile, über weite Meere beförderte Brief zur Chiffre für eine *per se* gefährdete Kommunikation geworden.

Mit dem Verschwinden des Briefes konstatiert Jean Améry nicht nur das Ende einer Kommunikationsform, sondern den „Niedergang einer Ausdrucksform des Humanen". Sah er „keinerlei Anzeichen" (Améry 1976, 24) für eine neue Briefkultur, so sind indessen Mail, SMS und diverse andere Formen der Kurznachricht – die in gewisser Weise wieder zu dem kurzen Schreiben, ‚brevis libellus', zurückkehren, die der Brief ursprünglich war – als literarische Formen entdeckt.

## Literaturverzeichnis

Améry, Jean. „Der verlorene Brief. Vom Niedergang einer Ausdrucksform des Humanen". *Schweizer Rundschau* 9 (1976): 21–24.

Anton, Annette C. *Authentizität als Fiktion. Briefkultur im 18. und 19. Jahrhundert*. Stuttgart, Weimar 1995.

Bosse, Anke. „Brief und Karte – Material, Beute, Vehikel des Schreibens in Friederike Mayröckers ‚Die Abschiede'". *Der Brief – Ereignis & Objekt. Frankfurter Tagung*. Hrsg. von Waltraud Wiethölter und Anne Bohnenkamp. Frankfurt am Main, Basel 2010: 216–231.

Bunzel, Wolfgang, „Schreib-/Leseszenen". *Der Brief – Ereignis & Objekt. Katalog der Ausstellung im Freien Deutschen Hochstift Frankfurt Goethemuseum*. Hrsg. von Waltraud Wiethölter und Anne Bohnenkamp. Frankfurt am Main, Basel 2008: 237–262.

Campe, Rüdiger. „Die Schreibszene. Schreiben". *Paradoxien, Dissonanzen, Zusammenbrüche. Situationen offener Epistemologie*. Hrsg. von Hans Ulrich Gumbrecht und K. Ludwig Pfeiffer. Frankfurt am Main 1991: 759–772.

Honnefelder, Gottfried. *Der Brief im Roman*. Bonn 1975.

Kittler, Friedrich. *Aufschreibesysteme 1800/1900*. München 1985.

Reinlein, Tanja. *Der Brief als Medium der Empfindsamkeit. Erschriebene Identitäten und Inszenierungspotentiale.* Würzburg 2003.
Stadter, Julia. *Der Brief im Spiegel der Künste. Briefmotive und Bühnenbriefe in Malerei, Literatur und Musiktheater.* Sinzig 2015.
Siegert, Bernhard. *Relais. Geschicke der Literatur als Epoche der Post. 1751–1913.* Berlin 1993.
Stingelin, Martin. „‚Unser Schreibzeug arbeitet mit an unseren Gedanken'. Die poetologische Reflexion der Schreibwerkzeuge bei Georg Christoph Lichtenberg und Friedrich Nietzsche", in: *Lichtenberg-Jahrbuch* (1999): 81–98.
Wiethölter, Waltraud, und Anne Bohnenkamp (Hrsg.). *Der Brief – Ereignis & Objekt. Katalog der Ausstellung im Freien Deutschen Hochstift Frankfurt Goethemuseum.* Frankfurt am Main, Basel 2008.
Wiethölter, Waltraud, und Anne Bohnenkamp (Hrsg.). *Der Brief – Ereignis & Objekt. Frankfurter Tagung.* Frankfurt am Main, Basel 2010.

# Dreck

## Sabine Schülting

Dreck ist eine relationale Kategorie; Materie wird (nur) dann zum Dreck, wenn ihre Präsenz die als ‚rein' gefassten Körper, Dinge, Räume oder Texte zu verunreinigen droht. In den Worten der Kulturanthropologin Mary Douglas ist Dreck „matter out of place" (1966, 35). Dreck ist Materialität ohne Wert und Bedeutung, die Sinnstiftungen radikal unterläuft: „*Dreck* provokes reading epistemologically, in the sense of being a permanent danger to the stability of textual knowledge" (Sellars 1995, 183). Obwohl Dreck in literarischen Texten somit eigentlich ‚Materie am falschen Ort' wäre, spielt er in der Literaturgeschichte eine überraschend große Rolle, die sich nicht in dem metaphorischen Verweis auf all das, was eine Kultur als nichtig, übel und widerwärtig verwirft, verleugnet oder auf ihre ‚Anderen' projiziert, erschöpft (Abjekt; vgl. auch Enzensberger 1968). William Cohen und Ryan Johnson (2005) betonen die Ambivalenz von Dreck als gleichermaßen Ordnungen stiftendes wie Ordnungen auflösendes Moment. So hat Dreck immer wieder auch als Quelle von Komik fungiert, beispielsweise im skatologischen Humor des Fastnachtsspiels und der Schwankliteratur des späten Mittelalters und der Frühen Neuzeit (vgl. Bachtin 1987). In Jonathan Swifts Gedicht „A Description of a City Shower" (1710) beispielsweise werden Dreck und → ABFALL der Stadt, die während eines heftigen Regenschauers durch die Straßen gespült werden, zum Mittel der Satire – und zwar sowohl an der Londoner Gesellschaft des frühen 18. Jahrhunderts wie auch an der Pastoraldichtung in der Tradition Vergils. Diese humorvolle Bezugnahme auf den Dreck der Metropole, die Swift mit anderen englischen Schriftstellern des 18. Jahrhunderts wie Alexander Pope, Samuel Johnson oder John Gay verbindet, verschwindet spätestens in den 1830er Jahren, als die Folgen von Industrialisierung und Urbanisierung manifest werden und moderne Hygienediskurse Dreck mit Krankheit und Tod assoziieren. Dreck wird zum Attribut der Unterschichten wie auch der Kolonien und bezeichnet somit kulturell, sozial und rassistisch gefasste Differenz. Dies hat Implikationen auch für ästhetische und poetologische Überlegungen. John Ruskin, englischer Dichter, Kunsthistoriker und Kulturkritiker, begreift Dreck als Synonym für Regellosigkeit, Konflikt und Tod und damit als ein der idealen Kunst diametral entgegengesetztes Prinzip. Auf dieser Grundlage kritisiert er die Romane von Charles Dickens und Honoré de Balzac als Ausdruck einer Logik, die er in ironischer Abwandlung des Begriffs der *divine Providence*, der göttlichen Vorsehung, als „fimetic Providence" (deutsch etwa ‚Dung-Vorsehung'; Ruskin 1880, 944) bezeichnet. Tatsächlich spielt der Dreck in zahlreichen Romanen Dickens' eine zentrale Rolle. Er ist metonymisch mit dem Leben der Slumbevölkerung Londons verknüpft und markiert urbane Teilräume und menschliche Existenzen, die das viktorianische bürgerliche Fortschrittsnarrativ infrage stellen. Kann in *Our Mutual Friend* (1864/1865) der Dreck als → ABFALL aber ‚recycelt' und zur Quelle von Reichtum und Glück umcodiert werden, ist er in *Bleak House* (1853) Ausdruck einer allumfassenden kulturellen Panik (vgl. Lougy 2002, 475). Er scheint ein unheimliches Eigenleben zu führen und droht die englische Metropole ebenso wie den Text über sie zu zersetzen. Zahlreiche viktorianische Romane loten die Spannung zwischen diesen beiden Polen aus, zwischen einer Logik des Recyclings einerseits und der radikalen Negativität des Drecks andererseits, die sich Rationalisierungen und ökonomischen wie semantischen Um- und Aufwertungen widersetzt. Dickens' späte Romane haben damit Teil an einer Entwicklung, die im französischen bzw. europäischen Naturalismus des späten 19. Jahrhunderts kulminiert: der Fokussierung auf die gewöhnlichen – und damit in metaphorischer wie wörtlicher Hinsicht ‚schmutzigen' – Seiten menschlicher Existenz. Dreck avanciert zum poetologischen Prinzip und markiert den systematischen Bruch mit traditionellen ästhetischen Normen (vgl. Trotter 2000). In postkolonialen Literaturen entwickelt sich ab der Mitte des 20. Jahrhunderts eine Form literarischen Schreibens, die Joshua D. Esty als „excremental postcolonialism" (1999) bezeichnet hat. Die europäische Assoziation der ehemaligen Kolonien mit Dreck wird anzitiert und gleichzeitig als Mittel der Gesellschaftssatire und/oder Kritik an westlichen Hygienediskursen und ihren rassistischen bzw. kolonialen Grundannahmen appropriiert; damit dient der Dreck schließlich auch als Modus der Selbstpositionierung postkolonialer Schriftsteller/innen nach der Unabhängigkeit.

## Literaturverzeichnis

Bachtin, Michail M. *Rabelais und seine Welt : Volkskultur als Gegenkultur*. Hrsg. von Renate Lachmann. Frankfurt am Main 1987.
Cohen, William A., und Ryan Johnson (Hrsg.). *Filth: Dirt, Disgust and Modern Life*. Minneapolis, MN 2005.
Douglas, Mary. *Purity and Danger: An Analysis of Concepts of Pollution and Taboo*. London 1966.
Enzensberger, Christian. *Größerer Versuch über den Schmutz* [1968]. München 2011.
Esty, Joshua D. „Excremental Postcolonialism". *Contemporary Literature* 40 (1999): 22–59.
Lougy, Robert E. „Filth, Liminality, and Abjection in Charles Dickens's *Bleak House*". *ELH* 69.2 (2002): 473–500.
Ruskin, John. „Fiction, Fair and Foul". *The Nineteenth Century: A Monthly Review* 7 (1880): 941–962.
Sellars, Roy. „Theory of the Toilet. A Manifesto for Dreckology". *Angelaki* 2.1 (1995): 179–196.
Trotter, David. *Cooking with Mud. The Idea of Mess in Nineteenth-Century Art and Fiction*. Oxford 2000.

# Erbstück

## Ulrike Vedder

Dinge qualifizieren sich als Erbstücke durch ihre Kontamination mit dem Tod, gehen doch ihre Definition und Bedeutung auf den Tod ihres Vorbesitzers, das heißt eines Erblassers zurück. Dieser vererbt Dinge häufig undifferenziert als Teil der Erbmasse beziehungsweise des Nachlasses, kann aber auch die Weitergabe einzelner ausgezeichneter Erbstücke durch testamentarische Verfügung anordnen. Eine solche – oft transgenerationale – Übergabe von Dingen *causa mortis* nutzen viele literarische Texte als komplexes Mittel sowohl zur Gestaltung von Familien- bzw. Generationsbeziehungen als auch zur Darstellung von Tod und Trauer, zur Inszenierung einer Kommunikation mit den Toten sowie zur Fokussierung auf kulturelle und ökonomische Umwertungsprozesse.

So ist etwa die Frage der Wertschätzung durchaus zwiespältig. Im Unterschied zum berechenbaren, teilbaren und konvertierbaren Geld erfahren vererbte Dinge wechselnde Bedeutungszuschreibungen und damit Auf-, Ab- und Umwertungen, seien diese individueller oder kultureller Natur (vgl. Langbein 2002). Dies ist besonders offensichtlich, wenn es um Alltagsgegenstände geht, deren Wert seitens der Erblasser, der Erben oder der Beobachter unterschiedlich gedeutet wird: so zum Beispiel das „second-best bed", das William Shakespeare seiner Frau Anne testamentarisch hinterließ und das von der Nachwelt entweder als Ausdruck seiner Geringschätzung gewertet wird oder aber als Ausdruck der intimen Gewohnheit – in der Annahme, das beste Bett sei das für Gäste gewesen, das zweitbeste das der Eheleute. Die Literatur inszeniert Wertfragen anhand von Erbstücken beispielsweise in einem grotesk langwierigen Wertfeststellungsverfahren wie in Heinrich von Kleists Lustspiel *Der zerbrochne Krug* (1811), auf umwegige Weise über konkurrierende historische, familiale, subjektive, moralische Wertsetzungen wie in Theodor Fontanes Roman *Die Poggenpuhls* (1896) oder auf perfide Weise effektiv, indem den Erbstücken ein Zettel des Toten beigegeben ist, auf dem der Geldwert bereits errechnet ist, wie in E. T. A. Hoffmanns Erzählung *Das Majorat* (1817) (vgl. Vedder 2011, 219-285).

Literarische Erbstücke im 19. Jahrhundert haben sich zudem mit den zeitgenössischen Abstraktionsprozessen auseinanderzusetzen. Aus der zunehmend fragmentierten und nurmehr indirekt wahrnehmbaren Dingwelt im Waren- und Industriezeitalter stechen Erbstücke umso mehr hervor, weil sie qua Bedeutungszuschreibung als Einzelstück funktionieren, auch wenn es sich um ein Massenprodukt handelt. Die darin angelegten Konflikte werden in den literarischen Texten häufig thematisiert, wenn ein Erbstück als Residuum gegen Warenwelt und Äquivalenzprinzip fungiert – wie in Adalbert Stifters Erzählung *Das alte Siegel* (1843) –, oder wenn, wie etwa in Romanen von Honoré de Balzac oder Gottfried Keller, die Erbstücke von den Erben umgehend zu Geld gemacht werden, so dass die anekdotischen oder biografischen Geschichten der Dinge ebenso verloren gehen wie ihr familialer, sozialer oder kultureller Zusammenhang.

Zugleich wird damit die Frage aufgeworfen, in welcher Weise vergangenes Leben sich überhaupt an Erbstücke anzulagern vermag. Erbstücke stellen ein entscheidendes Element in der Tauschbeziehung zwischen Lebenden und Toten dar und können als Semiophoren, die „zwischen dem Betrachter, der sie sieht, und dem Unsichtbaren, aus dem sie kommen", vermitteln (Pomian 1988, 84), zum Anlass für Erinnerung und Erzählung werden – bis hin zum Fetisch, verstanden als eine in einem Ding materialisierte Geschichte. Ein plastisches Beispiel bietet die Taufschale in Thomas Manns Roman *Der Zauberberg* (1924), die mit ihren Gravuren es dem Großvater ermöglicht, dem Enkel die Namen und Verwandtschaftsbeziehungen der sieben Vorbesitzer aufzuzählen und ihn damit in der Generationenkette zu verankern, wenn auch auf prekäre Weise durch „Ur-Ur-Ur-Ur, – diesen dunklen Laut der Gruft und der Zeitverschüttung" (Mann 1966, 36). Im literarisierten Prozess des Vererbens und Erbens spielen Verlebendigung und Mortifizierung von Erbstücken ebenso eine Rolle wie deren Aneignung oder Verwerfung.

Ob Erbstücke von den Erben angenommen oder abgelehnt werden, ob sie als Anlass für Vergangenheitsrecherchen oder für Distanzierung und Lossagung von der Vergangenheit fungieren: Um solche Entscheidungen geht es auch in jüngeren Familien- und Generationenromanen, die sich mit Krieg und Verfolgung auseinandersetzen, etwa anhand ererbter Fotoalben (wie in Marcel Beyers *Spione* oder Reinhard Jirgls *Die Stille*), Schriftstücke (Uwe Timms *Am Beispiel meines Bruders* oder Tanja Dückers' *Himmelskörper*), Schmuckstücke (Hans-Ulrich Treichels *Menschenflug* oder Bernice Eisensteins *I was the Child of Holocaust Survivors*) oder anhand ganzer Häuser (Arno Geigers *Es geht uns gut* oder Jenny Erpenbecks *Heimsuchung*).

Die Anreicherung der Erbstücke mit ihrer Geschichte, die jemand erzählt, verschafft den erschriebenen Dingen ihre Existenz, Wertigkeit und Tradierbarkeit. Ihre reiche Identität als Erbstück ist nicht statuarisch, können sie zugleich doch in verschiedenen Dingkategorien als Grabmäler, Fetische, Trophäen, Tauschobjekte, Fundstücke, Souvenirs, Kuriositäten, Reliquien oder Liebesgaben fungieren.

## Literaturverzeichnis

Langbein, Ulrike. *Geerbte Dinge. Soziale Praxis und symbolische Bedeutung des Erbens*. Köln, Weimar, Wien 2002.
Mann, Thomas. *Der Zauberberg* [1924]. Frankfurt am Main 1966.
Pomian, Krzysztof. *Der Ursprung des Museums. Vom Sammeln*. Berlin 1988.
Vedder, Ulrike. *Das Testament als literarisches Dispositiv. Kulturelle Praktiken des Erbes in der Literatur des 19. Jahrhunderts*. München 2011.

# Fetisch

## Doerte Bischoff

Als Fetische werden Dinge beschrieben, denen Menschen eine besondere Hochschätzung entgegenbringen, indem sie ihnen quasi-magische Mächte zuschreiben, die sich nicht aus dem bloßen Gebrauchswert erschließen. Das zum Fetisch erhobene Auto etwa übersteigt seine Funktionalität als Fahrzeug und wird im 20. Jahrhundert als ästhetisierter und sakralisierter Gegenstand zum privilegierten Statusobjekt, über das soziale (Macht-)Beziehungen und Formen der Selbstverständigung im Kontext kapitalistischer Dynamiken und technischer Machbarkeitsvisionen verhandelt und zur Schau gestellt werden. Wenn Hartmut Böhme, dessen Studie *Fetischismus und Kultur* (2006) der kulturwissenschaftlichen Diskussion über Fetischismus eine neue produktive Wendung gegeben hat, das Auto als „das zentrale Kultobjekt der Moderne" (Böhme 2014, 33) bezeichnet, so wird hier eine Analysehaltung eingenommen, die sich nicht primär als klassische Ideologiekritik versteht. Vielmehr wird der Fetischbegriff in seinem Potenzial ausgelotet, Verhältnisse zwischen Menschen und Dingen, Materialisierungen sozialer Prozesse und Begehrensökonomien zwischen Individualität und Kollektivität zu beschreiben. In Böhmes „anderer Theorie der Moderne" wird in Texten und Diskursen der Moderne ein Zug ausgemacht, den ihre Verfechter typischerweise als vor- bzw. nicht-modern gekennzeichnet haben: In Erscheinungsweisen der Ding-Verehrung werden Formen des Religiösen, Numinosen, Magischen, aber auch der Sinnlichkeit von Ich- und Weltbezügen, die sich nicht auf die Kategorie des begreifenden und über die Objektwelt verfügenden Subjekts zurückführen lassen, entdeckt. Wenn diese für die Moderne charakteristisch sind (Latour 2008, 171–172), so steht diese Erkenntnis quer zu einer langen Geschichte kultureller und kulturtheoretischer Verhandlungen von Fetischismus als einer antimodernen, unaufgeklärten, von der Norm abweichenden Objektbeziehung.

Der Begriff ‚Fetisch' (von lateinisch *facere*: machen; portugiesisch *feitiço*: Zauber) stammt ursprünglich aus dem kolonialen Kontext, wo er zur Beschreibung heterogener Gegenstände und Praktiken der sogenannten Anderen diente, die aus europäischer Perspektive fremd erschienen. Neben der klassifizierenden Funktion ist ihm die der Abgrenzung und Hierarchisierung unterschiedlicher Formen des Objektbezugs eigentümlich. Kulturvergleichende Schriften von Charles de Brosses bis Theodor Waitz haben Fetischismus als Vor- bzw. Verfallsform menschlicher Geistestätigkeit beschrieben, für Hegel handelt es sich gar um eine Praxis, die der Entfaltung von Vernunft und Geschichte als fortschreitender Durchdringung und Gestaltung von Welt äußerlich bleibe (Eisenhofer 2014, 207–208). Im 19. Jahrhundert findet zunehmend eine Übertragung auf europäische Phänomene statt; so wird der Begriff durch Karl Marx nun vor allem zur Analyse der kapitalistischen Warengesellschaft neu besetzt. In ideologiekritischer Hinsicht erscheint die Bedeutung, die der Konsument der Ware beimisst, als Symptom einer Verblendung, da er die zugrunde liegenden Produktionsverhältnisse nicht durchschaut. Auch die Adaption des Begriffs durch die Psychopathologie übernimmt die mit ihm etablierte Funktion der Abgrenzung, hier nun als Markierung von devianten Begehrensstrukturen und Sexualpraktiken. In der Psychoanalyse Sigmund Freuds wird Fetischismus als Objektbeziehung beschrieben, die durch eine Verleugnung der Kastration gekennzeichnet ist: Der Fetisch fungiert als phallisches Ersatzobjekt, das eine mit frühkindlichen Allmachtsphantasien verbundene Dingbeziehung aufrechterhält. Während hier Fetischismus wiederum als nicht-normale Objektbeziehung eines im Prozess der Individuation gestörten (männlichen) Subjekts beschrieben wird, treten bei Freud zugleich allgemeinere kulturanalytische Potenziale des Konzepts hervor. Wo die Kastration nicht als Gegebenheit akzeptiert, sondern in der Schwebe gehalten wird – der Fetisch figuriert den Phallus, ist aber zugleich ein vom Körper getrennter, beliebiger Gegenstand, der tendenziell zirkulieren und in andere Kontexte geraten kann –, eröffnen sich neue Möglichkeiten, von ihm ausgehend kulturelle Konstruktionsprozesse und Performanzen in den Blick zu nehmen. Hier setzt auch die Weiterentwicklung von Fetisch-Konzepten in der Genderforschung ein, die ausgehend von der These der Psychoanalyse, im Fetischismus werde eine Kastration zeichenhaft in Szene gesetzt, alternative Szenen weiblicher Individuation und Symbolbildung entwerfen (Garber 1993).

Literarische Texte haben die Hinwendung neuerer kulturwissenschaftlicher Studien zum Fetisch als Leitkategorie vielfältig präfiguriert, indem sie jenseits seiner ideologiekritischen Funktion innerhalb einzelner Disziplinen sein Auftauchen in zahlreichen miteinander verschränkten Alltags- und Wissensdiskursen vorführen. Anstatt auf die Devianz der ‚Anderen' richten sie den Fokus auf die Konstruktionsprozesse kultureller Werte- und Normensysteme, an denen auch wissenschaftliche Diskurse teilhaben (Bischoff 2013).

## Literaturverzeichnis

Bischoff, Doerte. *Poetischer Fetischismus. Der Kult der Dinge im 19. Jahrhundert*. München 2013.

Böhme, Hartmut. *Fetischismus und Kultur. Eine andere Theorie der Moderne*. Reinbek bei Hamburg 2006.
Böhme, Hartmut. „Das Strahlen fetischistischer Dinge des Konsums: Autos und Mode". *In Gegenwart des Fetischs. Dingkonjunktur und Fetischbegriff in der Diskussion*. Hrsg. von Christine Blättler und Falko Schmieder. Wien 2014: 31–52.
Eisenhofer, Stefan. „Fetisch". *Handbuch Materielle Kultur. Bedeutungen, Konzepte, Disziplinen*. Hrsg. von Stefanie Samida, Manfred K. H. Eggert und Hans Peter Hahn. Stuttgart 2014: 206–209.
Garber, Marjorie. „Fetisch-Neid". *Verhüllte Interessen. Transvestismus und kulturelle Angst*. Frankfurt am Main 1993: 171–184.
Latour, Bruno. *Wir sind nie modern gewesen. Versuch einer symmetrischen Anthropologie*. Frankfurt am Main 2008.

# Gabe

## Gisela Ecker

Theorien der Gabe richten ihr Augenmerk selten auf die Dinge, sondern auf die Beziehungen zwischen Geber und Empfänger, die durch den Akt des Gebens konstituiert oder gefestigt werden. Dabei sind es in der Regel materielle Dinge, die überreicht werden. Dinge, die als Gabe in Umlauf kommen, sind differenzierten Reglements ihrer kulturellen Umgebungen unterworfen: Die Gabe ist vom Empfänger anzunehmen, der sich dankbar zeigen und in einem zeitlichen Abstand mit einer Gegengabe antworten soll (vgl. 3.3 DORNHOFER); durch Konventionen geregelt ist auch, welche Dinge als Gaben infrage kommen und welche als unveräußerlich gelten; Riten und Anlässe des Gebens bestimmen den Transfer sowie die Ausstattung des Dings als Geschenk (Gefäß, Verpackung); der Wert des gegebenen Dings wird einerseits verschleiert (das Preisschild entfernt), andererseits spielt er trotzdem eine Rolle für die adäquate reziproke Geste der Erwiderung. Über den Einfluss der Gabe auf die Beziehung zwischen Geber und Empfänger erhält das Ding, wenn es nicht dem unmittelbaren Konsum dient, eine Sonderstellung in Form einer als auratisch verstandenen emotionalen Aufladung, die das gegebene Ding idealerweise im Besitz des Empfängers feststellt. Im Modus der Gabe wechseln Dinge ihre Besitzer, treten damit in ein neues Stadium ihrer Dingbiografie ein, werden durch Gesten des Gebens, Austeilens und Empfangens performativ gerahmt und mit einer fordernden Dimension ausgestattet.

Vor allem von Seiten der Philosophie, der Ethnologie, Soziologie und der Religionswissenschaften sind die jeweils gültigen, nicht explizit codierten Regeln der Gabe erarbeitet und die kulturspezifischen Vermischungen von Großzügigkeit und Berechnung, Freiwilligkeit und Verpflichtung zur reziproken Gegengabe herausgestellt worden. In seinem diskursbildenden *Essai sur le don* (1924; *Die Gabe. Form und Funktion des Austauschs in archaischen Gesellschaften*) zeigt Marcel Mauss (1990) die Ambivalenz der Gabe in archaischen Gesellschaften – unter anderem am Beispiel des Potlatsch – zwischen Kalkül und ‚reiner‘ Verausgabung auf und liefert dennoch in seinem Ausblick eine idealisierende Sicht auf den Gabentausch als gesellschaftsbildende Formation und Gegenmodell kapitalistischer Warenökonomie. Ein solcher Zwiespalt in den Einschätzungen zwischen Warentausch und Gabentausch, zwischen Ökonomie und An-Ökonomie bestimmt die Debatten bis heute, wenn kategoriale Unterscheidungen vorgenommen werden und die ‚reine‘ Gabe als Repräsentantin an-ökonomischer gesellschaftlicher Strukturen stilisiert wird, anstatt sie in ihrem

Changieren zwischen Ware mit Kalkül und Gabe ohne jegliche Berechnung anzuerkennen (vgl. Jean Starobinski, Maurice Godelier, Jacques Derrida und Pierre Bourdieu).

Genau diese Ambivalenz der Gabe liefert Erzählanlässe für eine unüberschaubare Fülle von imaginierten Gaben und ihrer performativen Ausgestaltung. Die Gaben in den Mythen der Antike, dem Alten und Neuen Testament der Bibel, in den Heiligenlegenden und in den Märchen werden immer wieder neu umgeschrieben, Gabenvariationen, Grenzfälle und Störfaktoren des Gebens in immer neuen Erfindungen ausgelotet. Eva, Pandora, Fortuna, die Herrscher mit ihren berechnenden und gleichzeitig verausgabenden Gesten der *sparsio*, die Almosengeber in unterschiedlichsten gesellschaftlichen Formationen, sind Figuren, die in allen Epochen der Literaturgeschichte auftauchen; so auch die Figur des Geizigen, die sich verausgabende Gabenspenderin, Dankbare, die keine Gabe erhalten haben, edle und unedle Bettler, fordernde Empfänger (wenn zum Beispiel ein Bettler – anders als in der Sankt-Martin-Legende, in welcher der Heilige einem Bettler seinen halben Mantel überreicht – den *ganzen* Mantel fordert).

Zu Brot, Wein und Wasser als lebenserhaltenden Gaben treten vor allem die Münzen, ob falsch oder echt, und Schmuck, der zur Verführung eingesetzt wird; hinzu kommen Andenken, die metonymisch die Gebenden zu vertreten haben, sowie Gastgeschenke oder koloniale Gaben (vgl. Haselstein 2000), die im kulturellen Transfer mutieren, und zahllose ‚giftige' Gaben, die im kategorialen Widerstreit zwischen ‚reiner' Gabe und warenförmiger Determination widersprüchliche Positionen einnehmen (vgl. Ecker 2008). Nur in abstrahierter Form wird der verschenkte Gegenstand als Repräsentant innerhalb eines Wunschmodells an-ökonomischer Formen des Austauschs verhandelt; konkret als Ding gefasst, befindet es sich nicht nur in Bewegung zwischen Besitzern, sondern ist Objekt von individuellen Zuschreibungen innerhalb der Dynamik der am Gabentausch Beteiligten, die seinen Status bestimmen.

## Literaturverzeichnis

Bourdieu, Pierre. *Sozialer Sinn. Kritik der theoretischen Vernunft.* Frankfurt am Main 1993.
Derrida, Jacques. *Falschgeld. Zeit geben I.* München 1993.
Ecker, Gisela. *‚Giftige' Gaben. Über Tauschprozesse in der Literatur.* München 2008.
Godelier, Maurice. *Das Rätsel der Gabe. Geld, Geschenke, heilige Objekte.* München 1999.
Haselstein, Ulla. *Die Gabe der Zivilisation. Kultureller Austausch und literarische Textpraxis in Amerika, 1682–1861.* München 2000.
Mauss, Marcel. *Die Gabe. Form und Funktion des Austauschs in archaischen Gesellschaften.* Frankfurt am Main 1990.
Starobinski, Jean. *Gute Gaben, schlimme Gaben. Die Ambivalenz sozialer Gesten.* Frankfurt am Main 1994.

# Gendered Objects

## Ulrike Vedder

Fragt man nach der Bedeutungsgebung von Objekten, rücken Geschlechtercodierungen in zweifacher Weise in den Blick: Sie prägen die Dinge und verdichten sich in ihnen, sie gehen aber auch von den Objekten aus und bestimmen die Subjekte, die mit den Dingen umgehen. Sowohl die Dinge als auch die Kategorie ‚Gender' arbeiten an der Formierung subjektiver, kultureller und sozialer Identitäten und Gemeinschaften, denn „wenn unsere Wahrnehmung und Interpretation unserer selbst und der Welt so eng mit den Dingen unserer Umgebung verknüpft sind, […] dann werden in genau jenem Umgang mit den Dingen auch – bewußt oder unbewußt – die Strukturen der Geschlechterordnung verhandelt" (Ecker und Scholz 2000, 10).

Dabei werden die Dinge auf vielfache Weise – von Materialität und Gestaltung bis zu Anwendung, Sammlung, Ästhetisierung oder Aussortierung – als männlich oder weiblich, sexualisiert oder asexuell, normativ oder queer markiert: „Die symbolischen Prozesse der Codierung, insbesondere im Bereich der Mode, beschäftigen sich geradezu obsessiv mit der Geschlechterkultur, definieren und redefinieren die Grenzziehungen zwischen den Sphären." (König 2010, 363) Zudem markieren die Dinge ihrerseits, als *gendered objects*, die Subjekte und wirken so auf die Verfestigung oder Neuformierung von Geschlechterordnungen hin. Damit rückt der historische Prozess der Geschlechtercodierung in den Fokus, erscheint er doch häufig naturalisiert und normalisiert, so dass „in ‚gendered objects' die deutungsreiche Beziehung zwischen Dingen und Geschlechtern als kulturelle Norm eingelagert und quasi unsichtbar ist, weil in westlichen Kulturen die geschlechtliche Codierung der Dinge ‚normal' erscheint" (König 2014, 66). Die Literarisierung von *gendered objects* ermöglicht es, solche kulturellen Normen herauszuarbeiten und damit entweder hochkomplexe Sinngebungsprozesse darzustellen oder aber die manchmal allzu simplen Geschlechterstereotypen zu kritisieren und zu parodieren: „At one level, the gendering of objects is an extremely complex process, which sometimes seems impossible to elucidate, yet the over-determination of coding involved in the construction of certain objects as ‚male' or ‚female' can sometimes seem crude, almost comical." (Kirkham und Attfield 1996, 5) Die Prozesse der geschlechtlichen Signifikation und Narration sind also mithilfe der Kategorie der *gendered objects* beobachtbar und ermöglichen die kritische Reflexion von Geschlechterordnungen als Zeichen- und Wissensordnungen.

Ob Puppe, Fetisch oder Interieur, ob Erinnerungsstück, Modeaccessoire oder Trödel, die literarische Dinggeschichte lässt sich systematisch sowohl auf ihre Geschlechtercodierungen als auch auf deren bedeutungsproduzierende Rückwirkungen für *gendered subjects* hin analysieren. Besonders aufschlussreich erscheint dabei die Literatur des 19. Jahrhunderts angesichts der Koinzidenz, dass in ihr „das Saeculum der Dinge" (Böhme 2006, 17) ebenso gestaltet wird wie die enormen Spannungen in der zeitgenössischen Verhandlung von Geschlechteridentitäten. Dies zeigt sich zum Beispiel in Émile Zolas Warenhausroman *Au Bonheur des Dames* (1884) mit seinen die weibliche Kundschaft überwältigenden Dingfluten (vgl. 3.15 SCHÖSSLER) oder in Joris-Karl Huysmans' Dekadenzroman *À rebours* (1884), in dessen betont künstlicher Dinginszenierung gängige hegemoniale Männlichkeitsbilder kollabieren (vgl. 3.16 ROTHSTEIN). In Adalbert Stifters Erzählung *Die Mappe meines Urgroßvaters* (1841) wird das mütterliche Erbe (→ ERBSTÜCK) in Form von Truhen voller Brautkleider (→ KLEID/KLEIDUNG), → STOFFE und → TRÖDEL vom Sohn auf dem Dachboden stehen gelassen, während er den Schreibtisch und die Schriften seiner männlichen Vorfahren an sich nimmt und in Form der folgenden Binnenerzählungen weitertradiert. Stifters Rahmenerzählung berichtet also auch davon, wie der Sohn durch die Dinge zum dezidiert männlichen, erzählenden Subjekt wird. Ähnliche bedeutungsproduzierende Rückwirkungen der Dinge auf *gendered subjects* lassen sich in Fetisch-Texten (etwa Guy de Maupassants Erzählung *La Chevelure* über einen Zopffetischisten; vgl. Vedder 2016) (→ FETISCH) ebenso beobachten wie in Erinnerungsprosa voller Souvenirs (→ ANDENKEN/SOUVENIR), in → PUPPEN- und Automatengeschichten oder in Interieurschilderungen (→ INTERIEUR).

Über eine Reinszenierung von Geschlechterdichotomien hinausgehend, eröffnen literarische *gendered objects* Einsichten in kulturelle Prozesse der Vergeschlechtlichung, die sie in ihren oft fatalen Konsequenzen vorführen, karikieren oder subvertieren.

## Literaturverzeichnis

Böhme, Hartmut. *Fetischismus und Kultur. Eine andere Theorie der Moderne*. Reinbek bei Hamburg 2006.

Ecker, Gisela, und Susanne Scholz. „Einleitung: Umordnungen der Dinge". *UmOrdnungen der Dinge*. Hrsg. von Gisela Ecker und Susanne Scholz. Königstein im Taunus 2000: 9–17.

Kirkham, Pat, und Judy Attfield. „Introduction". *The Gendered Object*. Hrsg. von Pat Kirkham. Manchester 1996: 1–11.

König, Gudrun M. „Relationen: Der Genderkode der materiellen Kultur". *Alltag als Politik – Politik im Alltag. Dimensionen des Politischen in Vergangenheit und Gegenwart*. Hrsg. von Michaela Fenske. Berlin 2010: 351–368.

König, Gudrun M. „Geschlecht und Dinge". *Handbuch Materielle Kultur: Bedeutungen, Konzepte, Disziplinen*. Hrsg. von Stefanie Samida, Manfred K. H. Eggert und Hans Peter Hahn. Stuttgart, Weimar 2014: 64–69.

Vedder, Ulrike. „Gendered objects. Literarische Ding- und Geschlechtercodierungen". *Sprachen des Sammelns. Literatur als Medium und Reflexionsform des Sammelns*. Hrsg. von Sarah Schmidt. München 2016: 43–58.

# Interieurs

## Uta Seeburg

1839 schildert Théophile Gautier in *La Toison d'or* einen exzentrischen Pariser Sammler namens Tiburtius, der, unberührt vom städtischen Treiben außerhalb der eigenen vier Wände, ein glückliches Dasein auf seinem häuslichen Diwan fristet. Dass Tiburtius sich in seiner Wohnung einnistet wie in einem privaten Mikrokosmos, ist ein Symptom einschneidender kulturhistorischer Entwicklungen. Die massive Urbanisierung des 19. Jahrhunderts, das damit verbundene, immer drängendere Bedürfnis nach einem Rückzugsraum sowie eine neue Auffassung von Individualität haben zur Folge, dass Tiburtius sich seine eigene behagliche Gegenwelt aus Kissen und orientalistischem Mobiliar baut. Das Interieur als jenes Spannungsfeld, in dem diese großen Diskurse einen Kulminationspunkt finden, stellt ein produktives literarisches Motiv dar, das ab dem 19. Jahrhundert eine erstaunliche Karriere antritt und eine Darstellung des komplementären oder konfliktreichen Verhältnisses zwischen Innenräumen und dem Innenleben der darin lebenden Subjekte erlaubt. Damit fügt das Interieur dem im 18. Jahrhundert erfolgreichen Genre der Zimmerreise eine weitere Sinnebene hinzu, stellte doch die Zimmerreise (vgl. 2.14 STIEGLER), auf den populären Reisebericht rekurrierend, wohl eine Vermessung des Privaten, aber nicht unbedingt des Innersten dar.

„Für den Privatmann tritt erstmals der Lebensraum in Gegensatz zu der Arbeitsstätte. Der erste konstituiert sich im Interieur", so Walter Benjamin in seinem *Passagen-Werk* (Benjamin 1989, 52). Diese bürgerliche Privatheit markiert einen Bruch in der Geschichte der literarischen wie bildlichen Darstellung des Interieurs, indem sie mit der allegorischen Verweisfunktion der in einem Raum versammelten Objekte weitestgehend abschließt. Während ein mit sorgsam ausgewählten und arrangierten häuslichen Dingen bestückter Innenraum eines niederländischen Meisters des 17. Jahrhunderts auch immer auf größere, der privaten Sphäre übergeordnete Zusammenhänge verweist, vermittelt das Interieur des 19. Jahrhunderts vor allem eine Faszination für die Dinge an sich; deren allgemeine Verweisfunktion tritt hinter ihrer jeweiligen Besonderheit zurück.

Die individuelle Beziehung zwischen dem Menschen und den Dingen, die er um sich versammelt, steht nun im Vordergrund. Für die Literatur des 19. Jahrhunderts bedeutet das zunächst ein interessantes Sujet, man denke nur an den eigenwilligen Kosmos des fiktiven Dandys Des Esseintes in seinem Landhaus abseits von Paris, mit einem Schiffskabinenzimmer, in dem der Geruch von Teer versprüht wird und mechanische Fische durchs Aquarium schwimmen (vgl.

Huysmans 2005) (vgl. 3.16 ROTHSTEIN). In den literarischen Interieurs werden zudem kulturhistorische Diskurse verhandelt, so etwa Orientmode, Technikbegeisterung und die Domestizierung der Natur.

Vor allem aber bietet das Interieur einen Erzählraum, in dem sich neue narrative Möglichkeiten ergeben. Die literarischen Zimmer werden zu Experimentierräumen, in denen jene ‚realistischen' Erzählstrategien erprobt werden, die sich mit dem Gegenständlichen auseinandersetzen und jedem äußeren Detail eine Erzählung entlocken. Die Spur fungiert hier als zentrales Motiv und Erzählwerkzeug: „Wohnen heißt Spuren hinterlassen. Im Interieur werden sie betont." (Benjamin 1989, 53) Kulturhistorisch ist die literarische Spur im Interieur eng mit den Anfängen der Kriminalistik verknüpft. Diese begreift den Tatort als eine Art Text, der die Spuren in einer argumentativen Syntax anordnet. Aus Indizien einen Tathergang zu rekonstruieren, ist eine Vorgehensweise, derer sich auch die Literatur bedient; im aufkommenden Genre der Detektivgeschichte, aber auch in auf Geschichte fixierten Romanen wie Theodor Fontanes *Vor dem Sturm*, in dem ein tief eingesessener Stuhl den Dorfpfarrer als archäologischen Enthusiasten enttarnt. Schon ein fremder Herrenhut im Wohnzimmer einer Dame kann so zu einem ‚Störding' werden, das Spurensicherungen und -interpretationen provoziert: Wer ist der Besitzer, warum hat er den Hut, vielleicht in Eile, auf den Tisch geworfen, wohin ist er verschwunden? (vgl. Flaubert 1952) Die Wirklichkeit wird so zu einer Größe, die sich an der Oberfläche der alltäglichen Dinge zeigt.

Das beschriebene Interieur kann geradezu paradigmatisch für das große Projekt des Realismus stehen, sei es in seiner realistischen Faszination für Details und Dinge, sei es in der ‚Stofflichkeit' des Textes oder durch die Weise, in der das literarische Interieur in seiner im Augenblick der Beschreibung arretierten Gegenständlichkeit die ‚Objektivität' und ‚Wahrheit' des Abgebildeten zu verbürgen scheint. Das Interieur ist somit nicht nur ein Schaukasten, sondern auch ein Paradigma realistischen Erzählens, und zwar weit über die Grenzen des 19. Jahrhunderts und der verschiedenen Strömungen des Realismus hinaus: Wenn Harry Potter, um sich eines beliebigen Beispiels der Gegenwart zu bedienen, nach Dumbledores Tod dessen Arbeitszimmer aufsucht und trauernd den noch dampfenden Tee des eben Ermordeten betrachtet, sind hier dieselben Erzählmechanismen des spurenbehafteten Interieurs im Spiel wie in William Makepeace Thackerays *Vanity Fair* von 1847/1848, wo eine der Figuren den Raum ihres verstorbenen Bruders betritt – und ihm in den Spuren seines Zimmers wiederbegegnet.

## Literaturverzeichnis

Benjamin, Walter. „Paris. Die Hauptstadt des XIX. Jahrhunderts: Louis-Philipp oder Das Interieur". *Gesammelte Schriften. Band V.1*. Hrsg. von Rolf Tiedemann. Frankfurt am Main 1989: 52–53.
Flaubert, Gustave. *L'éducation sentimentale* [1869]. *Histoire d'un jeune homme. Œuvres. Band 2*. Hrsg. von Albert Thibaudet und Rene Dumesnil. Paris 1952.
Huysmans, Joris-Karl. *À rebours* [1884]. Hrsg. von Pierre Brunel. Paris 2005.

# Kitsch

## Esther Leslie

Die Ursprünge des Wortes ‚Kitsch' sind unklar. Den meisten Quellen zufolge kommt es aus dem Deutschen, und die verschiedenen Bedeutungen sind ‚etwas flüchtig zusammenstellen', ‚schmieren', ‚von der Straße aufheben' oder ‚billig herstellen' (von ‚verkitschen'). Andere leiten es vom englischen Wort *sketch* ab und bringen es in Zusammenhang mit günstiger, massenhaft hergestellter Touristenkunst im späten 19. Jahrhundert. Wieder andere beschreiben es als Metathese des französischen *chic* oder bringen es mit dem russischen Ausdruck für arrogant und eingebildet in Verbindung. Einige Forscher datieren die erste Verwendung des Begriffs auf die 1860er und 1870er Jahre in den Kreisen Münchener Kunsthändler, die damit ästhetisch wertlose Gemälde bezeichneten. Kitsch signalisiert einen Mangel, entweder seitens des Kunstwerks oder der Betrachter, er kann von versierten Betrachtern jedoch in ironischem Sinne geschätzt werden. Das Konzept des Kitsch fand seinen Weg in mehrere Länder und Sprachen – ins Englische ab 1920. Es bezeichnet das Übertriebene, Sentimentale und Geschmacklose. Seine Inauthentizität mündet in die Verfügbarmachung von standardisierten, einfach erkennbaren Gegenständen – zumeist Idealtypen des Existenten. Es zielt auf schematisierte emotionale Reaktionen seitens der Rezipienten ab, deren Anreiz, ob bei Freude oder Melancholie, in ihrer Übermäßigkeit liegt. Vielen Darstellungen folgend wird bei Kitsch kritische ästhetische Reflexion durch automatisierte emotionale Reaktivität ersetzt. Kitsch evoziert generische statt spezifische Szenen und Gefühle oder Atmosphären. Er zensiert das Existente zugunsten einer schöneren, erhöhten oder bunteren Welt. Kitsch ist, so Milan Kundera, „das ästhetische Ideal [...] eine[r] Welt [...], in der die Scheiße verneint wird" (Kundera 1987, 238), oder auch eine Aufbereitung der Realität, insofern Leid, dort, wo es dargestellt wird, den Betrachtern eine Art kathartische und lustvolle Reaktion unspezifischen Mitleids ermöglicht.

Wenngleich das Wort ‚Kitsch' selbst nicht auftaucht, können die konzeptuellen Ursprünge in Debatten über den Gedanken der Schönheit in Relation zu Natur und Künstlichkeit in der idealistischen Ästhetik der Romantik gefunden werden: Finden sich ästhetische Werte demnach im mit anmutiger Kunst dekorierten Zimmer oder in der unberührten Natur? Ist Schönheit eine Eigenschaft von Dingen, und kann sie in deren Repräsentationen bestehen (Kant 1957, 386–388)? Kann künstlerische Darstellung grüblerischer und kataklytischer Natur das Erhabene vermitteln oder es lediglich einfangen und zügeln? Für die Verfechter der Überlegenheit der Künstlichkeit löst sich die Kunst von der Natur ab, da eine wiederholte künstlerische Reproduktion der Natur impliziert, dass sie Zuflucht vor oder Gegenmittel zur sozialen Welt ist. Die Natur und ihre Repräsentationen erscheinen ahistorisch und asozial, wie in verschönerten Naturdarstellungen auf → SOUVENIRS von allseits bekannten Touristenzielen.

Für manche Denker jedoch ermöglicht Kitsch – trotz (oder wegen) seiner Billigkeit und sozialen Resonanz – die Erkundung sozialer Begehren. Er erhält und artikuliert selten erfüllte Sehnsüchte. Eine exotische Lampe drückt Sehnsucht nach einem anderen Ort aus; die malerische Schneelandschaft im Gemälde signalisiert den Wunsch nach einem Neuanfang oder dem Dasein in der Ewigkeit. Theodor W. Adorno, Walter Benjamin, Ernst Bloch, Siegfried Kracauer und Franz Hessel konzentrieren sich alle auf die phantasmagorische, eingefrorene Welt der Warenformen, mit der sich Leute umgaben, nur um sie wegen technischer Neuerungen und ökonomischen Aufschwungs auf dem Müllhaufen des Veralteten zu entsorgen. Kitsch verbraucht sich zügig. Wer erinnert sich an die beliebten, kommerziell erfolgreichen Gedichte Eddie Guests oder indische Liebeslyrik, zwei von Clement Greenbergs Beispielen von US-Kitsch in seinem Essay *Avant Garde and Kitsch* von 1939 (vgl. Greenberg 2007)? Der für die industrialisierten Massen produzierte Schrott ist Ersatzkultur. Für Greenberg ist Kitsch anschaulich und unmittelbar erkennbar, wunderbar, teilnahmsvoll und selbstevident. Er ist eine erweiterte, dramatisierte Realität, wird mühelos absorbiert und bietet als effektgetriebene Form eine Abkürzung zu den Vergnügen der Kunst. Wo die Avantgarde künstlerische Vorgänge untersucht, imitiert Kitsch ihre Effekte. Sein Rohmaterial sind die minderwertigen und akademisierten Simulakren genuiner Kultur. Kitsch plündert die Entdeckungen ausgereifter kultureller Tradition. Wo Greenberg den Kitsch als degradierte Form der Avantgarde wahrnimmt, der in vollends inauthentischer Form Stil und Farbpalette übernimmt, sieht Benjamin eine symbiotische Beziehung. Es ist offensichtlich, dass Benjamins Liste surrealer Musen, die Stars von Bühne, Bildschirm, Werbepostern und Illustrierten umfasst, sich kaum länger gehalten hat als Greenbergs Beispiele gescheiterten Geschmacks: Luna, die Gräfin von Geschwitz, Kate Greenaway, Mors, Cleo de Merode, Dulcinea, Hedda Gabler, Libido, Friederike Kempner, Baby Cadum (Benjamin 1991, 133 und 1007). Kein Kanon erhält sie, und dennoch sprachen sie sowohl kritische Theoretiker an, die darin soziale Begehren in Aktion sahen, als auch die Dadaisten und Surrealisten, für die sie zum Stimulus ihrer urbanen Gedichte und Ablehnung moderner Rationalität wurden.

Greenbergs *Avant Garde and Kitsch* ist ein frühes Beispiel für die Bewertung des künstlerischen Schaffens des ‚Dritten Reichs' als Kitsch. Auch war Kitsch die

Kunstform der Sowjetunion. Greenberg betont, dass die kulturpolitischen Auswahlmechanismen nicht von den philisterhaften Präferenzen der Herrscher stammen, sondern dass Kitsch vielmehr „the culture of the masses in these countries" ist, „as it is everywhere else" (Greenberg 2007, 154). Kitsch verneigt sich vor dem massenindustrialisierten Geschmack. Für totalitäre Führer war Kitsch-Kultur ein bedeutend effektiveres Propagandamittel, wie Greenberg bemerkt, mit zuckersüßen Geschichten von Nation und Helden, und er bot einen kostengünstigen Weg, die Herzen der Massen zu berühren. Dies ist die Kultur, die Saul Friedländer, in jüngerer Vergangenheit, als Kitsch definiert hat: triefend von heldenhaftem Wagemut, Mut entgegen jeder Wahrscheinlichkeit und überwältigende Emotionen, während wir dem verheerenden Ende entgegensehen (Friedländer 1984). Kitsch ist zur Verschönerung des Lebens entworfen, ist jedoch vom Tod durchtränkt. In der gegenwärtigen Poetik vollzieht der Kitsch einen weiteren Widerspruch: Er wird strategisch, seine Verwendung von Klischee und Bathos wirken überhöhtem Ernst entgegen und verhöhnen das, was mit der Zeit zur banalen Offensichtlichkeit des romantisch Erhabenen der Natur geworden ist, Kunst als emotionale Ressource und rhetorische Manipulation. Das Spiel mit Kitsch soll die Poesie vor der Marginalisierung durch die Massenkultur bewahren.

*Übersetzung: Natalie Veith*

## Literaturverzeichnis

Benjamin, Walter. *Gesammelte Schriften. Das Passagen-Werk. Band V*. Hrsg. von Rolf Tiedemann und Hermann Schweppenhäuser. Frankfurt am Main 1991.
Friedländer, Saul. *Reflections of Nazism: An Essay on Kitsch and Death*. New York, NY 1984.
Greenberg, Clement. *The New York Intellectuals Reader*. Hrsg. von Neil Jumonville. New York, NY 2007: 143–157.
Kant, Immanuel. *Kritik der Urteilskraft. Werke in 10 Bänden. Band 8*. Hrsg. von Wilhelm Weischedel. Darmstadt 1957: 233–620.
Kundera, Milan. *Die unerträgliche Leichtigkeit des Seins*. Frankfurt am Main 1987.

# Kleid/Kleidung

Gertrud Lehnert

Kleidung in Literatur verhandelt einen auf das Textganze hin funktionalisierten Aspekt von Welt. Die Referenz bildet das vieldeutige und multisensorielle Phänomen Mode in der außerliterarischen Welt, aus dem selektiert und neu montiert wird. Während die mittelalterliche Literatur in genauen Beschreibungen der Status repräsentierenden Kleidung schwelgt (vgl. Kraß 2006; Sieber 2008), wird Kleidung in der Moderne selten ausführlich in ihrer schieren Materialität beschrieben, sondern als Zeichen für die Charakterisierung der Personen funktionalisiert und fast immer im Zusammenhang mit deren Habitus (vgl. Bertschik 2005). So wird Lottes ‚simples' weißes Kleid mit den blassroten Schleifen in Johann Wolfgang von Goethes *Die Leiden des jungen Werthers* (1774) zum Markenzeichen einer neuen bürgerlichen Weiblichkeit (‚natürliche' Unschuld, ‚natürliche' Anmut, Mütterlichkeit) – aber nur deshalb, weil Werther Lotte und ihr Kleid mit der Situation koppelt, in der er sie erblickt: Umgeben von ihren Geschwistern schneidet sie ihnen Brot auf.

Demgegenüber steht Werthers sozialkritisch zu verstehender Spott über ein ‚Gänslein [...] mit der flachen Brust und niedlichem Schnürleibe' in der Residenzstadt; damit wird die auch von Jean-Jacques Rousseau oft thematisierte kulturelle, am Modischen sichtbare Differenz zwischen Stadt und Hof bzw. Land aufgenommen. In Honoré de Balzacs ding- und kleidungsversessenen Romanen genügen oft die Bezeichnungen, wie sie in Modejournalen (Modediskursen) zu finden sind (vgl. 3.8 LEHNERT), oder das Aufrufen von Details, um das Kleid zu evozieren. Meist wird die soziale und psychologische Bedeutung gleich mitgeliefert, wie etwa in *Cousine Bette* (1846): Der Wandel der Titelfigur von einer hässlichen, betont unmodischen, armen alten Jungfer in eine erfolgreiche, gut gekleidete Intrigantin wird mittels des Wandels ihrer Kleider lesbar gemacht. Das Aufrufen von Kleidern dient mithin als Lektüreanleitung. Bei den zeitgenössischen Lesenden wird ein modisches Alltagswissen vorausgesetzt, das bei späteren Lesenden nicht angenommen werden kann. Das Verfahren der evozierenden Andeutung hat den Vorteil, dass die Kleidung zwar als historische erkennbar ist, aber da sie vergleichsweise allgemein präsentiert wird, kann sie von den Lesenden unmerklich aktualisiert werden.

Der Habitus der Person als integrales Element literarischer Kleiderevokationen wird zum Beispiel in Balzacs *Illusions perdues* (1843) evident. Wenn Mme de Bargeton über Nacht von der Provinzdame zur verführerischen ‚Parisienne' mutiert, wird das vor allem aufgrund der Art und Weise deutlich, *wie* sie ihre in vielen Details evozierte modische Kleidung trägt. Hier findet auch eine Fetischisierung (→ FETISCH) statt, die aufgrund des Wechselspiels von gesellschaftlich geforderter Verhüllung und Enthüllung die sexuelle Attraktivität auf Elemente der Kleidung überträgt. Das gilt zum Beispiel auch für Mme Chauchats transparente Ärmel, die Hans Castorp in Thomas Manns *Zauberberg* (1924) in anhaltende Unruhe versetzen. Irmgard Keuns ‚kunstseidenes Mädchen' (1932) hingegen setzt Kleider gezielt ein, um Status entweder vorzutäuschen oder zu gewinnen, empfindet aber auch das sinnliche Vergnügen an schönen Materialien wie Seide.

Im literarischen Realismus dient Eleganz und zu viel Interesse an *modischer* Kleidung oft als Zeichen für Oberflächlichkeit, Eitelkeit und/oder Verschwendungssucht, zum Beispiel George Eliots *Middlemarch* und *Adam Bede*, oder Gustave Flauberts *Madame Bovary*; das gilt auch zum Beispiel für den sogenannten Backfischroman. Schlichte, vornehme Kleidung hingegen charakterisiert die idealtypische Frau aus der bürgerlichen Mittel- und Oberschicht.

Die ‚roten Schuhe der Herzogin' in Marcel Prousts *A la recherche du temps perdu* (1913–1927), die ausgetauscht werden müssen, um zum schwarzen Abendkleid zu passen, verweisen hingegen auf die Hartherzigkeit der konkurrenzlos eleganten ‚grande dame' Mme de Guermantes, der das perfekte Outfit wichtiger ist als das letzte Gespräch mit ihrem todkranken Freund Swann. Charakteristisch für Prousts Verfahren sind vor allem ungewöhnliche Metamorphosen von Kleidung in ein bewegtes Sprachbild, das Farben, Formen, Atmosphären und eine Fülle scheinbar fernliegender Assoziationen zu einem ephemeren Gesamteindruck mit der Trägerin verbinden, so dass Mode sowohl als Objekt der künstlerischen Darstellung wie als eigenständiges performatives Ereignis mit Kunstcharakter erscheint (Lehnert 2013).

Thematisch, das heißt titelgebend sind Kleider eher selten, etwa in Hans Christian Andersens Märchen von des Kaisers neuen Kleidern (1837) oder in Gottfried Kellers *Kleider machen Leute* (1874), in dem die feine Kleidung des Schneidergesellen dazu führt, dass er für einen Grafen gehalten wird – eine moderne Version des Verkleidungsmotivs, das nicht zuletzt in Genderperspektive seit Jahrhunderten literarisch fruchtbar gemacht wird (Lehnert 1997). In neuerer Zeit sind zu nennen Brigitte Kronauers Erzählungen *Die Kleider der Frauen* (2008), in denen Kleidungsstücke schlaglichtartig den Charakter oder das Schicksal einer Person zur Erscheinung bringen, oder Botho Strauß' *Angelas Kleider: Nachtstück in zwei Teilen* (1991).

## Literaturverzeichnis

Bertschik, Julia. *Mode und Moderne. Kleidung als Spiegel des Zeitgeistes in der deutschsprachigen Literatur (1770-1945)*. Weimar, Wien 2005.
*Der Deutschunterricht*. Themenheft „Mode und Literatur". Hrsg. von Anne Fleig und Birgit Nübel, 4 (2008).
Kraß, Andreas. *Geschriebene Kleider. Höfische Identität als literarisches Spiel*. Tübingen 2006.
Lehnert, Gertrud. „Proust und Fortuny. Ästhetische Strategien zur Erzeugung von Luxus in Mode und Literatur". *kritische berichte* („Themenheft „Luxus". Hrsg von Änne Söll) 4 (2013): 5-16.
Lehnert, Gertrud. *Wenn Frauen Männerkleider tragen. Geschlecht und Maskerade in Literatur und Geschichte*. München 1997.
Sieber, Andrea. „Ladies on the Catwalk oder Was hat Designermode im Mittelalter zu suchen?" *Der Deutschunterricht*. Themenheft „Mode und Literatur". Hrsg. von Anne Fleig und Birgit Nübel, 4 (2008): 7-19.

# Lesezeichen, Lesemöbel, Lesebrille

## Ursula Rautenberg

Dinge des Lesens sind in den Zusammenhang mit Akten des Lesens zu stellen. Potenzielle und individuelle Lesesituationen lassen sich in historischer Perspektive aus schriftlichen Aufzeichnungen erschließen, unter anderem Biografien, Tagebücher, Briefe und literarische Fiktionen. Ein ebenso wichtiger, aber kaum für die Lesegeschichte erschlossener Bereich sind bildliche und figürliche Darstellungen von Büchern, Lesenden, Lesesituationen. Während in Literatur und Kunst vermeintlich ‚realistische' Darstellungen stets in den Kontext einer künstlerischen Aussage einzuordnen sind, sind die überlieferten Gegenstände des Lesens wie das Lesemedium in seinen historisch auftretenden Formen selbst oder die Lesehilfen (Brillen, Lesezeichen) und Lesemöbel Zeugen der materiellen Alltagskultur (Rautenberg und Schneider 2015, 106–108).

 Lesen als kommunikativer Prozess hat primär die Funktion der Erschließung von Informationen aus Lesemedien, was nicht zuletzt durch deren materielle Eigenschaften beeinflusst wird. Die Buchrolle, das Buch in der Codexform (Handschrift und Druckwerk), digitale Lesemedien – aber auch kleinere Formen wie Brief, Einzelblatt, Heft und Broschüre – sind dreidimensionale Objekte, die unterschiedlich erfahren und gehandhabt werden (Rautenberg 2015). So wird die wenig handliche Papyrusrolle als wichtigstes Überlieferungsmedium der Antike (nachweisbar seit dem 3. Jahrtausend v. Chr.) mit beiden Händen gehalten, ab- und aufgewickelt, so dass Annotieren oder Exzerpieren nur möglich sind, wenn die Rolle mit einem Gegenstand beschwert wird (Luz 2015, 263–264). Das Buch in der Codexform (ab ca. 300 n. Chr.) besteht aus mehreren, in der Regel hochrechteckigen Lagen von bedruckten oder beschriebenen Seiten, die in einen festen Einband oder einen Umschlag gebunden sind (Rautenberg 2015). Die visuelle Wahrnehmung und die Haptik des Buchkörpers erschließen Größe, Umfang und Gewicht, Papierqualität und Einbandmaterial. Auch Gerüche von Klebstoffen, Papier oder Druckfarbe sowie Geräusche des Papiers prägen die Erwartungshaltung, noch bevor der Buchnutzer sich dem Leseprozess zuwendet. Der Codex erlaubt intensives Lesen ebenso wie flüchtige Durchsicht oder schnelles Vor- und Zurückspringen, auch gleichzeitiges Schreiben von Marginalien im Buch. Zudem können mehrere aufgeschlagene Bücher im Zusammenhang bearbeitet werden, was vergleichendes Lesen und wissenschaftliche Arbeitstechniken ermöglicht.

 Zu den Dingen, die das Lesen begleiten und unterstützen, zählen zum Beispiel die spätestens seit dem 15. Jahrhundert bekannten beweglichen Lesezeichen (Hanebutt-Benz 1985, 188–189 und 192–195), zunächst als drehbare Scheibe an einer Schnur oder als Stecklesezeichen aus Pergament oder Papier für den Seitenrand, dann bestickt, bemalt, bedruckt oder geprägt, bis hin zur kostenlosen, werbenden Beigabe. Davon zu unterscheiden sind fest mit dem Buch verbundene Merkzeichen wie das Lesebändchen (Zeichenband), das am oberen Kapital des Buchs befestigt ist, oder die in umfangreichen mittelalterlichen Sammelhandschriften anzutreffenden Leder- oder Pergamentknötchen (Knöpfe), die in der Form einer Treppe am Buchschnitt den Beginn der enthaltenen Werke anzeigen. Eine ähnliche Funktion hat das Daumen- oder Griffregister, vertiefte stufenförmige Ausschnitte am Vorderschnitt, eingesetzt besonders bei alphabetischen Nachschlagewerken.

Vielfältige Positionierungen des Buchs und Haltungen des Lesers werden eingeschränkt, wenn das Lesemedium auf einem Lesemöbel platziert werden muss (Hanebutt-Benz 1985). Großformatige, schwere mittelalterliche Folianten, deren Buchblock zwischen lederbezogenen Holzdeckeln gebunden ist, werden am Lesepult benutzt. Seit der Antike entstehen unterschiedliche Pultmöbel: einbeinige Schaftpulte zum Lesen, Kastenpulte zum Lesen und Schreiben seit dem 9. Jahrhundert oder Setzpulte. Der Tisch oder Schreibtisch mit einem Stuhl als Lesemöbel gewinnt im 18. Jahrhundert an Bedeutung, während zugleich, mit der bürgerlichen Wohnkultur und dem privaten Lesen, auch zur Unterhaltung, neue Formen von Lesemöbeln wie gepolsterte Lesesessel und Liegestühle mit beweglichem Lesetablett entstehen, nun auch für die kleinen Quart- und Oktavbände der Almanach- und Romanlektüre. Bereits seit dem hohen Mittelalter sind kleinere, mobile Buchformate gebräuchlich, die mit einer Hand gehalten werden können. Eine Sonderform ist das im späten Mittelalter gebräuchliche Beutelbuch, bei dem ein Überstand des Einbandleders, ausgehend von der Unterkante des Buchs, am Ende zusammengeknotet wird. Seit dem 16. Jahrhundert entstehen flexible Einbände, zum Beispiel der Pergamentband über Pappeinlagen, die Bücher und Lesen mobiler machen. Auch die einblättrigen, einseitig bedruckten Lesemedien (Einblattdrucke, Flugblätter) sowie das periodische Medium Zeitung (seit Beginn des 17. Jahrhunderts) unterliegen keinerlei Beschränkungen in ihrer Handhabung, da sie sowohl auf Pult und Tisch benutzt oder frei gehalten werden können.

Hingegen sind digitale Lesemedien durch die Differenz des materiellen Leseobjekts und der übermittelten Inhalte gekennzeichnet (Kuhn und Hagenhoff 2015). Gelesen wird an Bildschirmen unterschiedlicher Größen und technischer Eigenschaften, die die digitalen Zeichen in flexibler Anordnung darstellen. Zwar mag der leicht schräg gestellte Bildschirm auf einem Tisch der Position großformatiger Folianten auf dem Lesepult ähneln oder die mobilen Lesemedien in ihrer ubiquitären Benutzbarkeit den kleinformatigen Büchern. Viel weiter sollte man die Analogie zwischen Gehäuse und Buchkörper, Bildschirm und Pergament oder Papier aber nicht treiben, sind doch digitale Lesemedien „als Bündelung gestalterischer und nutzerorientierter Eigenschaftsausprägungen zu definieren" (Kuhn und Hagenhoff 2015, 362), für die Leseverhalten und Leseprozess noch weitgehend unerforscht sind.

In der Aufzeichnungsgeschichte von Texten hat sich ein komplexes System des Anordnens, Auszeichnens, Gliederns, Erschließens und Kommentierens entwickelt, das den jeweiligen Buchtypen und Lesezwecken angepasst ist (de Jong 2015; Rautenberg 2015, 294–333). Dabei gehören Buch und Brille (Hanebutt-Benz 1985; Löber 1994) eng zusammen. Die erste, seit dem 13. Jahrhundert verwendete Lesehilfe ist der Lesestein aus Bergkristall (Beryll), eine halbkugelige Linse zur Vergrößerung von Schrift, die auf die Textseite gelegt wird. Eine Brille mit flach geschliffenen (bikonvexen) Augengläsern findet sich im Jahr 1300 für das Glasmachergewerbe in Venedig erwähnt (Kühn und Roos 1968, 9). Die Nietbrille – zwei gefasste Gläser mit Stiel, an den Stielenden zusammengenietet – wird nun mit der Hand nah an die Augen gehalten oder an einer Kopfbedeckung fest gemacht. Die optischen Linsen wie auch die Brillengestelle werden in der Folge weiter verbessert: von (Nasen-)Bügelbrille und Monokel (seit dem 15. Jahrhundert) über Scheren- und Schläfenbrille bis zur heutigen Ohrenbrille (seit dem 18. Jahrhundert). Obwohl die Brille allgemein Sehschwächen ausgleicht und nicht nur Lesehilfe ist, wird sie in Literatur und Kunst zum Symbol für Weisheit, Buchgelehrsamkeit, aber auch für den weltfremden Büchernarren (Mann 1992, 31–41 und 87–120).

## Literaturverzeichnis

de Jong, Ralf. „Typographische Lesbarkeitskonzepte". *Lesen. Ein interdisziplinäres Handbuch.* Hrsg. von Ursula Rautenberg und Ute Schneider. Berlin, Boston, MA 2015: 233–256.
Hanebutt-Benz, Eva-Maria. *Die Kunst des Lesens. Lesemöbel und Leseverhalten vom Mittelalter bis zur Gegenwart.* Frankfurt am Main 1985.
Kühn, Gerhard, und Wolfgang Roos. *Sieben Jahrhunderte Brille.* München 1968.
Kuhn, Axel, und Svenja Hagenhoff. „Digitale Lesemedien". *Lesen. Ein interdisziplinäres Handbuch.* Hrsg. von Ursula Rautenberg und Ute Schneider. Berlin, Boston, MA 2015: 361–380.
Löber, Ulrich (Hrsg.). *Da guckste! Technik- und Kulturgeschichte der Brille.* Koblenz 1994.
Luz, Claudia. „Die Buchrolle und weitere Lesemedien in der Antike". *Lesen. Ein interdisziplinäres Handbuch.* Hrsg. von Ursula Rautenberg und Ute Schneider. Berlin, Boston, MA 2015: 259–377.
Mann, Heinz Herbert. *Augenglas und Perspektiv. Studie zur Ikonographie zweier Bildmotive.* Berlin 1992.

Rautenberg, Ursula. „Das Buch in der Codexform und einblättrige Lesemedien". *Lesen. Ein interdisziplinäres Handbuch*. Hrsg. von Ursula Rautenberg und Ute Schneider. Berlin, Boston, MA 2015: 279–336.

Rautenberg, Ursula, und Ute Schneider. „Historisch-hermeneutische Ansätze der Lese- und Leserforschung". *Lesen. Ein interdisziplinäres Handbuch*. Hrsg. von Ursula Rautenberg und Ute Schneider. Berlin, Boston, MA 2015: 85–114.

# Makulatur

## Dennis Senzel

Makulatur bezeichnet Schrifterzeugnisse, die nur noch als bloßes (Papier-)Material wahrgenommen werden und denen dementsprechend der lesende Gebrauch vorübergehend oder dauerhaft versagt bleibt. Sie entsteht zunächst als „deklarativer Sprechakt" (Wirth 2014, 21), bei dem Literatur auf ihren nicht-intellektuellen Gehalt reduziert wird, meist begleitet auf materieller Ebene von dissoziierenden Praktiken: Titelbogen bzw. Titelblatt werden entfernt, die Seitenreihenfolge des Exemplars aufgehoben. Makulatur bezieht sich vor allem auf Druckerzeugnisse, kann aber auch – etwa im Fall von Pergamentmakulatur – Handschriften umfassen. Nach der Makulierung werden die Schriftobjekte häufig Gegenstand ökonomischer und auch kultureller Wiederverwertungen.

In ihrem frühen Auftreten, mit Etablierung des Buchdrucks, erscheint Makulatur einerseits in Form von Fehldrucken, andererseits in Form älterer Handschriften, die als Material für Büchereinbände dienen. Buchbinder verarbeiten dabei Bestände aus umliegenden Klosterbibliotheken, die diese aussortieren. Sie nutzen sie zur Verstärkung der Buchfalz, als Spiegelblatt oder in mehreren zusammengeleimten Lagen als Pappdeckel (Schneider 2014, 182). Komplette Makulatureinbände werden vor allem zum Binden von Akten verwendet.

Als Papierressource wird Makulatur zunächst nur zu Papp- bzw. Kartonpapier recycelt. Erste Versuche eines vollständigen Bleichens gibt es seit dem Ende des 18. Jahrhunderts (Claproth 1774). Das sogenannte *Deinking* setzt sich aber erst im 20. Jahrhundert durch. Viel häufiger ist bis Mitte des 19. Jahrhunderts der Gebrauch von Makulatur als Alltagsmaterial zum Einwickeln, Filtern, Löschen und Stopfen zum Beispiel in Krämereien, Apotheken oder in der Herstellung von Papierpatronen. Literarische Texte thematisieren diese Form der Wiederverwertung nach 1800 und bis in den Realismus hinein vor allem im Zusammenhang mit einer Ökonomie der Armen (Price 2012, Kapitel 7). Die Figur des Makulaturhändlers – wie in Jean Pauls *Leben Fibels* (1812) – steht dabei in einer Reihe mit anderen Händlern aussortierter Waren wie → Trödel oder Plunder. Generell ist die Thematisierung von Makulatur mit der Frage der Überlieferung verbunden, sowohl bezogen auf das Aussortieren von Beständen als auch bezogen auf das Problem des Nachlebens, so bereits bei Horaz in dessen *Brief an Augustus*.

Zum wissenschaftlichen Objekt wird Makulatur im Rahmen der Makulaturforschung, die Textfragmente aus Buchdeckeln rekonstruiert. Erst Ende des 19. Jahrhunderts professionalisiert, wird diese Praxis bereits früher in größerem

Umfang betrieben, wie philologische Journale zu Beginn des 19. Jahrhunderts zeigen, in denen mittelalterliche Bruchstücke ediert werden (Hunger 1991). Im Zuge dieser Praxis werden die Makulaturfragmente zu Fundorten seltener literarischer Texte und Textvarianten.

Im modernen Buchmarkt ist Makulierung zur gewöhnlichen ökonomischen Verlagspraxis geworden (Hirschi und Spoerhase 2014). Dergestalt lässt sie sich als alltägliches Gegenstück zu katastrophischen Bücher- und Schriftvernichtungen in literarischen Texten fassen (Körte 2012). In literarischen Kontroversen dieser Zeit dient das Motiv der Makulatur dazu, vermeintlich überschüssige und ephemere Literaturproduktionen zu bezeichnen bzw. den Vorwurf ästhetischer Wertlosigkeit gegenüber schriftstellerischen Konkurrenten zu formulieren.

Im 20. und 21. Jahrhundert verliert Makulatur weitestgehend ihre frühere Sichtbarkeit und Verwendung im Alltag. Eine der wenigen literarischen Bezugnahmen ist Bohumil Hrabals Roman *Allzu laute Einsamkeit* (1976), die Geschichte eines Arbeiters an der Altpapierpresse. In der Kunst wird mit Makulatur beispielsweise in Form von Künstlerbüchern oder in weiterverarbeiteten Objekten – wie Dieter Roths *Literaturwürste* (1961–1974) – experimentiert. Literaturtheoretisch gibt es die Versuche, den Begriff Makulatur einerseits für intertextuelle Konstellationen (Compagnon 1979, 388–392), andererseits für eine Poetologie, die über „paratextuelle Eingriffe" operiert (Wieland 2011), zu etablieren. In letzter Zeit beschäftigen sich insbesondere buchgeschichtliche Arbeiten wieder vermehrt mit dem Phänomen Makulatur.

## Literaturverzeichnis

Claproth, Justus. *Eine Erfindung aus gedrucktem Papier wiederum neues Papier zu machen, und die Druckerfarbe völlig heraus zu waschen.* Göttingen 1774.
Compagnon, Antoine. *La seconde main ou le travail de la citation.* Paris 1979.
Hirschi, Caspar, und Carlos Spoerhase. „Kommerzielle Bücherzerstörung als ökonomische Praxis und literarisches Motiv. Ein vergleichender Blick auf das vorindustrielle und digitale Zeitalter". *Buchzerstörung und Buchvernichtung.* Hrsg. von Christine Haug und Vincent Kaufmann. Wiesbaden 2013: 1–23.
Hunger, Ulrich. „Altdeutsche Studien als Sammeltätigkeit". *Wissenschaft und Nation. Studien zur Entstehungsgeschichte der deutschen Literaturwissenschaft.* Hrsg. von Jürgen Fohrmann und Wilhelm Voßkamp. München 1991: 89–98.
Körte, Mona. *Essbare Lettern, brennendes Buch. Schriftvernichtung in der Literatur der Neuzeit.* München 2012.
Price, Leah. *How to Do Things with Books in Victorian Britain.* Princeton, CA 2012.
Schneider, Karin. *Paläographie und Handschriftenkunde für Germanisten. Eine Einführung.* Berlin, New York, NY 2014.

Wieland, Magnus. „Jean Pauls Sudelbibliothek. Makulatur als poetologische Chiffre". *Jahrbuch der Jean-Paul-Gesellschaft* 46 (2011): 97–119.

Wirth, Uwe. „(Papier-)Müll und Literatur. Makulatur als Ressource". *Zeitschrift für deutsche Philologie* 133 (2014): 19–32.

# Möbel

## Christiane Holm

Möbel machen Räume zu Wohnräumen, indem sie die häuslichen Praktiken des Arbeitens und Ruhens, des Sicherns und Ordnens, des Zeigens und Verbergens sowie des Selbstbezugs und des Geselligen strukturieren (Hackenschmidt und Engelhorn 2011). Wegen dieser dem Möbel eigenen *affordance* ist es literarisch nicht nur im Ensemble (→ INTERIEUR; vgl. → 3.24 STIEGLER), sondern auch als Solitär interessant.

Behältnismöbel dienen dem Sichern und Ordnen von Dingen, die sie zumeist dem Blick entziehen, weshalb sie eng mit dem narrativen Spiel von Zeigen und Verbergen verkoppelt sind. Dienen Truhen, Schränke und Fässer in Giovanni Boccaccios *Decamerone* (1470) in erster Linie dazu, *ad hoc* heimliche Liebhaber zu verstecken, so verlagert sich die Geheimhaltung zunehmend von der unerhörten Begebenheit auf die erinnerte Vergangenheit. Wie ein Behältnismöbel verschachtelte Zeitebenen erzählerisch zu organisieren vermag, zeigt etwa Achim von Arnims Roman *Gräfin Dolores* (1810), wenn über die zufällige Entdeckung des Schränkchens eines verstorbenen Kindes voller beschrifteter Andenken in minimalistischen Analepsen dessen Wahrnehmungsperspektive in die vergangene Handlung zurückgeholt wird. Eher performativ akzentuiert, konkret als Bestattungsritual beschreibt Theodor Storms Erzählung *Im Nachbarhause links* (1875/1876) das (Wieder-)Einlagern eines Porträtmedaillons in einen Mahagoni-Schrank, was zum einen die längst vergangene Trennung von der Porträtierten und zum anderen deren gegenwärtige grabähnliche Wohnsituation in Szene setzt. Das Behältnismöbel als Gedächtnismodell mit den entsprechenden Erinnerungspraktiken des Ein- und Auslagerns erweist sich auch für die Gegenwartsliteratur als ergiebig, etwa wenn der versteckte, nach Kampfer und Pfefferminz riechende Wandschrank in Jenny Erpenbecks Roman *Heimsuchung* (2008) für die wechselnden Bewohner ganz unterschiedliche historische und biografische Zeitebenen verdichtet.

Als Ruhemöbel sind Sitz- und Liegemöbel durch ihre direkte Verbindung mit dem Körper charakterisiert, den sie innerhalb eines Raumes rahmen und ausstellen und dem sie dabei eine Haltung geben. Der Lehnsessel ist ein wichtiges Requisit der bürgerlichen Erzählszene schlechthin, da sich die Erzählerfigur zumeist nach getaner Arbeit in eine behagliche Position begibt, um sich mitzuteilen. Zugespitzt findet sich diese Konstellation von Ruhe und Bewegung, wenn die Erzählerfigur krankheits- oder altersbedingt ihre Mobilität verloren hat und ihre Geschichten aus der Erinnerung oder der Beobachtung schöpft, wie in Guy de Maupassants *Les Conseils d'une Grand'mère* (1880) oder in E. T. A. Hoffmanns *Des Vetters Eckfenster* (1822). Die topische Verbindung von Sitzkomfort und Erzählen wird poetologisch ebenso für eine an Mündlichkeit ausgerichtete Lyrik interessant, wie Ernst Jandl in *der beschriftete sessel* (1991) vorführt. Als das Sofa im 18. Jahrhundert aus dem Zeremoniell gelöst und am Komfort ausgerichtet wurde, geriet es zum Schwellenmöbel in leiblicher, sozialer und imaginärer Hinsicht: Die Couch ermöglicht Körperhaltungen zwischen Sitzen und Liegen, Zustände zwischen Schlafen und Wachen, Denken und Träumen sowie Interaktionsräume zwischen Rückzug und Gespräch (Marinelli 2006). Unter diesen Vorzeichen machte die Literatur die Couch zum Schauplatz von Verführung und Geständnis, bevor sie um 1900 zum zentralen Möbel der freudschen Psychoanalyse wurde. Nicht nur motivisch, sondern auch in erzählerischer Hinsicht innovativ und entsprechend folgenreich erwies sich Prosper Jolyot Crébillons *Le Sopha* (1739/1742), da die Erzählerfigur nicht auf dem Sofa positioniert, sondern *qua* Seelenwanderung in dem Sofa verkörpert ist und aus jener gepolsterten Perspektive die Liebeshändel der Aristokratie verfolgt. Diese erzählerische Versuchsanordnung wird von Louis-Charles Fougeret de Monbron in *Le Canapé couleur de feu* (1742) für die vergleichsweise detailliertere Darstellung sexueller Praktiken im Klerus verwendet, und fortan wird das Sofa zu einem wichtigen Requisit der pornografischen Literatur, entsprechend technisch aufgerüstet etwa in James Campbell Reddies *The Amatory Experiences of a Surgeon* (1881). Vor diesem Hintergrund ist die in Theodor Fontanes *Effi Briest* (1894/1895) an die Protagonistin adressierte Warnung vor einem Sofa, in das man ohne Vorrichtungen unschicklich tief einzusinken drohe, als Hinweis auf die sich anbahnende Ehebruchsgeschichte zu lesen.

Eine exponierte literarische Rolle spielt das Arbeitsmöbel der Literatur schlechthin: der Schreibtisch. Der Tisch fungiert als Bühne der Schreibszene, innerhalb der genieästhetischen Autorkonzeption als *tabula rasa*, oder im Sinne des modernen *scripteur* als *tabula plena*, auf dem die Übergänge von Schreiben und Lesen sowie von Schreiben und anderen Tätigkeiten des Alltags wie Gastmahl oder Gespräch in intertextuellen und intermedialen Konstellationen greifbar werden. Entscheidend für das poetologische Potenzial des Tisches ist, dass er einen „Umspringpunkt" markiert, „an dem sich die Szenerie der äußeren Handlungen und Bilder in das Innere des Textes" verlegt (Pelz 2006, 34). In seinem diaristisch geformten, über Jahre verfolgten Schreibexperiment *La Table* (1981) geht Francis Ponge ganz im Sinne seiner dingpoetischen Einlassungen auf die sinnlich unmittelbar erfahrbare Dimension des Arbeitsmöbels im Moment der Versprachlichung ein. In Peter Handkes Werk finden sich zahlreiche „Tischszenen", in denen der Tisch nicht nur als „paradigmatisches Dingexempel" und als Gegenstand poetologischer Selbstreflexion auftritt, sondern auch als Relais zum Sozialen (Pelz 2006, 23). Ungleich prosaischer dient der Schreibtisch in Andreas Maiers *Der Ort* (2015) nicht nur der Textproduktion, sondern auch den gemeinsamen Mahlzeiten mit imaginierten Romanfiguren. Auffällig ist, dass Schriftstellerinnen eine eigene Gattung von autobiografischen Schreibtischdarstellungen entwickelten zu einer Zeit, als *A Room of One's Own* (1929), wie ihn Virginia Woolf zur Bedingung der Teilhabe von Frauen am männlich bestimmten Literaturbetrieb beschrieben und gefordert hat, noch keine Selbstverständlichkeit darstellte. Sophie von La Roche erkundet in *Mein Schreibetisch* (1799) die Möglichkeiten einer durch ihr Möbel räumlich vorstrukturierten Selbstarchivierung, ihr folgen Caroline de la Motte-Fouqué mit *Der Schreibtisch oder alte und neue Zeit* (1833) sowie Caroline Pichler mit *Zerstreute Blätter aus meinem Schreibtische* (1836), welche den Akzent stärker auf die Zeitläufte setzen. Ein zentrales Motiv ist dabei die Stabilität, die das Arbeits- und Ordnungsmöbel in der als brüchig erfahrenen Geschichte und Werkgenese wie auch in konkreten schwierigen Situationen des Schreibens selbst gewährt, so wie es in Marina Zwetajewas lyrischem Tisch-Zyklus (1933–1935) reflektiert wird. Bezeichnenderweise werden der Werkbegriff wie die Praktiken des Nachlasses infolge ihrer juristischen und epistemischen Etablierung nicht zuletzt am Schreibtisch problematisiert. Das führen die absurden Szenarien in der Höller'schen Dachstube von Thomas Bernhards *Korrektur* (1975) vor, wenn der Schreibende sich durch die Tischplatte gestört und einer vordergründigen Ordnung ausgesetzt sieht oder sein Nachlassbearbeiter die Papiere in das Schreibmöbel überführt und dabei die Ordnung letzter Hand unwiederbringlich zerstört.

## Literaturverzeichnis

Hackenschmidt, Sebastian, und Klaus Engelhorn (Hrsg.). *Möbel als Medien. Beiträge zu einer Kulturgeschichte der Dinge*. Bielefeld 2011.
Marinelli, Lydia (Hrsg.). *Die Couch. Vom Denken im Liegen*. München 2006.
Pelz, Annegret. „Was sich auf der Tischfläche zeigt. Handke als Szenograph". *Peter Handke. Poesie der Ränder*. Hrsg. von Klaus Amann, Fabjan Hafner und Peter Handke. Weimar 2006: 21–34.

# Naturding

## Georg Toepfer

Im Gegensatz zu den menschlichen Artefakten sind Naturdinge Gegenstände, die ohne Zutun des Menschen bestehen. Bereits bei Aristoteles findet sich diese Unterscheidung im Sinne einer etablierten Differenz (Heinemann 2005, 50). Zum Naturseienden (*physei onta*) zählen für Aristoteles wahrnehmbare Gegenstände, die veränderlich sind, bei denen zwischen Material und Form unterschieden werden kann und die allen vier von ihm unterschiedenen Arten von Ursachen unterliegen (Aristoteles 1995a, 1069b3). Gegenüber Artefakten werden Naturdinge dadurch ausgezeichnet, dass sie „in sich selbst einen Anfang von Veränderung und Bestand" haben (Aristoteles 1995b, 192b13). In den scholastischen Debatten des Mittelalters etablierte sich der Ausdruck zu einem festen Terminus (*res naturales*); im 18. Jahrhundert wurde er von philosophischen Autoren wie Immanuel Kant viel verwendet und bezog sich vornehmlich auf sinnlich wahrnehmbare und in der „Naturbeschreibung" zu inventarisierende und klassifizierende Gegenstände der Natur. Aber auch nicht-gegenständliche Naturerscheinungen fielen darunter: „Naturdinge (*res naturales*) sind alle Naturbegebenheiten, Naturerscheinungen und Naturerzeugnisse." (Krug 1828, 18)

Zu den Naturdingen, die als Motive in der Literatur häufig zu finden sind, zählen Berg, Licht, Mond, Nacht, Schatten, See, Sonne, Sterne, Tiere und Tod (Daemmrich und Daemmrich 1995). Die Naturdinge sind allgegenwärtig und bestimmen die Rhythmen des Lebens; sie sind zahlreich und vielfältig; sie sind vereinzelte Gegenstände, aber nicht in ein einziges System zu bringen. Ihre konkrete Dinglichkeit und anschauliche Vielfalt macht sie zu attraktiven Referenzpunkten der Literatur: Sterne können als Ausdruck überzeitlicher, ewiger Ordnung im Kontrast zu zeitlichem Wandel und Relativität gesellschaftlicher Verhältnisse dienen (Friedrich Schillers *Wallenstein*, 1799), der Mond kann als ein den Wanderer begleitender Freund erscheinen (Novalis' *Heinrich von Ofterdingen*, 1802), ein Wal als letztlich überlegener Gegenspieler des Menschen einen Protagonisten darstellen (Herman Melvilles *Moby Dick*, 1851). Besonders einzelne Tierarten haben in der abendländischen Literatur eine allbekannte symbolische Aufladung erfahren: Raben als Todesboten, die Nachtigall als Symbol der Liebenden oder der Hirsch als Verbindung der materiellen Welt mit der Welt der Geister und Visionen. Seit der Antike werden menschliche Charaktereigenschaften und Persönlichkeitstypen durch Tiermetaphoriken veranschaulicht – und Tierarten umgekehrt typologisch fixiert: Der Löwe steht für Mut und Stärke, der Fuchs für List, die Biene für Fleiß etc.

Trotz ihrer vielfältigen Inanspruchnahme als Sinnbild und Bildspender gehen Naturdinge jedoch nicht vollständig in der Repräsentation auf, sondern bewahren – als Vertreter der *Natur* als dem Anderen der Welt des Menschen – ihre Eigensinnigkeit. Sie befinden sich nicht nur außerhalb des Bereichs reiner Bedeutungen, sondern auch außerhalb des universalen Funktions- und Nutzungszusammenhangs menschlicher Güter (Hahn 2005, 46). Als Gegenstände von ‚Natur' sind sie als das Gegebene konzipiert, das nach eigenen Prinzipien Entstehende und aus eigenem Recht Bestehende. Die Naturdinge bedürfen des Menschen nicht. In ihrem ‚Eigensinn' (Roland Barthes) oder gar Eigenleben sind sie nie vollständig transparent zu machen, bleiben dem Erkennen gegenüber opak und erscheinen literarisch häufig als eine Macht, die die Welt des Menschen bedroht und gefährdet (Vedder 2014).

Für die Literatur sind die Naturdinge besonders attraktiv, insofern sie einerseits ein Universum zur Darstellung extremer Verhaltensmuster, emotionaler Stile und sozialer Rollen bieten, das literarisch vielseitig verwendet werden kann. Andererseits können die Naturdinge als ein außerhalb der sozialen Sphäre stehendes Gegenüber konzipiert werden, dem in seiner Vorsprachlichkeit eine besondere Dignität zukommt und dem nicht mit Erwartungen an die Reziprozität der Kommunikation begegnet werden kann – weshalb es frei ist von den Verletzungen und Zurückweisungen, die in der Interaktion mit menschlichen Bezugsobjekten immer gegeben sind. Der Kontakt mit den Naturdingen kann sich so in Opposition zu einer öffentlichen, mit universalistischem Anspruch auftretenden Kommunikation entfalten und sich seinem Wesen nach als konkretes, subjektives und privates Erlebnis darstellen.

Allerdings führt die wachsende Kontrolle und Verwaltung der (irdischen) Naturdinge durch den Menschen zu einem Wandel der Wahrnehmung: In einer Welt, in der Programme zum Schutz einzelner Arten und Naturräume betrieben werden, wird ein Lebewesen einer seltenen Art oder eine Landschaft weniger zum Zeichen der Fremdheit und Unverfügbarkeit der Natur als vielmehr zu einem potenziellen Schutzobjekt. Selbst in den Naturobjekten begegnet der Mensch dann nur noch sich selbst. Alle Wesen erscheinen nur mehr als „Existenzen von unseren (technischen) Gnaden", wie der Schriftsteller Andreas Maier resigniert formuliert, weil „ich in einer Welt lebe, in der ich, selbst wenn ich ein Rotkehlchen sehe, die gesamte zivilisatorische Menschheit in diesem Rotkehlchen mit sehen muss. [...] Es gibt nichts mehr ohne uns. Wir sind in allem." (Maier 2011, 49)

## Literaturverzeichnis

Aristoteles. *Metaphysik*. Übers. von Hermann Bonitz, bearb. von Horst Seidl. Hamburg 1995a.
Aristoteles. *Physik*. Übers. von Hans Günter Zekl. Hamburg 1995b.
Daemmrich, Horst S. und Ingrid G. Daemmrich. *Themen und Motive in der Literatur. Ein Handbuch*. 2. Auflage. Tübingen 1995.
Hahn, Hans Peter. *Materielle Kultur. Eine Einführung*. Berlin 2005.
Heinemann, Gottfried. „Die Entwicklung des Begriffs *physis* bei Aristoteles". *Physik/Mechanik*. Hrsg. von Astrid Schürmann. Stuttgart 2005: 16–60.
Krug, Wilhelm Traugott. *Allgemeines Handwörterbuch der philosophischen Wissenschaften nebst ihrer Literatur und Geschichte. Band 3*. Leipzig 1828.
Maier, Andreas. „Natur war gestern". *Die Zeit* Nr. 13 vom 24. März 2011: 49.
Vedder, Ulrike, „Sprache und Dinge". *Handbuch Materielle Kultur*. Hrsg. von Stefanie Samida, Manfred K. H. Eggert und Hans Peter Hahn. Stuttgart 2014: 39–46.

# Puppe

Evelyn Annuß

Die Puppe ist ein anthropomorphes Ding, ein Artefakt mit menschenähnlichem Gesicht, mit menschenähnlicher Gestalt. Im 18. Jahrhundert entdeckt die Philosophie den Maschinenmenschen (Julien Offray de La Mettrie, *L'homme machine*, 1748) (vgl. 3.14 Voigts), und die Puppe gerät zur Reflexionsfigur ästhetischer Darstellung: Lange bevor die Marionette der historischen Avantgarde als Metapher des Schauspielerkörpers dient (Edward Gordon Craig, *The Actor and the Über-Marionette*, 1908), beschreibt Denis Diderot mit Blick auf das bürgerlich-illusionistische Theater des Dramas, wie die Darstellerin Clairon den Figuren ihren Körper auf der Bühne und damit ein menschliches Gesicht verleiht (*Paradoxe sur le comédien*, um 1774). Im Zuge fortschreitender Industrialisierung, der Durchsetzung moderner kapitalistischer Vergesellschaftungsformen und gouvernementaler Strukturen gewinnt die Literarisierung der mechanisch, später elektrisch belebten Puppe im 19. Jahrhundert zunehmend an Konjunktur. Prominent wird die Puppe in der literaturgeschichtlichen Motivforschung (unter anderen Gendolla 1992; Müller-Tamm und Sykora 1999) wiederum zu einem Zeitpunkt, an dem sich kontrollgesellschaftliche Subjektivierungsformen und digitale Bildwelten abzeichnen, mithin die Verflüssigung der anthropomorphen Kontur in der Massenkultur angekommen ist.

Die Motivforschung liest die Literarisierungen der Puppe oft als nekrofetischistischen Ersatz lebendiger Frauenkörper, als Mortifikationen prokreativer Natur mittels ästhetischer Darstellung (vgl. etwa Berger 1987): von der antiken Literatur (Hesiods Pandora in der *Theogonie* und Ovids namenloser Statue des Pygmalion in den *Metamorphosen*) über die Texte der Romantik (Jean Pauls *Einfältige aber gutgemeinte Biographie einer neuen angenehmen Frau von bloßem Holz, die ich längst erfunden und geheirathet*, 1789 oder E. T. A. Hoffmanns *Sandmann*, 1816) – also der mechanischen Variante der belebten Statue – bis hin zur elektrifizierten *Ève future* von Auguste de Villiers de L'Isle-Adam (1886). Der ebenso misogyne wie mortifizierende Akt setzt sich noch in der bildenden Kunst der Moderne fort: in der Puppe Oskar Kokoschkas (1918) oder den Bildern Hans Bellmers (1934).

Ihrer Etymologie gemäß sind Puppen in der Tat weiblich. Im Lateinischen bezeichnet *pupa* das kleine Mädchen. Die Fotografien Cindy Shermans aus den 1990er Jahren antworten auf die Kritik imaginierter Weiblichkeit in Puppengestalt und gehen zugleich darüber hinaus: In Shermans grotesken Puppenbildern und Selbstporträts spielt die Auseinandersetzung mit Hybridformen eine entscheidende Rolle, die die behauptete Verdrängung weiblicher Natur hinter dem anthropomorphisierten Ding befragbar machen. Darin korrespondieren ihre Bilder mit der zeitgenössischen Science-Fiction-Literatur von Octavia Butler bis Stanislaw Lem und eröffnen eine andere Perspektive. Während motivgeschichtliche Interpretationen die Puppe als postumes *Nach*bild des weiblichen Körpers in der Literatur bestimmen, fungieren Cyborgs als *Vor*bilder eines zukünftigen Denkens jenseits der einfachen Entgegensetzung von Natur und Kultur, von menschlichem und künstlichem Körper, von männlicher Autorschaft und weiblicher Figur. Donna Haraways Plädoyer für eine feministische Neuerfindung der Natur im Zeichen liquider, gemorphter Science-Fiction-Körper ist hierfür paradigmatisch (1995 [1985]).

Vor dem Hintergrund schauspieltheoretisch fundierter Puppenmetaphern (Kiefer 2004) greift die gegenwärtige Theaterliteratur jene aktuellen Metamorphosen von Körperbildern auf, die die Cyborgs des 20. Jahrhunderts ankündigen, um sie mit der Frage nach der Instanz der Rede zu verschränken. Jennifer Haleys Stück *The Nether* (2013) beispielsweise inszeniert den Auftritt von puppenhaften Avataren in viktorianisch fingierten Netzwelten und untergräbt dabei die Referenz auf den realen Frauenkörper. Auch Elfriede Jelineks Texte bringen die heutige Verflüssigung von Körpergrenzen zur Sprache. Dabei werden nicht einfach posthumane Bildwelten thematisiert, vielmehr unterläuft die reflexive Form zitathafter Rede die eindeutige Bestimmbarkeit der sprechenden Figur. Im Verweis auf das Spannungsverhältnis physisch anwesender Körper und virtueller Bilder liefert die gegenwärtige Bühnenliteratur den Ausblick auf eine andere Lesart der Puppe. Deren Belebung in der Literatur kann als Reflexion der *fictio personae* bestimmt werden, als thematische Spiegelung der Maske der Rede, mithin der Gedankenfigur des Gesichtverleihens an Abwesendes oder Totes (Menke 2000), und als Allegorisierung zukünftigen Lesens.

## Literaturverzeichnis

Berger, Renate. „Metamorphose und Mortifikation. Die Puppe". *Weiblichkeit und Tod in der Literatur*. Hrsg. von Renate Berger und Inge Stephan. Köln, Wien 1987: 265–290.
Gendolla, Peter. *Anatomien der Puppe. Zur Geschichte des MaschinenMenschen bei Jean Paul, E.T.A. Hoffmann, Villiers de L'Ísle-Adam und Hans Bellmer*. Heidelberg 1992.
Haraway, Donna. „Ein Manifest für Cyborgs". *Die Neuerfindung der Natur. Primaten, Cyborgs und Frauen*. Frankfurt am Main 1995 [1985]: 33–73.
Kiefer, Jochen. *Die Puppe als Metapher, den Schauspieler zu denken. Zur Ästhetik der theatralen Figur bei Craig, Meyerhold, Schlemmer und Roland Barthes*. Berlin 2004.
Macho, Thomas. *Vorbilder*. München 2011.

Menke, Bettine. *Prosopopoiia. Stimme und Text bei Brentano, Hoffmann, Kleist und Kafka.* München 2000.

Müller-Tamm, Pia, und Katharina Sykora (Hrsg.). *Puppen, Körper, Automaten. Phantasmen der Moderne.* Ausstellungskatalog. Düsseldorf 1999.

# Reste, Fragmente, Überbleibsel

## Barbara Thums

Die Geschichte der ausschließlich negativen Bestimmbarkeit von Resten, Fragmenten und Überbleibseln ist an Prozesse der Moderne gekoppelt, da deren Überbietungslogik auf Praktiken der Differenzierung, Trennung und Reinigung basiert und so beständig ein Anderes des ‚Ganzen‘, ‚Vollkommenen‘, ‚Modernen‘ und ‚Fortschrittlichen‘ konstruiert (Thums und Werberger 2009). Indem Reste, Fragmente und Überbleibsel auf materielle → ABFÄLLE oder ideologisch Ausgeschlossenes (vgl. 2.10 MIESZKOWSKI) verweisen (Douglas 1966; Thompson 1981; Latour 2008, 148), bieten sie für eine an ethischen, bio- und machtpolitischen Fragen interessierte Literatur ein enormes Reflexionspotenzial an.

Der auf lateinisch *frangere* (‚zerbrechen‘) zurückgehende Begriff ‚Fragment‘ beginnt seine ästhetische Karriere im Kontext von Spaltungs- und Entfremdungserfahrungen der Moderne um 1800. Die Verknüpfung von Modernität und Fragmentarität bringt Friedrich Schlegel in seinem Athenäumsfragment Nr. 24 auf den Punkt: „Viele Werke der Alten sind Fragmente geworden. Viele Werke der Neuern sind es gleich bei der Entstehung." (Schlegel 1967, 169) Hugo von Hofmannsthals Chandos-Brief wird diese Krisendiagnostik hundert Jahre später mit der Erkenntnis seines fiktiven Briefautors aktualisieren, dass ihm „die Fähigkeit abhanden gekommen [sei], über irgend etwas zusammenhängend zu denken oder zu sprechen", weil ihm „alles in Teile, die Teile wieder in Teile" (Hofmannsthal 1991, 48–49) zerfalle.

Mit Blick auf Johann Joachim Winckelmann erschließt sich überdies die Verbindung zwischen ästhetischen, archäologischen, geologischen und paläontologischen Konzeptionalisierungen von Resten, Fragmenten und Überbleibseln. Deren psychoanalytische und gedächtnistheoretische Dimension (Assmann 1996) formuliert erstmals 1858 Hermann von Helmholtz' Lehre von den unbewussten Schlüssen (Röttgers 1992, 903). In diesen Kontext gehören das romantische Bergbaumotiv und das Unbewusste, das Interesse des Realismus an der modernen Grabungswissenschaft, die wachsende Bedeutung der Intertextualität sowie Auseinandersetzungen mit Gedächtnis- und Erinnerungskulturen, die das Erzählen über den Holocaust sowie allgemein von Exil und Migration strukturieren.

Das 19. Jahrhundert markiert eine Umbruchzeit: Erst jetzt taucht der ‚Rest‘, ebenso wie der ‚Abfall‘, in Lexika auf (Hauser 2001, 23; Windmüller 2004, 34). Neu ist ein positives Begriffsverständnis oder, wie bei Nietzsche, die Bewertung von „*Abfall, Verfall, Ausschuß* [Herv. i. O.]" als „nothwendige Consequenz des Lebens"

(Nietzsche 1980, 255). Mit dem aufkommenden evolutionistischen Denken wird außerdem der Begriff ‚Überbleibsel' bzw. der von Edward Burnett Tylor (1832–1917) geprägte Begriff des ‚survivals' wichtig, der die Präsenz atavistischer Reste von ‚primitiven' Kulturen in der Moderne fasst und zu einer zentralen Kategorie des literarischen Primitivismus der Moderne wird. Der ‚Rest' wird somit zu einer Reflexionsfigur für Fremdartiges, Unabgegoltenes und Verdrängtes, deren Potenzial für die Analyse von Ausgrenzungspraktiken genutzt wird, bei denen aus Menschen sogenannte *wasted lives* werden (vgl. Bauman 2004; Agamben 2002).

Im neuen Genre des Umweltromans, etwa in Wilhelm Raabes *Pfisters Mühle* (1883/1884) oder Charles Dickens' *Our Mutual Friend* (1864/1865), wird dieses Reflexionspotenzial für die Analyse gestörter Mensch-Umwelt-Beziehungen genutzt. Bedeutsam ist es auch für Charles Baudelaires Analogisierung des Lumpensammlers mit dem Dichter (Becker et al. 2005), für Walter Benjamins und Siegfried Kracauers geschichtsphilosophische Theorien des Sammelns oder für literarische *Waste Studies*, die von T. S. Eliots *Waste Land* über die dadaistischen Montage- und Collageverfahren sowie Heiner Müllers *Verkommenes Ufer Medeamaterial Landschaft mit Argonauten* oder Rolf Dieter Brinkmanns *Rom, Blicke* und Ilse Aichingers *Flecken* bis in die Katastrophenliteratur der Gegenwart reichen. Offenbar also wird die Aufwertung von Fragmenten, Resten und Überbleibseln in eben jenem Maße zu einem Anliegen im Denken der Moderne und in der Praxis moderner Literatur und Ästhetik, wie die Moderne selbst immer mehr Reste, Abfälle, Verworfenes und Ausgeschlossenes produziert.

## Literaturverzeichnis

Agamben, Giorgio. *Homo sacer. Die souveräne Macht und das nackte Leben*. Frankfurt am Main 2002.
Assmann, Aleida. „Texte, Spuren, Abfall: Die wechselnden Medien des kulturellen Gedächtnisses". *Literatur und Kulturwissenschaften. Positionen, Theorien, Modelle*. Hrsg. von Hartmut Böhme und Klaus R. Scherpe. Reinbek bei Hamburg 1996: 96–111.
Bauman, Zygmunt. *Wasted Lives. Modernity and Its Outcasts*. Cambridge 2004.
Becker, Andrea, Saskia Reither und Christian Spies. *Reste. Umgang mit einem Randphänomen*. Bielefeld 2005.
Douglas, Mary. *Purity and Danger. An Analysis of the Concepts of Pollution and Taboo*. London, New York, NY 1966.
Fetscher, Justus. „Fragment". *Historisches Wörterbuch Ästhetischer Grundbegriffe. Band 2*. Hrsg. von Karlheinz Barck, Martin Fontius, Dieter Schlenstedt, Burkhart Steinwachs und Friedrich Wolfzettel. Stuttgart 2000: 551–588.
Hauser, Susanne. *Metamorphosen des Abfalls*. Frankfurt am Main 2001.
Hofmannsthal, Hugo von. „Ein Brief". *Sämtliche Werke XXXI. Erfundene Gespräche und Briefe*. Hrsg. von Ellen Ritter. Frankfurt am Main 1991: 45–55.

Latour, Bruno. *Wir sind nie modern gewesen. Versuch einer symmetrischen Anthropologie.* Frankfurt am Main 2008.
Nietzsche, Friedrich. „Nachgelassene Fragmente 1887–1889". *Kritische Studienausgabe. Band 13*. Hrsg. von Giorgio Colli und Mazzino Montinari. Berlin, New York, NY 1980.
Röttgers, Kurt. „Residuum". *Historisches Wörterbuch der Philosophie. Band 8*. Hrsg. von Joachim Ritter. Darmstadt 1992: Sp. 901–909.
Schlegel, Friedrich. *Kritische Friedrich-Schlegel-Ausgabe. Band 2*. Hrsg. von Ernst Behler. Unter Mitwirkung von Jean-Jacques Anstett und Hans Eichner. München, Paderborn, Wien 1967.
Thompson, Michael. *Theorie des Abfalls*. Stuttgart 1981.
Thums, Barbara, und Annette Werberger (Hrsg.). *Was übrig bleibt. Von Resten, Residuen und Relikten*. Berlin 2009.
Windmüller, Sonja. *Die Kehrseite der Dinge. Müll, Abfall, Wegwerfen als kulturwissenschaftliches Problem*. Münster 2004.

#  Ritualobjekt

## Wolfgang Braungart

Ein Ritualobjekt bekommt Sinn und Funktion im Rahmen eines Rituals, das – als grundlegender sozialer Handlungstyp – den religiösen Ritus, das profane Ritual, den traditionalen Brauch und das besonders geregelte, institutionalisierte Zeremoniell umfasst. Für sie alle gilt: Rituale sind regulierte, sequenzialisierte, ästhetisch elaborierte, regelmäßig wiederholte und vorhersagbar vollzogene Handlungen zur Stiftung und Sicherung von gesellschaftlichem Zusammenhalt und sozialer Zugehörigkeit (Verehrung, Bekräftigung, Schutz, Stabilisierung in Übergangssituationen).

Auch die ritualskeptische Moderne ist ritualbedürftig, weil sich soziale und kulturelle Gemeinschaften im Ritualvollzug als sinn-voll erfahren, darstellen und auf gemeinsame Werte beziehen. Seit einiger Zeit wird das Ritual in der sozio-kulturellen Praxis und der kulturwissenschaftlichen Forschung wieder stärker gewürdigt (Kreinath et al. 2006; Dücker 2007; Brosius et al. 2013) und auch im Kontext eines spezifisch modernen Bedürfnisses nach sozialer und kultureller ‚Zugehörigkeit' gesehen (Pfaff-Czarnecka 2012).

Ihrer sozialen Bedeutung entsprechend verlangen Rituale besondere Aufmerksamkeit auf ihre Form, ihre Medien und ihre Materialität (vgl. 2.3 ORTLIEB und 2.4 KÖHLER), wozu Ritualorte und -objekte gehören (Meier und Zotter 2013). Religions- und bibelwissenschaftlich werden Gegenstände mit festen rituellen Bedeutungen und Funktionen als ‚Ritualobjekt' bezeichnet (Klangschalen und Räucherwerk im Buddhismus; Reliquien, Kreuz, Gefäße und Bibel in der christlichen Tradition; Gebetsschal und Thora im Judentum; Gebetskette und Gebetsteppich im Islam usw.). Ritualobjekte können selbst zum Gegenstand sakraler Verehrung und dann durch Tabus geschützt werden (Kohl 2003). Keine Religion kommt ohne die Möglichkeit religiöser Erfahrung und Performanz aus (Prohl 2012). Wird diese aber – verstärkt in der Neuzeit – individualisiert und privatisiert, kann die institutionalisierte Religion, in ihrem Machtanspruch bedroht, mit rigoroser Kontrolle reagieren (so etwa bei Bildverehrung und Bilderverbot; vgl. zur Geschichte der Marienverehrung Schreiner 1996).

Analog zu kultisch-religiösen Ritualen sind Ritualobjekte nicht nur für profane, gesellschaftlich-politische und lebensweltliche Rituale wichtig, sondern auch für die Literatur, die in „Produktion und Rezeption, ihrer ästhetischen Form, ihrer Struktur, ihrem Inhalt und ihrer thematischen Bezugnahme, ihrer sozialen Einbindung, ihrer sozialen Inszenierung und ihrer sozialen Organisation vielfache Bezüge zum Ritual" aufweist (Braungart 2016 [1996], 17). In ihnen artikuliert sich das Potenzial ästhetischer Affirmation der Literatur, das Literatur immer auch hat, in Vormoderne wie Moderne: dank der sozialen Praktiken, in denen sie vollzogen wird, wie kraft ihrer spezifischen Ästhetizität (Braungart 2004). Literatur thematisiert häufig Rituale, besonders in den ritualaffinen Gattungen (Tragödie, Geheimbund- und Freimaurerroman, Gelegenheitslyrik) oder im Heimat-, Familien-, Entwicklungs- und Bildungsroman (Brauchtum, Schwellen- und Übergangsrituale), in denen Ritualobjekte ihre symbolische Bedeutung im poetisch-narrativen Kontext entfalten (Butzer und Jacob 2012). Die Übergänge zum poetischen Fetischismus (→ FETISCH) und zum Kult der Dinge sind hier fließend (Bischoff 2013). Einen Kult der Dinge (vgl. 3.15 SCHÖSSLER) können literarische Texte selbst betreiben (vgl. 2.1 KIMMICH); sie können Dinge zum Sprechen bringen (vgl. 3.4 LAUBE), poetisch inszenieren.

Mit ihrer Autonomisierung in der zweiten Hälfte des 18. Jahrhunderts konnte die Literatur selbst zum Gegenstand rituell inszenierter, sogar sakralisierender Verehrung werden (Klein 2014) und sich so als Ritualobjekt eignen – bis hin zur Kunstreligion in der frühen Romantik (vgl. Auerochs 2006; Müller 2004), wenngleich schon dort teils ironisch gebrochen (Meier et al. 2011–2014; Braungart 2015). In Autorrollen und -selbstverständnissen (etwa: priesterliche oder prophetische Autorschaft) sowie in der Stilisierung des Künstlers zum Heilsbringer und neuen Messias reflektiert sich diese moderne kunstreligiöse Aufladung.

In Produktion wie Rezeption von Literatur, also dort, „wo ein geschriebener Text in die Lebenswelt eingegliedert wird, indem man ihn zwischen zwei Deckel bindet, darin schützt und abschliesst [sic!], darin aber auch als zu Öffnendes präsentiert" (Schnyder 1999, 192), lassen sich Ritualbildungen mithilfe von Objekten beobachten. Papier, Schreibgerät, Schreibtisch (→ MÖBEL und → ALLTAG) – all das eignet sich grundsätzlich zum literarischen Ritualobjekt, wird als „Reliquien der Autorschaft" (Krechel 1996, 15) in Sammlungen, Archiven, Literaturmuseen (→ ARCHIV UND LITERATURMUSEUM) bewahrt und an den Kult-Orten der Literatur (Dichterhäuser, Denkmäler, Dichtergräber) inszeniert. An ihren Ritualobjekten authentifiziert sich die Literatur; sie erinnert so an ihren ‚Sitz im Leben' der Autoren, manifestiert und behauptet ihre Materialität. Auch so konstituiert sich die Aura der Literatur, ihre Nähe und zugleich ihre Ferne.

## Literaturverzeichnis

Auerochs, Bernd. *Die Entstehung der Kunstreligion*. Göttingen 2006.
Bischoff, Doerte. *Poetischer Fetischismus. Der Kult der Dinge im 19. Jahrhundert*. Paderborn 2013.

Braungart, Wolfgang. „Tabu, Tabus. Anmerkungen zum Tabu ‚ästhetischer Affirmation'". *Wahrnehmen und Handeln. Perspektiven einer Literaturanthropologie.* Hrsg. von Wolfgang Braungart, Klaus Ridder, Friedmar Apel. Bielefeld 2004: 297–327.
Braungart, Wolfgang. *Literatur und Religion in der Moderne.* Paderborn 2015.
Braungart, Wolfgang. *Ritual und Literatur.* 2. Auflage. Berlin, Boston, MA 2016 [1996].
Brosius, Christiane, Axel Michaels und Paula Schrode (Hrsg.). *Ritual und Ritualdynamik. Schlüsselbegriffe, Theorien, Diskussionen.* Göttingen 2013.
Butzer, Günter, und Joachim Jacob. *Metzler-Lexikon literarischer Symbole.* 2. erweiterte Auflage. Stuttgart 2012.
Dücker, Burkhard. *Rituale. Formen – Funktionen – Geschichte. Eine Einführung in die Ritualwissenschaft.* Stuttgart 2007.
Klein, Christian. *Kultbücher. Theoretische Zugänge und exemplarische Analysen.* Göttingen 2014.
Kohl, Karl-Heinz. *Die Macht der Dinge. Geschichte und Theorie sakraler Objekte.* München 2003.
Krechel, Ursula. „Ausgesetzt in Einfallschneisen". *Vom Schreiben 4: Im Caféhaus oder Wo schreiben?* Bearbeitet von Rudi Kienzle. *Marbacher Magazin* 74 (1996): 1–16.
Kreinath, Jens, Jan Snoek und Michael Stausberg (Hrsg.). *Theorizing Rituals. Band 1: Issues, Topics, Approaches, Concepts* und *Band 2: Annotated Bibliography of Ritual Theory 1966–2005.* Leiden 2006.
Meier, Albert, Alessandro Costazza und Gérard Laudin (Hrsg.). *Kunstreligion. Ein ästhetisches Konzept der Moderne in seiner historischen Entfaltung. 3 Bände.* Berlin 2011–2014.
Meier, Thomas, und Astrid Zotter. „Ritualgegenstände und Materialität". *Ritual und Ritualdynamik.* Hrsg. von Christiane Brosius, Axel Michaels und Paula Schrode. Göttingen 2013: 135–143.
Müller, Ernst. *Ästhetische Religiosität und Kunstreligion in den Philosophien von der Aufklärung bis zum Ausgang des deutschen Idealismus.* Berlin 2004.
Pfaff-Czarnecka, Joanna. *Zugehörigkeit in der mobilen Welt. Politiken der Verortung.* Göttingen 2012.
Prohl, Inken. „Material Religion". *Religionswissenschaft.* Hrsg. von Michael Stausberg. Berlin, Boston, MA 2012: 379–392.
Schnyder, Mireille. „Initiationsriten am Anfang des Buches". *Rituale heute. Theorien – Kontroversen – Entwürfe.* Hrsg. von Corina Caduff und Joanna Pfaff-Czarnecka. Berlin 1999: 191–218.
Schreiner, Klaus. *Maria. Jungfrau, Mutter, Herrscherin.* München 1996.

# Stoff

Kira Jürjens

Als Taufkleid, Aussteuer, Brautschleier und Leichentuch prägen Stoffe entscheidende Stationen des menschlichen Lebens, knüpfen (familiäre) Bindungen und bilden als stark besetzte Gegenstände materielle Knotenpunkte der Narration. Innerhalb des Zeichensystems (→ KLEID/KLEIDUNG) werden Kleiderstoffe in der Literatur als Träger von Bedeutung eingesetzt und können, indem sie zugleich bedeuten, was sie verhüllen, zum Substitut von Körpern werden.

Textile Praktiken wie Weben, Nähen, Flechten und Spinnen werden, seit Homer überliefert, in enger Verbindung zu Singen, Reden und Erzählen gedacht und zur Darstellung (quasi-)narrativer Vorgänge herangezogen (Scheid und Svenbro 1994). Dies findet im lateinischen Begriff vom Text als *textum* (,Gewobenes') seine sprachliche Fixierung und macht die Gewebemetapher für die Literatur wie die Theoriebildung attraktiv (Greber 2002; Janssen 2000). Im Prozess ihrer Herstellung thematisierte Stoffe sind metapoetisch auf Fragen der Zeit- und Textgestaltung hin lesbar. Der textile Herstellungsprozess wird traditionellerweise mit einem spezifisch weiblichen Wissen assoziiert, auch wenn sich entsprechende polare Zuordnungen bei näherer Betrachtung kaum halten lassen und Stoff vielmehr einen dynamischen Austragungsort von Geschlechterfragen darstellt. Schon in Epos und Mythos ist textile Arbeit nicht allein auf die Sphäre des Häuslichen und Familiären begrenzt, sondern ermöglicht auch politische Einflussnahme und Kontrolle über die Zeitläufe. Dies wird besonders im Gewebe Penelopes anschaulich, mit dessen verzögerter Fertigstellung sie ihre Neuheirat aufschiebt und so die Machtansprüche Odysseus' aufrechterhält (vgl. Wagner-Hasel 2000). Neben Szenarien und Narrativen, die den generativen Aspekt der Fertigung von Textilien hervorheben, spielen Stoffe eine zentrale Rolle innerhalb einer ursprünglich theologisch grundierten Offenbarungsmetaphorik. Schleier und Vorhang stellen die Grenze zu einem verborgenen, potenziell erschließbaren Wissen dar und haben insofern Anteil an der Konstruktion von Geheimnissen (Assmann und Assmann 1997–1999), dienen als „Modus der Offenbarung" (Endres 2014, 24), der Metaphorisierung von Erkenntnis (Steiner 2006) und können zugleich als „Inbild eines [...] Imaginären" gelten (Oster-Stierle 2002, 19). Der im metaphysischen Enthüllungsmodell vor allem als Medium verstandene Stoff rückt im Laufe des 19. Jahrhunderts auch in seiner materiellen Beschaffenheit in den Fokus der literarischen Aufmerksamkeit. Ein Perspektivwechsel, der sich bis in die Gewebe-Metaphorik (post-)strukturalistischer Texttheorie und die postmoderne Oberflächenemphase fortsetzt. Vor dem

Hintergrund einer mit der Industrialisierung zunehmend mechanisierten und von Baumwolle geprägten Textilproduktion (vgl. Landfester 1995, 15–25) (→ TECHNISCHE OBJEKTE/MASCHINEN) werden in der Literatur die damit verbundenen Umbrüche thematisiert (etwa in Johann Wolfgang von Goethes *Wanderjahren*), wobei diesen zugleich die häusliche und kleinbetriebliche Textilarbeit sowie eine am traditionellen familiären Leinenschatz orientierte Gegen-Ökonomie (wie etwa bei Adalbert Stifter und Gottfried Keller) entgegengesetzt wird (Dangel-Pelloquin 2008). Daneben wird der Stoff als Erinnerungsstück (→ ANDENKEN/SOUVENIR) und Gegenstand von Sammlungen, aber auch als Ware und Konsumgut zum Gegenstand des Begehrens (→ FETISCH) (vgl. Bischoff 2013). Das belegen bei Gustave Flaubert die Schulden Emma Bovarys und treibt bei Émile Zola die Kundinnen ins ‚Au Bonheur des Dames' (vgl. 3.15 SCHÖSSLER). Mit den Spitzen bei Rainer Maria Rilke und den Teppichen bei Stefan George und Hugo von Hofmannsthal erlangt der Stoff einen ästhetischen Eigenwert und wird in seiner jeweiligen Farbigkeit, Musterung und Struktur – frei von der Vorstellung eines dahinter verborgenen Sinns – bedeutsam.

## Literaturverzeichnis

Assmann, Aleida, und Jan Assmann (Hrsg.). *Schleier und Schwelle. Archäologie der literarischen Kommunikation V. 3 Bände*. München 1997–1999.
Bischoff, Doerte. *Poetischer Fetischismus. Die Macht der Dinge im 19. Jahrhundert*. München 2013.
Dangel-Pelloquin, Elsbeth. „Weiße Wäsche. Zur Synthese von Reinheit und Erotik bei Keller und Stifter". *Die Dinge und die Zeichen. Dimensionen des Realistischen in der Erzählliteratur des 19. Jahrhunderts*. Hrsg. von Sabine Schneider und Barbara Hunfeld. Würzburg 2008: 143–156.
Endres, Johannes. *Literatur und Fetischismus. Das Bild des Schleiers zwischen Aufklärung und Moderne*. München 2014.
Greber, Erika. *Textile Texte. Poetologische Metaphorik und Literaturtheorie. Studien zur Tradition des Wortflechtens und der Kombinatorik*. Köln, Weimar, Wien 2002.
Janssen, Carmen Viktoria. *Textile in Texturen. Lesestrategien und Intertextualität bei Goethe und Bettina Brentano von Arnim*. Würzburg 2000.
Landfester, Ulrike. *Der Dichtung Schleier. Zur poetischen Funktion von Kleidung in Goethes Frühwerk*. Freiburg im Breisgau 1995.
Oster-Stierle, Patricia. *Der Schleier im Text: Funktionsgeschichte eines Bildes für die neuzeitliche Erfahrung des Imaginären*. München 2002.
Scheid, John, und Jesper Svenbro. *Le métier de Zeus. Mythe du tissage et du tissu dans le monde gréco-romain*. Paris 1994.
Steiner, Uwe C. *Verhüllungsgeschichten. Die Dichtung des Schleiers*. München 2006.
Wagner-Hasel, Beate. *Der Stoff der Gaben. Kultur und Politik des Schenkens und Tauschens im archaischen Griechenland*. Frankfurt am Main, New York, NY 2000.

# Technische Objekte/Maschinen

## Hans-Christian von Herrmann

In E. T. A. Hoffmanns Erzählungen stößt man zu Beginn des 19. Jahrhunderts auf Automaten, die sich eng an zeitgenössische Vorbilder (zum Beispiel die Androiden der Schweizer Uhrmacher Jaquet-Droz) anlehnen. Diese menschenförmigen Maschinen erscheinen bei Hoffmann als Beweis höchster Kunstfertigkeit und als unheimliche Bedrohung der Souveränität des bewussten Seelenlebens. Der geschichtsphilosophische Bildungsgedanke der Romantik (Friedrich Schlegel, Novalis, Friedrich Hölderlin) öffnet zugleich den Weg für eine Einbeziehung technischer Objekte in das moderne Poetisieren der Welt. Entsprechend lässt sich das die alte Welt gewaltsam zerstörende Landgewinnungsprojekt am Ende von Johann Wolfgang von Goethes *Faust II* als Ausblick auf den weiteren Gang des Jahrhunderts lesen. Dies greifen dichtende Ingenieure wie Max Eyth (*Hinter Pflug und Schraubstock. Skizzen aus dem Taschenbuch eines Ingenieurs*, 1899) auf, indem sie in Lyrik und Prosatexten ihren Berufsstand und die ihm zugehörigen Dinge und Prozesse feiern. Angesichts von Unfällen oder Katastrophen, wie dem Eisenbahnunglück auf der Tay Bridge, kann die Szenerie allerdings auch deutlich dämonische Züge annehmen (vgl. Theodor Fontane, *Die Brück' am Tay. 28. December 1879*). In den phantastischen Romanen von Jules Verne und seinen Nachfolgern (zum Beispiel Hans Dominik) zeigt sich die Technik zur gleichen Zeit als reiche Quelle einer unterhaltungsliterarischen Produktion, die aus dem materiellen Bestand der Gegenwart mögliche Zukünfte montiert.

Bezieht sich der literarische Umgang mit technischen Objekten und Maschinen bis hierhin weitgehend auf die Inhaltsebene, so trifft man zu Beginn des 20. Jahrhunderts zunehmend auf Versuche, Sprache und Technik einander anzunähern. Der Gedichtzyklus *Ein Packen Ordern* (1921) des russischen Berufsrevolutionärs und Arbeitswissenschaftlers Aleksej K. Gastev etwa besteht aus einer Folge von anonymen Befehlen zur technischen Umgestaltung des gesamten Erdballs. In ähnlicher Weise sieht Ernst Jüngers Essay *Der Arbeiter* (1932) eine „Sprache der Arbeit" entstehen, deren „Wesen im Mechanischen zu suchen" und die „bestrebt ist, sich in alles zu übersetzen, was gedacht, gefühlt, gewollt werden kann" (Jünger 1982, 100). Bereits 1909 hatte das *Futuristische Manifest* (Filippo Tommaso Marinetti) die Verherrlichung der industriellen Produktionsstätten und der neuen Verkehrsmittel (Eisenbahnen, Dampfer, Flugzeuge, Rennwagen) als neue Aufgabe der Literatur benannt. Ähnliches geschieht 1926 in Bertolt Brechts Gedicht *Singende Steyrwägen*, das detailliert einzelne konstruktive Elemente und die mit ihnen verbundenen Fahreigenschaften beschreibt.

Mit dem geschichtlichen Übergang von mechanischen und thermodynamischen zu algorithmischen Maschinen tritt die sich hier abzeichnende Adaption der Literatur an die Technik in eine neue Phase. „Mit der [algorithmischen] Maschine bricht über den Text die Katastrophe herein. [...] Maschinen inszenieren das Maximum einer Sprachkatastrophe, eine vom Code verlassene Nachricht, in der keine Literatur überleben kann. [...] Maschinen, die Texte generieren, regenerieren, analysieren oder schematisieren, machen klar, daß die einzige Materialität, um die es geht, die Sprache im Zustand begierdeloser Kombinatorik ist." (Schreiber 1985, 302–303) Den historischen Hintergrund dieser Äußerungen bilden, neben der Informationstheorie, computergenerierte „[s]tochastische Texte" (Theo Lutz), wie sie ab 1959 unter anderem am Rechenzentrum der Technischen Hochschule Stuttgart erzeugt werden und wie sie auf Seiten der Literatur ein entropisches Schreiben als neue *écriture automatique* auf den Weg bringen: „SCHREIBEN wie eine Maschine schreibt wenn sie schreibt, in glatten Arbeitsgängen anfällig für Verluste Störungen und Zufälle für Sand" (Bense 1996 [1960], 5). Der Text, der auf diese Weise an der Schreibmaschine entsteht, lenkt die Aufmerksamkeit immer wieder auf seine eigene Materialität. Konkrete Poesie oder „Materialgerechtigkeit" (Kittler 1986, 332) lautet hier das Stichwort, das den Übergang von klassisch-romantischer Literatur und ihrer Geschlechtermetaphysik zu einem (medien-)technischen Schreiben markiert. „Maschinenschrift heißt Desexualisierung des Schreibens, das seine Metaphysik einbüßt und Word Processing wird." (Kittler 1986, 277–278) N. Katherine Hayles spricht diesbezüglich von „Technotexts", deren Literarizität sie in der Akzentuierung der eigenen Materialität erkennt: „Literary works that strengthen, foreground, and thematize the connections between themselves as material artifacts and the imaginative realm of verbal/semiotic signifiers they instantiate open a window on the larger connections that unite literature as a verbal art to its material forms." (Hayles 2002, 25)

Es sind also in besonderem Maße die Techniken des Schreibens, über die die materielle Kultur im 20. Jahrhundert Eingang in die Literatur findet. Und da in kulturgeschichtlicher Perspektive die Macht poetischer Verwandlung seit dem 19. Jahrhundert von Dichtern auf Konstrukteure wie Charles Babbage, Étienne-Jules Marey oder Alan M. Turing übergegangen ist, kann Hans Magnus Enzensberger 1975 eine „Geschichte des Fortschritts" in siebenunddreißig Balladen schreiben, die das Werden unserer Gegenwart aus technischen Objekten und Maschinen erzählt. Ein „Gedicht aus Messing" (Enzensberger 1994, 8) heißt darin beispielsweise Giovanni de' Dondis astronomische Uhr aus dem Jahr 1364.

## Literaturverzeichnis

Bense, Max. *grignan 1. grignan 2. Beschreibung einer Landschaft*. Stuttgart 1996 [1960].
Enzensberger, Hans Magnus. *Mausoleum. Siebenunddreißig Balladen aus der Geschichte des Fortschritts*. Frankfurt am Main 1994.
Hayles, N. Katherine. *Writing Machines*. Cambridge, MA 2002.
Jünger, Ernst. *Der Arbeiter. Herrschaft und Gestalt*. Stuttgart 1982.
Kittler, Friedrich. *Grammophon – Film – Typewriter*. Berlin 1986.
Schreiber, Jens. „Word-Engineering. Informationstechnologie und Dichtung". *Das schnelle Altern der neuesten Literatur. Essays zu deutschsprachigen Texten zwischen 1968–1984*. Hrsg. von Jochen Hörisch und Hubert Winkels. Düsseldorf 1985: 287–305.

# Trödel/Plunder

## Kerstin Roose

Phänomene des Trödels und Plunders zeichnen sich maßgeblich durch ihre Renitenz gegenüber materiellen und immateriellen Ordnungsverfahren aus. Einträge in einschlägigen Wörterbüchern des 19. Jahrhunderts erscheinen als vergebliche Versuche der Klassifizierung. So verzeichnet das *Deutsche Wörterbuch* unter ‚Plunder' „zunächst kleidung, bettzeug und sonstiges hausgerät, dann überhaupt allerlei gerät und zeug, besonders unwerte sachen, woraus sich dann der begriff des geringschätzigen, verächtlichen entwickelt hat" (Grimm und Grimm 1999, 1945).

Die „maximale Heterogenität" (Haag 2009, 61) der äußeren Erscheinungsformen ist darauf zurückzuführen, dass die Zugehörigkeit von Dingen zur Kategorie des Trödels/Plunders nicht auf ihren intrinsischen Eigenschaften beruht. Sie ist das Ergebnis eines sprachlichen Semantisierungsprozesses, der primär eine spezifische Wahrnehmungshaltung gegenüber der Dingwelt formuliert. Etymologisch hat sich diese relationale Zuschreibung zunehmend mit den Konnotationen des Wertlosen, Unnützen oder Überflüssigen verbunden und als kultureller Gestus der Abwertung etabliert. Welche Dinge wann, wem und warum als Trödel/Plunder gelten, hängt von historischen, kulturellen und individuellen Prägungen ab. Prinzipiell kann jedes Objekt zeitweise in diese Kategorien wechseln und sie auch wieder verlassen. Als kulturhistorische Reflexionsfiguren machen literarisierte Phänomene des Trödels/Plunders die diesem Wechsel zugrunde liegenden Umwertungs- und Selektionsprozesse von Objekten transparent (Vedder 2011, 258–259). Mit der ästhetischen Integration dieser Phänomene stellt Literatur – implizit oder explizit – zudem die individuelle oder gesellschaftliche Diagnose der Unbrauchbarkeit und Wertlosigkeit infrage und behauptet so die eigene Teilhabe an der Konstruktion gesellschaftlicher Werthierarchien.

Im Moment ihrer Zugehörigkeit zum Trödel/Plunder bewegen sich Dinge auf der Grenze zwischen den Stadien des Nicht-Mehr und Noch-Nicht. Sie befinden sich in einem transitorischen Zustand, der den Verlust ursprünglicher Gebrauchs- oder tradierter Sinnzusammenhänge, die Gefahr der endgültigen Entsorgung, aber auch die Möglichkeit einer neuerlichen Wiederaneignung in anderen Kontexten annonciert (Bischoff 2013, 240). Bereits die Transformation von Plunder in Trödel entspricht einer solchen Möglichkeit des Rezyklierens. Obschon beide Begriffe literarisch wie literaturwissenschaftlich häufig synonym verwendet werden, stellt Trödel mit seiner bereits vollzogenen Reintegration in sekundäre Warenkreisläufe eine Spezifizierung des Plunders dar. Dabei gehen literarische Trödelwaren selten vollständig in ihrer Warenkonnotation auf, meist sind sie mit einem narrativen Surplus ausgestattet.

Besondere Popularität erlangen Trödel und Plunder in der Literatur des Realismus. Diese bildet unter dem Einfluss technischer, industrieller und naturwissenschaftlicher Entwicklungen eine obsessive Sympathie für Dinge aus. Im Zeichen der epochenspezifischen ‚Andacht zum Unbedeutenden' ist sie zudem von einer signifikanten narrativen Nobilitierung marginaler Dinge geprägt. Die Tücke und den Reiz des Plunders verorten die Texte häufig in der Diskrepanz zwischen der materiellen Kontinuität von Dingen und ihrer verlorenen oder im Verschwinden begriffenen immateriellen Semantisierung. Im Wissen darum, dass die Materialität der Dinge resistenter gegen den Lauf der Zeit ist, als es ihre von wechselnden Instanzen der Bewertung und Vermittlung abhängenden Bedeutungen sind, verschreiben sich die Texte vermehrt der Tradierung dinglicher Bedeutungsebenen. So werden etwa demodierte Alltagsdinge (→ ALLTAG), gefährdete → ANDENKEN oder verwehte → ERBSTÜCKE als materielle Erinnerungsträger und Erzählanlässe entworfen. Nicht selten vollziehen sich diese Versuche einer narrativen Vergegenwärtigung des Vergangenen im Bewusstsein signifikanter Vergeblichkeit. Wenn etwa Adalbert Stifters „Dichtung des Plunders" die verjährten Dinge als „stumme[] unklare[] Erzähler[]" ausweist (Stifter 1982, 16–17), wird ihre symbolische und kommunikative Autarkie ebenso beschworen wie bezweifelt. Genau darin entdeckt Literatur ein spezifisch poetisches Potenzial des Trödels/Plunders: Weil dekontextualisierte Dinge ihre ehemaligen Bedeutungen nicht mehr vollständig preisgeben, werden sie frei für eine imaginäre Aufladung. Die Gleichzeitigkeit von gegenständlicher Präsenz und „Uneindeutigkeit der Realien" (Grätz 2006, 153) eröffnet einen Interpretationsspielraum, der erzählerisch produktiv gemacht wird.

## Literaturverzeichnis

Grimm, Jacob, und Wilhelm Grimm (Hrsg.). „Plunder". *Deutsches Wörterbuch. 32 Teilbände. Band 13* [1889]. Fotomechanischer Nachdruck der Erstausgabe Leipzig 1854–1971. München 1999: Sp. 1945–1947.

Bischoff, Doerte. *Poetischer Fetischismus. Der Kult der Dinge im 19. Jahrhundert*. München 2013.

Grätz, Katharina. *Musealer Historismus. Die Gegenwart des Vergangenen bei Stifter, Keller und Raabe*. Heidelberg 2006.

Haag, Saskia. „Rahmung und Montage. Plunder im ‚Tandelmarkt'". *StifterStoffe. Materialien in der Literatur*. Hrsg. von Klaus Kastberger und Manfred Mittermayer. Linz 2009: 61–67.

Stifter, Adalbert. „Die Mappe meines Urgroßvaters" [1841]. *Werke und Briefe. Historisch-kritische Gesamtausgabe. Band 1.5*. Hrsg. von Alfred Doppler und Wolfgang Frühwald. Stuttgart, Berlin, Köln, Mainz 1982: 9–234.

Vedder, Ulrike. *Das Testament als literarisches Dispositiv. Kulturelle Praktiken des Erbes in der Literatur des 19. Jahrhunderts*. München 2011.

# Unding

## Mona Körte

„unding, n. gegenstück zu ding" lautet der lakonische Eintrag im Wörterbuch der Brüder Grimm, der anschließend die ursprünglich rechtliche Bedeutung aufführt: *„unrecht, übel, schaden"*, das *„unrechte, dem ding ungemäsze"*, eine *„das gericht störende handlung"*. Infolgedessen kann das Unding auch ein *„böses, schädliches, seltsames, widersinniges, unförmiges, unberechenbares ding"* bezeichnen, mitunter auch neutraler *„etwas unvorstellbares, unmögliches, nicht vorhandenes"* (Grimm und Grimm, 1936), wodurch mit dem Wort ein Widerspruch oder Unsinn formuliert wird.

Auffällig ist, dass diese Erklärungen die Bedeutung von Unding kaum konkretisieren, denn durch die – die Sache versuchsweise charakterisierenden – „gegen"-, „un"- und „wider"-Worte (,gegenstück', ,unrecht', ,ungemäsze', ,unförmig', ,unberechenbar', ,widersinnig') bleibt es eng auf sein Gegenstück, das Ding, bezogen. Allerdings tritt an die Stelle einer Konkretion ein bewegliches, changierendes Moment, wodurch das Unding ein ganz eigenes semantisches Feld ausbildet. Dem Wesen und der Form nach unentscheidbar, steht es auf der Kippe: Es ist intelligibel und sinnlich, ein Etwas, aber auch ein Nichts, materiell und metaphysisch, bedarf der sinnlichen Qualitäten gar nicht erst oder streift diese ab. *De facto* wird mit dem Unding der feste Grund aufgekündigt, den das (ebenfalls nicht sehr) fixierte Ding zu versprechen scheint (Brown 2001, 1) (vgl. 2.11 DRÜGH). Als ein Un(be)greifbares findet es Eingang in das Reich der Theorie.

Immanuel Kant erklärt das Unding zu etwas, wovon man sich keinen Begriff machen kann, zu einem „leere[n] Gegenstand ohne Begriff" (1993, 333); aus medienkritischer Perspektive diagnostiziert Vilém Flusser eine ‚undinglich' gewordene Kultur, in der die authentischen Relationen zu den Gegenständen durch Informationen abgelöst werden: „Die elektronischen Bilder auf dem Fernsehschirm, die in den Computern gelagerten Daten, all die Filmbänder und Mikrofilme, Hologramme und Programme, sind derartig ‚weich' (software), daß jeder Versuch, sie mit den Händen zu ergreifen, fehlschlägt. Diese Undinge sind, im genauen Sinn des Wortes, ‚unbegreiflich'. Sie sind nur dekodierbar." (Flusser 1993, 86) In seinen Frankfurter Vorlesungen generiert Oskar Pastior eine „prospektive[] Poetik des Undings" (Pastior 1994, 115, 8) als performatives Textgeschehen, das in der Verletzung von Reihenfolge und Sprachregel und im Mit- und Gegeneinander von Wortfeld und Lautfeld fortwährend Sinn gibt und Sinn nimmt.

Als auf der Kippe stehende, in sich widersinnige und unberechenbare „Gebilde" (Kafka 1996b, 34) treten Undinge auch in der Literatur auf, etwa in den *Kinder- und Hausmärchen* (1812–1856) der Brüder Grimm, wo sie sich ihrer Rolle als Werkzeuge entledigen, um als *Lumpengesindel* (1812) zu Abenteurern und Subjekten werden (vgl. 2.1 KIMMICH und 3.7 KÖRTE). Dabei gehorchen sie jedoch keinem plumpen Anthropomorphismus, sondern entspringen der Logik des Undings, das auf dem Fehlen einer näheren Bestimmung, auf dem schwer Fasslichen seines Status beruht. In Märchen wie *Das Läuschen und Flöhchen* und *Herr Korbes* drehen die Dinge wie auf Verabredung durch, erschüttern die Fundamente häuslichen Zusammenlebens und machen den Bewohnern den Garaus. Dabei erinnert die in den Grimm'schen Märchen so ausgeprägte Aufmerksamkeit für den ‚hyperaktiven' Hausrat daran, dass die Dinge zu Beginn des 19. Jahrhunderts, genauer im Vorfeld der industriellen Revolution, aus der symbolischen Ordnung herausfallen, in der sie im 18. Jahrhundert noch aufgehoben waren. In ihnen schlägt etwas Vertracktes und Verrücktes durch, womit sie den Umschlag ins Böse vollziehen (Körte 2015b, 215; Körte 2015a, 22).

Über die zwischen Zauber und Zerstörung agierenden Undinge lässt sich die Beziehungsgeschichte von Mensch und Ding als eine ebenso variable wie *ungeklärte* erzählen, die ein Jahrhundert später, in den von Franz Kafka behandelten Konvivialitäten zwischen Mensch und Ding, als eine nicht *aufzuklärende* auf Dauer gestellt wird. „Das ist ja Zauberei", denkt der Junggeselle in Kafkas Fragment „Blumfeld ein älterer Junggeselle", nachdem er, noch auf der Treppe über Auswege aus seiner Einsamkeit nachsinnend, seine Wohnung betreten hat und dort „zwei kleine weiße blaugestreifte Celluloidbälle [...] auf dem Parkett nebeneinander" auf- und abspringen sieht (Kafka 1996a, 223–224). Durch ihre vielen Epitheta werden die „komischen Bälle" mit einer detaillierten Körperhaftigkeit versehen, wodurch sie Blumfelds Wunsch nach einem „Begleiter" oder einem „Zuschauer" bei seinen häuslichen Tätigkeiten konkretisieren und zugleich unterminieren (Kafka 1996a, 222). Ein nicht minder komisches, äußerst genau und doch vollkommen unfasslich beschriebenes häusliches „Wesen" (→ ALLTAG) steht auch im Fokus von Kafkas Erzählung „Die Sorge des Hausvaters". Es heißt Odradek und „sieht zunächst aus wie eine flache sternartige Zwirnspule", das „wie auf zwei Beinen aufrecht stehen" kann (Kafka 1996, 343b). Als Ganzes erscheine es „zwar sinnlos", aber „in seiner Art abgeschlossen". Näheres lasse sich kaum sagen, da Odradek „außerordentlich beweglich und nicht zu fangen ist" (Kafka 1996b, 343–344). Diese Attribuierungen sowie eine zu Beginn der Erzählung zitierte Herleitung des Wortes ‚Odradek' lassen vermuten, dass der Erzähler weniger ein Ding, ein Wesen oder eine Sache als vielmehr die sich ihm entgegenstellende Konzeption eines Undings zu fassen sucht. Dabei ist die in der Grimm'schen Definition enthaltene Widersinnigkeit des Undings auch auf die Art seiner Schilderung übergegangen, denn Odradeks Äußeres wird „in einer sich selbst dementierenden Gleichzeitigkeit von technisch präziser Beschreibung und deren stilistischer Rücknahme" (Vedder 2012, 11) dargeboten.

Nicht nur verstellen diese auf der Kippe befindlichen Dinge den geraden Weg zum Sinn, sie wirken auf mitunter unheimliche Weise auf die Art des Erzählens und die Theoriebildung zurück.

## Literaturverzeichnis

Brown, Bill. „Thing Theory". *Things.* Hrsg. von Bill Brown. *Critical Inquiry* 28.1 (2001): 1–22.
Flusser, Vilém. *Dinge und Undinge. Phänomenologische Skizzen.* München, Wien 1993.
Grimm, Jacob, und Wilhelm Grimm (Hrsg.). „Unding". *Deutsches Wörterbuch. 32 Teilbände. Band 24* [1936]. Sp. 440. http://woerterbuchnetz.de/DWB/?sigle=DWB&mode=Vernetzung&lemid=GU05817#XGU05817 (17. Mai 2017).
Kafka, Franz. „Blumfeld ein älterer Junggeselle". *Die Erzählungen und andere ausgewählte Prosa.* Hrsg. von Roger Hermes. Frankfurt am Main 1996a: 219–247.
Kafka, Franz. „Die Sorge des Hausvaters". *Die Erzählungen und andere ausgewählte Prosa.* Hrsg. von Roger Hermes. Frankfurt am Main 1996b: 343–344.
Kant, Immanuel. *Kritik der reinen Vernunft* [1787]. Hamburg 1993.
Körte, Mona. „Dinge im Diminutiv. Der Eigensinn des Kleinen in den ‚Kinder- und Hausmärchen' der Brüder Grimm". *Erzählte Dinge. Mensch-Objekt-Beziehungen in der deutschen Literatur.* Hrsg. von José Brunner. Göttingen 2015a: 19–34.
Körte, Mona. „Unding". *Die GRIMMWELT – Von Ärschlein bis Zettel.* Hrsg. von der Stadt Kassel in Zusammenarbeit mit Annemarie Hürlimann und Nicola Lepp. München 2015b: 217–222.
Pastior, Oskar. *Das Unding an sich. Frankfurter Vorlesungen.* Frankfurt am Main 1994.
Vedder, Ulrike. „Das Rätsel der Objekte". *Zeitschrift für Germanistik* 12.1 (2012): 7–16.

# Ware und Zirkulation

Thomas Wegmann

Zu Waren transformieren Dinge, wenn sie über das *Äquivalenzprinzip Geld* veräußert werden und dabei von vornherein – und das ist in modernen Wirtschaften die Regel – für den Verkauf produziert bzw. angeboten werden. Während die klassische Ökonomie, wie die modernen Wirtschaftswissenschaften, zumeist den Terminus ‚Güter' (englisch *goods*) präferiert (Iber und Lohmann 2005, 320), erhielt der Warenbegriff bei Karl Marx grundlegende Bedeutung für die Analyse kapitalistischer Produktionsverhältnisse. Konstitutiv ist dabei der doppelte Wert der Ware, die über einen „Gebrauchswert", welcher der Befriedigung bestimmter, mit den sachlichen Eigenschaften der Ware begründbarer Bedürfnisse dient, und über einen „Tauschwert" verfügt. Letzterer verweist auf die komplexen Regularien, wonach Dinge untereinander bzw. gegen das Äquivalenzprinzip Geld getauscht werden, bezeichnet also den ökonomischen Wert in engerem Sinne. Bei der Produktion von Waren unter kapitalistischen Bedingungen werde auch das menschliche Arbeitsvermögen als Ware produziert und getauscht, wodurch sich der „Doppelcharakter der in den Waren dargestellten Arbeit" ergibt (Marx 1962, 56).

Für den Umschlag und damit die Zirkulation von Waren bedarf es bestimmter Plätze, deren historisch älteste Variante Märkte bilden. Der Markt steht für eine zeitlich begrenzte Veranstaltung, während der unterschiedlichste Waren gehandelt werden. Ein solches Marktgeschehen mit seinen heterogenen Akteuren hat Eingang in zahlreiche literarische Texte gefunden – spöttisch imitierend in Johann Wolfgang von Goethes *Das Jahrmarkts-Fest zu Plundersweilern* (1778) oder poetisch programmatisch in E. T. A. Hoffmanns Erzählung *Des Vetters Eckfenster* (1822), die dem Markt eine neue Beobachtungs- und Erzählkunst abgewinnt. Waren bedürfen dabei der Inszenierung, um als käufliche Dinge identifizierbar zu sein; sie werden von Marktschreiern als solche deklariert, zudem aus- und zur Schau gestellt. Seit Mitte des 19. Jahrhunderts sorgen Schaufenster und Warenhäuser für eine Verschränkung von Sakralisierung, Ökonomisierung und Erotisierung der ausgestellten Dinge (vgl. 3.15 SCHÖSSLER). Die Architektur der neuen Warenhäuser etwa schafft mit ihren Fenstern, Glaskuppeln, Lichthöfen, elektrischen Kronleuchtern und Spiegeln eine nachgerade surreale Atmosphäre und sorgt so für „eine Präsenz der Realien in Form von Waren in einem ‚enzyklopädischen Raum', wo diese nicht nur versammelt und benannt, sondern auch mit hohem inszenatorischen Aufwand ästhetisiert und fetischisiert werden" (Vedder 2013, 362) (→ GENDERED OBJECT) – ein Schauplatz, der in zeitgenössischen Warenhausromanen vielfach aufgegriffen wurde, etwa in Émile Zolas *Au Bonheur des Dames* (1883).

Mit dem „Warenfetischismus" wiederum hat Marx das Konzept des Fetischismus (→ FETISCH) aus seinem ursprünglich religiösen bzw. ethnologischen Kontext in den ökonomischen Diskurs überführt: „Eine Ware scheint auf den ersten Blick ein selbstverständliches, triviales Ding. Ihre Analyse ergibt, dass sie ein sehr vertracktes Ding ist, voll metaphysischer Spitzfindigkeiten und theologischer Mucken." (Marx 1962, 85) Was Marx hier erwirkt, ist ein *re-entry* von religiösen Formen in die kapitalistische Ökonomie. Damit ist nicht nur ein Zusammenhang zwischen vermeintlich archaisch-religiösen und aufgeklärt-modernen Gesellschaften (→ RITUALOBJEKTE) etabliert, sondern auch die „Bindekraft des Subjekts an die Waren" (Böhme 2006, 341) erstmals dezidiert zur analytischen Disposition gestellt. Im Konzept des Warenfetischismus wird somit jener Mechanismus erkennbar, der alltäglichen Gebrauchsgegenständen bei ihrer Performance auf dem Markt, also in Schaufenstern, Anzeigen und auf Plakaten, die Aura von Wunscherfüllung verleiht. Denn als Fetische verfügen Waren und Dinge über Eigenschaften, über die sie nicht *per se* verfügen, sondern die ihnen erst in einem projektiven Akt hinzugefügt werden.

In diesem Sinne zeichnet das Konzept der Marke als eine spezifische, im Verlauf des 20. Jahrhunderts aber zunehmend ubiquitär werdende Variante der Ware seriell gefertigte Güter mit dem Nimbus des Besonderen aus. Das „Personenvertrauen", das frühere Tauschverhältnisse dominierte, wird abgelöst durch die medial konstituierte und annoncierte „Markenpersönlichkeit" (Leitherer 2001, 68) (vgl. 3.21 DRÜGH). Die Marke ersetzt die zuvor übliche Personifikation der Ware durch Handwerker und Händler, indem sie selbst zur Person deklariert wird. Wolfgang Fritz Haugs viel diskutierte *Kritik der Warenästhetik* (1983 [1971]) spricht in Erweiterung Marx'scher Überlegungen derartigen Produkten ihren Gebrauchswert ab; stattdessen, so Haug, reduzierten sie sich für den Verkäufer auf ihren Tauschwert und für den Käufer auf ihr Gebrauchswert*versprechen*. Dieses verbreite die Werbung in Bildern, die sich von den realen Eigenschaften der Waren gelöst hätten. So transformiere die Ware zum „reine[n] Bedeutungsding" (Haug 1983, 127).

## Literaturverzeichnis

Böhme, Hartmut. *Fetischismus und Kultur. Eine andere Theorie der Moderne*. Reinbek bei Hamburg 2006.
Haug, Wolfgang Fritz. *Kritik der Warenästhetik*. 8. Auflage. Frankfurt am Main 1983.
Iber, Christian, und Georg Lohmann. „Ware; Warencharakter; Warenfetischismus". *Historisches Wörterbuch der Philosophie. Band 12*. Hrsg. von Joachim Ritter und Karlfried Gründer. Darmstadt 2005: Sp. 320–325.
Leitherer, Eugen. „Geschichte der Markierung und des Markenwesens". *Die Marke. Symbolkraft eines Zeichensystems*. Hrsg. von Manfred Bruhn. Bern, Stuttgart, Wien 2001: 55–74.
Marx, Karl. *Das Kapital. Kritik der politischen Ökonomie. Band 1, Buch 1. Werke. Karl Marx und Friedrich Engels. Band 23*. Hrsg. vom Institut für Marxismus und Leninismus beim ZK der SED. Berlin (Ost) 1962.
Vedder, Ulrike. „Eine enzyklopädische Literatur der Dinge: Émile Zolas Warenhausroman ‚Au Bonheur des Dames'". *arcadia* 48 (2013): 354–367.

# Zettelkasten

## Karin Krauthausen

Walter Benjamins Diagnose, dass die Kartothek „die Eroberung der dreidimensionalen Schrift" (Benjamin 1991, 103) bedeute, bezieht sich auf den Karteikasten als raumgreifendes Möbel, das die Schrift material-medial neu konditioniert: Die dreidimensionale Korrelation der Karten im Kasten unterbricht jene Linearität, die der Schrift gewöhnlich eigen ist. Im Unterschied zur sukzessiven Ordnung der meisten Schriftmedien disponiert der Karteikasten mit prinzipiell beweglichen Elementen, die Relationen in alle Richtungen eröffnen. Jede Karte steht mit jeder anderen in einer potenziellen Beziehung, die vom Benutzer aktualisiert werden kann. Allerdings können alphabetische oder numerische Folgen für die Karten festgelegt oder auf *Nasenkarten* durch Schlagwörter relative topische Ordnungen erstellt werden. Bevor digitale Verzeichnisse die Verwaltung von Wissen übernehmen, fungieren im 20. Jahrhundert Karteikästen als Benutzeroberfläche, insofern sie die archivierten Bücher und andere Quellen über Verfassername, Titel, Signatur oder Schlagworte (auf-)findbar machen (→ ARCHIV UND LITERATURMUSEUM; BIBLIOTHEK; vgl. 2.9 MAINBERGER). Die Kartothek ist überdies eine generelle Verwaltungstechnik, die bis in die 1970er Jahre weite Verbreitung findet: Karten und zugehöriges Mobiliar werden standardisiert und seriell hergestellt, um in privatwirtschaftlichen oder öffentlichen Bürokratien Dinge und Menschen adressierbar zu machen.

Doch die Karteitechnik, also die Regulierung von Aufzeichnungen durch formale oder inhaltliche Indizes, dient auch der Produktion neuen Wissens. Im 16. Jahrhundert beginnen Gelehrte, Gelesenes über die Aufzeichnung auf kleinformatigem, mobilem Papier (Zettel und Zettelordnungen) zu kanalisieren. In Korrespondenz mit einer Epistemologie, die den Zeithorizont des Wissens auf die Zukunft und die Innovation hin öffnet, und der medialen Revolution des Buchdrucks entwickelt sich die Verzettelung zu einem favorisierten Mittel, um Wissen zu verwalten und zu produzieren. Das neue Verfahren folgt zwar noch den tradierten Arbeitsanweisungen des gelehrten Exzerpierens – Auswahl, Zuspitzung, Ordnung und Speicherung –, leistet aber mehr, indem es die Notizen nicht in die feste Sukzession der Heft- und Bücherseiten zwingt, sondern auf Zetteln mobilisiert. Dies setzt eine Kombinatorik in Gang, die zwischen den Zetteln überraschende Zusammenhänge stiftet. Sobald Wissen nicht mehr durch die Orientierung an Autoritäten, sondern die Suche nach Innovation angetrieben wird, gerät der Zettelkasten aufgrund seiner diskreten und kombinatorischen Möglichkeiten zur kreativen Maschine.

In der Arbeitstechnik von Hans Blumenberg wird dies deutlich: Sein Karteikasten ist idiosynkratischer Filter und unpersönlicher Katalysator in einem. Er versammelt angelesenes Wissen und hält es für Abfragen bereit; er konzentriert den Entwurf neuen Wissens; er diszipliniert nicht nur die Aufzeichnungen, sondern auch den Aufzeichnenden, den er zu kontinuierlicher und konsequenter Bewirtschaftung zwingt. Mit der Auflösung des Wissenskontinuums zum Zwecke einer Neukombination wird der Zettelkasten zur apparativen Voraussetzung, wenn nicht gar zum Co-Autor der Bücher: Für Niklas Luhmann ist sein Zettelkasten mehr als ein Werkzeug des Exzerpierens, er ist ein „Kommunikationspartner" (Luhmann 1991, 222). Hat der Kasten durch die Quantität der Zettel und Qualität ihrer Relationierung eine gewisse Komplexität erreicht, kann er ein Eigenleben gewinnen und den Schreibenden überraschen.

Eine literarische Nutzung und Reflexion begleitet die Geschichte dieses gelehrten Objekts, dessen Bedingungen etwa Jean Paul wiederholt zum Thema und sogar zum Gliederungsprinzip seiner Prosatexte gemacht hat. In *Leben des Quintus Fixlein* erinnert die Sammlung von Vorerzählungen und Nacherzählungen, von Vor-Abhandlungen und Nach-Abhandlungen, die sich um die *Fixlein*-Prosa rankt, eher an die Heterogenität einer Zettelsammlung als an einen durchgehenden Erzählzusammenhang. Und in der Logik der Fiktion wird das *Leben des Quintus Fixlein* wirklich in Zettelkästen aufbewahrt, die Fixlein selbst erstellt hat und auf die der Ich-Erzähler rekurriert. Während aber Fixleins chronistische Zettelkästen die Geschehnisse des Lebens nur retrospektiv in ihrer Ereignisfolge aufnehmen können, geriert sich der Ich-Erzähler zudem als „Verfasser und Bauherr[] gegenwärtiger Zettelkästen" (Jean Paul 1962, 189), also Herr über einen Zettelkasten von literarischer Architektur, der die faktische Finalität des (erzählten) Lebens wie des (gedruckten) Textes aufheben kann: In einem überzähligen *Letzte[n] Kapitel* greift der Biograf selbst in das Leben ein, von dem er gemäß den 14 Zettelkästen zuvor in 14 Kapiteln erzählt hat: Er rettet Fixlein vor dem prognostizierten Tod und verlängert mit dessen Leben auch den Erzählakt in eine avisierte offene Zukunft hinein.

Diesen Doppelcharakter von Verzetteln und Erzählen kann man mehr als 160 Jahre später bei Arno Schmidt als Produktionsbedingung von Literatur beobachten. Schmidts Roman *Zettel's Traum* hat ca. 120.000 Zettelchen (ca. DIN A8 und A9) zur Grundlage, die der Verfasser eigenhändig zurecht geschnitten, in vielen Jahren befüllt und in die ihm richtig erscheinende Folge gebracht hat. Mit dem letzten Schritt hebt Schmidt wesentliche Charakteristika des kreativen Zettelkastens auf: die Supplementarität und Mobilität der Zettel. Eine autarke Autorposition, die nach erfolgreicher Ausschöpfung des Kombinationspotenzials keinen eigendynamischen Apparat mehr duldet, wird von Schmidt also bereits im

Zettelkasten installiert. Sie ersetzt die dreidimensionale Relationalität der beweglichen Zettel durch eine fixe Sukzession und nimmt darin die tradierte material-mediale Ordnung des Buches vorweg. Doch unterläuft Schmidt diese Fixierung dann im Roman gezielt durch die differenten, aber nicht hierarchisierten Erzählebenen, die auf der Buchseite durch parallel angeordnete Textbereiche realisiert werden. Die konkrete Gestaltung der Buchseite begründet ein Verweisungspotenzial, das man als eigenständigen literarischen Zettelkasten begreifen kann. Vor jeder rhetorischen Technik beginnt die Polyvalenz von Schmidts Literatur bereits mit der material-formalen Präsentation der Schrift. Dabei überbietet *Zettel's Traum* die von Benjamin konstatierte Leistung der Kartothek: In diesem Roman wird die Schrift multidimensional.

## Literaturverzeichnis

Benjamin, Walter. *Einbahnstraße* [1928]. *Gesammelte Schriften. Band IV.1*. Hrsg. von Tillman Rexroth. Frankfurt am Main 1991: 83–148.

Jean Paul. *Leben des Quintus Fixlein. Jean Paul. Sämtliche Werke. Abteilung I, Band 4: Kleinere Erzählungen. Schriften*. Hrsg. von Norbert Miller. München 1962 [1796–1801]: 7–259.

Luhmann, Niklas. „Kommunikation mit Zettelkästen. Ein Erfahrungsbericht". *Öffentliche Meinung und sozialer Wandel. Für Elisabeth Noelle-Neumann*. Hrsg. von Horst Baier, Hans Mathias Kepplinger und Kurt Reumann. Opladen 1981: 222–228.

Schmidt, Arno. *Zettel's Traum*. Edition der Arno Schmidt Stiftung im Suhrkamp Verlag. Darmstadt 2010 [1970].

# 5. Auswahlbibliografie

Adamowsky, Natascha, Robert Felfe, Marco Formisano, Georg Töpfer und Kirsten Wagner (Hrsg.). *Affektive Dinge. Objektberührungen in Wissenschaft und Kunst*. Göttingen 2011.
Appadurai, Arjun (Hrsg.). *The Social Life of Things. Commodities in Cultural Perspectives*. Cambridge 1986.
Armstrong, Isobel. *Victorian Glassworlds. Glass Culture and the Imagination 1830–1880*. Oxford 2008.
Asendorf, Christoph. *Batterien der Lebenskraft. Zur Geschichte der Dinge und ihrer Wahrnehmung im 19. Jahrhundert*. Gießen 1984.
Assmann, Aleida. *Erinnerungsräume. Formen und Wandlungen des kulturellen Gedächtnisses*. München 1999.
Assmann, Aleida, Monika Gomille und Gabriele Rippl (Hrsg.). *Sammler – Bibliophile – Exzentriker*. Tübingen 1998.
Bal, Mieke. „Telling Objects. A Narrative Perspective on Collecting". *The Cultures of Collecting*. Hrsg. von John Elsner und Roger Cardinal. London 1994: 97–115.
Balint, Juditha, und Sebastian Zilles (Hrsg.). *Literarische Ökonomik*. Paderborn 2014.
Barsch, Achim, und Olaf Gätje (Hrsg.). *Materialität und Medialität von Schrift und Text* (= Jahrbuch Medien im Deutschunterricht 2012). München 2013.
Barthes, Roland. *Mythen des Alltags. Vollständige Ausgabe*. Berlin 2010.
Barthes, Roland. „L'effet de reel". *Communications* 11 (1968): 84–89.
Bath, Corinna, Yvonne Bauer, Bettina Bock von Wülfingen, Angelika Saupe und Jutta Weber (Hrsg.). *Materialität denken. Studien zur technologischen Verkörperung. Hybride Artefakte und posthumane Körper*. Bielefeld 2005.
Baudrillard, Jean. *Das System der Dinge. Über unser Verhältnis zu den alltäglichen Gegenständen*. Frankfurt am Main, New York, NY 1991.
Belknap, Robert. *The List. The Uses and Pleasures of Cataloguing*. New Haven, CT 2004.
Benjamin, Walter. *Das Passagen-Werk. Gesammelte Schriften. Band V*. Hrsg. von Rolf Tiedemann und Hermann Schweppenhäuser. Frankfurt am Main 1980.
Benne, Christian. *Die Erfindung des Manuskripts. Zu Theorie und Geschichte literarischer Gegenständlichkeit*. Berlin 2015.
Berndt, Frauke, und Daniel Fulda (Hrsg.). *Die Sachen der Aufklärung. Beiträge zur DGEJ-Jahrestagung 2010 in Halle an der Saale*. Hamburg 2012.
Bischoff, Doerte. *Poetischer Fetischismus. Der Kult der Dinge im 19. Jahrhundert*. München 2013.
Blackwell, Mark (Hrsg.). *British It-Narratives: 1750-1830. 4 Bände*. London 2012.
Bockelkamp, Marianne. „Objets matériels". *Les manuscrits des écrivains*. Hrsg. von Anne Cadiot und Christel Haffner. Paris 1993: 88–101.
Böhme, Hartmut. *Fetischismus und Kultur. Eine andere Theorie der Moderne*. Reinbek bei Hamburg 2006.
Böhme, Hartmut, und Johannes Endres (Hrsg.). *Der Code der Leidenschaften. Fetischismus in den Künsten*. München 2010.
Bohnenkamp, Anne, und Waltraud Wiethölter (Hrsg.). *Der Brief – Ereignis & Objekt. Katalog der Ausstellung im Freien Deutschen Hochstift – Frankfurter Goethe-Museum*. Frankfurt am Main, Basel 2008.

Bowlby, Rachel. *Just Looking. Consumer Culture in Dreiser, Gissing and Zola*. New York, NY, London 1985.
Braun, Peter. *Objektbiographie. Ein Arbeitsbuch*. Weimar 2015.
Breward, Christopher. *The Hidden Consumer. Masculinities, Fashion and City Life 1860–1914*. Manchester 1999.
Briggs, Asa. *Victorian Things*. Harmondsworth 1988.
Brown, Bill. *A Sense of Things. The Object Matter of American Literature*. Chicago, IL, London 2003.
Brown, Bill. „Thing Theory". *Things*. Hrsg. von Bill Brown. Chicago, IL 2004: 1–22.
Brunner, José (Hrsg.). *Erzählte Dinge. Mensch-Objekt-Beziehungen in der deutschen Literatur*. Göttingen 2015.
Campbell, Colin. *The Romantic Ethic and the Spirit of Modern Consumerism*. Oxford, New York, NY 1987.
Chartier, Roger, und Guglielmo Cavallo (Hrsg.). *Die Welt des Lesens. Von der Schriftrolle zum Bildschirm*. Frankfurt am Main 1999.
Christ, Valentin (Hrsg.). *Bausteine zu einer Narratologie der Dinge. Der ‚Eneasroman' Heinrichs von Veldeke, der ‚Roman d'Eneas' und Vergils ‚Aeneis' im Vergleich*. Berlin 2015.
Csíkszentmihályi, Mihály, und Eugene Rochberg-Halton. *Der Sinn der Dinge. Das Selbst und die Symbole des Wohnbereichs*. München 1989 [1981].
Daly, Suzanne. *The Empire Inside. Indian Commodities in Victorian Domestic Novels*. Ann Arbor, MI 2011.
Daston, Lorraine (Hrsg.). *Things that Talk. Object Lessons from Art and Science*. New York, NY 2004.
Davidis, Michael, Gunther Nickel und Sabine Fischer. *Erinnerungsstücke. Von Lessing bis Uwe Johnson. Ausstellungskatalog des Schiller-Nationalmuseums und des Deutschen Literaturarchivs Marbach*. Marbach 2001.
De Grazia, Margreta, Maureen Quilligan und Peter Stallybrass (Hrsg.). *Subject and Object in Renaissance Culture*. Cambridge 1996.
*Der Souvenir. Erinnerung in Dingen von der Reliquie zum Andenken*. Ausstellungskatalog. Hrsg. vom Museum für Angewandte Kunst Frankfurt. Frankfurt am Main 2006.
*Dinge des Exils. Exilforschung. Ein internationales Jahrbuch* 31 (2013).
Douglas, Mary, und Baron Isherwood. *The World of Goods. Towards an Anthropology of Consumption*. New York, NY, London 1982.
Drügh, Heinz, Christian Metz und Björn Weyand (Hrsg.). *Warenästhetik. Neue Perspektiven auf Konsum, Kultur und Kunst*. Berlin 2011.
Ecker, Gisela. *‚Giftige' Gaben. Über Tauschprozesse in der Literatur*. München 2008.
Ecker, Gisela, und Susanne Susanne (Hrsg.). *UmOrdnungen der Dinge*. Königstein im Taunus 2000.
Ecker, Gisela, Claudia Breger und Susanne Scholz (Hrsg.). *Dinge. Medien der Aneignung, Grenzen der Verfügung*. Königstein im Taunus 2002.
Endres, Johannes. *Literatur und Fetischismus. Das Bild des Schleiers zwischen Aufklärung und Moderne*. München 2014.
Enzensberger, Christian. *Größerer Versuch über den Schmutz*. München 2011 [1968].
Erll, Astrid, und Ansgar Nünning (Hrsg.). *Medien des kollektiven Gedächtnisses. Konstruktivität – Historizität – Kulturspezifität*. Berlin 2004.
Featherstone, Mike. *Consumer Culture and Postmodernism*. 2. Auflage. London, Thousand Oaks 2007.

Flusser, Vilém. *Dinge und Undinge. Phänomenologische Skizzen*. München, Wien 1993.
Frank, Michael C., Bettina Gockel, Thomas Hauschild, Dorothee Kimmich und Kirsten Mahlke (Hrsg.). *Fremde Dinge. Zeitschrift für Kulturwissenschaften* 1 (2007).
Giuriato, Davide, Martin Stingelin und Sandro Zanetti (Hrsg.). *„SCHREIBKUGEL IST EIN DING GLEICH MIR: VON EISEN". Schreibszenen im Zeitalter der Typoskripte*. München 2005 (= *Zur Genealogie des Schreibens*, Band 2).
Giuriato, Davide, Martin Stingelin und Sandro Zanetti (Hrsg.). *„System ohne General". Schreibszenen im digitalen Zeitalter*. München 2006 (= *Zur Genealogie des Schreibens*, Band 3).
Godelier, Maurice. *Das Rätsel der Gabe. Geld, Geschenke, heilige Objekte*. München 1999.
Gordon, Rae Beth. *Ornament, Fantasy, and Desire in Nineteenth-Century French Literature*. Princeton, CA 1992.
Greber, Erika. *Textile Texte. poetologische Metaphorik und Literaturtheorie. Studien zur Tradition des Wortflechtens und der Kombinatorik*. Köln, Weimar, Wien 2002.
Greber, Erika, Konrad Ehlich und Jan-Dirk Müller (Hrsg.). *Materialität und Medialität von Schrift*. Bielefeld 2002.
Gumbrecht, Hans Ulrich, und K. Ludwig Pfeiffer. *Materialität der Kommunikation*. Frankfurt am Main 1988.
Habermas, Tilmann. *Geliebte Objekte. Symbole und Instrumente der Identitätsbildung*. Frankfurt am Main 1999.
Hackenschmidt, Sebastian, und Klaus Engelhorn (Hrsg.). *Möbel als Medien. Beiträge zu einer Kulturgeschichte der Dinge*. Bielefeld 2011.
Hahn, Hans Peter. *Materielle Kultur. Eine Einführung*. Berlin 2005.
Hahn, Hans Peter. „Dinge sind Fragmente und Assemblagen. Kritische Anmerkungen zur Metapher der ‚Objektbiographie'". *Biography of Objects. Aspekte eines kulturhistorischen Konzepts*. Hrsg. von Dietrich Boschung, Patric-Alexander Kreuz und Tobias Kienlin. Paderborn 2015: 11–34.
Hahn, Hans Peter (Hrsg.). *Vom Eigensinn der Dinge. Für eine neue Perspektive auf die Welt des Materiellen*. Berlin 2015.
Häntzschel, Günter. *Sammel(l)ei(denschaft). Literarisches Sammeln im 19. Jahrhundert*. Würzburg 2014.
Harris, Jonathan Gil, und Natasha Korda (Hrsg.). *Staged Properties in Early Modern Drama*. Cambridge 2002.
Haug, Christine, und Vincent Kaufmann (Hrsg.). *Buchzerstörung und Buchvernichtung*. Wiesbaden 2013.
Haug, Wolfgang Fritz. *Kritik der Warenästhetik*. 8. Auflage. Frankfurt am Main 1983 [1971].
Heibach, Christiane, und Carsten Rohde (Hrsg.). *Ästhetik der Materialität*. Paderborn 2015.
Heidegger, Martin. „Das Ding" [1950]. *Gesamtausgabe I. Abteilung. Band 7. Vorträge und Aufsätze*. Frankfurt am Main 2000: 165–187.
Holm, Christiane, und Günter Oesterle (Hrsg.). *Schläft ein Lied in allen Dingen? Romantische Dingpoetik* (Stiftung für Romantikforschung). Würzburg 2011.
Jardine, Lisa. *Worldly Goods. A New History of the Renaissance*. New York, NY 1998 [1996].
Jones, Andrew. *Memory and Material Culture*. Cambridge 2007.
Jones, Ann Rosalind, und Peter Stallybrass (Hrsg.). *Renaissance Clothing and the Materials of Memory*. Cambridge 2000.
Kalthoff, Herbert, Torsten Cress und Tobias Röhl (Hrsg.). *Materialität. Herausforderungen für die Sozial- und Kulturwissenschaften*. Paderborn 2016.

Kanzog, Klaus. *Einführung in die Editionsphilologie der neueren deutschen Literatur*. Berlin 1991.

Kehnel, Annette, und Diamantis Panagiotopoulos (Hrsg.). *Schriftträger – Textträger. Zur materialen Präsenz des Geschriebenen in frühen Gesellschaften*. Berlin, München, Boston, MA 2014.

Kimmich, Dorothee. *Lebendige Dinge in der Moderne*. Konstanz 2011.

Kittler, Friedrich. *Aufschreibesysteme 1800/1900*. München 1985.

Knappett, Carl, und Lambros Malafouris. *Material Agency. Towards a Non-Anthropocentric Approach*. New York, NY 2008.

Kohl, Karl-Heinz. *Die Macht der Dinge. Geschichte und Theorie sakraler Objekte*. München 2003.

Köhler, Sigrid G., Jan Christian Metzler und Martina Wagner-Egelhaaf (Hrsg.). *Prima Materia. Beiträge zur transdisziplinären Materialitätsdebatte*. Königstein im Taunus 2004.

König, Gudrun M. *Konsumkultur. Inszenierte Warenwelt um 1900*. Wien, Köln, Weimar 2009.

Körte, Mona. *Essbare Lettern, brennendes Buch. Schriftvernichtung in der Literatur der Neuzeit*. München 2012.

Körte, Mona, und Cornelia Ortlieb (Hrsg.). *Verbergen Überschreiben Zerreißen. Formen der Bücherzerstörung in Literatur, Kunst und Religion*. Berlin 2007.

Kowaleski-Wallace, Elizabeth. *Consuming Subjects. Women, Shopping, and Business in the Eighteenth Century*. New York, NY 1997.

Kramer, Anke, und Annegret Pelz (Hrsg.). *Album. Organisationsform narrative Kohärenz*. Göttingen 2013.

Kreienbrock, Jörg. *Malicious Objects, Anger Management, and the Question of Modern Literature*. New York, NY 2013.

Latour, Bruno. *Wir sind nie modern gewesen. Versuch einer symmetrischen Anthropologie*. Frankfurt am Main 2002 [1991].

Latour, Bruno. *Das Parlament der Dinge. Für eine politische Ökologie*. Frankfurt am Main 2010 [1999].

Lehnert, Gertrud. *Wenn Frauen Männerkleider tragen. Geschlecht und Maskerade in Literatur und Geschichte*. München 1997.

Lepper, Marcel, und Ulrich Raulff (Hrsg.). *Handbuch Archiv. Geschichte, Aufgabe, Perspektiven*. Stuttgart 2016.

Lindner, Christoph. *Fictions of Commodity Culture. From the Victorian to the Postmodern*. Hampshire 2003.

Loch, Kathi. *Dinge auf der Bühne. Entwurf und Anwendung einer Ästhetik der unbelebten Objekte im theatralen Raum*. Aachen 2009.

Lubkoll, Christine, und Claudia Öhlschläger (Hrsg.). *Schreibszenen. Kulturpraxis – Poetologie – Theatralität*. Freiburg im Breisgau, Berlin, Wien 2015.

Lukas, Wolfgang, Rüdiger Nutt-Kofoth und Madleen Podewski (Hrsg.). *Text – Material – Medium. Zur Relevanz editorischer Dokumentation für die literaturwissenschaftliche Interpretation*. Berlin, Boston, MA 2014.

Lutz, Petra, und Anke te Heesen (Hrsg.). *Dingwelten. Das Museum als Erkenntnisort*. Köln 2005.

Luz, Claudia. „Die Buchrolle und weitere Lesemedien in der Antike". *Lesen. Ein interdisziplinäres Handbuch*. Hrsg. von Ursula Rautenberg und Ute Schneider. Berlin, Boston, MA 2015.

MacGregor, Neil. *A History of the World in 100 Objects*. London 2011.

Mainberger, Sabine. *Die Kunst des Aufzählens. Elemente zu einer Poetik des Enumerativen*. Berlin, New York, NY 2003.

Meier, Thomas, Michael R. Ott und Rebecca Sauer (Hrsg.). *Materiale Textkulturen. Konzepte – Materialien – Praktiken*. Berlin, München, Boston, MA 2015.
Miller, Daniel. *Material Culture and Mass Consumption*. Oxford 1987.
Miller, Daniel. *Material Cultures. Why Some Things Matter*. Chicago, IL 1998.
Miller, Daniel (Hrsg.). *Materiality*. Durham 2005.
Miller, Daniel. *Stuff*. Cambridge, Malden, MA 2010.
Müller, Lothar. *Weiße Magie. Die Epoche des Papiers*. München 2012.
Munteán, László, Liedeke Plate und Anneke Smelik (Hrsg.). *Materializing Memory in Art and Popular Culture*. New York, NY 2016.
Neumann, Birgit (Hrsg.). *Präsenz und Evidenz fremder Dinge im Europa des 18. Jahrhunderts*. Göttingen 2015.
Niehaus, Michael. *Das Buch der wandernden Dinge. Vom Ring des Polykrates bis zum entwendeten Brief*. München 2009.
Orlando, Francesco. *Obsolete Objects in the Literary Imagination. Ruins, Relics, Rarities, Rubbish, Uninhabited Places, and Hidden Treasures*. New Haven, CT 2006 [1994].
Perry, Curtis. *Material Culture and Cultural Materialisms in the Middle Ages and Renaissance*. Turnhout 2001.
Price, Leah. *How to Do Things with Books in Victorian Britain*. Princeton, CA 2012.
Rautenberg, Ursula (Hrsg.). *Reclams Sachlexikon des Buches*. 3. grundlegend neu bearbeitete Ausgabe. Stuttgart 2015.
Rautenberg, Ursula, und Ute Schneider (Hrsg.). *Lesen. Ein interdisziplinäres Handbuch*. Berlin, Boston, MA 2015.
Richards, Thomas. *The Commodity Culture of Victorian England. Advertising and Spectacle, 1851–1914*. Stanford, CA 1991.
Rieger, Dietmar. *Imaginäre Bibliotheken. Bücherwelten in der Literatur*. München 2002.
Samida, Stefanie, Manfred K. H. Eggert und Hans Peter Hahn (Hrsg.). *Handbuch Materielle Kultur. Bedeutungen, Konzepte, Disziplinen*. Stuttgart 2014.
Schivelbusch, Wolfgang. *Das verzehrende Leben der Dinge. Versuch über die Konsumtion*. München 2015.
Schmidt, Sarah (Hrsg.). *Sprachen des Sammelns. Literatur als Medium und Reflexionsform des Sammelns*. Paderborn 2016.
Schneider, Sabine, und Barbara Hunfeld (Hrsg.). *Die Dinge und die Zeichen. Dimensionen des Realistischen in der Erzählliteratur des 19. Jahrhunderts*. Würzburg 2008.
Scholz, Susanne. *Objekte und Erzählungen. Subjektivität und kultureller Dinggebrauch im England des frühen 18. Jahrhunderts*. Königstein im Taunus 2004.
Schubert, Martin (Hrsg.). *Materialität in der Editionswissenschaft*. Berlin, New York, NY 2010.
Schütz, Erhard (zus. mit Silke Bittkow, David Oels, Stephan Porombka und Thomas Wegmann) (Hrsg.). *Das BuchMarkt-Buch. Der Literaturbetrieb in Grundbegriffen*. Reinbek bei Hamburg 2005.
Siegert, Bernhard. *Relais. Geschicke der Literatur als Epoche der Post. 1751–1913*. Berlin 1993.
Sina, Kai, und Carlos Spoerhase (Hrsg.). *Nachlassbewusstsein. Literatur, Archiv, Philologie. 1750–2000*. Göttingen 2016.
Sofer, Andrew. *The Stage Life of Props*. Ann Arbor, MI 2003.
Stewart, Susan. *On Longing. Narratives of the Miniature, the Gigantic, the Souvenir, the Collection*. Durham 1993.

Stingelin, Martin (Hrsg. unter Mitarbeit von Davide Giuriato und Sandro Zanetti). „Mir ekelt vor diesem tintenklecksenden Säkulum". Schreibszenen im Zeitalter der Manuskripte. München 2004 (= Zur Genealogie des Schreibens, Band 1).

Strässle, Thomas, und Caroline Torra-Mattenklott (Hrsg.). Poetiken der Materie. Stoffe und ihre Qualitäten in Literatur, Kunst und Philosophie. Freiburg 2005.

Strässle, Thomas, Christoph Kleinschmidt und Johanne Mohs (Hrsg.). Das Zusammenspiel der Materialien in den Künsten. Theorien – Praktiken – Perspektiven. Bielefeld 2013.

te Heesen, Anke. Der Zeitungsausschnitt. Ein Papierobjekt der Moderne. Frankfurt am Main 2006.

Thums, Barbara, und Annette Werberger (Hrsg.). Was übrig bleibt. Von Resten, Residuen und Relikten. Berlin 2009.

Tietmeyer, Elisabeth, Claudia Hirschberger, Karoline Noack und Jane Redlin (Hrsg.). Die Sprache der Dinge. Kulturwissenschaftliche Perspektiven auf die materielle Kultur. Münster, New York, NY 2010.

Tilley, Christopher, Webb Keane und Susanne Kuechler-Fogden (Hrsg.). Handbook of Material Culture. Los Angeles, CA 2006.

Trentmann, Frank. Empire of Things. How We Became a World of Consumers. From the Fifteenth Century to the Twenty-First. New York, NY 2016.

Wagner, Monika. Das Material der Kunst – Eine andere Geschichte der Moderne. München 2001.

Weder, Christine. Erschriebene Dinge. Fetisch, Amulett, Talisman um 1800. Freiburg 2007.

Weltzien, Friedrich, und Martin Scholz (Hrsg.). Die Sprachen des Materials. Narrative – Theorien – Strategien. Berlin 2016.

Westerwinter, Margret. Museen erzählen. Sammeln, Ordnen und Repräsentieren in literarischen Texten des 20. Jahrhunderts. Bielefeld 2008.

Wilke, Tobias. Medien der Unmittelbarkeit. Dingkonzepte und Wahrnehmungstechniken 1918–1939. München 2010.

Zeitschrift für Germanistik 22.1 (2012): Schwerpunkt „Literarische Dinge".

# 6. Register

## 6.1 Personenregister

**A**

Abelson, Elaine S. 283, 287
Abraham 96
Adamowsky, Natascha 16, 37
Addison, Joseph 34, 207, 211f., 246
Adeloye, Davies 314, 322
Adichie, Chimamanda Ngozi 319, 321f.
Adolphsen, Peter 246
Adorno, Theodor W. 3, 15, 34, 36, 109, 115, 298, 303, 383, 385, 413
Agamben, Giorgio 435
Aichinger, Ilse 435
Aidoo, Ama Ata 319–322
Aischylos 201–203
Ajouri, Philip 248, 250, 252, 254
Akanbi, Moses A. 322
Alaimo, Stracy 53f.
Alberti, Leon Battista 376
Albright, Madeleine 370f.
Alcott, Louisa May 377
Alexander, Sir William 180, 183–187
Alighieri, Dante 65
Althaus, Thomas 252, 254
Althusser, Louis 103, 106
Amann, Klaus 427
Ambesser, Axel von 204
Amend-Söchting, Anne 292, 294f.
Améry, Jean 393
Amis, Kingley 143
Anders, Günter 36
Andersen, Hans Christian 214f., 220, 246, 416
Anderson, Benedict 326, 330
Anderson, Mark M. 342–344, 348
Andreas-Salomé, Lou 52, 54
Anstett, Jean-Jacques 436
Antoine, André 266, 271
Anton, Annette C. 392f.
Anz, Thomas 133
Apel, Friedmar 439

Appadurai, Arjun 3, 15, 375f.
Arendt, Hannah 332f., 339
Aristoteles 50, 54, 65, 99, 197f., 203, 384, 428, 430
Arkwright, Richard 274
Armstrong, Carol 352, 355
Armstrong, Isobel 274, 276, 279f.
Arnold, Heinz Ludwig 311
Arnold, Matthew 273
Asendorf, Christoph 56, 62
Asman, Carrie L. 86, 88
Assmann, Aleida 31, 36, 68, 71, 83, 88, 122, 434f., 440f.
Assmann, Jan 66f., 70, 122, 188, 195, 440f.
Aston, Georges 361, 364
Attfield, Judy 406f.
Auerochs, Bernd 438
Austin, John 9
Ayo, Charles K. 322

**B**

Babbage, Charles 443
Bachtin, Michail M. 93, 97, 395f.
Baer, Ulrich 299, 303
Bagehot, Walter 274, 279
Baier, Horst 456
Bail, Murray 327f., 330
Baines, Edward 275
Baisch, Martin 117–119, 122
Baker, Nicholson 376
Bal, Mieke 29, 32, 86, 88, 99, 106
Balázs, Béla 59, 62
Balint, Juditha 247
Balzac, Honoré de 32, 36, 231–238, 286, 395, 398, 415
Bandehausen, Rolf 272
Bannasch, Bettina 16
Barad, Karen 48f., 54, 119, 122
Barbey d'Aurevilly, Jules 293, 295
Barck, Karlheinz 311, 435

Bardt, Juliane 41, 44
Barthes, Roland 9, 12, 15, 32–34, 36, 40f., 44, 93, 113–115, 373, 375f., 429
Baßler, Moritz 83f., 88, 93, 97, 264
Batchen, Geoffrey 341, 348
Bate, Jonathan 160
Bath, Corinna 53f.
Baudelaire, Charles 368, 435
Baudrillard, Jean 84, 88, 375f.
Bauer, Oswald 89
Bauer, Yvonne 54
Bauman, Zygmunt 435
Baur, Joachim 79f.
Bausinger, Hermann 218, 220
Becker, Andrea 435
Becker, Helmut 106
Beckwith, Carol 317, 322
Begemann, Christian 258, 261, 263f.
Behler, Ernst 436
Beilein, Matthias 160
Beizer, Janet 286f.
Belknap, Robert 93, 97
Bellmer, Hans 431
Bellow, Saul 143
Belting, Hans 122
Benedict, Barbara 209, 212
Benjamin, Walter 7, 12, 15, 26–28, 31, 33, 35f., 58f., 62, 75, 80, 86–88, 93, 198–200, 203, 270, 274, 341f., 348, 372f., 378f., 383, 409–411, 413f., 435, 454, 456
Benn, Gottfried 134
Benne, Christian 135, 138, 142
Bense, Max 443f.
Benthien, Claudia 125
Benveniste, Emile 103, 106
Beresford, James 253f.
Berger, Renate 431f.
Bergermann, Ulrike 355
Berking, Helmuth 182, 187
Bernay, Michel 381
Berndt, Elin-Birgit 43f.
Berndt, Frauke 12, 15, 24, 28
Bernhard, Thomas 427
Berns, Jochen 196
Bernstein, Charles 302f.
Bertschik, Julia 229, 252, 254, 415, 417
Bertuch, Friedrich Justin 222

Beyer, Marcel 398
Bickenbach, Matthias 372f.
Bielfeldt, Ruth 16
Bin Laden, Osama 347
Binczek, Natalie 374
Bischoff, Doerte 10, 15, 72, 79f., 260f., 264, 305f., 311, 401, 438, 441, 445f.
Bittkow, Silke 160
Blackwell, Mark 239, 246
Blake, William 273
Blättler, Christine 98, 402
Bleuler, Ann Kathrin 168, 170
Blewett, David 213
Bloch, Ernst 27, 29, 36, 413
Bluche, Lorraine 79f.
Blume, Hans-Dieter 203
Blume, Judith 372, 374
Blumenberg, Hans 455
Boccaccio, Giovanni 425
Bock von Wülfingen, Bettina 54
Bockelkamp, Marianne 41, 44
Boehncke, Heiner 37
Böhm, Steffen 314, 322
Böhme, Hartmut 31, 36, 192, 195, 248, 251, 254, 257, 260, 264, 281–287, 400, 402, 407, 435, 452
Bohnenkamp, Anne 42, 44, 126, 130, 133f., 392–394
Böll, Heinrich 240, 246
Bolter, Jay David 84, 88
Bolzoni, Lina 191, 195
Bonaparte, Anna 28
Bonitz, Hermann 430
Borchert, Angela 222f., 226, 229
Borges, Jorge Luis 93, 390
Boschung, Dietrich 247
Bosse, Anke 393
Bosse, Heinrich 155, 159
Boulton, Matthew 275
Bourdieu, Pierre 3, 7, 15, 153, 155, 159, 182, 187, 284, 375, 376, 404
Bowlby, Rachel 282, 287
Brackert, Helmut 220
Brahm, Otto 266
Braque, Georges 301
Braun, Peter 40, 44
Brauneck, Manfred 265, 269, 272

Braungart, Georg 39, 44
Braungart, Wolfgang 437–439
Brecht, Bertolt 75, 77, 80, 270, 310f., 442
Brecht, Christoph 97
Bredekamp, Horst 82, 85, 88, 119, 122
Breger, Claudia 36f., 304
Brentano, Clemens 220
Breuer, Constanze 87f.
Breughel, Pieter 234
Breward, Christopher 282, 287
Brewster, Anne 330
Briesen, Detlef 283, 287
Briggs, Asa 273, 279
Brinkmann, Rolf Dieter 332, 336–339, 343, 348, 435
Bröckling, Ulrich 159
Bronfen, Elisabeth 52, 54
Brosius, Christiane 437, 439
Brown, Bill 1, 2, 15, 30, 36, 61f., 108, 115, 375f., 448, 450
Brown, Laura 210, 213
Brown, Walter Lee 246
Brüggemann, Heinz 242, 246
Bruhn, Manfred 453
Brunel, Pierre 411
Brüning, Jochen 88
Brunner, José 12, 15, 21, 28, 450
Bruno, Giordano 65
Bruster, Douglas 173, 178
Bryant, Marsha 342, 348
Bumke, Joachim 119f., 122, 163, 170
Bummert, Jürgen 324, 331
Bung, Stephanie 372, 374
Bunzel, Wolfgang 392, 393
Burke, Peter 225, 229
Burnett Tylor, Edward 435
Busch, Wilhelm 254, 256
Buschinger, Danielle 170
Butler, Judith 3, 6, 9, 15, 47f., 50, 54, 103, 106
Butler, Octavia 432
Büttner, Frank 85, 88, 391
Butzer, Günter 16, 438f.

C
Caduff, Corina 439
Cahn, Michael 84, 88

Calderwood, James 175, 178
Campbell, Colin 286f.
Campe, Rüdiger 137, 142, 392f.
Canetti, Elias 390
Carlyle, Thomas 273, 275, 279
Carson, Jonathan 373f.
Cartesius, Renatus 4
Caruth, Cathy 69f.
Cassirer, Ernst 250, 254
Castex, Pierre-Georges 237
Cavallo, Guglielmo 40, 44
Cave, Terence 92, 97
Červenka, Jaromir 194f.
Cézanne, Paul 61, 297, 299–301, 302–304
Chakrabarty, Dipesh 322
Chakravorty, Gayatri 106
Chaplin, Charlie 26
Chartier, Roger 40, 44, 135, 142
Chen, Yen-Chun 133
Christ, Valentin 9, 15, 28
Christie, Agatha 393
Cicero 65
Claproth, Justus 422f.
Clark, T. J. 300, 303
Cleland, John 213
Cogny, Pierre 289, 295
Cohen, William A. 395f.
Colin, Nicole 288
Colli, Giorgio 204
Collins, Wilkie 245f.
Comenius, Johann Amos 31, 188–195
Compagnon, Antoine 423
Comte, Auguste 263
Conley, Jim 314, 322
Connor, Steven 273, 279
Contzen, Eva von 93, 97
Coole, Diana 6, 15
Cooper, James Fenimore 34, 240–246
Coppola, Sophia 339f.
Corneille, Pierre 203
Couton, Georges 203
Crary, Jonathan 57, 62
Crébillon, Prosper Jolyot 426
Csíkszentmihályi, Mihály 84, 88
Culkin, John 10, 15
Cunningham, D. J. 325, 330

## D

d'Houay, S. 360, 364
Daemmrich, Horst S. 430
Daemmrich, Ingrid G. 430
Dahn, Felix 66
Daly, Suzanne 277–279
Dangel-Pelloquin, Elsbeth 441
Danneberg, Lutz 264, 380f.
Darwin, Erasmus 276f.
Daston, Lorraine 2, 15, 29, 36, 40, 44, 104, 106, 264
Davidis, Michael 12, 15
Davis, Herbert 213
Davis, Natalie Zemon 182, 187
de Botton, Alain 358, 364
de Brosses, Charles 400
de Certeau, Michel 333, 339
de Cervantes, Miguel 389
De Grazi, Margreta 173, 178
de Jong, Ralf 420
de la Motte-Fouqué, Caroline 427
de Maistre, Gabriel 364
de Maistre, Xavier 357f., 363f.
de Maupassant, Guy 407, 426
de Middel, Christina 350, 355
de Villiers de L'Isle-Adam, Auguste 431
de Waal, Edmund 80
de' Dondi, Giovanni 443
Dean, Roger T. 330
Defoe, Daniel 156, 159, 213, 326, 330
Degani, Enzo 380, 382
Deicher, Susanne 91, 97
Dekker, Thomas 172, 178
Delen, Marie-Ange 372, 374
DeLillo, Don 287
Dembeck, Till 374
Denson, Shane 327, 330
Derrida, Jacques 38, 39, 44, 83, 88, 137, 142, 384f., 404
Descartes, René 100, 274
Deupmann, Christoph 249, 253, 254
Deutsch, Jan-Georg 322
Diaconu, Madalina 192, 195
Dickens, Charles 273, 275f., 279, 395, 435
Dickhaut, Kirsten 305, 310, 311
Diderot, Denis 431
Didi-Huberman, Georges 384f.

Dilthey, Wilhelm 139, 384f.
Dinev, Dimitré 77
Dobson, Michael 177f.
Doležalová, Lucie 92, 97
Domin, Hilde 78, 80
Dominik, Hans 442
Donath, Adolph 86, 88
Doppler, Alfred 37, 264, 447
Döring, Tobias 326, 331
Dornhofer, Daniel 180, 187
Douglas, Mary 114f., 333, 339, 367–369, 395f., 434f.
Downing, Eric 387
Draaisma, Douwe 65, 70
Dreiser, Theodore 283, 285–287
Dressel, Ralf 222f., 226, 229
Dreyfus, Hubert L. 106
Drohl, Gisela 63
Dropmann, Nicola 371
Drügh, Heinz 3, 15, 284, 287, 332f., 337–339, 371, 448, 452
Drux, Rudolf 274, 279
du Gay, Paul 114f.
Dubuisson, Paul 283
Dücker, Burkhard 437, 439
Dückers, Tanja 398
Dumesnil, René 411
Dürer, Albrecht 234
Duvall, Raymond 354f.

## E

Ebbesmayer, Curtis 324, 331
Ebeling, Knut 83, 88
Ecker, Gisela 11, 15, 28, 34–37, 304, 404, 406f.
Eco, Umberto 93, 97, 384, 390
Eggert, Manfred K. H. 1, 16, 17, 28, 37, 145, 151f., 247, 402, 408, 430
Egidi, Margreth 163, 170
Ehlich, Konrad 15, 117, 122f.
Eichendorff, Joseph von 24, 31, 36
Eichmann, Adolf 69
Eichner, Hans 436
Eisenhofer, Stefan 401f.
Eisenstadt, Shmuel N. 313, 322
Eisenstein, Bernice 34, 36, 398
Elias, Friederike 123

Elias, Norbert 375f.
Eliot, George 416
Eliot, T. S. 435
Ellis, Bret Easton 339
Endres, Johannes 264, 440f.
Engel, Manfred 304
Engelhorn, Klaus 425, 427
Engell, Lorenz 8, 17, 255
Engels, Friedrich 4, 5, 15
English, James 156, 159
Enzensberger, Christian 395f.
Enzensberger, Hans Magnus 373, 443f.
Erll, Astrid 2, 15, 64, 67f., 70f.
Ernst, Ulrich 390f.
Ernst, Wolfgang 69, 71
Erpenbeck, Jenny 398, 425
Esty, Joshua D. 396
Evans, Dylan 102, 106
Evelein, Johannes 75, 80
Eyth, Max 442

**F**
Falk, Rainer 40, 45
Fallada, Hans 287
Fauser, Markus 339
Fausto-Sterling, Anne 48, 54
Fayet, Roger 368f.
Featherstone, Mike 313, 322, 335, 339
Fechner, Theodor 22
Feldbusch, Thorsten 325, 331
Feldman, Jessica 293, 295
Felfe, Robert 16, 37
Felman, Shoshana 69, 71
Felski, Rita 283, 287
Fenske, Michaela 407
Fetscher, Justus 435
Fichte, Hubert 93
Fijałkowski, Adam 191, 196
Fillers, Katharina 272
Fiquet, Marie-Hortense 300
Fischer, Luke 300, 304
Fischer, Sabine 15
Fischer-Lichte, Erika 196f., 203
Fisher Fishkin, Shelley 327
Fiske, John 327, 331, 375
Fix, Ulla 118, 123
Flaubert, Gustave 12, 377, 410f., 416, 441

Fleig, Anne 417
Fludd, Robert 65
Flusser, Vilém 448, 450
Focken, Friedrich-Emanuel 121, 123
Fohrmann, Jürgen 89, 373, 423
Fontane, Theodor 378, 393, 397, 410, 426, 442
Fontius, Martin 435
Formisano, Marco 16, 37
Fornet-Betancourt, Raul 106
Foucault, Michel 9, 51, 54, 87f., 94, 104, 106, 118, 123, 310f., 384
Fougeret de Monbron, Louis-Charles 426
Franck, Georg 159
Frank, Anne 68
Frank, Michael C. 15, 369
Frank, Peter 203
Frédéric, Madeleine 92, 97
Freedgood, Elaine 278f.
Freud, Anna 28
Freud, Sigmund 23, 25, 28, 52, 54, 101–103, 105f., 251, 387f., 401
Freund, Max 282, 287
Frey Steffen, Therese 54
Friedländer, Saul 414
Friedrich, Markus 82, 88, 140, 142, 391
Fries, Thomas 134
Frisé, Adolf 63
Fritzsche, Peter 66, 71
Fromer, Julie E. 278f.
Frost, Samantha 6, 15
Frühwald, Wolfgang 36f., 264, 447
Fuhrmann, Manfred 203
Fülberth, Andreas 254
Fulda, Daniel 12, 15, 24, 28
Fülleborn, Ulrich 304

**G**
Galison, Peter 104, 106, 264
Ganz, David 120, 123
Gaonkar, Dilip Parameshwar 313, 322
Garbe, Christine 40, 44
Garber, Marjorie 401f.
Garve, Christian 227–229
Gaskell, Elizabeth 276–279
Gass, William H. 302, 304
Gastev, Aleksej K. 442

Gautier, Théophile 409
Gay, John 395
Gebelein, Helmut 294, 295
Geertz, Clifford 231, 238
Geiger, Arno 398
Genazino, Wilhelm 373, 376
Gendolla, Peter 431, 432
Genette, Gérard 38, 44
Gente, Peter 311
Gentz, Joachim 93, 97
George, Stefan 441
Gerbich, Christine 80
Gerstäcker, Friedrich 263f.
Gertz, Jan Christian 120, 123
Gerz, Jochen 363f.
Gibbons, Brian 172, 178
Gibbs, James 318, 322
Giesen, Bernhard 368f.
Gil, Jonathan 178
Gildon, Charles 246
Giuriato, Davide 43f., 373f.
Glaser, Peter 339
Gleim, Johann Wilhelm Ludwig 138f.
Gockel, Bettina 15
Godelier, Maurice 181, 187, 404
Goethe, Johann Wolfgang von 24, 41, 44, 86, 139, 143, 254, 297, 377, 380, 383, 441f., 451
Goetz, Rainald 338f., 347f., 368
Göhre, Paul 287
Goldmann, Lucien 110
Gombrich, Ernst H. 2, 15
Gómez-Muller, Alfred 106
Gomille, Monika 88
Goncourt, Edmond de 361f., 364
Goodman, Nelson 94
Goody, Jack 91, 97
Göpfert, Herbert G. 204
Gordon, Rae Beth 291f., 295
Gosden, Chris 42, 44
Göttlich, Udo 43f.
Graczyk, Annette 191, 196
Graevenitz, Gerhart von 312
Grass, Günter 368f.
Grätz, Katharina 83, 89, 257f., 264, 446
Greber, Erika 9, 13, 15f., 43–45, 440f.
Greenberg, Clement 337, 413f.

Greenblatt, Stephen 115, 156, 160
Greene, Roland 304
Green-Simms, Lindsey 314, 322
Greimas, Algirdas Julien 9, 114
Grein, Jacob 266
Greiner, Bernhard 198, 203
Grenzmann, Ludger 122
Grésillon, Almuth 142
Grillparzer, Franz 203
Grimm, Gunter E. 204
Grimm, Jacob und Wilhelm 35f., 216, 218–221, 242, 246, 445f., 448–450
Grimm, Reinhold 249, 254f.
Grimmelshausen, Hans Jakob Christoffel von 239, 241, 246f., 376
Groddeck, Wolfram 131, 133f.
Groos, Arthuer 165, 168, 170
Grossberg, Lawrence 106, 375f.
Grote, Andreas 83, 89, 195
Groys, Boris 335f., 339
Grubmüller, Klaus 131, 133
Gründer, Karlfried 106, 453
Grunert, Frank 85, 89
Gryphius, Andreas 200, 204
Guest, Eddie 413
Gumbrecht, Hans Ulrich 2, 5, 8, 16, 36, 38, 44, 118, 122f., 142, 393
Gunia, Jürgen 40, 45
Gunkel, Henriette 350f., 355
Günzel, Stephan 83, 88

H
Haag, Saskia 445f.
Haas, Claude 201, 204
Haas, Eberhard Th. 205
Haas, Robert Bartlett 304
Haase, Marie-Luise 134
Habermas, Tilmann 3, 16, 188, 196
Hackenschmidt, Sebastian 425, 427
Haferkamp, Wendelin 249, 255
Hafner, Fabjan 427
Hafner, Susanne 167, 170
Hagen, Waltraut 385
Hagenhoff, Svenja 419f.
Haggard, Henry Rider 371

## 6.1 Personenregister — 469

Hahn, Hans Peter 1, 2, 4, 16f., 28, 33, 36f., 144f., 151f., 216, 221, 239, 246f., 375f., 402, 408, 429f.
Halbwachs, Maurice 68, 71
Haley, Jennifer 432
Hall, Joseph 378f.
Hall, Stuart 6, 114f., 375
Hamacher, Bernd 132f.
Hamblock, Dieter 204
Hamburger, Käte 254
Hamilton, Richard 334f., 339f.
Hamon, Philippe 92, 97
Hampe, Henrik 80
Handke, Peter 89, 426f.
Hanebutt-Benz, Eva-Maria 419f.
Hansen, Lis 367
Haraway, Donna 47–49, 53f., 432
Hardmeier, Christoph 122
Hardy, Thomas 276, 279
Hargreaves, John 275
Harmache, Coralie 356
Harms, Wolfgang 193, 196
Harris, Jonathan Gill 175, 178
Harvie, Christopher 276, 279
Hasebrink, Burkhard 171
Haselstein, Ulla 30, 37, 180, 187, 303f., 404
Hass, Hans-Egon 272
Hassard, John 16
Haug, Christine 423
Haug, Wolfgang Fritz 333, 339, 452
Hauptmann, Gerhart 204, 265, 268, 272
Hauschild, Thomas 15
Hauser, Susanne 367, 369, 434, 435
Haushofer, Marlen 35, 37
Hay, Louis 119, 123, 142
Hayles, N. Katherine 443f.
Haynes, Lauren 355
Hecht, Werner 311
Hegel, Georg Wilhelm Friedrich 4, 197f., 204, 389, 391, 400
Heibach, Christiane 304
Heidegger, Martin 3–5, 16, 61f., 108, 110–115, 254f., 297, 304
Heidenreich, Nanna 355
Heilborn, Adolf 362–364
Heine, Heinrich 306, 311
Heinemann, Gottfried 428, 430

Heinzle, Joachim 124
Heiser, Sabine 67, 71
Hekman, Susan 53f.
Helmholtz, Hermann von 22, 57, 62, 434
Heltoft, Ulrik 363f.
Henkel, Brook 61f.
Hennig, Nina 151, 239, 247
Hentschel, Evelyn 201, 204
Henzel, Katrin 372, 374
Heraklit 114
Herder, Johann Gottfried 197, 204
Herkommer, Hubert 122
Hermand, Jost 255
Hermann, Iris 40, 45
Hermes, Roger 450
Herres, Nina 304
Herrmann, Friedrich-Wilhelm von 62, 304
Herweg, Nikola 80
Heselhaus, Herrad 105f.
Hesiod 431
Hesse, Hermann 383
Hessel, Franz 413
Heym, Georg 133
Hides, Sean 6, 16
Hieke, Thomas 93, 97
Hierzel, Salomon 381
Hilgert, Markus 39, 45, 121, 123
Hirsch, Marianne 69, 71
Hirschberger, Martina 93, 97
Hirschi, Caspar 423
Hobsbawm, Eric 66, 71
Hodge, Bob 331
Hoffmann, Christoph 58, 62
Hoffmann, Dietrich 196
Hoffmann, E. T. A. 24, 253, 255, 397, 426, 431, 442, 451
Hoffmann, Raoul 283, 287
Hofmannsthal, Hugo von 60, 62, 434, 436
Hoggart, Richard 6
Hohenberger, Eva 356
Hol, Christiane 378
Hölderlin, Friedrich 114, 142, 383, 442
Holm, Christiane 10, 12, 16, 25, 28, 66f., 71, 188, 196, 246, 255, 379
Holtz, Bärbel 88
Holz, Arno 265, 272
Homer 24, 209

Homeyer, Fritz 312
Honigmann, Ernst A. J. 255
Honnefelder, Gottfried 392f.
Honneth, Axel 106
Hooper-Greenhill, Eilean 85, 89
Hoppe, Felicitas 393
Hoppe, Ralf 73, 80
Horaz 422
Hörisch, Jochen 444
Horlacher, Stefan 371
Hornig, Dieter 115
Hornstein, Herbert 191, 196
Horstkotte, Silke 345, 348
Hoskins, Janet 150, 151
Houellebecq, Michel 289, 295
Houssaye, Arsène 360, 364
Hrabal, Bohumil 423
Huggan, Graham 156, 160, 331
Hughes, Peter 134
Hugo, Victor 66
Hüller, Franz 264
Humboldt, Wilhelm von 51, 54
Hunfeld, Barbara 264, 441
Hunger, Ulrich 423
Hunter, Richard L. 93, 97
Huntsman, Leone 326f., 331
Hürlimann, Annemarie 450
Husserl, Edmund 3f., 29
Hutchinson, Ben 142
Huysmans, Joris-Karl 60, 62, 92, 289–295, 371, 407, 410f.
Huyssen, Andreas 344, 348, 373f.

I
Iber, Christian 451, 453
Ibsen, Henrik 265
Ici-Même 363f.
Illich, Ivan 120, 123
Illouz, Eva 284, 286f.
Impey, Oliver 82, 89
Irigaray, Luce 50, 53f.
Isherwood, Baron 114f., 333, 339

J
Jacob, Joachim 438f.
Jacobs, Wilhelm G. 118, 123
Jacobus de Voragine 381

Jäger, Ludwig 117, 123
Jakobson, Roman 387f.
Jamme, Christoph 298, 304
Jandl, Ernst 426
Janes, Linda 115
Jannidis, Fotis 124, 133
Janssen, Carmen Viktoria 440f.
Jardine, Lisa 172, 178
Jarry, Alfred 268, 272
Jean Paul 249, 253, 255, 422, 431, 455f.
Jeay, Madeleine 92, 98
Jelinek, Elfriede 432
Jennings, Humphrey 275, 279
Jenyns, Soame 211, 213
Jesus 96
Jirgl, Reinhard 398
Jochum, Uwe 389, 391
John, Johannes 264
Johnson, Patricia E. 273, 279
Johnson, Ryan 395f.
Johnson, Samuel 395
John-Wenndorf, Carolin 158, 160
Jones, Ann Rosalind 178
Jones, Campbell 322
Jones, Sumie 98
Jonson, Ben 172, 178
Jourde, Pierre 289, 291f., 295
Joyce, James 93
Jullien, François 93, 98
Jünger, Ernst 83, 442, 444

K
Kafka, Franz 26, 28, 34, 36f., 41, 45f., 62, 131, 133, 143, 376, 383, 449f.
Kahl, Paul 88
Kamel, Susan 80
Kaminski, Nikola 200, 204
Kammer, Stephan 117, 123
Kane, Selly Raby 351
Kant, Immanuel 22, 38, 100, 250, 253–255, 412, 414, 428, 448, 450
Kantorowicz, Alfred 306, 311
Kanzog, Klaus 127, 130f., 133
Kaplan, Flora E. S. 87, 89
Karpik, Lucien 159f.
Karr, Alphonse 361, 364
Kastberger, Klaus 446

Kästner, Erhart 25, 28
Kaufmann, Vincent 423
Käutner, Helmut 247
Keane, Webb 151
Keenan, Thomas 69, 71
Kehnel, Annette 124
Keith, Naima, J. 355
Keller, Gottfried 74, 80, 398, 416, 441
Kelley, Mike 354, 356
Kellner, Beate 120, 123
Kelly, Dorothy 293, 296
Kepplinger, Hans Mathias 456
Kerr, Judith 72
Keun, Irmgard 416
Khider, Abbas 77
Kible, Brigitte 100, 106
Kiefer, Jochen 432
Kiening, Christian 170
Kienlin, Tobias 247
Kienzle, Rudi 439
Kilcher, Andreas 78, 80, 93, 98, 306, 311
Kimmich, Dorothee 12, 15f., 26, 28, 60, 62, 144, 151
Kingcaid, Renée A. 293, 296
Kirkham, Pat 406, 407
Kisch, Robert 287
Kittler, Friedrich 43, 45, 155, 392, 393, 443f.
Kittler, Wolf 28, 37, 62
Kläger, Florian 374
Klein, Christian 438f.
Kleine, Uta 120, 123
Kleinert, Annemarie 223, 226, 229
Kleinschmidt, Christoph 221
Kleist, Heinrich von 24, 132f., 204, 383, 397
Klingan, Katrin 368f.
Klinkert, Thomas 256
Klose, Wolfgang 374
Klotz, Volker 197, 200, 204, 216, 221
Kluge, Alexander 344, 347f.
Kluge, Gerhard 204
Kluwick, Ursula 325, 331
Knape, Joachim 191, 196
Knappett, Carl 42, 45f.
Knopf, Jan 311
Koch, Hans-Gerd 28, 37
Kociubinska, Edyta 291, 293, 296
Koelbl, Herlinde 136, 143

Kohl, Karl-Heinz 2, 16, 23, 28, 34, 37, 437, 439
Köhler, Sigrid G. 9f., 16, 47f., 51–54., 118f., 123, 125, 437, 460
Köhrer, Erich 282, 287
Kokoschk, Oskar 431
Koller, Ariane 89
Komfort-Hein, Susanne 306, 311
Konersmann, Ralf 255
König, Christoph 87, 90
König, Gudrun M. 282–284, 287, 406–408
König, Wolfgang 332, 339
Kopp, Detlev 351, 356
Korda, Natasha 175, 178
Korff, Gottfried 79f., 89
Kormann, Dieter 193, 196
Körner, Christian Gottfried 381
Körte, Mona 35, 37, 218, 221, 306f., 311f., 390f., 423, 449f.
Koslowski, Peter 288
Kostelanetz, Richard 303
Kowaleski-Wallace, Elizabeth 210, 213
Krabbes, Frank 123
Kracauer, Siegfried 26, 58, 413, 435
Kracht, Christian 339, 371
Kramer, Anke 42, 45, 83, 89, 372, 374
Krämer, Sybille 117, 119, 122f.
Kramme, Rüdiger 63, 116
Kraß, Andreas 164, 170, 415, 417
Kraus, Georg Melchior 222
Krauß, Angela 346–348
Krauss, Friedrich Salomon 218, 221
Krauss, Nicole 80
Krausser, Helmut 368f.
Krechel, Ursula 438f.
Kreienbrock, Jörg 252, 254f.
Kreinath, Jens 437, 439
Kreuz, Patric-Alexander 247
Kreuzer, Helmut 254
Krießbach-Thomasberger, Martina 304
Kristeva, Julia 50, 53f., 99, 104–106
Krohn, Tim 246, 247
Kroll, Renate 106
Kronauer, Brigitte 376, 416
Krug, Wilhelm Traugott 428, 430
Kuchenbuch, Ludolf 120, 123, 367, 369
Kuechler-Fogden, Susanne 151

Kugler, Hartmut 124
Kühl, Alicia 229f.
Kuhles, Doris 223, 229
Kuhn, Axel 419f.
Kundera, Milan 412, 414
Kuni, Verena 42, 45

**L**

La Mettrie, Julien Offray de 274, 279, 431
La Roche, Sophie von 359, 364, 427
Laage, Karl Ernst 264
Labiche, Eugène 204
Lacan, Jacques 52, 54, 102f., 106, 108, 115
Lachinger, Johann 264
Lachmann, Karl 171
Lachmann, Renate 396
Lakoff, George 94, 98
Lamberty, Christiane 282f., 287
Lämmle, Rebecca 93, 98
Land, Chris 322
Landfester, Ulrike 441
Landsberg, Alison 70f.
Langbein, Ulrike 397, 399
Lanwerd, Susanne 80
Lapacherie, Jean-Gérard 143
Latour, Bruno 4, 16, 23, 28, 61, 63, 104, 106, 114f., 151, 263, 264, 376, 400, 402, 434, 436
Laub, Dori 69, 71
Laube, Stefan 188, 196
Lauer, Gerhard 124, 133
Laufhütte, Hartmut 264
Lautenschläger, Karl 268
Lavagnino, John 178
Law, John 16
Le Goff, Jacques 67, 71
Leader, Zachary 140, 143
Lecolle, Michelle 93, 98
Leerssen, Joep 67, 71
Lefebvre, Henri 313, 322
Lefort, Claude 221
Lehmann, Hans-Thies 199, 204
Lehmann, Johannes 251, 253, 255
Lehnert, Gertrud 225, 227, 229, 230, 416f.
Leitherer, Eugen 452f.
Lem, Stanislaw 432
Lemaire, Michel 290, 296

Lenda, Kabinda 355f.
Lentes, Thomas 120, 123
Lenz, Thomas 282, 288
Leonhard, Joachim-Felix 152
Lepp, Nicola 450
Lepper, Marcel 139, 143
Lerner, Paul 282, 288
Lessing, Gotthold Ephraim 92, 203f.
Lévi-Strauss, Claude 23
Leypoldt, Günter 285, 287
Lieb, Ludger 39, 45, 120, 123, 168–170
Lindner, Burkhardt 62
Lindner, Christoph 277, 279
Linhart, Eva 372, 374
Lischeid, Thomas 306, 312
Livi, François 289, 292, 296
Lo, Kyung Eun 282, 288
Löber, Ulrich 420
Loch, Kathi 200, 204, 271f.
Lohmann, Georg 451, 453
Lohmeier, Dieter 264
Long, Jonathan J. 346, 348
Loren, Cary 356
Lörincz, Csongor 304
Loschek, Ingrid 371
Lougy, Robert E. 396
Lucius, Wulf D. 150f.
Lüdeke, Roger 117, 121, 124, 127, 133
Ludwig, Hans-Werner 152
Luhmann, Niklas 455f.
Lukács, Georg 58, 63, 110, 115
Lukas, Wolfgang 121, 123f., 128, 131, 133
Luserke-Jaqui, Matthias 204, 255
Lüthi, Max 217, 221
Lutz, Petra 85, 89
Luz, Claudia 418, 420
Lyons, John D. 198, 204

**M**

MacGregor, Arthur 82, 89
MacGregor, Neil 16
Mach, Ernst 57, 63
Macho, Thomas 12, 16, 35–37, 41, 45, 432
Mack, Maynard 213
Mahlke, Kirsten 15
Maier, Andreas 427, 429f.

## 6.1 Personenregister — 473

Mainberger, Sabine 12, 84, 89, 91–94, 98, 454
Mallarmé, Stephane 133
Mandel, Mike 353, 356
Mangin, Arthur 360, 364
Mann, Heinz Herbert 420
Mann, Thomas 140, 155, 398f., 416
Mannack, Eberhard 204
Manuwald, Gesine 98
Marcuse, Herbert 333, 339
Marey, Étienne-Jules 443
Zimmermann 229
Marinelli, Lydia 426f.
Marinetti, Filippo Tomaso 442
Maroko, Erik 91, 97
Marston, John 172, 178
Martin, Graham 279
Martínez, Matías 124, 133, 255
Martini, Carl Anton von 245, 247
Martus, Steffen 137, 143
Marty, Éric 373
Marx, Karl 4, 58, 60, 63, 110, 115, 234–235, 238, 252, 255, 260, 274, 281, 332–334, 401, 451–453
Matussek, Peter 192, 195
Mauss, Marcel 2, 181f., 187, 403f.
Maya, V 351, 356
Mayer, Mathias 216, 221
Mayer, Petra 248, 250, 255
Mayröcker, Friederike 393
McCracken, Grant 114f., 284, 288
McDowell, Nancy 325, 331
McLaren, Arlene Tigar 322
McLuhan, Marshall 67
Medicus, Thomas 346, 348
Mehl, Dieter 172, 178
Meier, Thomas 4, 16, 28, 39, 45, 123f., 437–439
Mein, Georg 288
Meira, Frauke 80
Meise, Helga 83, 89
Mellor, Anne K. 100, 106
Melville, Herman 311, 428
Mende, Dirk 251, 255
Menke, Bettine 432f.
Menke, Christoph 104, 106
Merleau-Ponty, Maurice 3, 5, 16, 219, 221

Merz, Konrad 76, 80
Metz, Christian 287
Metzler, Jan Christian 16, 53f., 123, 125
Meyer, Christina 330
Meyer, Conrad Ferdinand 66
Meyer, Dirk 97
Meyer, Theo 272
Meyerowitz, Patricia 304
Michael, Göhlich 188, 196
Michaels, Axel 439
Michaels, Walter Benn 156, 160
Michel, Karl Markus 204
Michel, Raymond 98
Michler, Werner 258, 264
Middleton, Thomas 172, 178
Milcent-Lawson, Sophie 98
Miller, Daniel 2, 5, 13, 16, 112, 115, 286, 288, 314, 322, 333, 339, 375, 376
Miller, Norbert 255, 456
Miller, Rosie 374
Mills, Victoria 273, 279
Milton, John 93
Minchin, Elizabeth 93, 98
Miner, Earl Roy 92, 98
Mirabella, Bella 370, 371
Mittenzwei, Werner 311
Mittermayer, Manfred 446
Möbius, Paul J. 283, 288
Moenninghoff, Burkhard 305, 312
Mohs, Johanne 221
Moldenhauer, Eva 204
Montaigne, Michel de 94
Montinari, Mazzino 204
Moody, Skye 324f., 331
Moreau, Gustave 291
Mörike, Eduard 297
Morris, Mark 93, 98
Morris, Meghan 375
Morris, William 273, 275
Mosès, Stéphane 374
Muensterberger, Werner 86, 89
Mühlethaler, Jean-Claude 98
Mühlherr, Anna 12
Müller, Artur 270, 272
Müller, Dominik 80
Müller, Ernst 439
Müller, Frank 8, 16

Müller, Herta 79f.
Müller, Jan-Dirk 15, 118, 120, 123f.
Müller, Johannes 57, 63
Müller, Klaus-Detlef 311
Müller, Lothar 41, 44f., 135, 143, 373f.
Müller, Stephan 170
Müller, Wolfgang G. 297, 304
Müller-Tamm, Pia 431, 433
Müller-Wille, Klaus 214f., 221
Münker, Stefan 195
Munteán, László 70f.
Musil, Robert 12, 26, 60, 63

**N**
Nabokov, Vladimir 26, 34, 37
Nalewski, Horst 63
Nelson, Cary 106, 376
Neuber, Wolfgang 196
Neumann, Birgit 208, 213, 273, 279
Neumann, Gerhard 28, 37
Neumann, Michael 343, 348
Neumeyer, Harald 83, 89
Neval, Daniel A. 193, 196
New, Joan 256
New, Melvyn 256
Newman, Karen 174, 178
Ngũgĩ wa Thiong'o 315, 322
Nichols, Stephen G. 118, 124
Nickel, Gunther 15
Nicolai, Friedrich 357
Nieberle, Sigrid 50, 54
Niefanger, Dirk 97
Niehaus, Michael 11, 12, 17, 34, 37, 72, 81, 215f., 221, 239, 244f., 247
Nietzsche, Friedrich 41, 94, 132f., 197f., 204, 434–436
Nkoloso, Edward Makuka 354–356
Noller, Eva Marie 123
Nora, Pierre 66, 71
Novalis 24, 300, 378, 428, 442
Nübel, Birgit 417
Nünning, Ansgar 2, 15
Nutt-Kofoth, Rüdiger 123f., 129f., 133

**O**
Obama, Barack 347
Ocean, Frank 339
Odin, Roger 350, 356
Oeing-Hanhoff, Ludger 194, 196
Oels, David 160
Oesterle, Günter 10, 12, 16f., 25, 42, 45, 188, 196, 246, 249, 255, 378f.
Olin, Margaret 341, 346, 348
Olsen, Bjørnar 145, 151
Omoregbe, Nicholas 322
Ong, Walter 92, 98
Opdenhoff, Fanny 123
Oppert, Kurt 297, 304
Orlando, Francesco 93, 98
Orlin, Lena Cowen 178
Orth, Ernst Wolfgang 254
Ortlieb, Cornelia 297, 304, 312, 391
Osteen, Mark 153, 160
Osterkamp, Ernst 66, 71
Ostermeier, Thomas 271f.
Oster-Stierle, Patricia 440f.
Oswald, Marion 163, 170
Ott, Michael R. 16, 21, 28, 120f., 123f.
Ovid 184, 431
Özdamar, Emine Sevgi 77

**P**
Paley, Grace 376
Palm, Kerstin 48, 54
Pamuk, Orhan 377
Panagiotopoulos, Diamantis 124
Paris, Heidi 311
Parlow, Seth 304
Paschoud, Adrien 98
Pasley, Malcolm 62
Pastior, Oskar 448, 450
Paterson, Matthew 322
Pazzini, Karl-Josef 7, 17
Pearce, Susan M. 2, 16, 17, 82, 86f., 89
Peck, Linda Levy 172, 178, 185, 187
Peirce, Charles Sanders 102
Pelz, Annegret 42, 45, 83, 89, 359, 364, 372–374, 426f.
Perec, Georges 93
Perera, Suvendrini 327, 331
Perry, Curtis 178
Peters, Ursula 117f., 124
Petroski, Henry 41, 45
Petzold, Kay Joe 131, 133

Pfaff-Czarnecka, Joanna 437, 439
Pfeiffer, K. Ludwig 16, 38, 44, 118, 123, 142, 393
Philippos von Thessalonike 381
Piaget, Jean 10
Picasso, Pablo 301
Pichler, Caroline 427
Pichler, Wolfram 41, 45
Pigeot, Jacqueline 92f., 98
Pinthus, Kurt 381
Piscator, Erwin 267
Pittrof, Thomas 229
Plate, Liedeke 71
Platon 50f., 54, 64f., 194
Plotz, John 373f.
Podewski, Madleen 123f., 133
Pointon, Marcia 370f.
Polgar, Alfred 26, 28
Pomian, Krzysztof 257, 264, 398f.
Ponge, Francis 26f., 89, 426
Poovey, Mary 157, 160
Pope, Alexander 73, 206–213, 395
Pörnbacher, Karl 203
Porombka, Stephan 160
Posselt, Franz Ludwig 359, 364
Potthast, Barbara 254
Pratt, Marie-Luise 325, 331
Price, Leah 422f.
Priddat, Birger 287f.
Priewe, Gerhard 324, 331
Probst, Peter 322
Prohl, Inken 437, 439
Propp, Vladimir E. 217, 221
Proulx, Annie 246f.
Proust, Marcel 12, 70, 86, 379, 416
Purbrick, Louise 274, 279
Pütz, Peter 197, 204
Pykett, Lyn 273, 280

Q
Quack, Joachim Friedrich 133
Quilligan, Maureen 178
Quintilian 65

R
Raabe, Wilhelm 66, 387, 435
Rabelais, François 389

Rabinow, Paul 106
Raffel, Eva 372, 374
Raffler, Marlies 87, 89
Rahn, Thomas 40, 45, 127, 128, 133
Raible, Wolfgang 121, 124
Rainey, Lawrence 157, 160
Ralph, James 211, 213
Rammstedt, Angela 63, 116
Rammstedt, Ottheim 17, 63
Randeria, Shalini 313, 322
Randt, Leif 339
Ranger, Eric 66
Ranger, Terence 71
Ranke, Kurt 217, 221
Rasmussen, Eric 160
Raulff, Ulrich 139, 143
Rautenberg, Ursula 8, 17, 40, 45, 144, 147f., 151f., 418, 420f.
Reck, Alexander 254
Reckwitz, Andreas 3, 17, 149, 152f., 159f.
Reed, Marcia 147, 152
Rehfus, Wulf D. 99f., 106
Reich-Ranicki, Marcel 28
Reinhardt, Max 269
Reinhold, Melanie 80
Reinlein, Tanja 392, 394
Reither, Andrea Saskia 435
Reitz, Christiane 93, 98
Remarque, Erich Maria 76
Reumann, Kurt 456
Reuß, Roland 41, 45, 131–133, 383
Rexroth, Tillmann 456
Richards, Thomas 274, 280
Richardson, Catherine 175, 178
Richardson, Samuel 213
Richter, Myriam 132f.
Richter, Virginia 325, 331
Ridder, Klaus 439
Rieger, Dietmar 305, 312
Ries, Thorsten 132, 134
Rigney, Ann 67f., 71
Rilke, Clara 299
Rilke, Rainer Maria 12, 26, 30, 60f., 63, 128, 297–304, 441
Rinnert, Andrea 52, 55
Rippl, Gabriele 88, 369
Ritchin, Fred 347f.

Ritter, Joachim 106, 436, 453
Rivero, Albert J. 213
Robbe-Grillet, Alan 337, 340
Roberts, Sarah 176, 178
Rochberg-Halton, Eugene 84, 88
Röcken, Per 121, 124, 127f., 134
Rockenberger, Anita 121, 124
Rodenbach, Georg 378
Roesler, Alexander 195
Röggla, Kathrin 347f.
Rohde, Carsten 304
Rojahn-Deyk, Barbara 204
Rölleke, Heinz 36, 220f.
Röllin, Beat 132, 134
Rosenkranz, Carl 368f.
Rosenthal, Caroline 54
Rosol, Christoph 369
Ross, Angus 213
Rossi, Paolo 194, 196
Rößler, Hole 192, 196
Roth, Dieter 423
Roth, Martin 82, 89
Rothstein, Anne-Berenike 296
Röttgers, Kurt 434, 436
Rousseau, Jean Jacques 415
Rübel, Dietmar 46
Rublowsky, John 336, 340
Rushdie, Salman 68
Ruskin, John 273, 275, 395f.

S
Saar, Martin 106
Sabor, Peter 213
Sachs, Hans 41, 45
Sade, Donatien Alphonse François de 51, 55
Sahm, Heike 165, 170
Said, Edward 87, 89
Samida, Stefanie 1, 16f., 21, 28, 37, 151f., 247, 402, 408, 430
Samuel, Victoria 322
Sand, George 286
Sander, Ernst 237
Sartre, Jean-Paul 27f.
Sauer, August 264
Sauer, Rebecca 16, 28, 123f.
Saupe, Angelika 54
Saussure, Ferdinand de 102

Savery, Thomas 276
Saxer, Ulrich 145, 152
Schaefer, Ursula 118, 124
Schäfer, Jörgen 374
Schaller, Klaus 191, 195f.
Scharf, Aaron 279
Scheid, John 440, 441
Scheidegger-Lämmle, Cédric 98
Scherer, Bernd M. 369
Scherf, Walter 216, 221
Scherpe, Klaus R. 435
Schiewer, Hans-Jochen 171
Schillbach, Brigitte 36
Schiller, Friedrich 202, 204, 255, 428
Schivelbusch, Wolfgang 45, 203f., 276, 280
Schlaf, Johannes 265, 272
Schlaffer, Heinz 251, 255
Schlawe, Fritz 249, 255
Schlegel, Friedrich 434, 436, 442
Schlenstedt, Dieter 435
Schliemann, Heinrich 386, 388
Schlien, Hellmut 270, 272
Schlör, Joachim 72, 80, 305, 311
Schmidt, Arno 373, 455f.
Schmidt, Heike 322
Schmidt, Johannes 372, 374
Schmidt, Sarah 11, 17, 80, 408
Schmieder, Falko 402
Schmitz-Emans, Monika 83, 89, 93, 98
Schnabel, Werner Wilhelm 372, 374
Schneider, Gregor 363f.
Schneider, Helmut J. 253, 255
Schneider, Karin 422, 423
Schneider, Pablo 43, 45
Schneider, Sabine 61, 63, 257, 261, 264, 300, 304, 441
Schneider, Ulrich J. 85, 89, 389, 391
Schneider, Ute 148, 151f., 418, 420f.
Schneilin, Gérard 265, 269, 272
Schnell, Rüdiger 136, 143
Schnyder, Mireille 170, 438f.
Schock, Flemming 85, 89
Schoeller, Bernd 62
Scholz, Susanne 11, 12, 15, 17, 28, 36, 37, 74, 81, 104, 106, 207, 213, 273, 280, 304, 371, 406, 407
Schöne, Günter 268f., 272

Schopenhauer, Arthur 192, 196
Schößler, Franziska 282f., 288
Schreiber, Alois 364
Schreiber, Jens 443f.
Schreiner, Klaus 437, 439
Schrode, Paula 439
Schubert, Martin 4, 8, 17, 122, 125f., 128, 133f.
Schülting, Sabine 173, 178
Schultz, Alwin 163, 171
Schultz, Hartwig 36
Schulze, Gerhard 335, 340
Schulze, Sabine 84, 89
Schürmann, Astrid 430
Schütte, Andrea 373
Schüttpelz, Erhard 354, 356
Schütz, Erhard 154, 160
Schütze, Stefan 253, 255
Schwab, Hans-Rüdiger 54
Schwarz, Hans-Günther 197, 204
Schwarze, Dietrich 152
Schweppenhäuser, Hermann 15, 36, 88, 373
Schwindt, Jürgen Paul 121f., 124, 381f.
Scigliano, Eric 324, 331
Scolnic, Benjamin E. 93, 98
Scott, Walter 66
Sebald, W. G. 12, 67, 78, 344–348, 383
Secretan, Thierry 317, 322
Seel, Martin 21, 28
Segebrecht, Wulf 255
Seghers, Anna 76, 308f., 312
Sei Shonagon 93
Seidl, Horst 430
Seiler, Bernd W. 337, 340
Sellars, Roy 395f.
Sembdner, Helmut 204
Sepahvand, Ashkan 369
Sève, Bernard 94, 98
Shakespeare, William 65, 156, 160, 255
Sheehan, James J. 83, 89
Sherman, Cindy 431
Sieber, Andrea 415, 417
Siegel, Eva-Maria 267, 271f.
Siegert, Bernhard 392, 394
Šimek, Jakub 133
Simmel, Georg 17, 63, 115f., 230, 255, 288
Simon, Ralf 304

Sina, Kai 138, 143
Sirat, Colette 135, 143
Šklovskij, Viktor 59, 63
Smelik, Anneke 70f.
Smith, Carrie 139, 143
Smith, Hazel 330
Smolders, Olivier 363f.
Snoek, Jens Jan 439
Soeffner, Hans-Georg 369
Sofer, Andrew 176, 178
Solal, Jérôme 290, 296
Söll, Änne 417
Sombart, Werner 281, 288
Sommer, Manfred 82, 89
Sonntag, Fatima 265
Sontag, Susan 336, 338–340
Soyinka, Wole 317–319, 322f.
Spary, E. C. 85, 90
Spies, Christian 435
Spiewok, Wolfgang 170
Spitzer, Leo 69, 93, 98
Spivak, Gayatri Chakravorty 100, 107
Spoerhase, Carlos 137f., 143, 423
St Clair, William 138, 143
Stackmann, Karl 118, 122, 124
Stadter, Julia 392, 394
Staengle, Peter 133, 383
Staiger, Emil 203
Stallybrass, Peter 135, 143, 172, 178
Stammen, Theo 85, 90
Standke, Ulrike 229
Starobinski, Jean 181, 187, 404f.
States, Bert O. 175, 178
Stausberg, Michael 439
Stead, Lisa 139, 143
Stedmann, Gesa 229
Steedman, Carolyn Kay 140, 143
Stein, Daniel 330
Stein, Gertrude 12, 29, 37, 301–304, 376
Steinaecker, Thomas von 343, 348
Steinecke, Hartmut 255
Steiner, George 306, 312
Steiner, Uwe C. 199, 205, 239, 247, 250, 253f., 256, 440f.
Steinwachs, Burkhart 435
Stephan, Inge 432
Stern, Karl 360, 364

Stern, Tiffany 177, 179
Sternberg, Alexander 282, 288
Sternberger, Dolf 275, 280
Sterne, Laurence 253, 256, 364, 371, 377
Sternheim, Carl 205
Stevenson, Robert Louis 247, 311
Stewart, Susan 210f., 213
Stiegler, Bernd 10, 17, 357, 364
Stierstorfer, Klaus 374
Stifter, Adalbert 25, 28, 37, 92, 258–263, 398, 407, 441, 446f.
Stingelin, Martin 9, 131, 134, 137, 143, 392, 394
Stock, Angela 173, 178
Stock, Markus 168, 171
Stockinger, Claudia 160
Stöckmann, Ingo 267, 272
Stockmar, René 134
Stolz, Michael 133
Storm, Theodor 263f., 377, 425
Strässle, Thomas 221
Straßner, Erich 152
Strauß, Botho 254, 256, 416
Streisand, Marianne 267, 270, 272
Strindberg, August 265
Strobel, Jochen 131, 134
Strohmeyer, Klaus 283, 288
Strohschneider, Peter 117f., 120, 124f.
Strowick, Elisabeth 119, 125
Studer, Monica 363f.
Suchsland, Inge 105, 107
Sue, Eugène 286
Suerbaum, Almut 171
Sultan, Larry 353, 356
Sussmann, Herbert L. 276, 280
Svenbro, Jesper 440f.
Swift, Jonathan 30f., 37, 390
Sykora, Katharina 431, 433

### T

Taylor, Gary 178
Taylor, Neil 255
te Heesen, Anke 84f., 89f.
Tellier, Sébastian 350f.
Tersch, Harald 83, 90
Tervooren, Helmut 124
Thackeray, William Makepeace 410

Theisohn, Philipp 154, 157, 160
Thibaudet, Albert 411
Thiem, John 389, 391
Thompson, Ann 255
Thompson, Jacquelin Y. 322
Thompson, Michael 367, 369
Thrift, Nigel 322
Thums, Barbara 434, 436
Thüring, Hubert 41, 46
Thut, Angela 134
Tiedemann, Rolf 15, 36, 88, 303, 373, 411
Tiedemann-Bartels, Hella 28
Tilley, Christopher 151
Timm, Uwe 398
Tismar, Jens 216, 221
Tonna, Elizabeth 276
Töpfer, Georg 16, 37
Traven, B. 76, 81
Treichel, Hans-Ulrich 398
Treichler, Paula 376
Trenkle, Franziska 134
Trentmann, Frank 73, 81
Tretjakow, Sergej 34, 37
Trollope, Frances 276, 280
Trotter, David 396
Turner, Graeme 331
Tylor, Edward B. 6, 7, 17

### U

Ubl, Ralph 41, 45
Ugrešič, Dubravka 373
Ulfig, Alexander 288
Ullrich, Wolfgang 284, 288, 332, 340
Urban, Bernd 388
Ure, Andrew 275
Urry, John 322

### V

Valk, Thorsten 66, 71
van den Berg, Christoph 363f.
van Dijck, José 70f.
van Dyck, Anthonis 234
Vassanji, M. G. 70
Väth, Anke 54
Vedder, Ulrike 10, 17, 29, 37, 145, 152, 397, 399, 407f., 429f., 445, 447, 450f., 453
Veith, Nathalie 414

Velten, Hans Rudolf 125
Verhaeghe, Paul 102, 107
Verne, Jules 442
Vertlib, Vladimir 307f., 312
Vischer, Friedrich Theodor 25, 28, 35, 37, 248–256, 263f., 387
Vischer, Robert 256
Vogel, Juliane 285, 288
Vogl, Joseph 153, 157, 160
Voigt, Astrid 98
Volfing, Annette 171
Vollhardt, Friedrich 85, 89, 264
von Arnim, Achim 425
Vorländer, Karl 255
Voßkamp, Wilhelm 89, 373, 423

## W

Wackwitz, Stefan 346, 348
Wagner, Bettina 147, 152
Wagner, David 376
Wagner, Kirsten 16, 37
Wagner, Monika 46
Wagner-Egelhaaf, Martina 16, 54, 118f., 123, 125
Wagner-Hasel, Beate 440f.
Waitz, Theodor 400
Wälchli, Tan 134
Walser, Martin 384
Walser, Robert 26, 60, 133, 134, 376, 383
Walt, Christian 134
Wandhoff, Haiko 163, 171
Warburg, Aby 68f., 71
Warhol, Andy 368
Watt, James 275
Watteau, Jean-Antoine 234
Weber, Cornelia 88
Weber, Ernst Heinrich 57, 63
Weber, Jutta 54
Weber, Wolfgang E. J. 85, 90
Wedell, Moritz 43, 45, 170
Weder, Christine 10, 17, 154, 157, 160
Wegmann, Nikolaus 84, 90, 158–160, 351, 356
Wegmann, Thomas 160, 451
Wehde, Susanne 40, 46, 147, 152
Weidmann, Heiner 86, 90
Weidner, Daniel 204

Weigel, Helene 269
Weigel, Sigrid 53, 55, 374
Weimar, Klaus 131, 133, 304
Weinbrot, Howard 207, 209, 213
Weinrich, Harald 65, 71
Weise, Katja 229
Weiss, Peter 309–312
Weizman, Eyal 69, 71
Weller, Shane 139, 142
Wells, Susan 172, 179
Welsch, Wolfgang 250, 256
Wendler, André 8, 17
Wendt, Alexander 354–356
Wenzel, Horst 124
Werberger, Annette 434, 436
Werfel, Franz 77, 81
Werle, Dirk 310, 312
Werner, Zacharias 205
Wesselmann, Katharina 98
West, Martin L. 93, 98
Westerwinter, Margret 7, 17, 82, 90
Weyand, Björn 287
Wezel, Johann Karl 390
Whitley, Zoe 355
Wiedemeyer, Nina 351, 356
Wieland, Magnus 423f.
Wiesner, David 329, 331
Wiethölter, Waltraud 42, 44, 126, 128, 133f., 310, 312, 392–394
Wilde, Oscar 278
Wilhelm, Gustav 264
Wilke, Tobias 56, 59, 63
Wilkie, Theresa 374
Wille, Bruno 269
Williams, Jeffrey J. 154, 160
Williams, Raymond 6, 17
Williams, William Carlos 30
Wilson, S. P. 330
Winckelmann, Johann Joachim 386–388, 434
Winckler, Lutz 308f., 312
Windfuhr, Manfred 311
Windmüller, Sonja 434, 436
Windsperger, Marianne 373f.
Winkels, Hubert 444
Winkler, Michael 297, 304
Winko, Simone 124, 133, 158, 160
Winnicott, Donald 10

Wirth, Uwe 422, 424
Wissowa, Georg 374
Witschel, Christian 123
Wittgenstein, Ludwig 248, 256
Wolf, Herta 25, 28
Wolf, Jürgen 118f., 122, 125
Wolf, Uljana 218f., 221
Wolff, Hellmuth Christian 268, 272
Wolfram von Eschenbach 163, 171
Wolfskehl, Karl 306, 312
Wolfson, Susan J. 106
Wolfzettel, Friedrich 435
Wood, Amos 324, 331
Woodmansee, Martha 153, 157, 160
Woolf, Virginia 427
Woolgar, Steve 104, 106
Wordsworth, William 274
Worthington, Ian 98
Wu, Duncan 274, 280
Wunberg, Gotthart 97
Wundt, Wilhelm 22
Wuttke, Dieter 122

**Y**
Yale, Elizabeth 140, 143
Yarrow, Thomas 42, 46
Yates, Frances A. 65, 71, 191, 196

**Z**
Zedelmaier, Helmut 88, 391
Zekl, Hans Günter 430
Zelizer, Barbie 143
Zeman, Mirna 239, 247
Zielske, Harald 272
Zika, Anna 223, 230
Zilles, Sebastian 247
Zimmermann, Margarete 372, 374
Zirfas, Jörg 195, 196
Zola, Émile 60, 63, 282–288, 407, 441, 452
Zotter, Astrid 437, 439
Zuckmayer, Carl 76, 81
Zwetajewa, Marina 427
Zwierlein, Anne-Julia 178

## 6.2 Sachregister

**A**
Abdruck 383
Abfall 41, 105, 367, 377, 395, 434f.
Abjekt 99, 104, 395
Accessoire 11, 215, 222, 224f., 227, 370, 371, 407
Affectirtheit 226
*affluence* 336
Afrika 313–322, 350f., 353, 355
afrikanische Mittelklasse 315, 317, 319
Afrofuturismus 355
*Age of Machinery* 273
akkadische Literatur 93
Akteur 61
Akteur-Netzwerk-Theorie 3, 54, 216
Album 42, 83, 91, 372f.
Alien 349–355
Alltag 5, 415, 446
Alltagsdinge 145, 214, 375, 410
Alltagsgegenstand 22, 302
Alltagsgeschichten 358
Alltagsleben 320
Alltagswelt 231
Alphabetisierung 136
Alter Orient 91
Altes Testament 404
Altpapierpresse 423
amerikanischer Naturalismus 156
Anamnesis 194
Andacht 188
Andenken 188, 378, 404, 425
Animismus 263
Anthologie 380, 381
Anthropologie 2, 6
Anthropomorphismus/anthropomorph 248, 250f., 263, 431
Antike 8, 64f., 68, 380, 390, 404, 418f.
antike Tragödie 202
Antimaterialismus/antimaterialistisch 301
Antiquität 66
Antiquitäten- und Trödelladen 32
Antisemitismus 307
Apollo 298

Arbeitsmöbel 426
Archäologie/archäologisch 2, 386
Archiv 8, 65, 67, 70, 83, 138, 308, 362, 372, 384
Archivalie 140
Arkaden 7
Artefakt 2, 8, 23, 428, 431
*Arts and Crafts Movement* 275
Ästhetik/ästhetisch 10, 12, 412
ästhetische Autonomie 113
Ästhetisierung des Kapitalismus 158
Ästhetisierung/ästhetisch 406
Ästhetizismus 275, 289f.
Atombombe 111
Aufschreibesysteme 8
Aufzählung 91
Aura/auratisch 70, 342, 345
Auratisierung 132, 141
Auslöschung 310
äußere Sinne 192
Ausstellen 273
Ausstellung 2
Ausstellungsobjekt 12
Ausstellungspraxis 2, 87
Aussteuer 440
Australien 325, 327
Authentizität 136, 392
Auto 313
Autobiografie 136
Autogeografie 359
Autograf 129
Autokulturen 314
Automat 273f., 442
Automobilität 313f., 317, 319f.
Autonomie der Kunst 112
Autonomieästhetik 157
Autorintention 131
Autorschaft 52, 155
Avantgarde 413, 431

**B**
Backfischroman 416
Ballade 11
Barock 92

Baumwollprodukte 279
*beachcomber* 326, 329
Beatliteratur 337
Bedeutungsträger 217
Bekleidung 226
Benennung 258
Beschreibstoffe 39, 383
Besitz 78, 173f.
Bestattungsritual 425
Bett 176
Beutelbuch 419
Beutestück 377
Bewegung 72
Bewusstsein 101
Bibliophilie 289
Bibliothek 8, 82, 83, 138, 310, 360, 372, 380, 390
Bibliothekskatalog 91
Bild 383
Bildanthropologie 121
Bilderbuch 326, 329
Bildergeschichte 253
Bilderkonsum 344
Bilderverbot 437
Bildschirm 419
Bildungsroman 10, 378
Bildverehrung 437
Blankalbum 372
Brautschleier 440
Brief 1, 42, 136, 383, 392, 418
Brille 420
Bruchstück 377
Buch 38, 39, 144f., 148, 342, 350, 390, 419, 456
Buchdruck 129, 422, 454
Bücherkatalog 310
Bücherliste 311
Büchersammlung 359
Büchervernichtung 307, 423
Bücherzerstörung 308
Buchforschung 8, 144, 148
Buchgattung 149
Buchgeschichte 148
Buchgestaltung 342
Buchhandel 154
Buchinszenierung 149
Buchkunde 4

Buchmarkt 423
Buchmarktforschung 8
Buchpreisbindung 154
Buchrolle 418
Bühnenanweisung 266
Bühnenbild 197, 265f., 270f.
Bühnenbildner 267
Bühnenkonzeption 265
Bühnenraum 270
bürgerliche Elite 224

## C

*camp* 336
Cargo-Kult 325
China 93
Chrestomathie 380
Codex 122, 146, 150, 418
Codexform 40, 418
Collagetechniken 84
*contact zone* 330
Copy-Text-Verfahren 130
*cross-dressing* 177
Crystal Palace 274
*cultural materialism* 156
Cultural Studies 6, 43, 114, 375
Cyborg 432

## D

Dandy 289, 293, 371
Darwinismus 250
Datensammlung 84
DDR-Nationalliteratur 159
*Deinking* 422
Dekadenz 289, 292
Dekonstruktion 1, 3
Dekonstruktivismus/dekonstruktivistisch 127
Dekor 289, 290
Demokratisierung von Mode 224
Denkkollektiv 372
Denkmal 64, 67, 261
deutsche Dramengeschichte 202
deutsches Römerdrama 202
diagrammatische Ordnung 351
Dialektik 4
Dichterhaus 12
Dichtermanuskript 135, 138

Dichtungslehre 92
Differenzfeminismus 52
*digital humanities* 147
digitale Bildwelt 431
digitaler Nachlass 4
digitaler Text 41
Digitalisierung 1, 2, 390
digitalisierte Schrift 43
Digitalität 347
‚Ding an sich' (Kant) 22
Dinganordnung 271
Dinganthropomorphisierung 235
Dingästhetik 303
Dingaufwertung 216
Dingbedeutung 217
Dingbegriff 189, 269
Dingbeschreibung 236
Dingbeseelung 217
Dingbestand 218
Dingbiografie 33, 403
Dingcodierung, geschlechtliche 10
Dingdeutung 237
Dingdichtung 299
Dingerfahrung 27
Dingfixierung 78
Dingforschung, literarische 13
Dinggebrauch 10
Dinggedicht 12, 30, 297, 303
Dinggeschichte, literarische 407
Dinghaftigkeit 21, 83
Dingkategorie 13, 330
Dingkonstellation 13
Dingkultur 173, 254, 271, 281
Dinglichkeit 236
Dingmärchen 215
Dingoberfläche 362
Dingordnung 93, 261–263
Dingphysiognomie 235
Dingpoetik 12
Dingpraktiken 175, 176
Dingpsychologisierung 219
Dingrelation 292
Dingsammlung 84
Dingschicksal 239
Dingsymbol 8, 11
Dingvariation 13
Dingvision 302

Dingwahrnehmung 30, 56, 59, 62, 192, 235, 237
Dingwelt 42, 56, 59f., 112, 164, 166, 175, 197, 198, 200f., 231, 271, 274, 276, 292f., 302, 362, 397
Dingwerdung 300
Dingzirkulation 165
Diorama 352, 353
Diskurs 104, 119
Diskursanalyse 1, 104
Distinktion 3, 227
Distribution 5
Disziplinargesellschaft 104
Dokumentarästhetik 344, 347
Dokumentation 341
Dokumentationsverfahren 6
Dolch 202, 203
Dolchstoßlegende 203
Doppeldruck 127
Drama 431
Dreck 395
Drehbühne 268
‚Drittes Reich' 328, 413
Druckerzeugnis 422
Druckpublikation 138
Druckrecht 138
Druckschrift 40, 136
Drucktype 128
Drucküberlieferung 130
Dualismus, cartesianischer 100
Dutzendware 111

**E**
*Ecocriticism* 54
*écriture automatique* 443
*écriture féminine* 50
Editionsphilologie 4, 43, 383
Editionsprojekt 138
Editionswissenschaft 8, 126
Egalisierung 94
Eidetik/eidetisch 194
Eigentumsrecht 138
Eingedenken 308
Einschreibung 353
Ekphrasis/ekphrastisch 163, 362
elektronische Bilder 448
Emblematik 193

*emendatio* 195
Empirie 386
Ensemble 32
Entautomatisierung 59, 376
Enteignung 78, 310
Entindividualisierung 275
Entmaterialisierung 292, 294
Entmenschlichung 276
Entropie 262
Entstehungskontext 129
Enzyklopädie 93, 190, 194
Epik 91
Epistemologie 61
Epos 208f., 440
Erbe 368, 398
Erben 398
Erbschaft 164
Erbstück 10, 29, 377, 398, 446
Erinnern 309
Erinnerung 72, 76, 78, 259, 262, 307, 308, 311, 354, 368
Erinnerungsarbeit 309
Erinnerungsding 378
Erinnerungsgegenstand 359
Erinnerungskultur 372, 434
Erinnerungsobjekt 10, 23, 342
Erinnerungsstück 34, 367, 407, 441
Erstdruck 128
erzählendes Ding 215
Erzählteleologie 250
Erzähltheorie 9
*état positif* 263
*ethnographic practice* 333
Ethnologie 2, 6
*everyday object* 329
Evidenz 6
Evolutionsbiologie 7
Exemplarbiografie 148
Exil 78, 309f., 434
Exilbibliothek 311
Exilerfahrung 308
Exilstation 307
exotische Gegenstände 211
exotische Güter 206f.
Experimentalfilm 363
Exponat 140

**F**
Faksimileedition 131
Faksimilierung 142
Familienalbum 345, 347
Farbe 299f.
Farbgebung 299
Fastnachtsspiel 395
Feminismus 52, 54
feministische Naturwissenschaft 48
Festplatte 383
Fetisch/fetischistisch 24, 74, 167, 173f., 212, 234, 257, 260, 271, 285, 378, 390, 393, 398, 400f., 407, 416, 431, 451f.
Fetischisierung 283
Fetischismus 3, 235, 260f., 281f., 286, 401, 438
Figurengedicht 126
Film 56, 372, 383
Filmbilder 344
*Fin de Siècle* 289, 291f.
Flaneur 83
Fließband 334
Florilegium 380
Fluch 202
Flucht 307
Foliant 419
Forensik 69
Formalobjekt 144
Fortschritt 6
Fotoalbum 372, 398
Fotografie 6, 22, 25, 56, 58, 67, 79, 268, 270, 341–349, 351, 354, 357, 431
fotografisches Dispositiv 341
Fragment 261
Fragment, literarisches 309
Freie Volksbühne 269
Fremdkörper 352
Freundschaftsbuch 372
Frühe Neuzeit 135, 176, 181, 189, 191, 370, 372, 380f., 395
Fundstück 309, 346, 367, 377, 398

**G**
Gabe 11, 180f., 183, 377, 403f.
Gabencharakter 186
Gabenlogik 169

Gabentausch 180–187, 370, 403f.
Gabentheorie 163
Garten 361
Gattung 258
Gebrauchsding, bzw. -gegenstand 23, 27, 215, 321, 375, 452
Gebrauchsstück 377
Gebrauchswert 234f., 260, 271, 332, 400, 452
Gebrauchszweck 23
Gedächtnis 82, 259, 362, 368, 389, 425
Gedächtnisarchiv 310
Gedächtnisfunktion 271
Gedächtniskonzept 194
Gedächtniskultur 434
Gedächtnismedialität 188
Gedächtnismedium 67, 69f.
Gedächtnisort 66, 68
Gedächtnispraktiken 188
Gedächtnisprojekt 309
Gedächtnisspeicher 7
Gedenkort 76
Gedichtsammlung 381
Gegengabe 180, 403
Gegen-Ökonomie 441
Gegenstand 361
Geheimnis 440
Geisterfotografie 354
Gender Studies 49, 51, 54, 104, 359
*gendered object* 406
*Gendering* 50
Genderkonstellation 186
Genealogie 93
Genealogie des Schreibens 9
Generationenkette 398
Generationenroman 398
Genieästhetik 157
Gerät 112
Geruchssinn 192
Gesamtausgabe 139
Geschenk 73, 181, 184, 403
Geschichtswissenschaft 6
Geschlecht 47
Geschlechtercodierung 406
Geschlechterdichotomie 51, 407
Geschlechterkonstruktion 52, 228
Geschlechtermodell 52

Geschlechterordnung 47, 51, 229
Geschlechterrolle 47
Geschlechterverhältnis 167
Geschlechtscharakter 51
Geschmack 224, 226
Geschmacksbildung 224
Geschmacksurteil 227
gesellschaftliche Ordnung 367
Gestalt 118
Gestaltung 118
Gestaltungsdispositiv 148
Gewebemetapher 440
Glaubenskrieg 191
Globalisierung 278
Gnosis/gnostisch 248
Grabmal 398
Gral 169
Gralsgesellschaft 166
*Great Exhibition* 274
Guckkastenbühne 266
Gutenbergzeitalter 136
Güter 7, 207

**H**
Habitus 7, 415
Handel 7, 172, 175, 207
Handlungsfähigkeit der Dinge 10
Handschrift 1, 40, 117, 120, 127, 135, 380, 393, 422
Handschriftenabteilung 140
Handschriftenkunde 4
Handschriftensammlung 139
Haptik/haptisch 351
Hausinventar 219
Hausrat 362
Heilige Schrift 381
Heimat 77, 78, 308f.
Helm 202
Hemd 167
Heteronormativität 228
Heterosexualität 47, 51
heterotopischer Ort 310
Hip-Hop 333
historischer Materialismus 235
historischer Roman 66
historisch-kritische Edition 141
Historismus 6, 93

höfische Textkultur 167
Holocaust 69, 434
Hologramm 448
*homo oeconomicus* 156
Homosexualitätstabu 101
Hosentasche 360
Humanwissenschaft 6
Hut 228
Hybridedition 130

**I**
Identität 105
Identitätsbildung 7
Identitätspapier/Pass 77
Ikone 336
*Ilias* 209
Illusion/illusionistisch 266
Illustration 193, 268
Imagination/imaginär 307
*imagined community* 330
Inbesitznahme 74
Induktion 194
Industrialisierung 273, 431, 441
Industrieroman 275, 276
Industriezeitalter 278
Infrastruktur 350
innere Sinne 192
Inschrift 169, 297
Inskription 372
Inszenierung 74
*intellectual culture* 6
Interieur 11, 77, 197, 270, 407, 410, 425
Internalisierung 101
Internet 352
Intertextualität/intertextuell 216, 380
Introjektion 101
Inventar 91, 96
Inzesttabu 101
*It-Narrative* 239, 242, 245, 376

**J**
japanische Literatur 92
jüdische Tradition 308

**K**
Kalvinismus 191
Kanon/kanonisch 380f.

Kapitalismus/kapitalistisch 110, 400, 431
kapitalistische Warenform 58
Karteikarte 41
Karteikasten 454
Kartothek 454, 456
Kastration 401
Katalog 84, 91, 148
Katastrophenliteratur 435
Kaufhaus 7, 281, 283
Kaufhausding 281
Kaufhausroman 282
Kaufhausware 284
Kinder- und Jugendliteratur 10
Kindheit 307
Kindheitsparadies 307
Kitsch 13, 412, 413, 414
Klang 52
Klassenkonflikt 278
Klassifikation 259
Klassifizieren 293
klassizistische Tragödie 202
Kleider 222f., 227, 440
Kleiderstoff 440
Kleidung 164, 228, 415f., 445
Klosterbibliothek 422
kollektive Erinnerung 2
Kolonialgeschichten 10
Kolonialismus/kolonial 400, 404
Kolonialmacht 73
Kolumnenform 96
Kommentar 132
Kommunikation 23, 43, 120, 145, 223, 333, 392f., 429
Kommunikationsmedium 43
Komödie 201
Kompendium 190
Konservierung 259
Konstruktivismus/konstruktivistisch 3, 5
Konsum 5, 73, 114, 172, 281f., 285f., 332, 334–336, 338, 367, 375
Konsumgesellschaft 7, 112, 207, 210, 273, 332
Konsumgewohnheit 177
Konsumgut 11, 441
Konsumindustrie 73
Konsumkultur 111, 222, 224, 284, 324
Konsumrausch 283

Konsumtion 5
Konsumverweigerung 343
Körper 395, 401
Körperbild 283
Körpergrenze 49, 432
Körpertechnik 350
Kosmologie/kosmologisch 194
Kostüm 175, 197, 270
Kreditökonomie 156
kritische Textausgabe 126
Kritische Theorie 3
Kubismus/kubistisch 301f.
Kulisse 271
Kult 24
Kultgegenstand 387
Kultobjekt 400
Kultur 112
Kultur- und Geisteswissenschaften 1
Kulturbegriff 6
kulturelle Praxis 228
kultureller Transferprozess 227
kulturelles Gedächtnis 141
kulturelles Gut 310
Kulturindustrie 333
Kulturkrise 251
Kulturnationalismus 318
Kulturökonomik 158
Kulturphilosophie 254
Kulturtechnik 119
Kunst 113
Kunstdinge 302
Kunstgeschichte 2
Künstlerfotobuch 353
Kunstmärchen 216, 242
Kuriosität 398
Kuriositätenkabinett 82
kursorische Lektüre 351

**L**
Labyrinth/labyrinthisch 191
Lachen 384
Lautfeld 448
Lebensstil 224
Lehrbuch 190
Leichentuch 440
Leithandschrift 129
Lesbarkeit 148

Lese- und Leserforschung 148
Lese- und Schreibkultur 158
Lesemedium 418
Lesemöbel 419
Lesen 144, 418
Leserichtung 351
Lesezeichen 418
*L'homme machine* 274
Liebesdiskurs 167
Liebesgabe 166, 398
Liebespfand 173, 184
Liebessprache 183
Liste 84, 91f., 372
literarische Handschrift 135
literarische Ökonomie 154
literarisches Gedächtnis 309
Literatur der Antike 129
Literatur des Mittelalters 129
Literaturarchiv 141, 383
Literaturausstellung 383
Literaturbetrieb 155, 427
Literaturfestival 159
Literaturgeschichte der Objektbedeutung 12
Literaturhaus 154
Literaturkritik 158
Literaturmuseum 12
Literaturpreis 156
Literaturwissenschaft 4, 132, 158
Literaturwissenschaft, marxistische 104
Lithografie 135
liturgisches Buch 148
Ludismus 93
Lumpensammler 83, 435
Luxus 173, 208, 222, 223, 226, 244, 295
Luxusgegenstand 11, 74, 243, 281, 284, 321

**M**
Magie/magisch 23, 169, 218, 307, 342, 400
magischer Buchgebrauch 150
Makrokosmos 31, 362
Makroperspektive 189
Makulatur 13, 41, 422f.
Männerkleidung 226
Mantelspange 168

Manuskript 1, 118, 126–130, 132–140, 309
Manuskriptästhetik 137
Manuskriptgestaltung 4
Manuskriptkultur 117, 119, 136
Manuskriptnachlass 139
männliche Repräsentationslogik 52
Märchendinge 216
Märchenforschung 216
Märchensammlung 380
Marginalie 126, 148
Marienverehrung 437
Marionette 431
maritimes Ökosystem 325
Markt 155
Maschine 442f.
Maschinenmensch 431
Maschinisierung 275
*mass culture* 336
Massendruck 41
Massenfabrikation 278
Massenindustrie 414
Massenkonsum 332
Massenkultur 431
Massenproduktion 273, 334
Massenware 13
*material culture* 6, 104, 333, 375
Material Culture Studies 2, 163, 277f.
*material text* 121
*material turn* 38, 126f., 130f., 239, 273
Materialikonografie 41
Materialisierung 400
Materialisierung von Geschlecht 3
Materialisierungsprozess 47, 49
Materialismus 5, 6, 56, 174
*materialist hermeneutics* 121
materialistisches Wissenssystem 250
Materialität 1–3, 6, 8f., 21f., 29, 38f., 42–44, 47–53, 64, 67f., 70, 82, 101, 117–122, 126f., 132, 144, 146, 149, 153, 175–177, 188, 197–201, 203, 214, 217f., 224, 252, 266, 290, 298, 300, 302f., 305–307, 341, 350f., 383f., 386, 390, 395, 406, 415, 437f., 443, 446
Materialitätsforschung 144
Materialitätsprofil 121

Materialobjekt 144
Materie 395
Materie-Form-Dichotomie 50
materielle Ästhetik 53
materielle Kultur 126, 228
materielle Semiotik 392
materielle Überlieferung 4
materielle Zivilisationsleistung 7
materieller Ort 66
mechanistisches Wissenssystem 250
Medialisierung 4
Medialität 2, 8, 128
Medien- und Intermedialitätstheorie 8
Medienästhetik 148
Mediengeschichte 136
Medienhistorik 92
Medienkommunikation 146
Medientheorie 43
Medientransfer 352
Medienwissenschaft 2
Medium 58, 117
Melancholie-Diskurs 293
*mémoire involontaire* 86
*mémoire volontaire* 86
Memorbuch 372
Memorialakt 310
Memorialding 257
Memorialzeichen 259
*memory object* 70
Mensch-Ding-Hybrid 248
Metaphorik 65
Metatext 122, 132
Migration 79, 434
Migrationsforschung 73
Mikrofilm 448
Mikrokosmos 31, 362
Mikroperspektive 189
Mimese/mimetisch 303
Miniatur 373
Miniaturreise 360
Mittelalter 381, 415, 419
mittelalterliche Sammelhandschrift 419
mittelalterlicher Roman 163
mittelalterliches Medium 170
Mnemosyne-Bilderatlas 346
Mnemotechnik 190
Möbel 26, 425

Mobiliar 72, 75
Mobilität 73, 332
Mode 174, 370f., 410, 415
Modeblatt 224
Modekrankheit 225
Modekritik 226
Modepuppe 224, 283
Moderne 93, 112, 268, 434f., 437
moderne Malerei 301
Modernekritik 58
Modesystem 224, 228
Modezeitschrift 225, 227
Motiv- und Symbolforschung 8
Motivforschung 8, 431
Motivregister 216
Müll 11, 328, 367f.
Multidimensionalität/multidimensional 456
Multikulturalität/multikulturell 325
mündliche Tradition 216
Münze 404
Musealisierung 8, 257
*musée imaginaire* 384
Museum 2, 7, 39, 67, 79, 82, 140, 234, 335, 362, 384
Mythos 440

**N**
nachkoloniale afrikanische Literatur 317
nachkoloniale Gesellschaft 315
Nachlass 8, 138
narrative Kleinform 373
Nationalsozialismus 308, 310
Nationenbildung 66
Natur 290
natürliche Medien 192
Naturalienkabinett 193
Naturalisierung 51
Naturalismus 6, 199, 265, 270, 396
Naturbegebenheit 428
Naturbeschreibung 428
Naturding 23, 428f.
Naturerscheinung 428
Naturerzeugnis 428
Naturobjekt 302
Naturordnung 259
Naturwahrheit 258

Neokolonialismus 321, 327
Netzwerk 372
Neue Sachlichkeit 344
Neues Testament 404
Neuphilologie 139
Neurose 289, 292–294
Neuzeit 437
*New Economic Criticism* 153
New Historicism 104, 156
*New Materialism* 6, 70
*Nibelungenlied* 163
Normalisierung 104
*Nouveau Roman* 337
Novelle 11
Novellenzyklus 380
NS-Propagandafilm 344
NS-Regime 342

**O**
object art 2
Objekt 1, 3, 6, 11, 99–105, 177, 203, 442
Objektautobiografie 240, 242f., 245
Objektbegriff 263
Objektbeziehung 401
Objektbiografie 11, 33f., 239, 245
Objekterzählung 373
Objektrepräsentation 13
Objektwahl 243, 244
Objektwelt 73, 248
*objets trouvés* 2
Ökonomie 5, 234
Ordnen 293, 389, 425
Ordnung 2, 91, 105, 376, 390, 428, 454
Ordnung der Dinge 79
Ordnungsmuster 381
Ordnungsstrategie 327
Ornament 95

**P**
Papier 454
Paratext 96
Pass/Identitätspapier 76
Pastoraldichtung 395
Pathosformel 68
Patron 186
Patronage 180, 182, 185
Performanz 120

Performanztheorie 9
Pergament 419
Pergamentmakulatur 422
Personifikation 248
Petrarkismus/petrarkistisch 180, 182f., 185
Phallus/phallisch 334, 401
Phänomenologie 5, 61
Philosophie 3
Plakat 452
Plastizität 199
Plunder 32, 375, 445f.
Poetik des Enumerativen 91, 93
Poetologie 12
Pop 334, 336
Pop Art 332–339, 343
Popliteratur 93
Popmusik 333
Porträtfotografie 345
Positivismus/positivistisch 266
Postkolonialismus/postkolonial 277, 326, 396
Potlatsch 403
Praktiken des Aufzählens 94
Preis 243
Presskorrektur 127
Primitivismus 435
Printmedium 352
Privatdruck 137
Produktion 5
Produktionskraft 7
Produktivität der Materie 52
Propagandabilder 342
Prosa der Zustände 249
Pseudodokumentation/pseudodokumentarisch 344
Psychoanalyse 51, 102, 401
Psychologie 3, 102
Puppe 177, 407, 431f.

**R**
Rap 333
Rassismus/rassistisch 325
Rationalisierung 112
*rationes rerum* 195
Raumillusion 270
Raumwirkung 363

Readymades 2, 345
Realismus 12, 22, 219, 257, 259, 263, 269, 342, 376, 410, 416, 434, 446
Realitätskonzept 263
Redeordnung 104
*reenactment* 354
Regieanweisung 267
Regietheater 199
Reihenbildung 94
Reisebericht 357f.
Reiseerzählung 10
Reiseliteratur 363
Relationalität 103
Religion 437
Relikt 261
Reliquie 29, 259, 261, 378, 398, 437
Renaissance 92
Requisit 11, 175–177, 191, 197–203, 217, 370
Rest 41, 434
Rhetorik 381
Rhythmus 52
Ring 168
Ritual 11, 325, 437
Ritualobjekt 437f.
Ritualvollzug 437
Robinson Crusoe 326
Romantik 24, 242, 300, 412
Ruine 66
Rundfunk 111
Rüstung 164, 167, 202

**S**
Salome 291
Sammelband 380
Sammeln 148, 258, 273, 293, 372f., 389
Sammelobjekt 11
Sammelstrategie 327
Sammler 33, 234, 286, 326, 359, 409
Sammlung 6, 32, 78f., 82–88, 234, 257f., 260, 362, 375, 380, 389, 406, 441, 455
Sammlungspraxis 2
Satire 395
Schatzkammer 82
Schaubühne 191
Schauerdrama 11

Schauereffekt 202
Schaufenster 452
Schaulust 268
Schauspielerkörper 431
Schaustück 377
Schild 202
Schleier 440
Schmerz 243
Schmuck 74, 164, 404
Schmutz 367
Schnappschuss 345
Schöpfung 194
Schreibakt 52
Schreibarbeit 136
Schreibermanufaktur 136
Schreibgerät 4, 438
Schreibmaschine 41, 383, 443
Schreibmaterial 300, 383
Schreibmöbel 427
Schreibstoff 132
Schreibszene 128, 426
Schreibtisch 427, 438
Schreibutensilien 392
Schrift 8, 383, 456
Schriftbild 96
Schriftbildlichkeit 91
Schrifterzeugnis 422
Schriftgeschichte 91
Schriftmedien 145
Schriftrolle 40
Schriftstellerarchiv 141
Schrifttechnik 91
Schriftzeichen 43
Schublade 360, 375
Schulbuch 188
Schutzobjekt 429
Schwankliteratur 395
Schwert 202
Science-Fiction-Literatur 432
Seele 194
Selbstarchivierung 427
Selbstbeschreibung 353
Selbstentfremdung 359
*selffashioning* 286
Semantisierung 114
Semiologie/semiologisch 9, 113
Semiophore 257, 398

Semiotisierung 57, 58
Sensorium 57
Signifikation 52, 102
Sinnesdaten 57
Sinnesphysiologie 56
Sinneswahrnehmung 56
Sinnlichkeit 191
Sinnökonomie 210
skandinavische Literatur 265
Skulptur 298
*social meaning* 333
Souvenir 66, 375, 398, 413
soziale Asymmetrie 182
Sozialkonstruktivismus 6
Sparsamkeit 223
Speer 202
Speise 168
Sprache der Dinge 12, 232
Sprachmaterial 84
Sprechakt 103
Spur 259, 262
Staatsapparat 103
Stammbuch 372
Stammbuchblatt 130
Status 182
Statusobjekt 176, 400
Statussymbol 173, 260, 316
*stemma* 129
Stil 226
Stimme 120
Stolpersteine 69
Strandfundstück 349
Strandgut 325f., 329f.
strukturalistische Erzähltheorie 114
Stufenapparat 130
Subjekt 1, 3, 99–105
Subjektivität 49, 52
Subjekt-Objekt-Dichotomie 3, 4
Subjektstatus 105
Subjekttheorie 105
Subjektwerdung 105
Substanz 99f., 104
Sündenfall 194
Symbol 24, 428
symbolisches Kapital 3, 185, 210
Symbolobjekt 317
Symbolwert 260, 292

## T

Tabelle 91, 96
Tafel des Gregorius 163
Tagebuch 130, 136, 249, 383, 418
Tand 174, 177, 278
Taschentuch 188, 201, 240–245, 360, 370
Taufkleid 440
Tausch 11
Tauschbeziehung 398
Tauschobjekt 398
Tauschverhältnis 452
Tauschwert 58, 110, 232–235, 282, 285, 452
Technik 111, 113, 318, 410
Technikgeschichte 3
Technologie 319, 350
Technosciences 54
*telling objects* 4, 29
*testimonial objects* 69
Testimonialliteratur 70
Text 120, 121
Textanthropologie 121
Textartefakt 131
Textbegriff 118
Textgenese 131
Textgestalt 121
Textilarbeit 441
textiler Stoff 440
Textilproduktion 441
Textkritik 129
Textkultur 8
Text-Objekt-Wissenschaft 118
Textsammlung 381
Textualität 118
Textwissenschaft 239
Textzeuge 128
Theater 431
Theaterästhetik 269
Theaterkritik 178
Theaterliteratur 432
Theaterraum 191
Theaterrequisit 202
*Theatrum Orbi* 65
Theorie des Komischen 253
*thing theory* 61
*thingness* 61
*things that talk* 29
Tiermetaphorik 428
Tisch 208, 426
Titelblattvariante 127
Topologie 121
Tourismusindustrie 357
Touristenkunst 412
Tragödie 201
Transkription 142
Transmedialität 68
Transnationalismus/transnational 319, 326
Transzendental-Philosophie 250
Transzendental-Poesie 300
Transzendenz 40, 261
Trauer 307
Traueretikette 225
Trauerspiel 198, 201
Traumarbeit 387
Traumerzählung 10
Trink- und Grabgefäße 8
Trödel 11, 29, 407, 422, 445
Trophäe 398
Tücke des Objekts 252, 254
Typografie 131, 135
Typoskript 126

## U

Übergangsobjekt 10, 72
Über-Ich 105
Überlieferungsträger 127
Überlieferungszusammenhang 139
Überrest 327
UFO-Sichtung 352
Unbewusstes 102
Unding 233, 236f., 448f.
Universitätsbibliothek 140
Unmittelbarkeit 59
Unordnung 373
Unterhaltungsliteratur 442
Untertan 104
Unverfügbarkeit 429
Urheberrecht 156

## V

Verausgabungslogik 169
*verborum et rerum copia* 92

Verdinglichung 11, 52, 76, 87, 174, 188, 234, 252, 298
Verfremdung 59
Vergessen 195
Verkehrsmittel 112, 442
Verkleidung 416
Verlag 154
Verlebendigung 217, 281, 284f.
Vernichtung 78
Verschriftlichung 353
Verstand 191
Vertreibung 78
Verwechslung 201
Verzeichnis 91
Virtualität/virtuell 364
Visualität/visuell 342
Volksmärchen 216
Vorhang 440
Vorsprachlichkeit 429

## W
Wachs 65
Waffe 8, 164
Wahrnehmbarkeit 117, 118
Wahrnehmung 5, 22, 56–62, 112, 118, 191, 192, 194, 235, 283, 302, 350, 367, 370, 389, 406, 418, 429, 445
Wahrnehmungsprozess 9
Walkman 114
Ware 7, 27, 29, 73, 110, 155, 172, 174, 175, 210, 232–237, 243, 257, 283, 285f., 298, 332, 377, 387, 397f., 401, 413, 441, 446, 451f.
Warenästhetik 368
Warenaustausch 168
Warenfetischismus 252, 274, 452
Warenform 252, 257
Warenhaus 451
Warenhausdinge 284
Warenhaustext 286
Warenkreislauf 446
Warenkultur 260
Warenproduktion 7
Warensammlung 334
Warenströme 324
Warentausch 156, 403, 404
Warentransformation 452

Warenverkehr 244, 367
Warenwelt 282
Warenwert 208
Warenzirkulation 199, 243
Wartegeschenk 182, 183
*Waste Studies* 435
Weiblichkeit 51, 282
Weimarer Avantgarde 344
Weltausstellung 7
Weltwissen 11
Werbung 332, 452
Werkausgabe 381
Werkgenese 140
Werkzeug 114, 215, 375
Wert 7
Wertesystem 11
Werthierarchie 445
Wertlosigkeit 445
Wertökonomie 210
Wertordnung 210
Wertschöpfungsprozess 156
Wettbewerb 154, 155
Wiedererkennung/*anagnorisis* 201
Wiedergebrauchsrede 117
Wille 191
Wirklichkeit 5, 12
Wirklichkeitseffekt 12
Wissensarchäologie 85
Wissenschaftsgeschichte 3
Wissensgeschichte 22, 24, 82
Wissensordnung 372
Wissensspeicher 82
Wissensvermittlung 192
Wohnen 332
Wohnung 75, 362
Wortaufwand 218
Wörterbuch 83, 445, 448
Wortfeld 448
Wunderblock 384
Wunderkammer 82

## Z
Zaubergegenstand 217
Zeichen 38
Zeichencharakter der Dinge 9, 234, 236
Zeichenfunktion 23
Zeichenkörper 231

Zeichentheorie 102
Zeilenfall 128
Zeitlichkeit des Aufzählens 95
Zeitung 372
Zelt 168, 360
Zettel 454
Zettelkasten 383, 454
Zettelsammlung 455
Zeug 3, 5, 110f.
Zeuge 79

Zeugnis 73
Zimmer 410
Zimmerdekoration 266
Zimmerreise 10, 357, 359f., 363f.
Zionismus/zionistisch 308
Zirkulation 11, 73, 175, 216
Zivilisationsentwicklung 7
Zweckkategorie 250
Zweckmäßigkeit 226
Zweiter Weltkrieg 328

# 7. Abbildungsnachweise

**3.4 Stefan Laube**

Abb. 1, 2 und 3: Comenius, Johann Amos. *Orbis Sensualium Pictus. Hoc est, Omnium fundamentalium in Mundo Rerum & in Vita Actionum Pictura & Nomenclatura* = Die sichtbare Welt/ Das ist/ Aller vornemsten Welt-Dinge und Lebens-Verrichtungen Vorbildung und Benahmung. Nürnberg 1658 [Wolfenbütteler Digitale Bibliothek, Exemplar. 47-7-eth-as]: Titelseite, 198 und 86.
Abdruck mit freundlicher Genehmigung der Herzog August Bibliothek, Wolfenbüttel.

**3.19 Frank Schulze-Engler**

Abb. 1: http://www.alamy.com/stock-photo-mercedes-car-coffin-wooden-coffin-in-the-shape-of-a-mercedes-benz-7310846.html.

**3.23 Rembert Hüser**

Abb. 1: Cristina de Middel. *The Afronauts. Have a Nice Book.* https://vimeo.com/54568373. 29. November 2012 (24. Februar 2016).

DOI 10.1515/9783110416497-075

# 8. Autorinnen und Autoren

Philip Ajouri, Dr. phil., ist Privatdozent an der Universität Stuttgart und wissenschaftlicher Projektmitarbeiter im „Forschungsverbund Marbach Weimar Wolfenbüttel" am Deutschen Literaturarchiv Marbach.

Evelyn Annuß, Dr. phil., ist Vertretungsprofessorin am Theaterwissenschaftlichen Institut der Freien Universität Berlin.

Christian Begemann, Dr. phil., ist Professor für Neuere Deutsche Literaturwissenschaft am Institut für Deutsche Philologie der Ludwig-Maximilians-Universität München.

Christian Benne, Dr. phil., ist Professor am Department of English, Germanic and Romance Studies der University of Copenhagen.

Doerte Bischoff, Dr. phil., ist Professorin im Fachbereich Sprache, Literatur, Medien am Institut für Germanistik der Universität Hamburg.

Wolfgang Braungart, Dr. phil., ist Professor an der Fakultät für Linguistik und Literaturwissenschaft der Universität Bielefeld.

Daniel Dornhofer, Dr. phil., ist wissenschaftlicher Mitarbeiter am Institut für England- und Amerikastudien der Goethe-Universität, Frankfurt am Main.

Heinz Drügh, Dr. phil., ist Professor für Literaturgeschichte des 18. und 19. Jahrhunderts sowie für Ästhetik am Institut für Deutsche Literatur und ihre Didaktik der Goethe-Universität Frankfurt am Main.

Gisela Ecker, Dr. phil., war Professorin für Allgemeine und Vergleichende Literaturwissenschaft an der Universität Paderborn.

Astrid Erll, Dr. phil., ist Professorin für Anglophone Literaturen und Kulturen am Institut für England- und Amerikastudien der Goethe-Universität Frankfurt am Main.

Heike Gfrereis, Dr. phil., ist Honorarprofessorin für Neuere Deutsche Literaturwissenschaft an der Universität Stuttgart und war bis 2017 Leiterin der Museen des Deutschen Literaturarchivs Marbach.

Julika Griem, Dr. phil., ist Professorin für Englische Literatur am Institut für England- und Amerikastudien der Goethe-Universität Frankfurt am Main.

Claude Haas, Dr. phil., ist Germanist und Leiter des Forschungsprojekts „Theoriebildung im Medium von Wissenschaftskritik" am Zentrum für Literatur- und Kulturforschung Berlin.

Lis Hansen, M. A., ist Mitglied der Graduate School „Practices of Literature" der Westfälischen Wilhelms-Universität Münster.

Hans-Christian von Herrmann, Dr. phil., ist Professor für Literaturwissenschaft mit dem Schwerpunkt Literatur und Wissenschaft am Institut für Philosophie, Literatur-, Wissenschafts- und Technikgeschichte der Technischen Universität Berlin.

Christiane Holm, Dr. phil., ist wissenschaftliche Mitarbeiterin am Germanistischen Institut der Martin-Luther-Universität Halle-Wittenberg.

Silke Horstkotte, Dr. phil., ist Marie Curie Research Fellow in der School of Modern Languages and Cultures der University of Warwick.

Rembert Hüser, Dr. phil., ist Professor für Medienwissenschaft am Institut für Theater-, Film- und Medienwissenschaft der Goethe-Universität Frankfurt am Main.

Kira Jürjens, Dr. phil., war zuletzt wissenschaftliche Mitarbeiterin im SNF-Projekt „Interieur und Innerlichkeit" an der Universität Lausanne.

Nina Jürgens, M. A., ist Promovendin an der Universität Stuttgart, war dort wissenschaftliche Mitarbeiterin und arbeitet zur Zeit am Internationalen Zentrum der Universität.

Dorothee Kimmich, Dr. phil., ist Professorin für Literaturwissenschaftliche Kulturwissenschaft sowie Kulturtheorie an der Philosophischen Fakultät der Eberhard Karls Universität Tübingen.

Sigrid Köhler, Dr. phil., ist Privatdozentin am Germanistischen Institut der Westfälischen Wilhelms-Universität Münster.

Mona Körte, Dr. phil., ist Privatdozentin für Germanistik und Komparatistik sowie Leiterin des Forschungsschwerpunkts „Weltliteratur" am Zentrum für Literatur- und Kulturforschung Berlin.

Susanne Komfort-Hein, Dr. phil., ist Professorin für Literaturgeschichte des 20. Jahrhunderts, Gegenwartsliteratur und Literaturtheorie am Institut für Deutsche Literatur und ihre Didaktik der Goethe-Universität Frankfurt am Main.

Karin Krauthausen, Dr. phil., ist Professorin für Künstlerische Forschung an der Hochschule für Gestaltung und Kunst (HGK/FHNW) in Basel und Co-Leiterin des Schwerpunkts „Active Matter" im Interdisziplinären Labor „Bild Wissen Gestaltung" am Hermann von Helmholtz Zentrum für Kulturtechnik der Humboldt-Universität zu Berlin.

Stefan Laube, Dr. phil., ist Privatdozent am Institut für Kulturwissenschaft der Humboldt-Universität zu Berlin.

Christina Lechtermann, Dr. phil., ist Professorin für Ältere Deutsche Literatur am Institut für Deutsche Literatur und ihre Didaktik der Goethe-Universität Frankfurt am Main.

Gertrud Lehnert, Dr. phil., ist Professorin für Allgemeine und Vergleichende Literaturwissenschaft am Institut für Künste und Medien der Universität Potsdam.

Esther Leslie, Dr. phil., ist Professorin für Political Aesthetics am Department of English and Humanities am Birkbeck College der University of London.

Sabine Mainberger, Dr. phil., ist Professorin für Vergleichende Literaturwissenschaft am Institut für Germanistik, Vergleichende Literatur- und Kulturwissenschaft der Rheinischen Friedrich-Wilhelms-Universität Bonn.

Sylvia Mieszkowski, Dr. phil., ist Professorin für Britische Literatur an der Universität Wien.

Michael Niehaus, Dr. phil., ist Professor für Neuere Deutsche Literaturwissenschaft und Medienästhetik an der FernUniversität in Hagen.

Michael R. Ott, Dr. phil., ist Post-Doc im Sonderforschungsbereich 933 „Materiale Textkulturen" der Deutschen Forschungsgemeinschaft Universität Heidelberg sowie Gastwissenschaftler an der University of Waterloo, Ontario.

Cornelia Ortlieb, Dr. phil., ist Professorin für Komparatistik am Department Germanistik und Komparatistik der Friedrich-Alexander-Universität Erlangen-Nürnberg.

Edgar Pankow, Dr. phil., ist Universitätsprofessor am Institut für Allgemeine und Vergleichende Literaturwissenschaft der Goethe-Universität Frankfurt am Main.

Annegret Pelz, Dr. phil., ist Universitätsprofessorin für Neuere Deutsche Literatur am Institut für Germanistik der Universität Wien.

Ulrich Plass, PhD, ist Professor für German Studies an der Wesleyan University in Middletown, Connecticut.

Ursula Rautenberg, Dr. phil., ist Professorin für Buchwissenschaft an der Friedrich-Alexander-Universität Erlangen-Nürnberg.

Kerstin Roose, M. A., ist Promovendin am Institut für deutsche Literatur der Humboldt-Universität zu Berlin.

Anne-Berenike Rothstein, Dr. phil., ist Privatdozentin für Romanische Literaturen an der Universität Konstanz.
Dietmar Schmidt, Dr. phil., ist apl. Professor für Neuere Deutsche Literaturwissenschaft an der Universität Erfurt.
Sarah Schmidt, Dr. phil., ist wissenschaftliche Mitarbeiterin an der Schleiermacher-Forschungsstelle der Berlin-Brandenburgischen Akademie der Wissenschaften.
Franziska Schößler, Dr. phil., ist Professorin für Neuere Deutsche Literaturwissenschaft an der Universität Trier.
Susanne Scholz, Dr. phil., ist Professorin für Englische Literatur und Kultur am Institut für England- und Amerikastudien der Goethe-Universität Frankfurt am Main.
Sabine Schülting, Dr. phil., ist Professorin für Cultural Studies am Institut für Englische Philologie der Freien Universität Berlin.
Frank Schulze-Engler, Dr. phil., ist Professor für Neue Englischsprachige Literaturen und Kulturen am Institut für England- und Amerikastudien der Goethe-Universität Frankfurt am Main sowie Co-Sprecher des BMBF-Projekts „Afrikas Asiatische Optionen".
Uta Seeburg, Dr. phil., arbeitet als Redakteurin bei *AD Architectural Digest*.
Robert Seidel, Dr. phil., ist Professor für Frühe Neuzeit und Rhetorik am Institut für Deutsche Literatur und ihre Didaktik der Goethe-Universität Frankfurt am Main.
Dennis Senzel, M. A., ist Promovend am Institut für deutsche Literatur der Humboldt-Universität zu Berlin.
Eva-Maria Siegel, Dr. phil., ist apl. Professorin für Neuere Deutsche Literaturwissenschaft am Institut für Deutsche Sprache und Literatur der Universität zu Köln.
Carlos Spoerhase, Dr. phil., ist Professor für Germanistische Literaturwissenschaft an der Fakultät für Linguistik und Literaturwissenschaft der Universität Bielefeld.
Uwe C. Steiner, Dr. phil., ist Professor für Neuere Deutsche Literaturwissenschaft und Medientheorie an der FernUniversität in Hagen.
Bernd Stiegler, Dr. phil., ist Professor für Neuere Deutsche Literatur mit Schwerpunkt Literatur des 20. Jahrhunderts im medialen Kontext am Fachbereich Literaturwissenschaft der Universität Konstanz.
Barbara Thums, Dr. phil., ist Universitätsprofessorin für Neuere Deutsche Literaturgeschichte am Deutschen Institut der Johannes Gutenberg-Universität Mainz.
Georg Toepfer, Dr. phil., ist Privatdozent für Philosophie sowie Leiter des Forschungsschwerpunkts „Lebenswissen" am Zentrum für Literatur- und Kulturforschung Berlin.
Ulrike Vedder, Dr. phil., ist Professorin für Neuere Deutsche Literatur am Institut für deutsche Literatur der Humboldt-Universität zu Berlin.
Eckart Voigts, Dr. phil., ist Professor für Literatur- und Kulturwissenschaften am Institut für Anglistik und Amerikanistik der Technischen Universität Braunschweig.
Thomas Wegmann, Dr. phil., ist Universitätsprofessor für Neuere Deutsche Literatur am Institut für Germanistik der Leopold-Franzens-Universität Innsbruck.
Tobias Wilke, Dr. phil./PhD, ist Juniorprofessor am Department of Germanic Languages der Columbia University, New York.

www.ingramcontent.com/pod-product-compliance
Lightning Source LLC
Chambersburg PA
CBHW030559230426
43661CB00053B/1776